石狮年鉴

SHISHI YEARBOOK

2019

中共石狮市委党史和地方志研究室 编

方志出版社
Publishing House of Local Records

图书在版编目（CIP）数据

石狮年鉴．2019 / 中共石狮市委党史和地方志研究室编．-- 北京：方志出版社，2019.12

ISBN 978-7-5144-4072-0

Ⅰ．①石… Ⅱ．①中… Ⅲ．①石狮－2019－年鉴
Ⅳ．①Z525.73

中国版本图书馆CIP数据核字（2019）第300554号

石狮年鉴（2019）

编　　者：中共石狮市委党史和地方志研究室
责任编辑：王　娜
出 版 者：方志出版社
地　址　北京市朝阳区潘家园东里9号（国家方志馆4层）
邮　编　100021
网　址　http://www.fzph.org
发　　行：方志出版社图书经销中心
电　话（010）67110500
经　　销：各地新华书店
印　　刷：福州报业鸿升印刷有限责任公司
开　　本：889×1194　1/16
印　　张：25.75
字　　数：1009千字
版　　次：2019年12月第1版　2019年12月第1次印刷
印　　数：0001～1000册
ISBN 978-7-5144-4072-0　定价：280.00元

石狮市地图

审图号：闽S〔2020〕4号

惠安县
泉州湾
小坠岛
山尾屿
石渔
石农
锦里
G228
大厦
大山屿
后湖
赤湖
古浮
祥运
祥渔
祥农
龟屿
鸟屿
山兜
湖西
莲坂
祥芝镇
大堡
前山
前厝
洪厝
邱下
乌山脚
西墩
东埔二
东埔一
山前
郭厝
莲厝
鸿山镇
前头
湖厝
东园
草柄
伍堡
东埔三
奈厝水库
奈厝前
墩上
上埭
纪厝
杨厝
东店
洪窟
后山
西港
西坑
锦尚
卢厝
锦尚镇
厝上
港前
港东
山边
谢厝
后杆柄
深埕
下宅
G228
长岭头屿
台湾海峡
新沙堤
郭坑
风流屿
三旦岛
老虎咀屿
沙堤
泉州黄金海岸
浯沙

石狮名片

全国文明城市

2018 年度全国中小城市综合实力百强市，名列第 16 位

2018 年度全国绿色发展百强县，名列第 64 位

2018 年度全国科技创新百强县，名列第 29 位

2018 年度全国新型城镇化质量百强县，名列第 20 位

2018 年全国县级市全面小康指数前 100 名，名列第 18 位

2018 年全国县域商标有效注册量前 100 名，名列第 9 名

2018 年全国县域电商销售，名列第 6 名

中国营商环境百强区县，名列第 45 位

全国基层中医药工作先进单位

新时代中国全面建成小康社会优秀城市

全国著名侨乡、台湾同胞祖籍地

福建综合改革试验区

全国双拥模范城

国家知识产权强县工程试点县（区）

中国休闲服装名城

中国休闲面料商贸名城

全国科技进步先进市

国家生态市（县）

国家义务教育发展基本均衡县（市、区）

全国首批新农村建设特色县市

全国文化先进市

全国体育先进市

全国卫生先进市

国家级市场采购贸易方式试点——石狮服装城

国家一类口岸——石湖港区

国家一级图书馆——石狮文林图书馆

国家一级档案馆——石狮市档案馆

国家级非物质文化遗产——海上泼水节

福建省历史文化名镇——永宁镇

数 字 石 狮

“海丝三宝”：万寿塔（姑嫂塔）、六胜塔、林銮渡

2018 年平均气温：22.2℃

年末户籍总人口：34.6094 万人

常住人口：65.5908 万人

地区生产总值：836 亿元

人均地区生产总值：120809 元

农林牧渔业总产值：50.4 亿元

社会消费品零售总额：494.8 亿元

外贸出口额：1591000 万元

一般公共预算总收入：65 亿元

规模以上工业增加值：265.9 亿元

城镇居民人均可支配收入：58930 元

农村居民人均可支配收入：24970 元

港口货物吞吐量：3969.1 万吨

港口集装箱吞吐量：188.2 万标箱

海洋捕捞总量：362968 吨

海水养殖产量：58297 吨

水产加工品总量：280832 吨

水产加工品产值：590250 万元

造林绿化：140 公顷

幼儿园：153 所

小学：63 所

九年一贯制学校：4 所

初中：5 所

完全中学：7 所

特殊教育学校：1 所

中等职业学校：1 所

本科院校：1 所

专科院校：2 所

编辑说明

一、《石狮年鉴》是中共石狮市委、石狮市人民政府组织编纂，中共石狮市委党史和地方志研究室负责编辑出版的地方综合性年鉴。《石狮年鉴》记载石狮市改革开放、经济发展、社会进步等方面的基本情况和最新成就，展示石狮市社会主义现代化建设崭新风貌。所载资料系统、翔实、准确，具有权威性，为国内外读者全面了解、研究石狮提供帮助，也为编修地方志书积累资料。

二、《石狮年鉴》创刊于 2003 年，本卷为总第 11 卷。《石狮年鉴（2019）》以马克思列宁主义、毛泽东思想、邓小平理论、“三个代表”重要思想、科学发展观、习近平新时代中国特色社会主义思想为指导，实事求是记载 2019 年石狮市社会主义现代化建设的进程。记事时限为 2018 年 1 月 1 日至 12 月 31 日。

三、本年鉴的框架结构由类目、分目、条目组成。主体内容有三个部分：卷首设特载、专记、大事记、市情概貌；主体部分为各行业、各部门工作和经济社会发展新貌；卷末设人物名表·荣誉、调研报告、统计资料以及本年鉴审稿人、撰稿人名单。反映各类事业发展的图片分列其中，图文并茂，方便读者查阅。

四、本年鉴采用规范的现代汉语记述。文字、标点 符号、计量单位（除统计资料部分照录外）均以国家颁发规范为准。

五、本年鉴采编的资料，均由市直各单位、各镇（街道）提供，并由各参编单位的领导审定；某些类目的内容，编者亦采集有关资料编纂或融合成文；采用的统计数字属全市性的，均以石狮市统计局公布的资料为准，不属石狮市统计局统计的部门性资料，由主管单位提供。

图说石狮

2018 年 1 月 22 日，石狮首批 9 辆新能源纯电动公交车，在末站建有充电桩的 5 路公交线正式投入试运行，此举标志着石狮公交“电动时代”正式开启。图为 5 路电动公交车

2018 年 2 月 2 日，石狮佳龙文化旅游项目签约仪式

2018 年 4 月 18 日，第四届中国（泉州）海上丝绸之路国际品牌博览会、第 21 届海峡两岸纺织服装博览会开幕仪式在石狮服装城艺术展览中心广场举行

2018 年 6 月 19 日，新的石狮市行政服务中心正式对外开放

2018 年 9 月 28 日晚，世界石狮乡亲欢迎座谈会在石狮市举行

（本版图片／颜华杰）

2018 年 8 月 16 日，京东商城、顺丰冷运正式进驻祥芝渔港，全省各地当日买当日即可尝到祥芝港海鲜。11 月 21 日，祥芝镇政府与顺丰公司签订战略合作协议，标志着祥芝渔港电商搭上了“特惠快运”。图为祥芝渔港

（图 / 颜华杰）

2018 年 10 月 1 日，石狮服装城获批国家级市场采购贸易方式试点

（图 / 市服装轻纺名城运营公司）

福厦高铁石狮境内主体工程，高铁工程建设意味着石狮开始迈入“高铁时代”（摄于 2018 年 11 月 19 日）

（图 / 颜华杰）

2018 年 9 月中旬，花海谷公园正式开发。图为花海谷步游道

2018 年，石狮市推进海岸带保护性开发，开启“山海城”联动发展。峡谷旅游路、沿海大通道、共富路等路网体系加快完善，城市“环湾向海”发展骨格逐渐拉开。建成宝盖山石窟公园、学府公园、花海谷公园，以宝盖山为轴心的“城市中央公园”雏形初现。

2018 年 12 月，学府公园完成建设，该公园占地有 13.33 多公顷，建成了绿地、花圃、栈道、亭阁等一应设施

2018 年宝盖山石窟公园完成建设，该公园因地制宜利用石窟既有的高低错落地势打造出一个更为主体、集景区绿化、休闲观光、健身为一体的石窟矿山公园改造示范区（摄于 2018 年 7 月 4 日）

（本版图片 / 颜华杰）

2018 年 4 月 4 日，峡谷旅游路通车串起“山海城”

2018 年 10 月，红塔湾旅游公路全线贯通

环湾湿地公园一期已建成（摄于 2018 年 10 月 30 日）

（本版图片 / 颜华杰）

2018年1月29日，回兴路拆除房屋打开断头路，完善城市快速通道
（图／颜华杰）

2018年12月2日，林边立体停车楼新貌亮相。该项目9层高、主体为钢结构，可提供384个停车位，有利于一定程度上缓解周边“停车难”的问题（图／颜华杰）

2018年12月29日，石狮市总医院完成搬迁工作
（图／市卫生健康局）

石狮市厝上溪流域（含支流）环境综合治理工程（摄于2018年5月6日）
（图／颜华杰）

镇中路（南环路—八七路）通车，拉近了服装城商圈及晋南方向的车流往老城区乃至北片区的距离。在起到疏导往老城区交通的同时，也有助于周边大仑等老社区实现二次开发（摄于2018年3月3日）（图／颜华杰）

通达智能硬件三期项目（图／石狮高新技术产业开发区）

“国际军事比赛—2018”“海上登陆赛”

2018年7月29日至8月11日期间，“国际军事比赛—2018”“海上登陆赛”在石狮举行，中国、俄罗斯、伊朗、委内瑞拉、苏丹五国军人在将军山海边就“障碍赛”“求生赛”“接力赛”进行激烈角逐；同期举行军舰开放日活动，中国海军五艘战舰同时停靠在石湖码头，面向社会开放。这场赛事活动吸引了许多周边地区甚至外省市“军迷”到石狮观看。“国际军事比赛—2018”“海上登陆赛”，是中国海军承办的国际海军陆战队分队间的综合性比赛，旨在加强参赛国之间的军事、文化交流与合作，展示各国海军陆战队作战能力，提高参赛队员的实战技能，增进参赛国之间友谊。

（本版图片为2018年7月30日，国际军事比赛障碍赛／颜华杰）

（本版图片为 2018 年 8 月 2 日，国际军事比赛求生赛／颜华杰）

08
03
边裁

（本版图片为2018年8月8日，国际军事接力赛／颜华杰）

（本版图片为 2018 年 8 月 5 日，国际军事比赛装备展 / 颜华杰）

中国
China
Китай

（本版图片为2018年8月11日，国际军事比赛闭幕式／颜华杰）

2018年3月9日，石狮市2018年“春暖石狮红·党建引领志愿服务暖人心”党员志愿服务活动日启动仪式在世茂摩天城广场举行

2018年3月16日，闽台方志万祥馆、泉州市方志馆万祥分馆揭牌仪式

2018 年 4 月 11 日晚上，大型豫剧现代戏《焦裕禄》在市音乐厅上演

2018 年 4 月 27 日，“传习经典、博文约礼”首届中华优秀传统文化教育论坛暨石狮共享教育论坛在石狮市第五实验小学举行

（本版图片 / 颜华杰）

2018 年 6 月 26 日，石狮市第十届渔民文化节开幕式在祥芝举行

2018 年 9 月 28 日“映像·石狮”1988−2018 石狮改革发展成果展开展。“映像·石狮”主题图片展内容包括石狮全景山水图、城汇经纬、地陈韬略、力创辉煌、心聚侨乡、笔绘风华、梦启狮城，全面凸显了石狮宜居宜业滨海城市的独特魅力

（本版图片 / 颜华杰）

2018 年 5 月 12 日，石狮“碧桂园”杯青春公益彩跑活动

2018 年 10 月 24 日，石狮市中小学生体育联赛“锦峰杯”啦啦操比赛

（本版图片／颜华杰）

目 录

特 载

专 记

大事记

市情概貌

中共石狮市委员会

石狮市人民代表大会

石狮市人民政府

政协石狮市委员会

纪检 监察

民主党派

群众团体

外事 侨务 港澳台事务

法 治

军 事

农 业

海洋与渔业

工业与建筑业

城乡规划建设与国土资源管理

生态建设与环境保护

商　贸

金 融

港口建设与口岸管理

交通 邮政 通信

经济管理

财政 税务

科学技术

教育

文化 旅游 体育

卫生与计划生育

社会与民生

镇（街道）

人物名表·荣誉

附录

索引

政协委员提案

【概况】 石狮市七届二次会议共收到委员提案255件，审查立案230件，经七届市政协第十三次主席（扩大）会议研究，确定重点提案5件，分别是《关于优化提升石狮服装城轻纺城营商环境，推动石狮纺织服装产业跨越发展的建议》《关于健全石狮市医院新院公交网络的建议》《关于应对石狮市中小学校教师严重不足的建议》《关于保护民间古建筑的建议》《关于在石狮市街道社区建立老年人日间照料中心的建议》。

【优化提升石狮服装城轻纺城营商环境】 石狮市政协七届二次会议期间，针对石狮服装城轻纺城营商环境问题，委员们提出“关于优化提升石狮服装城轻纺城营商环境，推动石狮纺织服装产业跨越发展的建议”的提案，提案如下：

1. 石狮是以单一服装纺织产业为基础产业成长起来的城市，虽有完整的产业链，但面辅料市场分散繁杂，难于形成集聚效应，服装城也出现份额减少、租金下降、招商不足等一系列运营困难，专业市场的辐射范围和影响力出现一定程度的降低。纺织服装专业市场总量过剩，且大部分专业市场处于同质化竞争状态，加上电子商务贸易兴起，改变竞争和市场格局，因此需尽快对石狮产业进行合理布局、整合提升、划行规市。

2. 创新“政府运营领导＋行业协会列席”的重大决策参会制度，充分发挥政府、行业协会的优势和作用，协力把两城（石狮服装城、石狮轻纺诚）打造成最具规模和影响力的国际级专业服装、面辅料批发市场，以实现政府、纺织业界的共赢。

3. 完善轻纺城周边交通环境，确保项目的功能性能够完整体现。尽快协调相关部门加快对石龙路的建设进程，拓宽凤仪街至西灵路（鹏山工贸至中英文学校）路段的道路建设，并积极开展道路亮化工程，引导车辆分流；逐步完善交通配套，在轻纺城周边的石龙路、南环路、南洋路等交通主干道规划建设立交桥或架设人行天桥，尽可能满足车辆与人流的分流，减少交通安全事故发生。

4. 完善两城的物流体系。依托产业集群和区域优势，在服装城周区建立物流园区；依托石狮服装城的建设，发展功能全面、配套完善的现代化区域服装物流基地，集中更多的物流企业进行分工运作；发挥中心城市基础设施较完善和聚集人流、信息流、资金流的优势，建设好物流市场体系，满足零售业网点的需要，同时，在城乡接合部构建大中型物流配送中心。

5. 完善电子商务应用环境。建议两城通过与第三方合作或自建平台、创建电商产业园、开发APP等多种形式搭建电子商务公共服务载体，实现电商渠道对线下实体销售渠道的补充和替代。

6. 加大宣传力度，拓宽客源市场。轻纺城建成后，石狮以外的地区几乎不知道轻纺城，在石狮重要路口也几乎不见导航标识。发展繁荣市场，宣传推介和市场营销必须先行：一是在石狮周边城市、机场、高铁站和主要交通干道设置广告牌。二是在主要客源地的电视、报刊和网络媒体及全国重点场站投入宣传广告。三是通过展会、走秀和举办纺织服装对接会提高两城的知名度。

7. 加快管理部门由单纯物业供应商向综合服务运营商转型步伐。逐步实现由物业式、粗放式管理向服务式、精细化管理迈进；通过制定发展目标、明确市场定位、树立市场形象、实施拓展计划和加强品牌管理等有效手段，扩大专业市场品牌影响力。

8. 繁荣石狮国际轻纺城。一是加快石狮国际轻纺城安置商铺、写字楼部分的招商入驻进度，出台相应的优惠政策和措施，稳定商户、激励商户，提供优质发展平台和政策环境；二是拓宽石狮国际轻纺城招商对象主体，进行全方位招商。首先结合国内纺织面料商业圈特点，将广州、常熟、盛泽、柯桥、武汉等地区作为重点对外招商区域，进而吸引中国香港、台湾地区及韩国、意大利等国内外纺织企业来石设点；其次整合周边省市的优势产品种类充实现有市场，力求向专业化、多元化、国际化市场发展。合理规划并引入周边省市较为需求的家纺市场交易区，三是扶持鼓励面辅料商走研发创新的路，做自己的品牌，从同质化竞争中脱颖而出。

9. 改造升级石狮服装城。一是从硬件入手，通过市场硬件的升级改造，提高市场硬件设备设施的安全系数，使市场经营环境更加人性化，改善商家经营环境和顾客购物环境。二是对 8 幢交易区划行归市。让业态定位、品类划分、功能布局、动线设计更加合理，商铺陈列日趋美观，出现专业市场商场化和购物中心化的发展趋势。

2018 年 11 月 23 日，市政协常委、重点提案人考察新医院公交站点建设情况（图 / 市政协）

【健全石狮市医院新院公交网络】 石狮市政协七届二次会议期间，针对石狮市医院新院公交网络问题，委员们提出“关于健全石狮市医院新院公交网络的建议”的提案，提案如下：

石狮市医院新院项目是石狮市委市政府一项重要的民生工程，项目占地面积近 20 公顷，建筑总面积约 16.5 万平方米，项目总投资约 8.7 亿元。项目以三级综合性医院标准筹建，建设集医疗、教学、科研、预防、保健、康复等功能为一体的综合医疗区。投用后首期拟开放 800 张床位，远期规划床位 1500 张。随着新医院的启用，公共交通显得特别重要。新医院目前有途经线路情况：1 路（塔前汽车站—泉州海洋学院）、18 路（服装城客运站—东店村）和 16 路（服装城客运站—纺织服装发展基地）。而且班次不是很多，根本满足不了广大市民今后的交通需求。

建议：1. 优化这三条公交线路途经新医院，增加公交班次；2. 增设几条从各镇办到新医院的公交线路；3. 在新医院建公交首末站，根据需求逐步开通以新医院为始发点的公交线路；4. 在新医院旁边增加几个公交站亭。

2018 年 11 月 23 日，市政协常委、重点提案人到市国际贸易服务中心考察重点提案办理情况（图 / 市政协）

【应对石狮市中小学校教师严重不足问题】 2018 年，石狮市政协七届二次会议期间，针对全市中小学校教师严重不足问题，委员们提出“关于应对全市中小学校教师严重不足的建议”的提案，提案如下：

随着全市中小学学生人数急剧增长，办学规模不断扩大，加上二胎政策放开，休产假的女教师增多，全市中小学教师的编制已不能满足当前的办学需要。虽然近三年来为保障学校教学需要，通过“配足提薪”的方式聘用了一批合同制教师，但因合同制教师稳定性差、流动性大，学科教学的连续性和整体性无法得到保障。目前全市实有在编教师 4635 名，并且还超编了 283 名。按照《国家中长期教育改革和发展规划纲要（2010 － 2020）》之规定，中小学教职工与学生比约为 3:45，按此推算全市中小学教师与学生数之比例，严重不足。

2018 年 11 月 7 日，召开《关于应对我市中小学教师严重不足的建议》重点提案督办座谈会（图 / 市政协）

建议：1.“精兵简政”，严格控制中小学校级领导、中层行政的职数。全市各中小学普遍存在校级领导、中层行政岗位超编的情况，应把更多老师充实到教学一线上去，杜绝一些人为了所谓的“一官半职”不上课或少上课的怪现象出现、蔓延，浪费教育资源。

2. 清退“借调教师”，回归教学一线。石狮市教师队伍部分教师由于历史原因被借调教委等各部门，而这些教师大多是教学骨干，建议妥善清退，回归教学一线，缓解一线教师不足的压力。

3. 采用“市聘合同制教师”方式，稳定合同制教师队伍。由市政府参照编制教师考试标准统一招聘合同制教师，并逐步做到市聘合同制教师与在编教师能够同工同酬，职称评聘、职务晋升、评优评先等能一视同仁，以稳定合同制教师队伍。

【保护民间古建筑】 石狮市政协七届二次会议期间，针对民间古建筑保护问题，委员们提出“关于保护民间古建筑的建议”的提案，提案如下：

作为全国著名的侨乡，石狮一代又一代出洋拼搏的乡贤，在家乡建设了具有各个历史时期特色的“大厝洋楼”。这些民间建筑，是石狮历史的另一座博物馆。石狮市的旅游业不发达，一个重要的原因是旅游资源贫乏。本应在旅游业中扮演重要角色的民间建筑，其开发利用都没有得到充分重视，有关部门在开发保护石狮民间建筑方面缺乏规划设计。

建议：1. 在全市范围内进行一次全面细致的调查，摸清底数，形成全市需要重点保护的民间建筑清单，及时掌握民间建筑动态信息，避免民间建筑被随意损毁。

2018 年 11 月 1 日，组织开展《关于保护民间古建筑的建议》重点提案考察督办（图 / 市政协）

2. 规划设计建设石狮市的民间建筑一条街，并在区域内仿建石狮区域内各村居比较典型的建筑，形成富有闽南侨乡特色的景观。

3. 今后进行拆迁改造的社区，应先行评估设计，在每个片区保留一小片区域，保留有特色、有纪念意义的一部分民宅、寺庙等建筑，以及百年老树、具有特殊风貌的岩石、池塘等，直接形成怀旧景观，既可供村民缅怀回忆，也可形成旅游景点。

4. 对于比较具有特色的建筑，暂时没有面临拆迁、破坏危险的，应组织进行必要的修缮保护，以利于长久保存。

【建立老年人日间照料中心】 2018 年，石狮市政协七届二次会议期间，针对老年人日间照料问题，委员们提出“关于在石狮市街道社区建立老年人日间照料中心的建议”的提案，提案如下：

“居家养老”是国际上普遍的养老趋势，也是符合我国国情的养老方式。但其不足之处在于很多子女白天忙于工作无法顾及老人，老人大部分时间都是

2018 年 11 月 1 日，召开重点提案考察督办座谈会　（图 / 市政协）

2018 年 8 月 9 日，组织考察街道社区养老工作情况　（图 / 市政协）

在家孤独度过，这对老人的身心健康极为不利。老人们强烈期盼白天能有个好去所，参加一些集体活动，和老年朋友聊天交流，消除寂寞，还能有个吃饭的地方，以解决买菜和煮饭等诸多困难。

目前国内很多城市，均已开始建立以社区居家养老和居家护理为主、养老院为辅的新型服务社会化的养老模式，在城市街道建设老年日间照料服务中心，在社区和自然村建设老年日间照料服务站。日间照料站是一种介于专业养老机构和家庭照料之间的新型养老机构，大多由政府或社区出资组建，开展多种服务项目满足老年人健康、生活、娱乐等方面的需求，并提供相应的餐饮服务，可以贴切地称之为“托老所”。“托老所”在很大程度上能够解决“上有老下有小”的上班族们的后顾之忧，老人和社会各方面的欢迎和关注，其主要特点是：离家不离（社）区，早出晚归，走班上托；解寂有去处，好群朋友多；各种活动多，既像学校更似乐园。

石狮户籍老年人口已达 4.67 万人，占人口比例 14.7%。全市养老工作也面临越来越突出问题，特别是老旧小区、老旧社区大多住着老年人。这个群体不乏有一部分是需要护理或半护理老年，更需要政府和社会提供帮助，更需要就近为他们提供照料服务。

建议：市政府统筹考虑总体布局，可先在凤里、湖滨两个街道建设老年日间照料中心，重点是协调解决好场所、资金及运营模式。中心可开展以下服务项目：包括医疗保健服务、文化娱乐服务、学习培训服务以及提供用餐、午休、康复等服务。

重点建设项目

【入选 2018 年泉州市级重点建设项目】　2018 年，石狮市列为泉州市级重点建设项目泉州级 52 个，其中已完成建设 5 个，项目分别为石狮四端堂文化馆建设项目，总投资 10000 万元，12 月建设完成；禾宝织造二期，总投资 25000 万元；通达智能硬件三期，总投资 120000 万元；石狮市医院新院，总投资 85000 万元；石狮市农商银行总部大楼：总投资 25000 万元。

【2018 年石狮市级重点建设项目】　2018 年，石狮市安排本市级重点项目 280 个，总投资 1068.86 亿元，年度计划投资 194.89 亿元，本级均为在建项目，无预备项目。

【2018 年竣工重点建设项目】

石狮市2018年竣工各级重点项目建设情况表

表1

项目名称	项目概况（含建设内容及规模、总投资额、工作进度、项目产生经济效益、社会效益、社会评价等）	挂钩市领导	责任单位及责任人	设计单位及责任人	施工单位及责任人	监理单位及责任人
宝盖镇龟湖中心小学第二综合楼	地点位于宝盖镇龟湖中心小学校区。建设内容总建筑面积：2295平方米，占地面积：362平方米，层数：地上六层	李斌	龟湖中心小学洪清泼	弘宇建筑设计有限公司厦门分公司，许工	福建源航建设工程集团有限公司，练秀银	福建省恒建工程管理有限公司，陈锦武
恒大首府配建幼儿园	地点位于石狮市南环路北侧、学府路西侧。建设内容：幼儿园3层，占地面积1856.54平方米，总建筑面积6129.79平方米。工程进度外立面完成，内部及架空层施工中	李斌	石狮恒大置业有限公司，李文深	福建嘉博联合设计股份有限公司，陈春宇	中建三局第三建设工程有限责任公司，苏龙辉	广州市恒合工程监理有限公司，林华亮
后垵学校新校区建设	地点位于宝盖镇后垵村总建筑面积为23928平方米，总用地面积为26661平方米（约2.67公顷），建筑占地面积为5612平方米，地下室建筑面积为2217平方米，建筑容积率为0.763，建筑密度为21%，绿地率为30%，总人数为1620人，教室数量为48间（普通教室36间、专用教室12间），250米跑道一个，室外篮球场2个，室外排球场4个，停车数量为109辆（地上63辆、地下28辆），普通教学楼二橦各五层，共7754平方米（只建一幢3877平方米）；宿舍楼一橦五层，共1920平方米；公共教学楼一橦四层，共2956平方米；行政综合楼一橦五层，共4805平方米；艺体中心一橦三层，共4236平方米；门卫40平方米	李斌	后垵小学，刘鸿平	福建省千亿建筑设计有限公司，黄细清	鑫泰建设集团有限公司，王渊平	福建盛越建设有限公司，李泉生
科技园二期道路工程	地点位于石狮市宝盖科技园。建设内容：项目为直四路、直五路道路建设工程，市政长度为直四路204.619米，直五路225.443米合同价格322.5129万元	陈宏	石狮市宝盖镇人民政府，黄梅前	石狮市规划设计院有限公司，刘承凌	福建省仓兴建设有限公司，童伟	万特建设有限公司，许志伟
福建森德妇幼用品（续建）	地点位于石狮市高新区。建设内容：占地面积2公顷，主要生产无纺布及儿童纸尿裤	陈宏	森德妇幼用品有限公司，蔡鸿堤	上海东方建筑设计院有限公司，李鹏俊	福建省泉州市第一建设有限公司，王丽娜	福建省恒建工程管理有限公司，张德贵
豪安特无缝提花机械制造项目（续）	占地1.73公顷，建筑面积3.4万平方米。主要生产集机械电光自动技术为一体的产品，运用生产高弹性针织外衣、无缝提花内衣和高弹性运动装的高新技术	陈宏	豪安特纺织机械有限公司，蔡俊霖	福建省华地建筑设计有限公司，林静默	福建省惠三建建设发展有限公司，林静默	厦门圣德信工程管理有限公司，朱纯雅
腾辉鞋饰生产项目（续列）	地点位于石狮市高新区。建设内容：占地面积1.67公顷，建筑面积约2.5万平方米，厂房及配套设施建设，设备及技术投入，预计年产值6000万元	陈宏	腾辉鞋服饰品有限公司，黄鹏辉	博亚（福建）建筑设计有限公司，王伟忠	福建闽楚建设工程有限公司，林建阳	福建祥和工程项目管理有限公司，林舒阳
真发齿轮有限公司厂房及配套设施（续）	地点位于石狮市高新区。建设内容：用地面积0.97公顷，总建筑面积12866.5平方米，主要建设内容包括齿轮生产车间、仓库、员工宿舍、研发中心等设施	陈宏	真发齿轮有限公司，高锦铖	北京中建建筑设计院有限公司，冯琳琳	福建省泉州市第一建设有限公司，杨条怀	无
莲农路（镇前路－泰山东路段）道路工程	地点位于石狮市高新区。建设内容：长250米，宽18米，11米宽水泥路面，工程包括路灯、绿化、雨水、污水工程等	陈拥军 陈宏	海洋科技投资有限公司，王昭勇	石狮市规划设计院有限公司，郑伟斌	福建省瑞福建设发展有限公司，庄建南	福建省建福工程管理有限公司，吴清水

续表 1

项目名称	项目概况（含建设内容及规模、总投资额、工作进度、项目产生经济效益、社会效益、社会评价等）	挂钩市领导	责任单位及责任人	设计单位及责任人	施工单位及责任人	监理单位及责任人
莲坂村旧桥改建	地点位于石狮市高新区。建设内容：对莲坂村旧桥进行改建，新桥长 24 米，宽 12.5 米，同时对新桥前后延伸范围内道路进行改造	陈拥军 陈　宏	石狮市经济开发建设有限公司，黄江淮	福建中平公路勘察设计院有限公司，郑振	万美工程有限公司，吴俊龙	福建建福工程管理有限公司，吴清水
后湖一路（后湖路至石狮大道）修缮工程	地点位于石狮市高新区。建设内容：对后湖一路人行道、路面部分进行修缮，并对道路绿化进行提升	陈拥军 陈　宏	石狮市经济开发建设有限公司，黄江淮	石狮市规划设计院有限公司，郑伟斌	福建省科进建设工程有限公司，王国路	厦门广正工程咨询有限公司，王建文
城市积水整治试点工程（一期）	地点位于石狮市市区。建设内容：对宋塘路－福辉路路口积水治理、宋塘路－福辉路路口积水治理，濠江路－宋塘路路口积水治理和西环路（灵秀镇政府）区域积水进行综合治理。项目总投资估算 2261.03 万元	李　斌	福建石狮水务投资发展有限公司，吴清民	上海市政工程设计研究总院（集团）有限责任公司，周军	中建恒杰集团有限公司，陈奕举	福州诺成工程项目管理有限公司，林朝辉
石狮市上浦排洪道改造工程	地点位于石狮市市区。建设内容：对新龟坝水闸下游 200 米至石狮大道长约 500 米浦内排洪沟进行拓宽改造和中间 2 座桥梁的重建及已建堤防两侧路面进行改造。项目总投估算 3144.32 万元	李　斌	福建石狮水务投资发展有限公司，吴清民	福建省水利水电勘测设计研究院，胡志英	福建省正源建设工程有限公司，陈能杰	福建省江海工程管理有限公司，王志强
石狮市排洪道龟坝闸区清淤工程	地点位于石狮市市区。建设内容：对龟坝闸区淤泥（约 4 万立方米）清理外运以恢复排洪能力；新建节水闸一座；对周边环境进行整治。项目总投估算 496.7 万元	李　斌	福建石狮水务投资发展有限公司，吴清民	泉州市水利水电勘测规划设计有限公司，吴珍珍	华城建设集团有限公司，陈芬	湖北瑞洪工程管理有限公司，程国栋
蚶江大厦水闸改造工程	地点位于石狮市蚶江镇。建设内容：改建水闸一座，总投资额 172 万元，工程已竣工	陈拥军	石狮市环湾投资建设有限公司，龚泽栓	福州润禹工程咨询有限公司，罗金儿	福建省霞浦县江海水电工程建设有限公司，吴婷	福建天水工程管理有限公司，陆淑文
蚶江中学石壁段配套设施改造工程	地点位于石狮市蚶江镇。建设内容：蚶江中学路石壁段人行道改造工程主要施工内容为人行道铺设、排水、路灯、绿化、交通标志标线等；工程全长 930.083 米，投资额为 474.5447 万元	丁东福	蚶江镇政府	石狮市规划设计院有限公司，刘承凌	福建省宾安建筑工程有限公司，钟圣宇	福建易成工程管理有限公司，黄福川
鸿山镇福民中心小学教学综合楼	地点位于石狮市鸿山镇。建设内容：建筑面积 6053.62 平方米、框架结构六层、建筑高度 23.85 米、项目总投资 1450 万元（工程造价为 1189.2635 万元）；工程已完工。更好满足随迁子女的入学需求	李　斌	石狮市福民中心小学，黄志雄	福建超平建筑设计有限公司，卢珊	福建磊鑫（集团）有限公司，张华杰	南安市业达工程管理有限公司，王锦生
神福鸿电公司技改项目	地点位于石狮市鸿山镇。建设内容：4 号机组凝汽器加装在线清洗机器人装置技改项目总投资 408.51 万元，通过在凝汽器水室内部加装四套并联布置的在线机器人清洗装置，供水装置采用多级离心泵，配套 316L 精密自动过滤器，配套 PLC 控制系统，通过计算机程序协调控制供水装置和清洗机器人装置；机组 1000 MW 负荷工况下（修正至额定设计参数条件），改造前凝汽器平均压力为 5.06 千帕，改造后凝汽器平均压力为 4.44 千帕，改造后凝汽器平均压力下降 0.62 千帕，煤耗降低约 1.3g/(千瓦·时)，单台机组按年发电量 40 亿千瓦时计算，年可节约标准煤 5200 吨，标煤单价按 800 元／吨，企业可年节约燃煤成本 416 万元；项目于 2017 年 11 月 28 日开工，2018 年 3 月 12 日完工并投入运行	吴清木	神福鸿电，潘宏生	郑州赛为机电设备有限公司，姚杰新	郑州赛为机电设备有限公司，姚杰新	无

续表 1

项目名称	项目概况（含建设内容及规模、总投资额、工作进度、项目产生经济效益、社会效益、社会评价等）	挂钩市领导	责任单位及责任人	设计单位及责任人	施工单位及责任人	监理单位及责任人
鸿山热电 2 号汽轮机汽封改造项目	地点位于石狮市鸿山镇。建设内容：对 #2 汽轮机汽封进行改造，将汽封间隙调整至合理范围，减少漏气，提高机组热效率，降低发电煤耗。总投资额 596 万元	吴清木	福建省鸿山热电有限责任公司，孙文兵	无	哈尔滨布莱登汽封技术应用有限责任公司，关明国	天津蓝巢电力检修有限公司，仝波
林边立体停车场	地点位于湖滨镇林边社区。建设内容：该项目为机械式智能立体停车楼，可提供 384 个停车泊位，9 层高，总投资 2300 万元，项目目前已建成，能有效缓解周边停车难问题	施汉杰	石狮市城市资源经营有限责任公司，邱文志	深圳市国际印象建筑设计有限公司，李德明	深圳怡丰自动化科技有限公司，李超维	福建恒实建设发展有限公司，钟亚勇
石狮市鸿山公交站工程	地点位于石狮市鸿山镇。建设内容：用地面积 4279 平方米，总建筑面积约 1700 平方米，主要建设 1 栋 3 层站房、车辆检修、公交停车位及室外配套工程等，项目总投资约 1000 万元。项目建成后完善公交运输系统，方便周边居民出行	施汉杰	石狮市交通建设有限责任公司，洪星东	厦门中福元建筑设计研究院，曾宝臣	厦门建舫工程有限公司，张志文	福州合诚工程咨询管理有限公司，谢连理
花园路（南环路－西南一路）	地点位于石狮市灵秀镇。建设内容：总投资 2600 万元，本次设计共包含两条道路：①花园路：本次范围起于花园路与南环路交叉口，向南经过厦门外国语学校石狮分校，终于现状花园路，全长约 726 米，道路红线宽为 38 米。②部队上山路：本次范围起于部队上山路与花园路交叉口，终点顺接现状道路，全长 184 米，道路宽度 6.0 米。施工内容包括：路基工程、路面工程、交通工程、交通信号灯工程、排水工程、电气工程、绿化工程、高边坡支护工程等	施汉杰	石狮市城市建设有限公司，吴顺昌	泉州市城市规划设计研究院（市政）中国建筑东北设计研究院有限公司，高边坡	中建骏宏集团有限公司，庄硕望	福建通建工程项目管理有限公司，郑春晖
金相路路南段（西环路至外西环路）（续）	地点位于石狮市灵秀镇。建设内容：总投资 9000 万元，全长 732.982 米。施工内容主要包括：开挖及破除工程、路面工程、交通工程、污水工程、雨水工程、路灯工程、绿化工程等	施汉杰	石狮市城市建设有限公司，吴顺昌	石狮市规划设计院有限公司，郑伟斌	福建省兴泰建筑工程有限公司，谢章福	广州万安建设监理有限公司，祝志强
宝盖山生态公园（学府区）（续）	地点位于石狮市宝盖镇宝盖山公园。建设内容：总投资 14618 万元，总面积约 172918.6 平方米（17.27 公顷）。本工程的施工内容主要包括景观工程、道路工程、绿化工程、给排水工程、电气工程、桥梁工程、建筑工程以及相关配套设施项目	施汉杰	石狮市城市建设有限公司，吴顺昌	中国市政工程西北设计研究院有限公司，殷美斌	福建巨岸建设工程有限公司，胡溢林	福建中交建设发展有限公司，林雨
宝盖山风景区休闲驿站和废弃石窟	地点位于石狮市宝盖镇宝盖山公园。建设内容：项目占地面积约 4.4 公顷，是利用原有的 2 个废弃石窟进行整治改造，净化石窟水体，并在水体边建设休闲驿站、林下茶座、游览栈道、园路、亭廊、绿地种植等，打造出一个集景区绿化、休闲观光、健身为一体的石窟矿山公园改造示范区，在提升宝盖山景区绿化的同时，也为市民观光再添新景点，项目实际总投资约 900 万元	施汉杰	石狮市宝盖山风景区管理处，邱金环	福建永前园林有限公司，董再发	福建八融建设发展有限公司，王佳娜	泉州市工程建设监理事务所，蔡平星
宝盖山生态公园（花海谷区）	地点位于石狮市宝盖镇宝盖山风景区。建设内容：道路工程、景观工程、室外水电监控、园林建筑工程以及相关配套设施	施汉杰	石狮市城市建设有限公司，吴顺昌	厦门鹭路兴绿化工程建设有限公司，王再添	福建省金淘建筑工程有限公司，刘红	福建省鼎旺工程管理有限公司，庄斌斌

续表 1

项目名称	项目概况（含建设内容及规模、总投资额、工作进度、项目产生经济效益、社会效益、社会评价等）	挂钩市领导	责任单位及责任人	设计单位及责任人	施工单位及责任人	监理单位及责任人
新行政服务中心配套周边道路完善工程	地点位于石狮市宝盖镇。建设内容：总投资 160 万元，本工程新行政服务中心配套周边道路设计范围：①东西三路设计桩号 K0+000 至桩号 K0+320，全长约 320 米；②东西三路至锦峰路 18 米路，全长约 420 米；③新行政服务中心西侧入口，全长约 70 米；④新行政服务中心东侧出入口，全长约 90 米。施工内容包括：路面工程，交通工程、智能交通工程等项目	施汉杰	石狮市城市建设有限公司，吴顺昌	石狮市规划设计院有限公司，郑伟斌	中建协和建设有限公司，林建军	福建新时代项目管理有限公司，黄桂春
2018 年石狮市区“微地型”绿地建设	地点位于石狮市大仑新镇中路、镇中路与宝岛西路交叉口。建设内容：共选址 6 块，分布在镇中路、宝岛路沿线，总面积约 5000 平方米。主要采用纯绿化的形式，种植乔灌木、草皮、爬藤植物等。项目总投资约 200 万元。现已建设完成	施汉杰	交通和城市建设局，林耀茂	石狮市规划设计院有限公司，谢国林	泉州三众工程管理有限公司，黄宝忠	福建安华发展有限公司，曾阿香
2018 年石狮市区“口袋公园”建设工程	地点位于大仑老人活动中心、湖光小区、镇中路左侧。建设内容：足球场总共选址 3 个地块，分布于大仑老人活动中心、湖光小区、镇中路左侧足球场，总面积约为 6000 平方米。主要为场地的规划、乔灌木的种植、园林设施的配置、土壤的改良等。项目总投资约 200 万元。现已完成建设	施汉杰	交通和城市建设局，林耀茂	华蓝设计（集团）有限公司，陈艳芳	福建省永建市政工程有限公司，谢芽英	福建安华发展有限公司，林良金
石狮市人行天桥立体绿化工程	地点位于石狮市濠江路、九二路、宝岛路。建设内容：对市区人行天桥进行立体绿化，涉及濠江路 4 座，九二路 1 座，宝岛路 1 座共 6 座人行天桥。建设内容包括种植花箱、花箱固定架、轻质种植土、植物配置、滴灌系统等工程	施汉杰	交通和城市建设局，林耀茂	福建永前园林有限公司，邱苗苗	福建伟达建设发展有限公司，吴荣周	福建通建工程项目管理有限公司，郑春晖
港口大道绿化提升工程	地点位于蚶江镇。建设内容：南起香江路，北至石湖港区，全长 8.6 千米。主要对港口大道两侧绿化进行提升，涉及绿化总面积约 172818 平方米，建设主要包括土石方开挖、节点绿化、苗木种植等。项目总投资约 1400 万元。现已完成建设	施汉杰	交通和城市建设局，林耀茂	石狮市规划设计院有限公司，谢国林	中福君成集团有限公司，刘荣福	福建祥和工程项目管理有限公司，王敬水
石永路绿化提升工程	地点位于永宁镇。建设内容：项目起于学府路终于黄金大道，全长 6358.244 米，主要对石永路两侧树池进行扩大改造及原行道树进行更换，更换香樟 575 株。项目总投资约 300 万元。现已完成建设	施汉杰	交通和城市建设局，林耀茂	石狮市规划设计院有限公司，谢国林	广东城基生态科技股份有限公司，黄国阳	福建省鼎旺工程管理有限公司，庄斌斌
石狮北高速口及蚶江大道绿化景观提升工程	地点位于蚶江镇。建设内容：全长 1.81 千米，主要是对蚶江大道中分带、机非分车带、路侧绿化带进行绿化提升，涉及绿化面积 20000 平方米，项目总投资约 800 万元。现已完成建设。	施汉杰	交通和城市建设局，林耀茂	华蓝设计（集团）有限公司，陈艳芳	福建永前园林有限公司，施栋梁	福建省鼎旺工程管理有限公司，庄斌斌
石狮高速口绿化景观提升	地点位于石狮市高速口沿线。建设内容：与石泉二路南北贯通、石狮大道东西贯通，主要是对石狮市高速口绿化景观进行提升，建设内容主要包括苗木种植、绿地修整、种植土改良、花箱摆放等，涉及绿化总面积约 34000 平方米，项目总投资约 1150 万元。现已完成建设	施汉杰	交通和城市建设局，林耀茂	中铁城际规划建设有限公司，陈恢峰	耀华园林股份有限公司，李文荣	福建省建福工程管理有限公司，占聪伟
福辉路绿化提升	地点位于石狮市宝盖镇。建设内容：全长 3.9 千米，主要对福辉路机非分车带、路侧绿化带和渠化岛绿化进行绿化提升，包括乔木、灌木、棕榈、色带、黄蜡石及移植苗木等工程，涉及绿化面积 8000 平方米。现已完成建设	施汉杰	交通和城市建设局，林耀茂	福建省城乡规划设计研究院，陈玲	泉州市绿园喷泉工程有限公司，陈瑞伟	福建元品建设项目管理有限公司，庄新跃

续表 1

项目名称	项目概况（含建设内容及规模、总投资额、工作进度、项目产生经济效益、社会效益、社会评价等）	挂钩市领导	责任单位及责任人	设计单位及责任人	施工单位及责任人	监理单位及责任人
石泉路入口绿化景观提升	地点位于石狮市灵秀镇。建设内容：位于市界至西环路，全长 577 米。主要为两侧 1.6 米的绿化带，面积 772 平方米。项目总投资约 250 万元。现已建设完成	施汉杰	交通和城市建设局，林耀茂	深圳市市政设计研究院有限公司，陈剑锋	山湖（福建）建设有限公司，吴碧梅	厦门圣德信工程管理有限公司，邓统承
龙石路绿化工程	地点位于石狮市灵秀镇。建设内容：龙石路为新建道路，起点与同兴路、省道 308 交叉，终点到与晋江交界处，全长 440 米。主要对道路进行绿化种植。项目总投资约 198 万元。现已建设完成	施汉杰	交通和城市建设局，林耀茂	灵秀镇、福建省城乡规划设计研究院，陈玲、林世雄	福建舜天绿艺园林工程有限公司，洪国贤	南安市业达工程管理有限公司，黄荣富
石狮市龙石路（晋江龙狮路石狮段）照明工程	地点位于石狮市灵秀镇。建设内容：作为龙石路主体改造工程的配套工程，新装 25 基路灯，合同造价约 30 万元。建成后完善了道路的使用功能	施汉杰	石狮市交通建设有限责任公司，洪星东	厦门市天劲电力设计有限公司石狮分公司，林清琪	福建省龙洲建筑工程有限公司晋江分公司，谢尤强	泉州市工程建设监理事务所，张程昌
永祥路三小复光校区行人横穿过街工程	地点位于石狮市永祥路。建设内容：根据关于永祥路三小复光校区周边道路交通安全隐患专项整治协调会的要求，在主体工程的基础上增设学生横穿过街专用通道及相关配套的安全设施，总投资约 80 万元，已完工验收。项目建成预防和减少校园周边道路交通事故的发生，确保师生交通安全	林耀茂	石狮市交通建设有限责任公司，洪星东	中交第二公路勘察设计研究院有限公司，徐月新	福建厚源建设工程有限公司，詹尧平	福建省鼎旺监理有限公司，庄斌斌
沿海大通道（蚶江至大厦）道路路灯工程	地点位于石狮市蚶江镇。建设内容：项目投资约 300 万元，合同工期 50 日历天，建设路灯约 3.9 千米	施汉杰	石狮市交通建设有限责任公司，吴培城	石狮市规划设计院有限公司，王长安	福建俊致工程有限建设有限公司，陈鳌生	厦门圣德信工程管理有限公司，杨立
石永二路东延伸段路灯照明工程	地点位于石狮市永宁镇。建设内容：主体道路的配套照明工程，包括在道路两侧边分带、渠化岛新装 27 支 12M 灯杆，合同造价约 63 万，完善道路的使用功能	施汉杰	石狮市交通建设有限责任公司，洪星东	厦门市天劲电力设计有限公司石狮分公司，许自力	福建省鑫阳光建设发展有限公司，郑永新	泉州市工程建设监理事务所，张程昌
综合艺术楼	地点位于石狮市灵秀镇。建设内容：建设一栋 5 层综合艺术楼，建筑总面积为 13084.31 平方米。主要用于中小学各功能室及两个报告厅，一间听课室	李　斌	锦峰实验学校，许伟哲	北京中建建筑设计院有限公司，冯琳琳	福建祥盛建设有限公司，周水龙	福建易成工程管理有限公司，黄福川
石狮八中综合楼	地点位于石狮八中校园内。建设内容：综合楼十三层，一层架空、二、三层作为功能室、四至十三层作为宿舍楼，占地面积 804.38 平方米，建筑面积 10321.84 平方米。总投资 2550 万元。已完工	李　斌	石狮市第八中学，黄志胜	林产工业规划设计院，周鸿升	福建省得兴建设工程有限公司，王炳奎	厦门中建东北监理咨询有限公司，乔建成

续表 1

项目名称	项目概况（含建设内容及规模、总投资额、工作进度、项目产生经济效益、社会效益、社会评价等）	挂钩市领导	责任单位及责任人	设计单位及责任人	施工单位及责任人	监理单位及责任人
石狮第一中学教学楼及实验中心楼群工程及配套设备	地点位于石狮市九二东路 588 号第一中学校园内。建设内容：石狮市第一中学教学楼及实验中心楼群（2# 教学楼及 1# 实验楼、2# 实验楼）项目总投资 5800 万元。工程建筑总占地面积 4088.99 平方米，总建筑面积 26052.29 平方米，计容建筑面积 20027.1 平方米（其中：2# 教学楼 2# 教学楼占地面积 996.87 平方米，建筑面积 6040.56 平方米、1# 实验楼占地面积 983.12 平方米，建筑面积 5289.26 平方米、2# 实验楼占地面积 992.1 平方米，建筑面积 6052.95 平方米、连廊等附属建筑 2644.33 平方米），不计容面积 6025.19 平方米（架空层 872.46 平方米，地下室 5152.73 平方米），建筑层数均为 6 层及梯间，高度 23.95 米。三幢建筑各层均用连廊连接，形成“曰”字型的建筑楼群，三幢建筑物之间形成的两个庭院进行景观绿化建设，可作为学生课后休闲活动及学习的场所。地下室平时作为停车场。本项目已建成竣工验收并投入使用，为 2019 年省一级达标高中复查提供硬件保障，为学校的进一步发展奠定坚实的基础。学校实验中心地下停车场建成，机动车经旧南大门直接驶入地下停车场，人车分流，实现校园路面没有机动车行驶	李　斌	石狮市第一中学，华丕长	泉州市住宅建筑设计院，宋丹	福建省天柱建设工程有限公司，许永辉	福州汇龙建设工程管理有限公司，杜川龙
石狮市第六实验小学教学楼	地点位于石狮市凤里街道五星社区新星街 322 号第六实验小学。建设内容：建筑占地面积为 925.4 平方米，建筑面积为 5595.9 平方米，总投资为 1021 万元，于 2018 年 4 月 1 日竣工，9 月 1 入投入使用。新增 660 个学位。社会效益为：为学生的学习提供了良好的学习环境，使学生素质得到全面发展，提高了学校的教育教学质量和办校效益，社会评价为：为广大接受义务教育的学生带来切身利益影响，群众反映强烈，对此项目的建成表示高度的评价	李　斌	石狮市第六实验小学，邱荣芳	福建泷澄集团设计院有限公司，傅廷玉	福建省华旭园林工程有限公司，张步暖	厦门圣德信工程管理有限公司，陈伟坤
石狮市银江华侨学校初中教学综合楼	地点位于石狮市永宁镇子英村银江华侨学校校内。建设内容：初中教学综合楼，建筑占地面积为：1323.8 平方米，建筑面积为：8497.77 平方米，总投资为：1797.81 万元，已建成	李　斌	石狮市银江华侨学校，陈晓强	博亚（福建）建筑设计有限公司，李毅	福建省亿展建设工程有限公司，林敏升	福建省宏福工程管理有限公司，林中河
石狮市行政服务中心二次装修工程项目	地点位于濠江路 1398 号石狮市行政服务中心。建设内容：总建筑面积 32819.79 平方米，在原有商场的基础上按中心功能需求，进行建筑整体外立面改造、室内装修，并配套完善电气和照明系统、建筑智能化系统、给排水系统、通风空调系统、网络审批平台等。项目投资总额 8000 万元。项目已竣工验收	张汉杰	石狮市行政服务中心管委会，余少英	上海现代建筑环境设计研究院有限公司，唐林	江西临川建设集团有限公司，王才名	福州成建工程监理有限公司，华为群
石狮市永宁镇沙堤小学综合楼改建项目	地点位于石狮市永宁镇沙堤小学。建设内容：九二东路 588 号第一中学校园内本工程是建设一幢一层，局部三层，占地面积 978 平方米，建筑面积 1778 平方米的综合楼。项目总投资估算人民币 600 万元，资金由市财政拨款及自筹解决。该工程于 2017 年 10 月开始动工，于 2018 年 10 月竣工	李　斌	石狮市永宁镇沙堤小学，董东华	福建省华庭建筑设计有限公司，王筱芳	福建省坤昊建设工程有限公司，张军鹏	福建省建诚工程咨询有限公司，黄国太

续表 1

项目名称	项目概况（含建设内容及规模、总投资额、工作进度、项目产生经济效益、社会效益、社会评价等）	挂钩市领导	责任单位及责任人	设计单位及责任人	施工单位及责任人	监理单位及责任人
石狮市永宁镇第二中心幼儿园	地点位于石狮市永宁镇沙堤小学。建设内容：石狮市永宁镇第二中心幼儿园总投资 1200 万。政府出资 720 万，余下 420 万由爱国华侨李贤义先生董系治女士、李圣典先生李锦霞伉俪合资慷慨捐建。创建于 2016 年 5 月，主体楼于 2017 年 12 月竣工验收。幼儿园占地面积 4820 平方米，建筑面积 5034.47 平方米，是隶属于石狮市教育局的一所全日制公办园。可开设 12 个班级，供近 360 名幼儿就读。于 2018 年 9 月正式投入使用	李　斌	石狮市永宁镇人民政府，林曙燕	福建建工集团总公司，苏明辉	福建省元品建设项目管理有限公司，曾俩前	厦门怡乔园绿化工程有限公司，杨文士
2018 年石狮市区“微地型”绿地建设	地点位于石狮市永宁镇沙堤小学。建设内容：共选址 6 块，分布在镇中路、宝岛路沿线，总面积约 5000 平方米。主要采用纯绿化的形式，种植乔灌木、草皮、爬藤植物等。项目总投资约 200 万元。现已建设完成	施汉杰	交通和城市建设局，林耀茂	石狮市规划设计院有限公司，谢国林	泉州三众工程管理有限公司，黄宝忠	福建安华发展有限公司，曾阿香
2018 年石狮市区“口袋公园”建设工程	地点位于大仑新镇中路、镇中路与宝岛西路交叉口。建设内容：总共选址 3 个地块，分布于大仑老人活动中心、湖光小区、镇中路左侧足球场，总面积约为 6000 平方米。主要为场地的规划、乔灌木的种植、园林设施的配置、土壤的改良等。项目总投资约 200 万元。现已完成建设	施汉杰	交通和城市建设局，林耀茂	华蓝设计（集团）有限公司，陈艳芳	福建省永建市政工程有限公司，谢芽英	福建安华发展有限公司，林良金
石狮市人行天桥立体绿化工程	地点位于濠江路、九二路、宝岛路。建设内容：项目拟对市区人行天桥进行立体绿化，涉及濠江路 4 座，九二路 1 座，宝岛路 1 座，共 6 座人行天桥。建设内容包括种植花箱、花箱固定架、轻质种植土、植物配置、滴灌系统等工程	施汉杰	交通和城市建设局，林耀茂	福建永前园林有限公司，邱苗苗	福建伟达建设发展有限公司，吴荣周	福建通建工程项目管理有限公司，郑春晖
港口大道绿化提升工程	地点位于石狮市蚶江镇。建设内容：南起香江路，北至石湖港区，全长 8.6 千米。主要对港口大道两侧绿化进行提升，涉及绿化总面积约 172818 平方米，建设主要包括土石方开挖、节点绿化、苗木种植等。项目总投资约 1400 万元。现已完成建设	施汉杰	交通和城市建设局，林耀茂	石狮市规划设计院有限公司，谢国林	中福君成集团有限公司，刘荣福	福建祥和工程项目管理有限公司，王敬水
石永路绿化提升工程	地点位于石狮市永宁镇。建设内容：起于学府路终于黄金大道，全长 6358.244 米，主要对石永路两侧树池进行扩大改造及原行道树进行更换，更换香樟 575 株。项目总投资约 300 万元。现已完成建设	施汉杰	交通和城市建设局，林耀茂	石狮市规划设计院有限公司，谢国	广东城基生态科技股份有限公司，黄国阳	福建省鼎旺工程管理有限公司，庄斌斌
石狮北高速口及蚶江大道绿化景观提升工程	地点位于石狮市蚶江镇。建设内容：全长 1.81 公里，主要是对蚶江大道中分带、机非分车带、路侧绿化带进行绿化提升，涉及绿化面积 20000 平方米，项目总投资约 800 万元。现已完成建设	施汉杰	交通和城市建设局，林耀茂	华蓝设计（集团）有限公司，陈艳芳	福建永前园林有限公司，施栋梁	福建省鼎旺工程管理有限公司，庄斌斌
石狮高速口绿化景观提升	地点位于石狮高速口。建设内容：与石泉二路南北贯通、石狮大道东西贯通，主要是对石狮市高速口绿化景观进行提升，建设内容主要包括苗木种植、绿地修整、种植土改良、花箱摆放等，涉及绿化总面积约 34000 平方米，项目总投资约 1150 万元。现已完成建设	施汉杰	交通和城市建设局，林耀茂	中铁城际规划建设有限公司，陈恢峰	耀华园林股份有限公司，李文荣	福建省建福工程管理有限公司，占聪伟

续表 1

项目名称	项目概况（含建设内容及规模、总投资额、工作进度、项目产生经济效益、社会效益、社会评价等）	挂钩市领导	责任单位及责任人	设计单位及责任人	施工单位及责任人	监理单位及责任人
福辉路绿化提升	地点位于石狮市宝盖镇。建设内容：全长 3.9 公里，主要对福辉路机非分车带、路侧绿化带和渠化岛绿化进行绿化提升，包括乔木、灌木、棕榈、色带、黄蜡石及移植苗木等工程，涉及绿化面积 8000 平方米。已完成建设	施汉杰	交通和城市建设局，林耀茂	福建省城乡规划设计研究院，陈玲	泉州市绿园喷泉工程有限公司，陈瑞伟	福建元品建设项目管理有限公司，庄新跃
石泉路入口绿化景观提升	地点位于石狮市灵秀镇。建设内容：位于市界至西环路，全长 577 米。主要为两侧 1.6 米的绿化带，面积 772 平方米。项目总投资约 250 万元。现已建设完成	施汉杰	交通和城市建设局，林耀茂	深圳市市政设计研究院有限公司，陈剑锋	山湖（福建）建设有限公司，吴碧梅	厦门圣德信工程管理有限公司，邓统承
龙石路绿化工程	地点位于石狮市灵秀镇。建设内容：龙石路为新建道路，起点与同兴路、省道 308 交叉，终点到与晋江交界处，全长 440 米。主要对道路进行绿化种植。项目总投资约 198 万元。现已建设完成	施汉杰	交通和城市建设局，林耀茂	灵秀镇福建省城乡规划设计研究院，陈玲、林世雄	南安市业达工程管理有限公司，黄荣富	南安市业达工程管理有限公司，黄荣富
林边立体停车场	地点位于石狮市湖滨街道林边社区。建设内容：该项目为机械式智能立体停车楼，可提供 384 个停车泊位，9 层高，总投资 2300 万元，项目已建成，能有效缓解周边停车难问题	施汉杰	石狮市城市资源经营有限责任公司，邱文志	深圳市国际印象建筑设计有限公司，李德明	深圳怡丰自动化科技有限公司，李超维	福建恒实建设发展有限公司，钟亚勇
石狮市废旧矿区生态修复示范项目（一期）	地点位于石狮市宝盖山东侧永宁镇双架山下陵园西北侧。建设内容：项目用地面积约 1.6 公顷，总投资估算 4900 万元，有效库容约 49.7 万立方米，分为两个填埋区，其中，Ⅰ区用于回填飞灰固化物，有效库容约 33.3 万立方；Ⅱ区用于回填无机建筑垃圾及渣土，有效库容约 16.4 万立方。是对废旧石窟进行必要的整平、防渗处理、地下水及雨水导排、渗滤液导排收集等工程措施后，利用垃圾焚烧厂经稳定化处理的飞灰固化物、建筑垃圾、渣土等对石窟进行规范填充，在堆填到设计标高后，进行封场施工、绿化种植、养护管理等实现生态修复。项目建成后，可满足全市今后十年新生飞灰的处置，彻底解决全市飞灰处置能力缺口问题	邱永丰	石狮市园林环卫管理处，李志伟	中国市政工程西北设计研究院有限公司，康旺儒	福建省冠发建设发展有限公司，黄友水	福州隆峰建设监理有限公司泉州分公司，魏民
石狮市农商银行总部大楼	地点位于石狮市灵秀镇。建设内容：石狮农商银行大厦占地面积为 1624 平方米，建筑高度 88.4 米，占地面积 1642 平方米。地上 21 层，建筑面积约 2.1 万平方米，地下 3 层，建筑面积 1 万平方米。项目概算投资为 12000 万元。项目作为农商银行办公场所，属于办公商业项目，有利于改善办公环境，提高工作效率，属于可运营性项目，符合国家产业政策。农商银行大厦项目可以达到社会效益、经济效益和环境效益的协调发展。	—	福建石狮农村商业银行股份有限公司，白进才	垒智设计集团有限公司，郑建明	中建海峡建设发展有限公司，肖标华	厦门中建东北监理咨询有限公司，谭平波
石狮禾宝织造项目	地点位于石狮市。建设内容：总投资 2 亿元	张鸽翔	石狮禾宝纺织有限公司	方圆建设集团有限公司，王传壁	福建省闽楚建设工程有限公司，王志华	厦门广正工程咨询有限公司，陈惠兴

续表 1

项目名称	项目概况（含建设内容及规模、总投资额、工作进度、项目产生经济效益、社会效益、社会评价等）	挂钩市领导	责任单位及责任人	设计单位及责任人	施工单位及责任人	监理单位及责任人
石狮市医院新院	地点位于石狮市蚶江镇。建设内容：占地面积19.9公顷，总建筑面积16.5万平方米，总床位数1500张。解决全市就医资源紧张、提高就医环境	张汉杰	卫生和计划生育局	福建省建筑轻纺设计院，王灏	福建省九龙建设集团有限公司，张江河；福建省华远建设发展有限公司，庄加铭；西安四腾环境科技有限公司，唐辉皇；浙江园冶生态建设有限公司，王爱国	福州成建工程监理有限公司，何正芳
石狮通达三期项目	地点位于石狮市高新区。建设内容：占地4.6公顷，建筑面积6万平方米，建设3幢厂房及配套	陈拥军 陈　宏	石狮市达光电科技有限公司，张元珊	福建超平建筑设计有限公司，冯皓	福建榕强建设工程有限公司，陈剑	厦门广正工程咨询有限公司，吴广军

为民办实事项目

【概况】　2018年石狮市委、市政府为民办实事项目7件30项，总投资2.36亿元。具体为：

改善办学条件，共3项。设立“四点半”学校项目，将在全市有条件、有需求的小学实施四点半学校；购买民办幼儿园学位及普惠性幼儿园；修建部分中小学幼儿园运动场。

加强文体事业建设，共6项。改扩建33个村（社区）综合文化服务中心；补助修建20个室外健身路径；补助修建20个塑胶篮球场；继续开展文化惠民剧场活动；改造提升鸳鸯池公园门球场、气排球场地；改造提升卢厝村红色革命暨非遗文化传承教育基地建设项目。

完善公共设施，共6项。建设宝盖山风景区核心区游步道和约40公顷花海谷景区；建设环湾湿地公园（一期）项目；建设长福智能立体停车场项目，新增250个停车位；建设3个市区口袋公园；改造提升57座公厕；建设49座公交临时站牌，增加部分工业园区公交路线。

居民健康和养老服务，共5项。购置食品安全快速检验车；继续实施妇婴保障工程；继续为特困低保等对象提供信息服务和实体援助；新建1所、改造1所养老服务场所；提升职工心理健康服务中心服务。

关爱特殊和困难群体，共3项。继续对城乡居民最低生活保障对象进行帮扶；继续为高龄老人购买意外伤害保险；继续开展“生育关怀行动”。

完善提升城市安全设施，共4项。设置和完善道路交通安全设施；在第二实验小学、第五实验小学建设交通“微循环”；改造更新部分路段电警设备，建设城市停车管理平台；建设沿海渔业码头重点海岸应急监视平台。

便民惠民，共3项。建设电子支付公共缴费平台；改造安装市区部分老旧小区天然气管道；对市区5个老旧住宅小区进行环境整治和修缮改造。

2018年，石狮市委、市政府为民办实事项目共30项，23个项目已完成，长福智能立体停车场建设、中小学幼儿园运动场、改造提升红色革命暨非遗文化传承教育基地等3个项目基本完成；老旧住宅小区环境整治和修缮改造工程、宝盖山风景区建设、添置食品安全快速检验车项目、四期电警设备改造更新及其他设备采购安装项目等4个项目未完成。

2018 年石狮市委市政府为民办实事项目完成情况表

表 2

序号		项目名称	项目建设内容和规模	承办单位	完成情况
1	第一件：改善办学条件方面	设立 4 点半学校项目	在全市有条件、有需求的小学实施四点半学校项目	市教育局	已完成。 2018 年全市有 37 所小学开展下午课后“四点半”服务，参与学生 19063 名人，占全市学生数 29.50%。此外，实验小学、实验中学附属小学、第四实验小学 3 所小学开展“第三方教育服务机构进校园” 学校试点
2		民办幼儿园学位购买及普惠性幼儿园项目	对市区、城乡接合部、农村不同区域的民办幼儿园实行分等级补助和学位购买。购买学位的幼儿园及普惠性幼儿园 55 所	市教育局	已完成。 经考核认定全市现有 55 所普惠性幼儿园（含集体办幼儿园 8 所，不需要另外支付补贴），实际符合补助条件的普惠性民办幼儿园 47 所。至 2018 年 12 月完成 24 所财政补助，共 376 万元；余下 23 所财政补助计 413.6 万元，将于 2019 年 1 月发放
3		建设中小学幼儿园运动场项目	改造建设实中附小、蚶江镇洪窟小学、第四实验小学、古洋小学、青莲小学、塔前小学、教师进修学校附属小学、宽仁小学、莲坂小学等学校运动场	市教育局	基本完成。 安排实中附小、第四实验小学、教师进修学校附属小学、大堡小学运动场 4 个项目。实中附小、第四实验小学、教师进修学校附属小学三个项目已全部竣工投入使用。大堡小学项目完成工程量预算，正准备招投标
4	第二件：加强文体事业建设方面	村（社区）综合文化服务中心改扩建项目	根据《石狮市推进基层综合性文化服务中心建设实施方案》（狮政办〔2016〕117 号）要求，改扩建 33 个村（社区）综合文化服务中心，验收合格后，市财政补助投入资金 80%，单位自筹 20%，市财政补助金额不超过 15 万。 建设数量：灵秀镇 3 个、宝盖镇 3 个、蚶江镇 7 个、永宁镇 6 个、祥芝镇 5 个、鸿山镇 4 个、锦尚镇 5 个，共 33 个	市文体旅游广电新闻出版局	33 个村级综合文化服务中心改扩建工作全部完成
5		建设室外健身路径项目	选择条件成熟的村（社区）、企业、市直单位，建设 20 套室外健身路径。验收合格后，每个建设点补助 2 万元	市文体旅游广电新闻出版局	20 套室外健身路径建设完成
6		建设塑胶篮球场项目	选择条件成熟的村（社区）、企业、市直单位，建设 20 个塑胶灯光篮球场。验收合格后，每个建设点补助 5 万元	市文体旅游广电新闻出版局	20 个塑胶灯光篮球场建设完成
7		开展文化惠民剧场活动项目	以政府购买服务的形式，每月聘请一个省内外专业剧团到全市音乐厅演出，让市民以低票价欣赏文艺精品。同时，举办新年音乐会等公益性演出	市文体旅游广电新闻出版局	全年演出 12 场
8		鸳鸯池公园门球场、气排球场地提升项目	提升鸳鸯池公园门球场、气排球，工程验收合格后，补助 20 万元	市文体旅游广电新闻出版局	鸳鸯池公园门球场、气排球场建设完工

续表 2

序号		项目名称	项目建设内容和规模	承办单位	完成情况
9	第二件：加强文体事业建设方面	改造提升红色革命暨非遗文化传承教育基地项目	1. 修扩建石狮第一地下党支部活动遗址，场景再现革命老区精神； 2. 第一地下党支部暨狮阵非遗传文化博物馆； 3."以社带村、村社互促、双向受益、共同提高"的党建工作成果展示厅； 4. 革命老区基点村休闲公园、红色革命历史长廊（即村间道路两侧宣传栏展示），提升红色记忆	锦尚镇	基本完成。 1、第一地下党支部活动遗址、"初心墙"已基本完成土工建设，进行贴砖等扫尾阶段，预计 2019 年 1 月中下旬完成装修； 2、第一地下党支部暨狮阵非遗传文化博物馆（即展厅）完成场地清整、拆墙、布局、墙面装饰、木工等施工建设，剩余上漆粉饰等工作，预计 1 月中下旬完成装修； 3、继续收集整理相关史料
10	第三件：完善公共设施方面	宝盖山风景区建设项目	核心区游步道项目：新建长 4.3 千米，宽 3 米混凝土软性路面；改造长 1.7 千米，宽 6.5 米水泥路；新建 4 米宽车行道、3 米宽自行车道、2 米宽人行道为一体的综合性道路	市交通和城市建设局	未完成。 核心区游步道项目：12 月 23 日结束中标结果公示。施工单位进场，工期预计 7 个月
			花海谷项目：建设宝盖山花海谷景区约 40 公顷的花海谷		已完工，并向群众开放
11		环湾湿地公园建设（一期）项目	公园占地为 275 公顷（实际可建设用地 62.5 公顷）。一期建设针对现有农耕道路进行改建，建设路灯、木栈道、给水及弱电工程	市交通和城市建设局	完成一期建设
12		长福智能立体停车场建设项目	在石狮市妇幼保健医院建设智能立体停车，建设 250 个停车位	市交通和城市建设局	基本完成。 基本完成外立面幕墙安装，正在进行设备安装调试
13		口袋公园建设项目	在市区范围选取合适场所建设口袋公园	市交通和城市建设局	已完成。 项目已于 8 月完工，项目总共选址 3 个地块，分别为大仑老人活动中心、镇中路左侧足球场周围空地和原东村休闲公园
14		改造提升环境卫生设施项目	公厕改造提升项目：市园林环卫管理处管理的 6 座公厕（曾坑霞露、玉湖果蔬市场、福建路、太原路、建兴街、马脚桥）；湖滨街道、凤里街道各 5 座，宝盖镇、灵秀镇各 8 座，永宁镇、蚶江镇、祥芝镇、锦尚镇、鸿山镇各 5 座，共计 57 座	市城市管理局	57 座城乡公厕全面完工，正组织工程验收
15		完善公交系统项目	在全市 26 处公交停靠点建设 49 座公交临时站牌	市交通和城市建设局	已完成。 根据实际情况总共建设 78 座公交临时站牌
			在工业园区增加和调整公交路线	市交通和城市建设局	已完成。 1. 开通 23 路（客运中心站－华联五金）夜间公交线路，服务五金印刷园区职工夜间出行； 2. 延伸 4 路公交至海西电商园，开通夜间班次，覆盖海西电商园、灵秀创业园、灵秀科技园和服装客运站及客运中心站等，并于 12 月 1 日正式运行
16	第四件：居民健康和养老服务方面	添置食品安全快速检验车项目	购置一辆食品安全快速检验车（包含工作人员配置、检验试剂消耗、车辆保险、汽油及维护等经费保障）	市市场监督管理局	未完成。 省食药局已确定县级食品快检车投资计划，明确项目实施职责，将通过公开招标方式确定快检车供应商，统一采购，统一发放
17		妇婴保障工程项目	1. 扩大免费检查覆盖率，在城乡适龄妇女中开展妇女病免费检查； 2. 实施 30 项新生儿疾病筛查； 3. 为全市符合计划生育政策的常住 35 周岁以上高龄孕产妇和常住新生儿购买健康保险	市卫生和计划生育局	已完成。 1. 开展 30 项新生儿疾病筛查，2018 年 1-12 月份共筛查 7079 例； 2. 全市共完成宫颈癌筛查 5000 例，乳腺癌筛查 5000 例； 3. 健康保险项目由中国人民财产保险股份有限公司晋江市分公司中标，于 11 月 21 日签订保险合同

续表 2

序号		项目名称	项目建设内容和规模	承办单位	完成情况
18	第四件：居民健康和养老服务方面	购买养老服务项目	购买养老服务项目：为 1500 名特困低保、重点优抚、五老人员、计生特殊家庭、空巢的老人提供每月 20 元的信息服务，并为其中特困低保、计生特殊家庭、五老、空巢的生活全护理或残疾等级三级以上的 180 人提供每月价值 300 元的实体援助服务，所需信息服务费 36 万元、实体家政护理服务费 64.8 万元，合计 100.8 万元	市委社会工作部	已完成。 1. 完成各乡镇（街道）、村（社区）办理政府购买居家养老服务项目手机发放工作，累计已为 1500 位老人办理手机。为其中的特困低保、计生特殊家庭、五老、空巢的生活全护理或残疾等级三级以上 129 名老人提供每月 300 元的实体家政护理服务； 2. 入户抽查服务情况，审核拨付一、二季度服务费用分别为 17.648 万元、20.14 万元。审核完成第三季度服务工单，并已研究拨付第三季度服务费用 19.5283 万元； 3. 为 1600 名 80 周岁及以上老人购买居家养老服务（提供每月 20 元的信息服务）
19		新建和改造养老服务场所项目	社会福利中心养老院落地运营：养老院位于石狮市社会福利中心内，建筑面积 7720 平方米，设置床位数 300 张，其中护理型床位 220 张。为低保家庭 60 周岁以上失能老人住进养老院施行兜底保障	市委社会工作部	已完成。 石狮市社会福利中心养老院——红景天老年公寓（雅园）于 7 月 26 日举行开业仪式，正式投入运营，并已有老人入住
			湖滨街道老年人日间照料中心：在八七路 1002-1010 号劳动力市场大厦内改建老年人日间照料中心，建成后，2 至 3 层为老年人提供日常生活照顾和生活护理场所，总面积 1000 多平方米，设置 80 张护理型养老床位	湖滨街道	已完成。 照料中心内部装修已基本完工，室内家具、配套设备已完善安装，大厦内的 2 部电梯已改造及安装完毕。照料中心里配备医疗保健室、餐厅、康复训练室、法律咨询室、心理疏导室、评估室、电疗室、水疗室等基础设施，养老床位共 145 张，总投资近 700 万元。可辐射湖滨街道 10 个社区及周边区域，为有养老需求的老人提供专业化的养老服务
20		提升职工心理健康服务中心项目	提升职工心理健康服务中心各项服务。实行管理创新，争取打造全国领先示范性社会心理健康体系	市总工会	已完成。 职工心理健康中心全年累计在全市基层工会发放宣传手册共 591 册。开展“关爱职工心理健康，促进企业和谐发展”心理服务，建立职工心理健康档案 647 份；面向全市 1150 名职工会员进行心理体检活动，针对机关系统、多个学校、妇幼医院以及多个企业开展了“健康心理”“家庭教育”“情绪减压”等职工心理健康讲座和心理素质拓展活动共 41 场。提供个案咨询 43 起，招募培训志愿者 12 名
21	第五件：关爱特殊和困难群体方面	城乡居民最低生活保障对象帮扶项目	减免有线数字电视收视费：为全市城乡居民最低生活保障对象、特困救助供养对象、孤儿每月每户支付 10 元有线数字电视收视费，主终端基本型机顶盒、智能卡及剩余收视费由福建广电网络集团石狮分公司承担，低保户、特困人员、孤儿不再支付机顶盒及有线数字基本收视费，实行免费安装、免费收视	市委社会工作部	已完成。 已与福建广电网络集团石狮分公司签订协议，社工部及时提供名单办理减免
			小额人身意外伤害保险：市城乡居民最低生活保障对象（含特困人员、孤儿）因意外伤害导致的身故、伤残（含烧烫伤）和住院医疗等事故，中国人寿保险石狮支公司按照承保的保险责任和保险金额进行赔付	市委社会工作部	已完成。 已与人寿保险公司签订协议，保险公司按协议内容对符合条件的人员进行理赔

续表 2

序号		项目名称	项目建设内容和规模	承办单位	完成情况
22	第五件：关爱特殊和困难群体方面	购买高龄老人意外伤害保险项目	高龄老人意外伤害保险项目：继续为全市 8000 名 80 周岁及以上老年人购买意外伤害保险，减轻老年人医药费负担，提高老年人抵御风险能力。按每人 30 元，保期一年	市委社会工作部	已完成。 已和中国人寿保险公司泉州分公司签订协议，共为7298 名老年人购买意外伤害保险，按每人 30 元，保期一年，共计费用 21.894 万元
23		"生育关怀行动"项目	1. 实施"安居工程"30 户。解决农村"二女"结扎户中"无房户""危房户"住房问题； 2. 实施"致富工程"。解决农村"二女"结扎户中部分生活困苦问题，开展小额贴息贷款、失独家庭救助、意外伤害保险等工作； 3. 实施"成才工程"。对农村自愿不再生育户、计划生育贫困户和农村二女户子女就读小学、中学、中专、大学的进行补助，确保其不因贫困而失学； 4. 开展生育关怀行动。对遭受重大病灾、事故的计生困难家庭和基层计生干部困难户实施救助，在春节等重大假日开展慰问计生家庭活动	市计生协会	已完成。 1. 安居工程：安居工程已竣工户数 32 户，投入帮扶资金 120 万；（新增 2 户翻建，减少 1 户新建，总额不变） 2. 致富工程：投入 0.3 万元，慰问 3 户挂钩贫困计生女孩家庭；投入 2.2 万元，慰问 22 户计生女孩家庭；投入一次性慰问金 6 万元，慰问两户新增的失独家庭；投入 5.8 万元，在春节期间对 29 户失独家庭进行春节慰问，投入 6 万元，在中秋慰问 30 户失独家庭；低保提升金共计发放 27.29 万元。完成 74 户计生家庭小额息贷款工作，投入 7.1922 万元小额贷款贴息；投入 82.5 万元为 8250 户免费购买计生家庭意外伤害保险； 3. 成才工程：为 211 名符合条件的农村自愿不再生育户、二女结扎户提供中考加 5 分照顾；开展生育关怀行动助学，帮扶 482 人次农村自愿不再生育户、一女、二女结扎户、计生困难户子女，共发放助学金 128.5 万元；投入 133.7 万元，帮扶 4380 人次农村自愿不再生育户、一女、二女结扎户、计生困难户子女，就读小学至高中、中专减免学杂费； 4. 投入 21.09 万元，走访慰问贫困计生女孩家庭 766 人次；投入 0.72 万元慰问 9 名困难基层计生协会工作者；市、镇两级共投入 111.15 万元，救助 148 户近期遭受重大病灾、事故的计生困难家庭
24	第六件：完善提升城市安全设施方面	道路交通安全设施设置、维护项目	完善辖区道路事故多发与隐患点段、校园周边道路等交通安全设施	市公安局	完成 2018 年的校园及事故隐患点段交通安全设施的整治，正组织进行工程验收
25		第二实验小学、第五实验小学等片区交通"微循环"建设项目	第二实验小学、第五实验小学等片区交通"微循环"规划及配套电子警察、标志标线等设施建设	市公安局	第二实验小学、第五实验小学等片区微循环工程已建设完成，正在试运行
26		四期电警设备改造更新及其他设备采购安装项目	1. 对 2011 年建设的第四期电子警察设备中设备功能较差的八七路南洋路交叉口、西环路八七路交叉口等 8 个路口电警设备进行更换； 2. 建设城市停车管理平台，采购 50 个停车场出入口数据采集设备 100 套，规范、引导市民停车秩序，提高全市停车场空余车位信息共享； 3. 在石泉二路、八七路、南洋路等城市主干道路段建设 10 套礼让行人和 10 套使用远光灯抓拍设备，利用电子监控设施，有效纠正车主市区行车习惯，主动避让行人，正确使用车辆灯光，确保行车文明、安全	市公安局	未完成。 1. 电子警察项目正组织施工当中，项目工程进度 85%； 2. 停车平台项目预计 2019 年 1 月底签订合同，工期约 30 天

续表 2

序号		项目名称	项目建设内容和规模	承办单位	完成情况
27	第六件：完善提升城市安全设施方面	建设沿海渔业码头重点海岸应急监视平台项目	在全市沿海各镇建设渔业码头重点海岸应急监视平台，根据各镇实际情况建设，内容包括室内应急监视大屏、网络通信、软件系统等设备以及室外远距离视频监控和远距离语音广播等	市海洋与渔业局	已完成。 2018 年 11 月 15 日，项目通过竣工验收。该项目在全市沿海重点海岸、渔港码头和沙滩景点沿岸新建 13 个点位的远距离视频监控系统和远距离广播系统，并整合部分原有监控系统和指挥中心，实现对沿海情况的全天候实时监视监控，可进一步提高海洋渔业的管理水平和运作效率，同时也可为渔港、海域的应急指挥调度提供有力的技术支撑
28	第七件：便民惠民方面	建立公共缴费平台项目	公共缴费平台通过与各个执收单位、财政部门、银行代收机构等相关部门之间的横向联网，建立适用于全市范围、支撑缴款人进行电子支付的统一平台。通过统一门户或各类自助终端，为缴款人提供互联网支付、手机支付、自助终端等电子支付方式办理政府非税收入缴款业务。平台支持多家商业银行网上支付系统、第三方支付系统和手机支付系统，为缴款人提供多样化和丰富的网上支付方式	市财政局	已完成。 石狮市公共缴费平台已开通现场微信扫码支付、公众号微信支付、手机 APP 缴费等功能，8 月 17 日正式上线运行
29		老旧小区天然气管道安装改造项目	按照石狮市委、市政府《关于加快社会事业发展补齐民生短板确保如期全面建成小康社会的决定》（狮委〔2017〕65 号），加快推进老旧小区天然气管理安装治理，提高天然气普及率。首先对市区两镇两办老旧小区分三年（1000 户 / 年）进行燃气管道安装改造，用户承担 1720 元 / 户，政府补助 1000 元 / 户，燃气公司投资 765 万元负责连接老旧小区天然气管道建设	市城市管理局	已完成。 1. 跟进小区 22 个，总户数约 4279 户，已收费 1997 户（已挂表 1275 户）； 2. 已基本完成挂表小区：嘉禄花苑、金苑小区、教育局、金汇一期、二期、协盛花苑一期、二期、莲华花园、翰昌豪园、蚶江宿舍楼、晋安小区、津毓花苑、邮电宿舍楼、国税花苑、宝源花园； 3. 挂表中小区：华禄花园、建德花园二期、世纪家园、元兴花园； 4. 待挂表小区：花园城
30		老旧住宅小区环境整治和修缮改造工程项目	在市区试点改造几个老旧小区，重点解决老旧小区建筑物破损、环境脏乱差、市政设施不配套、交通不顺畅及管理机制不健全等问题，镇（街道）做为实施主体，负责辖区内老旧住宅小区的修缮改造、环境整治、交通微循环项目，国土规划和房产管理局作为物业主管部门牵头做好工作	市国土规划和房产管理局、凤里街道、湖滨街道、灵秀镇、	未完成。 第一批确定的 5 个改造小区中，凤里街道的两个基本完工。第二批确定 7 个改造小区，均未开工，分别为湖滨街道长福国土宿舍楼、嘉禄花苑、公安局宿舍楼、豪富广场（欧洲城）；凤里街道教师宿舍楼、金石小区；灵秀镇灵秀花园小区等。 湖滨街道：玉兰小区项目总体基本完成。花园城小区燃气布管基本完成，道路整理中。自来水公司已于 12 月 13 日进场进行水改施工。目前项目完成工程施工进度 40%，花园城小区施工进度相对缓慢。 凤里街道：华南社区（一建、粮站）与信德明小区已基本完工，待验收。 灵秀镇：塔前狮南工贸小区（达狮雄商住区）试点项目雨污主管完成 90%，雨水支管完成 45%，路灯工程完成 30%，人行道完成 30%，路床修整完成 30%，完成工程总施工进度的 65%

专记

（图 / 颜华杰）

【世界石狮乡亲恳亲大会】 石狮是全国著名的侨乡和台湾汉族居民重要的祖籍地之一，共有100多万乡亲分布在全球各地。2008年11月，世界石狮同乡联谊会成立，以“以乡亲为纽带，密切世界各地石狮乡会的互相联系，增进友谊，互通资讯，交流乡情，促进团结”为宗旨。十年来，在历任会长的竭力推动下，为世界各地的石狮乡亲提供一个敦睦乡谊、守望相助的平台，搭起一座爱国爱乡、回馈桑梓的桥梁。2018年世界石狮同乡联谊会，共有来自澳大利亚、加拿大、俄罗斯、法国、日本、巴西、菲律宾、南非、瑞士、土耳其等49个国家和地区的近500名海内外石狮侨亲出席。

2018年9月28日下午，举行第四届世界石狮同乡联谊大会预备会（图 / 市委统战部）

2018年9月28日，在第四届世界石狮同乡联谊大会预备会上，世石联永远荣誉会长王永权（左）把世石联会旗交棒给世石联候任会长林嘉南（右）（图 / 市委统战部）

【建市30周年纪念林种植等系列活动】 2018年9月28日，石狮市建市30周年纪念林种植活动在六胜塔公园举行。石狮市领导朱启平、黄春辉等市领导以及菲律宾石狮市同乡总会、泰国石狮同乡总会、石狮市旅港同乡总会、澳门石狮同乡总会、台湾石狮市同乡总会等同乡总会代表，共同为“石狮市建市30周年纪念林”主石揭牌，并为纪念林进行植树培土。重大项目集中开竣工活动，如石狮市第八实验小学开工奠基、石狮市海洋生物食品园入驻企业集体开工、石狮市医院新院揭牌、石狮市新行政服务中心揭牌、石狮联邦国际商业城改造重建启动。同日，在石狮市公务大厦香港厅举行第四届世界石狮同乡联谊会预备会，在服装城艺术展览中心组织观看改革发展成果图片展、“新石狮　奋斗新时代”文艺会演等。

【第四届世界石狮同乡联谊大会】 2018 年 9 月 29 日上午，世界石狮乡亲恳亲大会召开。在会上分别举行第四届世界石狮同乡联谊会就职典礼、第二批荣誉市民称号颁授仪式及公益捐赠等活动。林嘉南当选世界石狮同乡联谊会第四届理事会会长，海内外石狮乡贤捐资 5.36 亿元人民币，助推石狮教育、公益事业、文化、医疗等方面建设与发展。

2018 年 9 月 29 日上午，泉州市委副书记陈奕辉（右）为第四届世联会会长林嘉南（左）颁发荣誉证书 （图 / 市委统战部）

2018 年 9 月 29 日上午，中共石狮市委书记朱启平在第四届世界石狮同乡联谊大会上讲话 （图 / 市委统战部）

2018 年 9 月 29 日上午，在第四届世界石狮同乡联谊会上，泉州市教育局局长廖伏树（左）为石狮市教育基金会颁发牌匾 （图 / 市委统战部）

2018 年 9 月 29 日上午，第四届世界石狮同乡联谊会会长林嘉南在会上致辞 （图 / 市委统战部）

2018 年 9 月 29 日上午，第四届世界石狮同乡联谊会举行石狮市荣誉市民颁奖仪式，中共石狮市委书记朱启平为 6 位荣誉市民颁发荣誉证书 （图 / 市委统战部）

2018 年 9 月 29 日，世界石狮同乡联谊会换届典礼现场 （图 / 市委统战部）

2018 年 9 月 29 日上午，中共石狮市委常委、市委统战部长林天虎在第四届世界石狮同乡联谊会上讲话 （图 / 市委统战部）

世界石狮同乡联谊会首届理事会会长杨孙西在致辞中提到，改革开放赋予石狮飞跃发展的历史机遇，如今，石狮已一举成为著名的现代化滨海城市，还获得中国休闲服装名城、全国中小城市百强、全国文明城市等称号。石狮是 100 多万石狮旅外乡亲的心灵依归，世界石狮同乡联谊会作为联系海内外石狮人的平台，将更好地推进海内外石狮人的大团结、大融合，更广泛地团结联络世界各地的乡亲，共同推进家乡石狮各项事业发展，继续为建设新福建、实现中国梦贡献智慧和力量。第四届世界石狮同乡联谊会会长林嘉南表示，他将秉承世界石狮同乡联谊会的宗旨，充分发挥联谊会的桥梁纽带作用，组织广大侨亲参与“一带一路”建设，寻找合作发展商机，继续谱写海内外石狮乡亲携手合作的新篇章。

【石狮市海外联谊会第二届理事大会】 9 月 29 日下午，石狮市举行石狮市海外联谊会第二届理事大会。泉州市委常委、统战部长林万明，省委统战部副巡视员廖长桂，石狮市委书记朱启平，世界石狮同乡联谊会会长、泰国石狮同乡总会创会会长林嘉南，世界石狮同乡联谊会永远荣誉会长、澳门石狮同乡总会会长王永权，旅菲侨领林玉燕、洪及祥，石狮市旅港同乡总会会长佘英杰，泰国石狮同乡总会会长蔡孝兴，石狮市委常委、统战部长林天虎，石狮市政府副市长张汉杰，以及石狮市有关部门负责人，石狮市海外联谊会理事会成员等参加大会。林天虎当选为石狮市海外联谊会第二届理事会会长。

【参观石狮建设发展新貌】 2018 年 9 月 29 日下午，石狮市市领导朱启平、上官跃进、林自育、林天虎、林希妍、施汉杰、张汉杰，分成两组，陪同参加世界石狮同乡联谊大会的海内外石狮乡亲，参观石狮建设发展新貌。世界石狮同乡联谊会会长、泰国石狮同乡总会创会会长林嘉南，世界石狮同乡联谊会永远荣誉会长、澳门石狮同乡总会会长王永权参加活动。在市领导的陪同下，海内外石狮乡亲先后参观宝盖山公园、红塔湾旅游路、石狮新医院、环湾湿地公园。乡亲们一边聆听市情讲解员的市情介绍，一边欣赏家乡石狮的美景，感受家乡的发展变化。

【参观故宫狮文化珍宝展】 2018 年 9 月 29 日晚，参加世界石狮同乡恳亲大会的侨亲参观由北京故宫博物院、石狮市人民政府主办，石狮市博物馆承办的“丝路狮缘——故宫狮文化珍宝展”感受狮文化魅力。

（图/颜华杰）

1月

5日　政协第十二届福建省委员会委员名单在十一届省政协常委会第30次会议上审议通过，16名石狮籍乡亲名列其中，他们是：李转生、许聪海、邱建筑、姚明耀、王清海、王德全、卢金荣、卢锦钦、许荣芳、李木理、李圣根、林英达、林建勋、姚志远、蔡建四、蔡炯明。

同日　石狮青商会第五所爱心图书馆落户灵秀镇塔前小学，市领导和青商会代表还向塔前小学捐献1万册图书、6台电脑以及20万册电子图书软件。

6日　澎湖地区两岸交流协会理事长、澎湖县议会副议长陈双全率澎湖地区两岸交流协会参访团一行到石狮市参访并举行座谈。

同日　福建省机器人科教协会石狮星港文创园实训基地揭牌。

10日　2017年道路交通安全综合整治工作成效第五考核组到石狮开展检查考核。

12日　由泉州市纪委、泉州市委市直机关工委等单位联合主办的“开启新时代，亮出新作为”全市机关学习宣传贯彻中共十九大精神系列活动巡展石狮展区在市文联大厦开馆。

14日　“世界石狮、青商启航”石狮市青年商会第四届理事会就职典礼暨“一带一路”华裔青商合作峰会启动。郭东圣任新一届理事会会长。

同日　由石狮青商会联合菲律宾中华总商会青商委员会、泰国石狮同乡总会暨泰国石狮商会、印尼·中国（泉州）总商会、新加坡泉州青年商会、越南福建商会、石狮市旅港同乡总会青年委员会等华裔青商组织共同发起的华裔青商组织联席会正式成立。

15日　石狮市委书记朱启平在市公务大厦澳门厅会见出席石狮市青年商会第四届理事会换届活动暨“一带一路”华裔青商合作峰会的泰国石狮同乡总会暨泰国石狮商会会长林嘉南、执行会长蔡孝兴等旅泰乡亲，并举行座谈。

同日　石狮市工商联（总商会）六届二次执委会在市公务大厦举行。

17日　龙穴自然村整村改造开工仪式启动。

19日　石狮国际快件监管中心正式运营。

21日　北京石狮企业商会（京津冀）联谊会天津分会举行揭牌仪式。

22日　石狮市创建全国文明城市总结表彰暨常态化开展创建活动工作动员大会举行。会议解读市委市政府出台的《关于进一步加强城市管理 构建全国文明城市创建长效机制的意见》，全面部署创城常态化工作。

24日　中国人民政治协商会议第十三届全国委员会委员公布名单中，石狮市有十位乡贤入列，创石狮籍乡亲入列全国政协委员新高。这十位入列的全国政协委员包括：吕培榕、林积灿、姚志胜、王正伟、王亚南、王明洋、许荣茂、李贤义、杨莉珊、佘德聪。

25日　“探寻文化遗产·品味海丝古城”第四届海峡两岸高校大学生记者挑战赛的两岸大学生记者一行到石狮市参访交流。

同日　2018年石狮市“三下乡”启动仪式暨新春集中服务活动以及“新时代 新风采”中共十九大精神宣讲文艺演出在蚶江镇公园举行。

29日　石狮市全面启动“禁炮”踩街宣传活动，流动车辆从市政府广场出发，途经八七路、九二路等市中心禁炮路段，地毯式全覆盖宣传禁炮活动。

同日　福建省政协十二届委员会选举产生97名委员为常务委员，两名石狮籍旅港乡贤成功当选常务委员，他们分别是祖籍宝盖镇玉浦村的蔡建四和祖籍蚶江镇厝仔村的许聪海。

2月

1日　泉州市侨联改革工作座谈会在石狮举行。

同日　公边35401艇入列仪式在石狮梅林码头举行。

2日　石狮佳龙文化旅游项目签约仪式举行。

6日　石狮市海上综合执法合署办事处揭牌仪式在祥芝中心渔港举行。海上综合执法合署办事处的成立，标志着石狮市对海上执法力量整合迈出具有里程碑意义的一步。

12日　石狮市举行城管执法队伍换装仪式，全市城市管理执法人员换上全国统一的新式制服。

15日　石狮市第十七届“我们的节日·四海一家欢度除夕”迎春影视通宵联欢晚会在市职工活动中心举行。

18日　石狮市曾坑霞露中青年家乡经济促进会成立。施群雄任首届会长。

19日　由世界石狮市同乡联谊会、石狮市总商会主办，石狮市旅港同乡总会、菲律宾石狮市同乡总会、澳门石狮同乡总会、台湾石狮市同乡总会、泰国石狮同乡总会、北京市石狮商会、厦门市石狮商会、上海市石狮商会、福州市石狮商会协办的石狮市海内外乡亲新春座谈会暨招商推介会举行。

25日　台湾石狮同乡总会在台南举行第二届职员就职庆典。祖籍石狮市鸿山镇东埔村乡贤邱国泉连任会长。

27日　2018年石狮市新春人力资源公益招聘会在石狮市人力资源大厦三楼开幕。

28日　石狮市鸿山镇锦林小学教育促进会成立。林安顷任锦林小学首届教育促进会会长。

3月

2日　第二届永宁古卫城元宵民俗文化庙会在永宁镇举行。

5日　检察官工作室正式落户石狮市市场监督管理局。

6日　石狮市举行纪念“三八”国际妇女节108周年暨“不忘初心芳华绽放”狮城创业女性分享会。

同日　石狮市妇女联合会与福建石狮农村商业银行股份有限公司举行“巧妇贷”妇女创业授信签约仪式，向全市妇女创业者提供授信额度38亿元的融资服务，引导帮助石狮市广大妇女创业就业。

6—7日　中国纺织工业联合会会长孙瑞哲、中国印染行业协会会长陈志华、中国服装设计师协会主席张庆辉等一行到石狮市调研纺织服装产业发展情况。

7日　石狮市妇女援助中心、石狮市家事纠纷维权一体化基地正式启用。

8日　福建省委宣传部副部长、省委文明办主任刘志坚一行到石狮，就文化改革发展情况展开调研。泉州市委常委、宣传部部长陈铁晗，石狮市委书记朱启平，石狮市委常委、宣传部部长林希妍参加活动。

同日　石狮市妇联、市人力资源和社会保障局联合在市人力资源大厦举行2018年“春风送岗　喜迎三八”女生节专场招聘会活动。这是石狮市首次设置女性专场招聘会。

9日　石狮市“2018年春暖石狮红·党建引领志愿服务暖人心”党员志愿服务活动日在世茂摩天城广场启动。

同日　泉州港石湖港区进口肉类指定口岸建设正式通过国家质量监督检验检疫总局的验收，成为泉州地区唯一的进口肉类指定口岸。

11日　菲律宾石狮市同乡总会成立27周年暨第十四届理监事会洎第六届妇女组、青年组职员就职典礼、菲律宾石狮商会成立二周年庆典在菲律宾马尼拉市隆重举行。蔡明凯任新一届理事会理事长。

同日　在菲律宾石狮市同乡总会换届庆典上，石狮市人才工作海外联络站菲律宾工作站正式成立。这是石狮市在境外设立的第三家人才工作海外联络站。

同日　由石狮市委宣传部、菲律宾石狮同乡总会主办，石狮日报社、菲律宾联合日报社、石狮市文联、石狮市侨台外事局、石狮市侨联协办的“美丽家乡·亲情故土”石狮新风貌摄影展在菲律宾马尼拉首展。

14日　由团中央宣传部部长景临率领的调研组一行到石狮，开展团的十八大筹备工作调研。

同日　石狮青商会举行“聚能谷”交流社揭牌仪式，并举办第一期“聚能谷”交流社活动。

15日　以“品质消费　美好生活”为主题的2018年“3·15”国际消费者权益日活动和党员志愿服务活动在德辉广场举行，现场接受群众咨询、投诉和举报。

同日　《石狮市志愿者礼遇规定（试行）》出台。根据这一规定，志愿者可以获得“星级认定”，服务满一定时间的，可以优先推荐参评道德模范、文明市民等各类先进，并可享受免费体检、免费乘公交等“礼遇”。

16日　闽台方志万祥馆、泉州市方志馆万祥分馆揭牌仪式暨闽台方志文化交流座谈会在石狮举行。此次活动在全国首开与民营企业合作共建闽台方志文化服务平台的先河，也是福建省首次举办的香港、台湾和福建省内专家参加的方志文化交流座谈。

21日　石狮市未成年人保护联盟成立。该联盟由市检察院发起，文明办、公安局、教育局、团委等12家单位共同组建。联盟推出十项保护未成年人工作措施。

同日　孙颖浩院士石狮工作站成立。

同日　南平市妇联主席温秀美带领南平各县（市、区）妇联主席一行人到石狮，考察乡镇妇联组织区域化建设。

23日　泉州市基层卫生工作会暨乡村卫生服务一体化管理工作现场会在石狮召开。

24日　中国科学院长春光学精密机械与物理研究所成果处副处长李贺军、检测中心主任赵宇到石狮，就“建设广电网络产业园区及石狮市闽台光机电技术孵化产业园”项目可行性开展调研及座谈。

同日　石狮市红十字会2018年第一例人体器官捐赠成功。来自黑龙江省的李小平因自发性脑出血抢救无效去世，无偿捐献一个肝脏和两个肾脏，成为石狮市第十八例人体器官捐献者。

26日　石狮跨境电商网批中心揭牌仪式暨跨境电商采销会在海西（石狮）电子商务园举行。

28日　以“融合共享、共铸辉煌”为主题的石狮纺织服装产业共享大会举行。

29日　石狮市供销合作联合社召开第一次会员代表大会，选举产生第一届理事会、监事会。刘延钦当选为第一届理事会主任。

30日　福建省法院立案一庭、省司法厅、省律师协会一行人到石狮法院开展“倡导诚信诉讼，防止滥用管辖权异议”专题调研。

同日　石狮市凤里街道举行大型“平安建设提升年”启动仪式暨社会管理综合治理集中宣传踩街活动，动员辖区内广大群众积极参与平安凤里建设。

4月

4日　全长4公里的峡谷旅游路在交通标线施划到位后，主路面正式完工通车。该道路起于学府路、终点接石永二路已建成段，是石狮第一条观光旅游路。

6日　石狮市陇西李氏中青年理事会第二届理监事换届。祖籍永宁镇子英村的李永坚任第二届会长。

13日　泉州市妇女援助中心暨维权工作推进会在石狮召开。

14日　石狮市委副书记、市长黄春辉会见巴西联邦共和国体育部副部长安德烈·阿格洛、巴西足协国际事务部部长文森特·坎迪多带领的巴西体育部考察团一行。

15日　福建省华泽电商产业园有限公司、福建华泽农业科技开发有限公司揭牌仪式暨产业接洽研讨活动举行。

16日　万祥文教论坛第七讲开讲，邀请泉州地方戏曲研究社社长郑国权就《南音、南戏海外孤本与本土文化》作专题讲座。

同日　石狮市首个青少年税收普法教育基地成立。

17日　2018年中国石狮国际时装周开幕秀暨石狮服装品牌联合发布会、“石狮杯”第三届福建省十佳服装设计师终评颁奖活动在石狮服装城举行。

同日　第四届中国（泉州）海上丝绸之路国际品牌博览会、2018年中国石狮国际时装周暨第21届海峡两岸纺织服装博览会（简称海丝海博会）媒体见面会在石狮举行。

18日　第四届中国（泉州）海上丝绸之路国际品牌博览会、第21届海峡两岸纺织服装博览会开幕仪式在石狮服装城艺术展览中心广场举行。中国纺织工业联合会会长孙瑞哲，台湾纺拓会副董事长翁茂钟，泉州市政府副市长季翔峰，中国国际商会会展部副部长姚鲁杰，中国服装协会顾问蒋衡杰，中国服装设计师协会副主席杨健，福建省贸促会副会长陈扬，联合国工发组织建设项目总协调员贺汪洋，中国南海合作中心主任郭力，西安工程大学党委书记刘江南，泉州师范学院党委副书记高云程，石狮市委书记朱启平，石狮市委副书记、市长黄春辉，泰王国驻厦门总领事馆商务处商务领事维达，香港贸发局华南区首席代表吴文慧，斯中友好协会首席执行官班达拉·迪斯，伊朗伊斯法罕商会国际顾问萨耶德·卡玛叻迪·萨拉巴蒂，台湾一国两制协会会长蔡武璋，广东省服装服饰行业协会会长卜晓强，中国服装协会副会长、特步国际控股公司董事局主席兼首席执行官丁水波，中国服装协会理事、中国利郎集团CEO王良星，石狮纺织服装产业联盟会长林宏楠在主席台就位。仪式上，孙瑞哲宣布海丝海博会开幕；黄春辉主持仪式并致词。

同日　石狮市招商项目集中签约仪式在石狮服装城艺术展览中心举行。

同日　“创新共享 智慧零售”第六届石狮电商大会在石狮服装城开幕。

同日　由中国纺织服装教育学会和石狮市人民政府主办，石狮市人力资源和社会保障局承办的第七届“石狮杯”全国高校毕业生服装设计大赛在闽南理工学院举行决赛。来自江西服装学院的唐文政、西安工程大学的梅茜茜分获大赛的男、女装组金奖。

同日　石狮纺织服装产业联盟版权保护服务中心揭牌成立。

19日　“服装城杯”第二届石狮十佳服装设计师、优秀服装设计工作室终评在闽南理工学院举行。石狮市洪及鋆企业策划工作室李媚媚、石狮古由卡电子商务有限公司陈现等10位设计师被评为“石狮十佳服装设计师”；石狮市有艺丝服装设计工作室、石狮市茂太服装设计室、石狮铂宾服饰设计有限公司等5家工作室被评为“石狮市优秀服装设计工作室”。

同日　石狮市关工委举行“关心下一代”艺术团成立。

同日　第九届中国纺织服装企业家活动日暨纺织服装产业智能化发展论坛在石狮万佳国际酒店举行。

21日　“石狮建市30周年——全国著名书法家邀请展”在市政协委员活动中心政协之友书画院举办。

22日　泉州一院、二院联合医疗专家组在鸿山镇卫生院举办“义诊健康宣教鸿山行”大型义诊及健康宣传服务活动。

23日　首届数字中国建设峰会的媒体采访团一行到石狮，对石狮市科技创新领域进行深入采访。包括《人民日报》《环球时报》《环球时报》福建站、青海广播电视台以及《宁夏日报》等多家国内主流媒体在内的采访团队，在集中调研采访“飞通北斗渔业资源平台”后，对近年来石狮市取得的成果给予充分肯定。

24日　石狮法院金融审判在线办案平台正式上线并投入使用，这也是全省法院的首个金融审判在线办案平台。

25日　泉州市中级人民法院在石狮纺织服装产业联盟设立知识产权司法保护联络站。

同日　石狮市社科联召开第一届委员会第二次全体会议，选举王胜利担任市社科联新一任主席，增选蔡志坤、许为勇、陈军、李明灿担任市社科联副主席。

26日　石狮市侨联召开第六届委员会二次会议，会议选举董立新为石狮市侨联第六届委员会主席。

同日　石狮市残疾人联合会第五次代表大会召开。推举洪孝心为市残联第五届执行理事会理事长，卢明鹏为市残联第五届执行理事会副理事长。

同日　由福建省禁毒委员会办公室、福建省公安边防总队、泉州市公安边防支队、迦圣文化传媒（上海）有限公司、广晟商务（福建）有限公司和福建省昕影影视公司联合出品，知名导演、演员执导、参演的公安边防禁毒主题院线电影《利刃破冰》在石狮中骏黄金海岸举行开机仪式。

27日　“传习经典、博文约礼”首届中华优秀传统文化教育论坛暨石狮共享教育论坛在石狮市第五实验小学举行。

5月

1日　福建省2018年海洋伏季休渔暨亮剑2018年执法行动在石狮祥芝中心渔港启动，福建省海域正式进入伏季休渔时间。

4日　共青团石狮市第八届委员会第一次全体（扩大）会议举行。邱雪亮当选为共青团石狮市第八届委员会书记，陈曦、陈桂蓉、王东育当选为副书记。

同日　“不忘初心　青廉前行”泉州市国税地税“青廉工程”启动仪式在石狮永宁古卫城举行。

同日　“我们的根 · 我们的梦”第25届菲华石狮市青少年夏令营在北京国侨办举行开营仪式。

8日　广西壮族自治区鹿寨县委常委、宣传部部长、副县长陈波一行20人到石狮市考察学习全国文明城市创建工作。

9日　福建省政协副主席、福建省计划生育协会常务专职副会长阮诗玮一行，在泉州市政协副主席王瑞强的陪同下到石狮市，考察少数民族村基层卫生工作。

同日　福建省工商局局长黄培惠一行到石狮开展工作调研。

10日　山东省莱芜市政协考察组到石狮考察群众体育工作开展情况。

11日　由石狮市地震办和市社工部、科协、市红十字会、消防大队和长福社区居委会联合举办的“石狮市2018年第十个全国防灾减灾日宣传活动”在泰禾广场举行。

同日　石狮市第六届“青商杯”全年无交通违法车辆（车主）抽奖活动在市公务大厦举行。

11—13日　2018年世界残奥田径大奖赛（北京站）暨第六届中国残疾人田径公开赛在中国残疾人体育运动管理中心举行。此次比赛中石狮市的残疾人田径运动员杨丽婉在F54级别的标枪、铅球、铁饼比赛项目中获得冠军，为中国代表队赢得三枚宝贵的金牌。

13日　石狮市第十届海峡两岸青年辩论赛选拔赛落幕，泉州师范学院代表队和闽南理工学院代表队一队获一等奖。

14日　石狮市狮仔山片区改造建设项目指挥部在大仑社区揭牌。

15日　福建省高级人民法院党组书记、院长吴偕林一行人在泉州市中级人民法院副院长沈毅青、潘丰源的陪同下，到石狮法院进行调研。

同日　民建中央专职副主席张少琴一行到民建石狮市总支部在民建福建省委主委吴志明的陪同下，到石狮开展调研工作。

17日　国家林业和草原局驻福州专员办专员尹刚强一行到石狮，开展湿地及森林资源保护管理情况调研。

同日　中国（泉州）知识产权维权援助中心石狮纺织服装产业联盟工作站成立。

18日　石狮市妇联第五届执行委员会第一次全体会议举行。邱亚环当选为市妇联第五届执委会主席，蔡育婷、陈清真、林伊莎、施少芳当选为市妇联第五届执委会副主席。

同日　“风雨同行，关爱残障，不忘初心，点亮石狮”主题活动暨服务体系提升启动仪式。

21日　由福建省外办国际交流处副处长蔡文质率领的2018年福建省东盟官员暨国际友城联络员研修班一行到石狮参观访问，就创新创业等工作展开交流。

23日　福建省妇联党组副书记、副主席王秋梅一行人到石狮调研妇联工作。

同日　福建省总工会女职工部部长张红璇一行在泉州市总工会党组书记、常务副主席王茂泉一行的陪同下，到石狮市实验小学查看“四点半”课后服务情况。

同日　中国科技体制改革研究会理事长张景安一行到石狮开展“深化科技体制改革，提升产业创新能力”专题调研。

25日　石狮市七届人大常委会召开第十二次会议。会议审议决定：孙斌任石狮市人民政府副市长。

同日　石狮市“为民办实事项目”老旧小区管道天然气改造工作启动仪式在嘉禄花苑小区举行，这也意味着石狮市老旧小区管道天然气改造工作全面启动。

同日　2018年“全国科技工作者日”启动仪式暨专家工作站揭牌仪式在石狮市公务大厦举行。

26日　世界福建青年联会·菲律宾分会参访团一行到石狮，开展商务文化参观考察并举行座谈交流。

27日　以中国环境监测总站副站长刘廷良为组长的生态环境部检查组抵达石狮市，开展第二次全国污染源普查前期工作检查。

28日　石狮市文学艺术界联合会第三次代表大会召开。并召开第三届委员会第一次全体会议，选举刘建辉为市文联第三届委员会主席，吴诺娃、林景辉、施性山、王金响为市文联第三届委员会副主席。

29日　石狮市劳动模范协会第五次会员代表大会在石狮市公务大厦举行。

同日　泉州市人防结建工程安全生产暨人防设备维护管理培训会在石狮市召开，这也是全省首次开展人防结建工程设备维护管理培训。

30日　石狮市检察院举行“未成年人保护联盟展示中心”揭牌仪式暨“关爱祖国未来，擦亮未检品牌”检察开放日活动。

同日　“狮城新风进万家”2018年石狮市移风易俗主题巡回宣传活动启动仪式在“全国文明村镇”蚶江镇厝仔村举行。

31日　由全国总工会党组成员、书记处书记石岱带领的参加全国工会推动女职工后顾之忧工作现场推进会一行，在福建省总工会党组书记、常务副主席丁文清，泉州市委常委、组织部部长孔繁军的陪同下，到石狮市调研四点半课后服务情况。

6月

1日　石狮市举办首届“关爱星星儿童集体生日会”。

8日　由泰国石狮商会主办的以“新时代、新思路、新机遇，融入‘一带一路’合作发展共赢”曼谷论坛在曼谷举行。

同日　泰国石狮同乡总会暨泰国石狮商会第二届理事会就职典礼举行。在典礼上，石狮市人才工作海外联络站（泰国）正式成立。石狮市委书记朱启平为石狮市人才工作海外联络站(泰国)授牌，泰国石狮同乡总会暨泰国石狮商会副会长林少怀担任站长。

同日　“刺桐乡村古韵”泉州南音音乐会在石狮市音乐厅举行。

同日　第三届国际旅游城市篮球邀请赛在石狮市开幕。

9日　中共石狮市国有资产管理中心委员会举行第一次代表大会。傅荣辉当选党委书记。

11日　石狮市开展2018年伏季休渔以来第一次增殖放流活动，在深沪湾梅林码头附近海域投放真鲷鱼苗31.03万尾。

同日　受柬埔寨福建总商会邀请，由石狮市委书记朱启平率领的石狮市经贸访问团一行抵达柬埔寨首都金边，对柬埔寨福建总商会进行友好访问，受到柬埔寨福建总商会会长邱国兴、名誉会长李敏等的热烈欢迎。

12日　福建省人大常委会副主任檀云坤率检查组到石狮市检查福建省鸿山热电有限责任公司集中供热项目情况。

14日　第十届海峡论坛·2018年海峡科技专家分论坛“海峡两岸智能纺织品及服饰设计发展研讨会”在石狮举行。

15日　《中国新闻传播学年鉴》编撰委员会一行40多人到石狮采风，他们是来自中国社科院新闻研究所、《人民日报》《光明日报》、中国人民大学等权威新闻研究机构、中央党媒以及重点高校的专家学者。

16日　第十届海峡论坛·第十二届闽台对渡文化节暨蚶江海上泼水节台湾鹿港参访团欢迎仪式在市人民广场举行。

同日　2018年第二届宝盖镇文化节在星港文创园开幕。

同日　2018年石狮市永宁古卫城空间艺术季开幕。

17日　“翰墨丹青蕴谜香——中华灯谜文化节书画贺件展暨郑育斌珍藏历代谜家书画展”在政协之友书画院举行。

18日　第十二届闽台对渡文化节暨蚶江海上泼水节开幕式在蚶江后垵澳举行。

同日　“海丝杯”第五届中华灯谜文化节暨石狮第七届中华灯谜艺术节开幕式在蚶江镇政府举行。

同日　纪念中国晚报摄影学会成立30周年石狮采风活动暨丝路国家青少年摄影发展交流研讨会在石狮市举行。中国晚报摄影学会会长司马小萌，以及全国17省36家日报、晚报的负责人、嘉宾等参加会议。

同日　“两岸一家亲”两岸青年学子联欢晚会在石狮市鹏山工贸学校举行。

19日　新的石狮市行政服务中心正式对外开放。新中心设计突出了“以人民为中心　”的理念，着力打造出更加文明舒适的等候、办事环境。

同日　2018年中国石狮国际龙狮公开赛开幕式在石狮市体育馆举行。

20日　泉州市法院案件繁简分流与调解速裁工作推进会在石狮法院召开。

21日　陕西省委统战部常务副部长陈光明、陕西省工商联主席徐明非率调研组一行11人到石狮调研非公有制经济，先后走访参观卡宾物流园、七彩虹植绒印花、大帝集团等非公企业。

22日　全国安全生产月活动组委会办公室副主任王振拴一行到石狮，进行安全生产网格化管理调研。

同日　石狮市2018年渔船安全突发事故应急救援演练在祥芝展开。

25日　由菲律宾中国洪门致公党总部主席、石狮籍旅菲侨亲吴光级带领的菲律宾中国洪门致公党回国商务考察参访团一行，到石狮参观考察。

同日　石狮市留学人员暨归国创业人员联谊会（以下简称“留联”）党支部揭牌成立。

同日　6月25日是第八个“世界海员日”，在石狮鸿山电厂码头，全国总工会宣教部新闻处处长罗有晗、泉州市总工会副主席江永清，以及泉州国际海员俱乐部、石狮市总工会、各级媒体等相关人员，登上由秦皇岛直达泉州的固定航线“金海发”货轮，开展“登轮慰问”活动。

26日　石狮市第十届渔民文化节开幕仪式在祥芝举行。

同日　石狮市江西都昌商会成立。石狮市工商联与都昌县工商联签约友好协作单位。

26—27日　福建省统计局副局长林文芳带队到石狮市开展重点企业走访调研。

28日　福建省高级人民法院邀请部分全国、福建省人大代表到石狮法院视察执行工作，同时邀请央广网、中新网等媒体记者全程参与并见证执行。

29日　“2018年石狮市天然气管道泄漏事故应急救援演练”在高新区五金机械印刷园举行。

7月

1日　为期150天的石狮市“全民悦读·见证成长”活动正式启动。

2日　万祥文教论坛第九讲——《郑愁予的诗歌光谱》，邀请美国耶鲁大学教授郑愁予开讲。论坛由台湾著名诗人颜艾琳主持。

3日　2018年石狮市新市民、民办高校人才及新闻行业人才积分入学凭证发放仪式在市人力资源大厦和各镇（街道）同步举行。

同日　泉州市矫正方案规范化现场会暨4—6月社区矫正工作情况分析会在石狮市蚶江镇召开。

5日　石狮市城市公益性公墓项目开工仪式举行。该项目经省民政厅批准建设，位于双髻山东侧，用地面积300亩，计划投资1.5亿元。

9日　石狮市国际友好城市菲律宾那牙市市长约翰G.波恩加特先生率代表团一行，在菲律宾石狮同乡总会理事长蔡明凯等人的陪同下，到石狮开展为期四天的友好访问。

12日　石狮市召开“一品一码”全过程追溯体系建设工作推进部署会，石狮市将以德辉超市创建“泉州市放心肉菜示范超市”为契机，督促其率先做好流通环节食品及食用农产品“一品一码”追溯体系建设的试点工作。

14日　政和县副县长葛建华带领县农业、国土、林业等部门到石狮对接政和山区生态资源与石狮协作具体事宜。

15日　石狮市健跑运动协会第二届就职典礼暨“石狮市健跑公益基金”启动。

17日　“2018年石狮市食品安全宣传周”在石狮泰禾广场正式启动，现场开展一场“尚德守法　食品安全让生活更美好”主题宣传咨询活动。

同日　“海上看石狮——爱海养海增殖放流”活动在祥芝镇祥渔后斗尾码头举行，活动投放黑鲷鱼苗53.3万尾。

18日　中国海军陆战队在福建石狮将军山海域举行“国际军事比赛-2018”“海上登陆”陆战队分队比赛誓师动员大会。

19日　由泉州、石狮两级检察院共建的泉州市金融安全教育防范基地正式启用。

20日　国家税务总局石狮市税务局正式挂牌成立，标志着原石狮市国税局、原石狮市地税局完成合并。

同日　以石狮乡贤、香港国民教育促进会主席姜玉堆为团长的香港青少年红色之旅福建行参访团一行200人到石狮市参观。

同日　2018年中国港澳台地区青少年“中国寻根之旅”夏令营石狮营暨第三届港澳台石狮市青少年夏令营在石狮开营。

26日　石狮市社会福利中心养老院——红景天老年公寓（雅园）举行启动仪式，这意味着石狮首家“公建民营”养老院正式投入运营。

同日　泉州历史文化中心理事长、万祥图书馆名誉馆长、万祥文教论坛特邀顾问、著名学者、博士孙立川率香港城市大学丝路历史考察团一行到石狮市万祥图书馆考察。

28日　石狮市委书记朱启平，市委副书记、市长黄春辉会见由团长佘英杰带领的石狮市旅港同乡总会青年委员会“一带一路”故乡行访问团一行。

同日　“国际军事比赛——2018”“海上登陆赛”组委会新闻发布会在石狮爱乐皇冠假日酒店举行，赛事新闻发言人、项目裁判长、中国海军陆战队副参谋长、大校陈卫东向中外媒体介绍比赛筹备准备、科目设置等情况，伊朗、俄罗斯、苏丹、委内瑞拉和中国参赛队领队介绍各自备赛情况。

29日　“国际军事比赛——2018”“海上登陆赛”在石狮将军山赛场开幕，正式拉开比赛帷幕。

同日　厦门市石狮商会第二届第一次会员大会在厦门举行。厦门万佳国际酒店董事长黄朝阳当选为新一届会长。厦门远洋伟峰贸易有限公司董事长陈梺峰担任商会监事长，厦门兴克服饰有限公司董事长蔡荣达担任商会秘书长。

30日　泉州市“身边故事、共同铭记”活动现场交流会在石狮召开。石狮市在会上作经验交流，祥芝镇祥渔村被授予泉州市“身边故事、共同铭记”活动先进试点单位。

31日　石狮市委书记朱启平，市委副书记、市长黄春辉带队前往石湖码头，慰问参加“国际军事比赛——2018”“海上登陆”之舰艇开放活动的舰艇官兵，并开展“军事日”活动，等市四套班子领导，以及市有关部门负责人参加活动。

同日　“石狮市文明天气图管理平台”正式上线运行。该平台将创城督导、市民巡访、媒体暗访发现的问题录入系统，通过石狮地图显示问题及整改情况，以“乌云”代表整改中的问题，“太阳”代表已完成整改的问题，“闪电”代表逾期未整改的问题，实现“问题上报、通报下发、整改反馈、数据统计”全流程信息化管理。

8月

1日　由德化县委书记梁玉华率领的党政考察团一行到石狮，就相关产业发展进行考察。

同日　2018年福建省“送教上门”养老护理员培训班在石狮开班。石狮各养老服务机构以及城乡居家社区养老服务机构养老护理人员近50人参加培训。这是福建省民政部门首次在石狮开展“送教上门”养老护理员培训。

同日　国务院妇儿工委办公室综合处处长胡道华，福建省妇联副巡视员、福建省妇儿工委办公室专职副主任郑元福到石狮调研将“两纲”重难点问题纳入政府督查情况。

2日　福建省文明办创建处处长罗星、省食药监局餐饮处调研员谢宁一行到石狮市，督查福建省“诚信经营示范街区”创建工作。

同日　福建省、泉州市、石狮市“三级侨务信访接待日”活动在石狮市公务大厦举行，现场受理并协调解决侨务信访案件。

5日　福建省港区政协委员联谊会庆祝香港回归祖国21周年暨第三届理监事就职典礼在香港湾仔会展中心隆重举行，蔡建四任会长、陈荣旋任监事长。

7日　石狮市委党校新楼奠基。

同日　石狮（厦门大学）创新创业基地及石狮厦门云创智库科技离岸创新创业基地揭牌仪式在厦门举行。

8日　石狮市科学技术协会第四次代表大会召开。

同日　2018年石狮市庆祝全国第十个“8·8”全民健身日体育健身展示活动在市人民广场举办。

10日　漳州市计生协会会长黄浦江带领漳州市计生协会及辖区11个县（市、区）计生协会负责人，到石狮市考察参观法律援助示范点等建设情况。

11日　国际军事比赛——2018年海上登陆赛在石狮将军山赛场落幕。中国队在国际军事比赛——2018年海上登陆赛障碍赛、求生赛、接力赛三个阶段比赛中均排名第一，并最终夺得团体总分第一。此外，中国参赛队还获得“最佳陆战班”“最佳车组”等集体奖和“优秀排长”“优秀狙击手”等9项个人奖。

同日　“《如此多娇》祝贺石狮建市30周年优秀舞蹈作品展演”活动在市音乐厅开演。

15日　2018年蔡友铁助学金颁发仪式举行。

同日　福建省林业厅党组成员、副厅长王宜美率省林业厅涉林扫黑除恶专项斗争领导小组第三督导组，到石狮开展扫黑除恶专项斗争督导。

16日　广西政协副主席钱学明一行到石狮市，开展“深入融入一带一路，大力推进南向通道建设”课题调研。

同日　石狮市第十届渔民文化节闭幕式暨开渔仪式在祥芝中心渔港举行。在石仪式上，石狮市祥芝镇摄影家协会宣告成立，蔡祥山被推选为首届会长。

17日　“首届海峡两岸七夕文化节”常态化市集活动在石狮闽台两岸青年文化产业创业街区开幕。

同日　石狮与政和山海协作联席会议在南平市政和县举行。石狮市委书记朱启平，石狮市委副书记、市长黄春辉，政和县委书记黄爱华，政和县委副书记、县长张行书，石狮市委常委陈元生，政和县四套班子有关领导，以及石狮市山海协作考察团一行，政和县有关部门负责人等参加会议。

21日　蔡友玉教育基金会2018年助学座谈会暨颁发仪式举行。

同日　由金门县青年联合会理事长翁明振带领的“泉台两岸百对家庭传统文化互动亲子游”参访团一行210人到石狮参访。

23日　福建省政协副主席刘献祥带领福建省直相关部门负责人到石狮市，开展《“一带一路”视野下的福建海洋文化产业发展建议》重点提案调研活动。

同日　泉州市县两级人大常委会办公室工作座谈会在石狮召开。

同日　石狮市总工会举行2018年“金秋助学”助学金发放仪式。

同日　教育部校园足球联赛竞赛委员会主任、福建省足协副主席蔡向阳教授，中国大学生足球协会秘书长、同济大学国际足球学院院长游松辉教授带领全国校园足球联盟专家组成员到石狮参观考察。

26日　石狮市第三届沙滩半程马拉松接力赛在永宁红塔湾鸣枪起跑，来自厦门、龙岩、三明、泉州、南安、晋江、安溪、永春、德化、泉港、石狮等地27支队伍的405名马拉松好手参加比赛。

27日　石狮市蔡世佳档案资料捐赠仪式在市档案馆举行。仪式上，朱启平为蔡世佳颁发荣誉证书。

同日　第十次全国归侨侨眷代表大会的代表中，石狮籍代表9名，包括许荣茂、卢文端、佘德聪、姚志胜、许莉莉、邱建益、董立新、佘圣尧、许薇薇等。此外，泰国林嘉南，菲律宾林玉燕、蔡志河、洪及祥、李青松等多名石狮籍侨领将作为大会特邀海外顾问（海外委员）参加第十次全国侨代会。

同日　市关工委举行2018年石狮市关心下一代爱心助学金发放仪式，为53名学生发放助学金共计17万元。

28日　石狮市博士后科研工作站石狮市星港塑胶包装有限公司分站正式授牌成立。此次新入站的博士为福州大学环境与资源学院副教授林春香。

29日　全国老龄办政策研究部副主任王振云一行在福建省老龄办副主任

张冀闽、泉州市老龄办副主任李国松等人的陪同下到石狮调研养老工作。

同日　石狮市慈善总会举行2018年“慈爱学子工程”助学金颁发仪式，对考进本科院校、符合条件的41名“准大学生”进行资助。

31日　石狮市召开首届驻石狮异地商会联席会议。

同日　省安办安全生产专项检查组到石狮市，对石狮世茂地产开发有限公司石狮主题乐园分公司（游乐场所）进行安全生产专项检查，并召开座谈会。

9月

1日　“美国中国　福建之旅”中国摄影报“走进石狮海上泼水节”影友联谊会在石狮市博物馆举行。旨在通过影像传播全面展示“海丝”热点城市石狮的山海之美、人文之美，展示海峡两岸源远流长的“五缘”关系。

同日　中国侨联第十届委员会第一次全体会议上产生中国侨联第十届委员会领导机构。其中，石狮籍旅港乡贤卢文端当选为中国侨联副主席。中国侨联第十届委员会领导机构中，卢文端、佘德聪、姚志胜等当选为中国侨联第十届常务委员。此外，旅菲侨领林玉燕当选为海外顾问，许荣茂当选为港澳顾问，蔡志河、洪及祥、李青松当选为海外委员，卢文端、许薇薇、佘德聪、姚志胜、董立新当选为全委会委员。

3日　由南平团市委书记谷国海带领的南平市青年企业家一行到石狮开展考察交流活动。

5日　石狮市慈善总会举行第二次会员代表大会暨第二届理事会就职仪式。李丽月任第二届理事会会长。

7日　石狮首个“百姓书房阅读点”在青创城正式对外开放。

9日　南平市政和县委副书记、县长张行书，县政府副县长葛建华带领政和县党政考察团一行，到石狮市开展山海协作对接活动。

10日　石狮市政和特色产品直营中心（山海协作示范店）开业运营。

同日　福建省食品药品监督管理局局长林凤祥在泉州市副市长季翔峰的陪同下到石狮市，检查指导食品安全工作。

11日　石狮市举行第七届“宗教慈善周”启动仪式暨“百家场所帮百村”慈善捐资仪式。

12日　湖南省张家界市永定区委常委、区委办主任吴文兵带领的调研组一行，到石狮市调研“最多跑一次”改革情况。

14日　以“创新引领时代，智慧点亮生活”为主题的2018年石狮市“全国科普日”集中宣传服务活动在泰禾广场举行。

同日　石狮市国有资产管理中心召开妇女第一次代表大会，选举产生石狮市国有资产管理中心第一届妇联执委会委员9名，邱凉凉当选为石狮市国有资产管理中心第一届妇联主席。这也是石狮市加强市直机关、事业单位妇联组织建设后成立的第一家事业单位妇联。

15日　石狮市2018年科普晚会暨“全国科普日”活动启动。

16日　越南中国商会福建企业联合会第二届理监事会就职典礼暨中秋联欢会在胡志明市隆重举行。祖籍石狮市永宁镇沙堤村的龚书熊任会长。祖籍鸿山镇卢厝村的卢丽惠应邀担任名誉会长，祖籍永宁镇沙堤村的龚万乐等石狮旅越乡贤担任理事。

17日　石狮市医疗救助慈善会正式成立。

同日　国家三类城市语言文字工作评估组组长胡佩玉、陈军宣带领评估组一行人到石狮，对石狮市国家三类城市语言文字工作进行评估验收。

19日　石狮市第七届人大常委会召开第十四次会议。

20日　石狮市小学课后服务工作启动仪式在石狮市锦峰实验学校举行。

26日　2018年石狮市旅游产业发展研讨推介会举行。

同日　2018年石狮市新市民、民办高校人才及新闻行业人才积分入住凭证发放仪式在市人力资源大厦和各镇（街道）同步举行。234位新市民、民办高校人才及新闻行业人才领到“石狮市新市民积分入住准入卡”，最高可获得12万元购房补贴。

同日　石狮市文化馆南音传习中心祥芝渔港传习所（南音社）挂牌成立。

27日　故宫狮文化珍宝展开馆仪式在石狮市博物馆举行。

28日　世界石狮乡亲欢迎座谈会在石狮市举行。来自五大洲49个国家和地区的海内外石狮乡贤，荣誉市民、优秀青商、新闻媒体代表等，欢聚一堂，共商石狮发展。石狮市委书记朱启平主持座谈会。

同日　石狮一中第四届董事会就职典礼举行。王亚南任石狮一中董事会董事长。

同日　“新石狮　奋斗新时代”文艺演出在石狮服装城艺术展览中心三楼举行。

同日　石狮市建市30周年纪念林种植活动在六胜塔公园举行。石狮市领导朱启平、黄春辉、上官跃进、林自育、庄玉海、陈拥军、李斌、张汉杰，以及菲律宾石狮市同乡总会、泰国石狮同乡总会、石狮市旅港同乡总会、澳门石狮同乡总会、台湾石狮市同乡总会等同乡总会代表，共同为“石狮市建市30周年纪念林”主石揭牌，并为纪念林进行植树培土。

同日　石狮城市主题展览馆正式开展。

同日　石狮市蔡友玉教育基金会第28届颁奖大会在石光中学举行。

同日　石狮市蔡辉煌教育基金会2018年颁奖大会、石狮市蔡辉煌教育基金会第三届理事会暨石狮八中石狮校董会第二届董事会就职仪式在石狮八中举行。蔡佳定当选石狮市蔡辉煌教育基金会第三届理事会理事长；蔡华谈当选石狮八中石狮校董会第二届董事会董事长。

同日　石狮市检察院联合祥芝美丽海岸志愿者协会发起净滩倡议，在祥芝祥农码头西海滩开展“清理海湾垃圾，净化海洋环境”志愿净滩公益行动，来自丰泽、洛江、泉港、惠安、晋江、石狮等多个县（市、区）人民检察院的志愿者及环保爱好者百余人参与本次净滩活动。

29日　“新石狮·奋斗新时代”第四届世界石狮同乡联谊大会在市公务大厦举行。福建省、泉州市有关部门负责人，石狮市四套班子领导，来自五大洲49个国家和地区的海内外石狮乡贤，石狮异地商会和企业代表等参加大会。在会议期间，石狮编辑出版了《石狮改革发展三十年》《狮情画意》等系列图书，策划城市展馆，回顾总结石狮建市30年的奋斗历程和改革发展经验。

同日　石狮市海外联谊会第二届理事大会举行。林天虎当选为石狮市海外联谊会第二届理事会会长。

30日　蚶江镇第四次归侨侨眷代表大会召开。大会选举产生蚶江镇侨联新一届领导班子，郭跃民当选为蚶江镇侨联主席。

同日　石狮市永宁中学办学60年教育成果展暨石狮市永中教育促进会第四届理监事就职仪式举行。陈清满任永中教育促进会第四届理事会会长。

同日　第七届永宁古卫城暨城隍文化节在永宁城隍文化广场开幕。此次文化节为期三天，延续“弘扬传统文化、重振古卫雄风、促进交流合作、再铸永宁辉煌”的主题。

10月

1日　由北京故宫博物院、石狮市人民政府主办，石狮市博物馆承办的“丝路狮缘——故宫狮文化珍宝展”正式向社会公众免费凭票开放，开馆首日迎来1500多人次参观。

2日　石狮市委副书记、市长黄春辉会见菲律宾共和国总统府办公室中国事务特使王维廉一行。

同日　石狮市第二十届（永宁）侨乡谜会在永宁镇行实小学开幕。

8日　中国中小城市科学发展指数研究课题组发布《2018年中国中小城市科学发展指数研究成果》，石狮市位列全国综合实力百强县第16位、全国绿色发展百强县第64位、全国科技创新百强县第29位、全国新型城镇化质量百强县第20位。

11日　四川省政协副主席祝春秀一行，在福建省政协办公厅主任陈善平陪同下，到石狮市考察县域经济发展情况。

13日　中国工程院院士孙颖浩石狮市医院工作站成立。

6-13日　在印度尼西亚首都雅加达举行的第三届亚洲残疾人运动会，石狮女将杨丽婉分别参加女子F53/54级标枪、女子F54/55铁饼及女子F54/55铅球三项比赛，在每项比赛中均获得冠军，共获三枚金牌。

15日　故宫博物院与世茂集团战略合作暨故宫海上丝绸之路馆启动仪式在石狮市世茂摩天城举行。国家文化和旅游部党组成员、故宫博物院院长单霁翔，全国政协常委、世茂集团董事局主席许荣茂，福建省文化厅党组成员、福建省文物局局长傅柒生，泉州市政府副市长季翔峰，石狮市委书记朱启平，石狮市委副书记、市长黄春辉，省文物局博物馆和社会文物处处长陈方昌，泉州市文广新局副局长丁毓玲，石狮市委常委、宣传部部长林希妍，世茂集团副总裁、福建地区公司董事长兼总裁吕翼，以及泉州市、石狮市有关部门负责人等参加仪式。

同日　国家文化和旅游部党组成员、故宫博物院院长单霁翔到石狮作《匠者仁心——故宫博物院的追求与梦想》主题讲座。

16日　“新石狮·奋斗新时代”石狮市第八届运动会在市体育馆开幕。

17日　政和县举行爱心扶贫基金捐赠表彰会议，对爱心扶贫基金做出贡献的先进单位和先进个人进行表彰。会上，政和县委书记黄爱华代表政和县委、县政府向石狮市委、市政府颁发“爱心扶贫特别贡献奖”。

同日　中国关工委常务副主任、中国石油化工集团办公厅原主任闵振环一行到石狮调研关工委工作。

18日　2018年石狮市社会科学普及宣传周启动仪式在曾坑蓉园四端堂杨孙西文化馆举行。

同日　永宁镇梅林小学建校110周年教育教学成果展暨石狮市梅林小学校董会第十八届董监事就职仪式举行。邱伟铭任梅林小学校董会第十八届董事长。

同日　福建省道安办道路工程组组长、交通运输厅运输处调研员吴跃华率督查组一行，到石狮开展道安工作专项督查。

19日　厦门市石狮商会第二届理监事会就职典礼在厦门市举行。黄朝阳任新一届理事会会长。

同日　石狮市民族团结进步教育基地揭牌仪式在郭坑村生态文化园举行。

22日　福建省商务厅副厅长钟木达带领验收组到石狮，在参观服装城市场、听取和观看试点筹备工作汇报以及市场采购联网信息平台建设及实操演示后，验收组成员一致认为试点工作卓有成效、符合要求，同意石狮服装城市场采购贸易方式试点通过验收。

同日　宝盖司法所与市律师事务所党支部公益性法律服务共建签约仪式在宝盖镇政府举行。根据共建协议，市律师事务所将在宝盖镇美莲调解室设立全市首家党员律师公益性法律服务站，并在此基础上探索公益性法律服务新模式。

24日　石狮市泥东风螺增殖放流活动在永宁梅林渔港举行，该次增殖放流活动是2018年石狮市第一次投放螺类种苗，共投放泥东风螺71.6万粒。

同日　以“践行新思想　奋进新时代”为主题的第十六届广场文化艺术节开幕式暨凤里专场演出在凤里街道凤凰城小区开演。

25 日　农业农村部畜牧总站品种资源处处长刘长春等一行在福建省畜牧总站、泉州市农业局畜牧站、石狮市农办相关负责人的陪同下，到国家水禽品种资源基因库开展调研。

26 日　石狮市留学人员暨归国创业人员联谊会第二届理监事会就职典礼举行。刘德攀任新一届理事会会长。

同日　石狮市十大杰出留学人员揭晓暨颁奖典礼举行，王佳铁、蔡海哨、林伊莎、蔡奇全、林长江、许鸿达、蔡沂轩、姚道祝、林弘恺、黄晓玲获评“石狮市十大杰出留学人员”。

同日　石狮市湖滨街道金曾社区党支部、居委会揭牌、授印仪式在金曾社区举行，湖滨街道由原来的 9 个社区正式变成 10 个社区。2018 年 7 月，市政府常务会议研究同意，湖滨街道曾坑社区拆分为曾坑、金曾两个社区。

27 日　2018 年全国啦啦操联赛（石狮站）在石狮市锦峰实验学校开赛。

29 日　“狮城之恋•缘满今生”2018 年石狮市集体文明婚礼在石狮国际轻纺城举行，53 对新人在市领导的证婚下，缔结美好姻缘。

同日　石狮市融媒体中心正式成立。

同日　石狮市民主党派社会服务基地揭牌仪式暨义诊送药活动在石狮高新技术产业开发区举行。

31 日　福建省第 28 届保护野生动物宣传月系列活动启动仪式在石狮日报社举行。

同日　中央文明办发布了 10 月“中国好人榜”石狮市公共文明引导志愿者协会集体上榜助人为乐好人。

11 月

2 日　石狮市老年学学会召开第二届会员代表大会。邱马升当选石狮市老年学学会新一届会长。

5 日　中国侨联党组成员、副主席李波率中国侨联调研组一行 17 人，到石狮调研侨联基层组织建设工作。

6 日　由国家禁毒办副主任、最高人民法院刑五庭副庭长马岩，国家禁毒办副主任、公安部禁毒局总工程师王优美带领的国家禁毒委督导组一行，到石狮市督导检查。

7 日　由香港泉州慈善促进总会主席苏千墅为团长的访问团一行到石狮市参观访问。

8 日　由福建省侨联副主席张瑶陪同的旅菲海外侨胞一行，到石狮市开展“2018 年海外侨胞故乡行——走进福建”活动。

10 日　石狮动漫嘉年华在泰禾广场开展。该次嘉年华集合 cosplay 次元大赛、宅舞大赛、日本动漫大师手稿展、漫品展、漫画大赛以及 IP 衍生品高峰论坛等。

11 日　石狮市祥芝中心小学百年成果展暨石狮市祥芝中心教育促进会理监事就职仪式举行。蔡延博任祥芝中心教育促进会会长。

同日　石狮市第二中学办学 60 周年教育成果展暨石狮二中教育促进会第六届理监事就职典礼举行。邱奕田任石狮市二中教育促进会第六届理事会会长。

12 日　永春县委书记蔡萌芽、县人大常委会主任林金电率泉州市第十六届人大代表（永春代表组）一行到石狮开展专题调研活动。

13 日　中国和平统一促进会香港总会举行“中国改革开放 40 周年和全国人大《告台湾同胞书》发表 40 周年”暨第三届领导班子就职典礼。全国侨联副主席、世界石狮同乡联谊会永远荣誉会长卢文端连任中国和平统一促进会香港总会理事长，全国政协委员、世界石狮同乡联谊会永远荣誉会长姚志胜任中国和平统一促进会香港总会会长。

14 日　石狮启动纺织服装产业质量提升行动，分三批次扶持 100 家潜力纺织服装企业进行精益生产指导提升。

15 日　泉州石狮服装城市场采购贸易方式试点正式启动。石狮服装城是继义乌小商品城等 8 地之后的第四批国家级市场采购试点，更是我省首个获批市场采购贸易方式试点的区域。福建省商务厅厅长吴南翔、石狮市委书记朱启平分别致词；石狮市委副书记、市长黄春辉主持仪式。

同日　全国纺织服装外贸转型升级基地工作会议暨国际化发展论坛在石狮市举行。

18 日　涉及狮仔山片区改造征迁的大仑社区 977 位先人骨灰举行海葬仪式，以响应石狮市倡导的“绿色殡葬”移风易俗新风尚。

19 日　2018 年石狮市中小学“品味经典　传承美德　争做新时代石狮好少年”经典诵读展演活动在石狮市音乐厅举行，石狮市各中小学的学生们，开展以“孝敬、友善、节俭、诚信”为主要内容的经典诵读展演活动。

22 日　普洛斯（石狮）物流园项目开工奠基仪式在灵秀镇彭田村举行。

23 日　2018 年福建省民办高等教育改革发展论坛开幕式暨庆祝闽南理工学院建校 20 周年大会在闽南理工学院举行。

同日　石狮自然门学校办学 30 周年教育教学成果展暨石狮自然门校友联谊总会第二届理监事就职典礼举行。胡海荣任新一届自然门校友联谊总会会长。

同日　石狮市开展“反对家暴我引领　移风易俗促文明”为主题的维权暨家庭文明宣传志愿者公益骑行活动。

同日　2018 年福建省民办高等教育改革发展论坛在闽南理工学院举行。200 余名专家、学者围绕“新时代民办高等教育改革建设”这一主题进行研讨交流。

24 日　石狮市“作家讲坛”第三讲，在石狮市音乐厅开讲。福建省文联副主席、福建省作家协会主席杨少衡主讲。

28 日　第十五届世界六桂恳亲大会暨世界六桂总商会成立庆典大会在石狮市举行。洪文化任世界六桂宗亲总会会长；洪及祥任世界六桂总商会会长。

同日　洪珊珊个人书艺篆刻展在在石狮市文联大楼开幕。

29 日　由中共石狮市委、石狮市人民政府、泉州市委人才办主办的2018 年中国·福建人才创业周（港湾计划石狮专场）对接活动在石狮举行。

同日　石狮市召开 2018 年新石狮人优秀子女表彰大会，99 名来自全国各地的新石狮人优秀子女受到表彰。

同日　石狮市“青商杯”第六届全年无交通违法车辆（车主）颁奖仪式暨“全国交通安全日”主题宣传活动在市人民广场举行。

同日　石狮市渔业文化科普馆落户石狮海峡渔文化博物馆，这也是石狮海峡渔文化博物馆继被授予“石狮市科普教育基地”“石狮市中小学社会实践基地”之后的又一名片。

30 日　石狮市“全国家长学校建设实验基地”揭牌仪式暨家庭教育能力提升培训班启动仪式在石狮一中举行。

同日　石狮市心理学会成立大会暨心理学学术专家论坛会议在市公务大厦举行。刘颖当选石狮市心理学会首任会长。石狮市心理学会也是全省首家县级市心理学会。

12 月

1 日　由欧美同学会、中国留学人才发展基金会主办的第十七届中国企业实施“走出去”战略论坛在北京召开，石狮留联作为协办单位参与该届论坛，这是石狮留联第一次走进北京中关村，开展人才及产业对接。

2 日　福建省石狮市“村村通天然气”第一村开工启动仪式在蚶江镇厝仔村举行。

3 日　泉州市法院信息化工作会在石狮法院召开，泉州中院党组书记、院长陈明及泉州市各基层法院院长参加会议。

同日　港澳西岑同乡会第三届理监事会就职典礼在香港举行。旅港乡贤王惠民任新一届会长。

4 日　石狮市在泰禾广场举行“12·4”国家宪法日暨第一个“宪法宣传周”集中宣传服务活动。

6 日　红塔湾海岸公园一期项目动工建设！根据规划，石狮海岸带将形成“一带五湾”的空间结构，渐进式推进保护性开发。

7 日　“狮来运转、共享未来”石狮城市超级 IP 发布会于石狮服装城展览艺术中心举行，启动制作以“狮文化”为核心的《狮来运转》3D 系列动画片，并同步发布石狮城市超级 IP 共享模式，计划通过全渠道推广、实体产业对接、IP 授权共享、文创人才培育等，多角度立体式塑造独具石狮文化基因的城市符号，推动石狮城市形象、文化旅游、文创产业及实体经济的高质量发展。

9 日　石狮市旅港同乡总会成立 28 周年暨第十五届董事就职典礼在香港会展中心举行。蔡佳定任新一届会长。

同日　由石狮市委宣传部、石狮市旅港同乡总会主办的“美丽家乡·亲情故土”石狮新风貌摄影展在香港会展中心举行。

同日　福建省侨界青年联合会（以下简称“省侨青会”）第二次会长会议暨常委会议在福州召开。石狮市三位侨界青年才俊在本次增补中任要职，分别是泉州市侨联常委、世界泉州青年联合会副会长、泉州侨商会副会长、世界福建青年联会菲律宾分会常务副会长林志农任福建省侨青会常务副会长，坦桑尼亚中华福建同乡会副会长蔡鸿堤、洪门进步党大岷南区理事长吴晓波两人任福建省侨青会副会长。

10 日　“手牵手实施河湖长制 心连心建设美丽石狮”主题宣传活动走进校园，开展河湖长制、水土保持、节水创建、水资源管理等工作宣传。

12 日　福建省委政法委综治二室主任陈武率省综治工作（平安建设）调研组一行到石狮，对 2018 年党政领导综治（平安建设）责任书落实情况进行调研评定。

同日　中华两岸贸易协会会长曾梧炫带领协会机构组一行到石狮市参观访问。

14 日　石狮市委常委班子落实省委巡视二组巡视整改意见专题民主生活会举行。石狮市委书记朱启平主持会议。泉州市纪委副书记、监委副主任许锦聪，泉州市委组织部部务会成员、市直党群系统专职副书记王小寅莅会指导。

同日　石狮市科技创新协会（原石狮市科技奖励协会）第四届理事会第一次会员大会暨就职典礼举行。陈文程当选新一届理事会会长。

同日　以“光子技术及其产业发展”为主题的第 27 次鼓岭科学会议在石狮开幕。

同日　第五届“中华情·少年梦”海内外中华青少年儿童文化交流公益活动表彰颁奖典礼在厦门外国语石狮分校举行。

同日　以“学征信、讲诚信、守信用”为主题的金融宣传活动暨创意视频决赛在石狮市音乐厅举行。

17 日　由石狮市农办主办，中国海峡人才市场石狮分部、福建省人才培训测评中心承办的 2018 年石狮市基层农技推广人员培训班开班。

19 日　石狮市妇联举办学习贯彻中国妇女十二大精神培训班。市妇联五届执委、各镇（街道）妇联执委、各村（社区）妇联主席等200余人参加培训。福建省妇干校副校长顾志峰作“贯彻落实中国妇女十二大精神扎实做好基层妇女工作”专题讲座。

20 日　石狮市机构改革工作大会举行。

同日　“新石狮奋进新时代”庆祝改革开放 40 周年系列书法展，在市文联大厦开幕。

21日　石狮市锦峰教育促进会、石狮市锦峰实验学校校董会第十届奖教奖学暨黄明潭家族第五届奖教奖学颁奖大会及旅菲锦峰同乡会百万基金认捐仪式在石狮市锦峰实验学校赞玉学术厅举行。

22日　2018年福建省轮滑联赛石狮站暨石狮市速度轮滑公开赛，来自全省的23支轮滑队伍参加比赛。

同日　由福建石狮产业投资发展集团有限责任公司、华侨大学石狮校友会主办，石狮市商务局、石狮市侨联作为指导单位的“国际市场采购贸易方式试点”推介论坛暨华侨大学石狮校友会2018年会活动在石狮举行。仪式上，同时举行“石狮国际市场采购贸易华大校友服务中心”授牌。

24日　“点燃星火，孵化未来”2018年孵化中心创业项目评估路演暨最强创业大脑知识竞赛颁奖仪式在狮城青年创新创业孵化中心举行。

26日　老年人体育协会第八次会员代表大会在市老干部活动中心六楼召开。高文俱当选新一届老体协主席。

同日　由福建省委宣传部主办的“青年新闻人：我们与改革开放一起走过”联合采访活动总结交流大会在石狮举行。

同日　福建省公安民警英烈基金会在石狮市公安局举行捐赠仪式，获“爱心奖”的石狮市公安局永宁派出所教导员蔡海炳现场捐赠13万美元奖金给福建省公安民警英烈基金会。

同日　石狮农商银行召开妇联成立暨第一次妇女代表大会，这是石狮市金融机构成立的首家妇联。

29日　石狮市总医院新院区，并成功转送至新病房完成整体搬迁工作。

同日　石狮市鹏山附小百年办学成果展暨新校区奠基仪式举行。

30日　锦尚镇第四次归侨侨眷代表大会召开。侯远丕当选锦尚镇侨联主席。

奈厝前生态公园（摄于2018年10月15日）　　（图／颜华杰）

（图/颜华杰）

历史文化

【地名由来】 石狮历史悠久。从出土的新石器时代石刀石斧等文物的考古中查明，在7000年前，石狮就有人类活动。春秋战国时期，古越人在这里繁衍生息、陆耕海渔。周代以后，北方汉人入迁。西晋末年永嘉之乱，中州动荡不安，士族衣冠南渡入闽，定居石狮境内晋江流域的滨海平原，或从事农耕，或从事近海捕捞。据《西山杂志》记载，隋代，蚶江、永宁、石狮、祥芝等地，均有中原移民南迁定居。永宁岑兜一带建有盐场，先民从事海盐生产已成规模。

相传隋代此处有一凤穴，故名凤里，后建凤里庵，供奉观音菩萨，在本地及海外华侨、华人中影响极为深远。千年古迹凤里庵建有石亭，旁立石狮子，名曰石狮亭。千百年来，商旅往返交耳，皆曰“石狮”，约定俗成，久而久之遂成惯称。此乃石狮由来与得名。

【海外交通贸易】 石狮山川毓秀，人文荟萃，素有“滨海邹鲁”美誉，境内有市级以上文物保护单位30处。晋人南迁后，中原文化即在石狮土地上扎根、衍化。石狮依山面海，拥有64.06千米海岸线，港湾众多，是“海上丝绸之路”起点之一，海外交通贸易发达，姑嫂塔、六胜塔是“东方第一大港”泉州港的“航标”。

【多元文化】 繁荣发达的海外贸易让石狮人走向海洋、走向世界，也吸引世界各地商人到石狮，带来多种宗教文化、信仰习俗。传统的古闽越文化、中原古老文化和多元的外来文化经过千百年融合交汇，形成石狮独具特色的包容开放、团结互助、勇于拼搏冒险的海洋文化，造就石狮人爱拼敢赢、开拓创新的精神与强烈的商业意识、竞争意识、开放意识和创业意识。

【著名侨乡和台胞祖籍地】 石狮市是福建著名侨乡和台湾同胞的主要祖籍地之一。全市旅居海外的华侨及居住在港澳的港澳同胞46万多人，祖籍石狮的台湾同胞30多万人。海外石狮人主要分布在世界40多个国家和地区，近90%居住在东南亚各国，其中又以菲律宾最多。石狮市有港澳同胞9万多人，归侨、侨眷12万多人，占全市总人口约39%，9个镇（街道）均是重点侨乡。广大侨胞和港澳台同胞素有爱国爱乡的优良传统，热心于家乡事业的建设和发展，积极兴办教育、文体、医疗卫生等公共设施，设立各类教育、慈善基金会。据统计，全市旅外华人华侨及港澳同胞捐赠教育、卫生、文化等公益资金近12亿元，建立各级各类奖教奖学基金近70个，基金总额上亿元，为石狮市经济发展和社会进步做出重大贡献。200多人次获省政府和泉州市政府捐资兴学金、银、铜奖章、荣誉证书和奖匾。其中，17人捐资在千万元以上，获福建省人民政府“捐赠公益事业突出贡献奖”，并予以立碑表彰；2018年9月，石狮市召开第四届世界石狮同乡联谊大会，来自海内外的石狮乡亲共捐资5.25亿元，用于家乡教育医疗慈善事业的发展建设。

【石狮建市】 石狮建市前隶属于晋江县。1987年12月17日，经国务院批准，析晋江县石狮、蚶江、永宁3个镇和祥芝乡，置石狮市，为省辖县级市（由地级泉州市代管）。1988年9月30日，举行建市挂牌仪式。1998年，石狮市辖2个街道、5个镇。1999年7月15日，祥芝镇一分为三，增设2个镇。2002年10月，街道居委会辖地开始改为社区，其后各镇（街道）所辖村或改社区，或析出增设或合并减少。

【人口现状】 2018年，石狮市常

住人口65.5908万人，比2017年减少5.04%；全市登记在册流动人口30.9814万人，户籍总户数9.9661万户，户籍总人口为34.6094万人，比2017年净增长7956人。其中城镇人口25.714万人，占总户籍人口的74.30%，比2017年增加5588人。全市出生人口7244人，出生率20.16‰，死亡人口1048人，死亡率3.03‰，人口自然增长率18.11‰。人口以汉族为主，还有回族、满族、畲族等少数民族，通闽南方言。

行政区划

【地理位置】　石狮市位于泉州湾南部，处于厦门经济特区与泉州文化古城之间。石狮陆域地处北纬24°39′52″—24°48′48″，东经118°33′46″—118°46′51″。东濒台湾海峡，南临深沪湾海域与晋江围头湾海域相接，西与晋江市接壤，北隔泉州湾与惠安县、丰泽区相望。北距泉州市区21千米，距福州市区221千米，西距晋江市区14千米，南距厦门市区97千米。

石狮处于华南褶皱系闽东火山断拗带，在东南沿海动力变质带的中段。在全国区划位置上，属闽粤沿海花岗岩丘陵亚区的一部分，地貌形态不一，以台地、冲积海积平原为主，地势南高北低。土壤以红壤、风沙土为主。

【区域面积】　石狮三面临海，市域东西长20.9千米，南北宽16.8千米，海岸线长64.06千米，岛礁54个。中部高，四周低。中间宝盖山海拔209.6米，双架山海拔206.9米，西部为低丘，南北东部均为由中部低丘逐渐过渡到台地、平原。2018年，石狮市陆地面积178.4207平方千米行政管辖毗邻海域面积968平方千米。

【区划变更】　石狮早在旧石器时代晚期（距今2万余年），境内即有先民栖息，考古发现石狮附近海域出水的古人类肱骨化石，经科学鉴定为更新世晚期智人骨骼化石，被考古界命名为"海峡人"。秦汉南北朝隋及至唐初，石狮属南安县境。自唐开元六年（718年）始直至清初，隶属于晋江县境。清乾隆三十一年（1766年），晋江县设石狮分县，以晋江县贴堂县丞驻石狮街，代管安海。乾隆三十五年，石狮县丞移驻安海旧通判署，嗣后，改设安海分县，其后石狮境域事务仍归晋江县，历民国。1949年9月2日，石狮解放。同年9月9日，石狮境域属福建省第五行政督察专员公署辖区的晋江县。中华人民共和国成立后，石狮境域属晋江县。1987年12月17日，国务院批复同意福建省《关于设置石狮市建制设置》和《关于设立石狮市的补充报告》的请示，设立石狮市（县级）。此后至2018年，石狮市政区建置隶属未再变更。

【镇（街道）区划】　2018年，石狮市下辖7个镇、2个街道、27个社区、101个建制村。其中，蚶江镇辖19个建制村；祥芝镇辖10个建制村；永宁镇辖4个社区、20个建制村；宝盖镇辖2个社区、18个建制村；灵秀镇辖1个社区、12个建制村；鸿山镇辖11个建制村；锦尚镇辖11个建制村；凤里街道辖10个社区；湖滨街道辖10个社区（2018年湖滨街道曾坑社区一分为二，拆分为曾坑、金曾2个社区）。

生态环境

【自然条件】　石狮市位于福建省东南沿海，三面临海，濒台湾海峡，临北回归线，属亚热带海洋性季风气候。夏长无酷暑，冬短无严寒，秋温高于春温。石狮季风气候显著。冬季刮大陆南下强劲的北风，夏季盛行来自海洋的偏南风，两者的强弱、进退、更替影响气温、降水等气候要素及天气现象变化。石狮雨水充沛，但时空分布不均，春夏多雨、秋冬少雨，降水量年际和季节变率大。台风、暴雨、低温、干旱等气象灾害时有发生。石狮市石湖港区为国家一类口岸。石狮市境内有10条溪流，多为单独入海间歇性溪流，溪小流短，径流量少。地下水资源缺乏，但水质较好，工农业及生活用水80%靠晋江金鸡南渠水源。

【气候水文】　2018年，石狮市年平均气温正常；年降水量正常，气象灾害总体较轻，气候总体平稳，年景较好。2018年，石狮市年平均气温为22.2℃，与常年相比偏高0.5℃。全年35℃以上的高温日数有18天，年极端最高气温37℃，出现在2018年8月12日；年极端最低气温4.1℃，出现在2018年2月5日。打破历史同期月最低气温记录，受其影响，4日夜间宝盖山出现雨夹雪。

2018年，石狮市降水量1139.3毫米，年降水日89天，出现大雨及以上的日数有16天，其中暴雨日数5天，8月29日出现大暴雨。最长连续降水日8天，出现在8月24日至8月31日。最长连续无降水日19天，出现在2018年5月10日至2018年5月28日。2018年共有4个台风登陆或影响石狮市，与常年（5.3个）相比偏少，影响偏轻。分别为1808号"玛莉亚"、1809号"山神"、1822号"山竹"、1826号"玉兔"。2018年石狮市共出现6次暴雨过程，雷暴天气共14天，主要发生在4—8月，雾日主要出现在冬季、春季、夏季。

【旅游资源】　石狮山海交融，滨海旅游优势独具，67.7千米海岸线岛礁棋布、碧海银滩，省级旅游度假区"闽南黄金海岸"和省重点旅游项目"海洋世界"点缀其间，港湾优美，风光怡人，宝盖山风景区有姑嫂塔、峡谷旅游路、花海谷公园等多个景点，是观光、休闲、度假的理想场所。石狮历史文化底蕴深厚，名胜古迹众多。有姑嫂塔、六胜塔、林銮古渡、永宁古卫城、石狮城隍庙、永宁城隍庙、景胜别墅、蚶江海防官署碑记、永宁老街等珍贵历史文化资源。其中，国家级重点文物保护单位姑嫂塔、六胜塔和林銮古渡并称为石狮“海丝三宝”，是“古泉州（刺桐）史迹”的重要组成部分，也是闽南侨乡的重要标志。

【名优特产】 石狮市地处海滨，为海鲜集散地，又为商贸城市，人流出入多，饮食也比较讲究，名优特产食物繁多，主要有锯缘青蟹（红膏蟹）、马蹄酥、花生卷、石狮甜粿、三合面、花生粉团汤、牛肉羹、烧芋丸、甜果、肉粽、鸡卷、肉夹包等。特色伴手礼有回味合家欢礼盒、义兴甜粿、海百皇海洋好礼、黎祥陈皮梅软糖、青莲手工面线。

经济社会发展

【概况】 2018年，全市实现地区生产总值836亿元、增长9.1%，一般公共预算总收入65亿元，增长6%，一般公共预算收入41.8亿元，增长0.5%，全体居民人均可支配收入50983元，增长8.6%，经济综合实力保持全国中小城市百强第16位。在开展“实业项目落地年”活动、保障国际军事比赛—2018海上登陆赛、举办第四届世界石狮同乡联谊大会、获批全省首个国家级市场采购贸易方式试点、化解联邦商业城历史遗留问题等大事要事实事上取得重大突破。

【产业转型升级】 2018年，石狮市以发展实体经济为主要着力点，出台进一步支持民营企业健康发展十一条措施，深入推进供给侧结构性改革，产业体系更加完善。纺织服装方面。完成58家印染企业分级评定，建立奖优罚劣和差别化要素配置机制，倒逼企业技改升级，完成技改投资11亿元。发挥纺织服装产业联盟的桥梁作用，建立用工、订单、闲置厂房对接服务平台，促进全市纺织服装产业抱团发展，实现规上产值577.6亿元、增长8.9%。智能制造方面。对接引进佳龙新材料、九牧智能家居、建新轮胎等项目27个、总投资71.2亿元，通达三期、飞通北斗等项目基本建成，带动智能制造产业实现规上产值140.2亿元、增长31.9%。海洋食品方面。出台进一步支持和促进海洋经济发展若干措施，全面推进海洋食品园建设和祥芝国家中心渔港扩建工程，渔港经济区建设列入全国沿海渔港建设规划。专业市场方面。成功举办第四届海丝品博会、第21届海博会和2018石狮国际时装周，石狮服装城入选第三批省级现代服务业集聚示范区和福建百大重点商圈，青创城入选国家小型微型企业创业创新示范基地。海西电商园、青创城、跨境网批市场、双奇电商城等电商市场集聚成形，灵秀镇、宝盖镇、蚶江镇入选中国淘宝镇，22个村入选中国淘宝村，实现社会消费品零售总额494.8亿元、增长11.6%。港口物流方面。引进安通、和安、普洛斯等7个总投资近50亿元的现代物流项目，石湖港5号6号泊位、华锦码头4号泊位有序推进，卡宾狮子湾、国际海运快件监管服务中心、石材交易市场等项目建成投入运营，进口肉类指定口岸通过验收，港口货物吞吐量3969.1万吨，增长13.8%，集装箱吞吐量188.2万标箱，增长15.8%。滨海旅游方面。完成旅游总体策划，在泉州市率先出台发展旅游民宿的规范性文件，组建首支市情讲解员队伍，引进佳龙文旅、禾禾沂家影视产业基地、海洋生物博物馆等文旅项目，推出10条常规精品线路，接待游客561万人次、实现收入138亿元，分别增长22%、23%。吸引20部影视剧在石狮市拍摄，央视《城市1对1》栏目向世界推介石狮，城市美誉度进一步彰显。

【重点领域改革】 2018年，石狮市坚持问题导向，聚焦发展需求，扎实推进6方面23项重点改革工作。深化市属国企实体化改革，出台提升市属国企融资能力的意见、持续运营的办法等配套政策，赋予融资、投资、抵押、担保、招聘等权限，整合、注销12家下属企业，促进企业层级扁平化，激发市属国企运营活力。发挥市属国企的载体抓手作用，累计以“代建制”实施市政道路、学校建设、园区港口等重点项目203个。加快印染污水处理厂管理体制和运营机制改革。基本完成3个集控区污水处理厂收购工作，积极推进污水厂技改工程和“一企一管”污水管网建设，全面推行污水总控、COD流量计费，有力提升集控区运营管理规范化水平。创新金融服务实体经济改革。强化“政银企”协作，组建国有资本运营公司，积极做大供应链金融，为小微企业新增贷款50亿元。坚决打好防范化解金融风险攻坚战，建成全省首个县级公共信用信息平台，市场化、法治化处置重点企业债券风险，全年化解不良贷款51.3亿元，信贷不良率下降至2.4%，实现“三连降”。推动科技体制改革。出台《推进科技创新能力建设若干意见》，在厦门设立2个离岸孵化器，大力引进、培育高新技术企业，15家企业入选省级高新技术企业培育库，新增省科技小巨人领军培育企业13家。成功举办第27次鼓岭科学会议。

【城市环境优化】 2018年，石狮市统筹推进城乡建设。全年完成征地800公顷、房屋拆迁61.9万平方米，狮仔山片区征迁工作再创“石狮速度”。海岸带生态综合整治全面展开，共富路、峡谷旅游路、红塔湾旅游路等32个道路基础设施项目完成投资9.3亿元，打通金相路南段、花园路钞坑段、回兴路塘后段等“断头路”。在全省率先完成实景化农村公路信息普查，全面推进“四好农村路”工作，“路长制”长效机制基本建立。积极创建省级森林城市，推进灵秀山森林公园、红塔湾海岸公园、沿海大通道生态廊道等30个景观提升项目，完成造林绿化140公顷、废弃石窟生态治理16万平方米。永宁古卫城、凤里八卦街、华山古民居保护整治稳步推进，环湾生态公园、宝盖山石窟公园、学府公园、花海谷公园等项目建成对外开放，市民群众多了几处休闲旅游的好去处。城市管理不断加强。出台创城工作常态化实施方案和考评细则，优化城管“重心下移”制度，启用文明天气图管理平台。开展市区物业标准化管理三年行动，实施5个老旧小区修缮提升项目，完成老旧小区天然气管道安装改造1000户。持续推进“两违”整治，拆除违建38.4万平方米，腾出土地50.4万平方米。稳步推进生活垃圾分类处理，改造垃圾中转站4座，实施农村生活污水治理PPP工程，不断提高城乡生活垃圾和污水处理能力。生态质量持续提升。严格落实中央、省环保督察整改要求，大力推进将军山存量垃圾处理、梧垵溪等跨境流域综合整治，规范处置历年积存的27万吨“飞灰”固化物。坚决打好污染防治攻坚战，认真做好第二次全国污染源普查工作，严格落实大气、水、土壤污染防治各项措施，全面推行“河（湖）长制”，推进18个水系环境综合治理项目，全市生态环境质量保持较好水平。

【民生福祉提升】 2018年，石狮市抓好7件30项为民办实事项目，全年民生支出占一般公共预算支出的70%。乡村振兴稳步实施，推进农村集体产权制度改革和农村承包地确权登记颁证工作，建成村（社区）环境综合整治项目52个、美丽城镇建设项目4个；21个集体经营性收入低于5万元的薄弱村全部得到转化。教育事业优先发展，29个教育事业补短板项目顺利推进，建成公办幼儿园3所，新增普惠性幼儿园10所，增加学前教育学位3000个。实施基层学校市直管改革，规范编外合同教师管理，完成首批“名校长、名教师、名班主任”认定，高考本科上线人数再创新高，本一、本二上线率分别居泉州各县市第2、第3位。积极回应群众对“校园安全”“小学生课后监管”的关切和需求，成立“未成年人保护联盟”，规范学生校外托管机构管理，在全省率先全面推行小学生课后服务。社会事业协调推进。建成启用市医院新院，通过全国基层中医药工作先进单位考核验收，加快推进市中医院和9个镇村卫生服务一体化建设点；组建市总医院，抓好紧密型医共体建设，引进中国工程院孙颖浩院士专家团队设立石狮工作站。市社会福利中心“公建民营”养老院投入运营，建成湖滨街道居家养老照料服务中心，村（社区）居家养老服务中心、农村幸福院覆盖率达78.1%。举办国际龙狮公开赛、第三届国际旅游城市篮球邀请赛、第五届中华灯谜文化节、第八届市运会等一系列文体活动，新建百姓书房10个、老年人体育场所8个，改扩建村级综合文化服务中心35个。社会保障不断提升。启动人力资源服务产业园建设，落实积极创业就业政策，新市民积分管理入选国家发改委“中小城市综合改革典型经验案例”，宝盖鞋业工业园区获评全国模范劳动关系和谐工业园区。新建保障性住房292套、配租配售6950套，改造石结构住房27.5万平方米，完成安置房办证40万平方米。持续提升社会救助水平，将外来务工人员纳入临时救助范围，落实残疾人“两项补贴”、农村留守儿童关爱保护等救助措施，发放各类救助金1374.6万元。社会管理有效加强。圆满完成村（社区）换届选举工作。落实安全生产责任制，整治一批安全隐患，保持了安全生产持续稳定的形势。积极创建食品安全社会共治示范县，强化食品安全“一品一码”全程可追溯系统建设，全力保障“餐桌上的安全”。深入开展扫黑除恶专项斗争，推进“禁毒2018两打两控”“飓风肃毒2018”专项行动，深化信访工作制度改革，创新“海上枫桥”祥芝样本多元调解模式，建立治安“三级巡防”机制，社会治理水平显著提高，综治“三率”创历史新高。大力支持国防和军队改革，完成驻石部队营房土地置换。

（图/颜华杰）

重要会议

【全体会议】 2018 年 10 月 18 日，中共石狮市第七届委员会第八次全体会议召开。会议深入学习贯彻习近平新时代中国特色社会主义思想和中共十九大精神，认真落实省委十届六次全会和泉州市委十二届七次全会工作部署。市委书记朱启平主持会议并讲话，市委副书记、市长黄春辉就提交会议讨论的文件作说明。全会审议通过《中共石狮市委关于深入贯彻习近平总书记重要指示精神坚持高质量发展落实赶超的意见》和《中国共产党石狮市第七届委员会第八次全体会议决议》。

【专题会议】 2018 年 5 月 18 日，中央环保督察反馈问题整改暨河长制工作专题会议召开。市委书记朱启平主持会议。会议研究中央环保督察反馈问题整改项目及河长制工作推进落实情况有关事宜，并提出具体工作要求。

2018 年 7 月 25 日，永宁古卫城保护提升工作指挥部办公室专题会议召开。市委书记朱启平主持会议。会议听取永宁古卫城保护提升工作开展情况及下一步工作计划，与会人员就相关具体问题进行研究讨论。会议明确永宁古卫城保护提升下一步工作任务。

重要活动

【全市创建全国文明城市总结表彰暨常态化开展创建活动工作动员大会】 2018 年 1 月 22 日，石狮市创建全国文明城市总结表彰暨常态化开展创建活动工作动员大会召开。市委书记朱启平发表讲话；市委副书记庄玉海主持会议；市委常委、宣传部长林希妍宣读表彰决定；副市长施汉杰解读《关于进一步加强城市管理 构建全国文明城市创建长效机制的意见》。市四套班子领导，以及市直部门、各镇（街道）、高新区、上级驻石单位、各村（社区）、各学校、市区星级酒店、网吧、物业公司、大型商超、农贸市场、交通运输企业、志愿服务组织的负责人等参加会议。

【第四届世界石狮同乡联谊大会】 2018 年 9 月 29 日，第四届世界石狮同乡联谊大会召开。市委书记朱启平讲话，市委常委、统战部长林天虎主持会议。来自五大洲 49 个国家和地区的海内外石狮乡贤，石狮异地商会和企业代表等参加大会。会议举行公益捐赠仪式，海内外石狮乡亲共捐资 5.25 亿元，用于发展教育、卫生、慈善事业。

发展与改革研究事项

【概况】 2018 年 4 月 21 日，石狮市委书记朱启平主持召开石狮市全面深化改革领导小组会议，部署全面深化改革工作，会议审议通过《石狮市 2018 年全面深化改革重点项目路线图》，确定改革重点项目 23 个，其中经济体制和金融服务实体经济综合改革项目 12 个，民主法治和社会治理体制改革项目 4 个，社会事业与公共服务体制改革项目 2 个，文化体制改革项目 1 个，全域统筹与生态文明体制改革项目 3 个，党的建设和人才人事制度改革项目 1 个。

【市属国有企业实体化改革】 2018 年，石狮市充分发挥市属国有企业推进项目建设、经济发展的载体和抓手作用，形成各镇办要素保障有力、部门服务提质提速、国企主力作用凸显的良好工作格局，改革以来，国投、城投、产投三大集团累计承接重点项目 203 个、获批融资授信 89.5 亿元，盘活国有资产242.6亿元，国有资产增值25.1%、总额达445.7亿元。

【染整行业转型升级】 2018年，石狮市对全市58家印染企业进行分级评定，污水处理厂提标、管网改造和企业技改投入11亿元，比2017年增长91%，2018年染整产业规上产值增长6.8%；南华、绿源、海天新厂日处理能力分别达到5万吨、3.55万吨、4万吨。

【市场采购贸易方式试点工作申报】 2018年9月29日，石狮服装城成为全省唯一获批国家级市场采购贸易方式试点的单位。11月15日试点启动，至2018年底，共引进供货商、外贸公司、货代公司、报关和报检的备案企业共555家，出口454单、货值3.46亿元，出口国家和地区达43个。

【宝盖镇镇级微信政务中心运行】 2018年，石狮市建立以镇级微信公众号“魅力宝盖”为主，20个村（社区）和2个工业园区公微为辅的微信公众号矩阵，打造“互联网+政务服务”模式，开发数字审批、安全生产监管、综治入户、绩效考评等数字化管理系统，拥有粉丝约12.7万个。

【巡防机制改革】 2018年，石狮市按照市、镇（街道）、村（社区）5∶3∶2的比例累计投入2200万元，完成729名的镇村两级专职巡防队伍组建，打破村与村的界限重组优化巡逻网格；创新“点面结合、徒步巡防、动中备勤”的武装巡逻方式，形成以市区“三横三纵”六条主干道和重点区域为主要对象的高密度、高频率、全覆盖的巡逻防控体系，综治“三率”测评位居全省前列。

【祥芝中心渔港管理提升改革】 2018年，石狮市创新发展“小事不出船，大事不出港”的涉渔纠纷化解“海上枫桥”经验。成立石狮市海上综合执法合署办事处，海警、边防、海事、渔政四部门执法人员进驻合署联合办公。完善港区应急监视、照明、给排水、交通以及港区车辆、渔船监管等设施设备，引进外包团队成立渔港管理中队和保洁公司，负责车辆进出管理和港区环境卫生保洁工作。

【“综合窗口受理审批”+“投资项目帮办代办”模式试行】 2018年，石狮市以投资项目审批为重点，进一步精简、优化办事流程，在投资建设、综合事务领域设立“综合窗口”，实现前台统一收件、出件，后台流转办理业务，运行以来共受理65件，办结59件；设立“帮办代办服务中心”，加大社会投资项目前期辅导，运行以来为和安物流、战地吉普等61个项目提供服务，办理行政审批事项54个。

【二手房交易金融服务平台建设】 2018年，石狮市建立存量房交易资金监管制度，确定资金监管机构、存量房交易保证机构、交易结算资金“专用账户”服务机构，并为二手房交易提供抵押过户过程中相关金融配套服务，运行以来，完成13笔存量房交易资金监管业务，交易金额1174.35万元。

【“证照分离”改革推行】 2018年4月起在高新区试点开展28项“证照分离”改革，累计办理许可事项14件；11月10日起省里全面推开“证照分离”改革，对第一批106项涉企行政审批事项分别按照直接取消审批、审批改为备案、实行告知承诺、优化准入服务等方式进行改革，至年底共办理审批事项500件。通过国家企业信用信息公示系统（部门协同监管平台—福建），运用“双告知”实现市场主体登记信息在市场监督管理局和许可事项审批部门的双向推送，强化事后监管。

【深化园区企业后勤社会化试点】 2018年，石狮市建立高新区与所在镇建管联席会议制度，协同解决园区重点项目建设、基础设施设计征迁、企业入驻等问题，推进邱下职工活动中心、湖西邻里中心、后湖职工配套区、仙公山山体公园等配套项目建设，实现食堂、农贸市场、环卫保洁、安保、消防等后勤服务外包，园区功能配套逐步完善。

【创城长效机制改革】 2018年，石狮市环卫体制改革方面，以公开招投标方式引入福建龙马公司，按照PPP模式与国企共同组建项目公司，4月1日起进场运营，负责中心市区范围内的环卫业务。城管体制改革方面，完善“市城管委、镇（街道）城管办、村（社区）城市管理工作站”的三级管理机制，推进市容市貌、“两违”等行政许可事项由各镇（街道）承接，派驻29名执法人员归镇（街道）管理、一线执法；市城管局保留30名人员作为机动中队，开展重大、突发性城管执法任务。创城体制改革方面，市创城办顺利承接“市城市管理综合考评中心”职能，建立可量化的创城督查考核体系，并将考评结果运用到年度绩效评分、文明单位评选推荐和文明城市奖金发放等方面；创新督查考核手段，“石狮文明天气图”系统投用以来，共发现问题18442个，整改率96.87%，文明城市创建由集中攻坚步入常态创建。

【中心社区重划试点】 2018年，石狮市按法定程序完成社区重划各项工作，6月29日印发《石狮市人民政府关于同意湖滨街道曾坑社区进行社区重划的批复》，以子芳路为界，将现有的曾坑社区划分为曾坑和金曾两个社区，顺利完成金曾社区的挂牌、换印、建章立制、人员培训等工作以及社区居委会换届选举工作，社区建设稳步推进。

【教育综合改革】 2018年，石狮市获2018年度省教育“两项督导”优秀等级和省“教育强市”称号。持续深化六大项目教育体系改革，规范编外合同教师管理，基层学校市直管改革加快推进，撤销镇（街道）中心校管理层级，设立“小学教育指导服务中心”“学前教育和民办教育指导服务中心”负责全市幼儿园及小学管理。按照“总校+成员校”模式组建完成29所第一系列市直小学教联体组建。以国企融资建设、部门租赁使用方式，加快16个教育补短板项目建设。投入834.6万元购买普惠性民办园教育服务，普惠性学位数达10502个。在全省率先实施“四点半”课后服务，惠及学生2.2万名、覆盖率约40%，入选改革开放40周年“福建工会最具影响力的十件大事”。

【医药卫生体制改革】 2018年，石狮市推进省世行贷款县域紧密型医共体试点，组建石狮市总医院，按“一套班子、一个法人、三块牌子、一体管理”原则配套领导班子并实质运行，探索集团化分工协作、一体化信息管理、财务会计核算、现代医院管理等工作。推进分级诊疗，全年下派医务人员至基层坐诊约330人次，上转203人次，下转529人次，医技检查上转约790人次。引入外部优质医疗资源，与福医大附属二院、复旦大学附属儿科医院等7家知名医院专科建立联盟协作，设立“孙颖浩院士工作站”。

【公共文化服务运行机制建设】 2018年，石狮市累计完成79个村（社区）综合文化服务中心改造升级工作。建成集“资讯查询、在线点读（播）、活动推介、交流反馈”等八大服务功能为一体的“石狮市公共数字文化服务平台”，进一步整合优质公共文化服务资源，促进市、镇（街道）、村（社区）三级文化资源与文化单位、团体线上线下共建共享。

【公交运营管理体制改革】 2018年，石狮市与泉州公交集团签订为期3年的协议，按照全市公交一体化、国有化的运营思路接手石狮公交业务；基本完成顺荣公交公司收购；市财政按公交车型进行购置专项补助和运营亏损补助，并对公交服务进行绩效考评，考评结果直接与补助挂钩。

【科技体制改革】 2018年，石狮市整合市科技和知识产权局的科技职责，市经济局工业、信息化职责以及市人力资源和社会保障局的外国专家管理职责，组建市工业信息化和科技局。在厦门设立2家异地孵化器，打通周边地区优质科技资源、外溢项目与石狮市产业经济的对接通道，促成8家企业在石狮注册。

【农村集体产权制度改革】 2018年，石狮市全面完成石狮市9个镇（街道）128个村（社区）农村集体资产清查、核实、公示、确认、上报工作，经镇（街道）核实，市清产核资工作小组联审后上报泉州市，工作进度位于全省中等水平。开展农村集体“三资”专项治理工作。

【经济领域专家智库建立】 2018年，石狮市印发《石狮市经济领域咨询决策专家智库管理暂行办法》，初步建立石狮市经济领域咨询决策专家智库，梳理经济领域咨询决策B类（阶段委托咨询类，费用按项目结算）专家42人、C类（联系类，不支薪）专家335人，A类（顾问类，拟周期性聘任并支付专门顾问费用）拟日后按需从B、C类中产生。

【深化省级“人才强市”试点】 2018年，石狮市健全以积分为核心，涵盖高层次人才、民办高校人才、新闻行业人才和新市民的人才评价服务体系，新增省和泉州市高层次人才50人、2个国家“千人计划”专家创业项目、泉州师院（石狮）生态智能织物千人产业工程技术研究院以及5家省级科技创新平台，新市民积分管理入选全国中小城市综合改革典型案例和改革开放40周年“福建影响力”优秀案例。

【企业对标竞价的“标准地”制度探索】 2018年，石狮市参照德清县经验并结合石狮市实际，拟定《石狮市工业用地实行“标准地”实施办法（讨论稿）》，拟将高新技术开发区和各工业功能区范围作为标准地的试点区位，围绕“事先做评价、事前定标准、事中作承诺、事后强监管”，制定以固定资产投资强度、能耗标准、环境标准、亩均税收、开工竣工时间、投产时间等为主的工业用地“标准地”出让指导性控制指标体系。

【服装企业“共享工厂”新型生产模式推进】 2018年，石狮市出台《石狮市推动盘活闲置厂房若干措施》，制定闲置厂房交易鼓励、厂房加层改造奖励等奖励补助政策，建立盘活闲置厂房长效机制，盘活闲置厂房50万平方米。依托石狮纺织服装产业联盟搭建纺织服装企业闲置厂房供需对接平台，建立信息共享的闲置资源信息库，促进15家企业完成对接，盘活闲置厂房8.2万平方米。

【国企承接小区物业管理试点】 2018年，石狮市确定首批5个试点，其中湖滨街道玉兰小区基本完成改造工程，公共配套设施大幅提升；花园城小区完成工程进度75%；凤里街道华南社区（一建、粮站）与信德明小区基本完工；灵秀镇塔前狮南工贸小区（达狮雄商住区）完成工程进度70%。城投集团完成老旧小区物业管理方案设计，待华南社区一建小区改造完成，经业主委员会及“双过半”业主同意后入驻管理。

综合协调

【概况】 2018年，石狮市委办公室组织服务省、市各级领导到石狮市活动安排265人次，服务市委主要领导到基层调研 80 余次。全年精简办会，协调完成 130 多场会议组织工作。充分发挥市委办公室牵头、协调、管理的职能，做到职责明确，有条不紊，运转有序，全面提高工作质量和工作效率。

【以文辅政】 2018 年，石狮市委办公室围绕“提高领导使用率、减少领导修改率”的目标，进一步提高文稿服务质量，石狮市委办注重提高综合文稿质量，引导文字工作者抓住事关全市发展的重大问题、长远问题和当前重点难点问题深入调研思考，拓展研究的广度深度。同时，规范市委发文程序，严格按程序报批，把好发文质量关。全年共起草领导讲话稿和汇报材料等各类文稿 200 多篇，完成市第七届三次党代会报告、七届八次全会等重要会议的主要材料 8 篇，编发会议纪要 55 期、狮办通报 6 期。

【信息服务】 2018 年，石狮市委办公室全年组织编发《石狮快讯》正刊 39 期、增刊 27 期、党建专刊 18 期、改革专刊 6 期，上报信息 369 条，其中，被泉州市《侨区快讯》采用 100 条，被省《八闽快讯》采用 54 条，得到省、泉州市领导批示 7 次，得到其他市领导批示 6 次，获评 2018 年度“全省信息工作先进单位”。

【督促检查】 2018 年，石狮市委办公室按照“围绕中心，服务大局，突出重点，狠抓关键”的思路，把推动工作落实作为出发点和落脚点，创新督查方法、健全工作制度，提升督查工作实效。对于中央、省、泉州市和石狮市的重大决策和工作部署，及时制定督查方案，并通过健全任务分解制度，逐一分解立项，明确责任单位，要求落实时限，紧密跟踪督办。把市委领导重要批示件办理作为抓落实的切入点，坚持问题导向，加强专项查办。组织到现场查看，向一线经办人员、具体分管领导了解实际情况，进行现场督办，同时加强落实情况的“回头看”工作，进一步提高办结质量。对各级领导批示件的办理流程进行重新梳理、简化，推行根据具体事项的轻重缓急督促办理的反馈机制。2018 年，共办结本级领导批示件 31 件；编发《落实与反馈》12 期，获得市委领导多次批示肯定。

组织工作

【概况】 2018 年，石狮市委组织部在市委的正确领导和泉州市委组织部的精心指导下，以开展“组织工作创新提速年”活动为抓手，深入学习贯彻习近平新时代中国特色社会主义思想和中共十九大精神，夯实基层基础，落实创新举措，各项工作任务扎实有效推进，为“创新转型、实业强市”提供了坚强组织保证和人才支撑。2018 年，石狮市被中组部确定为全国城市基层党建示范市，石狮市委组织部获评全国组织系统信息报送先进单位。

【党组织设置情况及发展党员工作】 2018 年，石狮市基层党组织 1553 个，其中党委 46 个，党总支 14 个，党支部 1493 个。其中，机关及企事业单位党组织 316 个（党委 37 个，党总支 12 个，党支部 267 个）；村（社区）党组织 140 个（党委 4 个，党总支 2 个，党支部 134 个）；非公党组织 972 个（工业区党委 1 个，非公企业党委 2 个，党支部 969 个）；社会组织党组织 104 个（社会组织党委 2 个，党支部 102 个）。市委派出党工委 6 个（凤里街道党工委、湖滨街道党工委、高新区党工委、市直机关党工委、非公企业和社会组织党工委、离退休党工委）。2018 年，发展党员 242 名。

【干部思想政治建设】 2018 年，石狮市委组织部持续开展习近平新时代中国特色社会主义思想和中共十九大、十九届二中、三中全会精神的学习，坚持党员领导干部讲党课制度，深入推进“两学一做”学习教育常态化制度化，在党员干部队伍中持续掀起“大学习”热潮。通过举办“习近平新时代中国特色社会主义思想”“不忘初心、牢记使命”等专题研讨班，对全市科级干部进行轮训。结合“五个一遍”走访调研活动，完善部务会议成员和干部双向约谈机制，有针对性做好思想沟通、心理疏导和加油鼓劲工作。强化干部任前廉政教育，落实领导干部任职前廉政法规知识测试和撰写廉政对照检查材料等制度，进一步教育引导领导干部践行忠诚、干净、担当。

【干部人事制度改革】 2018 年，石狮市成立石狮市委新时代新担当新作为工作领导小组，研究出台《关于落实镇（街道）党（工）委对市直单位派出机构科级干部听取意见权和市直单位派驻人员人事考核权的实施办法》，推动镇（街道）综合执法协调权和牵头处置权落地见效；开展镇（街道）、市直单位领导班子和科级干部集中考核，以及镇（街道）任副科级满 10 年干部专项考核，科学运用量化考评办法，识别掌握一批表现好和差的“两头”干部。充分运用考核结果，对被评为“好”的班子推荐的优秀干部优先予以提拔重用，对部分考核“优秀”的干部打破“隐性台阶”优先使用。做好机构改革人事工作，推进领导班子配备及人员转隶工作。

【干部日常监督管理】 2018 年，石狮市委组织部研究出台《关于加强干部日常管理监督信息沟通的通知》，畅通纪检监察、信访、审计等干部监督信息资源共享渠道，健全干部“负面”信息数据库。严格落实追责问责的刚性约束，及时对相关人员进行谈话提醒和函询。制定《股级干部选拔任用工作监督检查办法》，推行“干部选任 +X”常态化督查，狠抓巡视反馈的干部因私出国（境）、社团兼职等问题整改。开展自然资源资产责任审计、经济责任离任(任中)审计。推进干部能上能下常态化，对量化考评靠后的镇（街道）党政正职予以调整，对考评等次为“差”的干部开展“回头看”，对不胜任现职干部进行组织调整。

【干部宏观管理】 2018年，石狮市委组织部研究出台《关于进一步落实党委(党组)干部培养主体责任的若干措施》，组织各单位推荐优秀年轻干部，做好干部培养工作；完善干部信息管理“大数据”平台，加强科级干部信息库、公务员管理系统信息库的建设维护；规范股级干部选拔任用，落实公务员职务与职级并行制度，做好股级职务任免审核和公务员职级晋升审核工作；制定贯彻落实关心关爱基层干部的措施，细化干部心理健康、体检、休假等具体措施，组织全市科级干部集中体检，建立健康档案；推进干部人事档案专项审核，持续做好选调生和大学生村官日常培养管理工作。

【干部教育培训】 2018年，石狮市委组织部召开全市干部教育培训联席会议第一次会议，研究下发2018年干部培训计划，以党校（行政学校）为主渠道主阵地，举办2期科级干部培训班、1期中青年干部培训班、1期廉洁从政专题培训班、1期机关事业干部综合业务专题研讨班，多层面提升干部队伍从政能力；突出专业化能力培训，通过市领导点题、部门荐题等方式，举办“推进项目攻坚，振兴实体经济”“实施乡村振兴战略，加快农业农村现代化”“加快推进补齐民生社会事业短板”等专题研讨班；围绕增强履职能力，举办领导干部法治、新闻发言人等专题培训班和机关党务干部、统战理论等专题研讨班；推进全市干部网络教育培训，促进充分利用“空闲时间”进行学习。

【非公企业和社会组织党建工作】 2018年，石狮市进一步做优做强两新组织党建，相关经验做法被《八闽快讯》《福建组工通讯》《福建日报》《泉州组工通讯》、“福建非公企业和社会组织党建”微信平台等刊物媒体刊发报道。

2018年，石狮市开展“两个覆盖”提质增效行动，成立市镇村三级党建走访服务小组，推动规模以上企业新单独组建党组织16个。创新村域组织共建的办法，启动第二轮村企共建中小微企业党组织。采取“六个一批”措施，完成35个“空壳”“半空壳”非公企业党组织整顿转化。印制张贴“党员找组织、组织找党员”宣传海报，排查“隐身”“口袋”党员82名，发展两新组织党员142名，进一步壮大党员力量。全市非公企业、社会组织党组织覆盖率分别为92.1%、86.7%。

2018年，石狮市组织两新组织党组织学习习近平在民营企业座谈会上的讲话精神并开展专题学习讨论；开展助推非公企业“强党建 促发展”联合行动，涉企部门制定服务企业清单9大方面35个项目，开展涉企部门现场办公活动10场次，解决企业困难问题255个；把党建工作内容分别写入非公企业、社会组织章程范本，1120个两新组织完成“党建入章”；重点指导一批两新组织党组织绘制组织架构图，总结党组织嵌入两新组织治理具体机制，同时，建设富兴包装材料有限公司党建工作展示馆、制作宣传手册和党建工作制度汇编，形成典型示范效应，石狮青商会“党建入章”做法被全国党建研究会会刊《非公有制企业党建》刊发。

2018年，石狮市委按照“一党委一特色、一支部一特色”思路，择优确定26个党建重点培育项目，同时，通过评选打造石狮祥芝渔业协会党支部“海上枫桥”经验等一批党建工作典型。市律师行业党建工作做法在泉州市律师行业党建工作座谈会上进行交流。

2018年，石狮市“双选聘”（市委非公有制企业和社会组织工委与企业或社会组织共同选拔聘用两新组织党务干部）党务干部55人，推进39名市直单位干部驻村联企联社工作，开展全市两新组织党组织书记培训班。落实好党费全额返拨、重点两新组织党组织基本工作经费保障、新建党组织经费补助、党建项目专项经费补助等制度，市级层面两新组织党建经费保障80多万元。按照“五有四室三区两统一”标准，建设运行区域党群活动服务中心，对已建成的海西（石狮）电商园、宝盖科技园、纺织服装产业基地等5个园区党群活动中心，指导制定每月活动计划，发挥场所阵地功能。石狮青商会、石狮高新区党群活动中心投入使用。

【基层党建工作】 2018年，石狮市推进“两学一做”学习教育常态化制度化，开展“学党章、尊党章、守党章、护党章”活动，掀起习近平新时代中国特色社会主义“大学习”热潮，为“不忘初心、牢记使命”主题教育预热。开展“海丝先锋”达标创星活动，加强基层党支部标准化和规范化建设。深化拓展“五化一体”城市基层党建工作机制，稳步推进共驻共建、街道管理体制改革、“红色小区”创建、城乡接合部党建等重点任务，探索一条基层党建与城市发展协调互促的中小城市党建工作新路子。11月16日，在全省城市基层党建推进会作经验交流，省委副书记王宁点名肯定石狮市做法。全面实施机关党建“亮灯领航”工程，深化“机关党旗红，‘实业强市’走前头”主题实践活动，推进在职党员进社区和“阳光公仆”志愿服务活动，时任省委常委、组织部部长胡昌升批示肯定。

【村级组织建设】 2018年，石狮市委组织部从严抓好村级组织换届选举，牵头制定21份政策文件，建立“联、包、驻”责任机制，落实候选人资格审查“五不能”“六不宜”和“七字红线”规定，制定并落实“六个统一”细化标准，

2018 年 8 月 7 日，石狮厦门云创智库科技离岸创新创业基地正式成立
（图 / 市委组织部）

提出加强老年协会监管“五项举措”。9 月 20 日，完成全市 127 个村（社区）“两委”换届选举任务，全部一次性选举成功，55 个村（社区）实现主干“一肩挑”占 43.3%，蚶江镇由换届“难点镇”变“先行镇”，被泉州市委书记康涛批示肯定。深入开展扫黑除恶专项斗争，组织开展“村霸”问题 “拉网式”摸底排查，发动全市村（社区）党员围绕参与扫黑除恶专项斗争作出“七带头”即时承诺，完成 8 个软弱涣散农村党组织整顿转化。大力推进村集体经济发展，出台《石狮市发展壮大村集体经济三年行动方案》，每年安排 1000 万元专项扶持资金，策划实施 6 个区域统筹项目和 59 个逐村发展项目，推动 21 个薄弱村提前“销号”，68.3% 的村收入超 10 万元。强化村级运转经费保障，2018 年市镇两级财政拨付村级运转经费 9800 多万元，平均每村 77.2 万元，村级主干平均每月工资 4300 多元、其他“两委”成员 3200 元，统一为全市村干部办理城镇企业职工基本养老保险。筹措 2700 多万元新（改）建 35 个村级组织活动场所。

【党员服务管理】 2018 年，石狮市委组织部严格发展党员程序，落实发展党员全程跟踪把关制度，全年共发展党员 242 人。改进党员教育管理手段，推行党员积分管理，全面运行升级版“大组织生活”管理系统，依托“党员 e 家”、爱石狮、“石狮组工”等平台组织党员开展线上学习教育。建立流动党员联管机制，摸排掌握 280 名流入党员、346 名流出党员，及时跟进管理。深化疏通党员队伍出口“126”工作机制，完善不合格党员处置工作联席会议制度，建立党员涉嫌违纪违法通报和及时处理机制，稳妥处置不合格党员 12 人。强化党内关怀帮扶，建立党员市领导挂钩联系困难党员制度，做好“七一”定期慰问和日常慰问困难党员、老党员工作，摸排申报 4 名省级、17 名泉州市级关心关爱补助对象，全年走访慰问困难党员 950 余人次。

【党员电化和远程教育】 2018 年，石狮市党员电教中心（远程办）重点发挥好《石狮党建》电视专栏、福建广电网络党员干部远程教育平台及“石狮组工”微信公众号三大阵地作用。做优《石狮党建》电视栏目，策划拍摄《不忘初心》人物系列展播、《我读党章》《乡村 1 对 1》等 10 期节目，截至 2018 年 12 月累计制播 137 期；制作《美丽海岸守护者》《七旬老党员编写闽南四句宣传十九大精神》等 2 部中共十九大精神宣传片；推进福建广电网络党员干部远程教育平台建设，目前共覆盖 242 个基层党（工）委、党支部；加大利用微信、易信等新媒体推进党员教育，全力服务和推力“创新转型 实业强市”。

【人才队伍建设】 2018 年 2 月，石

2018 年 11 月 30 日，2018 年中国 · 福建人才创业周（“港湾计划”石狮专场）对接活动现场
（图 / 市委组织部）

狮市首批认定5名引进教育高级人才、1名引进教育骨干人才和2名引进教育优秀人才；4月20日，与泉州师范学院合作共建“泉州师范学院（石狮）生态智能织物工程技术研究院”；5月2日，在全省首创出台《石狮市新闻行业人才积分管理暂行规定》，注重以综合素质、工作经历、社会贡献多方位评价新闻行业人才，重点引进培育主持人、节目编导等全媒体人才；8月7日，“石狮（厦门大学）创新创业基地”“石狮厦门云创智库科技离岸创新创业基地”成立；9月，“石狮新市民积分管理”入选全国中小城市综合改革典型案例；9月22日，出台《石狮市引进创新创业人才团队评审暂行规定》，正式启动石狮市引进创新创业人才团队评审；10月19日，石狮市人才工作厦门联络站成立；10月24日，确定石狮市青年商会等8家单位为首批石狮市人才之家（社区）；10月26日，评选“石狮市十大杰出留学人员”；11月29日，举办2018年中国·福建人才创业周（港湾计划石狮专场）对接活动；12月，“石狮人才积分制管理”入选改革开放40周年“福建影响力”优秀案例。

【信息和网宣工作】 2018年，石狮市持续深化“五个提升”对标行动。开展组工干部上讲台系列活动，举办“组工干部学制度·讲业务”、评书荐书等活动12场，进一步提升组工干部综合素质。深入开展“五个一遍”走访调研工作，部务会议成员共走访慰问各类对象1500多人次。持续加强信息调研工作，定期围绕组织工作难点热点、重要调研课题、信息稿件开展集体研讨，全年65篇信息被上级信息刊物刊发，得到省市领导批示肯定13次。深化“阳光公仆”志愿服务活动，开展义务净滩、植树造林、交通疏导等系列志愿服务活动，引导组工干部在遵规守法、移风易俗、服务社会等方面当先锋、作表率。

宣传工作

【概况】 2018年，石狮市在中央、省级媒体报道超500篇，在央视播出《城市1对1》石狮专题片、中国影像志石狮专题片等，《石狮日报》登上菲航航班；举行“丝路狮缘——故宫狮文化珍宝展”“印象石狮”改革发展成果展等；蔡海炳、市公共文明引导员志愿者协会入选“中国好人榜”，祥芝渔港救援协会海上遇险义务救援项目获评第四届中国青年志愿服务项目大赛金奖；推出城市超级IP，启动《狮来运转》动画片，展开事件营销和IP免费授权运营。

【学习宣传贯彻习近平新时代中国特色社会主义思想和中共中央、省委会议精神】 2018年，石狮市全面兴起习近平新时代中国特色社会主义思想“大学习”热潮，组织全市各单位开展《习近平谈治国理政》学习交流会、“习近平新时代中国特色社会主义思想”学习汇报会40余场次。举办学习贯彻习近平新时代中国特色社会主义思想心得体会征文活动，利用“讲政治 提士气”微信专栏、理论学习手机报常态化推送“新思想”经典论述、各级重要会议精神解读等，创新推出“学习《三十讲》”H5网页、“《三十讲》我读·你听”、学习新思想“每周一测”等线上学习渠道。依托统战理论进修班、“青年大学习”活动、“家教进万家”公益讲堂等，切实增进各个领域各个群体对新思想的认同。

【党委理论学习中心组】 2018年，石狮市委理论学习中心组围绕习近平新时代中国特色社会主义思想、党性党风党纪教育、实体经济发展、“三大攻坚战”、补民生短板、全面深化改革等中心工作，制定《2018年市委理论学习中心组学习计划》。2018年组织集体学习20场，邀请故宫博物院院长单霁翔、北京市原新闻发言人王惠、厦门大学教授朱福惠、泉州市纪委党风政风监督室主任梅永、国脉科技董事长陈维等专家学者专题授课《全媒体时代的舆论引导》《匠者仁心—故宫博物院的追求与梦想》《树立宪法权威 推动宪法实施——宪法修正案解读》《贯彻落实全面从严治党“两个责任”和中央八项规定精神》《区块链技术对产业的影响和价值分析》等。

【重大主题宣传】 2018年，石狮市围绕学习新思想、移风易俗、改革开放40周年、建市30周年、“实业项目落地年”、扫黑除恶、村级换届选举、市场采购贸易试点、“讲好石狮故事”等重要主题，深入开展系列宣传活动。着力打好建市30年宣传战役，建设“印象石狮”改革发展成果展，创作《全景石狮山水图》，编纂出版《石狮改革发展三十年》等；组织20余家媒体采访，《福建日报》连续三天在头版刊登《“拼”，石狮城市的精神内核》《小城石狮“高颜值”密码》等深度报道。

2018年，在移风易俗工作上，石狮市出台《石狮市2018年移风易俗工作实施方案》，督促各镇（街道）制定“一镇一方案”“一村一策”，并先后出台移风易俗工作领导小组、督查考评、奖惩问责等配套制度。组织全市128个村（社区）修订村规民约（居民公约），建立完善“四会”组织，并依托红白理事会成立移风易俗宣导队。协调有关职能部门出台扶持补助措施，支持鼓励村（社区）利用闲置空间资源建设村级“文化礼堂”等公益性、共享性固定办丧办宴场所。选取25个村（社区）作为移风易俗示范点，在全市20%的农村试点设置“移风易俗红黑榜”；策划推出移风易俗主题“闽南四句”原创作品征集评选活动，累计参与网民近18万人次。启动“狮城新风进万家”——2018年石狮市移风易俗主题巡回宣传活动。加大宣传力度，新华社、人民日报、福建日报等媒体相继推出《石狮：击破厚葬利益链 打中丧事大办的“七寸”》《石狮：立“规”引领新风尚》等报道5篇，本地主流媒体推出“移风易俗大家谈”“乡风文明曝光台”等专栏，刊登报道150余篇。

2018年，在扫黑除恶活动上，一是紧抓街面宣传。在主要道路、商业街区、各单位各镇（街道）各村居办公场所和执法场所等人员密集地段，张贴宣传广告、标语通告、悬挂条幅、设置举报信箱等，利用沿街商铺店面LED电子屏24小时滚动宣传；二是强化媒体宣传。在市新闻媒体重要版面、重要时段开辟扫黑除恶专题专栏，在网站上推出专题页面，在《石狮日报》、石狮广播电视台《石狮新闻》推出报道近千篇；三是多渠道社会普法。制作扫黑除恶宣传彩铃，在全市拨打率较高的固定电话及公职人员移动电话全投放；精编多期扫黑除恶闽南四句、闽南四句宣传片，利用宣传车、村广播播送、移动多媒体、全市各单位新媒体端等多种方式广泛宣传。四是借力主题宣传活动。整合各单位各部门力量，推动扫黑除恶主题和宣传活动开展有机结合起来，如祥芝镇、海洋渔业局借助渔民文化节开展“扫黑恶 促和谐 共建平安祥芝”主题宣传，全市依托义诊、法律咨询服务、灯谜展猜、骑行等共计开展主题活动190次。五是网络联动宣传。在全市各单位的网站、两微一端等网络宣传载体，文章宣传标题前挂上“扫黑除恶”专属角标，文章内页显著位置悬挂扫黑除恶举报热线动图。在中国石狮网、平安狮城、石狮青年等全市各单位微信公众号、网站常态化宣传，发布公众号文章700余篇。推出线上系列答题活动3期，精编《石狮向黑恶势力宣战》H5宣传载体，制作扫黑除恶、村级组织换届动漫宣传片和系列漫画及淘屏楼宇动态广告在全市移动多媒体、梯视投放，并同步在各公众号推广。出台《石狮市扫黑除恶专项斗争工作社会宣传方案》，通过各单位全面开展对所管辖区、所管领域的社会氛围布置，把全市上下社会氛围造足造浓，提高群众对扫黑除恶专项行动的知晓率，在全市推广扫黑除恶的举报热线、邮箱，提升群众对扫黑除恶专项斗争工作的信心。据统计，在辖区内主要道路、商业街区、各单位各镇（街道）各村居办公场所和执法场所等人员密集地段发布宣传广告、宣传标语、条幅，累计悬挂、张贴各类宣传标语、横幅、围墙围挡1017条（幅），设置举报信箱 144个，固定广告标语 326座（条），公交站台广告145处，张贴《关于依法严厉打击黑恶势力违法犯罪的通告》1.8万份，分发传单、宣传折页共计21.5 万份，举办各类宣传活动35场（次），全市扫黑除恶社会氛围宣传较明显的提高。

2018年，在改革开放40周年宣传上，石狮市围绕改革开放40周年，建市30周年，收集整理石狮市发展成果的图片、文字等文献资料，出版发行《石屹潮头 狮城腾飞》纪念邮册，制作发展成就画册，编撰出版《石狮改革三十年》；面向社会公开征集反映石狮改革发展成果有关作品、档案资料，举办“映像·石狮”主题图片展，全面凸显石狮宜居宜业滨海城市的独特魅力；举行“丝路狮缘——故宫狮文化珍宝展”，故宫文物第一次走进石狮，向公众免费开放，展览期间，印发5000册《丝路狮缘》画册，拍摄5集《丝路狮缘》电视专题片，提升石狮城市知名度、文化美誉度；举办组织全市近百所中小学师生参加“全景石狮山水图”创作比赛，形成全景式长卷画作，展示宜居宜业滨海城市的独特魅力；策划“新石狮 奋斗新时代”大型文艺演出，讴歌石狮市改革开放40周年，建市30周年来的城市新貌；组织开展庆祝改革开放40周年群众性主题宣传教育活动，展示改革开放40年的光辉历程、伟大成就和宝贵经验。

【重大活动宣传】 2018年，国际军事比赛在石狮举行。石狮市共计设置大型户外广告宣传牌45处、围墙宣传横幅80处、灯杆广告旗756根。利用市区大型 LED屏幕、临街商铺电子显示屏、安装有LED显示屏的酒店、金融等行业单位滚动播放宣传视频、图片、宣传标语。通过户外广告牌、围墙、灯杆旗、帽子、旗子等多种宣传方式构筑起点线面、全方位、立体式的宣传，营造浓厚的军事比赛氛围。国际军事比赛共有40家境内外媒体全程报道，中央主要媒体刊播赛事稿件300余篇，央视网独家全程直播，并在央视影音等13家媒体分流播出，累计观看人数上亿人次。

2018年9月28—29日，世界石狮乡亲恳亲大会在石狮举行。石狮市在八七路与学府路路口、石狮大道、石湖大道路口等36处大型户外广告牌设置宣传标语，营造浓厚氛围。

2018年，第十二届闽台对渡文化暨蚶江海上泼水节在石狮举行。泼水节组织包括海上、陆上和配套活动在内的10多项主题系列活动，并举办“海丝杯”第五届中华灯谜文化节暨石狮第七届中华灯谜艺术节、国际龙狮公开赛、“重走海丝遗迹 聚焦海上泼水”摄影采风活动，其中“海丝杯”第五届中华灯谜文化节暨石狮第七届中华灯谜艺术节共有海内外约40支队伍及嘉宾约300人参加，国际龙狮公开赛邀请马来西亚（3支）、泰国、菲律宾、中国台湾（3支）、中国香港、内地共18支队伍约200名运动员参加南狮、北狮、舞龙等3个项目的角逐，“重走海丝遗迹 聚焦海上泼水”摄影采风活动邀请全国17个省（市、区）36家晚报的总编、记者和著名摄影师参加摄影采风活动。该次海上泼水节吸引了国内外数万名嘉宾、游客前来交流、观摩或观光旅游，吸引了70家海内外媒体的聚焦关注。包括新华社、《人民日报》、中央电视台、《福建日报》《泉州晚报》《东南早报》等33家主流媒体以及37家中国晚报摄影学会成员单位，共做80多篇深度报道。

【文化惠民】 2018年，石狮市举办“践行新思想，奋进新时代”第十六届广场文化艺术节，改变石狮市广场文化艺术节在人民广场举办的固定模式，把舞台搭建到全市九个镇（街道）村（社区）当中，将高甲戏、南音、闽南四句等融入表演当中，让活动受众面更广、更接地气、更入人心；打造“月月有主题、场场有新意”的群众文化舞台，在传统节日、重要纪念日、“世界读书日”等重要时间段举行系列群众文艺、文化、读书活动；开展“三下乡”“音为你”文化惠民剧场等品牌活动。其中，“三下乡”启动仪式暨新春集中服务活动——蚶江专场，参与集中服务单位达26个、工作者超200人。邀请福建省芳华越剧团来我市开展送文艺进基层巡演，调集具有鲜明时代特色的文艺节目，深入村（社区）、文化产业园区、文化馆进行“新时代 新风采 中共十九大精神宣讲文艺演出”；持续开展“四海一家·欢度除夕”迎春联欢晚会、民俗文化系列活动（公益会演）、“玉湖杯”元宵学生灯谜精英赛、永宁古卫城元宵民俗文化庙会、第十二届闽台对渡文化暨蚶江海上泼水节、第十届渔文化节、第七届永宁古卫城暨城隍文化节等大型品牌活动；开展以“我们的中国梦”——文化进万家为主题的全市性文化惠民活动200余场，惠及群众10万余人；推进“书香狮城”，出台《2018年石狮市“书香狮城 全民阅读”活动实施方案》，以“全民悦读，见证成长”为主题，陆续推出包括“你选书，我买单”、“全民阅读”系列专题讲座、第二届“共读不孤读”全国共读等20个文化主题活动，推动全民阅读常态化。

【宣讲活动】 2018年，石狮市探索建立“大宣讲”机制。梳理完善宣讲课题45个，组织业余讲师团及各宣讲小分队深入企业、农村、机关、校园、社区、军营、“两新”组织、网站等开展各类宣讲活动240余场次；办好万祥文教论坛、永宁古城大讲堂，培育完善“创新转型、实业强市大讲堂”“海丝品读汇”“青商学苑”等特色学习平台；整合石狮市各级各部门的资源和力量，共同学习新思想和相关惠企政策，探索转型发展模式，邀请泉州国信企业管理顾问有限公司总经理范道远、厦门市点创创信息科技有限公司总经理柏波等就目标绩效赢利、“互联网+”运用、新零售管理等进行专题交流研讨。

【网络文化建设】 2018年，石狮市举办《全景石狮山水图》大型创作比赛、“8分钟法治微课堂”作品创作大赛、公益广告征集比赛等网络主题活动。创新线上学习平台，开展“《三十讲》我读·你听”诵读活动，开辟“讲政治提士气”微信专栏、理论学习手机报等“掌上报纸”，制发“学习《三十讲》”H5网页、“学习新思想”每周一测等。

【文脉传承活动】 2018年，石狮市出台《石狮“戏曲进校园工程”实施方案》，深化“闽南文化进校园”活动，推动闽南优秀文化在青少年中的传承，持续开展高甲戏、提线木偶、南音等优秀传统文化进校园活动近50场；举行第五届石狮籍在校大学生灯谜联谊赛、“莲埭杯”蚶江镇第二届校园灯谜艺术节、石狮市第十四届社团南音大会、“海丝杯”第五届中华灯谜文化节暨石狮第七届中华灯谜艺术节、第二十届（永宁）侨乡谜会等活动，建立以赛练兵、交流帮扶的人才培养模式，培育更多民间文化人才；联办“万祥文教论坛”活动，宣讲优秀传统文化，2018年共举办4期；石狮市博物馆以“弘扬优秀文化，树立文化自信”为主题，深入乡村、社区、机关、学校，开展《新时代石狮文化视野》《清风美德润狮城》《蔚蓝梦想》等30场文化宣讲活动。

【专题调研】 2018年，石狮市委宣传部组织开展宣传思想文化战线“大调研”活动，宣传系统各单位共完成《关于石狮市公共文化服务体系共建共享的实践与探索》《基层宣传文化队伍建设存在的问题和对策建议》等调研文章16篇。市委宣传部联系实际深入基层调研，撰写《发挥党建引领作用，构建移风易俗长效机制的思考》，获评泉州市“庆祝改革开放40周年理论征文活动”优秀征文、石狮市2018年度党建重点课题优秀调研成果三等奖。引导社科团体、高校加强理论研究，组织开展石狮市社会科学研究重点课题调研，完成调研文章35篇，为市委科学决策提供服务。

【企业文化建设】 2018年，石狮市深入打造职工文化活动品牌。除夕夜举办第十七届“四海一家·欢度除夕”迎春联欢晚会，邀请留石过年的500名外来工同吃年夜饭；向市优秀规模企业工会开展新春赠送电影票（500张）活动；“三八”节在女职工中广泛开展蛋糕DIY、插花茶艺、踏青拓展、趣味比赛和文艺会演等系列庆祝活动；开办瑜伽、柔力球、太极拳女职工培训班，培训女职工近200人次；先后举办8场“缘在工会”未婚职工联谊活动，并于10月29日在轻纺城举办“狮城之恋·缘满今生”第五届职工集体文明婚礼。

【基层宣传文化建设】 2018年，石狮市组织开展基层综合文化服务调查研究，改扩建33个村级综合文化服务中心，完成33个村级综合文化服务中心改造提升工作；组织开展“百姓书房”示范点创建，与三个民营图书城达成意向，纳入“百姓书房”管理，出台《石狮市“百姓书房”建设工作方案》，建立“百姓书房”的建设、管理机制，推进“百姓书房”健康良性发展，新增5处“百姓书房”，完善“15分钟阅读圈”；强化流动式服务，开展流动图书车送书上门服务，服务点涵盖全市各镇（街道）、村（社区），当年出车 311 次，服务时间 622 小时；探索定制式服务，建成“石狮市公共数字公共服务平台”网页版；启动卢厝红色革命暨非遗狮阵文化教育基地展馆工程项目，深入挖掘和契合红色基因的底蕴特色，围绕地下支部与非遗狮阵文化的融合，打造区域特色。

【新闻报道】 2018 年，石狮市新闻报道主攻大报大台。在中央、省级媒体各类报道超过 500 篇次，其中，新华社上稿 50 余篇；中央电视台上稿 9 篇，其中新闻联播 3 条；中新社上稿 80 余篇；经济日报上稿 3 篇；福建日报上稿 150 余篇；福建电视台上稿 60 余篇；泉州晚报上稿 250 余篇；泉州广播电视台上稿 150 余篇。做好改革开放 40 年基层行宣传报道，精心配合好 8 家中央级主流媒体来石采访，报道 12 条，新华社刊发《“海丝”古港蚶江：民营经济托起环湾港口新城镇》、央视新闻联播播出《一个外国人眼中的古镇变迁》等，组织《福建日报》头版、《泉州晚报》头版和泉州台转发转播。第三届海丝海博会期间，邀请 70 家海内外媒体推出原创报道 250 篇，十大平台进行全平台直播，其中中新网和东南网分别吸引超过 50 万和 40 万人次观看，推出实现约 370 万次曝光量的 banner 广告位推广等特色宣传产品。第十二届闽台对渡节获央视 1 套新闻联播播出新闻，央视 4 套《城市 1 对 1》、纪录片频道《中国话》现场录制，新华社在脸书、推特等海外社交平台直播 10 分钟。借国际军事比赛之机，共 40 家境内外媒体全程报道，其中新华社、解放军报、中央人民广播电台、中央电视台等中央主要媒体刊播赛事稿件 300 余篇；央视网对赛事进行独家全程直播，并在央视影音等 13 家媒体进行分流播出，累计观看人数上亿人次。

2018 年，石狮市发布 2018 年全市新闻发布计划，组织 20 场新闻发布会，探索联合发布模式，法院和妇联，检察院和教育局等相继联合发布新闻。开展 4 期新闻宣传考评工作，收到万余篇报道，推出新闻宣传考评互联网系统。召开 4 次新闻季谈会，下发 4 份新闻报道要点和 4 期重点宣传提示。举办全市新闻联络员培训班一期，网络宣传和舆论引导培训班一期。

2018 年，石狮市推进媒体融合建设。10 月 29 日，完成融媒体中心挂牌运行，石狮日报社、石狮电视台相继成立新媒体事业部；石狮电视台率先建立广电新兴媒体矩阵，推出“早安石狮”“早安狮城”等微信端新闻早报。启动组建抖音达人联盟。

2018 年，石狮市全省首创新闻人才积分制办法，为新闻工作者提供住房、公办学校读书、培训等优惠，共有 3 名媒体人享受积分入学奖励，10 名媒体人享受积分入住奖励政策。记者节推出《石狮优秀新闻作品奖励办法》，奖励 33 件优秀新闻作品，推出关爱记者健康活动，组织医疗专家就媒体人职业病上门义诊。

【媒体交流活动】 2018 年，石狮市拓宽对台对外宣传。央视 4 套播出 2 集《城市 1 对 1》石狮专题片，推广《倾听石狮》城市宣传片，央视 10 套播出中国影像志石狮专题片；在泰国、菲律宾和中国香港举办“美丽石狮·亲情故土”图片展；新开辟台湾《前锋日报》合作，每周半版泉州新闻，已刊发 30 期；扩展菲律宾《联合日报》合作，每周增发“收藏快报”和“人在旅途”文化版，每周 9 个版，2018 年共刊发 335 期；《台湾商报》刊发 650 个版、《收藏快报》335 期、《石狮日报》登上菲航航班。

精神文明建设

【概况】 2018 年，石狮市开展群众性精神文明创建活动，提高市民思想觉悟、道德水准、文明素养和城乡文明程度。开发建设“石狮市文明创建动态监督平台”。开展多形式活动构建诚实守信的社会信用体系。开展“乱拉横幅”专项督查考评活动、对全市 17 个建筑垃圾临时堆放场和 2 个建筑垃圾填埋场管理使用情况进行专项督查以及做好国际军事比赛—2018 海上登陆赛、举办第四届世界石狮同乡恳亲系列活动等重大活动期间全市公共环境、公共秩序专项督查工作。2018 年泉州“美丽乡村”环境卫生及海岸带考评中，石狮市获得第三名。

【文明城市常态化建设】 2018 年，石狮市贯彻落实市委、市政府《关于进一步加强城市管理　构建全国文明城市创建长效机制的意见》精神，建立可量化的创城督查考核体系，健全常态长效机制，组织开展常态化创城督查工作，运用多种形式做好创城宣传氛围营造，推动各级各部门参与文明城市创建工作。

2018 年，石狮市制定出台《石狮市常态化创建全国文明城市工作绩效考评办法（试行）》，开发建设“石狮市文明创建动态监督平台”（含“石狮文明天气图”系统管理平台和“石狮文明督查”微信公众号），完成各镇（街道）、市直及驻石单位责任条目的系统设置、录入工作，编写“文明天气图平台”PC 端、手机端操作手册。依托“文明天气图”管理平台实现“问题上报、通报下发、整改反馈、数据统计”全流程信息化管理。截至 2018 年 12 月 31 日，“石狮文明天气图管理平台”共发现各类问题 9718 个，已整改 9708 个，按期整改率 99.90%。

2018 年，石狮市印发《石狮市创建全国文明城市公共环境督查考评实施方案（试行）》，规范全市常态化创建工作和“美丽乡村”环境卫生管理工作。在 2018 年泉州“美丽乡村”环境卫生及海岸带考评中，石狮市获得第三名。

2018 年 7 月 31 日，石狮市文明天气图管理平台操作系统培训会暨市民志愿巡访团启动仪式 （图 / 市委文明办）

8 月 3 日，黄春辉市长针对“十个专项整治”专项整治工作中存在的突出问题召开提升工作专题会议，进行研究部署；11 月 6 日，邱永丰副市长针对城市管理存在的矛盾主持召开城市管理工作协调会，进一步明确责任，督促落实整改。11 月，市创城办会同市委、市政府督查室和市效能办，组成专项督查小组，对“十个专项整治”提升工作整改情况进行专项督查，并进行通报。开展专项督查考评工作，先后开展“乱拉横幅”专项督查考评活动、对全市 17 个建筑垃圾临时堆放场和 2 个建筑垃圾填埋场管理使用情况进行专项督查以及做好国际军事比赛—2018 海上登陆赛等重大活动期间全市公共环境、公共秩序专项督查工作。

2018 年 10 月，石狮市创城办通过委托第三方，对全市文明城市实地考察点进行历时 5 天的暗访模拟测评，共计测评 51 个项目、328 个点位，发现各类问题 3000 多处；出台《石狮市市民志愿巡访团工作方案》，组建由 33 人组成的市民志愿者巡访团，开展 10 期巡查暗访和 10 期媒体暗访团，发现和整改问题共 320 处，引导市民群众积极参与文明城市创建工作；10 月 30 日，市委副书记庄玉海主持召开全市创建全国文明城市工作推进会，对常态化创城工作机制和新一轮创城迎检工作进行再动员再部署，推进常态化创城工作。

2018 年，石狮市创城办联合石狮日报社开设“创城再出发”主题互动式报道和“创城督查考评在行动”专栏，共刊播专题报道 108 期，石狮文明督查微信公众号专版报道 19 期，向泉州市城市管理综合考评中心报送创城工作信息 156 篇，被微信公众号、内刊等采用 15 篇。

【公民思想道德建设】 2018 年，石狮市开展“我们的节日”主题活动。春节、元宵节期间，举办第十七届“我们的节日 · 四海一家欢度除夕”迎新春影视通宵联欢晚会、2018 年新春“三下乡”集中服务、“灯谜展猜”等民俗文化活动；清明节期间，开展网上祭英烈、中华经典诵读、参观爱国主义教育基地等活动；端午节期间，承办 2018 年福建省“我们的节日 · 端午”主场活动，其中第十二届“闽台对渡文化节暨蚶江海上泼水节”被列入“第十届海峡论坛”的配套活动，活动吸引央视、新华社、香港大公报、福建日报等海内外媒体关注，共 6 万多人次参与；9 月，举办福建省第二届广场舞大赛石狮初赛，市国际标准舞协会表演的《吉祥》获一等奖，并代表石狮参加泉州复赛；中秋节期间，举办玉湖社区第四届豆腐文化节、钞坑新村“和谐邻里 情暖中秋”邻里文化节等一系列活动。“我们的节日”（清明、中秋、重阳）系列活动综述连续在省“文明风”网站刊登报道。

2018 年，石狮市不断深化“家 +

2018 年 6 月 22 日，第十二届闽台对渡文化节暨蚶江海上泼水节——海上泼水活动现场 （图 / 市委文明办）

2018 年 9 月 21 日，石狮市人大机关和凤里街道后花社区联合开展我们的节日·中秋——“踏月归乡”家+文化亲子主题活动　（图/市委文明办）

文化”建设活动，将文明家庭创建纳入2018年市委市政府精神文明创建工作表彰序列。6月底，联合市委宣传部印发《石狮市深化“家+文化”建设活动实施方案》，开展家庭主题创先争优活动、家教志愿服务活动等25个主题活动。

2018年，石狮市持续推进“身边故事、共同铭记”活动。2018年全市共有10个村（社区）率先试点培育工作，镇（街道）覆盖100%。7月31日，承办泉州市“身边故事、共同铭记”活动现场交流会，石狮市在会上作经验交流，祥芝镇祥渔村获评先进试点单位。

2018年，石狮市强化公益广告宣传。8月，举办石狮市首届公益广告原创作品大赛，共收到参赛的平面类作品229件、微视频类作品98件，经专业评审评选出优秀平面类作品15件、视频类作品11件。其中《平安出行》《距离产生美》等多幅作品分别获评省文明交通宣传作品一等奖、三等奖等奖项。市文明办获优秀组织奖。11月，在市区7个主要路口的口袋公园投放一批社会主义核心价值观主题城市景观公益广告小品，营造浓厚的文明氛围。

【道德模范学习宣传活动】　2018年，石狮市蔡海炳、吕文彬、市公共文明引导志愿者协会分别入选2月、6月和8月的“福建好人榜”，其中蔡海炳入选3月“中国好人榜”并荣登8月中国文明网《好人365》封面人物，市公共文明引导员志愿者协会入选10月“中国好人榜”。截至2018年12月，全市共有“中国好人”22人、“福建好人”27人，数量位居全省县市前列。进一步落实《石狮市礼遇和帮扶“石狮好人”实施办法》，在入学、入住、入医等方面给予道德模范、身边好人等先进典型七大礼遇、八项帮扶。2018年以来累计为47人办理人身意外险、1人申请子女优先就学，走访慰问生活困难道德模范8人次，发放慰问金1万元。9月20日，承办2018年泉州市“道德模范故事汇”基层巡演石狮专场活动。

【诚信建设】　2018年，石狮市开展多形式活动构建诚实守信的社会信用体系。4月，组织多部门开展“诚信经营示范街区”创建工作；6月，市文明办联合市法院等5个单位举办“诚实守信、决胜执行难”主题“闽南四句”作品征集评选活动；8月，凤里街道振兴路被省文明委授予“福建省诚信经营示范街区”称号。

【深化移风易俗活动】　2018年3月—5月，石狮市深入全市9个镇（街道）一对一开展“一镇一方案”专题指导调

2018 年 8 月 8 日，市场监督局在振兴路创建诚信经营示范街区（图/市委文明办）

研。举办移风易俗主题“闽南四句”作品征集评选活动，参与投票的网民近18万人次，对获奖作品汇编成册，在全市中小学校分发；7月，石狮市印发《石狮市2018年移风易俗工作实施方案》，督促各镇（街道）围绕“一县一方案”，进一步完善“一镇一方案”“一村一策”。出台石狮市移风易俗工作领导小组、督查考评、奖惩问责等一系列制度，构建“党委统一领导、党政群齐抓共管、文明办组织协调、有关部门各负其责、全社会积极参与”大格局；8月，组织召开全市移风易俗工作推进会，明确提出要遏制陈规陋习，狠刹歪风邪气，倡导文明健康、厉行节约的社会风尚，切实把移风易俗作为重要政治任务抓好抓实；5月30日，石狮市出台《关于进一步规范人口死亡医学证明办理流程的通知》，再次明确办丧时间为“头尾5日”，并设立有奖举报电话，建立奖惩兑现机制，杜绝人为变相延长办丧时间的现象；7月17日，召开宗教教职人员及相关民间信仰人士移风易俗专项教育培训会，200多名与会人员签订《移风易俗承诺书》；9月，市文明办指导各镇（街道）党委启动新一轮村规民约（居民公约）修订工作，结合各自村情，制定“一村一策”，全市128个村（社区）均已建立“四会”组织；启动“狮城新风进万家”——移风易俗主题巡回宣传活动，举办25场次。

【基层文明创建活动】 2018年，石狮市委文明办组织开展石狮市级文明单位的初评工作，在泉州地区率先对石狮市级文明单位考评体系进行改革，取消检查文明单位纸质台账，变更为电子材料申报，减轻基层工作负担。并将考评时间由原来30个工作日，缩短为5个工作日。9月，组织符合申报条件的各级文明单位顺利完成新一届全国文明单位、培育对象和2018—2020年省级文明村镇、文明单位（社区）、文明校园网上申报工作。持续组织各级文明单位与农村（社区、少年宫）及困难户开展结对共建活动，全市110个各级文明单位与280个特困户家庭结对子，共计帮扶资金近60万元。

【志愿服务活动】 2018年3月，石狮市发布《石狮市志愿者礼遇规定（试行）》，对在志愿云系统登记注册的所有志愿者实行星级评定并推出相应礼遇措施；8月，向石狮市志愿者联合会等10个主管社会组织各选派1名党建工作指导员，加强对社会组织党员规范管理；为全市1164名志愿者骨干免费办理人身意外保险，为12位“新市民”提供积分审核服务。截至12月，全市在“全国志愿服务信息系统”进行实名注册的志愿者达7.6万名。

2018年，石狮市广泛开展志愿服务主题活动。启动“助力新石狮 建功新时代”志愿服务行动，组织各志愿服务队伍常态化开展便民利民、移风易俗、文明劝导、生态环保、应急救援等志愿服务活动。3月9日，举行2018年“春暖石狮红”党员志愿服务活动日启动仪式，共有800余名志愿者参加。7月29日至8月11日，“国际军事比赛——2018海上登陆赛”期间，选拔90名志愿者参与赛事服务活动，受到军地领导一致好评。

2018年，志愿服务工作硕果累累，涌现许多先进典型：祥芝渔港救援协会海上遇险义务救援项目获评第四届中国青年志愿服务项目大赛金奖和福建省最佳志愿服务项目；在福建省志愿服务项目大赛上，祥芝美丽海岸志愿者协会的《福建沿海公众参与生态环保示范项目》获铜奖。此外，后花社区获评福建省最美志愿服务社区，阳光太太志愿者协会会长林丽娜获评福建省最美志愿者，青年志愿者协会副会长曾国亮获评福建省五星志愿者称号。市公共文明引导志愿者协会先后获评福建好人榜、中国好人榜“助人为乐”模范。

【扎实推进未成年人思想道德建设】 2018年，石狮市深入开展主题教育实践活动。启动“扣好人生第一粒扣子”主题教育实践活动，开展“新时代好少年”“中华优秀传统文化进校园”“社会劳动实践教育”等未成年人主题教育实践活动，深化中国梦和社会主义核心价值观教育。清明期间，组织开展“网

2018年3月9日，石狮市“春暖石狮红”党员志愿服务活动日启动仪式

（图/市委文明办）

2018年7月29日至8月11日，石狮市志愿者服务2018国际军事比赛
（图/市委文明办）

上祭英烈”“向国旗敬礼”活动。“六一”期间，开展慰问美德少年活动。“七一”前夕，联合市教育局举办2018年小学生“童心向党”歌咏活动，共有28所小学1100余名学生参演。暑假期间，举办全市中小学生暑期电影展映活动，共有15所中小学校约2800名学生参与。8月，开展优秀童谣征集活动，共收到作品214首，通报表扬29首，其中第三实验小学四年级学生卢柏豪的参赛作品《我们的童年》获评福建省优秀童谣一等奖。11月，举办2018年全市中小学生“中华经典诵读”展演活动，13所中小学500余名学生参演。

2018年，石狮市不断加强学校少年宫建设。1月，举办“宣传十九大 共筑中国梦”乡村（城市）学校少年宫文艺会演，全市14所少年宫选送节目参演。8月，组织石光中学等4所省级文明校园（不含幼儿园）与龟湖中心小学等4所中央专项彩票公益金支持的学校少年宫承建校结对共建。11月，联合市教育局、财政局对4所中央专项彩票公益金支持的乡村学校少年宫建设项目情况进行年度验收，永宁中心小学等4所少年宫均运行正常。12月，举办2018年乡村（城市）学校少年宫文艺展演活动，全市10所少年宫选送11个节目近300名学员参加。全市涌现出“2018年全国啦啦操冠年赛”冠军项目——市锦峰实验学校啦啦操项目、福建省优秀少年宫辅导员——市第三实小少年宫辅导员许小鹃等少年宫先进典型。

2018年11月19日，举行2018年石狮市中小学“品味经典 传承美德 争做新时代石狮好少年”经典诵读展演活动
（图/市委文明办）

统战工作

【民主党派工作】 2018年，石狮市制定《中共石狮市委统战部关于在全市统一战线进一步兴起习近平新时代中国特色社会主义思想“大学习”热潮的工作方案》，引导民主党派扎实开展“大学习”活动。组织石狮市党外知识分子代表前往李子芳烈士纪念馆、董云阁烈士故居开展以“跟党迈进新时代，同心共筑中国梦”为主题的爱国主义教育活动。

2018年，石狮市制定《中共石狮市委2018年政党协商计划》，加强党委同各民主党派的政治协商，健全民主党派知情明政机制，落实多党合作制度。12月6日，召开党风廉政建设和反腐败工作情况座谈协商会，向党外人士通报2018年石狮市党风廉政建设和反腐败工作情况，并听取意见和建议。12月24日，就《政府工作报告》召开会议，征求民主党派、无党派代表人士意见。12月27日，召开市七届三次党代会报告征求意见会，就《报告》征求党外人士意见。召开2018年市委常委、市政府党组民主生活会会前征求民主党派等社会各界人士代表意见座谈会。

2018年，石狮市积极引导民主党派参政议政。在石狮市政协七届二次会议上提交团体及个人提案227件，占提案总数87%，确定5件为重点提案，其中民主党派成员4件、无党派人士1件。市委统战部召开石狮市民主党派智库座谈会，引导智库成员利用智库平台建言献策。民主党派智库成立调研课题小组，围绕“居家养老”“乡村旅游”开展课题调研，形成《深化居家养老服务 补齐养老事业短板》《大力发展乡村旅游 对接“3+3”产业布局》等调研文章。

2018年，石狮市引导民主党派开展社会服务。10月30日，在石狮市高新技术产业开发区成立石狮市民主党派社会服务基地，助推石狮市统一战线工作走进工业园区。以民主党派社会服务基地为平台，联合各民主党派、石狮市医院为石狮市高新技术产业开发区企业职工提供健康咨询、义诊送药等服务。组织党外知识分子开展法制宣传进校园活动，组织民主党派、无党派人士深入基层开展文化下乡、送医义诊、扶贫济困、助学圆梦等活动，提升民主党派社会影响力。

2018年，石狮市各民主党派围绕“不忘合作初心，继续携手前行”的主题，通过开展座谈会、文艺晚会、实地教育等多种形式，深入开展主题教育活动与系列纪念活动。4月28日，举行石狮市纪念中共中央“五一口号”发布70周年座谈会，各民主党派主委、副主委，无党派人士代表等参加会议。市委统战部征集各民主党派关于“五一口号”作品，联合石狮日报推出“重温五一口号”系列报道；利用石狮统战部微信公众号平台，及时发布宣传纪念活动开展情况；编印《石狮市民主党派工作月刊》并制作手机微信版，运用传统媒体、网络新媒体等多种渠道，集中宣传多党合作的光辉历史与重要意义，营造浓厚氛围。

【党外干部培养选拔】 2018年，石狮市开展石狮市党外知识分子摸底工作，在原有基础上扩大摸底范围，将石狮市三所民办高校及新的社会阶层人士纳入摸底对象，完善石狮市党外知识分子人才库，11月9日，召开市管党外副科级后备干部建议人选民主推荐会议，调整充实党外后备干部队伍。2018年，选派2名党外科级干部参加泉州市社会主义学院“党外知识分子代表人士培训班”、4名科级干部参加泉州市社会主义学院“第15期党外科级干部进修班”，11月19—23日，组织各民主党派业务骨干、无党派人士、新的社会阶层人士、党外后备干部、党外特约人员及党外知识分子参加石狮市统战、宗教理论专题研讨班，加强党外知识分子队伍建设。

【新社会阶层人士统战工作】 2018年7月13日，石狮市召开新的社会阶层人士学习习近平新时代中国特色社会主义思想座谈会，加强对新的社会阶层人士的团结引导，在新的社会阶层人士中进一步兴起新思想“大学习”的热潮。举办全市统战、宗教理论专题研讨班，组织新社会阶层人士党外特约人员、党外知识分子等共50名参加培训。选派2名新的社会阶层人士代表参加第一期泉州市新的社会阶层代表人士培训班；引导5名石狮市新的社会阶层人士参加“海丝新力量·筑梦新征程——首届泉州新阶层人士嘉年华”大会。

【台港澳同胞及海外联络联谊工作】 2018年2月，石狮市举办海内外乡亲新春座谈会暨招商推介会，500多人出席座谈会，会上10个项目落户石狮，为石狮带来52.1亿元的投资；举办世界石狮同乡恳亲大会，进一步加强与台港澳同胞以及海外侨亲联络联谊；5月，多次召开筹备工作会议或碰头会，来自49个国家和地区海内外石狮乡贤为家乡发展教育、卫生、慈善事业捐资5.36亿元；9月29日，召开第四届世界石狮同乡联谊大会，石狮籍旅泰乡贤林嘉南就任第四届世界石狮同乡联谊会会长；邀请回乡的石狮籍乡亲、台港澳同胞及异地商会代表举行春节、清明节座谈会；走访看望回乡探亲的重要侨领和重点侨亲。2018年，石狮市委市政府共组织接待旅外及台港澳乡亲重要团组23批1566人次。

【搭建台港澳、海外青年交流平台】 2018年，石狮市分别在3月、6月，依托菲律宾石狮同乡总会及泰国石狮同乡总会再设立2家海外人才工作联络站。5月，举办第25届菲华石狮市青少年夏令营活动。7月，2018年中国台港澳地区青少年“中国寻根之旅”夏令营石狮营暨第三届台港澳石狮市青少年夏令营在石狮开营，37名营员回到家乡，寻根问祖；香港国民教育促进会组织200多名香港青年学生在石狮举行“香港青少年红色之旅”活动；协助中国台湾石狮同乡总会、菲律宾石狮同乡总会、泰国石狮同乡总会、石狮市旅港同乡总会做好换届工作；对福建省港区政协委员联谊会、香港石狮市霞泽同乡会、后垵旅港同乡会、菲律宾祥芝镇同乡总会等海外社团的成立、换届，通过发送贺电、电话交流及召开座谈交流等方式，开展海外联谊活动；组织台籍大学生参与2018年海峡西岸台胞青年夏令营和第七期电商培训班，开展两岸青年的体验式互动及深度交流；联络组织石狮青年台胞参加在厦门举办的2018年两岸台胞青年跨境电商种子实训营，帮助两岸台胞青年提高就业、创业能力。

【加强两岸交流互动】 2018年4月17—22日，第四届中国（泉州）海上丝绸之路国际品牌博览会、第21届海峡两岸纺织服装博览会开幕。博览会期间，举行第九届中国纺织服装企业家活动日暨纺织服装产业智能化发展论坛；6月18—20日，石狮市举办“第十届海峡论坛·第十二届闽台对渡文化节暨蚶江海上泼水节”，邀请台湾鹿港文教基金会参访团30名及台湾戏曲学院参访团41名成员参加，并举办“海丝杯”第五届中华灯谜文化节暨石狮第七届中华灯谜艺术节、国际龙狮公开赛、“重走海丝遗迹，聚焦两岸泼水”摄影采风活动等活动；6月15日，举办以“制造业智能转型应以优势供给还是市场需求为主导”为辩题的“石狮市第十届海峡两岸青年辩论赛”；9月30日至10月2日，举办“第七届永宁古卫城暨城隍文化节”，开展“祈福永宁”城隍民俗文化绕境巡游、“淘金永宁”寻宝攻略赛、“品味永宁”美食荟萃等活动；开展同名村活动，配合福建省台联做好接待服务工作。

【侨胞服务工作】 2018年，石狮市鼓励支持为侨服务和贫侨帮扶工作。开展贫困归侨帮扶工作，对全市贫困归侨侨眷进行摸底，建立贫侨数据库，走访慰问贫困归侨侨眷，组织发放补助金、慰问金7.75万元，帮助26位贫困归侨侨眷；为石狮籍旅外华侨回国定居办理申办工作，为189位符合条件华侨办理回国定居手续；做好“三侨子女”就学服务，出具升学证明材料2份，侨眷证明1份；处理反馈涉侨求助6件；开展省市县“三级侨务信访接待日”及侨法宣讲活动；完成涉侨政协提案3件。

2018年，石狮市引导侨亲返乡捐资公益、投资项目，2018年接受华侨华人捐赠金额5.36亿元，主要集中在基础设施、文化教育、医疗卫生等公益事业领域。1月14日，石狮举办首届“一带一路”华裔青商合作峰会，成立华裔青商组织联席会；6月8日，中共石狮市委书记朱启平率团赴越南、柬埔寨洽谈设立海外仓、开通到柬埔寨金边区域的海上快线、建设物流园区等经贸合作项目，引进泰国罐装海产食品生产项目、投资额为5000万美元及建设泰国风情旅游项目，投资额3000万美元的合作意向书；9月8日，通过旅外侨亲牵线搭桥，石狮在第二十届中国国际投资贸易洽谈会上共签约项目6个，投资总额3.45亿美元，拟利用外资2.75亿美元；9月27—30日，协助举办世界石狮乡亲恳亲大会等系列活动，推动在外乡贤回乡投资兴业，实施回归工程。

2018年6月15日，石狮市政府在泰国设立海外人才联络站，中共石狮市委书记朱启平（左）授牌 （图/市委统战部）

机构编制

【深化行政管理体制改革】 2018年，石狮市有序推进党政机构改革，制定出台《石狮市机构改革实施方案》，制定出台11份相关改革配套文件，拟订全市党政群机关行政编制、科级领导职数方案，组织开展全市涉改机关事业单位工作人员转隶工作，稳妥稳健组织实施全市机构改革，改革进度走在泉州各县市前列。

2018年，石狮市持续推进监察体制改革。按照上级规定，市纪委监委向各镇（街道）派出监察组9个、向石狮高新技术产业开发区派出监察组，推进镇（街道）和特殊区域监察体制改革推动监察工作；按照泉州批复文件，下达监察体制改革第二批行政编制，完成第二批人员转隶工作；在各镇（街道）单列纪检监察专项编制，加强镇（街道）纪检组织建设。

2018年，石狮市组织实施环保机构垂直管理制度改革工作。按照省、泉州有关环保垂直管理制度改革方案要求和泉州编办批复，组织实施环保机构垂直管理制度改革工作，将环保职责、机构和人员编制划转给泉州。

【深化行政审批制度改革】 2018年，石狮市试行“综合窗口受理”审批模式。结合石狮市行政服务中心搬迁提升，试行“综合窗口受理”审批模式，此项改革列入2018年石狮市全面深化改革重点项目；制定出台《石狮市“综合窗口受理”审批模式实施方案》，按照“一窗受理、部门参审、一窗回复”的改革理念，打破部门“单口”对外的模式，设置“投资建设”“综合事务”两类综合窗口，在其他审批窗口打破内部业务分类，实行“一窗通办”。编制《投资项目分阶段并联审批高频事项目录清单》《政府投资项目审批流程示意图》《社会投资项目审批流程示意图》，对事项的申报材料、时限、审查工作细则进行统一梳理。按照一次告知、一表申请的要求，并联审批4个阶段，每阶段整合一张《投资项目审批申请表》，精减重复填报事项、重复申报材料。同时，按线上线下全面统一的要求，建设“综合窗口受理”申办流转系统。

2018年，石狮市开展“证照分离”改革试点工作。4月，出台《石狮市人民政府办公室关于开展“证照分离”改革试点工作的通知》，明确试点范围和期限、改革方式、工作要求等，部署市直相关部门开展“证照分离”改革试点工作，在试点地区对涉改事项分别采取不同措施，分类推进改革。

2018年，石狮市梳理公布减权放权事项监管责任清单。对2013年以来取消、下放（委托）的64项审批服务事项，逐项建立健全相应的监管责任清单和工作机制，避免减权放权过程中出现“放而不管”“一放了之”和承接落实不到位等问题，增强简政放权的协同性。

【加强机构编制管理】 2018年，石狮市始终坚持“严控”政策，严格执行“三个一”审批制度、“五不准”、“七个严禁”的规定和《石狮市机构编制管理工作审办程序》，对用编计划及人员调配事项均提交市编委会、调配会研究，严格机构编制审批和人员进口关。重点保障事关中心工作、全局工作和重大民生保障方面的人员力量，有效缓解机构编制供需矛盾。研究通过2018年石狮市公开招聘厦门外国语学校、华侨中学等教师方案、公开招聘卫生计生系统事业单位人员方案，并做好人员招聘相关工作。落实军转安置任务，在全市编制极为紧缺的情况下，着力保障军转干部和退役士兵安置岗位需求。

【推进事业单位分类管理】 2018年，石狮市优化提升事业单位布局。根据上级部署，结合机构改革，深化市委市政府直属事业单位改革、党委和政府直属的承担行政职能事业单位改革；按照党政职责划转，调整82个涉改事业单位隶属关系、人员编制以及职责任务；优化重点领域事业单位设置，新设立广电出版发展中心、民族宗教服务中心、巡察事务服务中心、行政服务保障中心、公共资源交易中心、信息产业服务中心等11个事业单位；全面清理全市42个承担行政职能事业单位及其名称，积极推进全市事业单位改革，已基本完成涉改事业单位调整；设立石狮市小学教育指导服务中心、石狮市学前教育和民办教育指导服务中心，协助市教育局做好小学、学前和社会力量办学的相关工作，积极推进构建以“一元管理”为格局的教育管理体系。

2018年，石狮市创新事业单位机构编制管理方式。按照市公立医院改革总体要求，积极创新总医院编制管理方式，将现有全市所有公立医疗机构人员编制数总和作为总医院总编制数，总医院可根据总编制数，适时调整各医院、分院编制数。区域医护人员实行规模控制数动态管理。在核定的人员控制数内，由总医院根据发展需要，按规定自主公开招聘人员和内部调配人员；按照不定机构规格、不核事业编制的思路，创新设立零编制事业单位，由市科技和知识产权局为举办单位，泉州师范学院为主管单位，设立泉州师范学院（石狮）生态智能织物工程技术研究院。

2018年，石狮市科学配置事业单位编制资源。在深入调研、充分了解和掌握全市各中小学教师编制配备需求的基础上，研究拟订2018—2019学年度教育系统教师编制核定方案，进一步推动有限的机构编制资源发挥最大效益；针对教师编制紧缺问题，拟订《石狮市市聘合同教师管理暂行办法》，推动提升基础教育公共服务供给质量；调整市人大代表活动服务中心、市职工活动中心、市妇女儿童活动服务中心、市国库支付中心、市国有资产管理中心、市生产力促进中心、市知识产权管理中心等单位编制，优化全市事业单位机构编制资源配置。

【加强事业单位登记管理】 2018年，部署完成2017年度事业单位法人年度报告公示，全市应提交年度报告的事业单位法人272家，审核率100%，均在石狮市政府门户网站统一对外公示，接受社会监督；创新推行“一查二简三分四督”工作法，积极探索开展事业单位简易注销工作，通过简化注销登记报送材料、简化清算报告及简化公告流程等方式，分类分步、扎实推进全市43家撤销待注销事业单位注销登记工作，已完成注销登记28家；开展2018年全市事业单位法人登记“双随机”监管工作，配合泉州市事业单位登记管理局开展事业单位法人双随机抽查工作，加强对全市事业单位的事中事后监管，规范事业单位法人行为。

党校教育

【概况】 2018年，石狮市委党校落实《2018—2022年全国干部教育培训规划》要求，坚持党校姓党原则，明确发展定位，围绕市委“创新转型、实业强市”发展目标，发挥党校“三个阵地、一个熔炉”的重要作用，在干部教育培训、新校建设、科研咨政等方面均取得历史性突破，为石狮市改革发展大局提供助力。

【干部教育培训情况】 2018年，石狮市委党校全年举办培训班次31期，累计培训党政干部2335人次，组织教师下基层上党课38场次，培训基层党员群众3000多人次，充分发挥党校作为全市党政干部意识形态教育主阵地的重要作用。

2018 年，石狮市委党校聚焦新思想，营造良好政治氛围。将习近平新思想、十九大精神作为 2018 年干部教育培训的重要内容，在科级班、中青班、党务班等 19 个培训班次中开设学习习近平新时代中国特色社会主义思想和中共十九大精神专题课程，组织学员多层次、多视角学习新思想、十九大精神；牵头举办全市“深入学习习近平新时代中国特色社会主义思想”研讨班、“不忘初心 牢记使命”研讨班、学习习近平新时代中国特色社会主义法治思想研讨班等 3 个专题研讨班，邀请中央党校教授孟鑫，北京大学教授张春晓，省委党校教授叶志坚等权威专家来为学员讲授习近平新思想、新党章等专题课，提升党政干部的学习层次；利用流动党校机制，推动学习新思想进机关、进镇（街道）、进学校、进村（社区）、进企业，全年下基层宣讲《新时代 新思想 新征程——党的十九大精神解读》《不忘初心跟党走 提升素质再出发》《学习习近平新时代中国特色社会主义思想》等专题课程 33 场次，加强基层党员干部政治教育。

2018 年，石狮市委党校围绕“实业项目落地年”实业项目建设、乡村振兴、发展电商经济等 3 个主题分别举办“推进项目攻坚 振兴实体经济”“实施乡村振兴战略 加快农业农村现代化”“服务电商发展 助力实业强市”等 3 个“实业强市”系列专题培训班；以经济发展、产业转型、项目建设等为主要内容，组织科级班、中青班等主体班学员异地培训，对市重点项目、知名企业及有关社会团体开展实地调研，结合自身岗位业务实际，生成 6 篇专题调研文章，其中第十六期科级班调研文章《网格化服务管理的宜昌经验、启示及对石狮创新社会治理的借鉴意义》发表于《泉州通讯》2018 年第 7 期及《石狮研究》2018 年第 6 期。

2018 年，石狮市委党校承接异地培训，服务“山海协作对口帮扶”。加强同政和县委党校教学交流，组织两地科级干部开展双向培训。10 月，组织全市廉洁从政培训班学员赴政和县委党校进行为期一周的异地培训，组织到廖俊波先进事迹馆、政和县经济开发区展厅、美丽乡村石圳村等廖俊波同志推进工作的地方进行现场教学，在 10 月下旬承接政和县科级班异地办学，并组织学员到市政和产业园、世贸综合体、明祥集团等单位进行现场教学，助力石狮市“山海帮扶”项目。

2018 年 3 月 27 日，第五期中青年干部培训班赴古田干部教育学院开展“过一天红军生活”活动 （图 / 市委党校）

2018 年，石狮市委党校推行党性教育“四个一”模式，设置一个“党性教育”单元，通过复合式教学手段，组织学员集中学习重要政治理论、《党员应知应会知识》，集中开展党员党性分析，提升党性教育的实效性和针对性；邀请市委领导上一次专题党课，立足石狮市情热点，带领学员深入学习习近平新时代中国特色社会主义思想，全年市委领导班子到党校授课共 13 人次，其中市委主要领导朱启平到党校授课 3 次，在全市范围内掀起“学用新思想、建功新时代”大热潮；开展一次“班级党日”活动，以现场教学为主体，通过军事化素质拓展、基层党建调研、阳光公仆志愿服务活动等方式，增强学员组织意识、国防意识、服务意识、问题意识，提升基层党建业务水平；组织一次“红色教育”活动，通过开设“革命歌曲选学”专题课，举办红色经典学习会，组织学员到革命老区过一次红军生活等方式，增强党员的历史使命感和荣誉感，坚定理想信念和宗旨意识。

【科研学术情况】 2018 年 3 月，石狮市委党校以公开招考的方式，考录党史党建、经济学、社科法学等 3 个岗位的 3 名专职教师，建立党史党建、经济学、社科法学等 3 个专业学科，初步形成适应县级党校实际的基础学科，为党校提升理论建设水平、发挥咨政作用，垫定较好的基础；发挥专职教师科研咨政作用，生成《石狮市实体经济发展路径与对策研究》《地方党委党内法规制定权研究》《新时代机关党员干部素

2018 年 4 月 25 日，中组部老干部局局长许宏彬（右二），省委组织部副部长、老干部局局长何国辉（左一）莅石调研老干部工作　　（图 / 市委组织部）

质提升工程研究——以石狮机关为例》等 6 个课题。其中《地方党委党内法规制定权研究》获得 2018 年福建省党校、行政学院系统科研与决策咨询项目立项，《石狮市实体经济发展路径与对策研究》获得福建省党校、行政学院系统中国特色社会主义理论体系研究基地 2018 年课题立项。

【现场教学点建设情况】　2018 年，石狮市委党校落实市委关于推进“五化一体”城市基层党建的部署要求，加强石狮党建基地建设工作，联合组织部、宣传部、党史办对全市重点党性教育现场教学点进行调研验收，推进一批李子芳纪念馆、董云阁故居、杆头村革命历史纪念馆、卢厝村地下党支部为首的党性教育实验基地的建设，初步完成对全市红色教育资源的整合工作，为加强党政干部党性教育提供一个现场教学平台，丰富党性教育模式。

2018 年，石狮市委党校重点推进党性教育走廊建设，将中国共产党各个革命历史时期重要精神（红船精神、古田会议精神、井冈山精神、延安精神、西柏坡精神等）以及市委党校党性教育成果作为党性教育走廊的主要内容，打造成党性教育走廊，营造良好党性教育文化氛围，增强党员历史使命感和荣誉感。

【新校建设情况】　2018 年，石狮市委党校项目位于石狮市回兴路西侧（原石狮市宝盖工商所旧址），总用地面积 19731 平方米，建筑面积 15725 平方米，预计投资 7000 万元，预计 2 年完成全部工程建设。由市城投集团代建，是石狮市第一个采用装配式建筑的重点项目。项目工程于 2018 年 8 月 7 日举行奠基开工典礼，全年累计完成工程投资 1200 万元，基本完成地下室框架建设。

老干部工作

【概况】　截至 2018 年底，石狮市有离退休干部 2004 人。其中，离休干部 6 人，“5·12”退休干部 5 人，厅级退休干部 2 人，处级退休干部 47 人，科级退休干部 300 人，离退休干部党委 1 个、党支部 22 个、临时党支部 1 个。4 月 25 日，中组部老干部局局长许宏彬，省委组织部副部长、老干部局局长何国辉莅临调研指导，对石狮老干部工作给予充分肯定。

【老干部工作保障】　2018 年，石狮市进一步健全老干部工作机制，单独组建市委老干部局作为市委工作机关，归口市委组织部管理，核定行政编制 3 名（其中，局长 1 名、副局长 1 名），同时将市老干部活动中心成建制划入，核定参公事业编制 3 名。认真落实《泉州市老干部工作领导责任制》，多次召开市委常委会听取老干部工作情况汇报，研究建立老干部“家庭医生”服务制度、为老干专线更换新能源公交车等问题。调整充实市老干部工作委员会领导班子成员，由市委书记朱启平担任主任，市委副书记庄玉海，市委常委、组织部部

2018 年 8 月 7 日，石狮市举行市委党校新楼工程奠基仪式　　（图 / 市委党校）

长杨德才，市政府副市长张汉杰担任副主任。推动市老年人体育协会、老区建设促进会、老年书画研究会、新四军研究会等涉老组织规范行业主管部门，及时进行换届，单独设立银行对公账户，并试行市级涉老组织实行财会代理制度，引入第三方核算监管。及时调整充实市老年教育委员会、老年大学领导班子成员，推动新老交替，实现工作平稳交接。2018 年市财政预算安排老干部工作经费 1113.52 万元。

2018 年 6 月 15 日，石狮市举办第一期全市离退休干部党建工作实务专题讲座
（图 / 市委组织部）

【老干部政治和思想建设】 2018 年，石狮市充分发挥市老干部活动中心、老干部活动中心党委、离退休干部党校、老年大学等学习活动阵地作用，坚持每月 15 日政治学习例会、每季度科级及以上离退休干部读书班等学习制度，采取专题辅导、巡回宣讲、座谈讨论等多种形式，引导广大老干部牢固树立“四个意识”，坚定“四个自信”，坚决做到“两个维护”。2018 年，共组织各类政治学习 30 多场次，先后举办《习近平新时代中国特色社会主义思想解读》《习近平治国理政系列——外交思想》等专题讲座，组织观看《厉害了，我的国》等电教片，开展“学习贯彻十九大精神”灯谜展猜，组织“相约春天·文化自信与自觉”书画联展等一系列活动。

【离退休干部党建工作】 2018 年，石狮市建立离退休干部党组织工作经费保障机制，按党员数每人每年 300 元标准将党组织活动经费列入财政预算，全额回拨上缴党费，并给予每位离退休干部党组织书记（不含在职）每月 500 元工作补贴。2018 年，共下拨党支部工作经费 20.4 万元，回拨党费 4.04 万元，发放党组织书记补贴 13.45 万元。按照“利于活动、便于管理、应建尽建”的原则，指导市直单位、镇（街道）灵活组建党组织，确保每名离退休干部党员都纳入党组织管理，新成立市直经济系统离退休党支部、湖滨街道花园城社区老干部服务站临时党支部。严格落实离退休干部党组织换届选举制度，对全市离退休干部党组织班子结构情况进行全面摸排，指导市直宣传系统和市场监督管理局党委完成离退休干部党支部换届工作。举办第一期全市离退休干部党建工作培训班，对全市 70 多名离退休干部党组织书记和党务干部进行集中轮训。开展“桑榆党旗红”离退休干部党建先进典型培育活动，玉湖社区老干第一党支部和老干综合第四党支部被评为泉州离退休示范党支部。

【老干部政治待遇落实】 2018 年，石狮市重视落实老干部政治待遇，全年共组织 128 人次老干部参加市委全委扩大会议、市七届三次党代会、世界石狮乡亲恳亲大会、全市新春团拜会等重要会议和重大活动，坚持办好市委、市政府新春和半年通报会，市委书记朱启平、市长黄春辉分别向老干部通报全市经济社会发展情况。举办重阳节集体祝寿，市主要领导亲自为逢 70 岁、80 岁、90 岁老干部祝寿。开展“走基层·看石狮新变化”活动，组织 8 批 1000 多人次老干部，参观考察海丝申遗点、市医院新院、通达智能硬件制造、峡谷旅游路、环湾湿地公园等重点建设项目。组织离退休干部参加“国际军事比赛——舰艇开放日活动”。为离休干部、“5·12”退休干部、副科级以上退休干部免费订阅《福建老年报》《新华每日电讯》《石狮日报》，补助普通老干部每人 80 元订阅《福建老年报》。

【老干部服务管理工作】 2018 年，石狮市调整市领导挂钩联系离退休干部，市四套班子领导坚持春节分组慰问老干部。结合全省组织系统开展的“调查研究年”活动，市委常委深入各镇（街道）村（社区）走访慰问生活困难老干部。坚持“六必访”制度（重大节日、逢十过生日、生病住院、有思想问题、家庭重大变故、临终去世），及时组织入院探望、上门走访老干部 1000 多人次，为 33 名符合条件的老干部发放解困帮扶基金 6.6 万元。坚持每月 15 日后的第一个工作日为离休干部、“5·12”退休干部集中报销医疗费用，2018 年共报销 26.5 万元。建立老干部“家庭医生”服务制度，组建“老干部医疗保障服务团队”，为离休干部、“5·12”退休干部、年满 70 周岁处级及以上退

2018 年 8 月 24 日，石狮市举行离退休干部党员志愿服务在行动暨“文化养老”进社区启动仪式
（图 / 市委组织部）

休干部（含享受）提供健康评估、家庭用药、康复指导等服务。组织开展以“精细医疗·关爱健康”为主题的“医疗保健服务月”活动，为老干部提供健康体检、养生宣教、专家门诊等服务。按每位老干部每年 300 元标准，将省级社区“四就近”服务老干部示范点工作经费纳入财政预算，确保社区老干部服务工作有效开展。

【老干部正能量发挥】 2018 年，石狮市以贯彻落实中共十九大精神为主线，结合石狮建市 30 周年，组织开展“筑梦新时代·我为石狮立新功”正能量系列主题活动。组建老干部“智囊团”，引导联合市文体旅游广电新闻出版局、工商联开展“优化石狮旅游文化产业营商环境”调研，走访企事业单位和行业协会，助力发展全域旅游。举办“助力创新转型·推动实业强市”专场座谈会，邀请老干部聚焦“经济社会发展新成果、福祉民生新变化、城市建设新形象、干部作风新气象”等开展畅谈建言，收集意见建议 12 条。与泉州市委老干部局联合拍摄《小城蝶变》微视频，邀请老干部代表畅谈石狮建市 30 年发展变化，点赞改革开放 40 周年，获“我看改革开放新成就”八闽离退休干部微视频征集展示活动三等奖。开展“石狮市离退休干部党员志愿服务在行动”活动，成立老党员、关心下一代、老年大学、老科技工作者等志愿服务队，组织开展政策宣传、环境保护、关心下一代、文明交通、爱心互助、文化传播等志愿服务活动。2018 年，全市有近 300 名老干部党员活跃在各志愿服务团队。以“筑梦新时代·桑榆展风采”为主题，举办石狮市第十二届离退休干部文化艺术节，组织大型文艺会演、健身排舞比赛、书画摄影展和灯谜竞猜等活动，吸引 1000 多名老同志参加。举办“开启新征程，走进新时代”书画摄影展，共展出老干部书画、摄影、诗词作品 112 幅。举办石狮市第一届老年健身节暨万人万步走活动，组织地掷球、气排球、健身操等展演竞赛活动 30 多场，吸引近 4000 名老同志参加，展示石狮老年朋友积极向上的精神风貌。

【涉老活动阵地建设】 2018 年，石狮市进一步加强老干部学习活动阵地建设，完成市老干部活动中心礼堂修缮和室外配套景观桥建设，推进市老干部活动中心多功能楼项目建设。对接 2018 年泉州市委市政府为民办实事项目，建设淑佩楼“老党员之家”，协调 7 个离退休干部党支部入驻，配备党建活动室、多媒体教室、图书阅览区等，打造全市离退休干部党建精品窗口。以创建“省级高水平示范性老年大学”为契机，建设市老年大学学员学籍系统、更新电脑室和多媒体教学设备等，全面优化提升市老年大学办学条件。2018 年，市老年大学开设有 6 个系、29 个专业、51 个教学班、1816 名老年学员、57 名兼职教职工以及 11 个社团。

保 密

【保密工作会议】 2018 年 6 月 21 日，石狮市召开市委保密委员会扩大会议，传达学习中央、省、泉州市保密工作相关会议精神，听取 2017 年石狮市保密工作情况汇报，并确定 2018 年石狮市保密重点工作。10 月 26 日，召开市委常委会专题研究保密工作。会议听取中央、省委、泉州市委关于加强和改进保密工作的文件精神及 2018 年石狮市委保密委员会工作情况汇报，研究并原则同意石狮市初步贯彻意见。

【保密监督检查】 2018 年，石狮市持续推进机关、单位保密自查自评工作常态化制度化，组织开展全覆盖督查，共检查机关、单位 70 家次，计算机 614 台次，印发督查通报 3 份。推动机关、单位规范定密，加强信息公开保密审查的监督指导。

【保密宣传教育】 2018 年，石狮市发挥党校保密教育主阵地和《保密工作》杂志及“保密观”微信公众号的宣传阵地作用，提升干部的保密意识和保密常识。组织征订 2018 年度《保密工作》161 份，《保密科学技术》31 份。10 月，开展“纪念新《中华人民共和国保密法》实施八周年宣传月”活动。

【保密服务保障】 2018年，石狮市重点围绕“6·18”中国·海峡项目成果交易会、国际军事比赛、国家重要考试、机构改革等重点工作，超前部署、严密管控，做好重大涉密涉外会议、活动的保密服务保障工作。强化涉密网络服务和监管，推进涉密计算机防控系统配备工作，组织机关单位配备“三合一”产品56个。

【保密工作机构】 2018年7月，石狮市成立中共石狮市委保密委员会保密应急处置工作领导小组及其办公室。10月，调整中共石狮市委保密委员会成员。

政策研究

【政策研究】 2018年，石狮市围绕反思石狮建市30周年来经济社会发展各个领域瓶颈和短板问题，以及在新起点上如何坚定创新转型、实业强市信心和决心，构筑三大制造业、三大服务业的“3+3”现代产业体系，筛选确定19个市委市政府领导挂钩的重点调研课题，编发《石狮研究》19期。在《石狮研究（增刊）》开设发展前沿、新政速递、改革进行时等专栏，编发13期，其中4期得到市领导批示。向中央、省委、泉州政研室等上级部门报送优秀调研文章，共15篇调研文章被上级采用，其中《加快石狮智能产业发展的研究》在省委政研室《调研内参》刊发，另14篇调研文章在泉州市委政研室《泉州通讯》刊发。2018年，石狮市围绕总结提炼建市30周年来改革发展经验和成果，从改革发展概述、探索综合改革之路、坚守实体经济、优化营商环境、创新城市治理等方面入手，编撰《石狮改革发展30年》一书，印发书籍约5000册。

机关党建

【实施“亮灯领航”工程】 2018年，石狮市工作领导小组会议、市委常委会，对各项党建工作进行全面部署、专题研究。全面实施“亮灯领航”工程，持续推进机关党建规范化建设。在全市机关党组织和党员中开展“海丝先锋”达标创星活动，建立创先评星动态调整机制，印发《石狮市市直机关基层党组织党建活动经费管理规定》，规范党建活动经费管理。精心培育党建工作品牌。推行党建工作项目化管理，确定29个党建工作重点项目；组织实施党建工作重点项目评估定级，确定优秀等次党建项目20个，补助党建项目经费100万元。按照“一党委一品牌，一支部一特色”要求，全面实行党建项目化管理，培育一批党建优秀案例、精品工程和特色典型。确定各类机关党建特色项目17个。全市《推行疏通党员队伍出口“126”工作机制》等4个案例获福建省机关体制机制创新优秀案例评选三等奖；《石狮市推行机关党建“四亮”机制》等6个案例分获泉州市机关体制机制创新优秀案例评选二、三等奖及优秀奖。在石狮电视台开设《石狮党建》栏目、在《石狮日报》开设《机关党建“亮灯领航”》栏目等，宣传先进典型党组织和优秀党员，以及机关党组织党建工作好经验、好做法136篇次。有效强化党务干部培训。2018年，与市委党校联合举办2期市直机关党务干部专题研讨班，全市市直机关基层党组织书记、专（兼）职党务干部125多人参加培训，机关各级党组织分领域分类别自行开展各类党务培训55场，培训党务干部730人次。

【深化主题实践活动】 2018年，石狮市围绕市委“创新转型、实业强市”发展战略，组织开展“党建助力实业项目落地年”为主题的大讨论活动，并策划生成各类载体123个。深化“阳光公仆”志愿服务品牌创建，与文明办联合举办“春暖石狮红·党建引领志愿服务活动”党员志愿服务活动启动仪式，持续推进在职党员进社区和“阳光公仆”志愿服务活动，当年来，开展志愿服务活动1831次，帮扶群众3237人次。

【开展“一校一品”特色党建项目】 2018年，石狮市抓好国企、学校领域党建工作，召开中共石狮市国有资产管理中心委员会第一次代表大会，制定《关于在深化国有企业改革中坚持党的领导加强党的建设的实施方案》，指导国资中心党委制定“党建引领国企担当”主题活动方案并组织实施举办国企党务干部培训班。制定中小学校党建工作专项考评办法，明确责任到人；理顺学校党组织设置，调整党组织隶属关系；开展“一校一品”特色党建项目创建活动，2018年共创建党建项目38个。

（图 / 颜华杰）

重要会议

【概况】 2018 年，石狮市人大围绕中心，服务大局，履职尽责，全年先后召开 7 次主任会议、7 次常委会会议，听取和审议“一府一委两院”7 项工作报告，作出决议决定和提出审议意见 14 项；组织 11 次调研、视察、检查活动，开展 2 部法律法规的执法检查、1 项专题询问、7 项满意度测评，依法任免国家机关工作人员 69 人次，全面完成市七届人大二次会议确定的各项工作任务，为石狮经济社会发展和民主法治建设作出应有的贡献。

【人大常委会会议】

2018 年石狮市人大常委会会议一览表

表 3

会次	时间	会议内容
第十一次	2018 年 3 月 23 日	1. 听取和审议市人民政府关于石狮佳龙文化旅游项目有关事项的报告 2. 审议通过《石狮市人大常委会 2018 年工作要点》（草案） 3. 审议确定市七届人大二次会议代表建议重点督办件 4. 听取市政府关于 2016 年度财政预算执行和其他财政收支审计工作存在问题整改情况的报告（书面） 5. 审议有关人事事项 6. 举行宣誓仪式
第十二次	2018 年 5 月 25 日	1. 听取和审议市人民政府关于养老服务事业开展情况的报告及市人大常委会调研组的调研报告 2. 审议有关人事事项 3. 举行宣誓仪式

续表 3

会次	时间	会议内容
第十三次	2018 年 8 月 3 日	1. 听取和审议市人民政府关于贯彻实施《中华人民共和国环境保护法》情况和 2017 年环境保护工作的报告及市人大常委会执法检查组的检查报告 2. 听取和审议市人民政府研究处理水务工作审议意见情况的报告，并对生态环境保护局开展满意度测评 3. 听取和审议市人民政府研究处理食品安全专题询问审议意见情况的报告，并对市场监督管理局、农办、海洋与渔业局开展满意度测评 4. 听取和审议市人民政府研究处理《泉州市海上丝绸之路史迹保护条例》审议意见情况的报告，并对文体旅游广电新闻出版局开展满意度测评 5. 听取和审议市人民政府关于石狮市 2017 年财政决算草案的报告、关于石狮市 2017 年度财政预算执行和其他财政收支的审计工作报告，审查和批准石狮市 2017 年财政决算 6. 听取和审议市人民政府关于石狮市 2018 年地方政府债券转贷收支预算调整方案的报告，审查和批准石狮市 2018 年地方政府债券转贷收支预算调整方案 7. 听取和审议市人民政府关于 2018 年上半年国民经济和社会发展计划、财政预算执行情况的报告及市人大常委会财经工委的审查报告 8. 审议通过《石狮市人大常委会关于优秀代表建议评选办法（试行）》 9. 审议通过《石狮市人大常委会关于人大代表约谈、函询暂行办法》； 10. 审议有关人事事项
第十四次	2018 年 9 月 19 日	1. 听取和审议市人民政府关于 “七五”普法决议中期实施情况的报告及市人大常委会视察组的视察报告 2. 听取和审议石狮市人民政府关于提请审议授予第二批石狮市荣誉市民称号人选的议案 3. 审议有关人事事项 4. 举行宣誓仪式
第十五次	2018 年 11 月 6 日	1. 听取和审议各主办单位关于市七届人大二次会议重点建议办理情况的报告，开展满意度测评 2. 听取市人民政府关于石狮市国民经济和社会发展第十三个五年规划纲要实施情况中期评估的报告及市人大常委会调研组的调研报告 3. 听取和审议市人民政府关于提请审议 2018 年度财政预算调整方案（草案）的议案及市人大常委会财经工委的初审报告 4. 听取泉州市十六届人大代表作履职报告 5. 审议关于调整石狮市第七届人民代表大会常务委员会代表资格审查委员会组成人员的议案 6. 审议市人民法院关于提请确定人民陪审员名额的议案 7. 审议有关人事事项 8. 开展教育质量提升专题询问
第十六次	2018 年 12 月 5 日	1. 听取和审议市人民政府关于《中华人民共和国安全生产法》和《福建省安全生产条例》实施情况的报告及市人大常委会执法检查组的检查报告 2. 听取和审议市人民政府关于市七届人大二次会议代表建议办理情况的报告及市人大常委会视察组的视察报告 3. 听取和审议市人民政府关于 2017 年度财政预算执行和其他财政收支审计发现问题整改情况的报告，开展满意度测评 4. 听取泉州市十六届人大代表作履职报告 5. 评选优秀代表建议 6. 听取和审议市人大常委会代表资格审查委员会关于个别代表的代表资格的审查报告 7. 补选泉州市第十六届人民代表大会个别代表
第十七次	2018 年 12 月 29 日	1. 听取和审议市人民政府关于机构改革有关情况的报告 2. 审议有关人事事项 3. 举行宪法宣誓仪式

【市人大常委会主任会议】

2018年石狮市人大常委会主任会议一览表

表 4

会次	时间	会议内容
第十二次	2018 年 3 月 22 日	1. 研究有关人事事项 2. 研究市政府报告石狮佳龙文化旅游项目有关事项 3. 研究市七届人大二次会议代表建议重点督办件 4. 研究市人大代表联系服务中心 2018 年活动计划 5. 研究石狮市人大常委会 2018 年工作要点 6. 听取市政府关于 2016 年度财政预算执行和其他财政收支审计工作存在问题整改情况的报告（书面）
第十三次	2018 年 5 月 24 日	1. 研究有关人事事项 2. 研究关于开展教育质量提升专题询问的工作方案 3. 传达泉州市人大代表工作座谈会精神 4. 研究代表履职有关制度 5. 研究关于审议我市“十三五”规划纲要实施情况中期评估报告的工作方案 6. 听取市人大常委会调研组关于我市养老服务事业开展情况的调研报告 7. 研究确定市七届人大常委会第十二次会议的召开时间和建议议题
第十四次	2018 年 8 月 3 日	1. 听取和审议市人民政府关于贯彻实施《中华人民共和国环境保护法》情况和 2017 年环境保护工作的报告及市人大常委会执法检查组的检查报告 2. 听取和审议市人民政府研究处理水务工作审议意见情况的报告，并对生态环境保护局开展满意度测评 3. 听取和审议市人民政府研究处理食品安全专题询问审议意见情况的报告，并对市场监督管理局、农办、海洋与渔业局开展满意度测评 4. 听取和审议市人民政府研究处理《泉州市海上丝绸之路史迹保护条例》审议意见情况的报告，并对文体旅游广电新闻出版局开展满意度测评 5. 听取和审议市人民政府关于石狮市 2017 年财政决算草案的报告、关于石狮市 2017 年度财政预算执行和其他财政收支的审计工作报告，审查和批准石狮市 2017 年财政决算 6. 听取和审议市人民政府关于石狮市 2018 年地方政府债券转贷收支预算调整方案的报告，审查和批准石狮市 2018 年地方政府债券转贷收支预算调整方案 7. 听取和审议市人民政府关于 2018 年上半年国民经济和社会发展计划、财政预算执行情况的报告及市人大常委会财经工委的审查报告 8. 审议通过《石狮市人大常委会关于优秀代表建议评选办法（试行）》 9. 审议通过《石狮市人大常委会关于人大代表约谈、函询暂行办法》 10. 审议有关人事事项
第十五次	2018 年 9 月 12 日	1. 研究有关人事事项 2. 研究关于授予“石狮市荣誉市民”称号的有关事项 3. 听取市人民政府关于旅游业发展情况的报告及市人大常委会调研组的调研报告 4. 听取市人大常委会视察组关于“七五”普法决议中期实施情况的视察报告 5. 研究市人大代表向选区选民述职活动方案 6. 研究确定市七届人大常委会第十四次会议的召开时间和建议议题

续表 4

会次	时间	会议内容
第十六次	2018 年 10 月 30 日	1. 研究市人民法院关于提请确定人民陪审员名额的事项 2. 研究有关人事事项 3. 听取市人民政府关于环卫保洁工作的报告及市人大常委会视察组的视察报告 4. 研究《泉州市十六届人大代表（石狮活动组）履职报告工作计划》及 2018 年度泉州市人大代表履职报告事项 5. 听取市人大常委会调研组关于石狮市国民经济和社会发展第十三个五年规划纲要实施情况中期评估的调研报告 6. 听取市人大常委会财经工委关于 2018 年财政预算调整方案（草案）的初审报告 7. 听取各工委关于督办市七届人大二次会议重点建议的报告，研究开展满意度测评事项 8. 研究调整石狮市第七届人民代表大会常务委员会代表资格审查委员会组成人员事项 9. 研究确定市七届人大常委会第十五次会议的召开时间和建议议题
第十七次	2018 年 11 月 28 日	1. 听取市人民政府关于海洋食品加工产业情况的报告及市人大常委会调研组的调研报告 2. 听取市人大常委会执法检查组关于《中华人民共和国安全生产法》和《福建省安全生产条例》实施情况的检查报告 3. 听取市人大常委会检查组关于 2017 年度财政预算执行和其他财政收支审计工作中反映存在问题整改情况的检查报告，研究开展满意度测评事项 4. 听取市人大常委会视察组关于市七届人大二次会议代表建议办理情况的视察报告 5. 研究评选优秀代表建议的有关事项 6. 研究石狮市人大代表联系服务中心工作制度 7. 研究补选泉州市第十六届人民代表大会个别代表的有关事项 8. 听取市人大常委会代表资格审查委员会关于个别代表的代表资格的审查报告 9. 研究市人大常委会教科文卫工委关于调整年度工作计划事项 10. 研究确定市七届人大常委会第十六次会议的召开时间和建议议题
第十八次	2018 年 12 月 29 日	1. 研究有关人事事项 2. 研究补选市七届人大代表有关事项 3. 研究确定市七届人大常委会第十七次会议的召开时间和建议议题

主要工作和活动

监督工作方面

【助推经济平稳运行】 2018 年，石狮市人大常委会审议计划执行、预算执行和审计工作报告，统筹推进稳增长、促改革、调结构、惠民生、防风险各项工作，提出要创新转型，促进石狮经济高质量发展；要招商引资，推动实体项目落地；要优化环境，推动现代服务业发展；要培育税源，做优财政收入质量等意见。依法批准财政预算调整方案和地方政府债券转贷收支预算调整方案。完善审计发现问题整改情况报告机制，实行“挂账销号”，推动解决预算执行过程中屡审屡犯的突出问题，促进 42 个问题得到整改，整改率 85.7%。审议“十三五”规划中期评估报告，围绕《纲要》确定 38 个指标和 8 个重点任务，分成 4 个调研组深入调研，并形成调研报告，从突出规划引领、增强忧患意识、加快转型升级、强化创新驱动、提升城市品质、补齐民生短板等 6 个方面提出建议，督促政府完成好 “十三五”规划纲要确定的各项目标任务。

【助推重点项目落地】 2018 年，石狮市人大常委会围绕“实业项目落地年”活动，组织开展实体项目落地情况视察，推动 100 个亿元实业项目的引进落地。针对引进重特大领军项目少、部分项目进展缓慢、项目要素保障制约大等突出问题，提出在项目策划方面，要注重捕捉商机、全民招商、评价质量、优化政策、服务孵化；在要素保障方面，要注重储备用地、盘活存量、审批提速、优化配套；在制度建立方面，要注重统筹协调、破解难题、动态管理、跟踪督查；在队伍培育方面，注重招商培训、布好队伍、设置专员、激励保护。这些意见建议得到市委、市政府重视，批转相关单位研究落实。

【助推动能加快转换】 2018 年，石狮市人大常委会对全市旅游业发展进行专题调研，明确要把旅游业作为新的经济增长极来培育，把石狮打造成国内外闻名的“旅游目的地”，提出要建立和完善旅游业发展的领导机制、差异化策划和打造具有较强吸引力的旅游产品、加大旅游发展政策扶持力度、加快培育旅游龙头和品牌、夯实旅游发展基础、加大旅游宣传营销和推介、大力培养引进旅游服务团队和人才、强化旅游市场综合监管等8条建议，并向市委提交《关于加快推动石狮市旅游业发展的重点建议》。

2018年，石狮市人大常委会对石狮市运用高新技术助推产业转型升级情况进行专题调研，针对领军企业和高新技术企业比较少、科技经费投入仍然不足、创新平台运作还不尽人意、中高端技术人才相对缺乏等问题，提出要加快打造高新技术产业集群，鼓励引导企业提高创新能力，建立产学研协同创新机制，积极引进和培育中高端技术人才。

2018年，石狮市人大常委会对海洋食品加工产业进行专题调研，针对海洋资源优势没有转化成产业优势、食品产业可持续发展压力较大、政府配套扶持仍然不够完善等问题，提出要做强渔业资源、做大水产品深加工、做优海洋生物食品园、做好政府的服务工作，推动海洋产业加快发展。

民生工作方面

【增进民生福祉】 2018年，石狮市人大常委会针对教育质量提升工作开展专题询问，围绕打造标杆名校、名校长培养引进、教育经费、教师编制、编外教师管理、师德师风、教师负担、教育均衡、提高招生就学门槛、控制办学规模、优化学校布局、质量监测、教育科研、公办园建设等方面开展询问，提出要标杆示范，质量优先，紧盯石狮教育层次提升；要以师为本，激励为主，持续打造优秀教师队伍；要合理布局，强化保障，稳步提升办学整体水平等审议意见，督促教育局等政府组成部门尽快把教育工作的重点放到提高质量上来，从量的扩张转到质的提升、从重硬件建设转到重软件建设上来，争取石狮教育早日进入泉州市教育第一方阵。

2018年，石狮市人大常委会调研养老服务事业。针对群众养老观念滞后、养老服务人才匮乏、专业化服务队伍尚未建立、居家养老社会化程度不高等问题，提出要加强舆论宣传，逐渐转变养老观念；要加强专业化人才队伍建设，提升服务能力；要吸引社会力量参与，提高居家养老服务供给能力；要探索服务产品的多样化，推进医养结合和养老小镇、小区建设，满足多层次养老需求；要加强监督管理，提高养老服务整体水平等建议，推动养老服务设施专项规划出台。

2018年，石狮市人大常委会开展安置房办证督办工作，要求国土规划和房产管理局做好牵头协调服务督促工作，及时汇总和厘清安置房办证过程中碰到的各种问题，真正把好事办好、实事办实。据统计，全市16个安置区已完成14个安置区的项目首次登记，办证3123套，面积44.63万平方米。

2018年，石狮市人大常委会开展中医药服务体系建设督办工作，提出要把中医药服务体系建设作为民生补短板项目来抓，做专做精本市中医药优势特色项目，注意引进和培养中医药专业人才，高起点、高标准建设市中医院。

【营造宜居环境】 2018年，石狮市人大常委会开展《中华人民共和国环境保护法》执法检查，针对全社会环保意识有待加强、产业转型升级亟待提升、环境基础设施规划和建设有待完善、环保监管和执法力度有待提升等问题，提出要提高思想认识，推动绿色发展；要坚持问题导向，推进环境整治；要提高执法实效，强化环境监管；要加大宣传引导，营造良好氛围。

2018年，石狮市人大常委会开展环卫保洁工作情况视察工作，提出要稳妥实施环卫体制改革，努力提高环卫保洁水平；要积极推进垃圾减量分类，逐步提高生活垃圾收集处置率；要着力加强基础设施建设，提升大件垃圾和餐厨垃圾处置效率；要切实采取有效措施，强化存量垃圾处置。

【改善法治环境】 2018年，石狮市人大常委会依法对35份规范性文件进行备案审查，全年处理来信来访33件次，有效保障人民群众的合法权益。组织“七五”普法决议中期实施情况视察，针对普法实际效果与全面推进法治建设的要求、经济社会发展的需要和人民群众的期盼还有差距的现状，提出要统筹兼顾、落实责任，处理好重点对象普法和全民普法的关系；要分类指导、突出重点，选择普法宣传教育的内容；要更新理念、传承发展，创新普法宣传教育的形式；要客观分析、找准薄弱，推动评估体系的完善等意见，落实“谁执法、谁普法”责任，着力提升普法工作实效。

2018年，石狮市人大常委会开展组织《中华人民共和国安全生产法》和《福建省安全生产条例》执法检查，针对安全生产形势依然严峻、经营生产单位安全生产主体责任意识不强、部分监管责任尚不明确等问题，提出要强化宣传教育，树牢积极的安全生产观；要加强督导检查，提升企业的主体责任意识；要深化研判分析，解决好道路交通安全和渔业生产安全的突出问题；要落实监管责任，力争安全生产无死角无盲区；要狠抓队伍建设，提升安全生产管理能力，有效督促安全生产工作扎实开展，切实保障人民群众生命财产安全。

【推进审议意见落实】 2018年，石狮市人大常委会持续跟踪监督审议意见落实情况，对2017年人大常委会视察水务工作、开展食品安全专题询问、检查《泉州市海上丝绸之路史迹保护条例》执行情况等3项工作提出的审议意见，专题听取和审议市政府的落实情况报告，并对涉及的5个主要部门进行满意度测评，推动审议意见落到实处。

服务管理方面

【提升履职能力】 2018年，石狮市人大常委会采取“走出去学”与“请进来讲”相结合的办法，着力提高代表履职能力。组织常委会部分人员随泉州市代表（石狮活动组）到南安市视察调研，组织各镇（街道）人大负责人到南安市参观学习，各镇（街道）有针对性地组织代表到周边地区调研考察。举办人大代表履职培训会，邀请全国人大代表为作辅导讲座。8位人大代表参与泉州广播电台《人大在线》栏目“石狮直播月”访谈，向广大听众讲述石狮“人大故事”，传播石狮人大“好声音”。

【拓展履职渠道】 2018年，石狮市人大常委会把市人大代表联系服务中心打造成人大代表与“一府一委两院”(“一府”是指人民政府，“一委”是指监察委员会，“两院”是指人民法院、人民检察院）的沟通对话平台，共组织15场人大代表与法院、教育、环保、文体旅游等单位的面对面沟通会。修订人大代表联系服务中心工作制度，完善平台运行机制。推动镇（街道）人大代表联系群众活动室、村（社区）人大代表联系群众工作室规范化建设，组织开展“八个一”活动，密切代表与群众联系。邀请代表174人次列席常委会会议，参与专题询问、视察检查调研等重大活动，通过《石狮日报》、代表微信群发出《倡议书》号召全市各级人大代表积极协助法院破解“执行难”，促进代表知情知政，支持代表参政督政。

【加强履职监管】 2018年，石狮人大常委会制定出台《石狮市人大常委会关于人大代表约谈、函询的暂行办法》，督促代表积极履职、规范履职。全面开展代表履职登记，建立泉州市和石狮市、镇三级人大代表履职档案。推动代表履职情况公开，在市、镇（街道）、村（社区）代表工作平台公开代表基本信息、履职情况和代表议案建议内容及办理情况。推进代表述职工作，人大常委会听取部分泉州市十六届人大代表的履职报告，组织27场40位石狮市人大代表向选民当面述职，接受群众监督。

【加强建议办理】 2018年，石狮人大常委会制定出台《石狮市人大常委会关于优秀代表建议评选办法（试行）》，评选优秀代表建议15件；实施代表建议办理情况满意度测评与绩效考评挂钩，对3个重点建议办理情况进行满意度测评，这一做法被省人大常委会《人民政坛》刊发，时任泉州市人大常委会党组书记陈万里给予批示肯定。155件代表建议都在规定时间内得到办理和答复，其中《关于加大宝盖山旅游风景区的建设力度的建议》等6件建议列入年度重点项目，《关于解决学生课外活动问题的建议》等5件建议列入为民办实事项目，一批代表建议转化为惠民利民举措。

【加强自身建设】 2018年，石狮人大常委会强化政治建设 把学习贯彻习近平新时代中国特色社会主义思想作为首要政治任务，深化“两学一做”学习教育常态化制度化，坚持常委会领导、工委（办）主任和专职常委轮流作主题发言、上党课制度。切实履行管党治党主体责任，不断健全人大组织制度、工作制度和议事程序；加强党风廉政建设，不断推动全面从严治党在人大机关纵深发展。开展移风易俗工作专项督查，向各级人大代表发出《移风易俗扫黑除恶倡议书》，机关全体干部签订移风易俗承诺书，以实际行动倡导文明新风。大力弘扬“马上就办、真抓实干”作风，常委会领导带头主动参与结对帮扶，努力为困难群众办实事、解难事。

（图 / 颜华杰）

石狮市人民政府

重要会议

【市政府全体成员会议】 2018 年 2 月 8 日，石狮市政府召开全体成员会议，主要内容是通报“大干 40 天，比拼开门红”活动情况，安排部署下阶段市政府各项重点工作任务。会议强调，市政府各领导成员，各部门、各镇（街道）要紧盯全年目标任务，做到心中有数；要突出项目抓手，围绕“3+3”产业体系，强化招商引资，持续增强发展后劲；要着力打造素质高、执行力强的干部队伍；要强化政府系统党风廉政建设，树立清正廉洁形象。会议还部署“两节”期间有关工作。

【市政府常务会议】 2018 年，石狮市召开市政府常务会议 20 次，研究讨论内容涉及全市国民经济和社会发展的重大战略、中长期规划、年度计划；全市经济社会发展、改革开放、社会稳定方面的重大政策措施；市级财政预算、重大财政资金安排、重大政府投资和政府采购项目、处置重大国有资产、行政区划调整、城市总体规划、土地利用总体规划；对社会有重大影响的规范性文件；关系国计民生和群众切身利益的社会保障、文化卫生、科技教育、环境保护、住房保障、资源分配、公共安全、国防勤务等重大政策，确定重要奖惩事项；全市突发公共事件总体应急预案、重大突发公共事件处置和保障方案，采取重大行政措施等各方面问题。

【市长办公会议】 2018 年，石狮市召开市长办公会议 16 次，研究讨论内容涉及市人民政府日常工作中的重要问题；讨论和决定突发事件的应急措施等各方面问题。

【专题会议】 2018 年，石狮市市政府各位领导根据责任分工，全年召开各类专题会议 200 多场，形成专题会议纪要 164 份。

政务纪要

【概况】 2018 年，石狮市政府办公室围绕市委、市政府中心工作，充分发挥综合协调、参谋助手、督查督办、后勤保障四大职能，加强数字福建专网、电子政务业务办公网络、市政府门户网站、行政执法信息平台和视频会议系统维护保障工作，加强对政府网站的安全管理，严把文电起草关、审核关、时效关，严格规范执行会议审批制度，做好重点工作抓督查等工作，保障市政府各项工作高效有序运转。

【决策参谋】 2018 年，石狮市围绕市委市政府中心工作，按照各阶段具体工作安排，及时起草、撰写各类文字材料，以及全市性重要工作会议的市领导讲话稿；深入开展工作调研，形成《关于加快培育高新技术企业的思考》调研文章，并在省委政研室《调研内参》上刊发，为市政府加达高新技术企业引育提供决策参考；11 月，市政府办公室形成《政府工作报告》。

2018 年，加强信息报送工作，为各级领导提供决策参考。全年累计上报政务信息 133 条，被采用 76 条，其中省政府办公厅采用 15 条，泉州市政府办公室采用 61 条。

【政务保障】 2018 年，石狮市实施 OA 办公系统升级项目改造项目，加强数字福建专网、电子政务业务办公网络、市政府门户网站、行政执法信息平台和视频会议系统维护保障工作。加强对政府网站的安全管理，开展信息安全应急演练，保障政务网视频会议和全省应急视频会商指挥系统的按时调试和正常运行，2018 年顺利接收 100 多场国家、省、市视频会议。

2018 年，石狮市严把文电起草关、审核关、时效关，严格规范执行会议审批制度，全年以市政府、市政府办公室名义印发规范性文件 978 份，同比减少 9%；办理各类来文 4254 份，同比减少 15%；以市政府、市政府办名义召开会议同比减少 8%；开展调研检查同比减少 6%。

【督促落实】 2018 年，石狮市围绕市委、市政府重大决策部署抓督查。分解下达年度《政府工作报告》各项任务，并组织开展督查。分解下达市委市政府 2018 年度 7 件 30 项为民办实事项目，每月跟踪督查，及时通报项目进展情况。在石狮政讯上通报为民办实事的进展情况，编发情况通报 7 期，全年发出各项督查通知 68 份。并抓好市政府常务会、市长办公会议定事项办理情况督查。

2018 年，石狮市围绕各级人大建议、政协提案开展督查，对市七届人大二次会议 155 件代表建议和 230 件市政协七届二次会议提案进行分解交办，及时收集代表、委员的反馈意见。2018 年人大建议 155 份反馈意见中，表示满意的 154 份，满意率 99.4%，基本满意的 1 份，基本满意率 0.6%，没有出现不满意件。

2018 年，石狮市围绕重点工作抓督查。对上级颁发 20 多项各类责任状（责任书）明确事项完成情况进行督查，对泉州市政府第一次全体会议涉及本市工作任务进行分解抓落实、跟踪落实中央、省环保督察反馈重点问题整改情况、对全市加快社会事业发展补齐民生短板项目、对市政府主要领导关注的相关镇（街道）的安征迁、各种项目进行督查并及时反馈。

【机关效能建设】 2018 年，石狮市围绕《政府工作报告》分解任务和党委、政府重要会议议定事项，以及主要领导批示交办事项的落实情况等开展督查，配合相关单位开展防抗台风、土地例行督察、渔船管控、政务公开、会风会纪、非洲猪瘟等专项督查，形成督查通报 12 期。

2018 年，石狮市印发《关于进一步严肃政务视频会议会风会纪的通知》，组织明察暗访 5 次，发现 5 个单位存在 8 个问题，发出整改通知书 5 份。通过远程视频监督系统抽查近 300 余次，发现 4 个单位存在 4 个问题，发出整改通知书 1 份。对违反机关效能纪律踩“红线”、闯“雷区”的行为，发现一起查处一起。全年共发出效能警示函 7 份，约谈相关责任领导 5 人次，诫勉教育 5 人次，效能告诫 3 人次，责令解聘 1 人。

【绩效管理】 2018 年，及时分解下达 2018 年度泉州市委市政府对石狮市党委、政府工作绩效考评任务，将实业项目落地年、财政发展、经济指标等作为绩效考评重点，加大权重分值，充分发挥绩效管理推动工作导向作用。

【政务公开】 2018 年，石狮市出台《石狮市政务公开工作量化考核办法》《石狮市人民政府办公室关于印发 2018 年政务公开工作主要任务分解表的通知》，统一规范政务公开工作，对镇（街道）每月、市直单位每季度开展一次公开工作量化考核，2018 年，共组织公开工作量化考核 16 次，形成情况通报 16 份。

2018 年，出台《石狮市推进社会公益事业建设领域政府信息公开工作方案》《石狮市推进公共资源配置领域政府信息公开实施方案》《石狮市推进重大建设项目批准和实施领域政府信息公开实施方案》等文件，成立石狮市融媒体中心，打造“互联网 + 新闻 + 政务 + 民生 + 舆情”多位一体的现代媒体传播体系。全年主动公开信息 2245 条、依申请公开信息 1466 条，全文电子化率 100%。其中，各级政府主动公开政府信息 719 条；市直公开单位主动公开政府信息 1526 条，受理并按时办结依申请公开 42 条，其中网络申请 33 件，占 78.57%；信函申请 9 件，占 21.43%，主要涉及土地安征迁、案卷材料等方面。

【应急值班】 2018 年，石狮市接收各类突发事件 323 起，接听处理“市长公开电话”来电反映事项 60 余件，都能按照相关工作规则及制度要求认真处置。强化 24 小时值班应急管理，优化带班值班机制，加强节假日、台风暴雨等重要时段的值班，发挥枢纽作用，确保政令畅通。加强值班信息研判，做好突发事件信息报送，及时有效化解矛盾和隐患。

人事工作

【概况】 2018 年，石狮市推进“人才分类评价改革”“特色人才培育”“人才总量倍增”专项行动，优化人才发展环境，提高人才服务水平；优化新市民积分管理；加强事业单位岗位和职称管理，2018 年，石狮市完成 20 个事业单位岗位设置和首次聘用工作，办理事业单位职称聘任 2032 件。审批退休手续 42 人、退职手续 1 人。

【人员招录】 2018 年，石狮市政府系统未进行公务员招考。在事业单位招考方面，石狮市医院、石狮市妇幼保健院分别于 2018 年 5 月和 6 月面向社会公开招聘 35 名卫生专业技术人员。经笔试、面试、体检、考察、公示等环节，最终聘用 26 名考生。

【干部退休审批管理】 2018 年，石狮市根据干部管理权限，及时办理政府口机关事业单位科级以下工作人员退休审批手续，2018 年共计审批退休手续 42 人、退职手续 1 人。

【事业单位岗位和职称管理】 2018年，石狮市出台《石狮市职称改革领导小组关于重申石狮市事业单位专业技术岗位聘任有关工作的通知》，加强岗位管理，完善职称评价标准，进一步规范竞聘上岗。2018年完成20个事业单位岗位设置和首次聘用工作，办理事业单位职称聘任2032件。评审各类专业技术职务545人，其中正高3人，副高88人，中级227人，初级227人。年大中专毕业生确认初级技术职务168人。继续开展印染专业、服装专业、建筑专业非公初级职称评审工作。

【人才队伍建设】 2018年，石狮市人力资源和社会保障局贯彻落实泉州市人才“港湾计划”和石狮市“创新转型 实业强市”战略，大力推进“人才分类评价改革”“特色人才培育”“人才总量倍增”专项行动，优化人才发展环境，提高人才服务水平，为石狮市引进和培养和大批急需紧缺人才。2018年累计引进4名省高层次人才、1人入选省引才“百人计划”、1人入选省特支“百人计划”、41人被认定为泉州市高层次人才、新增2名福建省十佳服装设计师。

2018年，石狮市开发上线才企对接e家平台，定期受理人才积分服务申请，启动建设石狮人才信息库；制定具有石狮市特色的第六、第七层次人才认定标准，将“石狮杯”服装设计大赛获奖者、“八大纺织高校”毕业生列入第六、第七层次目录；在石狮市人力资源大厦二楼设置人才服务窗口，汇总整合人才资金奖励、住房保障等优惠政策申报服务，完善“一站式”人才服务模式；兑现泉州市高层次人才安居保障金、纺织服饰专业毕业生生活补贴、创业项目资助等各类人才奖补资金212.6万元；开展国家职业技能鉴定考试，包括育婴员、电工、中式烹调师、美容师等职业工种，共409人取得职业资格证书，其中取得三级证书人数1人，四级证书134人，五级证书274人，并发放高技能人才生活补助56.85万元；组织推荐技师和高级技师参加2018年职业技能鉴定考评员考核认证，申报职业包括电工、汽车维修工、起重装卸机械操作工、中式烹调师、美容师、育婴员6个工种。

【新市民积分服务】 2018年，石狮市深入优化新市民积分管理。出台《石狮市新闻行业人才积分管理暂行规定》，将石狮市新闻行业人才纳入全市积分管理范畴，扩大积分服务覆盖面；出台《石狮市2018年度新市民、民办高校人才及新闻行业人才积分工作实施方案》，组织申报2018年积分服务，共产生积分入学入围人员255名，积分入住入围人员234名，积分培训入围人员45名，共兑现积分入住购房补助150人，发放购房补助款1604万元，落实2018年积分入学学位250个。

2018年，石狮市充分利用网络、报刊、电视、兑现服务等各种渠道深化新市民积分政策的宣传作用，提高新市民积分服务社会知晓度。2018年，新市民积分管理工作被国家发改委纳入全国中小城市综合改革试点典型经验案例；“推广新市民积分服务 助推营商环境优化”在“推进机制活建设新福建”全省机关体制机制创新优秀案例评选活动荣获三等奖；“石狮人才积分制管理”入围改革开放40周年“福建影响力”优秀案例；新市民积分服务中心窗口被泉州市总工会授予“泉州市女职工标兵岗”荣誉。截至2018年12月，共有14.69万名新市民在积分系统建立个人档案。

【人力资源服务产业园】 2018年，石狮市出台《石狮市人力资源服务产业园建设工作方案》，并制定石狮市人力资源产业园管理暂行办法、企业入驻协议书、安全生产目标责任书、企业入驻须知、入驻申请表等政策规章制度，完善人力资源服务政策体系。将福建省石狮市劳务派遣有限公司更名为石狮市人力资源服务有限公司后，通过人力资源供应、培训、劳务派遣、劳务外包、代理招聘服务一体化的经营模式，为各类企、事业单位提供专业化、个性化的第三方人力资源全面解决方案。引进中国海峡人才市场设立石狮分部，以购买服务形式委托“中国海峡人才市场石狮分部”承担猎头招聘、人事外包等人力资源服务功能，合作建设人力资源服务产业园。引进各类人力资源服务机构。2018年底有厦门众拓达等11家国内知名人力资源机构进驻，园区产值达6391.31万元，纳税387.87万元，服务人数达2.98万。

行政服务

【概况】 2018年6月，石狮市行政服务中心新址启用，6月19日正式对外开放。新中心位于濠江路仑后段，是由原锦峰花苑配套商场改建而成，占地面积5195平方米，总建筑面积32820平方米，地上5层，地下1层。新中心实行“一窗式受理、一站式审批、一条龙服务”的运行模式，围绕公司法人和群众个人两类办事对象，采取“网上网下”同步审批同步服务方式，打造智慧政务大厅。已整合入驻部门35个，包括3个垂直管理部门（税务局、消防大队、医保），28个市直部门及4个公共服务部门（供水、燃气、自行车卡、公交卡）。入驻窗口约145个，入驻的审批事项有1374项，入驻率约为93.5%，入驻人员约300人。中心场地分主楼及辅助功能区，主楼按功能分布设置5层，新中心的设计通过岛式窗口布局，试行无声叫号模式，木饰面的使用，设置自助查询机、样表机，微信公众号预约、取号、扫码缴费等方面，树立人性化、高效率、服务为

2018 年 8 月 14 日，中心大厅三楼群众在不动产契税窗口办理业务

（图 / 市行政服务中心）

民的新形象。

【营商环境】 2018 年，石狮市先后出台《重点项目行政审批服务台账管理实施方案》《关于 2018 实业项目落地年提高行政审批效率若干措施的通知》《重点项目实施绿色通道快速审批服务制度》等文件，成立行政审批服务协调小组，组建项目攻坚服务队，推行“办不过五、补不过半”等服务机制，凡涉及重点项目的审批事项一律实行绿色通道 + 容缺预审服务。2018 年已受理投资项目行政审批绿色通道项目 302 项，已办结 287 项，全部压缩审批时限 50% 且提前办结 235 项。对全市重点建设项目进行精准服务，设立“帮办代办服务中心”和专职代办员，主要服务社会投资企业。为和安物流、九牧卫浴、建新轮胎等企业开展帮办代办服务 15 个项目，办理行政审批事项 23 个。将涉及投资项目的行政审批流程划分为“立项用地规划许可、工程建设许可、施工许可和竣工验收”四个阶段，实行阶段式并联审批，设置综合受理窗口，实行“一窗受理、并联审批、限时办结、信息共享”的审批模式，并按线上线下全面统一的要求，建设“综合窗口受理”申办流转系统。全市社会投资项目总流程审批时限压缩至 37 个工作日，并联审批窗口累计受理 53 个项目。建立重点项目行政审批服务管理台账，明确各审批事项的申报时间，把关重点审批事项项目进度，跟踪靠前服务。建立 “项目管家”平台，2018 年开始上线试用。推行网上中介超市。2018 年，网上中介超市石狮专栏配置 19 个行业主管部门的中介管理账号，完成录入 88 项中介服务事项，各行业主管部门通知指导辖区内中介机构网上注册 89 家、获审核通过的 69 家，基本具备使用条件。网上中介超市于 2017 年 10 月 9 日上线投入运行以来，通过“择优选取或随机抽取”的方式选择，2018 年有城投、产投公司开始试行网上发布公告、公开选取中介服务机构。

【行政审批】 2018 年，石狮市行政服务中心完成对 22 个市直部门事项的细化事权和分类定权，306 项现场勘察的项目勘察内容全部采用打勾式或得分制清单，67 个涉及技术审查或专家评审的项目做了明确的技术指标或详细的清单和涉及中介服务管理措施，规范自由裁量权工作。推进网上预审和全程式网上审批工作，引进 EMS 快递进驻中心，梳理市级“最多跑一趟”事项共 1079 项、“一趟不用跑”事项共 33 项，占本级行政审批和公共服务事项总数的 90.4%。

2018 年，石狮市行政服务中心印发《石狮市深化行政审批标准化改革实施方案》，开展行政审批标准化改革，安排对 23 个审批部门 1145 个审批事项和公共服务事项的审查工作细则，审批服务流程统一整合为“受理、审查、决定”3 个环节，对公共服务事项的办理时限进行全面梳理，即办件数量已达到总办件量的 70% 以上；推行“一站式”服务模式，房地产交易税款征收窗口入驻中心与不动产登记窗口联合办公，商务部门与市场监管部门实现数据共享。

【信息化建设】 2018 年，石狮市行政服务中心建设智能化大厅，设置自助查询机、样表机，采用智能排队叫号系统，应用微信公众号预约及缴费，并结合泉州市“互联网 + 政务建设”一体化行政服务平台的建设，建立网上行政审批平台，实现政务服务的标准化、精准化、协同化，提升群众服务体验；打造“石狮市行政服务中心”微信平台，平台设有“XIN 服务”“新资讯”“心互动”三个版块，开发的功能有事项预约、自助取号、排队情况、办事查询、12345 热线、热点关注、地图导航、用户空间等功能；打造窗口综合信息平台，整合人员信息、指南查询、群众评价、服务承诺等内容，实现窗口综合情况全息化；推广电子证照普及应用工作；有效期内的存量证照全部实现电子化转化；将证照生成纳入办件环节管理，所有可生成电子证照的办件都实现电子证照 100% 同步生成；办件受理过程中需要收取的材料，凡是电子证照库已有该电子证照材料，都要 100% 调用，不得再收取申请人的纸质材料。生成增量证照 21835 件、增量批文 1284 件，存量证照 103548 件，存量批文 4790 件，总共 131457 件。

【服务举措】 2018 年，石狮市行政服务中心改进服务方式，设置“帮办代办服务中心”，推行投资项目行政审批帮办代办服务模式，侧重服务社会企业生产性投资项目。出台《石狮市行政服务中心管理委员会关于印发石狮市投资项目行政审批帮办代办服务实施方案的通知》《石狮市行政服务中心管委会关于印发落实“一线工作法”的实施意见》，明确帮办代办基本原则、范围内容、服务流程等，深入企业一线，提供上门服务，并协调解决行政审批申报过程中遇到的各种问题。成立民营企业服务中心，为企业提供免费代办协办咨询服务，全年总咨询 473 人次，办理 72 家。启动二手房交易资金监管服务，在不动产登记窗口设立服务窗口，引导群众办理二手房交易资金监管，规避首付款风险。出入境窗口升级自助办证区的设备，实现 1 分钟即填表预受理、三分钟签注、30 秒发证、即来即办、立等可取的高效服务。

2018 年，石狮市行政服务中心精简办事流程，加快审批速度。将企业开办必备环节精简为企业登记、刻制公章和申领发票 3 个环节，时间压缩至 5 个工作日；压缩不动产登记时限，将二手房、安置房登记时限压缩至 3 个工作日，不动产抵押登记 3 个工作日办结，其他各种类型的不动产登记时限均压缩至 5 个工作日。

【队伍建设】 2018 年，石狮市行政服务中心出台《窗口考勤制度》和《入驻人员管理制度》，修订《绩效考评暂行规定》《管理运行制度汇编》，规范窗口服务管理；建立健全窗口人员服务质量效能督查机制，加强对上岗率、服务质量督查；设立咨询投诉机制，在大厅设立投诉箱，投诉本，通过“12345”便民热线对办件进行电话回访，对群众反映的咨询办件、投诉件等问题，及时处理反馈。

便民服务

【概况】 2018 年，石狮市便民服务中心通过“12345”便民服务系统共受理群众诉求件 43523 件，同比下降 5.4%，办结率 100%，群众回访满意率 98.2%，回复率 100%。其中咨询 22618 件，占 51.9%，投诉举报 10946 件，占 25.1%，建言类 2578 件，占 5.9%，其他 7381 件，占 17.1%。

【便民服务网站】 2018 年，石狮市便民服务中心根据政府网站整合需求及单位机构改革方案，将“12345”便民服务网站功能并入石狮政府门户网站，受理网络诉求 191 件；将“石狮市便民服务中心微信公众号”并入“石狮市行政服务中心微信公众号”，受理微信诉求 812 件。

【社会服务大厅】 2018 年，根据单位机构改革，石狮市社会服务大厅便民服务窗口整合搬迁至濠江路石狮市行政服务中心大楼一楼便民服务专区，新增出入境、供水供电、天然气等公共服务窗口，采用多媒体发布、触摸屏查询、无声排队叫号等智能化设备，为群众办事提供便捷高效的服务环境。

信 访

【概况】 2018 年，石狮市信访局将“阳光信访、责任信访、法治信访”贯穿于信访工作始终，全年共受理群众来信来邮 352 件，比上年增长 43.1%；受理群众来访 270 批次 1646 人次，比上年同期批次、人次下降 17.4%，22.9%；重访 33 批次 395 人，比上年同期批次、人次下降 36.8%、30.2%；集体访（含重访）79 批次 1292 人次，比上年同期批次、人次下降 11.2%、25.3%。网上信访成效显著，信访态势平稳有序，信访工作成绩突出，居泉州市前列。

【完善接访机制】 2018 年，石狮市信访局做好每季度市领导干部接访活动安排计划和接访工作，督促、指导各镇（街道）每周一和每月 15 日同样安排领导干部接待群众来访。通过市、镇（街

2019 年 3 月 15 日，石狮市委书记群众来访接待日 （图 / 市信访局）

道）两级领导干部接待来访群众，及时办理、答复、回访。2018年市、镇（街道）两级领导共2044人次参加接访，接待群众来访149批次501人次。其中市级领导共153人次参加接访，接访25批67人次。

【提升初信初访办理成效】 2018年，石狮市信访局督促相关职能部门按照"三到位一处理"要求，提高初信初访一次性办结率和化解率。加大对初信初访问题的督查力度，依托信访信息系统对全市各单位、各部门办理信访事项情况开展督查督办，全年共受理初信初访219件，及时受理率100%，按期办结率100%。

【服务全市中心工作】 2018年，石狮市继续推行网上信访、阳光信访，畅通"省长信箱"、泉州"市长信箱"、石狮"市长信箱""石狮信访"微信公众号、人民网等网上诉求渠道，2018年，石狮市网上信访工作位居泉州市前列。市信访局在来访接待场所增设福建信访信息系统自助终端，完善信访服务终端设备配置。在石狮市人民广场靠信访局一侧、石狮市行政服务中心和石狮市人力资源大厦内等处设立首批共享法律云服务亭便民服务点，可语音、视屏通话，材料可通过"证据拍照区"供律师在线查阅解答，实现信访群众与全国律师在线联系，提升信访服务水平。

2018年，针对各级"两会"、数字中国峰会、扫黑除恶督导组督导期间、驻京值班、村级换届选举等重要节点，加强矛盾纠纷排查，落实信访信息"零报告"常态化和重点信息随时报送制度，督促各镇（街道）进行全面摸排上报，梳理问题清单、责任清单，制定有针对性的化解和稳控措施，限时解决，特别是重点人员、重点群体情报信息实行每周一报。对排查发现的信访问题、矛盾纠纷等信访事项，及时督促属地镇办落实，加大化解稳控力度。并派驻97人次开展信访维稳驻点值班工作。其中，5—8月组织信访、公安等工作力量分六批进驻北京，劝返接离泉州地区进京到非接待场所上访人员29人次。在村级换届选举期间，协助审核村两委班子候选人1800多人次，科级干部考核审查727人次。

2018年，针对扫黑除恶工作，石狮市信访局召开扫专项工作会议，成立专项领导小组，部署扫黑除恶工作，及时上报涉黑信息。2018年，移送市扫黑办摸排打击组有关涉黑涉恶线索37条。

2018年，印发石狮市《矛盾化解攻坚方案》，对"重点领域""重点群体""重点问题""重点人员""重点项目"五大攻坚战进行全面排查，认真梳理案情，规范录入系统，深入开展攻坚工作，2018年上级交办和石狮市自行排查的8件攻坚案件和3个重点人员，攻坚案件全部化解息访，重点人员化解息访2人，落实稳控1人。

【树立"法治信访"导向】 2018年，石狮市充分借助微信公众号、宣传车、宣传栏、广播等媒介，采取以案释法、悬挂横幅、张贴宣传图画、发放依法信访宣传材料等方式，充分宣传信访法律法规。联合石狮市依法治市办开展信访法规宣传月活动，组织"欠薪投诉举报、劳动法律咨询"等大型现场法治宣传活动，引导全民树立依法信访理念。完善信访与司法对接工作，落实诉讼与信访分离制度，共依法开具不予受理告知33件。推进依法分类处理信访诉求工作，依法分类办理诉求26件。依法移交公安机关严厉打击信访违法行为5批7人次。有效树立"有序信访、依法信访"鲜明导向。

【"三无"镇（街道）、村（社区）创建活动】 2018年，石狮市将"三无"（无进京越级上访，无大规模集体上访，无因信访问题引发的极端恶性事件和舆论负面炒作）镇（街道）、村（社区）创建活动纳入综治考核和绩效考评，纳入平安镇（街道）、平安村（社区）考评体系，作为文明镇（街道）、村（社区）评选的一个先决条件和"美丽乡村"评选的加分项目，全市共有2个街道、7个镇办、24个社区和102个村，基本达到"三无"创建目标。

【构建"海上枫桥"石狮样本】 2018年，面对社会治理新难题及渔民新期待和新需求，石狮市打造"海上枫桥"石狮样本，探索出"各方力量广泛参与，多元调解和海上救助双修、政府规范指导并重，小事不出船，大事不出港"的涉渔纠纷化解经验，构建极具地域特色的闽南渔港基层社会治理新模式，实施多元联动，化解涉渔纠纷，实现涉渔纠纷"小事不出船、大事不出港、矛盾不上交"的目标。"海上枫桥"石狮样本，得到福建省信访局、泉州市信访局高度肯定，上报中央联席办，并被中央电视台、人民日报、省信访工作联席会议简报、八闽快讯、侨乡快讯等媒体、报刊相继刊登报道。

【信访业务培训】 2018年，石狮市加大基层信访干部培训力度，抽调9个镇（街道）和部分市直单位到石狮市信访局跟班学习20人次，到泉州市信访局参加学习25人次。

机关事务管理

【概况】 2018年，机关事务管理服务中心主要职责为承担公务大厦物业的管理服务工作，承担公务大厦入驻单位的公共后勤保障事务，承担机关食堂的日常管理工作，承担人民广场的各项维护和管理，承担市政府直管公有住房的管理工作，承担公务用车服务平台运行的相关管理服务工作，指导、协调、督促各有关单位贯彻执行上级有关办公用房制度，负责入驻公务大厦各单位办公用房的分配、协调工作，对口承担上级机关事务管理部门承担的其他有关工作等。2018年，成立公务出行服务中心，并与石狮市公共交通运输有限公司签订委托管理协议，负责全市公务用车的使用调度、维护管理、费用结算、驾驶员培训及日常管理的具体工作，平台车辆60部，管理人员5人，驾驶员27人。

【公共机构节能】 2018年与往年相比，公共机构能源资源消耗统计工作效率和质量都有明显提升。2018年石狮市公共机构节能综合能耗总量比上一年下降2.63%，用水总量下降2.7%，用电总量下降5.64%，人均用水量2.69%，人均用电量5.6%，人均综合能耗2.6%，单位建筑面积能耗7.67%。结合石狮市公务大楼实际探索节能新模式。更换市公务大厦附属楼东西两侧楼道LED节能灯232盏；合理开启主机及水泵的台数来控制制冷量，保证空调系统的能效总是处在最优化的节能运行状态；对石狮市人民广场绿化实行喷灌，并在合理时段间隔开启喷灌开关。督促、指导石狮市石光中学、石狮市第一中学争创并通过国家级节约型公共机构示范单位的评审，并获得“国家级节约型公共机构示范单位称号”。

2018年，围绕“节能降耗，保卫蓝天”和“提升气候变化意识，强化低碳行动力度”两大主题，举办节能宣传周活动。通过LED、电梯口视频播放设备、宣传海报、宣传小屋多种形式集中宣传节水、节电、绿色办公、绿色出行等。

2018年，有效推进垃圾分类工作。通过组织专项工作人员赴厦门和泉州培训学习、强化设施设置、强化分类投放、强化分类投放和提倡绿色办公、提倡源头治理、提倡定时投放、提倡示范带动等，发挥好党政机关示范引领作用，推进强制分类高质量、高效率、可持续发展。2018年，中心新增142个分类垃圾桶，并设计制作宣传手册、垃圾分类宣传指示牌、垃圾分类宣传栏、宣传小屋等，为垃圾分类工作顺利开展奠定初步基础。

【物业管理】 2018年，成立专项工作领导小组，全面负责“1+X”办公用房督查工作，对各单位办公用房情况进行摸底调查。对在检查中发现的面积超标，服务用房不规范等问题，责令相关单位及时整改。同时结合各单位办公用房使用情况和办公用房需求，对部分单位办公用房进行调整。2018年，共开展2轮办公用房使用情况督查工作，完成对75个单位现有办公用房情况的实地核查，对其中部分单位下达《超标办公用房清理整改通知书》，整理完善少面积超标报备和批复的相关手续。

【后勤服务保障】 2018年，严格落实各项安全防范措施，实现石狮市公务大厦安全责任“零事故”。定期组织开展消防安全检查，对有安全隐患的单位下发整改通知限期整改。严格实行巡视、派工、登记和反馈制度，2018年，提供水、电、空调、消防等维护维修合计2289余次，食堂平均每天用餐约850人次，提供大小会务服务320余场次，均做到领导满意，服务“零投诉”。先后投入30余万元用于创城、扫黑、节能日常宣传和维修、添置设施设备等，协同爱卫办办做好公务大厦内部各单位灭“四害”、创卫等卫生、绿化美化等工作先后两次对大楼进行专项蚊虫整治和发放“灭四害”药物。完成市政府会议室兴业厅和市委市政府会客室的改造，附属楼屋面顶棚维修及裙楼3楼屋面铁棚搭盖维修翻新。

（图/颜华杰）

组织机构

【领导机构】 2018年，中共政协石狮委员会党组设党组书记1名，另有党组成员3名。政协第七届石狮市委员会现有委员183名，设置29个界别，正主席1名、副主席4名、常委36名（含正副主席）。设置提案法制委员会、经济资源委员会、教科文卫委员会、文史学宣委员会、台港澳侨民宗委员会。12月21日印发的《石狮市机构改革实施方案》中关于市政协机构改革方面，指出“组建市政协农业和农村委员会、市政协文化文史和学习委员会、市政协教科卫体委员会”。

【工作机构】 2018年，石狮市政协机关内设办公室、提案法制办公室、经济资源办公室、教科文卫史办公室和台港澳侨民宗办公室等5个正科级办公室和1个股级事业单位（石狮市政协委员活动中心）。

重要会议

2018年石狮市政协常委会一览表

表5

日期	次数	会议主要内容
2018年3月20日	第六次	听取市公安局关于“推进智慧公安提升便民服务水平”工作通报；传达学习全国政协十三届一次会议精神；审议通过市政协2018年工作要点；审议通过《石狮市政协委员履职积分管理办法（修订稿）》；审议通过《石狮市政协委员履职积分管理办法（修订稿）》；部署2018年政协专题调研工作
2018年6月21日	第七次	学习习近平总书记关于加强和改进人民政协工作的重要思想以及全省政协系统学习贯彻习近平总书记关于加强和改进人民政协工作的重要思想暨党的建设工作座谈会精神；审议有关人事任免；协商通过委员调整增补事宜；听取市人力资源和社会保障局、卫生和计划生育局关于“我市医疗系统优秀人才队伍建设情况”工作通报并协商建言
2018年9月20日	第八次	传达学习《习近平：把实施乡村振兴战略摆在优先位置，让乡村振兴成为全党全社会的共同行动》和中共福建省委、福建省人民政府印发《关于实施乡村振兴战略的实施意见》的通知精神；协商通过有关人事任免；听取市经济局关于“现代物流业发展情况”工作通报并协商建言
2018年11月23日	第九次	上午组织视察重点提案办理情况。下午召开常委会，议程：传达学习习近平总书记在民营企业座谈会上讲话精神。协商通过有关人事任免。听取市政府提案办理工作通报；重点提案主办单位书面汇报办理情况，并对重点提案办理情况进行测评。听取市侨台外事局关于我市侨捐项目管理使用规范工作情况通报

续表 5

日期	次数	会议主要内容
2018 年 12 月 29 日	第十次	听取纪检监察工作通报；传达学习《习近平总书记在庆祝改革开放 40 周年大会重要讲话》精神和《中央经济工作会议》精神；协商通过委员调整增补事宜；审议通过调整增聘专委会正副主任事宜；协商通过市政协七届三次会议有关安排；协商通过市政协七届常委会工作报告、提案工作报告等

2018 年石狮市政协主席会一览表

表 6

日期	次数	会议主要内容
2018 年 2 月 28 日	第十三次	研究 2018 年度重点提案及跟踪督办分工事宜；研究市政协 2018 年度工作计划事宜；研究市政协 2018 年度协商工作计划事宜；研究市政协 2018 年度专题调研事宜；研究《石狮市政协志》编纂目录修改事宜
2018 年 3 月 15 日	第十四次	研究《石狮市政协委员履职积分管理办法（修订稿）》事宜；研究召开第七届市政协常委会第六次会议事宜
2018 年 5 月 22 日	第十五次	研究举办“翰墨丹青蕴谜香—中华灯谜文化节书画贺件展”活动事宜；研究政协零散房产处置事宜
2018 年 6 月 7 日	第十六次	研究有关人事任免事宜；研究关于召开第 7 次常委会事宜
2018 年 6 月 21 日	第十七次	研究有关委员调整增补事宜
2018 年 9 月 11 日	第十八次	研究购置制卡机事宜；研究关于召开第 8 次常委会事宜
2018 年 9 月 19 日	第十九次	研究有关人事任免事宜
2018 年 11 月 21 日	第二十次	研究有关人事任免事宜；研究关于召开第 9 次常委会事宜
2018 年 12 月 5 日	第 21 次	研究《关于石狮市“小学课后服务”工作民主监督的报告》（审议稿）
2018 年 12 月 17 日	第 22 次	研究七届三次会议时间和议程；研究关于精神文明单位对挂钩社区经费补助事宜
2018 年 12 月 25 日	第 23 次	研究关于召开第十次常委会事宜
2018 年 12 月 29 日	第 24 次	研究调整第七届市政协委员人选；研究政协七届三次会议事项（会议议程、日程安排、邀请对象、各项建议名单、常委会工作报告、提案工作报告等）；研究调整增补专委会正副主任事宜；研究委员履职积分情况通报事项

重要工作

【概况】 2018 年，石狮市政协深入学习习近平总书记关于加强和改进人民政协工作的重要思想，准确把握新时代人民政协性质定位，牢牢把握团结和民主两大主题，紧扣中心工作，务实创新履职，全年共召开常委会议 5 次，主席会议 12 次，组织视察调研 40 余场次，形成调研报告 25 篇，专项监督报告和社情民意专报件 21 份，委员提案立案 230 件（其中重点提案 5 件）。

【参政议政】 2018 年，石狮市七届二次会议委员提案共计 255 件，参加提案的人数 271 人次。经审查立案 230 件，经主席会议确定重点提案 5 件。其中团体提案 149 件占 58.4%，转为委员来信 4 件，并案 21 件。这些提案经市政府办公室梳理分解后，交由 62 个市直单位和 9 个镇（街道）承办，全部按期办理答复，办复率 100%。提案中所提事项已经解决或基本解决的（A 类）有 157 件，占办理总数的 68.3%；所提问题正在解决或已经列入计划准备解决的（B 类）有 57 件，占办理总数的 24.8%；所提问题因受目前条件限制或其他原因以后研究解决的（C 类）有 16 件，占办理总数的 6.9%。其中，涉及经济建设方面的提案 87 件，采纳和落实解决 77 件；涉及科教文卫体方面的提案 67 件，采纳和落实解决 66 件；涉及政治法律、社会保障等方面的提案 76 件，采纳和落实解决 71 件。提案办理情况反馈表全部收回，提案人表示满意的 227 件，满意率 98.7%。

2018 年，石狮市政协深入挂钩的 22 个重点项目和企业，围绕“2018 年实体项目落地情况”开展专题视察，提出加强政策宣传、强化跟踪服务、完善配套建设等意见。各委员组织对市医院新院、安通物流公司、华锦码头、中心渔港等重点工程建设情况开展监督视察，提出合理建议，推动重点工作。

2018 年，推动政协委员“参政议政周”活动常态化，指导各活动组围绕年度专题调研和社会热点问题。就“石狮服装城市场采购贸易方式试点运营机制”“八卦街保护提升”“引进侨商侨资”“提升人居环境”“培育旅游产业集群”“打造海洋产业聚集区”“推动乡村振兴”“文化强市”等内容，开展专题讨论、主动咨政建言。

2018 年，市政协完善常委会中心发言人制度。分别就“推进智慧公安提升便民服务水平”“侨捐项目管理使用规范工作”等听取部门通报、组织常委建言，为市委市政府科学决策提供参考。组织开展“促进现代物流业发展”专题调研，深入重点物流企业考察，协商提出统筹产业规划、培育龙头企业等建议。

【民主监督】 2018 年，石狮市政协协助市委制定出台《关于加强和改进人民政协民主监督工作的实施意见》，首次将专项民主监督内容列入年度协商计划。开展专项民主监督、调研，协助推进解决民生问题。针对石狮市“小学课后服务”实施情况开展监督性调研，形成《政协石狮市委员会关于石狮市“小学课后服务”工作民主监督的报告》。围绕人民群众密切关注的热点难点问题，就垃圾分类处理、全民健身、安置房产权办理、公共文化设施建设等议题组织专题视察、对口协商，切实发挥政协监督助推作用。充分发挥民主监督在提案办理中的重要作用。突出提案办理重点，召开提案办理情况通报会 4 场，组织市政协常委对重点提案办理情况开展视察，对办理满意度进行测评，提高提案办理效率。

2018 年，石狮市政协编发的《社情民意专报件》均得到市领导批示和职能部门回复，一批涉及城市管理、交通出行、环境保护的问题得以及时妥善处理。如《关于进一步优化石狮荣誉国际大酒店周边规划建设的建议》，被市委市政府采纳，市国规局及时对规划路涉和邻近回批地进行调整；《关于做好石狮市公益广告的建议》市政府主要领导批转相关单位后，主管部门出台《石狮市进一步提升户外公益广告工作方案》并组织实施；《关于加快建设石狮市中小学生户外教育活动基地的建议》引起教育部门重视，将郭坑村文化生态园确定为市青少年科普教育基地；《关于小学阶段课业减负的几点建议》，助推《关于规范小学办学行为减轻家长负担的意见》出台；《关于合理利用华侨医院现址，更好服务石狮民众的建议》对市医院旧址提出合理化意见，市政府批复在旧址设立石狮市中医院。

【政治协商】 2018 年，石狮市政协组织各专委会、民主党派、活动组开展“助力创新转型、促进实业强市”年度专题调研，组成调研组 22 个，形成《石狮服装城市场采购贸易方式试点工作若干建议》《关于乡镇环保管理工作的几点思考》等调研报告 22 篇。协助泉州市政协开展“实施乡村振兴战略　提升农村文化事业发展水平”专题调研活动，撰写《发挥宗祠在乡村文化振兴中应有作用》，在省政协常委会和泉州市委、市政协专题协商会上发言。围绕“关于加快培育石狮市军民融合龙头骨干企业”主题，深入部门、企业召开座谈、探讨举措、形成报告，被泉州市政协专题协商专刊采用。针对石狮市医疗系统重点学科人才短缺、本土医疗人才不足等问题，实地走访医疗场所、召开会议听取通报、组织委员深入探讨，分别形成《探索人才柔性引进机制　提升医疗服务水平》《关于石狮市医疗系统人才队伍建设情况》两篇调研报告，为提升全市医疗卫生水平开良方。针对全市宗教界人士在社会公益慈善领域比较活跃的现状，形成《引导宗教慈善　促进社会和谐》调研文章，为改善民生福祉鼓与呼。

【联谊交流】 2018 年，石狮市政协坚持民主协商、平等议事、求同存异原则，积极搭建与各民主党派、各人民团体合作共事平台。市政协领导带领各办负责人、各专委会委员走访政协常委、民主党派、委员企业、民族村、宗教场所、对口单位 20 场次，就改进政协工作、促进企业发展、推动社会事业等进行座谈交流。支持各民主党派、工商联和无党派人士参与全市重大决策前协商及各项履职活动。发挥民族宗教界委员在促进社会稳定中的独特作用，支持并通过他们做好群众工作。积极配合做好世界石狮乡亲恳亲大会系列活动接待工作。加强与省市政协的纵向联系，配合开展“‘一带一路’视野下的福建海洋文化产业发展建议”专题调研。加强与异地政协横向联系，全年共接待省内外政协来石考察学习 27 场 320 多人次。

【加强政协工作研究】 2018 年，石狮市政协开展全市政协系统学习“习近平总书记关于加强和改进人民政协工作的重要思想”理论研讨工作，邀请省政协研究室邹国辉主任为政协系统作专题辅导讲座；通过石狮日报专栏和“政协之窗”公微号定期推送、转载相关文章。典型材料《打造“党员 + 委员”民声直通车》被推荐参加全国政协党建理论研讨交流，并被推选至泉州政协系统理论研讨会上作发言；《戴好“人民”政协的帽子　走好协商“民主”的路子》在全国政协召开的闽赣粤琼政协片区座谈会上作交流发言，又被收录省政协“习近平总书记关于加强和改进人民政协工作的重要思想理论研讨会”材料汇编。

（图/颜华杰）

党的政治建设

【概况】 2018年，石狮市纪委监委在石狮市委和上级纪委监委的坚强领导下，深入学习贯彻习近平新时代中国特色社会主义思想和中共十九大精神，忠诚履行党章和宪法赋予的职责，持续正风肃纪反腐，坚定不移推动全面从严治党向纵深发展、向基层延伸，为全市经济社会持续健康发展提供了有力保障。

【重要会议】 2018年2月2日，石狮市召开中共石狮市第七届纪律检查委员会第三次全体会议，石狮市委书记朱启平讲话；市委副书记庄玉海传达中央、省、泉州市纪委全会精神；市委常委、市纪委书记、市监委主任林振海主持会议并代表市纪委常委会作工作报告。石狮市四套班子领导及市纪委委员，市直部门、各镇（街道）、高新区、上级驻石单位、村（社区）、市属国企、市各公立医院、市直各学校、中心校的负责人，市党风政风监督员，市纪委监委及市委巡察办全体干部等参加会议。

【落实“两个维护”】 2018年，石狮市纪委监委将贯彻新思想和十九大精神、落实意识形态、执行党内政治生活制度等情况，纳入主体责任和市委巡察的重点内容。设立巡视巡察整改专门机构，配合市委抓好省委巡视石狮及中央巡视福建、省委巡视泉州等整改工作。加强对机构改革、项目建设、扶贫民生、环保督察等决策部署落实情况的监督检查，实施责任追究16人，给予党纪政务处分11人、组织处理5人。抓好村级组织换届风气监督，推出严肃换届纪律闽南语动画宣传片，严格人选资格联审，回复党风廉政意见2227人次，否决6人次。

【落实“两个责任”】 2018年，石狮市印发《中共石狮市委贯彻落实〈中共福建省委关于把党的政治建设摆在首位落深落细落实全面从严治党主体责任的意见〉的通知》，督促各级党组织对照“八个坚定不移”要求，完善主体责任清单。严格执行《市委领导班子成员开展廉政谈话提醒工作方案》，针对一些单位在党风廉政建设中存在的苗头性倾向性问题，市委书记与市四套班子成员、市直单位“一把手”开展廉政谈话提醒27人次，市纪委书记开展廉政谈话提醒27人次。建立多层面、多渠道的责任制检查机制，由党员市领导带队分成16组，检查9个镇（街道）及7个市直重点单位主体责任落实情况，并进行集体约谈、反馈“问题清单”；依托派驻纪检监察组和镇（街道）纪委（纪工委），对51个单位落实主体责任情况进行交叉检查，实现主体责任检查“全覆盖”，发现问题576个，切实推动整改落实、压力传导。

纪检监察体制改革

【概况】 2018年，石狮市坚持市委抓总、纪委牵头，推进监察体制改革，完成检察院人员转隶2批次19人，调整优化内设机构、职能权限和人员配置，增设3个纪检监察室，监督执纪部门和人员占比分别提升至84.6%、85.7%。建立纪检监察片区协作机制。《中国纪检监察报》对全市监督联动协作做法进行报道。

【派驻监督】 2018年，石狮市及时跟进机构改革变化，安排派驻监督范围。建立派驻机构统一管理、考核评价等机制，推动各派驻纪检组与被监督单位建立派驻监督联系“8+N”制度（“8”即普遍建立落实主体责任、“三重一大”事项、重要情况通报、信访举报处置、干部选拔任用、个人有关事项、谈话函询、日常联系等8项制度，“N”即各派驻机构根据被监督单位的业务性质），经验做法在全省市县两级派驻监督全覆盖及乡镇纪检组织建设工作总结会上作交流发言。

【基层纪检组织建设】　2018年，出台《关于乡镇（街道）和石狮高新技术产业开发区派出监察机构的实施方案》，向镇（街道）和高新区派出监察机构。制定《关于推进镇（街道）纪检监察组织“五统一”规范化建设工作的实施意见（试行）》，明确每个镇（街道）均有3名专职纪检干部，对镇（街道）纪检干部统一调配使用、统一考核待遇、统一硬件配备、统一经费保障、统一工作标准。倡导“一线工作法”，按照“五个必”和“三个一”要求，推进镇（街道）纪检干部进村（社区）入户，连续五年实现“镇街均有自办案件”。

政治巡察

【创新巡察方式】　2018年，石狮市纪委监委对接上级巡视巡察，开展上下联动，通过常规巡察、专项巡察、机动式巡察等方式，延伸到乡镇、村一级党组织；推动专项工作同步巡察，试行巡审合力，对性质相近单位探索实施“一拖二”专项巡察。共开展3轮6批次巡察，巡察44个单位，覆盖率达62.8%；移交问题线索168条，立案12起，给予党纪政务处分10人。

【完善工作制度】　2018年，石狮市纪委监委建立包括巡察工作实施办法、巡察机构工作规则、巡察整改考评督促办法、问题线索管理办法、信访办理规程、档案管理规范、巡察保密工作管理规范等本级12项巡察制度，连同上级3项法规共15项汇编成《巡察工作手册》，多项制度被泉州各县（市、区）广泛借鉴。

【强化结果运用】　2018年，石狮市纪委监委以市委名义先后3次通报巡察发现的共性问题，督促各单位举一反三、自查自纠。针对巡察发现的社团组织监管、国有资产保值增值、干部队伍管理等方面存在的问题形成8份专题报告，建立健全资金资产管理、干部出国境管理、党建工作督查等全市性制度规范26项，挽回公共财政资金近千万元。经验做法多次被中央纪委《华东之窗》《福建巡视巡察参考》等刊发。

反腐工作

【信访举报】　2018年，石狮市纪委监委设立市、镇两级纪委全开放接访场所，推行纪检干部全员接访，共受理信访举报684件，其中检控类初信初访198件，分别同比上升46.8%、58.4%。针对群众反映热点问题，开展教育、公安等行业信访举报专题分析，发出纪律检查建议书督促整改。开展重复举报集中排查处置化解工作，重新核查反馈，推动息诉息访。

【执纪审查】　2018年，石狮市纪委监委综合运用“四种形态”处理353人次，其中第一、二种形态占比85%。关注“三类人”以及执法司法、工程建设、涉黑涉恶等重点领域，查处违纪违法案件100件，涉及科级干部10人，给予党纪政务处分96人，移送司法2人。加强与司法执法机关的协作配合，建立案件线索通报、移送，检察机关提前介入等机制，推动纪法贯通衔接，依法依规留置3人。加大追赃追逃力度，成功劝返1名在逃人员，追回经济损失60万元。发出纪检监察建议书6份，督促相关单位建章立制、堵塞漏洞。

【纠正“四风”】　2018年，石狮市纪委监委紧盯重要时间节点和党员干部，建立基层纪委定期检查、“1＋X”职能部门专项督查、市纪委重点抽查的常态化督查机制，查处公车私用、违规收受礼品等违反中央八项规定精神问题15个，处理18人，通报11起典型问题。开展形式主义、官僚主义问题集中整治，查处形式主义问题15个，查处干部不担当、不作为问题10人。部署开展领导干部利用名贵特产类特殊资源谋取私利问题整治，督促自查自纠，斩断利益链条。

【专项治理】　2018年，石狮市纪委监委成立扫黑除恶违纪查办组及深挖彻查专业队，对历年来涉黑涉恶问题线索开展专项排查，立案4件，其中充当“保护伞”问题3件，给予党纪政务处分3人；牵头建立联合检查工作机制，运用“扶贫资金在线监管系统”，开展扶贫领域腐败和作风问题专项治理，制定委领导及科室挂钩监督、问题线索移送等制度，把扶贫政策执行和资金监管工作落实情况纳入主体责任检查内容；针对民生资金、“三资”管理、征地拆迁、教育、医疗、生态等重点领域，开展专项治理，查处侵害群众利益的不正之风和腐败问题12个，处理19人，给予党纪政务处分10人，通报5起典型问题；开展移风易俗专项治理，出台《贯彻落实〈泉州市移风易俗节俭办婚丧喜庆等事宜工作实施意见（试行）〉的通知》等规定，规范党员和公职人员操办婚丧喜庆事宜。组织党员干部签订《移风易俗承诺书》，弘扬优秀家风家训和廉政文化，涵养崇廉尚俭的文明新风。央视新闻联播、焦点访谈等主流媒体予以报道。

廉政宣传教育

【党规党纪教育】 2018年，石狮市纪委监委创新《纪律处分条例》宣传，用通俗易懂的语言创作“闽南四句”话《条例》。把学习贯彻《监察法》作为工作重中之重，在石狮日报、石狮电视台、LED宣传栏等推广监察法宣传标语，组织全市干部群众积极参与“学好监察法 践行十九大”网络答题工作；在“石狮市政府多媒体发布系统”持续展播《监察法来了》视频，运用官微、触摸屏、入户走访等形式助力监察法宣传。紧盯重要时间节点，开展寄发《致领导干部配偶的廉政公开信》、推送廉政短信、展播“六个严禁”图文宣传稿等活动。注重以案为鉴，在石狮市纪委监委网站设立“监督曝光”台，指名道姓曝光典型案例；聘任第三届反腐倡廉讲师团，由市纪委监委一线执纪执法骨干担任主讲人，以“身边人、身边事”“零距离”开展廉政教育。

【廉政文化活动】 2018年，石狮市纪委监委运用永宁鳌龙动漫形象设计“鳌龙讲纪律”；举办“狮城清风”辩论赛，围绕“腐败的根源在于道德失范还是制度缺失”等辩题，在全市引发热烈讨论；围绕构建亲清政商关系，向非公企业人士发放《廉洁倡议书》，组织参观教育基地；因地制宜推出石狮廉政文化旅游线路，深化石狮市廉政文化教育基地——“清风美德润狮城”家风家训文化展示馆建设，全年累计接受参观上万人次。

（图 / 颜华杰）

民主党派

中国国民党革命委员会石狮总支部委员会

【概述】　2018 年，民革石狮总支部发展党员 3 名，现有党员 114 人，其中女党员 21 人：本科及以上学历 59 人（其中硕士 7 人、博士 2 人），高级职称 12 人，中级职称 43 人。上海市普陀区政协委员 1 人，石狮市人大代表 4 人（其中常委 1 人），石狮市政协委员 6 人（其中常委 1 人），泉州市机关效能建设监督员 1 人，石狮市党风政风监督员 1 人，石狮机关效能建设监督员 4 人，石狮市人民法院陪审员 2 人，副处级干部 1 人，正科级干部 1 人，副科级干部 4 人。

【参政议政】　2018 年，民革石狮总支部积极开展调研工作，全年共完成《关于建立完整的生态产业群供应链平台，实现石狮纺织服装货通全球的建议》《关于整合石狮市服装辅料行业和市场并优化升级的建议》《关于石狮市传统街区保护性开发的建议》等 3 篇调研报告；在 2018 年各级两会上，共提交提案建议 42 件，其中《关于建全石狮市医院新院公交网络的建议》和《关于在我市街道社区建立老年人日间照料中心的建议》被列为 2018 年石狮市政协重点提案。2018 年 15 条信息被《福建民革》《福建民革网》采用，石狮电视台、石狮日报等新闻媒体对民革石狮总支部及个人报道 12 次。

【社会服务】　2018 年，民革石狮总支部开展社会服务和社会公益活动，弘扬敬老爱幼中华传统美德，将捐资助学、扶贫助困、访孤问老等公益活动制度化、常态化，得到民革中央和民革福建省委的高度评价，促成在全国开展“伸出博爱之手——民革基层组织牵手困难群众活动”，被民革中央评为福建省唯一的“优秀基层组织”。自 2013 年以来连续六次组织到婷婷儿童院开展“热心公益、关爱孤儿”慰问活动，到市慈爱老人院开展慰问活动。组织赴南平政和县开展“金秋助学・走进政和一中”暨学习廖俊波精神主题活动，向 10 名贫困准大学生派发共计 4 万元助学款。自 2014 年起连续四次慰问革命“五老”人员，至 2018 年已全部覆盖石狮市健在的革命“五老”人员。总支部聚焦残障，关心弱势群体，向石狮市残疾人联合会爱心捐款 1 万元，在“同心助学松柏成才”活动中捐款 1 万元给贫困学生。

总支部副主委蔡清淳多年来一直支持家乡的医保、教育基金、扶残助老、道路修建、赈灾救灾等事业，各项社会公益捐赠约 80 万元，并且向民革中央发起成立的慈善组织中山博爱基金会捐款 5 万元，捐助贫困优秀大学新生蔡榕榕助学款 5 万元。总支部副主委许雄飞参加石狮市民主党派社会服务基地揭牌仪式暨义诊送药活动。党员刘文穗 2018 年向石狮大堡爱心教育基金会捐款 50 万元。党员林世雄作为石狮市人大代表走访蚶江（选区）联系群众，慰问选区老人。党员郭文福鼎力促成锦尚红十字会，赴南平市政和县向三所学校捐赠价值 7 万多元的校服。党员、兴业银行东港支行行长周新胜同志作为主讲人，走进泉州海洋学院，开展“向不良校园贷说不”的专题讲座。

【自身建设】　2018 年，民革石狮总支部加强自身建设，扎实开展思想教育活动，为每个党员订阅《团结报》。全年共召开总支委员扩大会议 6 次、全体党员大会 4 次。2018 年与民革泉州师院支部开展以“涵养优秀文化传统，提升乡风文明层次”为主题的联合考察调研活动；组织党员参加民革泉州市第十八期党员暨骨干党员培训班；副主委许雄飞参加在浙江大学科技园举办的民革福建省委2018年省、市委员暨参政议政骨干培训班；组织党员赴南平政和县开展学习廖俊波精神主题活动；开展“大学习”活动；组织党员参加2018年石狮市统战宗教理论专题研讨班；前往民革丰泽工委党员企业开展“示范性支部”创建工作交流座谈会；2018年，全国政协副主席、民革中央常务副主席郑建邦率调研组莅临民革石狮总支部文化联系点、民革党员之家永宁古卫城闽台文化展馆，就加强基层自身建设展开座谈会。党员李新强撰写《读你千遍也不厌倦》，获得民革泉州市委会“不忘初心重温‘五一口号’”主题征文活动三等奖；党员纪荣海被评为2013—2017年关心下一代工作先进个人，并被泉州市关工委授予“全市关心下一代工作先进个人称号”；副主委许雄飞被任命为石狮市总医院副院长；党员林旭日当选为蚶江村委会主任；副主委陈垂汉取得华中科技大学生态学博士学位；党员林张旗取得华侨大学MPA硕士学位。

【祖统工作】 2018年，民革石狮总支部在永宁古卫城文化驿馆和海峡两岸文化创意产业基地石狮“大闽府”分别设立民革石狮文化联系点，作为搭建对台文化交流窗口和桥梁，推介闽南文化和推动祖统联谊。鼓励党员拓展祖统渠道，党员林清阔为其倡办的闽台对渡文化节暨蚶江海上泼水节不遗余力捐资出力，党员董发达创办永宁古卫城文化驿馆，作为对台文化交流平台永宁城隍文化节的主要活动场所，定期举办海峡两岸书画联展和书法家笔会，被泉州市侨联授予“对台文化示范点”牌匾。总支部在福建博广律师事务所设立的“民革石狮总支部法律援助点”，每年都为受助群众和遇到困难的台商办理不少民事、经济、刑事援助案件。

中国民主同盟石狮市总支部委员会

【概述】 2018年，中国民主同盟石狮市总支部委员会现有盟员133人，其中女盟员52人，男盟员81人。本科及以上学历71人（其中硕士4人），高级职称49人，中级职称51人；其中，泉州市人大代表2人，石狮市人大常委1人，石狮市政协委员6人，其中政协常委2人；受聘石狮市党风政风监督员2人，石狮市机关效能建设监督员2人，各单位特约人员8人；总支部委员会下设六个支部委员会。

【参政议政】 2018年，民盟石狮市总支部始终把履行参政党职责，服务石狮社会经济发展，聚集民生作为参政议政的第一要务。充分利用“两会”平台，建言献策，向石狮市政协七届二次会议提交提案25件，内容涉及社会经济、教育、城市建设、民生等多个领域。其中，总支部组织撰写《关于推进石狮海岸带开发建设的若干建议》一文在石狮市七届三次政协大会上宣读；盟员陈艺云撰写的提案《关于在我市街道社区建立老年人日间照料中心的建议》被列为2018年重点提案；盟员吴碧清、谷晋青撰写的提案受到相关单位的高度重视。

【组织建设】 2018年，民盟石狮市总支部多次组织盟员学习习近平总书记新时代中国特色社会主义思想和中共十九大精神，加强政治理论学习，提高盟员政治站位意识。7月21—22日，民盟石狮市总支部组织前往浙江嘉兴南湖红船、上海中共一大会址参观学习；9月6日，组织新盟员参加2018年新盟员暨学习贯彻习近平新时代中国特色社会主义思想专题培训班；10月13日，邀请民盟泉州市委会主委陈建通在民主党派机关服务中心作新时代中国特色社会主义思想“大学习”专题讲座；11月19日—23日选派副主委陈艺云、盟员邱华民、郑福尔、王丹蓉、许建华参加石狮统战部举办的统战、宗教理论专题研讨班；为纪念中共中央“五一口号”发布70周年，开展“不忘合作初心 重温‘五一口号’”座谈会暨文艺晚会。

【调查研究】 2018年，民盟石狮市总支部开展社会调研工作。3月23日，总支部与民盟晋江市委会联合开展“废弃石窟，生态改造”主题调研活动；4月16日，总支部开展“回归乡土”文化主题调研活动；7月26日，民盟北海市委会“北海市近岸海域污染防治对策研究”课题调研组到石狮市进行调研；11月18日，为开展盟务交流及为“一带一路”建言献策调研活动，民盟酒泉市委会带领调研组到石狮市参观调研。

【社会服务】 2018年，民盟石狮市总支部立足本职，服务社会。7月，在石狮市残疾人综合服务大厅举行“不忘初心，携手同行”爱心助残药品捐赠仪式。盟员蔡珊澜作为海岸保洁志愿者，不定期组织盟员及家人参加海漂垃圾清理；盟员谢景恩参加“关爱留守儿童，助教西双版纳”百万助学金书画公益行动，为云南勐海县捐赠《一览众山小》等两幅作品。

中国民主建国会石狮市总支部委员会

【概述】 2018年，民建石狮市总支部下设5个支部，各支部配备完善领导班子，独立开展组织生活。总支部现有会员122人，其中女会员33人。本科及以上学历49人，全国政协委员1人，泉州市政协委员3人，石狮市人大代

表 2 人，石狮市政协委员 7 人（其中常委 2 人），石狮市民主党派智库成员 5 人，第八届石狮市机关效能建设监督员 1 人，石狮市党风政风监督员 2 人，各级机关特约人员 6 人，石狮市人民法院陪审员 1 人。

【参政议政】　2018 年，在石狮市政协七届三次会议期间，民建石狮市总支部共提交 25 件提案，内容涉及民营经济、城市建设、交通安全、教育事业、医疗卫生等多个领域，忠实履行参政党职责。参与中共石狮市委统战部及市各民主党派的联合调研活动，2018 年重点梳理调研课题，撰写调研报告《关于健全美丽乡村建设长效机制的几点思考》，认真开展调研活动，发挥党派参政议政的作用。

【社会服务】　2018 年，总支部创新工作方式，扩展服务内容，增强会员参与社会服务的积极性，提高石狮民建在社会上的影响力和良好形象。总支部会员许明良、郑雪英长期热心石狮市的公益事业，在第四届世界石狮同乡联谊大会上，分别捐赠医疗设备 1000 万元及石狮市教育 500 万元。民建石狮市总支部会员企业——石狮市隆迪贸易有限公司（李盛芳）、石狮市后街地带服装织造有限公司（陈荣聪）当选石狮市慈善总会理事单位，分别捐款 5 万元。主委吕锜向泉州市第一医院"同心楼"捐款 1 万元。会员王振华资助 2 名贫困大学生共计 9600 元。会员庄金锰定期前往孤寡老人、贫困家庭、福利院、闽南孝亲安养院慰问，并送去慰问品，每年夏秋季在市区南华轩文化楼设立免费茶水供应点，每天为过往市民免费提供凉茶、糕点等食品。总支部参与"松柏助学"行动，捐款 1 万元；参与聚焦残障、汇聚爱心专项捐款 1 万元。民建石狮市总支第二支部连续第七年举行助学活动，向两名贫困大学生各资助 5000 元，除了助学扶贫外，二支部也在环保等公益活动中积极发挥作用，协办锦尚镇以"水清、河畅、岸绿、景美"为主题的"爱河护河"活动，且向锦尚镇红十字会捐款 3000 元用于开展公益活动。民建石狮市总支第三支部自组建以来，热心社会公益事业，每年到石狮仁爱学校慰问师生，关心关爱特殊儿童，并送去慰问品；组织慰问 6 名孤寡老人，给每人送去慰问品及 1200 元的慰问金，且在 2018 年帮扶 3 名贫困大学生，每人资助 5000 元。

【宣传调研】　2018 年 5 月 15 日，民建中央专职副主席张少琴到民建石狮市总支部开展调研工作，听取总支部的组织工作汇报，张少琴对民建石狮市总支部的思想建设和民建会员在促进社会经济发展中所做的贡献给予充分肯定。

8 月 16 日，广西壮族自治区政协副主席、民建广西区委主委钱学明一行到民建石狮市总支会员企业——大帝集团有限公司开展调研工作，实地调研石狮纺织服装产业发展现状。10 月 22 日，民建广西玉林市委会调研石狮民建会员企业大帝集团有限公司以及福建省凯仕达运动服饰有限公司。兄弟支部与民建石狮市总支部开展座谈交流。11 月 3 日，民建永安市总支部莅临民建石狮市总支部开展课题调研，加强两地企业间的交流。

【组织建设】　2018 年，民建石狮市总支部坚持深入开展思想教育，深入学习贯彻中共十九大精神和习近平新时代中国特色社会主义思想。4 月 15 日，总支部召开传达贯彻全国两会精神学习会；8 月 25 日，总支部与民建泉州鲤城区工委会联合举办"迎中秋·庆国庆"乒乓球团体友谊赛；9 月 10 日，总支部召开习近平新时代中国特色社会主义思想学习会；11 月 11 日，召开全体委员（扩大）会议，传达学习《民建中央关于加强会的思想政治建设的意见》，并布置石狮市政协七届三次会议提案工作。深入开展专题教育活动，1 月 6 日，民建石狮总支第五支部组织会员参观谷文昌纪念馆；10 月 27 日，民建石狮市总支部组织会员赴江西井冈山学习考察；12 月 15 日，民建石狮市总支部第三支部组织会员参观宁德红铭洋纪念馆。2018 年，选派第三支部副主委庄金锰、第一支部支委吴尔德参加泉州社会主义学院民主党派基层组织负责人培训；选派总支委员许超利参加 2018 年民建福建省委第 26 期骨干会员暨基层组织负责人培训班；选派总支委员陈明英、二支部支委陈

2018 年 5 月 15 日，民建中央专职副主席张少琴（第一排右六）调研石狮民建会员企业大帝集团有限公司合影　（图 / 民建石狮市总支部）

彬彬、会员郑英杰、施远志、林晋虹参加中共石狮市委统战部举办的统战、宗教理论专题研讨班。第三支部副主委庄金锰获2018年民建泉州市委社会服务工作优秀个人；第二支部支委陈彬彬获2017—2018年民建泉州市委新闻宣传工作先进个人。

2018年，民建石狮市总支部重视老会员的服务工作，开展系列尊老爱老活动，对因病住院的老会员何建辉及时开展走访和慰问；逢春节、中秋节、重阳节组织会员前往老会员家中看望慰问；在7名70周岁以上老会员生日当天，组织会员到老会员家中看望慰问。

中国民主促进会石狮市总支部委员会

【概述】 2018年，中国民主促进会石狮市总支部下设5个支部，即综合支部、文化支部、教育第一支部、教育第二支部、教育第三支部，会员138人，其中大专以上学历会员121人，占88%；中高级职称会员73人，占53%。会员中，第六届民进泉州市委会常委1人，第十二届泉州市政协委员1人，第七届石狮市政协委员4人（其中常委1人）。

【参政议政】 2018年，民进石狮市总支部积极参政议政和建言献策。在政协第七届石狮市委员会第二次大会召开前，共收到会员提案初稿19件，整理提交石狮市政协大会提案10件，立案10件。其中教育第三支部主委陈济凰撰写的提案《应对石狮市中小学校教师严重不足的几点建议》被石狮市政协确定为“重点提案”。

2018年，民进石狮市总支部有石狮市第十一届党风政风监督员3人；第八届石狮市机关效能建设监督员1人；各机关单位效能监督员和效能监察员3人。他们多次参与各种监督活动，充分履行参政党职责，发挥民主监督作用，体现石狮民进风采。7月，总支部分别同石狮市审计局、教育局、文体旅游和新闻广电出版局开展对口联系活动，双方就进一步加强沟通联系，推动对口联系活动经常化、制度化达成一致意见。

【社会服务】 2018年，民进石狮市总支部始终致力于服务社会，开展系列慰问和社会公益活动，向残疾人事业捐助1万元；组织会员前往婷婷孤儿院看望孤儿院的孩子；春节期间走访、慰问总支部退休老同志和病困会员。

2018年，总支部开展一系列特色活动助推石狮教育事业和书香狮城的发展。4月，联合石狮市教育局举办第二

2018年9月21日，民进石狮市总支部前往八中开展奖学助学活动（图/民进石狮市总支部）

2018年11月11日，民进石狮总支部文化志愿者到图书馆开展志愿服务活动（图/民进石狮市总支部）

届石狮市“民进杯”中学生现场作文比赛，全市各中学共600余名学生参加比赛；9月，开展奖学助学活动，奖励石狮八中十位高考成绩优秀的学生；林清从委员以总支部名义资助石狮八中高考状元每年1万元，共4万元；11月，总支部志愿者到石狮市图书馆开展志愿服务工作，民进泉州市委会副主委王若兰到场指导并参加活动；12月，教育三支部组织前往市档案馆参观石狮市改革开放30周年成果展；总支部继续同绿洲读书社等单位联合编发以读书为主题、免费赠阅的公益书籍《书馨》，2018年共编发期刊4期，获得市有关单位和社会各界人士的肯定和赞赏。会员还响应总支部关于不忘初心、积极服务社会的号召，在各自工作领域热心公益事业，获得社会各界认可。文化支部副主委施振华组织前往安溪县祥华乡东坑村秦兰凤希望小学开展真情帮扶促发展活动；会员施永远购买慰问品前往石狮市婷婷儿童院慰问小朋友；会员黄莉参加“关爱环卫工，致敬美容师”全市环卫义诊活动；会员李忠平、刘海燕等老师参加石狮市祥芝镇海滩清洁活动。

【自身建设】　2018年，民进石狮总支部组织会员参加各项培训和政治学习活动。3月18日组织会员前往厦门观摩厦门民进海沧基层委、湖里基层委年度工作会，加强同兄弟支部的交流和沟通；4月22日，组织会员参加民进泉州市委会在泉州音乐厅举办“不忘初心·共筑梦想”——纪念中共中央发布“五一口号”70周年歌咏晚会，获得“优秀组织奖”；4月26—27日，组织会员参加民进泉州市委会举办的2018年度骨干会员培训班；7月12日，组织会员参加民进泉州市委会召开的2018年度调研课题和社情民意信息交流辅导座谈会；9月26日，组织会员参加民进泉州市委会举办“不忘合作初心　继续携手前进”主题教育活动理论宣讲会，蔡洪泽委员代表石狮市总支部在会上发表学习感言并提出要求，得到左部长和庄宝玲主委的肯定和答复；10月26日，民进泉州市委会主委庄宝玲来石狮举办主题为《学习习近平新时代中国特色社会主义思想，坚持多党合作、参政议政》的“大学习”讲座，总支部组织全体委员和各支部委员参加讲座。

2018年，民进石狮总支部会员活跃于各个领域，在自己本职工作岗位上认真负责，取得显著成绩。文化支部高晶炯委员在泉州作家协会第五次代表大会上当选新一届副主席；文化支部副主委、泉州市土木建筑学会会长施振华撰写的《海丝文化传承在城市双修中综合应用策略探讨》在第十六届泉州市科协年会泉州市土木建筑学会分会场中获一等奖；会员潘泽福被石狮市教育局评为2018年“师德之星”。

中国农工党石狮市总支部委员会

【概述】　2018年，农工党石狮市总支部党员110人，新转入1人。下设四个支部，其中女党员44人。本科学历及以上78人，高职称4人，副高职称26人，担任泉州市人大代表2人，石狮市人大代表2人，石狮市政协常委1人，政协委员5人。

【社会服务】　2018年2月6日，在大方县博爱家园精准扶贫项目中，党员自发捐款共9700元；3月15日，农工党石狮市总支部在石狮市第五实验幼儿园开展以“春暖石狮红，儿童口腔保健知识讲座”为主题的健康知识讲座；5月18日，向残疾人事业捐助1万元，并在端午节为残疾人送上慰问品；6月16日，参加在锦尚镇卫生院开展的福建省针灸学会专家义诊暨家庭医生签约活动和义诊；10月30日，在石狮市民主党派社会服务基地揭牌仪式上，组织医生党员们进行义诊送药；11月4日，与灵秀镇钞坑村党委、灵秀镇钞坑村委会开展“同心助医”义诊活动；12月21—23日，与多家单位联合承办的第四届“仁心雕龙”·大宗师学术论坛暨十大中医药优秀论文颁奖大会、福建省中医药学会治未病分会2018学术年会。会议期间举行第二届福建中医药学会治未病分会换届选举，主委李灿新当选副主任委员。

【组织建设】　2018年3月8日，福建省政协常委、副秘书长、农工党福建省委会专职副主委杨琳，泉州市政协副主席、农工党泉州市委员会主委陈益等人到石狮调研，与农工党石狮市总支部委员会成员进行座谈，共同探讨做好调研和提案的重要性；8月12日，总支部主委李灿新、副主委邱清雄、委员王进长以及部分党员赴永春县医院开展走访考察活动；11月4日，农工党石狮市总支部组织党员参观石狮市博物馆，参观由北京故宫博物院、石狮市人民政府主办的“丝路狮缘——故宫狮文化珍宝展”30周年成果展，并组织党员们前往参观峡谷路、六胜塔、林銮渡等“海丝”景点实地；石狮市市场监督管理局及石狮市统计局走访华侨医院与农工党石狮市总支部进行座谈。

2018年，农工党石狮市总支部党员在各自岗位为总支部赢得了许多荣誉。主委李灿新，委员蔡建通被任命为石狮市总医院副院长；2月，党员蔡美瑜的论文《冠心病心绞痛患者综合护理干预的效果评价》刊登在《临床合理用药杂志上》，护理新技术新项目《使用安普贴联合硫酸镁处理药物外渗的早期组织损伤》申报通过；党员施龙灵被授予“优秀住院总医师”称号；蔡建通委员和李少鹏党员的论文《补骨脂素对前列腺癌LNCaP-AI细胞增殖5和周期调控及雌激素受体β表达的影响》刊登在《中华细胞与干细胞》杂志2018.02

期；5 月，委员王东育在泉州市举行庆祝“五一”国际劳动节暨表彰先进大会上获泉州市劳动模范表彰；7 月，党员郑玉晓老师获得家长们赠送的“尽心下百世之师”牌匾；8 月 19 日，农工党石狮市总支部党员林介平、李灿新、戴亚兰和黄文坚受到石狮日报专题采访和报道；从医三十年的党员吴利芳、朱英伟、蔡子鸿、黄瑜瑛、黄文坚受到石狮市医院的表彰；9 月 4 日，在 2018 中华口腔医学会“绚彩梦想秀 · 口腔好医生”第五届跨学科病例展评总决选中，委员林绍宇获中华口腔医学会第五届跨学科病例大赛“全国十强”及“最佳人气奖”以及所作的病例报告入选十强。9 月 28 日，王东育当选共青团泉州市第十七届委员会候补委员；12 月 22 日，原主委林介平当选福建省中医药研究促进会新一届理事，主委李灿新当选常务理事。党员胡甜甜被授予“2015—2018 年宣传信息工作先进个人”。

2018 年 6 月 25 日，菲律宾中国洪门致公党代表团一行到访，并与总支部开展座谈（图 / 致公党石狮市总支部）

中国致公党石狮市总支部委员会

【概述】 2018 年，致公党石狮市总支部由 7 人组成总支部委员会，现有党员总数 77 人，其中女党员 36 人。研究生学历 7 人、本科学历 44 人，大专学历 12 人；具有高级职称 21 人，中级职称 26 人；成员担任泉州市人大代表 1 人，泉州市政协委员 1 人，石狮市政协委员 5 人（其中常委 1 人），受聘为第八届机关效能建设监督员 2 人，各单位特约人员 5 人。

【参政议政】 2018 年，致公党石狮市总支部秉持“致力为公、参政兴市”的精神，建言献策，履行参政党职能。在市政协七届二次会议与七届三次会议上，总支部提交《关于加强联盟旅游助推我市经济发展的建议》《关于助推电子信息产业引领技术创新与生产方式转变的建议》等 25 件提案，其中针对总支部提出的“关于盘活我市闲置厂房的建议”，在市政府第 8 次市长办公会研究通过《石狮市人民政府办公室关于印发＜石狮市推动盘活闲置厂房若干措施＞的通知》，出台包括闲置厂房交易鼓励措施、厂房加层改造奖励措施等扶持奖励措施。总支部副主委何世宁撰写的提案《关于加强泉州主导产业知识产权快速维权中心建设的建议》被收入泉州市政协十二届二次会议发言材料汇编，并被列为泉州市重点提案。总支部撰写调研报告《关于利用现有资源建设智慧停车系统提升城市管理的建议》《关于“打开一扇窗口”为台湾青少年认知祖国提供平台的建议》报送石狮市政协与中共石狮市委统战部。

【社会服务】 2018 年，总支部始终立足于自身特色，充分发挥党员特长，秉承致力为公精神，积极探索社会服务的新途径，扩大社会影响力。5 月 18 日，在“风雨同行，关爱残障，不忘初心，点亮石狮”主题活动中，总支部向市残疾人联合会捐助 10000 元，促进残疾人事业的持续发展。

【自身建设】 2018 年，致公党石狮市总支部发展党员 1 名。总支部始终把加强思想建设和学习实践活动放在重要位置，组织骨干党员参加各级各类培训班。5 月 3 日，总支部主委施文坛、第

2018 年 4 月 21—22 日，致公党石狮市总支部赴永泰县中共福建省委旧址开展“践行不忘合作初心 研学生态环境保护”主题教育活动（图 / 致公党石狮市总支部）

一支部主委郭清清、第二支部主委李岩生、第三支部主委翁育珊参加致公党泉州市委会2018参政议政工作会暨骨干党员培训会；10月18日，总支部党员吕雅萍、杨超参加致公党泉州市委会举办的2018年新党员培训班；11月19日，总支部主委施文坛、副主委何世宁、委员曾建美、第一支部副主委洪振耀、第三支部副主委曾怡明参加为期一周的统战、宗教理论专题研讨班；4月21—22日，总支部组织全体党员赴永泰县中共福建省委旧址开展“践行不忘合作初心　研学生态环境保护”主题活动，以实地接受红色教育的方式，激发致公党员的爱国热情；6月25日，与菲律宾中国洪门致公党代表团一行开展座谈交流，进一步加强交流、增进友谊，开展互动合作。

九三学社石狮市基层委员会

【概述】　2018年，九三学社石狮市基层委员会发展新社员1名，共有社员55名，其中女社员15名。社员中正高职称5名，副高职称15名，中级职称34名，本科1名；其中九三学社泉州市委员会委员1名，泉州市政协委员1名；受聘泉州市人民检察院党风监督员、人民监督员1名，泉州市人民检察院刑事申诉案件公开审查听证员1名；石狮市人大常委1名，政协委员2名（其中政协常委1名）。受聘于石狮市政法委党风廉政监督员1名，石狮市机关效能建设监督员1名，石狮市人民法院、环保局、交通和城市建设局特约人员各1名，石狮市纺织服装产业联盟商务纠纷调解委员会调解员1名，石狮市检察院党风廉政监督员1名，石狮市食品药品荣誉监督员1名。

【参政议政】　2018年，九三学社石狮市基层委员会高度重视参政议政工作，聚焦热点，关注民生。在政协石狮市七届二次会议上提交提案24篇，调研报告1篇《关于室内装修空气污染防控的几点建议》，被收入政协七届二次会议《发言材料汇编》。参加各级召开的征求意见会、情况通报会、座谈会、听证会、专题调研报告会及政协委员辅导讲座等，与石狮市政协、市委统战部、政协活动组深入现场视察了解市重点企业和重点建设项目，并提出意见建议。

【社会服务】　2018年，九三学社石狮市基层委员会社员在各自的岗位上发挥自身技术特点优势积极为社会服务。开展精准扶贫和关心残疾人计划，在“风雨同行　关爱残障　不忘初心　点亮石狮”主题活动中捐赠1万元；参与石狮市首届“关爱星星儿童集体生日会”，参与石狮市残疾人联合会举办的“粽小情真，爱在端午”困难残疾人慰问活动；组织社员参与九三学社泉州市青工委开展植树活动；社员何闽在石狮医院举办门诊大讲堂讲座，还有谢超凡、何闽等社员在多次参与医药下乡活动；社员王克锰等参与“迎新春•送祝福”文化下乡活动，2018年新春“下基层、送温暖、办实事”三下乡等活动；利用春节、重阳节等重要传统节日组织班子成员入户慰问老社员以及患病社员，并送去慰问金。

【自身建设】　2018年，九三学社石狮市基层委员会注重加强自身思想和领导班子建设，共推荐新社员3人，获批1人。先后选派1名社员赴四川省社会主义学院参加九三学社福建省委员会与九三学社四川省委员会联合举办基层组织负责人培训班；1名社员赴福州参加九三学社福建省委员会举办的参政议政与信息工作培训班；1名社员赴莆田参加九三学社福建省委员会举办的2018年全省新闻宣传骨干培训班，5名社员参加中共石狮市委统战部在中共石狮市委党校举办的统战、宗教理论专题研讨班。2名社员参加全国政协委员、泉州市政协副主席骆沙鸣作《新时代政协委员如何懂政协会协商善议政》辅导讲座；组织2名社员参加九三学社福建省委在厦门万山书画院举办纪念“五一口号”发布70周年书画笔会活动；5名社员参加九三学社泉州市委会在华侨大厦四楼多功能厅举办的纪念中共中央“五一口号”发布70周年讲座和读书分享会等系列活动，传承九三学社优良传统，重温多党合作历程；与九三学社南安市支社开展“不忘初心、同心同行”交流学习考察活动；通过建立微信平台，把社中央、社省委、社市委的有关文件和学习信息及时转发，为每位社员订赠《民主与科学》杂志等形式，努力推动思想建设从骨干社员向普通社员拓展。

台湾民主自治同盟石狮市支部委员会

【概述】　2018年，台湾民主自治同盟石狮市支部有盟员21人，其中女盟员10人。盟员中具有高级职称4人，中级职称10人，盟员中有泉州市政协常委1人，石狮市政协常委1人，政协委员1人，受聘担任泉州、石狮各部门特约监督员5人。

【参政议政】　2018年，在石狮市政协会议召开期间，支部向泉州、石狮两级政协大会提交政协提案39件（其中泉州政协2件，石狮政协37件），政协大会发言1件。盟员叶心凤提交的《关于保护民间古建筑的建议》被确定为石狮政协重点提案，盟员叶铿铿提交的《关于对我市老旧小区严重老化的消防设施进行改造的建议》引起市委市政府重视，将相关提案内容列入市委市政府民生补短板项目。支部全年完成提交调研报告3篇，其中《打造闽南祖地文

化品牌 推进泉台文化交流合作》被确定为台盟福建省委年度重点调研课题。支部领导班子成员参加市委市政府各部门各类征求意见会、民主协商会、情况通报会、座谈会等13场次。担任泉州、石狮各类特约监督员的盟员积极参与各类监督活动15场次。

【对台工作】 2018年，支部组织学习习近平总书记关于对台工作的重要讲话及省、市对台工作会议精神，充分发挥台盟优势，积极做好对台工作。2月，支部召开纪念台湾“二·二八”起义71周年座谈会；10月，支部组织骨干盟员到晋江参加台盟福建省委、福建社科院台湾文献信息中心、台盟泉州市委台情研究委员会举办的台情研讨会，就如何推进“惠台31条”稳健落地，加快引进台湾人才做研讨；11月，支部骨干盟员到泉州台商投资区参加台盟泉州市委举行的“落实惠台政策，服务台湾人才”主题盟员议政日活动，提出引进人才要更精准，更加注重实践才能，提供学习交流平台，营造求知氛围等建议；支部组织盟员到泉州，参加台盟泉州市委举办的台情报告会，听取厦门大学台湾研究院院长李鹏《当前台海形势与新时代国家统一方略》的专题辅导报告，帮助盟员了解台情和两岸关系发展形势，准确理解和把握中央对台方针政策，做好新时代对台工作。2018年，支部围绕对台工作开展调研，形成的两篇调研报告和提案均得到上级的重视和采用。

【社会服务】 2018年，支部参加以“风雨同行，关爱残障，不忘初心，点亮石狮”为主题的石狮市第28次全国助残日宣传服务活动，捐助1万元；参加石狮市残联开展的以“粽小情真，爱在端午”为主题的关爱困难残疾人活动，为石狮217户困难残疾人赠送1500个“爱心粽”，为100名困难残疾人送上200套爱心夏装；参加首届“关爱星星儿童集体生日会”；3月，与泉州市教育工会联合到泉州泉港区开展“关爱留守儿童，弘扬良好家风”活动，向涂岭樟树脚小学10名农村留守儿童每人发放500元慰问金；盟员李璐琳参加石狮市妇联、教育局联合举办的“2018年石狮市关爱留守流动儿童关爱结对活动”与农村留守儿童共庆“六一”国际儿童节。

【自身建设】 2018年，支部继续深入开展“不忘合作初心、继续携手前进”专题学习教育活动。先后召开“习近平新时代中国特色社会主义思想专题学习会”“纪念中共中央‘五一口号’发布70周年座谈会”“习近平总书记关于加强和改进人民政协工作重要思想理论学习会”等专题学习会；参加泉州市各民主党派纪念中共中央“五一口号”发布70周年征文活动和台盟中央纪念改革开放40周年征文活动，支部3位盟员的作品入选《泉州市各民主党派纪念中共中央“五一口号”发布70周年征文活动优秀作品集》；组织盟员参加台盟泉州市委“学新思想，学盟章盟史做合格盟员”的知识竞赛；5月，组织盟员到平潭开展爱国主义教育活动；选派6位骨干盟员参加台盟泉州市委举办的“提升骨干盟员参政议政能力”培训班学习；组织骨干盟员参加台盟泉州市委开展的“借鉴台湾社区营造经验，促进乡村振兴”的盟员议政日活动和泉州统战大讲堂等专题活动；选派1名盟员参加台盟中央骨干盟员培训班、1名盟员参加台盟福建省委在省社会主义学院举办的骨干盟员培训班、4名盟员参加台盟泉州市委暑期骨干盟员培训班，2名盟员参加中共石狮市委在市委党校举办的统战理论研讨班的学习培训；在重阳节走访慰问5位退休老盟员活动。

2018年，支部2名盟员被推选为石狮市妇代会代表，出席石狮市第五次妇女代表大会；主委叶心凤出席泉州市第八次台胞代表大会，并被推选为理事；盟员林宏楠当选为中国服装协会第七届大会副会长，并获中国纺织工业联合会2017—2018年纺织产业集群工作先进个人称号；盟员叶心凤、叶铿铿、林宏楠、王善权被授予台盟泉州市委会纪念改革开放40周年优秀盟员称号。

2018年8月26日，台盟石狮支部召开深入学习习近平新时代中国特色社会主义思想座谈会

（图/台湾民主自治同盟石狮市支部）

（图/颜华杰）

石狮市总工会

【概况】 2018年，石狮市总工会组织实施工会改革任务，推进开展职工帮扶互助、职工技术交流、“四季关怀”活动、女职工关爱活动等活动。拓展四点半课后服务活动范围，四点半课后服务工作经验入选改革开放40周年“福建工会最具影响力的十件大事”。完成石狮市128个村（社区）工会联合会换届工作，推动144家（公立20家，民办124家）幼儿园全部组建工会，组建率100%。

【市人民政府与市总工会联席会议】 2018年1月11日，召开石狮市政府与石狮市总工会第十一次联席会议。会议议定以下内容：（一）关于提高机关事业单位工会经费拨缴率的问题。综合考虑工会经费收支情况，结合泉州市总工会对市总工会年度经费收支情况提出的审计意见，统筹安排机关事业单位工会经费拨缴。（二）关于加强产业工人队伍建设的问题。把高技能产业工人纳入高层次人才积分管理范畴，大力弘扬劳模精神和工匠精神，营造劳动光荣的社会风尚和精益求精的敬业风气。（三）关于建设石狮市工人文化宫的问题。将工人文化宫建设列为石狮市重点建设项目，请国土规划和房产管理局等涉及的部门依法为石狮市工人文化宫建设工作中予以支持、提供便利。（四）关于分级补助职工医疗互助参保费用的问题。继续由市财政补贴职工缴纳12元参保费用（每期参保约7万人×12元/人），每期（从当年度10月1日到下一年度9月30日）所需经费约84万元（届时按实际参保数计算），形成“市财政补贴12元、市总工会补贴12元，企业及职工缴纳24元”的非公企业职工参保模式。（五）关于进一步改善环卫工人生活状况的问题。成立环卫工人爱心扶助基金，由政府、工会出资作为启动基金，并积极引导鼓励社会各界捐助，借助更多的社会力量来帮助病困一线环卫工人，以及困难环卫工人子女入学等。

【为民办实事项目】 2018年，石狮

2018年5月31日，全国总工会党组成员、书记处书记石岱（右二）到石狮市调研四点半课后服务情况 （图/市总工会）

市出台《石狮市小学生课后服务工作实施方案》，进一步拓展四点半课后服务活动范围，并与培训机构联合运行东城美居广场、星港文创园、钞坑村委会3个点，2018年接待职工子女150人次。石狮市总工会的四点半课后服务项目和职工心理健康服务中心项目2017年、2018年连续两年被列入石狮市委、市政府为民办实事项目。3月13日，工人日报第4版刊登《唱响"服务大局+服务职工"主旋律》，对石狮市总工会探索打造职工心理健康服务中心和职工子女四点半活动中心为民办实事项目进行专题报道。7月，石狮市总工会在泉州市工会半年工作会议就四点半课后服务工作经验作交流发言。四点半课后服务工作经验入选改革开放40周年"福建工会最具影响力的十件大事"。

2018年，石狮市总工会常态化运行职工心理健康中心，推进普及健康心理知识、健康心理体检、健康心理公益讲座、健康心理咨询、心理热线与心理危机干预五大服务，与公安、教育、计生、妇幼等部门开展共建，协助开展教师队伍、女职工孕产妇以及吸毒人员、失独家庭等特殊群体的心理健康咨询活动和心理情绪疏导工作；与纪委、信访、组织部等单位商讨心理健康合作领域和方式。2018年累计组织44次深入企事业单位；接待参观、交流、来访人数1317人；完成心理测评建档2541人、个人测评量表1047份和团体分析报告5份；举办心理讲座、团辅、沙龙、培训等活动65场；接听调处心理热线189个，成功为64人次提供针对性的咨询服务。

【职工帮扶互助】 2018年，石狮市总工会发起环卫工"五个一"爱心行动。赠送一批"暖冬礼物"，"两节"期间向环卫工发放1350件棉衣；开展一场"爱心慰问"，走访慰问22名困难环卫工，发放帮扶资金3.95万元；开展共享一餐"爱心年夜饭"，邀请50名环卫工参与除夕夜"四海一家亲"共进年夜饭活动；建立一项"爱心基金"，筹建环卫工爱心扶助基金，借助社会力量帮助病困一线环卫工及其子女入学；赠送一个"健康红包"，为市区近800名环卫工免费办理职工医疗互助。

2018年，石狮市分级补助职工医疗互助参保费用。第十二期职工医疗互助实施市财政、市总工会补贴1/2（各12元），并鼓励企业为职工缴纳1/2（24元）的非公企业职工免费参保模式，共吸引362家企业的53712名职工、185个机关单位的11782名职工参加，期间累计为832人次患病职工发放206万余元补助金，为68名患大病职工发放13.87万元"大病补助"专项救助。开展女职工特殊疾病医疗互助活动，组织151个单位5463名女职工参加第十二期女职工特殊疾病医疗互助，为11名患病女职工发放3.1万元特殊疾病补助。

【"缘在工会"职工婚恋服务】 2018年，石狮市总工会打造"缘在工会"职工婚恋服务品牌，每月由各镇（街道）总工会轮流开展"缘在工会"未婚职工联谊活动，共举办8场"缘在工会"未婚职工联谊活动。10月29日，"狮城之恋·缘满今生"第五届职工集体文明婚礼在石狮市轻纺城举行，51对新人在市领导的证婚下，举行中式传统婚礼。2018年，"缘在工会"职工婚恋服务，继续被列入市"文明新风"十大行动项目。

【"四季关怀"活动】 2018年，石狮市总工会开展"四季关怀"活动（春送岗位、夏送清凉、秋送助学、冬送温暖）。"春送岗位"：开展线上、线下春风行动，在石狮市总工会微信平台上开展职业介绍服务活动；首次启动春节"平安返石"交通补助活动，对15人次返石工作的企业优秀外来工补助0.247万元。"夏送清凉"：重点围绕环卫工人、交警巡警、（政府重点项目）建筑工、公路局路面维护工、电力公司抢修工等一线高温户外作业职工开展防暑降温慰问（送凉茶、蜂蜜等）活动。"秋送助学"：2018年8月举行"金秋助学"助学金发放仪式，集中发放34.5万元

2018年10月29日，在石狮市国际轻纺城举办"狮城之恋·缘满今生"第五届职工集体文明婚礼 （图/市总工会）

2018年7月24日，石狮市总工会、市劳动模范协会、市阳光太太志愿者协会、市老科技工作者协会、市妇幼保健院联合开展“关爱环卫工 致敬‘城市美容师’”义诊赠药活动

（图 / 市总工会）

助学金帮助71名困难职工子女入学。“冬送温暖”：在石狮市范围内集中开展困难职工入户走访核查建档工作，共发放约5.24万元补助金帮扶202名病困职工。

【女职工关爱活动】 2018年，石狮市新建鸿山镇职工活动中心、服装城和轻纺城、国网电力公司4家“妈妈小屋”（已建17家），为孕期及哺乳期女职工提供人性化服务；推动石狮市职工心理健康中心与石狮市妇幼保健院结为共建单位，定期开展女性心理健康疏导、职工心理健康咨询等活动；开展女职工“两癌”（即乳腺癌和宫颈癌）筛检、“中国女性宫颈健康促进计划——健康关爱大课堂”活动，加强对女职工的宫颈癌防治健康教育；组织女职工参加各类活动，如“三八”节在女职工中开展蛋糕DIY、插花茶艺、踏青拓展、趣味比赛和文艺会演等系列活动，开办瑜伽、柔力球、太极拳女职工培训班，培训女职工近200人次。2018年，石狮市1个集体获评福建省“五一巾帼标兵岗”，6个集体获评泉州市“女职工标兵岗”，1人获评福建省“五一巾帼标兵”，2人获评泉州市“五一巾帼标兵”，6人获评泉州市“女职工标兵”。

【工会工作法治化】 2018年，石狮市总工会加大法制宣传，开展11场《福建省工会劳动法律监督条例》宣传讲座，与相关职能单位联合开展《职业病防治法》宣传活动。加强法律维权队伍建设，继续采取购买法律服务模式聘请工会法律顾问，为职工提供法律咨询、普法宣传、法律援助等免费服务；成立劳动法律监督委员会，特聘6名劳动法律监督员，经常性地开展工会劳动法律监督活动；发展劳动关系协调员队伍，组织16名基层工会干部报名参加在线学习、线下辅导以及职业资格考试，利用其专长更好地从事基层劳动争议调处工作。加强三方联合接访活动，2018年泉州市三方联合接访暨安全生产月宣传活动在石狮市举行，相关职能部门开展职工法律咨询、免费义诊、心理健康、法治灯谜有奖竞猜等现场活动。

【网上“工会之家”建设】 2018年，石狮市总工会微信公众号“工会之家”设置会员服务、互动主题、工会卡三大功能模块，开设工会服务大厅，使与职工相关的工会医疗互助、困难补助、金秋助学、法律援助等服务项目实现网上办理。借助“工会之家”开展为环卫工人发起倡议、十九大有奖征文评选、条例答题送话费、心理服务体验送电影票等线上、线下活动。截至2018年12月底共推送工会信息69篇，阅读量75521，点赞数2411，留言529，关注粉丝数达32012名。

【弘扬劳模精神工匠精神】 2018年，石狮市总工会注重从基层和一线评选推荐劳模先进，“五一”国际劳动节期间共推荐评选各级劳模和先进典型27人次，其中获评全国、泉州市五一劳动奖章7人，福建省、泉州市劳动模范（先进工作者）17人，泉州工匠1人，另有1个家庭获评全国、省职工最美家庭。开展劳模服务管理工作，完成石狮市劳模协会第五届换届选举，组织21名劳模赴河南疗休养、及时发放退休劳模津贴等。依托新闻媒体以及工会网站、微信等平台加大宣传，用劳模精神、工匠精神引领产业工人。

【职工技术交流创新】 2018年，石狮市总工会开展“菜单式”选课培训。免费提供7种职业资格鉴定、6种智能制造类、4种染整服装类、4种安全生产类的“菜单式”职业培训服务，深化“送师资、送培训进企业”活动。

2018年，市总工会举办第八届产业职工技能大赛。围绕“实业项目落地年”活动，与石狮市人力资源和社会保障局联合举办闽南民间菜烹饪、服装缝制、公安民警警务、PCL编程、渔工织网等7大类职工岗位练兵、劳动竞赛，共有500多名专业技术人员参与技术比拼，7名优秀职工被授予“石狮市技术能手称号”。

2018年，市总工会扶持农民工创业。分别给予利民果蔬种植专业合作社、世源家庭农场、海龙海产品批发部、友和农业科技有限公司、锦青种植专业合作社5个泉州市农民工创业扶助工程项目各5万元经费补助，帮助农民工自主创业就业。

2018年，市总工会发起职工“五小”（五小：小革新、小发明、小改造、小设计、小建议）创新活动。在福建省总工会组织的2018年“五小”创新大赛中，石狮市8个职工创新项目获表彰。石狮市星火铝制品有限公司的《采用铝质电解沉积复合方法处理空间微生物的关键技术》项目获第十届国际发明展“发明创业奖·项目奖”金奖，鸿山热电有限公司李卫福劳模创新工作室被命名为“泉州市劳模创新工作室”。

2018年，石狮市开展以“落实全员安全责任，促进企业安全发展”为主题的2018年度“安康杯”竞赛活动，以镇（街道）为单位开展活动，对辖区内企业进行全覆盖。石狮市13家企业和3个班组被评为2017年度福建省“安康杯”竞赛先进单位（班组），1名职工被评为福建省“安康杯”竞赛优秀组织个人；16家企业和8个班组被评为2017年度泉州市“安康杯”竞赛优胜单位（班组），4家企业被评为2017年度泉州市“安康杯”竞赛优秀组织单位，9名职工被评为2017年度泉州市“安康杯”竞赛优秀组织个人。

2018年，石狮市总工会推动闽港职工技术交流工作，省、泉州市和石狮市总工会参访团于9月下旬赴港开展工会服务职工工作交流。

【“1+X”工会经费使用专项督查】2018年，石狮市总工会组成审计组对工会经费管理使用情况进行督查，实地核查9个镇（街道）总工会、高新区总工会及其机关工会和13个市直系统工会、14个市直单位机关工会2017年度的会计凭证、账簿、银行对账单、工会会员名册等有关工会财务会计资料，推动市直各系统工会对下属机关事业单位工会和国有企业工会进行专项督查。并举办工会财务与经审业务培训班，加强对基层工会经费使用管理及培训指导。

【基层工会组织】2018年，石狮市总工会贯彻福建省、泉州市总工会关于推进货车司机等群体集中入会的有关精神，开展“八大员”（物流货车司机、快递员、护工护理员、家政服务员、商场信息员、网约送餐员、房产中介员、保安员）建家入会集中行动，石狮市“八大员”所属行业共建会30家，发展会员近7000名，帮助“八大员”解决工作、生活难题，向他们提供更充分、更有效的服务。完成2018年石狮市128个村（社区）工会联合会换届工作，推动144家（公立20家，民办124家）幼儿园全部组建工会，组建率100%。

共青团石狮市委

【概况】2018年，共青团石狮市委主动融入中心工作，聚焦团青改革，大胆创新开拓工作，强化政治引领，推动青年社群建设，展现新时代石狮青年新作为，涌现一批先进单位和个人。2018年获泉州市级以上荣誉91个，其中省级以上荣誉15个，福建省鸿山热电有限责任公司发电部获“全国青年安全生产示范岗称号”，团市委委员、公安局团委书记蔡海炳获由港澳台湾慈善基金会主办的第13届2018“爱心奖”，团市委常委、蚶江镇团委书记许安安和闽南理工学院团委书记江艺敏2人获评“福建省优秀共青团干部”，作品《嫁妆莫炫·婚姻无价》获2018“广电网络杯”泉州市移风易俗新风公益微视频大赛优秀组织奖。2018年市共青团和青年工作共被各级媒体报道483次。其中，国家级媒体56次，省级媒体164次，泉州级媒体32次；其中头版94次。

【共青团改革实践】2018年3月，石狮团市委推进“团队衔接”工作，在厦门外国语学校石狮分校试点组织小学六年级、初中一年级表现突出的队员参加初中部学生社团活动，改变学生由少先队向共青团过渡阶段的“脱节”现象，使学生从被动的“离队”转变为积极的“入团”；3月22日，开展“走进青年、转变作风、改进工作”调研活动，与来自基层一线的团干、普通团员青年代表们就共青团工作进行交流。

2018年5月4日，召开共青团石狮市第八次代表大会，全市各条战线的200余名代表参加，会议选举产生新一届团委班子，团代表、委员会、常委会的基层一线比例分别为88.7%、52.7%、50%，委员会平均年龄29周岁，除书记、专职副书记外，其余5名常委均来自基层各类别。

2018年8月21日，召开共青团石狮市第八届委员会第二次全体（扩大）会议。会议传达习近平总书记“7·2”重要讲话精神，部署“村级团组织换届”“青年大学习”“青少年社工事务”等重点工作，对“2018年石狮市青年安全生产示范岗”进行表彰。

2018年9月7日，团市委召开共青团石狮市代表会议，选举产生石狮市出席泉州团代会代表36名。

2018年9月25日，团市委、建行石狮市分行联合召开石狮市“团费云”平台工作部署会议，石狮共青团“团费云”平台是以建行网站的悦生活云服务平台为载体，以银行实体团费专户为依托的团费线上缴交平台，这也是泉州市首个启动团费云平台的县市级单位。

【中学、少先队工作】2018年4月12—13日，石狮团市委举办2018年石狮市少先队辅导员培训班，市中小学少先队大队、中队辅导员共700余人参加；5月31日，团市委联合市少工委举办石狮市“你好，新时代”少先队活动课观摩研讨活动，市各校辅导员分享、交流动感中队创建情况，增强少先队中队活力，提升少先队工作有效覆盖面；10月11日，石狮团市委、市少工委联合开展“争做新时代好队员——庆祝中国少年先锋队建队69周年”活动；10月31日，举办石狮市第九届中学生辩论赛，16支初中代表队和6支高中代表队参赛，石光中学获初中组冠军，石狮一中获高中组冠军，中英文实验学校的林愉杉和石光中学的林洁分别获得初中组、高中组最佳辩手奖。

【服务党政中心】 2018年4月17—20日，石狮团市委主办2018年中国石狮国际时装周，由爱登堡男装、斯得雅男装、著名设计师周凤飞“述锦”领衔的15场专场和联合发布会及6场快闪秀，共计200名设计师作品展示，18个品牌参与发布，动用400多人次的模特。在“4·18”期间同步举行 “福建省十佳服装设计师评选”“石狮十佳服装设计师、优秀服装设计工作室评选”“石狮杯全国高校毕业生服装设计大赛”三场设计赛事。

2018年5月19日，团市委与石狮市文体旅游广电新闻出版局共同举办石狮青年健走42千米马拉松活动，800名石狮青年徒步42千米，穿越石狮18个文化旅游点。通过“旅游＋体育＋文化＋伴手礼”的形式，宣传推介石狮独特的海丝文化和旅游资源，提升石狮旅游知名度。

【共青团脱贫攻坚】 2018年3月4日，石狮团市委开展“学雷锋·我们在行动”义剪义卖活动，所得收入全部捐给泉州师范学院“助困圆梦基金”；10月26—27日，指导石狮青商会蚶江活动组在永春、德化开展“山海协作助力精准扶贫·关爱学子情暖贫困山区”主题活动，慰问40位困难群众、学生，送去价值7000元的石狮海产品及2万元慰问金；12月9日，开展以“衣份爱心，衣份温暖”山海协作青年志愿者暖冬行动为主题的助学助困公益活动，40多名青年志愿者前往永春达埔前峰小学，为贫困学生赠送暖冬衣物。

【青商会活动指导】 2018年1月6日，石狮青商会女商部第五所爱心图书馆在灵秀镇塔前小学落成。6月27日，青商会女商部第六所爱心图书馆在实验小学蚶江校区落成。截至2018年，已建立六所爱心图书馆，并于每年暑期举办“好书伴我成长”的读书征文比赛。截至2018年筹集7.7万册图书、40台电脑、80万册电子图书，近7000位学生受益。

2018年6月18日，石狮服装城举办2018石狮国际时装周 （图/团市委）

2018年1月14日，石狮市青年商会第四届理事大会、就职典礼暨“一带一路”华裔青商合作峰会举行，安通控股股份有限公司董事、总经理郭东圣当选第四届理事会会长。华裔青商组织联席会成立，并审议通过《华裔青商组织联席会议公约》。

2018年2月26日，青商会召开2018“产业人才·育苗工程”结对助学行动新春座，邀请结对青商与受助大学生们进行交流。并将“米兰计划·育苗工程”结对助学行动更名为“产业人才·育苗工程”结对助学行动，延续“保学业、保实习、保就业”的三大保障，拓宽帮扶学生条件，围绕“3+3”产业规划重新设置帮扶学生专业。

2018年7月6日，石狮青商会召开第四届理事会召开第二次会长联席会，会议上表决通过新入会理事名单并启动“石狮未来 青商责任”狮城杰出青商评选活动。

2018年9月27日上午，石狮团市委、石狮青商会共同举办“石狮未来 青商责任”优秀青商励志奖颁奖仪式，设置“创业开拓、实业传承、责任担当、创新发展”四种励志奖，评选一批优秀青年企业家。

2018年，团市委指导青商会举办四期“青商学苑”；1月15日组织海内外华裔青商参访卡宾集团；4月2日，组织参观厦门临家餐饮企业；8月20日，邀请清华大学社会学系教授孙立平讲授《中美贸易战背景下的经济转型》主题讲座，让石狮青年企业家明白如何自处，避免冷战陷阱，以实现经济转型；10月27日，邀请知名诗人、学者余世存以《智能生命时代背景下的创造与归宿》为题，分享了东西文化和全球智能时代生命的求索以及方向。

【青年就业创业引导】 2018年1月

26日，石狮团市委举办“青春同行·暖冬行动”2018石狮市“三下乡”新春集中开展服务活动，为蚶江村团员青年宣传青年创业金融服务及相关扶持措施；5月23日，举办企业人才政策解读宣讲会，近60名企业代表参加，进一步服务企业用好人才政策吸纳人才资源；8月19日，举办大学生人才沙龙活动，邀请人才领域专家为50多位返乡大学生、高三毕业生提供学业辅导、职业规划；12月，指导狮城青年创新创业孵化中心开展“最强创业大脑”知识竞赛，通过开发竞赛小程序，打造集“新媒体、影院、楼宇、户外”为一体的矩阵宣传，吸引7000多名用户参与挑战，合计总答题达44189次；微信图文上线2小时阅读量破万，累计增加粉丝数12351人；宣传视频投放爱奇艺、优酷、抖音等平台，累计播放次数37.7万次。

2018年，团市委指导狮城青年创新创业孵化中心举办5期“青年创新创业讲堂·青商开讲”的专题培训活动，邀请各行业资深企业家围绕“创新创业”主题，在结合自身的创业经验、创业故事等方面为创业青年进行课程分享，培训人数超300人次。

【城市文明新风倡导】 2018年1月7日，福建电视台播报石狮青商会“嫁妆莫炫·婚姻无价”新风行动；1月15日，中央电视台CCTV-1《焦点访谈》栏目报道石狮青商会推进移风易俗经验；2月11日，石狮市举行“文明出行·利家宜业”“青商杯”第六届全年无交通违法车辆（车主）抽奖活动，现场抽取幸运奖200名、三等奖40名、二等奖10名、一等奖1名。石狮市“青商杯”全年无交通违法车辆（车主）表彰奖励活动已连续举办五届。2013年石狮全市“全年无交通违法”车仅有3349辆，2018年增长至18620辆，6年来增长幅度达456%，比去年增长45%。6年来，“以奖促管·文明出行”逐渐成为石狮倡导文明出行的“代言词”。

2018年2月15日，团市委开展春运暖冬行动，组织志愿者到石狮服装城汽车站为即将返乡过年的新石狮人送温暖，共发放爱心早餐1000余份。

2018年8月16日，团市委指导石狮青商会举办文明新风动员大会，青年企业家30余人参会。

2018年5月19日，蚶江六胜塔公园石狮青年健走42千米马拉松活动启动
（图/团市委）

2018年9月，石狮市开展“寻找身边最美交通人”活动，吴鸿基、蔡加泽、林富榕、蔡秀省等13人分获最美交通文明践行者、最美交通文明推动者、最美交通文明宣传者、最美交通文明奉献者称号。

【青少年社会事务工作】 2018年11月2日，石狮市少年家青少年社工服务中心成立；11月11日，石狮市少年家青少年社工服务中心开展“全国消防日青少年安全自护教育”公益活动；12月4日，举办“为了明天—2018年青少年法制宣传周”宣传活动，推动全社会树立宪法意识。

【特殊青少年关爱帮扶】 2018年3月21日，石狮市成立未成年人保护联盟，建立未成年人权益保护及校园安全联席会议、信息通报等制度，多形式开展校园安全防范工作。

2018年3月25日，团市委举办“青少年儿童心理健康教育”专题沙龙，组织从事相关青少年儿童的教育工作者、法治工作者、青少年儿童家长等90余人参与；5月25日，团市委举办“我爱我”石狮市第四届中学校园心理情景剧大赛，来自石狮各中学的11支代表队、100余名学生“演员”参加比赛，通过自编自导自演、角色互换、内心独白等方式，反映和应对目前青少年普遍存在的心理问题；6月7日，石狮市青年志愿者协会开展国家防艾宣教项目，为石狮市部分娱乐场所的工作人员提供免费健康咨询检测等服务；6月9日，石狮市青年志愿者协会开展“缤纷六月·关爱福利院儿童”志愿服务活动，慰问婷婷福利院小朋友。

【青年社会服务体系】 2018年3月17日，石狮团市委在石狮“海丝三宝”六胜塔公园开展“古城护遗·绿色先行”2018年团青共建青年林主题植树节活动。截至2018年，石狮团市委连续四年组织基层团组织、市属小学在石狮高速公路稽征所和六胜塔公园种下620棵树苗。

2018年4月16—22日，团市委组织闽南理工学院、泉州海洋职业学院、泉州纺织服装职业学院、市青年志愿者协会共1500名志愿者为第四届中国（泉州）海上丝绸之路国际品牌博览会、2018中国石狮国际时装周暨第21届海峡两岸纺织服装博览会提供志愿服务。

2018年6月25日，团市委举办3场“青年大学习——石狮市‘12355’青春助跑·高考志愿填报”公益讲座，邀请福建省青少年研究会副秘书长、福建省共青团“12355”志愿专家团讲师陈建福为石狮各中学2000余名学生作高考志愿填报咨询、青年职业规划。

2018年7月8日，市青年志愿者协会开展“党员进社区敬老助老”志愿服务活动，慰问社区孤寡老人；7月29日—8月11日，市青年志愿者协会选拔培训80余名学生为“国际军事比赛——2018”提供志愿服务；10月17日，市青年志愿者协会开展“爱在重阳·敬老爱老——2018年重阳节走进慈爱老人院”志愿服务活动；12月5日，团市委举办《志愿服务条例》实施一周年暨纪念“12·5”国际志愿者日宣传活动，为优秀志愿者和优秀志愿服务组织、优秀志愿服务项目授牌；12月8日，举办石狮青年公益讲堂—幸福家长成长讲堂《如何启发孩子爱上学习》。

【基层组织建设】 2018年6月27日，石狮团市委举办2018年石狮市级青年文明号培训班；7月19日，石狮市举办“青年说”第一期之“悦读·悦分享”读书分享会；9月6日，举办“青年说”第二期之“缓解压力，释放自我”主题心理沙龙活动，活动邀请团中央心理健康辅导员林成副主任授课；11月29日，举办石狮市“青年说”第三期之“我身边的朗读者”主题沙龙活动；12月26日，石狮市青年志愿者协会党支部“七彩党建工作法”在“2018年石狮市非公有制企业和社会组织特色党建创建项目评选”中获二等奖。

【加强青少年教育引导】 2018年6月，石狮团市委深入开展“青年大学习”行动，动员全市各级团组织、青年组织和全体青年广泛参与。厦外石分团委召开学习习近平总书记考察北京大学重要讲话精神座谈会，举行“与书记面对面·听书记上团课”活动；石狮一中团委开展以“学习周恩来精神，争当新时代青年”为“青年大学习”主题的纪念周恩来诞辰120周年图片展；石狮二中团委以“青春喜迎十九大·青春建功新石狮”为主题举办“青年说”学习分享会；中英文实验学校团委举行纪念五四运动99周年暨新团员入团宣誓仪式，举办“学习总书记讲话，做合格共青团员”教育实践暨新团员培训会；市第二实验幼儿园团支部开展“聚青春正能量，展青年新风采”五四青年节主题登山活动及“重温五四精神”团员学习活动；石狮鹏山工贸学校团委以“职教改革四十年，产教融合育工匠”为主题，为社区居民提供创意设计、烹饪制作、汽车组装维修、美容美发专业、网店基础知识等服务。

2018年8月，石狮市青年志愿者协会举办第十三届返乡大学生、高三毕业生暑期志愿服务体验营，100余名返乡大学生、高三毕业生在活动中体验形式多样的志愿服务项目。10月29日，团市委举办“青年有信仰 奋斗新时代”主题演讲比赛，宣传系统团委陈鑫磊、石光中学团委杨羽翔分获青年组和青少年组特等奖。

【青少年交流活动】 2018年1月25日，“探寻文化遗产·品味刺桐古城”第四届两岸高校大学生记者挑战赛在石狮举行，来自台湾20余所高校的48名大学生和来自中国人民大学等10余所内地高校的26名大学生参赛；5月22日，福建省东盟官员暨国际友城联络员研修班参观由青商会负责运营的“国家级众创空间”“全国青年创业示范园区”石狮狮城青年创新创业孵化中心；6月15日，举办石狮市第十届海峡两岸青年辩论赛总决赛，石狮队获得冠军，台湾代表队江运泽获最佳辩手，来自石狮市人民法院的郭鹏珍、石狮市公安局刑事侦查大队的杨惠玲等18人获得选拔赛“优秀辩手”；6月14日，台中国际青年商会会长、萨加玛奇克创艺学院教学主任陈怡静一行近30名台中青年来石交流座谈；7月29日，石狮市旅港同乡会青年委员会“一带一路，家乡行”访问团团长李聪颖一行来石狮交流座谈，9月3日，南平团市委书记谷国海一行带领南平市青年企业家来石开展交流活动，与石狮青年企业家就社会组织的管理和创业瓶颈等问题进行深入交流。

石狮市妇女联合会

【概况】 2018年，石狮市妇女联合会坚持围绕中心、服务大局，立足本职、服务妇女，推进妇联改革工作，拓展“巾帼建功”“巾帼文明岗”等工作品牌，创建1个全国巾帼文明岗，省、泉州市级文明岗8个、石狮市级岗5个；组织3个文明岗、2名企业家与农村结对。2个单位获泉州市三八红旗集体称号，3人获泉州市三八红旗手称号。加强家庭文明建设，2个家庭获评全国“最美家庭”，1个家庭获评全国“五好家庭”，11户获评省、泉州“最美”和“五好”家庭。

【推进妇联改革工作】 2018年，市妇联换届，基层代表比例扩大，配备1名挂职副主席、2名兼职副主席，分别来自党政战线、两新组织、高级院校3个领域，通过制定代表大会、执委会议事规则（试行），明确职责分工。

2018 年 6 月 5 日，全国妇联主席沈跃跃、全国妇联书记处书记邓丽走访调研宝盖镇妇联咱厝边家庭服务中心
（图 / 市妇联）

2018 年，市妇联深化乡镇妇联组织区域化建设和“会改联”工作，壮大基层组织，妇干队伍结构更优化。在宝盖镇、凤里街道建立“咱厝边家庭服务中心”，试点“138”（依托“1”个服务中心，发挥妇工、社工、志愿者“3”支队伍作用，为辖区的妇女儿童提供维权、亲子教育、心理辅导、婚恋、家风家训、家庭关爱、创业就业、小型公益创投服务等“8”方面的家庭服务 ）乡镇妇联区域化工作模式，常态化开展家庭服务，有效破解基层妇联的“四缺”（“四缺”：缺编制、缺经费、缺办公场所、缺工作人员）问题。2018 年，将女性进村（社区）两委工作列入石狮市村（居）委会换届选举工作方案中，全市 128 个村（社区）两委班子 100% 配备女性成员。连续两年拨付各镇（街道）妇联工作经费每年 10 万元；建立离任妇代会主任（社区妇联主席）养老补助制，连续两年对 146 名符合条件对象补助 12.5 万元。

2018 年，市妇联加强基层组织建设，拓展“N+1”（“园区 + 妇女之家”“商会（协会）+ 妇女之家”“龙头企业 + 妇女之家”等非公企业和新经济组织妇女之家示范创建工作模式）组织形式，截至 2018 年，全市建立“两新”组织妇女之家 63 家。建立首个妇联石狮市祥芝美丽海岸志愿者协会妇联，指导国有资产管理中心、农商行等单位成立妇联，实现妇女组织多领域覆盖。

【拓展巾帼建功领域】 2018 年，市妇联拓展“巾帼建功”“巾帼文明岗”等工作品牌，引导各行业妇女提升职业素养、创造一流业绩。新创建 1 个全国巾帼文明岗，省、泉州市级文明岗 8 个、石狮市级岗 5 个；组织 3 个文明岗、2 名企业家与农村结对；“三八”节期间举行“不忘初心 芳华绽放”狮城创业女性分享会；举办城乡妇女培训班 17 期 469 人次；依托巾帼众创空间组织创业培训，联合农商行推广“巧妇贷”妇女创业贷款项目，2018 年帮助 345 名创业妇女办理贷 3684.75 万元；开展“促进纺织企业社会责任和性别平等”项目系列培训；联合人社局等部门举办“春风行动”女生招聘会、校园招聘会等活动，提供 1590 个工作岗位；开展“三八红旗手（集体）”推荐评选活动。2018 年，永宁镇妇联、湖滨中心幼儿园获“泉州市三八红旗集体”称号；林伊莎、蔡娃娃、施少芳等 3 位同志获“泉州市三八红旗手”称号，郑雪英、吴秋红获“泉州市优秀女企业家”称号。

【创新维权服务方式】 2018 年，市妇联持续推进石狮市“妇女援助中心”项目建设及日常接访工作，办结来电来访 133 个，参与法院家事纠纷调解

2018 年 3 月 6 日，石狮市举行纪念“三八”国际妇女节 108 周年暨“不忘初心 芳华绽放”狮城创业女性分享会
（图 / 市妇联）

28个，完成法律援助48件，心理咨询性个案58个，深度个案2个，团辅12场，帮助申请人身安全保护令5张，每月开展法律宣传维权、心理健康关爱、婚姻家庭建设等大型服务活动。联合市人民检察院、市公安局、市教育局等12家单位共同组建石狮市未成年人保护联盟，举办“青春成长法护航”大型心理团辅、“护卫春蕾”专题行动，对受性侵女童及其他困境女童进行深度心理辅导、物质资助、定期家访。深化“建设法治石狮巾帼行动”，利用“三八”维权月、“6·26”国际禁毒日、“国际反家庭暴力日”等时间节点宣传《妇女权益保障法》和《反家庭暴力法》等法律。组织“反对家暴我引领　移风易俗促文明”为主题的公益骑行活动，开展禁毒宣传活动，举办禁毒晚会，走访慰问戒毒康复人员，深化“不让毒品进我家”活动。开展普法讲座、法治文化活动、现场咨询及模拟法庭等活动292场次，发放宣传资料4万余份，解答咨询人数1.2万多人次。

【深化家庭文明建设】　2018年，石狮市各级妇联通过“晒议讲展秀”等方式开展“最美家庭”“五好家庭”寻找命名活动，评选市级文明家庭86户，其中2个家庭获评全国“最美家庭”，1个家庭获评全国“五好家庭”，11户获评省、泉州“最美”和“五好”家庭；推动培育四端堂家风家训基地，举办“幸福·有你”家庭主题摄影展、“学传统文化　树良好家风”儿童公益培训班、“品味书香”亲子阅读活动、“爱的密码”婚姻家庭大讲堂、“构筑和谐家庭·传承家+孝文化”敬老月等主题实践活动，引导家庭成员建设好家庭、培育好家风。2018年，全省妇联系统家庭能力建设研修班在石狮举办。市妇联“故事妈妈志愿者”服务共吸纳100多名志愿者，深入社区、学校、企业、儿童之家、家训家风展示点、特殊儿童机构开展“为星护航　你我同行”儿童家长团体解压沙龙、“欢乐童心·携梦启航”亲子阅读志愿服务活动。举办家庭教育指导服务队伍培训班，依托妇女之家、中小学家长学校等阵地，开展131场“家教进万家”活动，服务3万多个家庭。新建1个儿童感统训练指导中心，新增8家泉州级家庭教育示范单位，6所学校的家长学校被授予“泉州市示范家长学校学校”，凤里街道仁里社区被授予“泉州市家庭教育工作示范基地”。

【关爱弱势群体】　2018年，市妇联开展关爱贫困母亲、流动留守儿童、两癌贫困母亲、春蕾助学等妇联品牌关爱公益活动，加大帮扶力度。“母亲健康1+1公益募捐”活动累计筹集爱心善款120万余元，救助150多位“两癌”贫困妇女；联合国寿公司开展关爱女性健康行动，3214名女性参保，部分镇村为1700名女性出资投保、补贴参保；组织“妇女儿童爱心基金—关爱贫困单亲母亲行动”，累计发放30万元帮助60名贫困单亲母亲；举办“我们和留守流动儿童在一起”活动，招募40名“爱心妈妈”与长福实验小学留守流动儿童牵手结对，2018年有407名“爱心妈妈”结对帮扶流动留守儿童；持续开展“冬日暖阳”活动，2018年走访慰问265名困境妇女儿童。

【推动两纲实施项目】　2018年，市妇联推动城乡妇女“两癌”筛查纳入为民办实事项目，投入256万元推动项目实施。截至2018年，在社区、村、学校建44家“儿童之家”，其中6个为泉州级市范点，为广大儿童提供成长关怀、课外辅导、困境关爱等公益性服务。做好“两纲”（《中国妇女发展纲要》《中国儿童发展纲要》）指标监测统计数据的收集、分析、汇总上报，全市两纲量化指标98个，其中提前达标64个，预期可达标的22个，总体发展趋势良好，2018年7月，石狮市两纲工作代表泉州接受省妇儿工委办督查调研受到高度肯定。

石狮市科学技术协会

【概况】　2018年，石狮市科学技术协会拥有9个镇（街道）基层科协、21个市级学会（协会、研究会）、11个院士（专家）工作站、45个企业科协、14个学校科协等科技团体，会员达2万余人。2018年，石狮市“全国科普日”活动获中国科协动优秀组织单位、优秀活动项目“双优秀”表彰，4项科普活动获省科协表彰，科协工作位列泉州绩效第一。

【院士专家工作站建设】　2018年，石狮市新建成2家省级院士工作站，市科协促成石狮市医院与中国工程院孙颖浩院士团队合作，对接项目是“泌尿系疾病诊疗新技术的应用”；促成石狮市森科智能科技有限公司与中国工程院陈纯院士团队合作，对接项目是“智能门店系统研发”和“基于图像的零件缺陷自动检测系统研发”；指导石狮展耀纺织科技有限公司院士工作站、石狮市富华织造有限责任公司专家工作站、福建广汇龙环保科技有限公司专家工作站、石狮海星食品有限公司专家工作站通过泉州市院士专家服务管理办公室中期考核；调研走访石狮市多家有条件建站的企业或单位，加强政策引导。

【创新助力工程】　2018年4月24日，市科协邀请泉州南京大学环保产业研究院常务副院长胡大波一行，与环保局局长、供水公司总工程师洽谈技术项目对接合作，实地考察绿源污水处理厂，双方达成初步合作意向；6月14日，以“智能纺织·融合创新”为主题的海峡两岸

2018 年 10 月 13 日，石狮市医院院士工作站揭牌仪式（图 / 市科协）

智能纺织品及服饰设计发展研讨会在石狮举行；邀请专家授课，开展市企业科技信息应用工程师培训班。

2018 年，石狮市科协不断提高人才智力。组织开展各类学术交流活动，如组织学会服务站和市级学会（协会）开展联企科技服务，如市医学影像学会举办第三届海峡乳腺影像论坛，中纺联学会服务站开展新产品标准暨科技信息应用宣贯会、海峡两岸纺织科技合作座谈会、国内外纺织环保要求及功能印染技术研讨会、海峡两岸服饰设计沙龙、海峡两岸专利对接座谈会；老科协开展科普报告巡回讲座、义诊、科普宣传活动 12 场次；科普工作者协会开展科普公益活动进校园等各类公益活动 10 场次，农技协开展农业安全生产宣传咨询暨应急处置演练活动、食用农产品产地准出培训等活动 5 场次；心理学会开展青少年儿童心理健康教育专题沙龙、催眠在人际关系中的应用专题讲座 15 场次；中医药学会开设“留章杰针灸”培训班、义诊赠药等。推荐市医院侯国富、中纺联蔡涛受聘泉州市首批刺桐科学传播学者；成立石狮市科技专家服务团，遴选 20 位各领域各行业的科技专家，聘任为科技专家服务团成员，推进石狮市公民科学素质建设。

【科普惠民服务】 2018 年持续打造科普活动品牌，举办“科技三下乡”“科技活动周”“全国科普日”“全国科技工作者日”“科普馆主题活动”等科普活动，开展专家咨询、科普讲座、科普展览、政策宣传、机器人展演、慰问病困科技工作者、专家工作站揭牌仪式、科普晚会、广场集中服务、青少年科技创新大赛等。在全市 128 个村（社区）设立科普宣传栏，定期更新科普挂图；与石狮日报社联合开通“石狮科普”专栏，每周发布两期；与石狮市电视台联合开展“全国科技工作者日”专题节目，选树 6 名优秀科技工作者进行典型事迹宣传；公众微信号“科普石狮”每周二、五更新宣传内容；印发《新编科普知识读本》《悦说科普》《科学健身十八法》共计 7000 册。

2018 年，石狮市加强科普基础工程建设，新增省级科普示范 e 站 2 个，省级青少年科学工作室示范点 1 个，泉州市级基层科普场馆建设项目 4 个，认定 10 个首批石狮市科普教育基地，奖补资金 30 万元，与市农办联合认定 11 个首批石狮市科普示范村，奖补资金 66 万元。

2018 年 9 月 22—23 日，举办“创新 • 体验 • 成长”2018 年石狮市青少年科技创新大赛。首次设立公开展览和封闭答辩环节，共收到来自全市 63 所中小学校的 345 项青少年科技创新成果，其中有 117 项进入复赛，在参赛项目和人数规模上创历届大赛历史新高。

2018 年 9 月 22—23 日，举办 2018 年石狮市青少年科技创新大赛，图为比赛封闭答问辩环节（图 / 市科协）

【科协改革】 2018年8月8日，石狮市科学技术协会第四次代表大会召开，推荐产生代表178名，选举产生委员60名，基层一线科技工作者在市科协代表大会代表的比例为88.2%，在全体委员中的比例为78.69%，45岁以下青年科技工作者在市科协代表大会中的比例为71.35%。

2018年，石狮市率先完成“三长制”试点市级工作，7月23日，石狮被确定为福建省全面推行“三长制”试点地区，相关改革经验得到中国科协肯定，并被作为典型经验推广。

石狮市工商业联合会

【概况】 2018年，石狮市工商业联合会紧扣“两个健康”主题，理清发展思路，服务民营经济发展大局，服务会员，指导及鼓励在石狮投资发展的新石狮人、在外投资发展的石狮人组建异地商会；在基层商会建立人民调解委员会，发挥商会作用，服务商事调解；加强招商引资、企业服务等工作，履行好工商联职责。2018年，石狮市工商业联合会被省工商联评为全省“五好”县级工商联。

【组织建设】 2018年，石狮市工商联召开执委会，增补副会长5人、常委7人、执委18人、副秘书长2人。指导及鼓励在石狮投资发展的新石狮人、在外投资发展的石狮人组建异地商会，成立石狮市江西都昌商会。组织石狮市染整同业公会、石狮市金银珠宝首饰行业协会、石狮市漳州商会等商会做好换届工作。

【会员服务】 2018年，石狮市工商联与司法局协作，在石狮市莆田商会、石狮市漳州商会等7家在石异地商会及锦尚商会等3家基层商会建立人民调解委员会，发挥商会作用，服务商事调解。组织企业家和商事调解员参与泉州工商联和泉州市中院联合开展企业观摩庭审和司法答疑会，注重知识产权等守法诚信方面法律宣传。

【企业服务】 2018年，市工商联（总商会）举办三期“创新转型、实业强市”大讲堂。2018年，与多部门联合举办以“纺织瑕疵智能检测技术”“品读新思想 寻找新商机 下一个风口：社交电商”等主题的沙龙活动28次。

【参政议政】 2018年，石狮市工商联会同市法院、市经济局、市金融局、市人社局等部门组成联合调研组，深入石狮市莆田商会、石狮市南平商会、石狮市安溪商会等在石异地商会开展调研，形成呈阅件《来自在石异地商会的呼声》呈报市委市政府，转发有关部门，并将部门回复反馈给各在石异地商会；会同市国有资产管理中心实地走访调研，听取企业对产业发展的意见和建议，为市委市政府制定惠企政策提供有效依据。

【招商引资】 2018年，石狮市工商联（总商会）走访厦门石狮商会、北京石狮企业商会、泰国石狮商会，引导驻外商会带领会员企业回归创业；市工商联与服装轻纺名城运营公司赴哈尔滨、西柳、石家庄、白沟、北京服装辅料市场开展招商活动，引导当地泉商回归创业。

【交流联谊】 2018年，石狮市工商联（总商会）分别与新疆奇台县工商联、哈尔滨市南岗区工商联、辽宁省海城市工商联、石家庄市新华区工商联、三明市沙县工商联、江西省都昌县工商联缔结友好商会，强化两地商会间的交流合作；接待新疆昌吉州奇台县工商联商务考察团考察石狮服装企业；接待三明市沙县工商联考察组参访市高新区优秀企业；参与接待陕西省委统战部、工商联考察团调研石狮市非公有制经济。

【精准扶贫】 2018年，市工商联新增6个帮扶结对村。市工商联带领石狮市总商会、石狮市灵秀商会、食品流通协会、金银珠宝首饰协会、布业同业公会、福建宜德置业有限公司、深入永春县东关镇东华社区、介福乡福东村、龙津村、紫美村，外山乡乾溪村、福溪村

2018年8月30日，在石狮兴业银行八楼私人银行中心举行“品读新思想 寻找新商机 下一个风口：社交电商”主题沙龙活动 （图/市工商联）

等6个村（社区）开展“百企帮百村”精准扶贫对口帮扶活动。

石狮市归国华侨联合会

【概况】 2018年，石狮市实现侨联组织全覆盖，共有市、镇（街道）、村三级侨联组织138个。其中，9个镇（街道）侨联，10个村级侨联会，119个村侨联小组，181名专职侨联工作者。2018年有8家侨联组织获得省级“侨胞之家”称号。

【加强侨联组织建设】 2018年4月26日，召开石狮市侨联第六届委员会第二次会议，董立新任市侨联第六届委员会主席；8月29日至9月1日，第十次全国归侨侨眷代表大会在北京召开，石狮乡贤卢文端当选为中国侨联副主席，佘德聪、姚志胜等2位乡贤当选为中国侨联第十届常务委员，许薇薇、董立新等2位当选为中国侨联委员，石狮乡贤林玉燕担任中国侨联海外顾问，许荣茂担任中国侨联港澳顾问，蔡志河、洪及祥、李青松担任中国侨联海外委员。市侨联名誉主席、永宁镇侨联主席洪全克获“全国归侨侨眷先进个人”称号。

2018年，推动蚶江镇侨联、锦尚镇侨联完成换届工作，指导宝盖镇仑后村侨联小组升格成立侨联会，推动基层侨联组织建设；以争创省级“侨胞之家”示范点为契机，推进市侨联、凤里街道侨联、永宁镇侨联、灵狮村侨联会、大仑村侨联会、玉湖社区侨联会、下宅村侨联会等7家“侨胞之家”建设。

【服务经济】 2018年，市侨联以《石狮侨报》为载体，开设19期石狮侨界“推进‘一带一路’系列报道”专栏，对“一带一路”沿线的石狮籍侨亲进行采访和宣传；通过“请进来”和“走出去”，开展侨商经济文化交流，协助寻找商机；借助同乡联谊会等海外社团平台，协助联络、采访海外乡贤、侨商，为企业牵线搭桥，寻找合作空间，服务侨商经济发展。

【海外联谊交流】 2018年，市侨联利用春节、清明节等节假日海外侨亲返乡期间，协助举办联谊会、座谈会等活动，全年参与接待泰国石狮同乡总会、菲律宾石狮同乡总会、世界福建青年联会菲律宾分会等海外社团20多个团组，1000多人次。2018年，对菲律宾石狮同乡总会、泰国石狮同乡总会、菲律宾祥芝镇同乡总会等30多个海外社团的成立、换届，通过参加庆典、发送贺电等形式开展海外联谊，加强与海外社团的交流；承办石狮市海外联谊会第二届理事会大会，做好恳亲大会的组织邀请和接待工作，凝聚侨界力量。

2018年，市侨联开展华侨华人新生代工作。参与“第25届菲华夏令营活动；”推动镇（街道）侨联参与组织镇级、村级海外境外夏令营，大仑旅菲青少年参访团等到石狮开展交流参观学习。

2018年，牵头主办第五届“中华情·少年梦”海内外中华青少年儿童文化交流公益活动，海外菲律宾、新加坡、泰国等6个国家参与，共收到海内外中华青少年儿童24606件诗文书画作品投稿，其中海外投稿7966件，增进侨二代、新生代侨对祖国的认同感和自豪感。11月12日，该活动历届获奖学生书画代表作品展暨中华文化交流公益讲座在中国香港福建中学举办，活动被收录为中国香港特别行政区庆祝国家改革开放40周年活动项目。12月14日，在厦门外国语石狮分校举行第五届“中华情·少年梦”海内外中华青少年儿童文化交流公益活动表彰颁奖典礼。

【维护侨益和参政议政】 2018年11月30日，制定《石狮市侨联副主席（兼职）联系服务基层侨联工作制度（试行）》《石狮市侨联副主席（兼职）履职规范（试行）》《石狮市侨联委员管理规定（试行）》等制度，引导委员积极参政议政、为侨服务，依法维护侨益，促进侨联队伍更好履职尽责。

【精准扶贫】 2018年，市侨联建立困难归侨侨眷数据库，走访慰问全市全部26位贫困归侨侨眷，组织发放补助金、慰问金7.95万元，开展帮扶工作；启用海外华侨捐资的20万元专项扶贫资金，建设“光伏发电”项目，在10月完工并网发电，项目收益全部用于困难归侨侨眷帮扶工作；组织发动全市基层侨联和侨联委员捐款，对口帮扶政和县、延平区侨联。

【寻根服务】 10月29日，召开全市侨情与港澳乡情普查会，印发《中共石狮市委统战部、石狮市侨台外事局、石狮市归国华侨联合会关于印发〈石狮市侨情与港澳乡情普查工作方案〉的通知》，全面开展侨情与港澳乡情普查工作；开展普查培训，制作《侨情普查宣传单》，发送普查宣传短信10万条等，通过普查，为侨修谱，建立侨情信息数据库，完善南洋华裔族群寻根谒祖综合服务平台项目建设。

【石狮华侨故事】 自2018年7月9日起，在《石狮侨报—闽南故事专版》开辟石狮华侨故事和华侨故居专栏，讲述石狮华侨故事，宣传华侨文化；积极推动保护华侨古街、古巷、古厝、“番仔楼”，留住海外乡亲的乡愁。

石狮市文学艺术界联合会

【概况】 2018年，石狮市文学艺术界联合会下辖14个团体会员单位、5个文艺管理单位。2018年5月28日，市文联召开石狮市文学艺术界联合会第三次代表大会，围绕繁荣全市文学艺术事业为中心，服务全市工作大局，充分发挥文联组织、联络、协调、服务的职能，推动文艺大发展大繁荣。

【文艺作品创作】 2018年，出版《石狮文艺》6期、石狮文联丛书之《石狮收藏》、李岩生长篇小说处女作《亲亲一吻误终身》、洪亚怀个人专集《半生弘一梦、风流白衣侠》；石狮市诗词学会组织创作《石狮赋》，并由22位知名书法家书写手卷；石狮市诗词学会何子晖诗作十八首，施性山诗作二十二首入辑《泉州诗词特辑—美丽中国行—东北、台湾、云南采风诗词选》。

【文艺活动开展】 2018年1月，石狮市灯谜协会举办第5届石狮籍在校大学生灯谜联谊赛；1月21日，石狮市舞蹈家协会举办“石狮市舞蹈家协会年会”；1月28日，石狮市国际标准舞协会举行“一起跳舞吧”主题少儿国标舞专场汇演；2月，石狮市收藏家协会举行新春座谈会，石狮市美术家协会在石狮文联大厦举办“学习十九大，共圆中国梦”——石狮市美术作品展，石狮市曲艺家协会在虎岫寺举办全市什音会唱，石狮市灯谜协会举办石狮市新春灯谜会，石狮市舞蹈家协会组织参加上山漳平石狮知情联谊会“2018新春团拜会暨联谊会成立三十周年庆典”；3月3日，石狮市作家协会举办“重走海丝 品味古城 研讨作品”文学系列活动，石狮市作家协会召开高寒长篇小说《海风拂面》作品研讨会，石狮市舞蹈家协会组织参加石狮侨中促进教育会活动；3月4日，石狮市灯谜协会举办石狮市第九届巾帼灯谜邀请赛及石狮市第六届家庭谜会等系列活动；3月8日，石狮市曲艺家协会组织参加宝源社区举办的纪念国际妇女节纪念活动；3月17日，石狮市作家协会开展“梦回海丝·书写狮城”采风活动；3月18日，石狮市楹联研究会组织到姑嫂塔开展采风活动；3月21日，石狮市舞蹈家协会举办“悦动新时代 逐梦新灵秀”“十九大精神进万家”主题文艺巡演；4月1日，石狮市灯谜协会举办石狮市税收宣传月专题灯谜展猜；4月27日，由石狮市文联、永春县文联主办，石狮市书协、永春县书协承办石狮·永春书法精品联展；5月1日，石狮市国际标准舞协会举行“跳耀石狮城 舞炫新时代”年会主题会演活动；5月4日，石狮市南音艺术家协会组织泉州市级曲协会员参加泉州市第三次会员代表大会暨“丹桂飘香刺桐城”南音大会唱；5月11—15日，石狮市灯谜协会组队参加陕西宝鸡市宝鸡灯谜学会成立三十周年庆典；5月19日，石狮市国际标准舞协会组队参加比赛福建省国标舞公开赛；5月21日，石狮市书法家协会、贵溪市书法家协会开展江西省书协培训中心贵溪高研班石狮采风活动；6月8日，石狮市南音艺术家协会与文化馆举办2018年中国“文化和自然遗产日”刺桐古韵泉州南音音乐会；6月17—20日，石狮市灯谜协会在蚶江镇举办“海丝杯”第五届中华灯谜文化节暨石狮第七届中华灯谜艺术节；6月19日，石狮市舞蹈家协会组织参加“海丝杯”第五届中华灯谜文化节暨石狮第七届中华灯谜艺术节闭幕颁奖晚会；6月21日，石狮市书法家协会组织参加闽派七零七子走进东山书法精品展；6月21日，石狮市国际标准舞协会组织与三明交谊舞爱好者开展交流活动；6月21日，石狮市音乐家协会和石狮市中共党史协会联合举办“唱红歌 颂党恩”——纪念中国共产党建党97周年的纪念活动；6月27日，石狮市舞蹈家协会举办“不忘初心 舞动狮城”庆祝石狮市建市30周年优秀街舞精品展，并策划指导7月1日石狮市读书节启动仪式文艺活动；6月28日，石狮市南音艺术家协会举办“石狮市第十届渔民文化节暨第十四届社团南音大会唱”，并与澳门南音签订联谊协议；6月29日，石狮市曲艺家协会组织参加市老年大学2018年春季闭校式，并获二等奖；6月29日，石狮市南音艺术家协会组织参加泉州市第四届会员代表大会暨“千秋弦管奏新声”南音大会唱；6月30日，石狮市作家协会举办李岩生长篇小说《亲亲一吻误终身》作品研讨会；7月，石狮市美术协会蔡东红主席当选为福建省美术家协会理事；7月1日，石狮市国际标准舞协会在石光中学举行“领舞时代 继续前进”国际标准舞·体育舞蹈专场展演；7月2日，石狮市作家协会在石狮市万祥图书馆举办台湾诗人、美国耶鲁大学教授郑愁予的文坛讲座《乡愁——与醒狮共吼》，并开展座谈会；7月13日，石狮市南音艺术家协会与市文体旅游广电新闻出版局、市教育局举办石狮市第十五届中小学南音演唱（奏）活动；7月29日至8月11日，石狮市书法家协会组织参加由石狮市人民政府主办的书法进军营——2018年国际军事比赛；8月，石狮市收藏家协会组织参加福建省“红色收藏”在泉州市收藏家协会组织的活动；8月3日，石狮市曲艺家协会组织参加泉州市电视台举办的春晚选拔赛；8月8日，石狮市国际标准舞协会组织参加市政府在人民广场举办的“同圆健康梦想 共建和谐石狮”“全民健身日”体育健身展示活动；8月20日，石狮市国际标准舞协会主办“冠军之路”体育舞蹈进校园教学成果展演；8月22日，石狮市灯谜协会举办第6届石狮籍在校大学生灯谜联谊赛；8月25—27日，石狮市灯谜协会组队参加“金门杯”两岸灯谜邀请赛；9月18日，石狮市楹联研究会举办纪念改革开放40周年暨石狮建市30周年“海丝情韵”蔡长泰楹联诗词书法作品展；9月20日，石狮市文联、市委文明办举办2018年度泉州市“道德模范故事汇”基层巡演石狮专场活动；9月24日，石狮市南音艺术家协会组团参加泉州市“洛阳桥畔望明月”中秋南音大会唱；9月26日，石狮市书法家协会组织参加由福建省书法家协会、龙岩市文联、中共漳平市委宣传部主办的闽派七零七子走进漳平书法精品展；9月28日，石狮市收藏家协会组织参加莆田市收藏家协会换届活动；9月29日，石狮市音乐家协会组织参加“新石狮　奋进新时代”——世界同乡联谊会文艺汇报演出；9月30日，石狮市曲艺家协会组织参加永宁文化节；9月30日，石狮市舞蹈家协会承办石狮市建市30周年文艺晚会；10月，石狮市收藏家协会组织会员参加泉州市收藏家协会组织联谊庆祝活动；10月1日，石狮市国际标准舞协会举行“欢度国庆”专场演出；10月2日，石狮市灯谜协会在永宁镇举办石狮市第二十届（永宁）侨乡谜会；10月2日，石狮市灯谜协会组织到惠安县参加“文笔峰杯”福建省谜友联谊活动，获多个个人奖项；10月10日，石狮市曲艺家协会组织参加玉湖豆腐文化节；10月12日，石狮市曲艺家协会组织参加第十三届石狮市老人艺术节开幕式；10月16日，石狮市国际标准舞协会组织参加石狮市第八届运动会开幕式“新石狮　奋斗新时代”开场舞演出；10月16日至18日，石狮市南音艺术家协会组团参加澳门妈祖文化旅游活动节南音踩街交流活动；10月18日，石狮市委宣传部、市文联主办，石狮市舞蹈家协会、石狮市音乐家协会、石狮市国际标准舞协会承办“践行新思想　奋进新时代”第十六届广场艺术节文艺晚会；10月19日，石狮市收藏家协会参加“认得天下”1979—2018年工艺福建国家大师传承展；10月20日，石狮市曲艺家协会组织参加宝源社区老人节祝寿活动；10月23日至11月10日，石狮市文联与石狮市委政法委、市法院、市检察院、市公安局、市司法局举办学习新思想2018政法系统“平安石狮·瞬间”——优秀摄影作品展；10月24日至11月12日期间，石狮市委宣传部、市文联主办，石狮市舞蹈家协会、石狮市音乐家协会、石狮市国际标准舞承办“践行新思想　奋进新时代”第十六届广场艺术节文艺晚会凤里专场、鸿山专场、锦尚专场、祥芝专场、灵秀专场、宝盖专场、蚶江专场、永宁专场、湖滨专场；10月26—28日，石狮市作家协会到长汀开展红色采风活动；10月27日，石狮市灯谜协会在市文化馆举办“活力非遗”闽粤四地（澄海、漳州、晋江、石狮）灯谜邀请赛；10月30日，石狮市文联举办“习近平新时代中国特色社会主义思想”宣讲活动；11月4日，石狮市舞蹈家协会举办2018海峡两岸青少年街舞大赛泉州赛区选拔赛；11月14日，石狮市音乐家协会组织参加泉州青年歌手电视大赛；11月16日，石狮市音乐家协会和香港心声合唱团进行艺术交流文艺晚会；11月24日，石狮市文联、石狮市作家协会邀请福建省文联、省作协主席杨少衡光临石狮，举办“讲好我们的故事”文学讲座；11月28日，石狮市音乐家协会组织参加泉州电视台和石狮市委宣传部组织的“唱响新时代　再创新辉煌”2018泉州市原创歌曲展演活动；12月，石狮市美术家协会组织参加泉州市纪委监委举办书画名家笔会活动、石狮市舞蹈家协会参加“扫黑除恶　平安石狮”暨宪法宣传群众大舞台晚会、市新春团拜会；12月15日，石狮市楹联研究会与来自台湾及南安贵峰诗社的各位诗友开展交流探讨；12月15日，石狮市灯谜协会在厦门外国语学校石狮分校举办“鑫元丰杯”石狮市第十四届校园灯谜艺术节；12月20日，由石狮市委宣传部、石狮市文联主办，石狮市书法家协会承办，石狮政协之友书画院协办的“新石狮奋进新时代”系列书法展开展；12月21日，石狮市楹联研究会组织到狮峡谷公园开展艺术采风；12月21日，石狮市诗词学会、楹联研究会组织参加泉州市庆祝改革开放40周年诗词吟诵会；12月，石狮市诗词学会组织会员举行宝盖山峡谷公园采风活动，并创作大量诗词作品；石狮市音乐家协会组织参加市委市政府组织的2018新春团拜会演出活动。

【文艺创作基地建设】　2018年，市文联搭建平台，组织协会会员参加各种文艺培训。石狮市作家协会在永宁设立石狮市作协创作基地；1月，石狮市国际标准舞协会组织协会骨干参加专业培训；4月，石狮市国际标准舞协会组织会员参加福建省体育舞蹈裁判员、教练员培训班；4月15日，石狮市文联、石狮市作家协会特邀泉州市作协主席戴冠青莅临石狮举办题为“闽南本土题材的挖掘与创作”文学讲座；4月20—23

2018年1月26日，石狮市曲艺家协会文艺下乡演出的现场　（图/市文联）

日，石狮市摄影家协会组织骨干参加福建省摄影家协会举办的福建省基层摄协负责人培训班；4 月 27 日，与永春县联合举办意在笔先——赵炳坤谈书法创作讲座；5 月，石狮市国际标准舞协会组织参加在泉州举办的全国拉丁舞教师进修班；5 月 31 日至 6 月 3 日，石狮市书法家协会林景辉参加由中国书法家协会主办的学习与思考——全国中青年优秀骨干书家专题研讨班；9 月，石狮市美术家协会蔡东红参加福建省美术家协会文艺骨干“学习习近平新时代中国特色社会主义思想和中共十九大精神”培训班；11 月，石狮市国际标准舞协会开展会员国标舞、交谊舞提高班培训；12 月，石狮市书法家协会配合中书协的展览征稿举行展前集训。

【协会管理加强】 2018 年，加强对各文艺协会的指导和管理。1 月 18 日，石狮市舞蹈家协会召开第一届第一次理事理事会；3 月 24 日，石狮市摄影家协会召开常务理事会议，讨论年会的相关事项及有关人员安排与分工；5 月 1 日，石狮市国际标准舞协会召开第三届理事会第三次全体会议，会议通过协会需要议定的事项；8 月，石狮市书法家协会召开年会，举行全体会员作品征评大展，并对在各级比赛中取得优异成绩的会员进行表彰；8 月 3 日，召开石狮市戏剧家第一次会员代表大会，成立石狮市戏剧家协会。

【文艺志愿服务】 2018 年，市文联组织协会文艺工作者基层开展文艺志愿服务活动。1 月 25 日，市文联与 20 多个单位协办 2018 石狮市“三下乡”启动仪式暨新春集中服务活动；春节期间，石狮市南音艺术家协会举办首届“我们的中国梦——石狮市百场南音演唱贺新春”活动；2 月 8 日，石狮市书法家协会参与联合举办书协进社区写春联活动——大仑村；2 月 10 日，泉州纪委、石狮市纪委监委、石狮市文联、石狮书法家协会主办“翰墨香传好家风”赠送春联活动；3 月 2 日，石狮市灯谜协会在泰禾广场举办元宵民俗灯谜展猜；3 月 2 日，石狮市灯谜协会在玉湖社区举办“玉湖杯”元宵灯谜会；3 月 2 日，石狮市灯谜协会在玉湖社区举办石狮市元宵学生灯谜精英赛；3 月 5 日，石狮市摄影家协会组织会员参加美丽海岸志愿者在古浮湾的净滩活动拍摄；4 月 17 日至 20 日，石狮市摄影家协会组织会员全场跟拍石狮市第四届海丝海博会活动内容；8 月 4 日，石狮市曲艺家协会在市新湖社区举办什音“进社区 下农村”系列活动；8 月 6 日，石狮市曲艺家协会在塘边村举办什音“进社区 下农村”系列活动；8 月 10 日，石狮市曲艺家协会在玉湖社区举办什音“进社区 下农村”系列活动；9 月 6 日，石狮市曲艺家协会在曾坑举办什音“进社区 下农村”系列活动；9 月 10 日，石狮市曲艺家协会在永宁办举办什音“进社区 下农村”系列活动；9 月 3 日，石狮市南音艺术家协会在湖滨街道玉湖社区协办泉州市宣传部主办的“新时代、新征程”宣传贯彻中共十九大精神文艺志愿者宣传服务活动；9 月 24 日，石狮市摄影家协会组织前往蚶江镇为老人义务拍照；10 月 1 日，石狮市曲艺家协会参加在塔前举办的文化下乡演出；10 月 1—3 日，石狮市灯谜协会在永宁古卫城举办永宁古卫城暨城隍文化节大型群众灯谜展猜；10 月 17 日，石狮市音乐家协会到石狮市慈爱老人福利院进行慰问演出；10 月 27 日，石狮市曲艺家协会参加宝源社区主办老少同乐文艺晚会暨志愿者授旗仪式；11 月 14 日，石狮市曲艺家协会到古浮老人院慰问演出并捐赠慰问金。

【文艺作品获奖情况】 2018 年，市文联挖掘富有地域特色的石狮文化，组织协会会员参评参奖，文艺精品层出。蔡显宗、赖燕华、林扬鑫、翁清况、黄琦、郭金珠、沈祥恒、苏荣丽、洪鸿玲、胡燕红、蔡婉滢、张艺朋、苏婉瑜、陈鸿萍、苏建苹、王培行、沈苏卿 17 人加入福建省书法家协会会员；蔡悦璐、蔡志育加入福建省美术家协会；石狮市书法家协会林惠瑜书法作品入展由中国书法家协会主办的第六届全国妇女书法篆刻展；石狮市书法家协会沈国影书法作品入选中国书法家协会培训中心 2017 年教学成果展前 50 名；由福建省书法家协会主办的守望兰亭·福建省第四届书法篆刻展，石狮市书法家协会王培行、沈国影、赖燕华、林杨鑫书法作品入展，黄奇庆、张艺朋书法作品入选。由福建省文联、福建省书法家协会主办的“八闽丹青奖”——第二届福建省书法双年展，石狮市书法家协会林启猛、黄贺东、苏金火、陈著挺、胡燕红、张艺朋入展；由重庆市书法家协会主办的墨韵两江·第七届全国（重庆·两江）教师书法作品展，石狮市书法家协会翁清况作品入展；石狮市书法家协会翁清况作品入展由山西省文化厅主办的第十五届山西省书法临摹展览；由福建省教育厅，福建省文联举办的 2018 年庆祝改革开放 40 周年“美育八闽”——福建省师生优秀美术作品展，石狮市美术家协会魏道发的《水彩》获一等奖，谢金表的《国画人物》获二等奖；由福建省美术家协会主办改革开放 40 周年的第五届“意之大者”福建省写意画大展，石狮市美术家协会蔡东红的中国画《鱼乐》获优秀奖（最高奖）；由福建省书法家协会主办的福建省第四届新人展，蔡显宗、邱美丽入展；由福建省美术家协会主办——福建省第八届工笔画展，蔡悦璐作品《香格里拉的旅人》入展；泉州市美术家协会举办的“绽放青春”2018 泉州市青年美术作品巡展，石狮市美术家协会 6 副作品入展；由福建省美术家协会举办的福建省 2018 年新人新作美术作品展，蔡良在的《守望》获优秀奖；由福建省美术家协会举办的纪念改革开放四十周年——“正青春”福建省青年美术作品展，蔡良在的《芭沙脊梁》入展；石狮市摄影家协会林奇香获得福建省摄影艺术协会2017年十佳摄影师称号；石狮市摄影家协会会员曾斐然获福建省摄影家协会主办的《海峡摄影时报》2017年十佳摄影师称号；石狮市摄影家协会邱国南的《宝塔喜迎五洲客》获泉州市泰禾杯环泉州湾国际公路自行车摄影大赛二等奖，另有7副作品获优秀奖；石狮市祥芝杯“海丝印象·渔港风情”全省摄影大赛石狮市摄影家协会共有80幅（组）相机组作品和20幅（组）手机组作品获奖，其中林江波的作品《大手拉小手共建美丽海岸（组照）》、李群育的作品《丰收（组照）》获相机组二等奖，李群育作品《钓》获手机组三等奖；在“平安石狮·瞬间”为主题的政法题材优秀摄影作品征集活动中，苏德辉的《呵护》获一等奖，林光明的《警察与百姓》、颜自力的《破折》分获二等奖，张振友的《快乐的女管教》、刘望福的《微笑服务》李群育的《固缆》分获三等奖；中国摄影报走进石狮泼水节影友联谊会，摄影家协会庄灿枝作品《团团圆圆》、纪锦明作品《大手拉小手》入选；石狮市灯谜协会获首届“咏梅杯”全国灯谜文化节团体电控竞猜银奖、创作奖、竞猜奖等个人奖项，获第三届“香山梅花节”国际灯谜大赛、“第四范式杯”全国职工灯谜邀请赛、龙海市“双第杯”中华灯谜节团体、个人等多个奖项，获第六届“平望杯”中华灯谜邀请赛团体银奖及多个个人奖项；在陕西宝鸡市宝鸡灯谜学会成立30周年庆典系列灯谜比赛中，林清富、王雅真分别获“五虎将”“打虎将”称号，林志攀、黄松榆获个人笔猜、创作等奖项；石狮市灯谜协会厦外石狮分校、蚶江中学、校外活动中心分别组队参加三场学生赛（西安、上海、常熟），获团体特等奖、团体金奖、银奖等奖项；由世界舞蹈总会授权的2018“中传横岗”WDC/WDCAL摩登舞拉丁舞世界锦标赛，作为中国最高规格的国际舞蹈顶级赛事，石狮市国际标准舞协会选拔选手参赛，计有16人次进决赛，获得4个第一名、4个第二名、3个第四名、2个第五名、3个第六名的好成绩；石狮市国际标准舞协会派出近200名选手参加2018年中国·泉州“海丝情”第三届全国公开赛在石狮体育馆获得优异成绩，选送2个节目参加“全闽共舞、舞动中国梦”广场舞蹈石狮赛区比赛第一名和第三名，参加厦门市翔安区文体局举办“闽鄂省际体育舞蹈精英对抗赛”中获得14岁双人拉丁舞精英组、10岁双人摩登舞精英组、12岁男子单人A组等44项冠军，以及53项亚、季军；石狮市音乐家协会组织参加福建省第四届“金钟花奖”取得两银一铜成绩；10月26日，石狮市曲艺家协会参加泉州市文广新局举办民间民族民俗文艺邀请赛获一等奖；石狮市曲艺家协会参加在香港举办的“盛世中国梦”文艺邀请赛，获三等奖。

石狮市残疾人联合会

【概况】 2018年，石狮市残疾人联合会开展残疾人阳光护理补贴工作，用于补助残疾人因残疾产生的额外长期照护支出；落实泉州市为民办实事项目“低保重度肢体残疾人居家养护和“一户多残”家庭残疾人生活补贴”；开展扶助农村贫困残疾人就业创业工作，确定补助对象20人；开展康复训练，宣传普及康复知识等活动。2018年，市残联组织25名残疾人参加泉州市第五届残疾人运动会，取得团体第三名的成绩（16金、10银、9铜），比上一届提升2个名次。

【残疾人社会保障】 2018年，石狮市一、二级残疾人免费纳入“新农合”医疗保险体系，每年分别按重度残疾人200元和其他残疾人100元的标准为残疾人代缴养老保险费。为全市残疾人购买了意外伤害险，保费共计25.38万多元，2018年发生意外理赔119起，索赔资金共达18.52万多元。

2018年，石狮市开展残疾人阳光护理补贴工作，用于补助残疾人因残疾产生的额外长期照护支出。按照一级低保残疾人400元/人·月，二级低保残疾人300元/人·月，三级低保残疾人200元/人·月，四级低保残疾人100元/人·月发放护理补贴，非低保一级残疾人110元/人·月，非低保二级残疾人100元/人·月，每月补助约2615残疾人、发放43万余元，根据每月残疾人办证、销证及低保调整的情况及时更新，全年发放补助518万元。落实泉州市为民办实事项目“低保重度肢体残疾人居家养护”和“一户多残”家庭残疾人生活补贴”，全年发放补助10.8万元低保重度肢体残疾人居家养护及31.23万元“一户多残”家庭残疾人生活补贴，惠及残疾人658人次。

【残疾人康复】 2018年，石狮市出台《石狮市残疾人精准康复服务行动实施方案（2016—2020年）》，力争逐年提高接受基本康复服务的受众比例。2018年，常态化受理残疾人临时救助和康复补助共投入48万多元，其中：对因重大疾病、突发性事故等造成生产生活严重困难的，给予500～3000元的补助，共救助114人；对服药的精神类残疾人、维修假肢的肢体类残疾人等用于康复治疗、帮助康复的225人；对残疾人购买轮椅、拐杖、护理床、助行器等辅助器具补助45人。开展“复明工程”，市残联、市慈善总会、市新型农村合作医疗管理委员会联合通过白内障手术治疗“按床日付费和择日住院相结合”的支付方式改革，对白内障实行单病种定额包干付费，由新农合、市残联、市慈善总会共同分担，2018年白内障免费手术135人。完成省、泉州市残疾儿童康复救助工程，省级项目补助153人，发放补助资金158.57万元；泉州市级项目30人，发放补助资金40.63万元。

2018年，市残联广泛开展康复训练，宣传普及康复知识。8月25日“全国残疾预防日”期间，成立“预防残疾·精准康复”专家顾问组，聘请来自石狮市华侨医院、石狮市疾控中心、泉州市海西聋康中心等单位专家22人，发挥其在讲座、授课、咨询、建言、专业议题、决策评价的作用；在海西电商园举办“落实残疾预防举措 助推健康中国战略”知识讲座，百余名残疾人到场听课；借助电视台、日报社、微信公众号、公交车开展系列宣传，增强全社会残疾预防意识。

【残疾人维权】 2018年，石狮市继续依托“残疾人法律援助中心”，为残疾人提供法律咨询、案件受理等服务，办理残疾人法律援助案件，诉讼费、仲裁费由法院与仲裁机构给予减免或缓交。聘请1名法律顾问为残疾人事业发展在制定政策、合同、招投标等工作提供法律指导及监督。完成残疾人基本服务状况和需求信息数据采集工作，运用“残疾人服务”APP，及时填报、录入采集材料。制定《石狮市残疾人证动态核查机制实施方案》，建立市残联干部一对一挂钩各镇办抓落实工作机制，重点对石狮市12486多名持证人员进行核查。重新设置评定流程、制作“评残通知书”和“放弃残疾人证申请书”，回收残疾人证1539本。继续开展重度残疾人以生活照料、日间照料、康复护理、人文关怀等基本生活照料服务为主的政府购买服务项目。对每名服务对象每月入户服务不少于9小时，78人享受服务。

【残疾人教育】 2018年，依托市特殊教育学校（仁爱学校），为全市智力残疾儿童提供九年义务培智教育，开展2018年扶助残疾学生和残疾人家庭子女就学，扶助高中学生61名、大学学生71名，发放助学金23.85万元。

【残疾人文体宣传】 2018年，石狮市残联组织25名残疾人参加泉州市第五届残疾人运动会，取得团体第三名的成绩（16金牌、10银牌、9铜牌），比上一届提升2个名次，对获奖及有加分成绩的运动员进行奖励，发放奖励共9.3万元；组织参加泉州市2018年残疾人艺术作品展活动，征集参展作品18件，5件作品获奖，发放奖励6300元；委托第三方开展“五个一” 残疾人文化进家庭活动，带领残疾人和残疾人家属共6户到南华轩书院、德辉广场、龟湖公园进行游园等活动。组织开展特奥日系列活动，充分利用LED屏幕开展宣传，在石狮市仁爱特教学校举行特奥融合趣味活动。

【残疾人扶贫就业】 2018年，石狮市残联落实省级为民办实事项目扶助农村贫困残疾人就业创业工作，确定补助对象20人，按照每人5000元的标准进行补助，发放补助10万元；落实残疾人就业创业奖励工作，为8名残疾人发放自主就业创业社会保险补贴补贴3.12万元；奖励1家超比例安排残疾人就业的企业1.5万元；联系晋江第六感服装绣花有限公司开展残疾人就业培训（商标绣珠子），上百人参训，25人成功就业增收，并及时将培训结业人员录入更新到残疾人就业和职业培训信息管理系统；组织2名残疾人报名参加泉州市智能手机维修和电子商务培训；组织19名残疾人参加泉州市第五届残疾人职业技能竞赛活动，报送一个影雕参与展能展示，2人获一等奖、1人获二等奖，1人获“泉州市技术能手称号”。开展残工委成员单位安置残疾人就业情况调查。

【助残志愿服务队】 2018年，石狮市残联探索构建党派、社团、爱心人士协同协力协作机制。携手闽爱志愿者协会共同打造“周周必行·你行我行”的志愿服务品牌，初步形成精准化、精细化、系列化的服务体系。2018年4月2日，市残联联合市妇联、市妇幼保健院开展“蓝色行动”关爱自闭症儿童

2018年5月18日，石狮市残联联合市委统战部举办“风雨同行 关爱残障 不忘初心 点亮石狮”主题活动，各民主党派、社会团体捐资捐物 （图/市残联）

公益活动。在“爱耳日”开展以“关注老人生活质量，及早进行听力康复”为主题的专题讲座，邀请国家级助听器验配师、国际特需儿童言语矫治师泉州市海西聋康中心副主任陈文龙为老年人讲解听力康复有关知识，为100多个老干部进行听力检测和血压检测。在“全国助残日”期间，市残联联合市委统战部在文联大厦举办“风雨同行 关爱残障 不忘初心 点亮石狮”主题活动暨服务体系提升启动仪式，率先在全市开展八个主题暖心行动，市八个民主党派、世界福建青年联会菲律宾分会、三小福服饰公司等有关单位和社会各界爱心人士热心捐助扶残助残物资；“六一”节期间，举办首届“关爱星星儿童·集体生日会”；2018年，市残联党支部携手祥芝亿祥染整有限公司党支部、祥芝龙祥皮革公司党支部、海洋学院党支部到慈爱老人福利院，与老人一起迎接“七一”的到来，并为老人院里部分生日不明的老人庆生。7月10日，举办“爱心大接力，青年在行动”关爱残疾人活动。活动由赞助单位提供价值人民币2万元物资，赠送给石狮市沿海五镇30多户贫困残疾人家庭；8月14日，联合湖滨街道卫计办计生协会、湖边社区卫生服务中心，举办第一期中医康复义诊宣传咨询活动，由泉州中医院周文强主任的中医康复团队针对中风偏瘫的残疾人进行中医专家坐诊、康复评定及健康预防咨询。开展“我们的节日·中秋”为主题的困难残疾人走访慰问活动，送出月饼礼盒600份、米和油29份，并为29名2018年7月阳光护理补贴的新增对象送上中秋礼品；12月26日，举办“视界复明·眼亮心明”中医经络暨量子技术复明工程主题活动，接待半盲对象130多人次，推动半盲对象精准康复。

【残疾人体育竞赛成果】 2018年，石狮市残疾人运动员身残志坚，刻苦训练，屡创佳绩，为国家、省、泉州市及家乡石狮市争得荣誉。石狮市残疾人参加泉州市级以上体育竞赛主要成绩如下：

1. 杨丽婉：2018年10月6日—13日在印度尼西亚参加第三届亚洲残疾人运动会，在F54级别标枪项目获第一名，F54级别铁饼项目获第一名，F54级别铅球项目获第一名。

2018年12月2日—4日参加福建省第八届残疾人运动会，在F54级别标枪项目获第一名，F54级别铁饼项目获第一名，F54级别铅球项目获第一名。

2018年8月27日参加泉州市第五届残疾人运动会，获得F54级别标枪项目获第一名，F54级别铁饼项目获第一名，F54级别铅球项目获第一名。

2. 颜韦韦：2018年12月2日—4日参加福建省第八届残疾人运动会，获得男子T60级100米金牌，男子T60级400米银牌，男子T60级200米铜牌，男子T60级4×100米金牌。

2018年8月27日参加泉州市第五届残疾人运动会，获得男子T60级100米第二名，男子T60级100米第二名，男子T60级400米第四名。

3. 邱礼特：2018年12月2日—4日参加福建省第八届残疾人运动会，获得男子F40级铅球金牌，男子F40级铁饼金牌。

2018年8月27日参加泉州市第五届残疾人运动会，获得男子F41级铅球金牌，男子F41级铁饼金牌。

4. 李东清：2018年12月2日—4日参加福建省第八届残疾人运动会，获得女子T47级100米金牌，女子F47级标枪金牌，女子F47级铅球金牌。

2018年8月27日参加泉州市第五届残疾人运动会，获得女子F46级标枪金牌，女子F46级铅球银牌。

5. 蔡银河：2018年12月2日—4日参加福建省第八届残疾人运动会，羽获得毛球男子下肢组第六名。

2018年8月27日参加泉州市第五届残疾人运动会，获得羽毛球男子下肢组金牌。

6. 杨志饭：2018年12月2日—4日参加福建省第八届残疾人运动会，获得飞镖男子肢体站姿组铜牌。

2018年8月27日参加泉州市第五届残疾人运动会，获得飞镖男子肢体站姿组金牌。

7. 蔡少苗：2018年12月2日—4日参加福建省第八届残疾人运动会，获得男子S15级200自由泳银牌，男子

2018年12月26日，举办“视界复明·眼亮心明”中医经络暨量子技术复明工程主题活动，图为医生为视力障碍者做理疗 （图/市残联）

S15 级 400 自由泳银牌。

2018 年 8 月 27 日参加泉州市第五届残疾人运动会，获得男子 S15 级 50 自由泳银牌，男子 S15 级 100 自由泳银牌，男子 S15 级 400 自由泳金牌，男子 SB15 级 100 蛙泳银牌。

8. 王明飞：2018 年 8 月 27 日参加泉州市第五届残疾人运动会，获得男子 F42 级铅球金牌，男子 F42 级标枪金牌，男子 F42 级铁饼金牌。

9. 蔡银杭：2018 年 8 月 27 日参加泉州市第五届残疾人运动会，获得男子 T13 级 100 米金牌，男子 T13 级 200 米金牌，男子 T13 级跳远银牌。

10. 蔡丽华：2018 年 8 月 27 日参加泉州市第五届残疾人运动会，获得羽毛球女子下肢组金牌。

11. 蔡尊贤：2018 年 8 月 27 日参加泉州市第五届残疾人运动会，获得飞镖男子听力组金牌。

12. 王金楚：2018 年 8 月 27 日参加泉州市第五届残疾人运动会，获得乒乓球 TT10 男子单打铜牌，乒乓球 TT10 男子双打铜牌，乒乓球男子团体铜牌。

13. 卢文钦：2018 年 8 月 27 日参加泉州市第五届残疾人运动会，获得乒乓球 TT10 男子单打第四名，乒乓球 TT10 男子双打铜牌，乒乓球男子团体铜牌。

14. 何烨森：2018 年 8 月 27 日参加泉州市第五届残疾人运动会，获得乒乓球男子团体铜牌。

15. 陈嘉欣：2018 年 8 月 27 日参加泉州市第五届残疾人运动会，获得男子 F60 级铅球银牌，男子 F60 级铁饼第六名，男子 F60 级标枪第四名。

16. 蔡培扬：2018 年 8 月 27 日参加泉州市第五届残疾人运动会，获得男子 S10 级 50 自由泳银牌，男子 S10 级 100 自由泳银牌，男子 SB9 级 100 蛙泳第五名。

17. 蔡天银：2018 年 8 月 27 日参加泉州市第五届残疾人运动会，获得羽毛球男子下肢组银牌。

18. 陈金源：2018 年 8 月 27 日参加泉州市第五届残疾人运动会，获得男子 F60 级铅球第五名，男子 F60 级铁饼第二名，男子 F60 级标枪第三名。

19. 吴树欣：2018 年 8 月 27 日参加泉州市第五届残疾人运动会，获得男子 T37-38 级 100 米第四名，男子 T36-37 级 400 米第六名。

20. 蔡雯雯：2018 年 8 月 27 日参加泉州市第五届残疾人运动会，获得女子 T13 级 100 米第四名，女子 T13 级 200 米第四名。

21. 邱昌：2018 年 8 月 27 日参加泉州市第五届残疾人运动会，获得男子 F57 级铅球第六名，男子 F57 级铁饼第四名，男子 F57 级标枪第六名。

22. 张小溪：2018 年 8 月 27 日参加泉州市第五届残疾人运动会，获得飞镖男子听力残疾组第五名。

【组织建设】 2018 年 4 月 26 日，石狮市残疾人联合会第五次代表大会召开。大会听取并审议通过市残联理事长洪孝心代表市残联第四届主席团所作的《抢抓机遇 锐意进取努力开创残疾人工作新局面》工作报告。选举产生市政府副市长张汉杰当选为市残联第五届主席团主席，市府办主任科员邱国坪、市委社工部部长苏金灿、市财政局局长傅荣辉、市人社局局长廖闽欣、市卫计局局长余文革、市残联理事长洪孝心、石狮市仁爱学校校长李建城、优秀残疾人代表胡和平等 8 为同志当选为主席团副主席；推举通过市残联第五届主席团执行理事会洪孝心理事长、卢明鹏副理事长。

【残疾人服务中心建设】 2018 年，残疾人福乐家园建设项目主体工程竣工已验收报备，施工单位正在对保修期存在的墙壁裂缝、空鼓、门窗损坏、墙壁顶板漏水进行全面整修。室外土建工程中标价 396.3352 万元。建设室外运动场 200 米塑胶跑道、绿化、配电室，已完工并进行预验收。施工单位正在对验收存在的问题进行整改。该项目为石狮市 2015 年重点项目，项目规划用地 1.67 公顷，建设 1 幢 11 层综合服务办公楼及 3 层裙楼，总建筑面积 16461.48 平方米，总投资 4950 万元，其中主体工程投资 3150.15 万元。二次装修项目投入 154.63 万元，含一楼大堂、厨房及会议室装修，现按照进度稳步推进，预计在 2019 年 4 月中旬完工。

石狮市国际贸易促进委员会（国际商会）

【经贸交流】 2018 年，石狮市贸促会（国际商会）以优质展会为重要平台，助力企业拓宽经贸交流渠道。2018 年市贸促会共组织澳日威、华达、俊龙、格林蓝德等 68 家企业分别参加“2018 年墨西哥服装展”“2018 年美国拉斯面料服装鞋类展览会”“2018 年德国慕尼黑国际体育用品展”“2018 年俄罗斯服装展”“2018 年越南国际纺织面料及服装辅料展览会”“2018 年比利时布鲁塞尔水产展”“2018 年波兰国际礼品展暨波兰贸易博览会”“2018 年泰国亚洲国际食品展”等 14 场境外专业展会，共 66 个展位。参展企业数量比上年增长 31.6%，展位数比上年增长 46.7%；联合商务局等相关单位带领石狮市 58 家企业参加广交会和 2018 年中国国际纺织面料及辅料（秋冬）博览会。

【市场拓展】 2018 年，第四届海上丝绸之路国际品牌博览会期间，石狮市贸促会（国际商会）邀请陪同上级贸促会及组织 22 家来自中德商会、中国墨西哥商会、巴西投促会、中日韩协会等的企业代表、参展商、代理商实地参观石狮辅料城；多次征求省贸促会、泉州市贸促会、海关等单位的意见建议，多方沟通，推进福建省进口商品展示中心项目，服务石狮市山海商城项目；争取省贸促会的招商资源的支持，招商引资工作得到有序推进。

2018年，市贸促会（国际商会）与中国建设银行签订“小微企业金融服务战略合作协议”，缓解石狮市小微企业融资困难，促进区域经济发展。

【法律服务】 2018年，石狮市贸促会（国际商会）强化出证认证业务。全年为107家企业办理2524份一般原产地证，出口目的国主要为德国、印度、阿根廷、俄罗斯联邦、孟加拉国、西班牙、阿联酋、约旦等，出口商品主要为鞋服、布料、针织机、石材、建材、体育用品及卫生用品等；共办理181份优惠原产地证，目的国主要为印度、瑞士、澳大利亚、秘鲁、韩国等。

2018年，石狮市贸促会（国际商会）落实企业“最多跑一趟”的服务举措，上门帮助企业办理原产地证登记注册手续，通过现场货物查验及面对面指导企业，确保一个工作日内完成登记注册。2018年新增亿豪江、鹿米、融通、浚岚、裕铭、泰鑫化纤21家注册企业。

2018年，石狮市贸促会（国际商会）组织捷胜、正能、华益、彬鹿世家、闽狮、锦昌等多家企业参加“鞋服企业如何实现时尚运动潮流引领下的绿色制造”讲座，了解国外市场法规和应对措施；组织企业参加2018年外贸政策暨外贸风险防范宣讲会，引导企业充分利用出口信保提升外贸风险防范与应对能力；组织华海、雄飞等企业参加“关于举办美国301调查应对培训会”，指导企业申请产品关税豁免，降低企业损失；组织夏易、裕铭、闽狮、华闽、豪鑫、仲宇、华益、正能、彬鹿等10家企业参加“涉外商事法律服务八闽行”（泉州站）培训活动，帮助企业积极适应新经济形势发展，有效应对国际贸易壁垒；组织企业参加省贸促会主办的“涉外商事法律服务八闽行”之“一带一路”商事法律服务高峰论坛的活动；组织3家企业参加中国贸促会中美经贸摩擦应对和法律风险防范（厦门）培训班，不断提升企业防范风险能力。

【会员联络】 2018年，石狮市贸促会（国际商会）组织会员企业参加各种推介会、圆桌会等活动。组织飞轮线带织造、德成纺织、优酷针织等16家企业参加“中国（泉州）——印度贸易投资推介会”，帮助石狮市企业深入了解印度投资环境与政策，促进中印两地交流合作；组织海星等企业参加泰国投资政策介绍会，促进经贸合作，帮助企业进入泰国并开拓东盟市场；组织多家企业参加由中国贸促会、中国国际投资贸易洽谈会主办、厦门贸促会承办的主题为“跨境电商发展与区块链应用”的第十七届世界商业领袖圆桌会议；组织15家国际客商参加由中共泉州市委、泉州市人民政府主办2018年泉州市外资招商推介会；组织7家企业代表参加泉州市贸促会协同香港特区政府投资推广署联合举办“一带一路•共创新思路”投资香港研讨会；组织多家企业参加由省贸促会、商务厅和世界贸易中心协会联合主办的“福建—海上丝绸之路国际经贸对接会”。

2018年，石狮市贸促会（国际商会）携手各镇（街道）企业办、各行业商协会，通过出证认证、参展等渠道发展国际商会会员企业280家。

【海上丝绸之路国际品牌博览会】 2018年，第四届海丝国际品牌博览会以“新丝路、新合作、新融合”为主题，以“海丝”元素为重点，旨在通过发挥博览会的平台作用，集聚众多国内外买家与参展商对接采购，实现融合发展共赢目标。展区面积达2.6万平方米，共有37个境外国家和地区的417家企业携服装服饰、家居饰品、特色食品等具有当地特色的境外品牌产品参展参展商近500人，展位数544个。中庭精心策划安溪茶艺表演、惠安影雕等10多场宣传“海丝”文化的表演节目，营造浓厚“海丝”氛围。展会期间，到场参观采购的境内外专业客商、观众达51469人次，境内外70家媒体到会报道，共刊发各类原创报道250余稿（条），各类直播报道共计吸引超过百万名网民参与，其中中新网和东南网分别吸引超过50万人次和40万人次观看。

石狮市计划生育协会

【概况】 2018年，石狮市计划生育协会为省计生协会确定为计生家庭法律援助示范点，下辖镇（街道）级计生协会9个，村（居）级计生协会128个，村（居）级协会小组440个，协会会员3.6万人。2018年，石狮市计生协会“四联创”活动成绩突出，得到省人口计生领导小组通报表扬，在泉州市人口计生目标责任制考核中排名前三。

【宣传倡导】 2018年，市计生协会利用“两节”、母亲节、“5•29”会员活动日、“7•11”世界人口日、“12•1”世界艾滋病日等重要时间节点，组织开展各类集中宣传倡导服务活动。在“5•29”会员活动日期间，全市开展各类大型综合宣传服务活动10场次；举办“会员心向党 建功新时代”暨儿童早期发展综合宣传活动，共吸引115户0～3岁的儿童家庭参与儿童早期发展亲子互动，工作人员现场分发十九大精神、宪法修正案、0～3岁健康聪明宝宝家庭养育指南等宣传材料各500余份，各类宣传品300余份，为群众免费义诊200余人次，提供法律咨询服务50余人次；在泉州晚报整版宣传报道石狮市计生协

2018 年 5 月 27 日，举办"会员心向党 建功新时代"暨儿童早期发展综合宣传活动（图为现场妇幼保健院医生进行幼儿抚触指导）（图/市计生协会）

会工作成效，扩大影响力；湖滨街道举办以"烘出幸福 焙出亲情"为主题的"5·29 会员活动"亲子烘焙活动；在"六一"国际儿童节来临之际，锦尚镇第二中心幼儿园开展以"会员心向党建 建功新时代"为主题的文艺演出、亲子互动、画展等活动。

【生育关怀】 2018 年，市计生协会继续将生育关怀行动纳入市委、市政府为民办实事项目，2018 年市财政投入 193.5 万元生育关怀专项资金，用于巩固发展"五加二工程"、紧急救助等生育关怀老品牌，拓展提升儿童早期发展、青春健康等生育关怀新品牌。

2018 年，市计生协会参与推进安居、成才、致富、保障、亲情五大工程项目，扩大帮扶覆盖面。市、镇两级投入资金 120 万，帮助建（购、修缮）房屋 32 座（套）。为 211 名农村一女自愿不再生育户、二女结扎户女儿办理中考加 5 分照顾；市、镇两级投入 123 万元，为 230 名当年度考取大学的农村一女、二女结扎户、计生困难户和一女自愿不再生育户子女进行补助；投入 130.034 万元，为 2169 农村一女、二女结扎户、计生困难户和一女自愿不再生育户子女就读小学至中专进行学杂费补助。继续实施"小额贴息贷款"项目，投入 7.1922 万元为 83 户计生家庭提供小额贷款贴息。投入 27.29 万元提升计生低保户成员 18954 人次的低保金；投入 82.5 万元为 8250 户计生家庭免费办理意外伤害保险。春节期间，市级投入 10.12 万元，慰问计生困难家庭 94 户，慰问基层计生协会工作者 9 户。

2018 年，石狮市、镇两级投入 111.15 万元救助 148 户次近期遭受重大病灾、事故的计生困难家庭。

【特殊帮扶】 2018 年，市计生协会给予实行计划生育以来所产生的失独家庭，每户一次性慰问 3 万元，2018 年共投入 6 万元对新产生的 2 户失独家庭进行一次性慰问；春节、中秋节期间，慰问失独家庭 146 户次，发放慰问金 14.6 万元；帮助失独夫妻申请辅助生育技术再生育补助，失独家庭享受公职人员健康体检待遇，每年免费健康体检，2018 年有 13 人自愿参与；建立全市失独家庭成员健康档案，并将失独家庭全部纳入家庭医生签约对象；成立 30 户失独家庭关爱小组，每个"关爱小组"活动经费 3000 元，进一步健全特殊家庭双岗联系人制度，开展个性化关爱、志愿服务。

【儿童早期发展】 2018 年，印发《石狮市推进儿童早期发展项目三年行动实施方案》，成立石狮市儿童早期发展项目领导小组，加强组织领导。依托市妇幼保健院建设石狮市儿童早期发展项目示范点，各镇（街道）儿童早期发展项目点 18 个，举办科学育儿知识家长普及讲座和亲子互动辅导示范活动 72 场次。投入专项工作经费，联合市卫计局、妇幼保健院印制《0～3 岁健康聪明宝宝家庭养育指南》1 万册，在各类宣传服务活动中免费发放。投入 9 万元，举办三期 0～3 岁儿童早期发展育婴员培训班。为 150 名儿童保健医护人员、计生社保协管员、基层计生协会工作者和志愿者提供免费育婴员课程培训，并组织参训对象参加国家职业资格证考试，共有 149 人取得育婴员职业资格证书。

石狮市台湾同胞联谊会

【概况】 石狮市台湾同胞联谊会联络居住在石狮市的台湾同胞，帮助他们了解政府的方针政策和台湾局势，鼓励他们参政议政，为祖国统一、为建设社会主义和谐社会多作贡献；积极了解和反映居住在大陆台胞的意见和要求，配合有关部门按照法律和政策妥善处理；努力协助他们返乡探亲、扫墓、访友、求学、旅游、定居和进行各项交流活动。2018 年，登记定居石狮市的台胞 85 户 698 人。

【工作调研】 2018 年 3 月，石狮市台湾同胞联谊会走访慰问石狮市困难台胞，开展 2018 年度"四补"工作调研；协助上级台联考察石狮市泰禾台湾青年创业园，做好台商、台青来泉创业工作调研。

2018年3月29日–30日，泉州市台联第八次台湾同胞代表大会　（图／市台盟）

【参加会议】　2018年3月，泉州市台联第八次台湾同胞代表大会召开，石狮市台联推荐台胞代表15名、理事候选人4人参会，佘圣尧当选为泉州市台联第八届理事会副会长。8月，佘圣尧代表台湾省团晋京出席第十次全国归侨侨眷代表大会。

【台联系统纵横联动】　2018年4月，接待黑龙江省牡丹江市东宁市委统战部（含台联）考察团一行，参加第四届中国（泉州）海上丝绸之路国际品牌博览会、第21届海峡两岸纺织服装博览会，参观服装城、纺织城、青创城，考察台资企业并与台湾青年座谈。

【老台胞工作】　2018年6月，石狮市为全市76名老台胞发放49.08万元生活补助款，帮助石狮市定居老台胞解决实际困难；10—11月，组织石狮市年满60周岁老台胞（非离退休）到石狮市华侨医院免费健康体检，切实为老台胞办实事。

【联谊交流活动】　2018年6月，石狮市组织石狮市宝盖镇铺锦村参加第十届海峡论坛“同名村·心连心”联谊活动，积极对接相对应的台湾同名（宗）村——彰化县鹿港镇新宫里泉州街铺锦巷开展台胞寻亲原乡之旅，帮助70多岁台湾宗亲黄庆雄认祖归宗；7月，组织石狮市台籍大学生参与2018年海峡西岸台胞青年夏令营和第七期电商培训班；9月，组织青年台胞参加2018年两岸台胞青年跨境电商种子实训营。

【服务市委统战工作大局】　2018年9月，石狮市台湾同胞联谊会承接世界石狮同乡联谊会第四届理事会和石狮市海外联谊会第二届理事会（台湾）换届工作。

【业务培训】　2018年，石狮市台湾同胞联谊会参加石狮市机关事业干部综合业务培训班、档案业务培训班和财务业务专项培训等，提高业务能力。12月，参加福建省台联举办的2018年台联理事和系统干部培训班，增强党性修养，提升履职能力，切实用新思想武装头脑、指导实践、紧紧围绕党和国家发展战略开展台联工作。

石狮市社会科学界联合会

【概况】　2018年4月25日，石狮市社会科学界联合会第一届委员会第二次会议召开，王胜利当选为市社科联新一任主席，蔡志坤、许为勇、陈军、李明灿担任市社科联副主席。

【社会科学普及宣传活动】　2018年10月，市社科联举办以“新时代新征程新使命　谱写石狮发展新篇章”为主题的2018年石狮市社会科学普及宣传周活动。活动命名第二批社科普及基地，为社科专家人才库专家、讲师团讲师颁发证书，开展“精彩福建”主题图片展、社科知识灯谜有奖竞答。在科普宣传周期间，福建百场社会科学专题报告会走进闽南理工学院，闽南理工学院教授来永宝作“古田会议召开的历史背景和伟大意义”专题宣讲；蔡雅玲就“石狮市情——东方醒狮见证石狮改革发展”进行阐释；李国宏作“蔚蓝梦想——泉州海洋文化解读”专题讲座。

2018年，市社科联依托石狮市社会科学普及联合会议制度，加强全市社会科学普及工作的组织、协调和指导；协调社科普及基地市侨乡乡土文化协会开展端午节传统民俗文化及社科普及宣传文艺活动，向市民赠送福建历史文化名人丛书一、二辑及社会主义核心价值观、古泉州（刺桐）史迹遗产点等宣传折页；结合社科普及宣传，市新四军研究会围绕“红色家庭”优秀家风故事，举办听革命后代讲革命故事活动。

【社团规范化建设】　2018年，市社科联引导下属姓氏研究会加强学术研究，吴文化、陇西文史、虞舜学术等研究会已初步整理本姓氏的家规家训；及时报备2018年科普周百场社会科学专题报告会、科普周主题报告会、社科普及宣传讲座进校园等3场社科类讲座的具体方案；组织下属社科社团开展年检工作，聘请众和会计事务所对挂靠市社科联的9个社科社团的财务审计、内部建设情况、业务活动情况及上年度年检问题的整改情况进行审核；开展市社科社团党组织及党员情况调查摸底，选派党建工作指导员，督促下属9个社科社团将党建内容增加写进章程。

【社科普及基地建设】 2018年，石狮市把泉州海洋职业学院、石狮市南华轩书院、石狮市金融从业人员警示教育中心等三家单位命名为石狮市级社科普及基地；新增石狮市侨乡乡土文化协会、石狮海峡渔文化博物馆两个第三届（2018—2020年）泉州市社会科学普及基地。

【开展社科课题研究】 2018年，石狮市制定《2018年度石狮市社会科学研究重点课题调研工作意见》，组织市社科理论工作者围绕市委市政府中心工作开展调查研究。与在石狮三所民办高校联合印发《关于2018年哲学社会科学重点课题立项的通知》，立项社科研究课题35项。对2017年度社科重点课题调研成果，并编印5期《社科精选》。收集35篇课题调研文稿，经社科专家分类评定等次，其中一类课题10篇，二类课题23篇。

2018年10月18日，石狮市启动2018年社会科学普及宣传周活动 （图/市社科联）

外 事

【概况】 2018年，石狮市申报因公出国（境）团组14批39人次，批次比2017年下降41.6%，人次比2017年下降9.3%。加强对石狮市涉外活动、重要外宾团组礼宾接待的指导和管理。

【服务与管理】 2018年，石狮市开展因公出国（境）“1+X”专项督查，加强对因公出国（境）的管理督查。接待服务“第四届海丝品牌博览会”期间来石狮参展观展外宾。服务企业“走出去”开拓国际市场，为6家企业申办APEC商务旅行卡6批7人次，为企业人员办理简化政审25人次。

【交流往来】 2018年5月3日—15日，菲律宾友好城市那牙市10位优秀青少年学生参加石狮市举办的第25届菲华石狮市青少年夏令营活动，加强国际友好城市青少年交流。

5月21日，省外办国际交流处副处长蔡文质率领2018年福建省东盟官员暨国际友城联络员研修班到石狮参观访问，来自美国、德国、日本、印度尼西亚、马来西亚等10个国家的20位政府官员和国际友好组织代表与石狮青商会会员代表、狮城青年创新创业孵化中心相关人员就创业导师遴选、创业孵化项目指导和审查、创二代培养等工作展开交流。

7月9—12日，石狮市国际友好城市菲律宾那牙市市长约翰G·波恩加特率领访问团一行11人，在菲律宾石狮同乡总会理事长蔡明凯等人的陪同下，到石狮市进行友好访问。

8月16日，石狮市政府副市长张汉杰同志率团赴美国、智利、巴西洽谈经贸团在智利中华文化中心公共事务和国际关系主管卡罗琳娜·阿塞维多女士和智利华商联合总会潘轶男理事的陪同下拜访智利金塔诺马尔市政府，金塔诺马尔市区政管理秘书长Manuel Carrasco Faundez等人接待访问团一行，双方互相交流座谈，介绍各自政治、经济、文化情况，商议建立友好城市关系事宜。

侨 务

【概况】 2018年，石狮市做好旅外社团来石访问考察的接待服务工作，接待旅外乡亲重要团组17批1176人次。开展省、泉州市、石狮市“三级侨务信访接待日”及侨法宣讲活动。开展贫困归侨帮扶工作。举办第25届菲华石狮市青少年夏令营活动。举行世界石狮同乡恳亲大会暨第四届世界石狮同乡联谊大会，来自49个国家和地区的近千名石狮籍乡亲参加。

【菲华石狮青少年夏令营】 2018年5月3—15日，石狮市举办第25届菲华石狮市青少年夏令营活动，设“首都之恋”“多彩摇篮”“文化泉州”“银鹭翱翔”4个活动板块。通过活动传播中华传统文化、家乡闽南民俗，增进营员们对祖籍国、对故乡石狮的了解，引导他们延续海外老一辈华侨爱国爱乡的优良传统。

【侨胞合法权益维护】 2018年，石狮市接待办理来访信访6件，组织开展省、泉州市、石狮市“三级侨务信访接待日”及侨法宣讲活动，现场听取侨意，为侨解忧、为侨服务，维护侨胞权益。

【华侨捐赠管理】 2018年，据不完全统计，石狮市接受华侨捐赠公益事业2.45亿元。2018年，组织检查石狮市有代表性的侨捐项目22个，对存在的问题要求受捐单位及时进行整改；开展全市侨情普查工作，掌握石狮市海外华侨华人、归侨侨眷及海外社团基本情况，进一步夯实对海外石狮籍乡亲联络工作的基础，服务“一带一路”建设。

【归侨民生保障】　2018年，石狮市开展贫困归侨帮扶工作，走访慰问贫难归侨12人次，发放慰问金1.7万元；做好石狮籍旅外华侨回国定居申办工作，全年办理回国定居华侨180名；做好“三侨子女”就学服务，出具升学证明材料2份，由教育部门安排照顾入学；出具侨眷证明1份。

【侨务主要活动】　2018年5月26日，由世界福建青年联会·菲律宾分会组织的“世青梦·共构圆文化经贸考察团”一行到石狮参观考察，与石狮菲华归侨经济促进会缔结友好协作关系，建立联谊互访制度，开展定期或不定期的互访、交流、考察等活动，促进成员企业对口协作，利用双方举行的各类交流、研讨、庆典等途径开展全面交流与合作。

6月8日，石狮市委书记朱启平应邀率团赴越南、柬埔寨洽谈设立海外仓、开通到柬埔寨金边区域的海上快线、建设物流园区等经贸合作项目，及引进泰国罐装海产食品生产项目、投资额为5000万美元及建设泰国风情旅游项目，投资额3000万美元的合作意向书。

6月8日，石狮市委书记朱启平应邀参加泰国石狮同乡总会、泰国石狮商会举行成立四周年纪念庆典暨第二届理事会就职典礼，在泰国开展经贸洽谈、拜会旅泰侨胞、参加由泰国石狮商会主办的以“新时代、新思路、新机遇，融入‘一带一路’合作发展共赢”为主题的曼谷论坛。

6月25日，由菲律宾中国洪门致公党总部主席、石狮籍旅菲侨亲吴光级带领的菲律宾中国洪门致公党回国商务考察参访团一行，到石狮参观考察。

9月28日—29日，世界石狮同乡恳亲大会暨第四届世界石狮同乡联谊大会在石狮市举行，来自49个国家和地区的近千名石狮籍乡亲参加。

9月28日，石狮市建市30周年纪念林种植活动在六胜塔公园举行。石狮市四套班子领导以及菲律宾石狮市同乡总会、泰国石狮同乡总会等同乡总会代表，共同为“石狮市建市30周年纪念林”主石揭牌和为纪念林进行植树培土。

9月29日，石狮市海外联谊会举行第二届理事会就职庆典。石狮市委常委、统战部长林天虎当选为石狮市海外联谊会第二届理事会会长。

9月29日，参加世界石狮同乡恳亲大会的侨亲参观石狮市博物馆。

11月8日，由省侨联副主席张瑶陪同的旅菲海外侨胞一行60人，到石狮开展“2018年海外侨胞故乡行—走进福建”活动。石狮市领导朱启平、林天虎、张汉杰以及市有关部门负责人参加相关活动。

11月11日，石狮市第二中学办学60周年教育成果展暨石狮二中教育促进会第六届理监事就职典礼举行。旅菲侨领、菲律宾菲华各界联合会主席蔡志河，以吴光级为团长的菲律宾石狮同乡总会庆贺团一行，以陈增文为团长的菲律宾旅菲各校友会联合会庆贺团一行，以邱文言为团长的石狮二中菲律宾校友会庆贺团一行等海外侨胞参加典礼。

11月11日，石狮市祥芝中心小学百年成果展暨石狮市祥芝中心教育促进会理监事就职仪式举行。石狮市委书记朱启平，旅菲侨领、菲律宾菲华各界联合会主席蔡志河，贵州省工商联副主席、万祥集团董事长蔡友平，市委常委、统战部长林天虎，市政府副市长李斌，市政协副主席陈东华，新加坡侨亲、泉州海洋职业学院董事长蔡天真，旅菲、旅港乡亲，祥芝中心教育促进会理监事会成员，海内外校友等参加。

11月29日上午，石狮市银江华侨学校百年办学成果展庆典大会举行。菲律宾旅菲各校友会联合会庆贺团、菲律宾石狮市同乡总会庆贺团、银江华侨学校港澳校友会庆贺团等旅菲团体参加大会。

港澳事务

【概况】　2018年，石狮市为企业申办因公往来港澳通行证多次往返签注11批18人次，办理简化政审18人次。据不完全统计，港澳乡贤捐赠教育等公益事业捐款2.49亿元，组织接待旅港澳乡贤团组6批390人次。协助石狮市后垵旅港同乡会、石狮二中香港校友会、香港石狮市霞泽同乡会、石狮银江华侨中学港澳校友会筹委会、港澳石狮西岑同乡会、旅港龟湖铺锦同乡会、港澳石狮西岑同乡会等旅港澳社团换届工作。

【交流合作】　2018年11月28日，由石狮市委宣传部、石狮市委统战部、石狮市文学艺术界联合会、石狮市侨台外事局、石狮市侨联、澳门石狮同乡总会、澳门石狮商会主办的洪珊珊个人书艺篆刻展揭幕式在石狮市文联大楼举行。

2018年12月9日，石狮市委书记朱启平应邀率庆贺团赴香港参加石狮市旅港同乡公会举行庆祝成立28周年暨第十五届董事就职典礼活动及洽谈宇培（石狮）冷链仓储物流合作项目，赴澳门洽谈万佳永宁酒店、石狮电商摄影基地等经贸项目合作事宜，参加“美丽家乡·亲情故土”摄影展推杆启动仪式，宣传推介石狮经济社会发展情况和环境建设、投资项目情况，推动港澳台同胞到石狮投资兴业。

【港澳青少年“寻根之旅”】　2018年7月20日，港澳台地区青少年“中国寻根之旅”夏令营石狮营暨第三届港澳台石狮市青少年夏令营在石狮开营，有37名营员参加。营员将通过文艺会演、参观景点等形式，了解闽南文化、海丝文化的丰富内涵，近距离感受乡情乡风，增强对祖国的了解和对家乡石狮的认识。

【港澳事务主要活动】　2018年7月

2018 年 7 月 20 日，2018 年港澳台地区青少年“中国寻根之旅”夏令营石狮营暨第三届港澳台石狮市青少年夏令营在石狮开营（图 / 市侨台外事局）

20 日，香港青少年红色之旅福建行参访团一行 200 人到石狮参观。

7 月 28 日，石狮市旅港同乡总会青年委员会“一带一路”故乡行访问团一行 50 人，参观市留学人员暨归国创业人员联谊会、宝盖山生态公园、市医院新院、新远辉化纤纺织科技公司、狮城青年创新创业孵化中心、市青年商会。

7 月 29 日，香港未来之星同学会一行 27 人参观永宁镇霞泽小学。

9 月 3 日，国际狮子总会中国港澳 303 区香港笔架山狮子会 30 人为鸿山镇洪厝村捐资 30 万元建幸福院捐资仪式及幸福院奠基仪式举行。

11 月 7 日，由香港泉州慈善促进总会苏千墅主席为团长的访问团一行 38 人访问石狮市。

12 月 4 日，旅澳乡贤洪珊珊向石狮市博物馆捐赠《印象》篆刻作品长卷，捐赠仪式在石狮市文联大厦“洪珊珊个人书艺篆刻展”现场举行。

台湾事务

【概况】 2018 年，石狮市通过参访交流、经贸考察、恳亲谒祖、文化交流、宗亲联谊及宗教民俗活动等契机，加强与台湾地区民间社团的交流往来，加深两岸在文化、宗亲宗教、民间社团等方面的交流。创新台胞权益保障工作。石狮市落实《石狮市人民政府关于鼓励和支持台湾青年来石创业就业若干措施》，出台《石狮市台湾青年创业就业项目评审办法》。推进石狮市台湾青年创业就业基地建设，印发《石狮市人民政府办公室关于开展台湾青年来石就业实习岗位征集工作的通知》，鼓励台湾青年来石狮就业实习。

【经贸往来】 2018 年，石狮市接待台湾地区轮船停靠 53 航次、台胞 514 人次，完成对台小额贸易 698.76 万美元。

2018 年 4 月 18 日—20 日，石狮市举办“第 21 届海峡两岸纺织服装博览会暨第四届海丝品牌博览会”，中国台湾纺拓会组织 45 家企业、97 人参展观展。

【文化交流合作】 2018 年，石狮市接待到石访问交流台胞 17 团，461 人次；石狮到台湾地区交流团组 2 团，10 人次。

2018 年 6 月 18—20 日，石狮市举办“第十届海峡论坛 · 第十二届闽台对渡文化节暨蚶江海上泼水节”，鹿港文教基金会参访团 30 名及“台湾戏曲学院”参访团 41 名成员到石狮市参加活动。活动除保留龙舟邀请赛、海上泼水、“海上捉鸭”“王爷船”巡海仪式、攻炮城等多项传统民俗活动外，特别举办“海丝杯”第五届中华灯谜文化节暨石狮第七届中华灯谜艺术节、国际龙狮公开赛、“重走海丝遗迹，聚焦两岸泼水”摄影采风等三大活动，突出对闽台非物质文化遗产的传承与发扬。

2018 年 9 月 30 日至 10 月 2 日，石狮市举办“第七届永宁古卫城暨城隍文化节”“祈福永宁”城隍民俗文化绕境巡游、“淘金永宁”寻宝攻略赛、“品味永宁”美食荟萃等数十项活动吸引当地民众和各地游客，展现闽南民俗文化风情，增添城市魅力。

【青年合作】 2018 年 6 月 15 日，石狮市举办“第十届海峡两岸青年辩论赛”。此届辩论赛围绕“制造业智能转型应以优势供给还是市场需求为主导”辩题展开激烈辩论。辩论赛连续举办十年，参与面不断扩大、对台特色不断突出、辩题高度不断提升、辩手来源范围不断扩大，成为两岸青年传承中华文化、展现思辨风采、增进感情交流的舞台，是国内唯一以在职青年为对象的两岸青年辩论赛。

2018 年 7 月 20—31 日，石狮市举办“第三届港澳台石狮市青少年夏令营”，13 名台湾地区青少年参加活动，与石狮学生加深互相了解及友谊，增进台湾青少年对中华民族的认同和对中华文化的认识。

【服务台胞台企】 2018 年，石狮市统筹安排台胞子女就近入学、义务教育阶段小学招生就近免试入学，初中阶段将在石狮区域内经商或合法正常居住的台商子女纳入“照顾服务”对象。2018 年，照顾 9 名义务教育阶段台商子女就读优质学校，2 名台商子女就读石狮市优质高中学校；办理台籍考生身份认定11份。创新台胞权益保障工作，建立健全“石狮市台胞权益保障法官工作室”“泉州市台资企业协会石狮市联谊会人民调解委员会”“石狮市侨港澳台胞法律服务站”等平台，为台胞权益保障提供法律支持服务。

2018年，重点联系走访飞鸿五金饰品有限公司、阿雷西进出口有限公司、嘉育吉的堡幼儿园等多家台资企业，通过联系交流，关注石狮台商生产经营动态，开展涉台扫黑除恶专项斗争工作，摸排涉台扫黑除恶线索，为石狮市台资企业提供良好的营商环境。

2018年春节期间，石狮市组织走访慰问石狮定居高龄台胞、困难台胞台属，累计31人次。邀请春节返乡的石狮籍台胞和在石台商参加由市委、市政府举办的新春座谈会。8月3日，组织召开惠台政策宣讲会，对“国台办31条”“福建省66条”惠台措施进行详细解读，动员各相关职能单位对应措施，认真抓好工作落实，切实落实好惠台政策。

【台商助学活动】 2018年9月7日，泉州市台资企业协会石狮联谊会举行第13届“两岸情·台胞心”助学活动，资助30名高中贫困生，资助金额6万元。

2018年6月15日，石狮市第十届海峡两岸青年辩论赛总决赛现场　　（图/市侨台外事局）

法 治

（图/颜华杰）

法治政府建设

【概况】 2018年，石狮市以石狮市人民政府及其办公室名义印发的规范性文件36件。办理27件行政复议案件，应诉案件11件。制作、获取政府信息949条。121人申领福建省执法证。12月24日因机构改革，市政府法制办整合至市司法局。

【执法监督】 2018年，石狮市推进执法监督工作创新，8月，石狮市被确定为省开展刑事诉讼涉案财物跨部门集中管理信息平台先行试点地区。9月，印发《关于做好刑事诉讼涉案财物跨部门集中管理信息平台试点工作的通知》，明确各单位职责。10月，组织召开涉案财物跨部门集中管理信息平台试点工作培训会，对平台的操作流程和功能进行培训。2018年，试点各项工作正在推进中，实现涉案物品“一案一档”“一物一码”。

2018年，石狮市开展行政处罚案件规范执法专项检查活动，检查15个行政执法机关240件行政处罚案件，促进各行政执法机关依法行政、规范行政行为。市委政法委审批国家司法救助案件10件10人，金额47.5万元，接待涉法涉诉信访案件8件。

2018年，石狮市协助泉州市开展对石狮市法院2017年1月至2018年2月期间审结，判决结果涉及夫妻共同债务的离婚、民间借贷等民事纠纷案件开展评查，对评查情况通报中个别案件审理经过不够规范，判决结果不够准确，法律文书制作不够规范等问题，及时纠正整改。

【依法决策】 2018年，市政府法制办对报请市政府常务会议及市长办公会议研究通过的议题履行审查职责，提出意见建议100多条，对涉及面广或与人民群众利益密切相关的政府决策事项，及时向社会公开，通过召开座谈会、听证会、论证会等形式征求意见，从源头上减少违法行政行为的发生，预防和纠正行政机关的不当行政行为，保证政府重大行政决策依法合规。

【行政复议】 2018年，石狮市收到行政复议申请27件（含上期结转9件），受理并审结20件（含上期结转9件），不予受理6件，未及时补正1件，未审结0件。2018年，办理的27件行政复议申请中，具体案由依次为消费投诉举报16件、行政处罚5件、行政不作为3件（不含消费投诉类）、其他类型3件。受理并审结的20件行政复议案件中，维持原具体行政行为的14件，占该总数的70%；驳回5件，占该总数的25%；确认违法1件，占该总数的5%。市政府法制办对市政府及市政府办受理的信息公开申请、投诉的答复进行把关，纠正一些违法或者不当的具体行政行为，发挥行政复议救济途径化解社会矛盾和解决行政争议的作用。

【行政应诉】 2018年，石狮市政府收到各级人民法院受理的应诉案件11件（含上期结转4件），其中民事诉讼案件3件。做好行政应诉工作，接受人民法院依照行政诉讼法对行政机关实施的监督，在法定期限内提交答辩书和相关证据材料，配合人民法院进行案件审理的相关准备工作。做好以市政府作为被告的行政诉讼案件的统筹协调指导工作，支持、配合行政审判工作，提高行政应诉工作水平。

【政府信息公开】 2018年，石狮市制作、获取政府信息949条，其中，主动公开信息201条，依申请公开信息320条，不予公开信息428条。

【法治教育】 2018年，石狮市印发

《关于在全市范围内营造学习宣传宪法浓厚氛围的通知》，印发15000份宪法修正案宣传资料，市直各部门、各镇（街道）、各村居及各行业累计利用151个宣传栏，548块LED显示屏进行宪法宣传，举行宪法学习讲座16场。举办领导干部法治专题研讨班，全市39个单位40名科级领导干部参加培训。邀请上海市文史馆馆长郝铁川作《习近平法治新判断新观点和新举措》辅导讲座；邀请厦门大学法学院教授、博士生导师朱福惠作《树立宪法权威 推动宪法实施》的宪法辅导报告。

【社会和谐稳定维护】 2018年，石狮市完成各级"两会"、海博会、海峡两岸对渡文化节、世界石狮乡亲恳亲大会等重大活动安保维稳工作任务，加强法定节假日和重要会议、活动期间值班工作，按时报送社会稳定形势"零报告"77条。全市摸底排查涉稳风险隐患问题217个，涉稳重点人33人，全部分解责任到人，落实专班稳控，年内没有出现重点人失控失联的现象，没有发生突破"七个坚决防止"的重大案事件，社会经济环境安全稳定。

2018年，石狮市集中力量对影响石狮社会安定稳定的历史积案和涉访等突出社会矛盾进行专项治理，审结判处非法上访人员1人，办理涉法涉诉信访案件9件。2018年，全市信访总量减少503人次，集体访减少578人次，信访态势较为平稳。

2018年，全市成立各类人民调解组织198个，其中9个镇（街道）、128个村居（社区）全部成立人民调解委员会。建立村（社区）人民调解员队伍862名，其中星级人民调解员268名，培育个人调解工作室8家。培育泉州市级金牌调解室2个、县级金牌调解室3个。2018年，全市人民调解组织排查矛盾纠纷771起，调处771起，调处率达100%，调解成功766起，调解成功率99%。

【规范性文件管理水平提升】 2018年，石狮市以石狮市人民政府及其办公室名义印发的规范性文件36件。开展5次规范性文件清理工作，涉及产权保护规范性文件专项清理工作，其中，继续有效（含需要适时修改）的规范性文件37件，废止和宣布失效的规范性文件3件；涉及著名商标制度规范性文件专项清理工作，其中继续有效（含需要适时修改）的规范性文件3件；涉及民营经济发展规范性文件专项清理工作，其中，继续有效（含需要适时修改）的规范性文件34件，废止和宣布失效的规范性文件11件；石狮市自行设定的证明事项专项清理工作，其中取消证明事项12项；石狮市范围内实施的证明事项专项清理工作，保留证明事项233项。

政法委及综治

【概况】 2018年，石狮市出台《关于进一步加强村级治安巡防队伍建设的意见》《石狮市"守护平安·2018"专项行动工作方案》。深化社会治安问题专项治理三年行动，开展矛盾纠纷积案化解、特殊人群服务管理、重点领域集中整治、重点部位安全防范、区域性突出问题排查整治。加强和规范全市电动自行车管理。打造"严重精神障碍患者"全链条诊疗保障体制，对本地严重精神障碍患者实行排查、送诊、救治、救助的全链条服务。2018年，在省综治三率测评中，石狮市群众安全感率达99.33%，排名全省第十、泉州第二；执法满意率达98.47%，排名全省第七、泉州第一。石狮市连续第8年获评泉州市"综治工作先进市"。

【服务保障提升】 2018年，石狮市在福建省率先打造"严重精神障碍患者"全链条诊疗保障体制，对本地严重精神障碍患者实行排查、送诊、救治、救助的全链条服务。推行"一历五单"，推进严重精神障碍患者基础信息共享和部门管理衔接。实施有奖监护，监护责任以奖代补，每年度奖励5040元，标准全省最高。开展免费救治，实现政府买单、患者受益，符合条件的严重精神障碍患者住院治疗患者医疗费用由政府财政负担。探索购买服务新模式，与泉州市第三医院建立双向转诊、对点帮扶机制，委托泉州市第三医院为石狮市严重精神障碍患者进行建档、体检和随访管理等，提高严重精神障碍患者的治疗、诊断、随访等工作质量。截至2018年11月，全市新增排查严重精神障碍患者55人，免费送诊住院救治21人次，全市严重精神障碍患者管理总数达2762人，规范管理率达88.67%，居泉州市前列。

2018年，石狮市继续推行社会治安综合保险纳入全市统保，由市财政全额出资，受益对象从石狮户籍人口拓展到石狮常住人口，囊括"新石狮人"群体。2018年，社会治安综合保险受理报案1173起，结案1172起，理赔金额211.69万元。其中，"两抢"和盗窃受案469起，理赔金额73.32万元；火灾受案39起，理赔金额30.01万元；台风、暴雨、雷击等自然灾害受案656起，理赔金额96.62万元。

2018年，石狮市在市幼儿交通安全情景教育基地成立福建省首家"儿童驾校"；在"少儿交通宣传教育类"电视栏目推出的《童眼看交通》，已播放23期。坚持"以奖促管"模式，"全年无交通违法"车辆由首届3349辆增至1.86万辆，翻至近6倍。

【平安石狮建设】 2018年，石狮市把村级徒步巡防、进村入户走访工作与网格化管理相结合，将全市128个村（社区）按网格划分定格定人定责，组建700人村级巡防队伍，实行统一管理，镇村联巡，每季度进村入户走访，开展矛盾纠纷隐患的集中排查和调处，提高平安建设知晓率和执法满意度。运用“互联网＋网格化”思维，在宝盖镇探索试点，运用“平安宝盖”微信公众平台，借助互联网定位功能对各网格片区管理员入户走访和重点人员管控工作进行实时监督和记录，提高入户走访实效。2018年，依托覆盖全市范围内重点部位、重点场所的“无缝隙、全方位、多层次”平安志愿服务网络，到社会各层面、角落开展群防群治工作，截至2018年，全市登记造册的各类平安志愿者2.5万名，拥有“美丽海岸”“海上救助”“阳光太太”“马路天使”和“农民义务110”等一批享誉省内外的优秀平安志愿者队伍。2018年，石狮市党政一把手与各镇（街道）、市直单位签订综治平安建设责任书，镇（街道）主要领导与各村（社区）、镇直单位签订综治平安建设责任书，每季度开展一次公众安全感调查测评，每季度召开一次全市综治“三率”推进会，层层压实责任。

【社会治安问题专项治理三年行动】 2018年，石狮市深化社会治安问题专项治理三年行动，在全市范围内集中开展矛盾纠纷积案化解、特殊人群服务管理、重点领域集中整治、重点部位安全防范、区域性突出问题排查整治等五个专项治理行动。2018年，石狮市推行“诉调对接”“警民联调”实现“公调对接”及打造新时代“海上枫桥”经验等做法推动多元调解，全市各级各类调解组织共排查调处各类矛盾纠纷2527件，调解2527件，调解率达100%，调解成功2430件，调解成功率96.16%。深化特殊人群服务管理，加强社区矫正与安置帮教对象“两类人员”管控、帮教，全面排查有肇事肇祸行为或者肇事肇祸倾向的疑似严重精神障碍患者，通过跟踪核实，及时、准确、翔实地将患者信息录入重点人员管控工作平台。推进重点领域集中整治，把打击侵财犯罪作为打击的主攻方向，开展打击经济犯罪活动，2018年，全市立经济犯罪案件310起，破案281起，抓获犯罪嫌疑人295人；落实道路建设项目安全设施四同步建设，配合持续开展“道路运输平安年”活动，推进“交通安全示范村居”“交通安全示范劝导站”创建活动。加强重点部位安全防范，对辖区内所有医院和学校幼儿园进行走访，强化校园周边交通秩序管控和推进“三防”建设，加强对医院和校园及其周边的巡逻和重点部位的值守，净化医院和校园周边环境。开展区域性突出问题排查整治，开展打击整治枪爆物品违法犯罪专项行动，严打严防电信网络诈骗犯罪，实现打击电信网络诈骗“两降两升”的目标；开展“飓风肃毒”专项会战，推进“今冬明春社会维稳禁毒攻势”“禁毒2018两打两控”暨“飓风肃毒2018”会战专项行动。

【扫黑除恶专项斗争】 2018年，石狮市印发《石狮市扫黑除恶专项斗争实施方案》，成立市扫黑除恶领导小组，建立“涉黑涉恶问题线索双向快速移送反馈”“黑恶势力犯罪案件联合督办”“重大复杂黑恶案件会商”“一办五组挂钩联系扫黑除恶各成员单位”“扫黑除恶专业队伍”等多项工作机制。打掉黑社会性质组织1个，恶势力犯罪集团2个、恶势力团伙7个，破获九类涉恶案件243起，抓获九类涉恶案件嫌疑人1095人，立刑事案件6350起，比2017年下降14.3%。市纪委监委办理涉黑涉恶问题线索6件7人，办结5件，立案4件5人。其中，充当黑恶势力“保护伞”问题3件4人，立案后转一般刑事案件1件；给予党纪政务处分3人、责令辞职1人。在村级换届选举资格审核中，审查候选人1823人，取消57名不符合条件候选人。

【反邪教专项行动】 2018年，全市9个镇（街道）配备反邪教协理员9名，128个村（社区）设立反邪教宣传员127名，实现“两员”全覆盖。开展对“心灵法门”大排查、大清查、大调研专项工作，对辖区内“心灵法门”相关情况进行摸底排查，公安机关强化专案侦查，依法严厉打击邪教组织公开传教、非法聚集等各类活动，确保全市的社会政治稳定。推动宝盖镇成功创建省级“无邪教创建”示范镇（街道），凤里街道后花社区、湖滨街道仙迹社区、灵秀镇塔前村等10个村（社区）成功创建省级“无邪教创建”示范村（社区）。推进反邪教警示教育，发放反邪宣传单9500多份，张贴反邪教知识宣传标语362条，发送反邪教宣传短信20万条，在石狮日报头版的版头位置刊登为期两个月的反邪教宣传标语。有2篇反邪教宣传稿件被“中国反邪教网”刊发，1篇被“海丝清风”微信公众号刊发。9月，开展反邪教进校园活动，零距离面对面地向大学生新生群体开展反邪教宣传活动，发放相关宣传手册资料3000余份。

【各类专项整治】 2018年10月，石狮市加强和规范全市电动自行车管理，启动超标电动车整治工作，利用电视、报纸、手机朋友圈、公众号、展板、海报等各种方式广泛宣传整治工作。推行电动自行车带牌销售服务，2018年全市电动自行车带牌销售服务点由3个增加到11个。开展电动自行车交通违法行为整治，对电动自行车闯红灯、逆向行驶、违反规定载人、未佩戴安全头盔行为等重点交通违法行为，结合宣传发动阶段的内容开展重点教育和综合整治，采取教育为主、处罚为辅的柔性执法方式，促进超标电动车阶段性整治的有序开展。推进客运人力三轮车整治工作，查处人力三轮车违反限行规定227多起，全市原有人力三轮车186部，经过整治退出市场

150多部。推进"僵尸车"清理整治工作，排查444辆僵尸车。其中，机动车284辆，非机动车160辆；清理僵尸车143辆。其中，机动车97辆，非机动车46辆。推进破解停车难专项整治，基本完成林边、石狮市妇幼保健医院智能立体停车位建设，新增停车位592个；新增二小及五小片区的交通微循环项目，缓解当前二小、五小片区高峰时段交通拥挤状态；对第七实验小学等10个新建项目开展交通影响评价，提出82条意见建议，改善18个交通节点，提高道路交通通行能力，预防项目建成后带来的停车难问题。

【加强政法队伍建设】 2018年，石狮市落实全面从严治党主体责任，深入推进党风廉政建设和反腐败工作，强化政法队伍监督执法。落实政法队伍党风廉政建设联席会议制度，夯实政法队伍拒腐堤坝。强化纪律教育，举办"狮城清风"廉政主题辩论赛，组织参观泉州监狱听取职务罪犯现身说法、到法院旁听公安局民警池某的职务犯罪公开庭审，以案明纪，提高政法干警的法治观念和规范执法意识。完善公检法与纪委监委部门案件线索双向移交机制。2018年，公安局向纪委监委部门移交线索1条，纪检部门向公安局移交线索4条。深挖彻查黑恶势力"保护伞"。年内，摸排掌握党员干部涉黑涉恶线索6件7人，办结5件，立案4件5人，其中充当黑恶势力"保护伞"问题3件4人，给予党纪政纪处分3人，从严查处违纪违法问题，保持惩治腐败高压态势。

公 安

刑事犯罪打击

【概况】 2018年，石狮市公安局开展"深入推进三打击一整治""打击盗抢骗犯罪"和"打击电信网络诈骗犯罪"等专项行动。4月，石狮市成立石狮智慧公安实验室，借助企业软件研发力量创新研发智慧警务系统构建以大数据智能应用为核心的智慧侦查新模式。5月，石狮市公安局被福建省公安厅确定为全省公安机关"智慧侦查"建设试点单位，成为全省县级公安机关唯一的试点单位。9月，石狮智慧公安实验室首创研发的人像数据研判系统上线运行。2018年，依托该系统抓获逃犯129名。其中，历年逃犯62名，命案逃犯5名，包括部督逃犯2名。

【刑事案件侦查】 2018年，石狮市破获刑事案件3487起，破案率为54.9%，与2017年持平；逮捕1016人，比2017年下降11.6%，移送起诉2221人，比2017年下降3.1%；抓获网上在逃人员460名，其中，外地历年逃犯100名，本地历年逃犯80名。发命案7起，破案率100%，侦破命案积案2起。

2018年，石狮市公安局抓获九类涉恶案件嫌疑人1095人，九类涉恶刑事案件破案237起，破案率92.6%；执行逮捕153人，移送起诉165人，扣押、查封、冻结涉案财物365.8万元。打掉黑社会性质组织1个、恶势力犯罪集团2个、恶势力团伙7个，刑拘89人，破案101起，执行逮捕64人，移送起诉30人。

2018年，全市八类严重暴力案件111起，比2017年下降13.3%，破获111起，破案率为100%，比2017年上升0.8个百分点，八类暴力案件破案率创历史新高。

2018年，市公安局组织开展"深入推进三打击一整治""打击盗抢骗犯罪"和"打击电信网络诈骗犯罪"等专项行动，打击多发性侵财犯罪，全年传统盗抢骗立案3175起，比2017年下降21.8%，破获1293起，破案率40.7%。组织开展打击电信网络新型违法犯罪，全市电信网络诈骗立案件数比2017年下降5.2%，受骗损失总金额1292.26万，比2017年下降35.4%；破获电信网络诈骗案355起，比2017年上升6.3%；刑拘电信网络诈骗犯罪嫌疑人82名，比2017年上升7.9%。

【经济犯罪打击】 2018年，石狮市破经济犯罪案件281起，抓获犯罪嫌疑人295人，其中，破获"惊雷一号"网络传销案件2起，抓获犯罪嫌疑人5人；破获"惊雷二号"打击地下钱庄类案件2起，抓获犯罪嫌疑人5人，发起集群战役1起；破获"惊雷三号"打击非法集资案件10起；破获"惊雷四号"打击虚开骗税案件11起，抓获犯罪嫌疑人11人；破获"惊雷五号"打击金融领域突出犯罪案件101起，收缴假币22万元，警银收缴比例超60%；破获"惊雷六号"侵权假冒犯罪案件24起，抓获嫌疑人26人。抓获5名境外经济犯罪逃犯。

【追逃工作】 2018年，石狮市抓获各类逃犯460名，其中，抓获本地历年逃犯80名，外地历年逃犯100名，历年逃犯归案率为48.8%，高于泉州市各县市区公安机关平均水平。

【禁毒工作】 2018年，石狮市公安局组织开展"今冬明春社会维稳禁毒攻势"专项行动、"禁毒2018两打两控"专项行动暨"飓风肃毒2018"会战行动，破获毒品案件292起，批捕毒品犯罪嫌疑人222名，移送起诉毒品犯罪嫌疑人274名，缴获海洛因78.76克、可卡因163.08克、K粉207.02克、冰毒1464.12克、大麻357.52克、其他毒品65.16克，查获吸毒人员432人，追逃2人，破获部督目标案件1起，福建省督目标案件3起，协助其他县市破获2起省督目标案件。强制隔离戒毒人员133名、社区戒毒149人。

治安管控

【概况】 2018年，石狮市公安局开展扫黑除恶专项斗争、打击整治枪支爆竹物品违法犯罪活动、易制爆危险化学品专项整治、市区禁止燃放烟花爆竹专项行动、全市公安机关治安部门安全生产大检查、"护校安园"专项行动、"一标三实"采集攻坚阶段专项行动、矛盾纠纷大排查、打击整治赌博违法犯罪专项行动、黄赌犯罪专项整治行动等为载体，履行治安管理、服务和打击职能。

【治安热点整治】 2018年，石狮市公安局组织开展"打四黑除四害"和食药打假"利剑"行动等专项工作，破获食药类案件70起，销售伪劣产品案5起，环境污染案立刑事案件4起、行政案件1起。与人社局加强协作配合，打击恶意欠薪犯罪，对可能发生的欠薪重大案事件的提前介入调解工作，组织各派出所与各镇街道配合，做好企业欠薪案事件的稳控工作，防止发生上访、哄抢、抢夺企业财物行为，落实"两法衔接"工作机制，及时打击恶意欠薪犯罪行为。加强对涉黄、涉赌重点地区的整治，从流口管理、整体防控、联动打击、宣传引导和建章立制等方面综合施策，通过传统媒体和网络媒体，宣传"黄赌毒"违法犯罪有关法律法规和社会危害性，组织开展涉黄赌警情专项整治行动，查获涉黄涉赌刑事案件200多起。

【缉枪治爆】 2018年，石狮市公安局检查涉枪单位46家次、涉爆单位29家次，涉危单位48家次，加油站110家次、寄递企业211家次。组织全市涉爆单位、剧毒化学品从业单位、寄递企业、加油站点负责人召开安全监管工作会议，开展市区禁止燃放烟花爆竹专项行动、"打击整治枪爆违法犯罪"专项行动和2018年安全生产工作。2018年，石狮市未发生涉枪涉爆等重大安全事故。

【社会治安视频监控系统】 2018年，石狮市公安局完成城市安全信息系统六期建设，投入约1250万元，建设1430个高清治安监控、100个人像卡口、7个车辆微卡口，扩展城安系统的覆盖面。

【三级巡逻队伍管理】 2018年，三级巡防队伍日常巡逻出动9.1万多人次，武装巡逻1351次、出动6382人次，其中夜间巡逻当场抓获撬盗违法犯罪嫌疑人21名，缴获涉案车辆35部，为群众挽回经济损失100多万元。2018年，石狮市公安局构建社会治安防控体系新模式，整合辖区巡防资源，强化警种联动，联合政法委制定《关于进一步加强村级治安巡防队伍建设的意见》《石狮市"守护平安·2018"专项行动工作方案》等规范性文件，打破村与村之间的界限，由"各自为阵"向"共同联防"转变，形成"街面有巡逻，小巷有巡防"的大群防、大联动平安工作格局。

【重点行业场所管控】 2018年，石狮市公安局联合市文体旅游广电新闻出版局、交通和城市建设局、市场监督管理局，建立娱乐场所黑恶线索、"行霸""市霸"线索排查机制。通过组织警力走访摸排、组织从业人员培训、强化督导等多项措施，强化全市旅馆业、机修业、娱乐业等重点行业场所的管理服务工作，发挥行业阵地管控在打击犯罪和追逃等方面的重要作用。2018年，全市旅馆、娱乐场所、机动车修理公司全部纳入系统管理，覆盖率100%。

【保安辅警管理】 2018年，石狮市保安服务公司协助公安机关完成"春运卡点"、永宁古卫城元宵灯会、清明节永久墓园、"4·18"海博会、时装周、海丝博览会、祥芝三村篮球赛、第三节国际旅游城市篮球赛、"邱下杯"篮球赛、端午泼水节、国际龙狮公开赛、国际军事比赛、"金丘"篮球赛、"振华杯"篮球赛、"旭辉"房地产推介会、博物馆"故宫珍宝展"、永宁城隍文化节等20多场安保活动，出动安保人次7528人次。

2018年，开展4期国家保安员资格证书培训考试，参考人员540人，合格人员472人，合格率87.4%。

【抢险救灾】 2018年，石狮市公安局指挥中心、巡特警反恐大队、交警大队和治安管理大队多警种联动，强化应急救援能力。巡特警反恐大队开展防洪防台风应急预案演练；交警大队组织开展2018年汛前安全大检查对全市道路积水路段及单位防汛物资储备情况进行全面排查。在防洪防汛抢险救灾期间，利用路面监控系统全面排查易积水拥堵路段，制定临时道路交通管制预案和绕行方案，及时转移故障车辆、清理障碍物等，定时定点对全市交通设施加强巡检，实时公布全市易积水路段及绕行路线，确保群众出行安全。2018年，完成第8号"玛莉亚"超强台风等抢险救灾任务15次。

【护校安园工作】 2018年，石狮市公安局联合检察院、教育局等11家单位共同建立"未成年人保护联盟"，出台"未成年人保护十项措施"，形成以12家具有未成年人保护职责的单位为主体，87名警官、52名检察官及185名志愿者为骨干，相关教育工作者、志愿者协会为补充的未成年人保护联盟体系。开展"护校安园"专项行动工作，出动校园周边巡逻警力1191多人次，警车2151余台次、排查并整改校园内部安全隐患886处、排查并整治校园周边站乱点219处、入校开展法制教育1642次、指导开展演练712次。

公安法制建设

【执法教育】 2018年，石狮市公安

2018 年 3 月 26 日，石狮市公安局组织警力到校园开展安全教育 （图 / 市公安局）

局法制部门开展“公安法制半月谈”，对修改后刑诉法、公安机关行政案件程序规定等新法新规开展专题培训，提高民警办案水平。法制大队案审民警实行早例会制度，对案件审核过程中发现的执法问题以及疑难案件进行研究分析，通过学习交流提高案审能力，加大法律服务保障力度，不断提高公安法制部门服务领导决策、服务基层、服务执法的责任担当和能力水平，打造专业化法制队伍。

【执法规范化建设】 2018 年，石狮市公安局强化受立案监督、开展执法质量“亮剑台”、实行执法质量每月考评通报制度等进一步深化“铁案工程”建设。开展刑拘后未报捕未移送审查起诉案件专项检查、执法活动财物管理专项整治、取保候审保证金、扣押款专项检查等专项执法检查活动，进一步整治案件办理、涉案财物管理等方面的执法突出问题，提升执法公信力。完善跨部门涉案财物管理工作公检法三部门的衔接机制，畅通出口，及时处置涉案财物，扎实推进刑事诉讼跨部门集中管理信息平台试点工作，建成“石狮智慧物管平台”，积极探索二维码涉案财物管理和“一中心七分库”涉案财物分库归责管理模式，进一步规范涉案财物管理，保障当事人合法权益。

【信访化解工作】 2018 年，石狮市公安局推进公安信访“四化”建设工作，突出问题导向、强化底线思维，深化开展信访积案的攻坚化解。紧盯“清仓见底”目标，逐一制定化解工作方案和化解时限，2018 年，福建省公安厅交办重点信访积案 3 件，泉州市公安局交办的重点信访积案 8 件重点信访积案全部提前实现 10 件保质保量办结、息诉息访 100%，实现信访“控增减存”。

公安行政管理

【户政管理】 2018 年，石狮市公安局推进“家门口”“指尖上”“自助式”“一站式”“服务型”等五个“户籍室”建设。7 月石狮市不再设立县一级户政窗口，将户籍业务办理权限全部下放到派出所，群众在户籍所在地派出所直接申请办理户籍业务，享受“家门口”服务，截至 12 月底，全市各派出所办理户籍业务 7999 件，其中户口迁移 6974 件，变更更正 1025 件。

2018 年，依托福建省公安厅“智慧房屋”平台，构建集户口跨市迁移进度查询、身份证制证进度查询、新市民积分查询、居住证申领等功能于一体的“石狮公安民生警务平台”，群众通过微信关注该平台即可随时随地享受“指尖上”的服务。2018 年，该平台受理网上户籍事项申请 4624 件，户籍网上业务办理量占比居泉州市首位；受理居住证办理、新市民积分申请等咨询 198 件。

2018 年 8 月，石狮市公安局与石狮市不动产登记中心协作联动，实现数据共享，将房产信息查询权限延伸到户籍窗口，在全省率先推出购房落户“一站办理”便民举措，房屋业主或申请人只需携带身份证和户口簿到房产所在地派出所户籍窗口，即可办理户口迁移落户，减少中间环节和重复举证。12 月，石狮市建设省内首家进驻行政服务中心的 24 小时公安综合业务服务站，方便群众自助办理户籍业务，借助石狮市政府“12345”便民服务热线、“石狮公安”微信公众号、新浪微博等渠道，为广大群众提供便捷的咨询服务；2018 年，组织派出所社区民警和户籍民警常态化、经常性地开展无户口人员落户问题摸排，为“军老孕残”人员上门办证、送证上门，变被动办事为主动上门服务，共为群众送证上门 386 件。

【社会治理创新】 2018 年，石狮市公安局强化二维码智慧门牌的应用宣传和实战成效，扩宽采集渠道，提高基础信息社会化采集效率。2018 年，全市利用二维码门牌备案出租房屋 54677 间，采集流动人口 13.81 万多人，注销 6 万多人；通过“居住证办理”模块在线申领居住证 1126 人，通过“牵挂你”平台寻回走失人员 454 人次。

【出入境及往返港澳台地区管理】 2018 年，石狮市公安出入境管理部门接待来访群众 18 万余人次，受理公民因私出国境申请 109360 人次，比 2017 年的 96884 人次上升 12.9%。受理公民出国申请 19895 人，比 2017 年上升 17%；受理公民申请短期往来港澳地区 77521 人次，比 2017 年上升 12.4%；受理前往港澳地区定居 325 人，比 2017 年下降 8%；受理公民赴台申请 11619 人次，比 2017 年上升 9.8%；受理港澳居民注销国内户口申请 175 人； 接收国家工作人员报备 6125 人次，其中新增 4510 人次、更新 902 人次、撤销 713 人次；报备不准出境人员 8831 人次、撤销 2011 人次。

2018 年，受理外国人签证证件 1027 件，其中，普通签证 145 件，居留许可 850 件，停留证件 32 件，分别占总数的 14.1%、82.8% 和 3.1%，签证申请主体仍为中东国家代表处人员及其家属。受理台湾居民来往大陆通行证 67 件，其中，五年期 60 本，一次性 7 本。中华人民共和国出入境通行证 49 本，受理量在全省县级受理审批机关中居首位，与部分地级市接近。2018 年，石狮市公安局出入境大队针对石狮市外国人代表处多、人员杂的特点，加强对辖区外国人走访核查，定期走访辖区代表处，核查登记，强化签证受理后的监管，落实境外人员实有人口管理的要求，约谈驻石狮外国代表 422 人次、走访外国人代表处 300 家次。

2018 年，石狮市公安局出入境管理部门处置涉外案事件 21 起，其中，违反出入境管理法的行政案件 21 起，涉外刑事案件 2 起，依法遣送出境 8 人，拘留审查 2 人，监护出境 2 人，未发生因处置不当或未及时通报而引起外交纠纷的涉外案（事）件。2018 年，对石狮的境外人员 8 万多人次实施管理。

2018 年，石狮市公安局对自助办证区的设备进行升级，增加自助照相、自助填表、自助签注和自助发证设备，实现三分钟签注、30 秒发证、即来即办、立等可取的服务，1 分钟即能完成表格填写和预受理工作。2018 年 12 月 11 日，市公安局启动凤里派出所、永宁派出所 2 个自助签注 24 小时办理点。

【监所管理】 2018 年，石狮市拘留所新收行政拘留人员 2290 人，拘留审查 3 人，司法拘留人员 606 人，合计关押被拘留人员 2899 人，释放被拘留人员 2875 人。

2018 年，启动监控系统升级改建工程建设，按照省公安厅部署，推进监室悬挂点隐患整治工作。4 月，经申请和考核，取得市食品管理部门颁发的食品经营许可证。12 月，完成在押人员伙房管理软硬件设施建设，提升看守所伙房正规化管理水平。

2018 年，规范在押人员“一日生活制度”和规范民警执法管理工作的两项制度；打造完善“将在押人员羁押期间表现纳入法院量刑机制”这一首创品牌。2018 年，全省首例按照新刑诉法规定获法院酌情减刑一个月的案例在石狮市看守所产生。年内，产生酌情从轻判决案例 25 起，酌情从重判决案例 5 起。

2018 年，市看守所重点推进公安监所“智慧监管”和武警“智慧磐石”两项工程建设。11 月，省武警总队在石狮市组织召开全省武警“智慧磐石”工程现场推进会，看守所“智慧磐石”工程建设成果作为先进典型在全省进行推广示范。

【网络安全管理】 2018 年，石狮市公安局依托互联网信息监控中心和“五级巡控”机制，关注网上舆情动向，严厉打击网络谣言，核查处置各类舆情 100 多起，行政拘留 5 人。

2018 年，石狮市公安局加强网吧市场管理，检查网吧 200 多家次，处罚未严格落实实名登记网吧 3 家次。组织开展网络安全专项整治行动，通过走访巡查，指导督促重点网站、重要信息系统建立健全安全管理制度，保障全是党政机关、事业单位和国有企业互联网网络安全稳定。2018 年，市公安局现场执法检查和远程扫描本市党政机关、事业单位和国有企业互联网网站、重要信息系统 200 多家次，通报督促整改安全漏洞 32 家次。

交通管理

【概况】 2018 年，石狮市交通出行惬意指数居全国百强县榜首。2018 年，石狮辖区发生伤人以上交通事故 547 起，死亡 47 人，受伤 604 人，直接经济损失 278720 元。2018 年，辖区交通安全形势整体平稳。

【道路通行环境】 2018 年，石狮市优化全市信号灯配时方案，完成濠江路（香江路－嘉禄路）沿途各路口信号机更新换代和双向绿波协调控制，市区八七路、南环路等主干道（涵盖 41 个路口）实现“绿波”通行，在市区形成一张畅通的“绿波网络”。推进交通组织模式优化，继续推进二小片区、五小片区等片区推动社区交通“微循环”。对德辉路段车流量大，随意停车、人车冲突等问题，在斑马线设置简易红绿灯，提高路段通行效率。推进宝岛路、镇中路、峡谷旅游路等重要路段的交通改善方案。对福厦客专石狮段施工场地和西南片区的交通组织进行优化。

【交通事故预防机制】 2018 年，石狮市公安局交通警察大队联合市交建、安监、城管等部门结合交通事故警情开展辖区安全形势研判，调整事故预防工作重点，强化沿海农村地区道路交通隐患黑点的排查整治。2018 年，推动道路隐患排查整治行动 12 次，排查整治事故隐患 16 处，其中，列入省委省政府为民办实事项目 5 处，作为县市级道路交通隐患整治项目 11 处。2018 年，以全国“两会”、海丝海博会、创建全国文明城市和重要节假日期间的道路交通安保工作为重点，组织开展道路交通综合整治191次，查处各类违法行为47646起。

【交通安全宣传教育】 2018年，石狮市开展大型交通安全主题宣传活动20多场次，发放各类宣传资料20万多份。交通安全宣讲队，到学校、农村、社区、单位、家庭举办交通安全知识讲座110多场次。3月3日，福建省首档“少儿交通宣传教育类”电视栏目——《童眼看交通》在石狮电视台开播；3月29日，在市第三实验幼儿园幼儿交通安全情景教育基地正式成立福建省首家“儿童驾校”；举办石狮市第六届“青商杯”全年无交通违法车辆（车主）表彰奖励活动，石狮市“全年无交通违法”车辆从2013年的3349 辆增长至18620辆。组织“夕阳红”引导员、“校门口督导员”、青年志愿者在市区主要灯控路口、学校周边协助执勤交警开展文明交通劝导志愿服务活动。石狮市公安局交通警察大队与石狮电视台联合推出的《福建石狮成立全省首家儿童驾校开展情景安全教育》《童眼看交通之礼让斑马线》在全国电视法制节目创优评析中，分别获得消息类节目二等奖和专题类节目三等奖。

【交通管理便民措施】 2018年，石狮市推进公安交管“放管服”20个大项72小项的改革措施，推进缴费支付电子化、优化查验工作流程，提升快捷高效的服务能力，实现“一次办、马上办”；推广互联网应用、完善自助服务、完善人性化服务措施，实现“自助办、网上办”；推广“警邮合作”、整合窗口服务功能，拓宽服务渠道，实现“就近办、便捷办”；加强检验监管和驾驶人考试远程审核监管，加强全过程监管，实现“依法办、规范办”。

【交通安全设施建设】 2018年，石狮市推进四期电警改造和八期电警建设、停车场信息平台和前段数据采集等为民办实事项目；更新交通标线1.5万平方米，维护交通标志2513次，更换32套；维护灯控2103次，更换信号灯5组；维护交通护栏2539片、更换589片车道护栏、245片人行护栏、U型管7套；新增道路停车泊位200个；对10个大型建设项目进行交通影响评价，改善45个交通节点和出入口的交通组织方式；推进15条新建改建道路主体工程交通安全设施配套建设。

消 防

【概况】 2018年，石狮市消防大队出接处警1539起，出动1637次（含增援），出动消防车2930辆次，消防人员15148人次，抢救被困人员84人，疏散人员94人，抢救财产价值647.12万元。2018年，全市发生火灾258起，直接财产损失约60.55万元，与2017年相比火灾起数上升9.79%，直接财产损失下降63.74%，非场所类火灾占火灾总数的30%，场所类火灾未造成较大损失，总体来看，火灾形势相对比较平稳。

【消防队伍建设】 2018年，石狮市消防大队建设泉州首支车辆事故救援专队，石狮消防大队湖滨中队被确定为泉州市指定车辆事故救援专队建设试点的单位。2018年，石狮市2个全国重点镇（祥芝、永宁）和4个一般乡镇（灵秀、宝盖、凤里、锦尚）专职消防队达到《乡镇消防队标准》建设达标志愿消防队，并完成事业单位法人登记。

【执勤战备训练】 2018年，石狮市消防大队把训练工作列入大队党委议训日程，开展冬训、夏训考核，其中市消防大队所属湖滨中队代表泉州消防支队在消防总队冬训考核中获得中队组第2名。2018年，开展消防安全重点单位演练128次，完成重点单位数字化灭火救援预案编制95家，指导微型消防站联合训练75家次，联合各有关部门开展森林防火、汽修行业、道路事故、宗教场所、公交车事故、大型城市综合体、危化品仓库等场所或类型应急演练。

【社会火灾防控】 2018年，石狮市排查单位1601家次，督促整改火灾隐患1722处，下发责令改正通知书757份，下发行政处罚决定书37份，临时查封单位10家，责令“三停”单位13家，罚款26.18万元。2018年，与国土规划、房产管理局、城市管理局等多部门联合开展高层建筑排查10多次，完成全市173家高层建筑基础排查，发现并整改隐患185处。全市各镇（街道）按辖区开展全市电气线路隐患排查1030家，督改隐患197处，整修电气线路10余处。2018年，开展印染行业消防安全排查，排查单位65家，督改火灾隐患43处。2018年，全市各镇（街道）开展网格化排查1445次，排查九小场所465家，督改火灾隐患480处，排查“三合一”场所54家，搬离违规住人103人。2018年，全市建立电动车集中充电桩592个，将简易消防设施、电动车集中停放点、微型消防站等消防安全提升工作纳入正在开展的老旧小区改造三年提升工程。

【民众消防安全意识宣传】 2018年，石狮市消防大队集中开展各镇街道党政干部消防安全工作、“消防开学第一课”、居住出租房消防安全整治工作、工贸企业消防安全、电动车消防安全整治等专项培训。推进大队辖区参谋落实挂点制度，每月开展各镇街道及公安派出所培训指导，共108次。全市14个派出所约谈出租人4949人，培训出租人、承租人6759人，签订消防安全责任书6759份。

2018年，石狮一中公民警校开放53次，接待群众4888人，消防大队消防站开放49次，接待群众4870人。

2018年，市消防大队发送提醒短信800多条，社会单位LED提示4000多频次，人员密集场所公益广告1000多次，利用微博、微信等新型媒介，以每日不少于1条频次推送消防安全信息。

2018年，各镇街道、公安派出所开展《居住出租房屋消防安全基本条件》和《关于规范电动车停放充电加强火灾防范的通告》宣传贯彻活动30多场，发放宣传贯彻材料7000余份；对辖区内老、弱、病、残、孤寡等特殊群体，开展一对一帮扶，进村入户式宣传120多次，对火灾逃生、出租屋消防安全常识、电动自行车安全、充电常识和消防法律法规等进行宣讲，提升群众消防安全意识。

【消防后勤保障】 2018年，泉州市政府下达的“100个微型消防站建设”为民办实事项目，石狮市6个微型消防站、6辆微型消防车的任务完成建设并投入使用。2018年，开展消防安全社区达标验收，达标创建5个社区，占全市社区总数的20%。2018年，石狮市消防大队、各镇（街道）、公安派出所在全市出租屋、沿街店铺等九小场所推广增设灭火器2943具，增设应急照明灯1695具，增设简易喷淋298套。市消防大队各中队配全卫星电话、4G单兵图传、手持移动终端、移动无线MIFI、运动摄像机等信息通信设备，硬件设施提档升级。

检　察

【概况】 2018年，石狮市检察院依法批准逮捕各类刑事犯罪嫌疑人967人，起诉2025人。开展“清水蓝天”环保专项治理监督活动，立案监督6件。办理污染环境案件11件，批捕起诉8人。加强对企业产权的司法保护。加强防范金融风险，打击非法吸收公众存款、集资诈骗、校园贷等金融犯罪。联合12家单位建立“未成年人保护联盟”。组织416人次参加业务培训和竞赛活动，1名干警入选全国检察机关侦查监督人才库，设立“12309”检察服务大厅，主动公开法律文书1859份，向案件当事人推送程序性信息29230条。

【服务经济社会发展大局】 2018年，石狮市检察院加强对企业产权的司法保护，严厉打击合同诈骗、职务侵占、假冒注册商标等侵犯企业财产安全和知识产权犯罪，全年批捕73人，起诉95人。依法审慎适用强制措施，妥善办理民营企业管理人员、技术骨干及员工犯罪案件，依法不批捕13人，不起诉17人，最大限度减少对企业正常生产经营的不利影响。落实办理涉企案件“四个一”机制（即坚持坚持一案一走访、一案一普法、一案一建议、一案一建档），结合办案向企业发出检察建议21份，帮助企业建章立制，堵塞漏洞。开展“亲清护企·检税在行动”活动及“民营企业账户被冻结情况”专题调研，为企业解答税收和法律问题，提供贴心检察服务。

2018年，石狮市检察院加强防范金融风险，打击非法吸收公众存款、集资诈骗、校园贷等金融犯罪，依法严惩许某等6人非法放贷、暴力讨债案，批准逮捕51人，起诉32人。坚持办理案件和防控金融风险同步推进，对套路贷实施诈骗、暴力讨债问题，推动相关职能部门加强监管。联合石狮人行、银监办、工行建设全省首家集“法律性、专业性、科技性、趣味性”于一体的金融安全教育防范基地，组织金融从业人员、企业高管、学校师生等参观5000多人次。

2018年，石狮市检察院开展“清水蓝天”环保专项治理监督活动，助推印染企业转型升级。与惠安、晋江等七地检察机关建立“护卫泉州海岸线生态检察联盟”。联合环保、农办、司法等部门在红塔湾、林銮渡码头设立“绿色公益司法保护基地”。建立绿色公益服务纳入轻刑案件不起诉考察机制，组织拟不起诉对象、社区矫正对象参与生态修复工作，补植树木3300棵，增殖放流31万尾，促进绿色发展。

【维护社会稳定】 2018年，石狮市检察院推进扫黑除恶专项斗争，全面摸排涉黑涉恶线索，梳理排查18类案件

2018年7月19日，泉州（石狮）金融安全警示教育防范基地启动仪式
（图/市检察院）

（18 类案件指强迫交易、故意伤害、非法拘禁、敲诈勒索、故意毁坏财物、聚众斗殴、寻衅滋事、组织卖淫、强迫卖淫、贩卖毒品、运输毒品、制造毒品、抢劫、抢夺、聚众扰乱社会秩序、聚众扰乱公共场所秩序或交通秩序、聚众“打砸抢”），开展控告申诉案件回头看、与在押人员谈心谈话等，向市扫黑办移送线索 56 条。提前介入引导侦查取证 10 件，批准逮捕涉黑涉恶犯罪 48 人，已起诉 14 人。依法从快批捕黄某等 27 人黑社会性质组织犯罪案，从快起诉郁某等 5 人套路贷案。

2018 年，石狮市检察院联合 12 家单位建立“未成年人保护联盟”。组织开展“检察官、警官、志愿者”进课堂活动，全市 99 所中小学校、幼儿园的每间教室，张贴联络卡，为学生提供面对面司法保护。推行教育从业人员准入查询制度，排查全市 8518 名校车司机、保安、物业等学校聘用人员，发现违法犯罪记录人员 65 名，区别情况作出辞退、诫勉谈话、留用等处理。开展问题少年临界预防教育，为 105 名问题少年定制“八个一”法治套餐（一堂法治课、一次参观羁押场所、一次旁听庭审、一场军事训练、一次爱国主义教育、一次义务劳动、一次心理辅导、一次交流座谈），帮助他们重回正轨。联合公安、市场监管等部门开展校外托管、培训机构大检查，取缔无证经营 16 家，整改不规范经营 112 家，推动市政府出台《校外托管机构管理工作意见》，加强对校外托管机构、培训机构的监管。举办“8 分钟法治微课堂”作品创作大赛，建设未成年人保护联盟展示中心，加强青少年法治教育。联盟工作得到广大师生、家长和社会各界的广泛赞誉，获泉州市检察机关“一院一亮点”评比第一名，泉州市委康涛书记批示全市推广。

2018 年，石狮市检察院探索“网格化 + 社区检察官”工作模式。加强与基层群众的沟通联系，选派 69 名检察官挂钩各镇（办）、村（居），聘请 127 名基层干部群众担任网格联络员，协助检察机关开展刑事和解、检察宣告、矛盾调处等工作，打造“枫桥经验”检察版，让人民群众感受到检察官就在身边。2018 年，网格联络员协助开展刑事和解、释法说理、检察宣告 53 次，提供监督线索 26 条。注重听取基层组织、干部群众对刑事案件的处理意见，采纳意见 22 件次。研究成果在中国犯罪学年会、泛珠三角法治论坛等国家级学术会议上多次获奖。

【落实刑事政策】 2018 年，石狮市检察院批准逮捕 967 人，起诉 2025 人，比 2017 年分别下降 13% 和 5%。突出打击重点，严惩影响人民群众安全感的各类严重刑事犯罪，起诉故意杀人、抢劫、强奸等严重暴力犯罪 35 人，起诉盗窃、电信诈骗等多发性侵财犯罪 343 人。严格落实宽严相济刑事司法政策，对犯罪情节轻微的，依法不批捕 193 人，不起诉 156 人。以“案结、事了、人和”为目标，把矛盾化解贯穿执法办案的始终，加强释法说理，促成刑事和解 18 件，依法不起诉 14 人。

【执法监督】 2018 年，石狮市检察院履行刑事检察职能，纠正“有案不立、立而不侦、侦而不结”问题，监督立案 12 件，监督撤案 19 件，追诉漏犯 14 人，对侦查中的违法违规情形提出纠正意见 26 件次。坚守防范冤假错案底线，对不构成犯罪或证据不足的，依法不批捕 88 人、不起诉 46 人。依法开展刑事审判监督，提出刑事抗诉、发出再审检察建议 4 件。强化刑事执行监督，纠正违法违规行为 18 件次。加强对看守所监管活动的监督，保障在押人员合法权益，切实维护监区安全。驻看守所检察室连续四届被评为“全国检察机关派驻监管场所一级规范化检察室”。

2018 年 3 月 21 日，石狮市未成年人保护联盟成立暨“平安校园行”活动启动仪式（图 / 市检察院）

2018 年，石狮市检察院依法开展民事审判监督，办理审判程序违法行为监督案件 6 件，对认为确有错误的民事生效裁判发出再审检察建议 5 份，市法院均已依法裁定再审。配合市法院推进“基本解决执行难”工作，办理民事行政执行监督案件 17 件，起诉拒不执行判决、裁定犯罪 8 人。强化对虚假诉讼的监督，严厉惩治打“假官司”、损害案外第三人合法权益的行为，查办虚假诉讼案件 2 件，移送公安机关立案 2 件 3 人。注重维护弱势群体的合法权益，办理支持起诉案件 10 件，帮助外来务工人员追索劳动报酬22万元。加强行政执法监督，对执法不规范、未及时履职问题，发出检察建议37份，均得到采纳。

2018年，石狮市检察院深入开展公益诉讼工作。对环境污染问题，发出诉前检察建议6份，督促职能部门、相关企业采取有效措施加以整改。对群众关心的用药安全问题，发出诉前检察建议4份，对1起销售假药案依法提起刑事附带民事公益诉讼。开展“保障千家万户舌尖上的安全”检察公益诉讼专项监督活动，发出诉前检察建议11份，督促职能部门对网络餐饮服务商加强监管。加强国有资产保护，督促追回国有资产117万元。

【检察队伍建设】 2018年，石狮市检察院完善队伍梯次结构，提拔党组成员2名、中层干部6名，晋升检察官等级11名。强化岗位练兵，组织416人次参加业务培训和竞赛活动，1名干警入选全国检察机关侦查监督人才库，1名干警被评为“全国检察宣传先进个人”，1名干警代表泉州检察机关参加全国电子数据取证竞赛获团体二等奖。组织开展“严纪律、强作风、树形象”“严守规矩、正心自律”两个专题教育活动，促进廉洁从检。强化办案监督制约，开展案件质量评查445件次，进一步规范司法行为。设立“12309”检察服务大厅，主动公开法律文书1859份，向案件当事人推送程序性信息29230条，让数据多跑路，群众少跑腿。落实“谁执法、谁普法”责任制，开展以案释法21场次、检察宣告46场次。注重传播检察好声音、传递检察正能量，宣传稿件被省级以上媒体采用96篇次，连续九次获“全国检察宣传先进单位”称号，普法微视频被评为第三届全国“五个一百”网络正能量精品。

2018年，石狮市检察院落实“谁办案、谁负责”司法责任制，制定检察官办案权力清单，入额院领导带头办案380件，居泉州市检察机关前列。组建专业化办案组织，探索捕诉一体办案模式，统一履行审查逮捕、审查起诉、补充侦查、出庭公诉、刑事诉讼监督等职能。建设集远程提审、远程开庭、检察宣告、电子取证等功能为一体的“智慧检务工作区”，引入量刑比对、法律文书纠错等智能辅助办案系统，强化检察信息化应用。及时对接修改后刑事诉讼法，与市法院、公安局、司法局共同推行认罪认罚从宽制度，办理认罪认罚案件21件，从宽处理25人，既有效保障当事人合法权益，又进一步提升办案质量效率。

【检务公开】 2018年，石狮市检察院主动向人大及其常委会报告未成年人保护等检察工作情况，按时办结人大常委会交办件1件。建立人大代表定向联络机制，广泛征求意见和建议，提出整改措施13条。邀请各级人大代表参加服务民营企业、公益诉讼等检察开放日活动11场次，75名人大代表走进检察机关，近距离感受检察工作。主动向政协委员通报检察工作，办理转交件2件，邀请参加重要检察活动26人次。邀请人民监督员、网格联络员、特约检察员参与检察决策、监督司法办案32件次。

法 院

【概况】 2018年，石狮市法院受理案件18527件，办结16802件，结案率90.69%。2018年，出台企业用工指导、用工风险防范等意见，深化一站式劳动争议化解机制，审结劳动争议案件292件。石狮市法院受到省市级集体表彰17次、个人表彰47人次。推进“互联网+”诉讼服务工程建设，建成诉讼服务中心、网上服务平台、自助服务终端、掌上微法院、“12368”诉讼服务热线“五位一体”大平台。打造“家事纠纷多元化解平台”和“家暴预防与处置平台”，探索家事纠纷处理专业化、社会化、人性化的解决方式。攻坚基本解决执行难和深化案件繁简分流机制改革两项工作经验做法获最高人民法院领导批示推广。

【法院工作创新】 2018年，石狮市法院开通全省首个“互联网+”金融审判在线办案平台，提供线上立案、庭审、公开等一体服务，审结涉金融案件694件、标的金额7.08亿元。创新构建“1234”攻坚执行难工作机制(即抓住“规范执行”一个目标，围绕“科技执行+阳光执行”二个抓手，联合“党委、部门、法院”三大主体，打好“勤执、智执、勇执、精执”四大组合拳)，加大执行攻坚力度，执结各类案件7427件，执行到位金额7.02亿元，比2017年上升14.7%。深化全国首个纺织服装法庭“一站式”解纷平台建设，全年审结涉纺服企业案件845件、标的金额2.24亿元。妥善处理石狮童装与儿童产业联合会5家会员商家与埃及客商纠纷，为企业挽回损失1000多万元。开展知识产权保护、打击涉金融犯罪等专项活动，审结侵犯知识产权犯罪案件22件30人，涉金融犯罪案件39件59人、标的金额11.99亿元。

【刑事审判】 2018年，石狮市法院依法惩治刑事犯罪，审结刑事案件1802件2135人。依法从重打击危害社会治安的多发型犯罪，审结故意伤害案件101件135人、“黄赌毒”案件408件554人、危险驾驶案件671件672人。开展涉枪爆犯罪和电信网络诈骗犯罪专项整治活动，审结非法制造、买卖、运输、邮寄、储存枪支、弹药案件6件6人，审结电信网络诈骗案件18件30人。依法维护经济秩序，审结破坏社会主义市场经济秩序案件123件171人。依法从严惩治职务犯罪，审结贪污贿赂案件1件1人。坚持宽严相济刑事政策，依法对符合缓刑条件的被告人适用缓刑386人。

【开展扫黑除恶】 2018年，石狮市法院深入开展扫黑除恶专项斗争，全面排查2014年以来受理的各类案件、信访件及投诉件，并重点筛查“淫秽、吸毒、传销、拐卖、赌博”五类案件和疑似涉及“套路贷”涉恶案件，向公安机关移送线索27条；依法打准打实，落实与公安、检察机关提前会商机制，坚持院庭长带头办案、严格公正司法、准确有力打击，受理涉黑恶势力犯罪案件4件14人，对14名被告人分别判处徒刑及罚金。

【综合治理】 2018年，石狮市法院开展涉诉信访矛盾化解攻坚战，坚持“一把手”亲自抓、“一对一”精准解、“一窗口”一体办，落实院领导常态接访、律师参与化解和代理涉法涉诉信访、依法终结等制度，做好重点时期风险隐患排查，全年举办涉诉信访听证会2场，办结来信来访61件，首次实现无新案越级赴省进京访，并以寻衅滋事罪追究一名多次越级非访闹访当事人的刑事责任，引导公众依法合理表达诉求。加强对未成年人、社区矫正对象等的关怀帮助、帮教管理，促进完善社会治理。发挥“七五普法工作试点单位”带动作用，落实“谁执法谁普法”责任制，开展“宪法宣传周”等各类普法活动45场。

【诉讼服务】 2018年，石狮市法院单独设立执行服务中心，在立案庭成立材料收转中心、应诉组、送达组，提供“跨域”立案、青年律师志愿服务等；开展便捷服务，推进“互联网+”诉讼服务工程建设，建成诉讼服务中心、网上服务平台、自助服务终端、掌上微法院、“12368”诉讼服务热线“五位一体”大平台；实现品质服务，编印服务规范手册，开展服务标兵评选、服务技能比拼活动，推行满意度评价，落实“四办”要求，提升服务质效。石狮市法院建设现代化诉讼服务体系的经验做法获省法院推广。

【优化司法品牌】 2018年，石狮市法院升级家事、劳动、交通、物业、维军等重点品牌，创新家事维权一体化机制，打造“家事纠纷多元化解平台”和“家暴预防与处置平台”，探索家事纠纷处理专业化、社会化、人性化的解决方式，全年审结家事案件387件；年内，出台企业用工指导、用工风险防范等意见，深化一站式劳动争议化解机制，审结劳动争议案件292件；上线运行“道交一体化平台”，多方参与实现在线一体处理，全年审结交通事故损害赔偿案件321件；推行物业服务纠纷前置调解工作机制，发挥多方主体优势高效解纷，全年审结物业服务合同纠纷案件242件，其中以调解撤诉方式结案的达90.3%。

【破解执行难题】 2018年，依托协助执行工作机制，织密执行联动网，强化查人找物各项措施，开展“进百村执千案”破晓执行行动，拘传被执行人963人、扣押被执行人车辆415辆，依法追究拒不执行判决、裁定的被执行人刑事责任8件9人，在全省率先建立拍卖房产向税务机关询价机制，实现减时间、减费用、增税收、增效率，为税务机关代扣税收6000多万元。

【司法改革】 2018年，石狮市法院在立案、审判、执行规范建设上下功夫，编印规范化手册，制定20类民商事案件审理要素表、12类民商事案件裁判标准、28类刑事案件量刑标准，形成一整套规范化体系，基本实现全流程公开、全业务规范、全标准运行。发挥“全国案件繁简分流机制改革示范法院”引领作用，设立民商事调解速裁中心，实行“1+N”诉前分流、“1+6”类案分流、“2+8”繁简分流，采用“门诊式”庭审、“要素式”审判、“令状式”文书，严格庭审规范化、裁判标准化，提升审判质效。注重信息化建设成果深度融合应用，按需建设线上服务系统，引进电子卷宗智能运用系统，实行“三同步”电子卷宗管理工作机制，推动审判执行工作提档升级。

【司法公开】 2018年，石狮市法院全面公开审判流程、庭审活动、裁判文书、执行信息、政务资讯，裁判文书上网13512份、直播庭审1828场，庭审直播数位居泉州市市法院第一，实现“看得见”的公正；在官方微信嵌入微法院小程序、执行信息公开网，提供自助查询服务，司法拍卖网拍率100%，为当事人节约佣金1095万多元，推进“有获得”的为民；持续以“三全”模式曝光失信被执行人，公开4206名失信被执行人信息，提升“最直观”的公信，让每个当事人都成为自己案件的“监督员”。

【审判管理】 2018年，石狮市法院构建“1223”审判管理体系（即在科学确定法官人均基础工作量的前提下，实行每月收案、结案“两预测”及每月法官结案、庭室均衡度“两公布”，力求达到多办案、快办案、办好案的目标），促进审判监督管理科学化、规范化、精细化。加强态势分析研判，科学预测每月收结案数，确保收结案良性循环，月存案工作量较泉州市低33.33%。年内，严格案件审限管理，规范管理权限，实行每周提醒、每月通报、每季分析，各类案件法定审限内结案率99.56%。开展案件清理评查，建立未结案件跟踪督办机制，坚持重点评查、常规评查与审判委员会定期评查，两年以上未结诉讼案件全部办结，生效裁判服判息诉率达99.23%。

【审判监督】 2018年，石狮市法院自觉接受人大及其常委会监督，全年接受全国、省、泉州市人大代表对执行工作的调研视察3次，参加各镇（街道）人大活动组活动9次，邀请人大代表见证执行。主动接受政协民主监督，泉州市政协调研组莅临调研视察执行工作，办理政协提案5件。自觉接受纪委监委派驻政法系统纪检监察组监督指导，及时调查反馈转办的信访件2件。依法接受检察机关法律监督，办复检察建议23件。接受社会各界监督，召开新闻发布会2场，开展主题开放日活动9场，邀请公众500多人参观法院、观摩庭审。加强法治宣传教育，在“一网二微”平台开通以案释法、扫黑除恶等专栏，官方微信公众号影响力稳居全国、全省政法机关前列，2018年获评全国首届“四个一百”政法优秀新媒体评选优秀公众号。

司法行政

【概况】 2018年，石狮市司法局推进公共法律服务实体平台建设。健全人民调解工作网络建设。推进“警民联调”，实现“公调对接”。推进教育改造、衔接管控、安置帮教一体化，按照“衔接无缝化、信息电子化、帮教网格化、就业多样化”的工作思路，建立完善刑满释放人员关怀帮扶体系。开展各类主题法治宣传咨询活动近500场次，法治讲座230多场，法治文艺演出22场，法律知识竞赛25场，法治培训100场，发放宣传资料36万多份，解答法律咨询5000多人次，提供法律援助519件。

2018年，石狮市司法局获泉州市2018年司法行政工作考评第一名，石狮市司法局办公室获泉州市政法系统“百日大练兵大比武”活动优秀组织奖、泉州市总工会“五一先锋号”，蚶江司法所获全国先进司法所。

【公共法律服务】 2018年，石狮市司法局持续推进公共法律服务实体平台建设，已建成1个市公共法律服务中心、9个镇（街道）法律服务站、128个村（社区）法律服务联系点，实现公共法律服务市、镇（街道）、村（社区）三级全覆盖。2018年，试点投放3台公共法律云服务亭，在全省率先以政府购买服务方式为群众提供在线交互式法律咨询服务，截至12月31日，通过该平台进行法律咨询服务402人次，全市“12348”法律服务热线共有73人从事这项工作，其中值班律师68人、基层法律服务工作者3人、工作人员2人。

【矛盾纠纷化解】 2018年，石狮市健全人民调解工作网络建设，全市已成立各类人民调解组织198个，其中9个镇（街道）、128个村居（社区）全部成立人民调解委员会。推进行业性、专业性调解组织建设，成立世茂冒险王主题公园旅游纠纷调解委员会、石湖码头（六胜塔）旅游纠纷调解委员、泉州市台协石狮联谊会调委会和10家商会调委会，依托社区调委会建立20个价格争议进社区调解处理工作站。已成立行业性、区域性、企业事业单位人民调解委员会和道路交通事故和谐调解中心、医患纠纷调委会等调解组织61个。推进“两代表一委员”调解工作室建设，与市组织部、市人大、市政协共推荐30名“两代表一委员”，9月，在宝盖镇人民调委会率先成立“两代表一委员”调解工作室，其他镇（街道）人民调委会陆续成立“两代表一委员”调解工作室。

2018年，石狮市司法局全面推开“诉调对接”工作，依托驻市法院“人民调解工作室”和驻湖滨法庭、祥芝法庭“人民调解室”，开展诉前调解工作；通过在全市设立的“社区（村）法官工作室”，采取“一社区（村）一法官”的方式，与社区（村）调委会衔接配合，共同做好矛盾纠纷预防化解工作，及时介入当地涉诉案件调解。

2018年，推进“警民联调”，实现“公调对接”，推动多元调解。全市14个驻所（派出所）人民调解工作室，组织参与调解各类纠纷1632件，调解成功1311件，成功率80.33%。创建王提忠、徐灵友、蔡美莲、吴文良等四个县级金牌调解室，创建祥芝渔业协会海上枫桥调解室为泉州级金牌调解室，评选10名优秀人民调解员作为首批“石狮市人民调解专家”，并推荐20名优秀人民调解员作为石狮市专家库成员。

2018年，全市排查调处各类矛盾纠纷2527件，各基层人民调解委员会对排查出来的纠纷，调解率达100%，调解成功2430件，调解成功率达96.16%；全市实现“四无”目标（即无民间纠纷转化为刑事案件、非正常死亡、群体性械斗、群体性上访）。

【社区矫正工作】 2018年，石狮市在册社区服刑人员267名，其中，管制2人、缓刑234人、假释19人、暂予监外执行12人。社区服刑人员新增257名，解除240名。历年累计接收社区服刑人员2169人，累计解除矫正1902人。2018年，接受各级各地法院、检察院、监狱等部门社会调查评估委托168份，出具调查评估意见书154份，其中，同意适用社区矫正意见130份，不适用社区矫正意见24份。

2018年，市司法局推进“智慧矫正”建设，投入经费50多万元，完成对社区矫正中心的升级改建，11月8日投入使用。11月完成远程视频督察系统建设，实现与省厅对接，通过远程视频督察系统对各司法所进行远程督察。与泉州市爱恩心理社工服务中心签订“社区矫正工作入矫教育服务”合同，开展“集中入矫学习教育”学习4期，为140多名新入矫社区服刑人员上入矫教育矫治课和法律课。完善推广“人脸识别”监管，开通“人脸识别”功能，使用率达75%，实现100%日常手机定位监管普查。坚持每月对社区服刑人员进行走访，实地了解他们的生活、工作和思想状况，及时做好帮教和心理疏导工作。

【安置帮教工作】 2018年，石狮市司法局推进教育改造、衔接管控、安置帮教一体化，按照“衔接无缝化、信息电子化、帮教网格化、就业多样化”的工作思路，建立完善刑满释放人员关怀帮扶体系。全市接茬刑释解教人员405名，安置405名，安置率达100%，帮教率达100%，在册安置帮教对象1589人，全部纳入信息管理。排查出服刑在教人员未成年子女36名。2018年，各司法所结合“扫黑除恶”专项斗争深入开展“大排查、大走访”活动，通过进村入户、与村（社区）核对情况、与派出所沟通信息等，经初步排查，全市没有发现有涉黑涉恶的刑释解教人员。

【法治宣传教育】 2018年，石狮市出台《关于实行国家机关“谁执法谁普法”普法责任制的实施意见》《关于加强国家工作人员学法用法工作的实施意见》《建立媒体公益普法制度的实施意见》，印发《2018年石狮市重点市直国家机关普法责任清单》，建立法官、检察官、行政执法人员、律师等以案释法制度，深化“法律八进”活动，为法治宣传教育提供制度保障。

2018年，石狮市司法局以领导干部和青少年这两个“七五”普法重点对象，有针对性开展法治宣传。4月，与市委组织部、宣传部、市人力资源和社会保障局联合出台《关于加强国家工作人员学法用法工作的实施意见》，推进国家工作人员学法用法制度化、规范化。8月，开通石狮市法治宣传云平台，来自全市69个单位的3006名学员全部纳入平台，12月，依托该平台开展一场全市国家工作人员参加的宪法知识考试。2018年，全市各部门按照“谁执法谁普法”普法责任制的要求，到各中小学、幼儿园，开展“我与宪法”有奖征文比赛，“反校园欺凌”专场活动，“青春成长法护航”法治专题教育培训班，“关注安全、关爱生命”交通安全知识讲座，“美丽校园•远离毒品危害”主题活动等形式多样的普法宣传活动。

2018年，为全市50%的家庭户，即5万户的家庭订购5万本的《百姓法治宝典》，在宪法宣传周期间分发到各家各户。村级换届选举期间推出《村级组织换届选举十不准》《村级组织换届选举十条禁令》法治漫画，在《石狮日报》上连载刊发，并通过中国石狮网、各镇、村微信公众号等新媒体平台发布。

2018年，市司法局以阵地建设为重点，完成建设灵秀塔前村法治文化主题公园、湖滨新湖社区法治文化主题公园、锦尚港东村法治文化长廊，祥芝古浮海丝普法广场、凤里法治文化公园、永宁镇法治主题公园等6个法治文化宣传阵地，4个在建。7月，石狮市8条路线40部公交车厢投放普法拉手广告，发挥公交车“流动宣传阵地”的作用。2018年，石狮日报社累计普法宣传报道510多次，石狮电视台和石狮网累计普法宣传报道100多次。组建“七五”普法讲师团，50名讲师团成员涵盖各行各业熟悉相关法律知识的人员，实行“统一菜单”与“按需点菜”相结合的方式开展普法宣讲活动。市依法治市办通过“石狮市掌上公共法律服务平台”微信公众号、“石狮普法”今日头条号、新浪微博推送普法信息近100条。

【律师事务】 2018年，石狮市司法局加强对律师事务所及律师日常监督管理、引导，推进基层法律服务。在福建华达（石狮）律师事务所、福建协进律师事务所和福建博广律师事务所设立3家律师调解工作室，18名律师入选《石狮市律师调解员名录库》。4月，成立律师服务重点项目志愿团，共有18位律师加入志愿团，为石狮市重点项目提供全方位的法律服务。指派律师参与涉法涉诉信访案件，接谈信访人、定期到市政法机关、信访部门值班，为信访群众提供法律咨询服务，开展疏导化解矛盾纠纷工作。2018年，到市公安局、市人民法院参与涉法涉诉信访事项值班的律师16名，接访31次，参与市信访局专案评审3件。

2018年，通过政府购买服务方式，对到期的法律顾问合同，开展续聘或改聘工作，持续推进律师进村（社区）担任法律顾问工作全覆盖，全市9个镇（街道）127个村（社区）法律顾问覆盖率达100%。4月，实现市、镇、村（社区）三级法律顾问微信群全覆盖，共建137个微信群。组织村（社区）法律顾问助力村级换届选举工作，通过讲座、座谈会等多种多样的普法形式，保障村级组织换届选举工作的进行。2018年，村（社区）法律顾问参与修订村（社区）自治组织章程、村规民约等涉法文书34份，起草、审查有关合同43份，处理群体性纠纷22次，接受群众法律咨询1380人次，参与调解纠纷14件、代理诉讼案件10件、举办法制讲座16场次、协助处理其他法律事务34件。石狮市律师参与的扫黑除恶专项斗争案件13件。

【公证服务】 2018年，石狮市司法局落实首问负责制，开通“绿色通道”，落实限时办证，一般案件比法定时限至少压缩50%，对于法律关系相对简单的案件尽可能在次日或当日完成，免费对80岁以上老年人申办遗嘱公证服务。依托“泉州市公证信息服务平台”“石狮市司法局‘12348’石狮法网”，逐步健全网上办证系统。2018年，全市公证处办结各类公证4882件，其中，国内证件2591件，涉外证件1078件，涉港澳台证件1213件。收取公证服务费139万元。

【法律援助工作】 2018年，石狮市法律援助中心围绕完善法律援助制度，推进刑事案件律师辩护全覆盖试点工作任务。全年受理法律援助案件519件，其中，刑事案件373件，民事案件146件。开展“法律援助进乡村（社区）”活动，到鸿山东三村、凤里华南社区、宝盖铺锦等村（社区）开展宣传活动，参与“三下乡”“3·15”宣传服务活动、“5·29”计生协会员活动日、“反家暴法宣传”“劳动欠薪咨询活动”等咨询活动11场次。6月，开始推进刑事案件审判阶段律师辩护全覆盖试点工作，全年受理扩大通知辩护案件218件。

仲 裁

【概况】 2018年，泉州仲裁委员会石狮分会受理案件337件，比2017年增长9.1%；受理案件总标的6.9亿元，比2017年增长32.17%。全年审结案件329件，结案率达97.63%，其中，调解287件，撤案16件，裁决26件，调撤率达92.1%，案件类型涉及民间借贷、金融借款合同、建设工程施工合同、房屋租赁合同，加工合同、商品房买卖合同、仓储合同、承包合同、物业管理合同等十多种类型。

【办案质量提高】 2018年，泉州仲裁委员会石狮分会坚持优化程序，提高审限意识，提升案件质量，对审理及裁决后的仲裁案件，坚持落实总会制度。坚持案件汇报制度，对个人疑难案件，办案人员及时向上级汇报案件进展情况，组织开会进行综合分析，提出处理方案供仲裁庭参考。坚持专业人员咨询制度，就专向领域问题向专家提出咨询，搜集相关专业业务资料，为仲裁庭提供专业帮助，保障案件公正公平处理。坚持快速审结制度，对于在立案当时就发现当事人之间争议不大、权利义务关系清楚的案件，立案后及时进行调解，能够达成调解协议的，迅速组成仲裁庭，及时制作调解书发送给当事人。2018年，案件中当天调解结案277件，占总受理数的82.2%。坚持案件回访制度，通过裁后回访，向败诉方讲清其败诉原因，促使其及时履行裁决，避免新矛盾的发生。2018年，泉州仲裁委员会石狮分会受理案件337件，审结329件，均在审限内结案，尚未结案8件，也均在审限内。

【仲裁案件管理】 2018年，泉州仲裁委员会石狮分会完善立案登记制度、档案管理制度，做好案件卷宗核销、归档工作。对办案秘书进行统一培训，完善与泉州总会的对接工作，及时做好立案的系统登记。督促办案人员及时跟踪案件，案结后及时做好卷宗整理归档工作。2018年，加强队伍建设，提高仲裁队伍素质，鼓励工作人员学习借鉴外地仲裁委的好方法、好经验，组织仲裁人员及办案秘书到其他仲裁机构进行考察学习，开拓工作思路；鼓励办案秘书在业余时间通过读书、参加培训、参加法律职业考试等方式提升法律水平和业务能力。

（图 / 颜华杰）

人民武装

【概况】 2018年，石狮市强化国防教育讲师建设，推进国防教育“五个进入”（进机关、企业、学校、社区、村户）。开展民兵组织整顿、预备役登记、民兵训练、征兵、军民融合、安全隐患排查整治等各项工作。组织反暴恐演练10多次。

【国防教育】 2018年，石狮市人民武装部强化国防教育讲师建设，推进国防教育“五个进入”。利用基层村居LED屏、政府公众微信号开展国防知识宣传，结合重大纪念日、防空演练和海军陆战队国际军事比赛，开展国防教育。组织学习和讨论王继才先进事迹，收听收看王继才事迹报告会，及时更新王继才事迹宣传栏。

【日常战备】 2018年，石狮市人民武装部强化民兵情报信息报送工作，落实战备制度，以担负“省军区战备规范化建设”试点为契机，开展战备形势教育，完善战备基础设施，对办公室、保密室、兵器室、器材室、党委会议室、作战室等6类库室对照标准进行重新规范，嵌入相关信息系统，规范战备秩序。

【军事训练】 2018年，石狮市组织专业骨干力量的训练。市人民武装部定期召开党委议训会，科学筹划制定年度训练计划。围绕提高现役干部组织指挥民兵遂行多样化任务这个中心，扎实开展每月一周的首长机关训练。推动“四会”教练员队伍建设，深挖基层骨干教学力量，为民兵训练储备人才。定期组织专武干部集训，增强履职能力。

【民兵建设】 2018年，石狮市人民武装部按照应急力量整合、支援保障补弱、侦察预警补盲的思路，重点抓好综合应急、海上力量、城市防空和民兵信息员队伍等重点队伍的优化整合。推进预备役登记工作，为民兵整组提供准确数据。

2018年，石狮市人民武装部结合辖区自然环境和特点实际，有针对性地修订完善应急维稳、抗台防汛、抗震救援等各类应急预案。在修订方案的基础上，利用节日战备、整组点验等时机进一步检验预案的可行性，明确有关人员处置情况的程序、任务、职责、位置，增强战备意识，提高民兵特别是应急分队的快速反应能力与处置能力。结合遂行巡逻执勤、维护治安、抢险救灾等任务，不失时机地开展实兵、实装的战备演练，不断强化广大民兵的战备观念。

【征兵工作】 2018年，石狮市征兵工作稳步有序推进，3月，全市适龄青年兵役登记率100%；征兵季中累计发放兵役登记宣传单20000多份，制作兵役登记宣传海报253块、宣传横幅189条，营造良好的征兵宣传氛围，严格标准条件，严密组织体检、政考、役前训练和欢送大会。

【双拥共建】 2018年，石狮市人民武装部始终把双拥工作摆在重要位置，扎实参与和督促相关政策在末端落实。对海军在石狮市举办的国际军事比赛事宜，市委、市政府召开23次军地协调会，推动完成26项保障任务；市人社局、社工部先后2次（3月1日、10月11日）举办退伍军人、随军家属就业招聘会。主动率兵参建，组织协调驻军和民兵预备役人员，主动承担抢险救灾、维稳处突、应急救援、森林灭火、执勤创卫、植树造林等急难险重任务。

【安全与保密】 2018年，石狮市人民武装部坚持落实每月一次安全形势分析，提高安全预防预测水平；组织开展“重大安全隐患排查整治”“保密清零”“百日安全”“枪弹整治”等活动；落实每周五保密检查制度，移动硬盘每天上交保密室集中管理，涉密资料出入柜登记以及文印室管理相关制度；严格落实每周干部查库制度；严格落实重要岗位涉枪涉弹、重要涉密人员政治考核制度，确保重要部位人员纯洁可靠；严格车辆派遣和报批制度，车辆钥匙集中管理，杜绝私自出车现象；严格值班制度，细化具体职责，强化值班员责任意识，确保人员在位和认真履行职责。

2018年，市人民武装部突出“人、车、枪、弹、密、水、火、电、汽、油”等重要防范重点。突出作战值班室、兵器室和保密室等重要部位的安全防范，组织反暴恐演练10多次，做到定人、定物、定车、定位，确保一旦有事，人人能应急，事事有应对。

人民防空

【概况】 2018年，石狮市完成泉州十三五规划中制定的石狮市人民防空工程建设目标、组织石狮市第十八次防空警报试鸣暨人口疏散演练活动、举办全市人民防空工程维护管理培训和平战转换演练、落实人民防空易地建设费追缴、升级重要目标监控平台和开展人民防空宣传教育等一系列工作。

【人民防空宣传教育】 2018年，石狮市人民防空办公室制作30块人民防空宣传板，石狮市人民防空展厅更新重要领导人讲话、石狮市最新人民防空工程资料。9月，印制1000份人民防空宣传资料，在石狮泰禾广场和华侨中学举行人民防空宣传展览，向石狮市民、学生分发人民防空手册，并利用宣传板向市民宣传人民防空知识。

【人民防空应急演练】 2018年9月，石狮市人民防空办公室、教育局牵头组织石狮市第十八次防空警报试鸣暨人口疏散演练，全市中小学、幼儿园近10万人参加，进行卧倒、蹲立、穿戴防护服、消防灭火、心肺复苏、绷带包扎、气垫及绳索逃生等自救互救项目演练和按照实战要求开展心理辅导、防空防灾教学、医疗救护、物资供应等系列演练。

【人民防空工程建设】 2018年，石狮市深化人民防空行政审批放管服改革，办理人民防空审批事项80件，提前完成泉州市十三五规划制定的石狮市人民防空工程建设目标。

2018年5月29日，石狮市人民防空办公室举办福建省首创针对全市人民防空工程管理、维护单位的培训会，对人民防空工程管理人员宣传人民防空知识，培训管理技能和进行平战转换演练。根据培训会议的工作部署，结合全市安全执法大检查等安全生产检查活动，开展人民防空地下工程执法检查工作，对安全隐患下发整改通知单，年终对相关单位就整改情况进行复查。

【人民防空队伍训练】 2018年9月14日，对全市32名防空警报器管理人员进行培训，部署“9·18”石狮市防空警报试鸣演练暨人口疏散演练工作。

2018年9月18日，石狮市人民防空办公室结合2018年防空警报试鸣和人民防空疏散演练，将防化专业队、医疗救护队、心理防护队训练与学生防空疏散、自救互救培训相结合，让专业队员教中带练，以身作则，在培训学生防化技能中，对照改正自身的技术弱点，提升自身业务能力。

【人民防空指挥通信建设】 2018年，石狮人民防空办公室对重要目标监控平台进行升级，安装监控触摸屏和网络监控键盘，将监控全球眼平台升级为点对点，并入新的监控平台；定期对人民防空指挥所各系统进行检查维护，落实指挥所维护管理制度。为满足未来高清视频传输需求，升级指挥所视频会议系统，完成人民防空指挥所通风系统、自动化控制系统、消防系统维护。管理人员根据检查情况填写设施设备维护登记表，记录维修情况，为后期维保工作提供思路和借鉴。

2018年，在华侨中学和石光中学新增两台4000瓦电动警报器，石狮市

2018年9月18日，医疗救护专业队以教代练指导学生进行绷带包扎
（图/市交通和城市建设局）

防空警报器达到34台，其中，电声警报器10台，电动警报器24台。

交通战备

【概况】 2018年，石狮市围绕“平时服务、急时应急、战时应战”的工作要求，以做好突发应急事项作战准备和交通运输保障为主线，贯彻《国防交通法》《民用运力国防动员条例》和《福建省国防动员条例》，做好办公室规范化建设、国防动员潜力数据核实、专业保障队伍建设。围绕“进得来、装得上、过得去、卸得下”的目标，重点抓好国防交通基础设施建设、交通运输动员和专业保障队伍建设工作。

【交通备战训练】 2018年3月，参加市人武部民兵整组部署会，研究确定两支分队及人员花名册；参加市人武部民兵整组业务培训会，修改分队人员花名册。4月10日，由石狮公路分局、市交通和城市建设局、市湖滨街道城管办工作人员组成的石狮市保交护路专业民兵队伍56多人，进行15天2期集训。

【“国际军事比赛—2018”保障工作】 2018年，石狮市交通备战办公室重点做好“国际军事比赛——2018”各项保障工作。市交通和城市建设局根据工作任务分工，协调提供赛场摆渡车10台，负责驾驶员的管理和车辆调配、车辆技术状况和维修保障等工作，会同部队对保障的驾驶员进行谈话、培训和政治考核。走访高速收费管理站和部队5次，检查绿色通道条件情况，督促做好通关的具体工作，协调公安交警做好部队运输安全顺畅工作，迎接部队坦克车队5次数。走访码头公司、泉州湾港务管理站、海事处、蚶江镇、部队、公安、汽车站等单位32次数，发出《关于商情征用泉州港石湖码头的函》，督促码头停产并将堆放在3号、4号泊位前沿的数十块大型石块料搬迁清理；协调泉州湾港务管理站做好拖船、引航保障4艘舰艇顺利安全靠泊。保障供水、供电、排污、补给淡水、摆放移动厕所、码头卫生清洁桶。协调消防、安全保卫、志愿者服务、宣传引导、交通疏导、后勤保障等工作。协调负责各单位舰艇开放活动9个单位375个工作保障人员的政治考核工作，其中3名不合格。

双拥支前

【概述】 2018年，石狮市开展“军事日”“经济日”“征兵宣传月”“双拥活动月”等系列宣传教育活动。结合“国际军事比赛—2018”赛事推出各类双拥宣传节目。组织慰问驻石部队。开展军地共建共学，落实跟进完善军民共建“三挂钩”工作，引导“两新组织”支持部队科技强军和四项建设，帮助部队解决实际问题，提升军民共建工作成效。

【双拥宣传】 2018年，石狮市围绕传统佳节、“八一”建军节等节庆日，双拥共建、征兵宣传和全民国防教育日等时机，开展“军事日”“经济日”“征兵宣传月”“双拥活动月”等系列宣传教育活动。2018年，结合“国际军事比赛——2018”赛事推出各类双拥宣传节目，《石狮日报》结合“国际军事比赛——2018”“海上登陆”发布专刊，连续刊10期60余篇报道；7月19日起，石狮市3家媒体和《泉州晚报》每天推出1篇军事比赛的预热稿件，刊出《石狮，借力国际军事比赛打响城市品牌》等10篇稿件。2018年，“八一”建军节期间报道相关新闻23条，播出92条次。9月30日，“烈士公祭日”，市四套班子、驻军代表及社会各界代表近300人到李子芳纪念馆举行缅怀先烈活动。

【政府拥军】 2018年8月1日，协调在石部队土地的整合置换及停偿工作。7月22日，市委常委、市双拥工作领导小组常务副组长陈元生到部队五国参赛队员营区，看望慰问“国际军事比赛——2018”“海上登陆”参赛驻训部队。2018年，保障省内外作战部队以及民兵、预备役部队进行演训8批次。

【行业拥军】 2018年，石狮市为驻军未就业随军家属发放基本生活补助金32.75万元。市教育局解决部队干部子女入学入托15人，2018年秋季，在石狮市优质小学、幼儿园就近入读的军人子女73人，初、高中军人子女在校生7人。2018年，市委社会工作部春节前统一印制下发100块“军属光荣”牌、12000张“光荣之家”年画及10950对春联，由全市9个乡镇人民政府（街道办事处）组织人员到退役军人、现役军人家属、现役部队干部家中入户慰问并安装张贴。2018年，给予3位立三等功的石狮市籍现役军人发放一次性奖励金18545元；乡镇人民政府（街道办事处）为6位优秀士兵登门送喜报并每人发放一次性奖励金2280元。全国拥军模范永宁拥军大妈服务队龚秀训带领女儿黄春玲，开展拥军服务活动，5次组织服务队到部队基层连队为官兵缝补衣服、缝钉臂章、赠送粽子，在临近部队老兵退役时，自费采购运动服1000多套，在部队老兵退役前送到每个退役老兵的手上。

【军民共建】 2018年，军地双方继续发挥各自优势，开展形式多样的精神文明共建及资金、技术互助等活动，不断深化共建内容，促进军地双方共同发展。开展军地共建共学，落实跟进完善军民共建“三挂钩”工作，引导“两新组织”支持部队科技强军和四项建设，帮助部队解决实际问题，提升军民共建工作成效。

2018年，驻石狮市各部队开展形

式多样的拥政爱民活动，主动参加和支持地方经济建设，开展便民义诊活动2次，慰问困难群众9户，免费发放医疗药品价值近2万元。

【支前保障】 2018年，市委社会工作部完善支前办和支前物资供应站规范化建设，及时调更新支前物资潜力调查数据，在原有基础上组织对全市支前物资潜力进行全面摸底、调查、核实。2018年，石狮市举办“国际军事比赛—2018”“海上登陆”赛事筹备期间，市支前办贯彻执行上级部署要求，协助部队与相关责任单位的对接，协调解决赛事筹备中各项保障任务遇到的问题，确保石狮市所承担的支前保障任务按照时间节点顺利完成。

【优抚安置】 2018年，石狮市落实优抚对象抚恤补助标准自然增长机制，调整提高优抚对象的补助标准，优抚对象和革命“五老”人员抚恤补助位居全省前列。2018年，为337名重点优抚对象发放各类慰问补助金598.0452万元，发放义务兵家属优待金总额达556.3932万元（244人次），发放60周岁退役人员生活补贴224.7155万元，大学生应征入伍一次性奖励金21.3万元。

2018年，举办两场退伍军人、随军家属专场就业招聘会及技能提升培训座谈会，共有市直和国有企业11家单位参与招聘，设置岗位76个。市安置办公室主动协调福建省师范大学、福建广播电视大学、福建技师学校对退役士兵进行免费专业教育培训，提高退役士兵就业技能。军休干部服务进一步规范化，春节、“八一”期间均组织开展座谈及慰问活动。

边 防

【概况】 2018年，石狮市公安边防大队围绕“保稳定、促改革”这一主线，开拓创新、奋发有为，实现公安边防工作、部队全面建设的整体推进和协调发展。2018年，石狮市公安边防大队6个集体30人次受到各级表彰。深埕边防派出所获评“泉州市五四红旗团支部”。陈泉宇成功入选泉州市公安局民警风采网络评选活动，获评福建省青年五四奖章称号。开展岗位练兵竞赛、“思享汇”主题访谈、警地篮球友谊赛等活动10余场次；2名干部入选泉州市公安边防支队改革教育宣讲团。

【维稳创安工作】 2018年，石狮市公安边防大队坚持党委统领、服务保障中心，回应群众期待，推进打击诈骗、“黄赌毒”、固边5号、刺桐利剑、扫黑除恶等15个专项行动。推进情侦专班运作机制，组建“打油队”，延伸沿海防控触角，提升打击质效；对港澳口、码头、沿海重点冲滩隐患区域等实行二十四小时不间断巡逻，实现全线设防。推动与海事、海警等部门建立四方联勤协作，建立海上综合执法合署办事处，形成联合管海、治海的新局面。2018年，立刑事案件446起，受理治安（行政）案件857起，“两抢一盗”案件发案数比2017年下降15%，全年未发生影响稳定的群体性事件和重大恶性案件。

【边防基层基础建设】 2018年，石狮市公安边防大队制定出台《提升“五同”工作绩效考评办法》《边防派出所执法质量考评方案》等5项举措，将公安业务考评情况作为绩效考核重点，推动各项公安业务工作。联合驻地公安机关修订《边防派出所执法质量考评方案》，每季度开展“精品案件”评选，推行月排名、月通报、月讲评制度，提升执法规范化水平。执法质量考评10个月在泉州市公安边防支队中排名第一。

2018年，坚持软硬件齐抓，规范库室、完善机制，夯实基层基础建设，深埕边防派出所被评为福建省公安边防总队执法示范单位，1人获评法制工作先进个人。邀请驻地监察委、法院、检察院等单位开展廉政专题教育、参观见学等活动，推动党风廉政建设更加深入。思想教育、公安业务等5篇工作简报被泉州市公安边防支队刊发介绍；2人分别被福建省公安边防总队评为“优秀党务工作者”“优秀共产党员”。

【边防队伍建设】 2018年，石狮市部署开展“知敬畏、存戒惧、守底线”专题纪律教育、警示教育等活动，通过发送廉政短信、集体廉政谈话、参观警示教育基地等，提升廉政教育内涵。严肃问责问效，提醒谈话7人、诫勉谈话1人，坚决查处违法违纪行为。落实从优待警政策，组织官兵健康体检，解决15名官兵家属随军未就业生活补助、5名官兵子女入学等问题。

农业

（图/颜华杰）

综述

【农业生产技术服务】 2018年，石狮市组织实施2018年全国基层农技推广项目，重点加强基层农技人员业务能力提升，市镇两级组织培训人员42名。2018年，创建石狮市绿贝果蔬种植专业合作社、石狮市尚益源家庭农场、福建省帝茂农业发展有限公司、石狮市绿清果蔬种植专业合作社、石狮市丰裕生态科技有限公司、石狮市水禽遗传资源保护研究中心等6个农业科技试验示范基地，培育120个农业科技示范主体。中国农技推广APP使用率74.2%，抓好“12316”农业信息服务，上传“12316”信息直通车平台发布工作信息66条、典型案例13条。组织农业科技指导服务68次，服务对象85户次，接待来访农业问题咨询54人次，分发“测土配方施肥技术指导手册”“蔬菜病虫害绿色防控”等宣传材料2800多份，编发指导短信26次、约4600多条次。

【特色休闲观光农业】 2018年，石狮市加强规划引导，积极发展农业多种功能。重点引导有条件的农业经营主体开展农业观光、农事农耕体验、果蔬采摘体验、户外扩展等休闲农业活动项目。全市的休闲农业经营主体全年接待量突破20万人次，永宁镇郭坑村的金鸡山生态园被泉州市人民政府授予“泉州市休闲农业示范点称号”。

【农民专业合作社】 2018年，石狮市经工商登记设立的农民专业合作社207家，比2017年增加1.97%。按层次划分，国家级示范社1家、省级示范社5家、泉州级示范社2家。按行业划分，种植业105家，渔业94家，服务业3家，其他5家。按牵头人身份划分，由农民牵头的191家，其中村干部带头组建的6家；由企业牵头组建的12家，其他牵头的4家。2018年，全市农民专业合作社申请注册商标的14个，农民专业合作社成员总数3021人，其中农民成员3011人，培训成员数870人。

【惠民政策】 2018年，石狮市下发中央财政补助资金223.39万元，补助面积1128.23公顷，惠及农户3273户。落实农机购置补贴政策，办理补贴机具69台套，包括轮式拖拉机17台、旋耕机17台、增氧机27台、微耕机3台、动力喷雾机3台、花生收获机和薯类收获机各1台，中央和省级补贴资金合计67.034万元。完成补贴资金结算工作两批，共计发放补贴资金28.778万元，其中，中央资金21.951万元，省级资金6.827万元。发放全市累加购机补贴资金19.5336万元。

【农业执法检查】 2018年，石狮市严格投入品经营管理，依法实施农药经营许可6家，通过省农资监管信息平台实行入市前备案、监控，落实经营购销台账制度，不定期开展实地巡查112人次和产品抽检33个，农资监管平台巡查657次，下发整改通知3份。加强农药使用管理，落实用药用肥检查368人次，下发整改通知4份，督促建立肥药使用台账，严防肥药乱用和滥用，依法落实好农药安全间隔期制度。开展农药、兽用抗菌药、生猪屠宰、生鲜乳、农资打假、农产品生产档案记录等专项整治行动，做到有案必查。出台《关于建立部门执法联动机制的实施意见》，强化与检察、公安、市场监督管理局等部门信息沟通、联动协作执法，增强对违法犯罪行为打击合力。开展年度专项整治行动检查569人次，专项联合行动及信息宣传联动6次，办理涉农案件13起。

【农业执法宣传】 2018年，石狮市组织放心农资下乡、基地科普旅游教育、农产品质量安全宣传月、新型职业农民培训等活动7场次，通过签订《石狮市农产品质量安全承诺书》和《致石狮市农产品生产主体的一封信》，实行质量公开承诺及安全责任告知。加强与《石狮日报》等媒体合作，运用“石狮三农”微信公众号，开设宣传专栏，公开监督抽检信息及投诉举报电话，发布农产品质量安全信息83条。

【乡村振兴战略实施】 2018年4月21日，石狮市委召开全市农村工作会议，明确各级党政一把手是乡村振兴的第一责任人，要切实担起“一线总指挥”的担子。7月11日，印发《实施乡村振兴战略三年行动计划(2018—2020年)》，围绕“产业兴旺、生态宜居、乡风文明、治理有效、生活富裕”，坚持全域一体、统筹考虑，明确24项具体目标任务，细化形成48个项目。11月9日，召开乡村振兴专题会议，要求各级各有关部门要结合自身职能定位，明确工作思路，细化政策举措，积极主动作为。同日，召开全市抓党建促乡村振兴暨壮大村集体经济现场推进会议；11月30日，召开实施乡村振兴战略工作推进会议对乡村振兴工作进行具体部署。

2018年9月30日，成立以市委、市政府主要领导为组长、市直各有关部门为成员单位的乡村振兴战略领导小组，领导小组下设办公室，挂靠市农业农村局。形成“一办五组”（振兴办，产业兴旺、生态宜居、乡风文明、治理有效、生活富裕五个专项小组）的工作格局，市振兴办实行集中办公，制定工作例会、专项工作会、项目调度会、年度工作报告以及重点工作跟踪落实等一系列工作制度，常态化运作，同步推进建立产业兴旺、生态宜居、乡风文明、治理有效和生活富裕5个专项小组工作运行机制。

2018年，石狮市以生态宜居为切入点，以“一体两面三线多点”为规划思路，制定乡村振兴行动计划，完成《石狮市生态宜居乡村总体规划及技术导则》（初稿）编制，筹备召开评审会议；组织编制《实施乡村振兴战略规划（2018—2022）》，进行基础数据采集。

【科技兴农项目实施】 2018年，石狮市在“国家级水稻新品种展示中心”“福建省水稻新品种中试基地”建立2个省级现代种业项目和3个市级现代种业项目，5个项目基地试验示范面积近33.33公顷，分别对17个水稻新品种（组合）、2个蔬菜新品种进行生产试验、展示、示范。其中，2个省级现代种业项目，分别为省优质稻新品种早、晚稻新组合生产试验项目各1个；3个市级农作物新品种示范项目分别为西兰花、早稻、晚稻等新品种的示范。2018年，在“省级旱作物新品种中试基地”组织实施并较好完成3个省级现代种业项目和1个市级现代种业项目，4个项目基地试验示范面积20多公顷，分别对22个甘薯新品种、2个花生新品种进行生产试验、展示、示范。其中，省级现代种业项目分别为优质高产甘薯新品种展示、示范项目各1个，抗病花生新品种示范项目1个。其中，市蚶江镇东垵村绿贝蔬菜种植专业合作社承担的福建省现代种业项目甘薯新品种示范项目实施取得的效果得到省种子总站和参加现场验收的有关专家的充分肯定与好评，并在“省种业创新与产业化工程—优质甘薯新品种示范推广培训班”作典型发言。2018年，全市4家农业主体参加“成都国际都市现代农业博览会”，2家参加第十一届海峡两岸（泉州）农产品采购订货会。

【无公害产品认证】 2018年，石狮市完成申报无公害农产品认定2家，全市现有6个无公害农产品、1个绿色食品。

【农产品安全监管】 2018年，石狮市按照农业农村部“农业质量年”部署，实施农产品质量安全“1213行动计划”，坚持提质量与保安全并重，强化产地保护、监督抽检和专项执法等监管，从源头保障农产品质量安全。登记备案监管农业经营主体（农业企业、合作社、家庭农场、种植大户等）70余家，7家农资门市部、1家鱼粉饲料企业、3家定点屠宰企业。完成25个主要农产品产地环境省级定位监测点和30个农产品协同监测，市级17个耕地土样及灌溉水监测。完成“农残”快检监测3593个，占年度任务104%；委托第三方“农残”监督抽检7批次64个、农资检测34个（合格）。生猪定点屠宰检疫43.39万头，“瘦肉精”快检7556头份，定量检测719份，其中监督抽检197头份，均为零检出；病死猪无害化处理295头；新增2家无公害农产品认证，23家入驻“福建省农产品质量安全追溯管理平台”推进“一品一码”贴码销售；市、镇举办质量安全宣传培训活动32场次；办结涉农处罚案件13起。

【农业机械化】 2018年，“春耕”“双抢”“三秋”期间，石狮市投入农业机械177台套，检修农业机械308台套/次，完成机耕2953.33公顷、机收250公顷、机插面积93.33公顷，全年农机行业安全形势持续稳定，农机事故保持零发生。全市在册拖拉机为89辆。其中，农用轮式拖拉机48台，手扶拖拉机41台；在册拖拉机驾驶人133名；农机维修网点2家，农机合作社2家。

2018年，落实泉州市级农机专项发展资金项目，完成对石狮市协盈农机服务专业合作社的花生耕种收机械化推广示范项目（9万元），石狮市绿清果蔬种植专业合作社的200平方米农机机库棚建设（4万元），石狮市益民农机服务专业合作社的300平方米农机机库棚扩建和修复(4万元)建设指导、验收。

种植业

【概况】 2018年，石狮市耕地面积

略有调减，种植业结构进一步调整优化，全市农作物粮经比为35.4∶64.6，全年农作物播种总面积3054.3公顷，比2017年减少237.3公顷，主要作物有水稻、甘薯、花生、大豆以蔬菜瓜果等。其中，粮食播种面积1080.3公顷，总产4935吨，比2017年分别减少26.98%、19.94%；油料作物播种面积336公顷，总产822吨，比2017年分别减少4.27%、1.56%；蔬菜瓜果类播种面积1638公顷，总产29219吨，比2017年分别增加12.81%、3.72%。水果年末实有种植面积115.7公顷，比2017年增加36.5公顷，主要种植龙眼、葡萄、芒果、火龙果、百香果等水果，可采摘面积89.8公顷，总产2421吨，比2017年分别增加43.68%、227.6%，其中，龙眼等热带水果种植面积68.5公顷，可采摘面积68.5公顷，总产951吨；葡萄种植面积20.8公顷，可采摘面积20.8公顷，总产1463吨。

【农业基础设施建设】 2018年，石狮市继续推进建设智能温控大棚，截至12月底，共有16家农业设施主体承担建设任务，总计建设面积37.47公顷，总计补助资金约4000万元；在蚶江镇建设高标准农田140公顷，夯实提升全市的农业基础设施，确保农业高产稳产。

【粮油作物】 2018年，石狮粮食作物主要有水稻、薯类、大豆及其他杂粮。全年粮食作物播种面积1080.3公顷，总产4935吨，其中，水稻播种面积96.3公顷，总产594吨，比2017年分别减少34.71%、34.07%；甘薯等薯类作物播种面积756.3公顷，总产3327吨，比2017年分别减少34.31%、31.91%；大豆（含杂豆）播种面积52.5公顷，总产88吨，比2017年分别减少64.41%、69.55%；杂粮播种面积160.933公顷，总产886吨，比2017年分别增加387.58%、906.82%。2018年，油料作物以花生为主，全年播种面积336公顷，总产822吨，其中，夏花生273.5公顷、总产693吨，比2017年分别减少4.04%、1%；秋花生62.5公顷、总产129吨，比2017年分别减少5.30%、4.44%。

【农产品质量检测】 2018年，石狮市出台《石狮市人民政府农业办公室关于印发2018年农产品质量安全例行监测方案的通知》，不定期对农产品产地、生猪屠宰企业等进行抽查。执行“两检合一”“检打联动”“双随机一公开”机制，接受省、泉州市级监督抽检27个（均合格），石狮市级“农残”风险例行监测3593个，委托第三方“农残”监督抽检7批次64个（均合格）、农资检测34个（均合格）；生猪定点屠宰检疫43.39万头，“瘦肉精”快检7556头份，定量检测719份（其中监督抽检197头份），均为零检出。

【农作物病虫害防治】 2018年，石狮市高温天气持续较长，5月、8月、10月频繁出现阶段性强降水，局部涝害较为严重，在高温高湿条件下，病虫害发生呈并重趋势，全年主要农作物病虫害总体发生趋势呈中等发生，较去年偏重发生。各种主要农作物病虫害发生面积4727公顷次，防治面积6487公顷次，全年农作物病虫害疫情防治及时有效，病虫害危害在一定范围内得前较好控制。其中，水稻发生面积73公顷次，防治面积120公顷次；甘薯、花生等其他旱作发生面积2220公顷次，防治面积2560公顷次；蔬菜瓜果等作物发生面积22067公顷次，防治面积3460公顷次；龙眼等其他果树病虫害发生面积227公顷次，防治面积347公顷次。

2018年，石狮市推进全市农作物病虫害防疫工作，加强监测预警，全市常设农业有害生物疫情监测点4个，其中2个泉州市级虫情自动测报点，加强突发性、迁飞性、灾害性病虫监测工作，强化病虫害监测，指导科学防控；培育益绿、勤兴2支植保专业应急服务队，引导配备使用先进、高效植保机械，推动规模化农民专业合作社自主开展农作物病虫害统防统治，提升病虫害防治组织化程度和科学化水平，提升施药作业效率，提高喷药质量和农药利用率；推广应用农业防治、生物防治、物理防治等绿色防控技术，创建有利于作物生长、天敌保护而不利于病虫害发生的环境条件，预防控制病虫发生，促进减肥控害；组织开展农作物主要病虫害与马铃薯斑纹病、黄瓜绿斑驳花叶病毒病、红火蚁等农业有害生物疫情的调查、监测及防控工作；结合“12316”农业信息咨询服务、农产品质量安全生产检查、专题培训、农资下乡、科技下乡宣传与咨询等活动，多形式开展植物检疫宣传月、“防灾减灾日”、植保技能培训等宣传培训和督促指导活动。全市背负式电动喷雾机等各类高效植保机械保有量约501台（套），全年各主要型农业生产经营主体开展统防统治面积约2533.33公顷次，占全年病虫害防治面积的39%；推广应用农作物病虫害绿色防控技术累计约3000公顷次，占全年病虫害防治面积的46%，其中结合农技推广补助项目建立集成绿色防控与专业化统防统治融合示范片12个、示范点6个，示范面积80多公顷。全市农药使用量37吨，实现比2017年减量5.13%。

2018年共组织现场指导服务68次，服务对象85户次，接待来访农业问题咨询54人次；参与“三下乡”服务、放心农资下乡、农产品质量安全等现场活动4场次，举办培训、座谈会3场次，组织现场观摩培训6场次；分发病虫害绿色防控技术、安全科学用药等各类宣传材料2800多份。其中9月农业植物检疫宣传月活动，开展田间巡回宣传咨询3次，在主要种植区域及农资经营店悬挂宣传横幅标语21条；使用短信群发平台编发短信3条，发送720条次；在“石狮三农”微信公众号编发3期，并在涉农微信群推送植物检疫宣传动画片，共计分发宣传材料200多份。

【农技推广】　2018年，石狮市通过组织实施年度全国基层农技推广体系改革与建设补助项目，推进基层农技推广体系建设。2018年，采取异地培训、集中办班、现场实训、网络培训等方式，加强农技人员知识技能培训，全年完成42名农技人员参加各类培训，超额完成5%，参训农技人员对培训活动满意率100%。其中，组织5名农技推广骨干参加农业部管理干部学院基层农技推广体系改革与建设补助项目培训班培训；分批分期组织6名乡镇农技人员参加全省基层农技推广骨干业务培训；组织8名专业技术人员参加泉州市农业局举办的2018年种植业专业技术人员继续教育培训班；举办1期基层农技人员培训班，参训人员23名。

2018年，按照示范推广到位、培训指导到位、产业引领到位的要求，通过自建、合作等方式，组织遴选建设甘薯、胡萝卜、反季节西瓜、设施果蔬、水禽养殖等6个示范带动效果明显、长期稳定的农业科技示范基地。规范农业科技示范基地运行管理，与基地主体签订技术示范协议，明确年度任务和考核指标，建立技术示范展示档案，基地统一竖立"全国基层农技推广体系改革与建设补助项目农业科技示范基地"标牌。各基地分别与泉州市农业科学研究所、福建农林大学动物科学学院有效结合，建立农业技术支撑合作关系，依托基地开展集成示范先进适应技术不少于3项，开展观摩培训不少4次，将基地打造成农业优质绿色高效技术的展示窗和辐射源、基层农技人员开展指导服务的综合平台。

2018年，组织专家遴选确定3个主导产业，16个主导品种，8大项主推技术（共17个小项），制定技术操作方案，印制技术明白纸、操作手册。5月，印发到各乡镇农业服务中心，要求各镇认真贯彻落实推广到位。在创建6个农业科技示范基地和培育120个农业科技示范主体的基础上，配套发布《2018年石狮市主要农作物病虫草害防治农药推荐品种目录》，出台《关于印发石狮市2018年农作物病虫害绿色防控与专业化统防统治融合示范推广方案的通知》《关于印发石狮市2018年耕地质量提升和化肥减量增效示范推广方案的通知》等具体示范推广方案，组织建立测土配方、秸秆还田、增施有机肥、统防统治、绿色防控等7个百亩以上集成推广示范片，并多渠道、多措施组织农技人员进村入户开展农技宣传指导服务工作。

2018年，以各镇主导产业农业村为重点，采取乡镇推荐公示，市级审核的办法，开展农业科技示范主体遴选工作，共遴选120个能力较强、乐于助人的新型农业经营主体带头人、种养大户等作为农业科技示范主体。通过指导服务、技术培训、现场观摩、物化补贴绿色农资等方式，把配套集成、简单易学的种养技术、防灾减灾和标准化生产技术编印成册传授给示范主体，把省工省力、节本增效的新型农机具推广到示范主体，提高示范主体的自我发展能力和对周边农户、特别是小农户的辐射带动能力。依托福建省中茂农业发展有限公司建设农民田间学校1所，在农业生产的重要时节和关键环节，共组织举办6期以上培训或现场观摩活动，对示范主体开展手把手、面对面的技术指导和咨询服务。

2018年，通过购买服务方式，提高农技人员和农业生产经营主体应用中国农技推广APP、"12316"手机农务通APP和农业科技网络书屋的覆盖面和使用率。将农技人员培训、示范基地建设、示范主体培育等农技推广补助项目实施情况进行线上动态展示和绩效管理。同时，组织基层农技人员安装使用中国农技推广手机APP，使用率达95%。

【种子】　2018年，石狮市加强粮食安全应急种子储备仓贮管理，实行专库、专人、专管，按期做好粮食安全应急储备种子转商、转换处理，转商处理到期"佳辐占"陈种4万千克，在种子科技试验场建立"佳辐占"良种繁殖种子田9.33公顷，确保2019年全市4万千克粮食安全应急种子储备任务完成。2018年在绿贝果蔬种植专业合作社建立优质高产新品种秋季良种繁殖基地3.33公顷，在2017年试验、示范、鉴定的基础上，对优质、高产"闽花6号"新品种进行秋繁，所繁种子将于2019年提供农业生产推广用种。

畜牧业

【概况】　2018年，石狮市除石狮市水禽遗传资源保护研究中心外，继续执行规模化畜禽禁养区规定，全市有少量农村散养畜禽。组织各镇街道开展零星生猪散养户排查工作。成立非洲猪瘟疫情防控应急指挥部，成立重大动物疫情应急预备队，开展对非洲猪瘟防控工作落实情况的督查。2018年，全市未发生区域性重大动物疫病。

【动物防疫】　2018年，石狮市重点防控家禽高致病性禽流感、非洲猪瘟等重大动物疫病，抓好春、秋两季重大动物疫病强制免疫和冬春消毒灭源，全年累计免疫家禽11.5万羽，免疫家畜口蹄疫327头，群体免疫密度达到国家规定要求。2018年，全市共监测禽血清1690份，合格1525份，免疫合格率90.23%；监测家畜血清20份，合格20份，合格率100%；送检禽类双腔棉拭子140份，环境样品40份，动物组织样品10份，香肠冻品6份。

2018年石狮市成立非洲猪瘟疫情防控应急指挥部、重大动物疫情应急预备队，建立部门联动防控、紧急联动、

24 小时应急值班等应急联动机制，开展对非洲猪瘟防控工作落实情况的督查。对生猪调运监管、屠宰场消毒等关键环节，开展全面排查，加强生猪屠宰检疫。8 月—12 月，排查生猪 16.7 万头，未发现异常情况；2018 年 8 月 7 日起，实行准调制度，严禁从疫区及高风险区调入生猪和未经高温处理的生猪产品，组织开展生猪运输车辆备案工作。开展突发非洲猪瘟疫情桌面应急演练，及时更新储备物资，加强应急值守，执行 24 小时专人值班和领导带班制度。建立餐厨垃圾收集处理机制，采用专职分类上门收集和结合生活垃圾收运两种方式，对全市的餐厨垃圾进行收集、运输至生活垃圾焚烧厂焚烧处置；开展生猪散养户网格化排查，组织对全市范围内生猪散养户地毯式、拉网式、无死角、全方位的排查，从严从重查处违法违规案件，8 月以来，共查获违法违规案件 4 起，对涉案人员（企业）从重进行处罚，共处罚款 5 万元，对涉案的生猪、冷冻猪肉及时进行无害化处理。

【动物卫生监督执法】　2018 年，生猪定点屠宰环节共检疫生猪 43.39 万头，监督生猪定点屠宰企业无害化处理病死猪 295 头；全年抽检生猪尿样 7556 样次，抽检生鲜乳 27 样次，抽检合格率 100%。2018 年，重点监管生猪定点屠宰场、动物诊疗机构、农贸市场、活禽交易市场，立案查处违法案件 18 起，包括一般程序 17 起，简易程序 1 起，其中，1 起未取得动物诊疗许可证从事动物诊疗活动案，1 起使用未印有该动物诊疗机构名称的病历案，1 起经营、运输依法应当检疫而未经检疫的生猪案，2 起未经调入地动物防疫监督机构批准，从县境外调入动物、动物产品案，6 起屠宰、经营、运输的动物未附有检疫证明案，7 起对屠宰的生猪产品注水案。

【畜禽养殖污染整治】　2018 年，石狮市印发《石狮市禽畜养殖综合整治长效管理机制》，结合河长制、农业污染排查工作，每月组织实地检查，重点加强对已关闭生猪养殖场点的巡查。下半年，结合非洲猪瘟防控工作，石狮市农业农村局、石狮市效能办、石狮市政府督查室开展联合督查，组织各镇街道开展零星生猪散养户排查工作，实行生猪养殖全面退出。2018 年，组织实地检查 44 次，出动执法人员 160 人次，下发巡查通报函、限期关闭通知 9 份。

【应急物资储备】　2018 年，石狮市下发消毒药品至各镇（街道）、全市各大农贸市场、活禽批发市场、屠宰场等重点场所 5.31 吨。2018 年底，石狮市储备消毒药 5.43 吨，烧碱 3.65 吨，大型动物扑杀器 2 台，高压电动喷雾消毒机 2 台，消毒喷雾器 60 台，疫点、疫区警示牌 48 个，应急灯 60 个、防护服 800 件，以及动物尸体袋、口罩、麻袋等应急物资。

【水禽遗传资源保护研究】　2018 年，石狮市国家水禽品种资源基因库保护 15 个鸭地方品种，对山麻鸭、连城白鸭开展资源调查。与福建农林大学动物科学学院合作开展《MITF、TYR 基因在莆田黑鸭 / 白羽系毛囊中的表达控制机制研究》项目。与福建省农科院畜牧兽医研究所合作的《黑番鸭良种选育与配套关键技术研究》项目获福建省科技进步三等奖；《封闭式水禽生态养殖系统》获福建省百万职工“五小”创新大赛三等奖。

林　业

【概况】　2018 年，石狮市森林覆盖率 10.17%，森林蓄积量 6.8333 万立方米，林地保有量 1314 公顷，林业自然保护区（含保护小区）403.86 公顷，湿地保有量 6838.31 公顷。

【造林绿化】　2018 年，石狮市完成造林绿化及封山育林 139.79 公顷，其中沿海防护林封山育林 24.67 公顷，超额完成省、市下达的造林绿化任务。

【森林防火】　2018 年，石狮市结合春节、清明节等节假日，开展森林防火安全检查工作，护林员全员上山巡查，增加巡查次数与巡查密度。现建立市级森林消防器材库 1 个，每个乡镇都配有专门的森林消防器材库，市镇两级执行 24 小时值班和领导带班制度。2018 年，通过悬挂横幅标语、移动群发系统群发警示短信、发放宣传单，及电视台、日报社等新闻媒体宣传报道，定期开展防火技能和防火安全培训会及演练，提高防火意识。2018 年，累计在全市范围内，开辟清理防火路 55 千米。

【林业有害生物防治】　2018 年，在全市松林范围内（212.8 公顷）施放 20000 个白僵菌粉炮，在灵秀山松林范围内（115.87 公顷）施放 15000 个绿僵菌粉炮。在灵秀山松林范围内开展天敌治虫工作，释放花绒寄甲成虫 114000 头、卵卡 4000 卡，悬挂 200 个鸟巢，开展以鸟治虫工作。

【灵秀山森林公园管理】　2018 年，石狮市继续加强灵秀山森林公园巡防队伍建设，由保安公司提供中介服务，全面落实安全巡护工作，打击森林公园内违法违规行为。继续做好日常保洁工作，各类园路以及路旁按各类别规定时间和标准进行清扫保洁、小广告清洗工作，景区路面干净，无垃圾、沙土、积水等废弃物。

（图/颜华杰）

海洋灾害防治

【概况】　2018 年，石狮市成立赤潮灾害监视队伍和赤潮监测队伍，在 4—9 月赤潮高发期，开展监视监测工作。开展辖区全岸线海漂垃圾整治工作。推进泉州湾河口湿地保护区违法建设整治工作。全年组织巡查海岸线执法 141 次。

【海洋环境宣传】　2018 年，石狮市结合学雷锋活动日、五四青年节、世界环境日、国际海滩清洁日等纪念日，组织开展“向雷锋同志学习，净祥芝周边海滩”“庆祝五四青年节，热爱我们的家园”“美丽石狮，我们行动”世界环境日志愿、“守护美丽海滩，我们共同行动”国际海滩清洁日等主题海洋环保净滩活动。

【渔港污染防治】　2018 年，石狮市制定《石狮市海洋渔船防污染专项整治工作方案》。督促渔港业主落实渔港环境保护的主体责任，按照有关规定建立健全渔港防污染规章制度，在港区内配备相应的污染物收集和集中处置的环保设施，为渔船污染物的岸上接收和岸上集中处置创造条件；督促渔船所有人落实渔船防污染的主体责任，做好防污染设施的日常养护工作，确保设施的可用性。利用宣传栏、互联网、微信等平台，通过横幅标语、张贴公益海报、制作宣传展板、举办培训班、防污染讲座等形式，到渔村、渔港、渔船开展防止污染海洋环境法律法规的宣传教育，提升渔业船员及渔港业主的环境保护意识；倡导渔港渔船节能减排和防止污染新模式和新技术，鼓励渔民使用标准化渔船、节能渔机产品，更新淘汰落后的高耗能、高污染、高排放渔船及技术装备。

【海漂垃圾整治】　2018 年，石狮市印发海漂垃圾治理方案，安排市级预算 365 万元用于海漂垃圾治理。市海洋与渔业执法大队配合开展辖区全岸线海漂垃圾整治工作，每周对全市海岸线开展环境卫生巡查工作，对巡查过程中发现的海岸带环境卫生问题，及时通报给相关乡镇并督促整改落实。2018 年，在泉州市海岸带环境卫生考评结果通报中，石狮市考评成绩多次排名泉州市前列。

【湿地生态保护】　2018 年，石狮市

2018 年 6 月 10 日，石狮市组织赤潮监测技术人员前往东埔附近海域开展监视监测工作
（图/市农办）

多次开展部门联合执法，推进泉州湾河口湿地保护区违法建设整治工作。依法拆除非法占用石狮境内海域滩涂的亚太休闲农庄、水头围堰和跨海大桥下围堰养殖管理房、跨海大桥下水泥搅拌站和堆场等多处违章建筑设施。推动养殖退出，与水头村委会及养殖经营单位签订养殖退出补偿协议，清退泉州湾南岸石狮段围垦养殖区面积209.93公顷，恢复滨海湿地原貌。

【赤潮灾害防范】 2018年，石狮市制定赤潮监测工作方案，成立赤潮灾害监视队伍和赤潮监测队伍，在4—9月赤潮高发期，开展监视监测工作。2018年，石狮市东埔附近海域和古浮附近海域发生赤潮灾害。灾害发生后，市赤潮灾害应急领导小组启动赤潮二级应急工作程序，组织开展赤潮海区水质监视监测、贝类毒素监测、宣传教育等工作，赤潮灾害发生期间，赤潮区海产品未检出贝毒，无发生误食赤潮区海产品的中毒事件。

【海洋执法】 2018年，市海洋与渔业执法大队定期和不定期开展海岸线和海岛巡查，打击海上非法采砂、围填海等违法用海行为。全年组织巡查海岸线执法141次，巡查行程2491千米，出动执法人员928人次；执法船开展巡航53航次，航程1432海里；海岛巡查48个次；查获非法采砂船一艘，依法处罚款10万元。

渔业发展

【概况】 2018年，石狮市海洋捕捞总量362968吨。水产加工品总量280832吨，产值590250万元。推进无公害水产品生产基地、标准化养殖生产基地、水产品质量安全“一品一码”全程追溯建设，持续推广健康生态养殖模式。鼓励渔业生产单位发展设施渔业、休闲渔业等现代渔业项目。加强海洋渔业安全生产监管执法。

【海洋捕捞业】 2018年，石狮市海洋捕捞总量362968吨，比2017年增长1.09%（鱼类312898吨，虾蟹类14304吨，贝类4802吨，藻类150吨，其他类30814吨）。其中，近海捕捞产量320400吨，比2017年增长1.22%；远洋捕捞量42568吨，比2017年增长0.10%。

2018年，石狮市渔民加快渔船更新换代和开渔以来东海渔汛情况较好，渔获物市场价格有所上涨，渔民出海生产的积极性提高，全年近海捕捞产量较2017年增产。

【海水养殖业】 2018年，石狮市海水养殖重点发展贝类养殖，主要海水养殖品种有牡蛎、花蛤、缢蛏、杂色鲍、锯缘青蟹、南美白对虾、紫菜等品种。2018年，石狮市海水养殖产量58297吨，其中，鱼类44吨，虾蟹类528吨，贝类56435吨，藻类1290吨，比2017年增长2%。2018年，按照“政府引导、部门规划、财政补贴、群众参与”的原则，发展海水养殖业，推进无公害水产品生产基地、标准化养殖生产基地、水产品质量安全“一品一码”全程追溯建设，持续推广健康生态养殖模式。制定出台《石狮市海水养殖水域规划（2018-2030）》，划定养殖区、限养区、禁养区，引导养殖户科学规范养殖。

【淡水养殖业】 2018年，石狮市淡水养殖方式主要以淡水池塘、水库为主，养殖品种主要有草鱼、青鱼、鲢鱼、鳙鱼、鲫鱼、鲈鱼、罗非鱼等品种。全年淡水养殖产量445吨，比2017年增长2.77%。

【水产品加工业】 2018年，石狮市水产加工品总量280832吨，产值590250万元，其中，水产品冷冻品342725万元，鱼糜制品及干腌制品153290万元，藻类加工品12616万元，水产饲料（鱼粉）733万元，其他加工品80886万元。2018年，石狮水产加工企业91家，形成华宝海洋生物、海星、万弘等一批海洋生物科技企业，华宝明祥、海百皇等一批水产品深加工企业，形成正源水产、利成、瑞兴等一批冷链物流企业，“WELLABLE”“明祥”“品洋”等一批知名品牌；形成祥芝水产专业批发市场及祥渔、东埔、梅林等水产贸易市场销售网络。

【现代渔业转型升级】 2018年，石狮市持续支持鼓励渔业生产单位发展设施渔业、休闲渔业等现代渔业项目，引进推广渔业新品种、新技术、新机具、新饲料、新渔药等渔业“五新”技术，推动现代渔业转型升级。2018年，引进推广浅海花蛤底播养殖技术和沙蚕水泥池高效养殖技术。

【渔业执法】 2018年，市海洋与渔业执法大队加强海洋渔业安全生产监管执法，开展“蓝剑2018”专项执法行动，打击各类海洋渔业违法违规行为，推动全市海洋渔业安全生产形势持续稳定好转。全年开展海上执法行动48次，行程1350海里，重点查处未按规定配齐渔业职务船员、招用未持有相应有效渔业船员证书人员上船工作、不服从渔政渔监管理机构依据职责对渔业安全生产秩序做出的管理、违反禁渔期（区）规定进行捕捞等违法违规行为，渔业案件结案34起，移送4起，罚没款37.0241万元。

【渔业安全生产监管】 2018年，石狮市制定《石狮市2018年渔业船舶事故隐患排查整治实施方案的通知》《石狮市海洋与渔业局关于开展海洋与渔业安全生产大检查的紧急通知》，成立渔业船舶安全事故隐患排查治理活动领导小组、全市海洋与渔业安全生产大检查工作领导小组，常态化、全过程、全方位排查治理渔船生产安全隐患。2018年，石狮市开展检查394次，出动人员1349人次，检查渔船1473艘次，现场整改57次，发出整改通知书82份，完成整改通知书82份。

【渔业安全宣传与教育】 2018年，石狮市制定《石狮市海洋与渔业局安全生产宣传教育“七进”活动方案》，规范安全生产进企业、进校园、进机关、进社区、进农村、进家庭、进公共场所工作。2018年，召开24场渔业安全生产会议和活动，6556名渔民参加会议，发放各类宣传资料24780份。通过组织船长船东签订保证书、召开警示教育会、树立警示牌、群发信息、报纸、微信公众号宣传等手段，加强渔民法制宣传教育。在《石狮日报》连载《渔业安全生产知识与海洋环保知识系列》栏目，内容包括伏季休渔、敏感水域宣传教育、商渔船防碰撞、打击非法载客、船员培训、防抗台风通告、硫化氢中毒的预防及抢救措施、海洋环保法律知识等。印制渔业安全生产宣教资料12000本，更新警示教育典型案例、渔业安全、防抗台风、船员培训、敏感海域等政策法律法规，通过安全生产月各项活动、渔业安全警示教育会、日常安全检查等途径免费发放给渔民群众。

【水产品安全监管】 2018年，石狮市开展执法检查活动65次，出动检查执法人员155人次，抽查水产养殖企业149家次，抽检水产样品124个，均未发现含有禁用药物，检测合格率100%。组织开展水产品质量安全宣传培训活动，发放宣传材料2000多份。推进水产品质量安全“一品一码”全程追溯建设，推进渔业标准化生产基地建设，提升水产品质量安全水平。2018年，全市有7个渔业标准化生产基地，5个无公害水产品认证，2个国家地理标志认证。

【水产养殖科技培训】 2018年，石狮市通过本地举办、组织参与异地培训、渔业科技下乡服务等多种方式，组织开展渔业“五新”技术、水产健康养殖技术、水产养殖安全用药技术、水产品质量安全管理等水产养殖科技培训。全年组织开展培训班8场，参训水产养殖户达200多人次。

【机动渔船油价补助】 2018年，石狮市对947艘渔船给予油价补助，发放2017年油价补助资金156496097元。

【渔业船员培训】 2018年，石狮市制定《2018年石狮市渔业船员培训方案》，对经考试、考核后取得渔业船员证书的普通船员，给予300元/人的财政补助。2018年，组织船员培训24期，培训船员693人，其中，普通船员培训班6期，共培训309人；职务船员培训班18期，培训384人，下拨培训补助经费97800元。

【涉渔“三无”船舶整治】 2018年，石狮市拆解涉渔“三无”船舶10艘。10月31日，举办违规渔具清理整治现场推进会，公开清理销毁近年来查获的各类违规禁用渔具，包括网具40多张、电缆线 600多米、电鱼框7个、电机5台、蓄电池14个。12月6日，举办2018年涉渔“三无”船舶清理整治现场会。

（图/颜华杰）

工业运行管理

【概况】 2018年，石狮市工业增加值完成365.5亿元，增长9.5%。其中，规模以上工业企业407家，完成工业增加值265.9亿元，增长9.7%；实现工业产值1212.8亿元，增长12.3%。制造业加快复苏，产值增长13.2%，电力、热力、燃气及水生产和供应产值增长11.4%。制造业产值占全市规模以上工业产值达90.8%，增速高于全市规模以上工业0.9个百分点。工业投资和技改投资，分别增长31.4%、21.5%。

【工业经济运行总体平稳】 2018年，从整体工业分行业看，石狮市28个工业大类行业中，有22个行业产值保持增长，增长面达到78.6%。其中，纺织服装、智能制造和海洋食品三大支撑产业，分别完成规模以上产值577.6亿元、140.2亿元、44.8亿元，分别增长8.9%、31.9%、30.3%。全市产值超亿元工业企业达225家，增加10家，产值1129.7亿元，占规模工业总产值93.1%。

2018年，石狮市完成58家印染企业分级评定，建立奖优罚劣和差别化要素配置机制，倒逼企业技改升级，完成技改投资11亿元。发挥纺织服装产业联盟的桥梁作用，开展“纺织服装产业质量提升行动”，建立用工、订单、闲置厂房对接服务平台，促进全市纺织服装产业抱团发展，实现规上产值577.6亿元、增长8.9%。

2018年，石狮市对接引进佳龙新材料、九牧智能家居、建新轮胎等项目27个、总投资71.2亿元，通达三期、飞通北斗等项目基本建成，带动智能制造产业实现规上产值140.2亿元，增长31.9%。

2018年，石狮市出台《石狮市进一步支持和促进海洋经济发展若干措施》，推进海洋食品园建设和祥芝国家中心渔港扩建工程，渔港经济区建设列入全国沿海渔港建设规划，海洋食品产业实现规上产值44.8亿元，增长30.3%。

【企业扶持政策落实】 2018年，石狮市出台《石狮市进一步支持民营企业健康发展十一条措施》，围绕促进民营经济转型升级、增强民营企业竞争力，营造良好发展环境等三个方面提出11条政策措施，从促进民营经济转型升级、提升民营企业竞争力、营造良好发展环境等方面，进一步支持民营企业健康。

2018年，石狮市做好惠企政策宣传，利用QQ、微信等新兴媒体，通过发布政策解读信息、召开政策宣讲会，帮助企业用足用好政策，到企业开展“下企业、送政策”活动，推动服务企业“零距离”。2018年，开展政策兑现工作，在政策兑现上变过去的集中兑现为多批次兑现，成熟一批兑现一批，分三批次兑现惠企政策资金9804万元。

【企业获得荣誉称号】 2018年，福建省石狮市通达电器有限公司、福建省鸿山热电有限责任公司获2018年福建省产业龙头企业称号；卡宾服饰（中国）有限公司、福建汇龙化纤纺织实业有限公司等32家企业获2018年泉州市龙头企业称号。永信数控生产的数控电脑绣花机等16个产品入选2018年泉州市“数控一代”示范项目产品（详见《2018年泉州市“数控一代”示范项目产品名单》）。石狮市汇星机械有限公司生产的精密型数控纬编机新增入选2018年泉州市高端装备设备名单。福建永信数控科技股份有限公司、福建省富达精密科技有限公司和福建新力元反光材料有限公司等3家被认定省级“专精特新”中小企业。

【信息化建设】 2018年，石狮市信息

2018 年泉州市"数控一代"示范项目产品名单

表 7

序号	企业名称	产品名称	产品型号
1	福建永信数控科技股份有限公司	数控电脑绣花机	YX-S 系列 /YX-G 系列 /YX-GG 系列 /YX-DJ 系列 /YX-L 系列 /YX-SL 系列 /YX-GL 系列 /YX-P 系列 /YX-SP 系列 /YX-GP 系列 /YX-M 系列
2		数控圆头电脑绣花机	YX-Y 系列
3		一体成型织可穿电脑横机	YX-H 系列
4	石狮市汇星机械有限公司	精密型数控纬编机	HX-11DM、HX-22DM、HX-11DTM、HX-22DTM
5	百冠（福建）机械科技发展有限公司	全自动取件扒料一体机	BGBLJ-002/003
6		全自动扒料机	BGBL-005
7		数控五金配件自动取件下料机	BGXLJ-002 / 003
8	石狮市佳鑫精密机械有限公司	数控单面针织机	型号：JX-A 规格：（30-38）"-（12-28）G-（74-114）F
9		数控双面针织机	型 号：JX-B 规 格：（30-38）"-（12—28）G-（72-102）F
10	石狮市鑫隆针织机械有限公司	新型数控单面圆纬机	A：型号：XL-DM B：规格：（30-38）" x（9-42）G x（54-204）Fx（840-5016）T
11		新型数控双面圆纬机	A：型号：XL-SM B：规格：（30-38）" x（9-28）G x（48-72）Fx（840-2976）T
12	石狮市宝翔针织机械有限公司	自动值车单面针织圆纬机	BX-SA/[26-38]/[E12-E36]/[2-4]
13		数字段彩针织圆纬机	BX-SIC/[26-38]/[E12-E36]/[1.2-2.4]
14	石狮市振富针纺机械有限公司	数控单面纬编机	HM-DM(8-60)"*（8-44）G*（14-280）F
15		数控双面纬编机	HM-SM(8-54)"*（8-44）G*（16-152）F
16	石狮顺辉数控设备贸易有限公司	高精度数控雕铣机	SH-500、SH-650、SH-870

化企业发展尚处于起步阶段，软件、信息化、人工智能等相关企业仅十家左右。其中，福建省我答答信息科技有限公司和石狮市青创城电子商务园区有限责任公司发展相对稳中有进。2018 年，我答答信息科技有限公司打造的移动分销平台获得 2018 年福建省数字经济发展专项资金补助 200 万元。2018 年，青创城入驻商户实现销售额超 100 亿元。

城镇集体经济发展

【木器厂发展】 2018 年 6 月，石狮市木器厂改制方案经职工代表大会、第三次职工代表大会表决通过，方案报 2018 年第 10 次市长办公会议研究同意，正式启动资产评估、转让、人员分流安置等程序。

【工艺美术产业发展】 2018 年，石狮市城镇集体工业联合社推动工艺美术产业健康发展，根据《泉州市人民政府办公室转发市城镇集体工业联合社关于加强工艺美术大师服务管理实施意见的通知》，协助泉州市工艺美术大师吴东洋申报大师工作室，9 月，成立吴东洋大师工作室。按照泉州市关于传统工艺美术濒危品种技艺抢救保护的要求，加强对吴小锦大师工作室的日常指导和管理，促进濒危艺种恢复作坊式生产，鼓励规模化经营。落实《泉州市传统工艺美术保护发展规定》等文件精神，帮助获得省、泉州市工艺美术大师的艺人申请资金奖励，兑现带徒补贴 18000 元，激励传承技艺、创作新品。协助企业筹建约 5000 平方米的"吴为家艺术展览馆"，为保护和传承濒危通草画技艺提供一个较好的学习宣传场所，向上级争取扶持资金帮助企业拓展经营。

建筑业

行业管理

【概况】 2018 年，石狮市有建筑业企业 65 家，其中总承包企业 25 家，专项承包资质12家，预拌商品砼企业5家，劳务分包企业16家，造价咨询企业2家，机械租赁企业4家，设计企业1家。2018年，新增建筑业企业11家，申报建筑业资质增项企业3家，变更资质证书内容企业3家。

【审批服务】 2018年，石狮市建筑业办理施工许可项目92项，建筑面积233.5074万平方米，工程造价58.945亿元。其中，房地产项目20项，建筑面积170.7665万平方米，造价27.30亿元；工业项目22项，建筑面积44.686万平方米，造价15.868亿元；市政项目20项，道路长度1035.596千米，造价12.524亿元。办理竣工验收备案项目45项，建筑面积174.968万平方米，工程造价16.626亿元，其中房地产项目2宗、建筑面积13.272万平方米，造价1.849亿元。

【建筑行政管理】 2018年，受理违法违规案件10件，结案9件，罚款487.7615万元，其中，违法安全生产案件2件，罚款1万元；未经批准擅自施工案件3件，罚款469.7615万元；违反大气污染法5件，罚款17万元。

【招标投标管理】 2018年，石狮市房屋建筑、交通、市政工程项目完成公开招标项目102个，工程最高控制价15.9731亿元，中标价14.1601亿元，节约资金1.813亿元，下浮11.35%。

【质量监督审批】 2018年，石狮市辖区受监在建工程项目196个，其中暂不开展监管记分评价的项目95个，停止评价项目31个，应评价在建项目70个，第四季度已评价工程项目70个，评价率100%。2018年，办理建筑起重机械使用登记191台，其中施工升降机115台，塔吊76台。

【新型建材、散装水泥】 2018年，石狮市退还新型墙体材料专项基金23个工程项目，总计935.864992万元；退还散装水泥专项基金2个工程项目，总计3.9456万元。

施工管理

【双随机检查】 2018年，石狮市通过“项目动态监管系统”发出责令整改通知单268份，涉及工程项目124个次，排查质量隐患989条，已整改隐患852条，整改率86%。

【质量监督检测】 2018年，石狮市开展原材料抽测，抽查预拌商品混凝土企业5家，工程质量检测机构2家；随机抽查混凝土用砂24组，合格率100%；抽取钢材31组，合格率达100%；抽查水泥8组，合格率100%。开展实体结构抽测工作，重点对钢筋安装、板厚抽测、混凝土强度抽测、道路压实度等进行现场监督，全年钢筋安装抽查73次，板厚抽查66次，混凝土强度抽查70次，市政道路压实度抽查11次。开展建筑用砂专项整治，对辖区内包含福建宏基混凝土有限公司等在内的所有预拌混凝土企业（共5家）的建筑用砂进行抽样，委托相关机构对砂的含泥量、泥块含量、氯离子含量、贝壳含量等指标进行检测，检测结果均合格。开展地基基础检测机构信用考核，重点检查基桩静载情况，主要检查人员（仪器）情况、加载反力装置配重、静载仪参数设定、静载试验数据上传、桩位确认、最大加载值确认等，全年检查21个项目21根基桩静载，通过动态监管系统累计信用记20分。

【渣土与扬尘治理】 2018年，石狮市开展渣土运输专项整治，强化扬尘治理巡查力度，检查在建房屋建筑项目204个次，责令整改违规行为45起，责令9个项目设置封闭围档，督促18个项目设置洗车台及防尘设施，督促14个项目对裸露土方进行覆盖，发出《责令改正通知单》45份。

质量安全教育

【安全教育】 2018年，石狮市开展安全监督交底工作，在每个受监项目开工前，质监站组织监督员、建设单位、施工单位、监理单位针对项目情况开展安全监督交底工作，提升参建各方安全意识和应对能力。

【建筑工地现场检查】 2018年，石狮市开展脚手架、模板支架、建筑起重机械“三个”专项整治，重点检查涉及重大危险源的各专项工程管理情况、安全生产主体责任落实情况、安全专项施工方案管理情况等。检查在建项目204个次，发出《责令改正通知书》204份，排查安全隐患数1076条次，对检查发现的问题，责令相关责任单位立即整改并组织复查。

2018年，加强消防安全管理，随机抽查在建房屋建筑工程204个次，发出《责令整改通知书》28份，排查消防电气火灾安全隐患58条。

2018年，开展汛期安全隐患排查治理，组织3个监督小组重点检查建筑高边坡、深基坑和建筑起重机械等重大危险源的安全情况，出动检查人员196人次，检查在建项目49个次，排查安全隐患355条。

2018年，开展建筑起重机械专项检查。聘请建筑起重机械检测类专家组成联合检查组，对全市在建项目的所有塔式起重机和部分施工升降机进行安全专项检查，检查塔式起重机111台、施工升降机55台；通过现场检查和查阅资料，发出《责令改正通知单》55份，责令2台存在较大安全隐患的机械停止使用，督促各施工、监理单位举一反三，全面自查，消除安全隐患，确保安全生产。

【安全生产活动】 2018年，石狮市开展"安全生产月"活动，围绕"生命至上，安全发展"活动主题，进行安全生产宣传活动，联合碧桂园、共富路PPP等项目举办安全生产应急演练，动员各参建单位积极做好安全生产工作。

电 力

【概况】 2018年，国网石狮市供电公司由福建省电力有限公司全资子公司改制为分公司（国网福建石狮市供电有限公司改为国网福建省电力有限公司石狮市供电公司）。综合业绩实现"三连冠"，连续三年获评泉州7家县级供电公司第一，连续五年获评国网福建省电力有限公司A类县级供电企业，获第十三届省级文明单位，被石狮市委确定为全国文明单位培育对象。

石狮市实现全社会用电量电39.45亿千瓦时，比2017年增长3.92%；净增用电量1.49亿千瓦时；工业用电量23.74亿千瓦时，比2017年增长3.41%；农业用电量0.025亿千瓦时，比2017年增长14.62%；城乡居民生活用电总量8.76亿千瓦时，比2017年增长3.25%；地区最高负荷达到68.6万千瓦，比2017年增长1.93%；最大日用电量达1414.5388万千瓦时，比2017年增长0.766%。现投入运行220千伏变电站5座，主变压器9台，总容量162万千伏安；投入运行110千伏变电站14座（含佳龙石化），主变压器29台，总容量150.10万千伏安；投入运行110千伏输电线路29条计151.832千米，10千伏配电线路317条计1951.22千米。配电变压5642台，总容量296.8115万千伏安。全年用电环境总体良好，未出现压电、大面积停电事件和各类电力安全事故。

【电网建设】 2018年，石狮市完成电网建设投资1.46亿元，110千伏镇中变工程、锦尚变Ⅱ期扩建工程投运。提前开展专项规划和立项报批，实现电厂、园区周边配电网100%覆盖。完成全域城市化现代配电网网格化专项规划。新建10千伏出线16条，新增10千伏架空线路7.006千米、电缆线路89.08千米、电缆管沟33千米、环网柜57台、柱上开关144台；新建台区61个共17450千伏安，全面消除配电网多联络和放射性线路，配电网网架结构进一步优化。电网供电可靠性、抵御自然灾害能力位居全省前列，220千伏容载比2.15，110千伏容载比2.66，城网供电可靠率99.962%，农村电网供电可靠率99.910%，电压合格率99.748%，石狮地区户均容量5.54千伏安/户。配电网线路绝缘化率96.62%，缆化率79.74%，"N-1"率96.56%，互联率100%。

【供电安全生产】 2018年，石狮市持续推进本质安全建设，实现连续安全生产3033天。开展配电网故障抢修速度提升竞赛，高压故障恢复送电时间为30.68分钟，比降59.96%，低压故障恢复送电时间为19.59分钟，比降53.9%。强化网格化服务保障，应用频繁停电台区分级预警展示模块，开展配电网故障、频繁停电专项治理，组织营配联合特巡。实行重大活动保电"领导挂班、分片负责、实时联动"机制，累计出动1434人次，提前开展线路及设备巡视224次，消除缺陷287次，投入专项资金20.78万元，完成"4·18"海博会、"国际军事比赛—2018"、建市30周年系列活动等60余场重大活动保电工作。开展19期"安全用电进校园"宣讲活动，宣讲授课学生9410人，普及安全用电常识，宣传电气火灾事故教训等。

【供电优质服务】 2018年，石狮市坚持以客户为中心，积极践行社会责任，以一流的服务做好"电力先行官"、架起"党联系群众的连心桥"，落实"实业项目落地年"，优化电力营销环境，高、低压客户用电工程报装平均时长分别从2017年80.43和9.9个工作日下降到55.71和5.45个工作日，降幅较大，客户"获得电力"更加便利。完成一般工商业电价四次降价，从2018年初的0.7395元/千瓦时降低至0.6603元/千瓦时，降幅为10.71%，惠及用户55725户，为企业降低电费4647万元。全面取消临时接电费、高压客户电力负荷管理终端设备费，73户企业受惠共450万元。2018年共推动25家企业参与电力市场化交易，市场化交易电量规模约5.84亿千瓦时，为企业节省电费1601万元。践行绿色环保理念，推动"精准扶贫"，累计实现光伏立户394户，总容量9412.6千伏安，比增38.24%。完成2处充电站、16个快充桩投运，推进5个小区慢充点的建设。完成替代电量1.85亿千瓦时。持续提升乡镇供电所建设水平，宝盖镇供电所、蚶江镇供电所获评国网公司五星级乡镇供电所。灵秀镇供电所、永宁镇供电所获评省四星级供电所。

【供电队伍建设】 2018年，国网福建石狮市供电有限公司实施强化改革创新、激发内生动力"双轮驱动"，开展庆祝改革开放40周年纪念活动，拍摄"变电站和一座城"专题片，获国资委"走进新时代·展现新形象—庆祝改革开放40周年中央企业故事大赛"优秀奖；实施"亮灯领航"工程，创新推行党群干部"双器双机"工作机制，获泉州市2018年机关党建课题调研文章二等奖（石狮市一等奖）；开展"'党旗引领·攻坚突破'2018"专项行动，激励干部员工担当作为，破解难题，解决历史遗留问题11条；开展"学习时代楷模，当先锋、作表率"活动，评选"张黎明式好员工"27人次；深化青年文明号创建，宝盖镇供电所、祥芝镇供电

2018 年 9 月 1 日，110 千伏镇中变电站顺利投运

（图 / 国网福建石狮市供电有限公司）

所获省级青年文明号，灵秀镇供电所获石狮市青年文明号；蚶江镇供电所以创建“美丽站所我的家”为载体，以“规范、安全、高效”的作业单元和“自立、互助、温暖”的职工家园为宗旨，全力打造温馨舒适的职工家园，获“全国模范职工小家称号”。

中小企业服务

【概况】 2018 年，石狮市通过石狮企业服务网等渠道组织发动符合条件的企业（单位）申报上级项目，推荐 70 家次企业（单位）申报 14 个上级项目。组织开展“专精特新”培育工作，推荐 73 家企业申报福建省“专精特新”中小企业入库培育，新增永信数控等 3 家企业通过福建省“专精特新”中小企业认定。组织开展电力直接交易工作，推荐 1 家老用户、24 家新用户参加 2018 年电力直接交易。

【惠企政策】 2018 年，组织 2017 年惠企政策申报解读会、电力直接交易政策解读会、重点用能单位十三五双控目标填报解读会等培训活动，组织企业参加食品安全员培训班、恒安精益管理实战研修班、中小企业经营管理领军人才培训班（福建班）等培训活动，免费发放惠企政策汇编、在企业服务网和微信公众号发布惠企政策、继续与《石狮日报》合作开辟《实业强市、企业服务发展》专栏等方式，向企业宣传各级惠企政策，帮助企业用活用好各级惠企政策，消除政策落实中不及时、不主动、不到位的现象，促进利好政策充分转化为企业发展动力。指导石狮纺织服装产业联盟开展纺织服装产业质量提升三年行动，第一批挑选 30 家企业进行 3 个月重点培养。协助全市 118 家次企业申报省级一季度增产增效、省级智能制造试点示范、省级技术创新项目、泉州市机械装备示范以及省市技术改造补助资金等 21 个专项，截至 2018 年底，获批补助资金 5200 多万元。

2018 年，石狮市分三批兑现本级 2017 年惠企政策奖励资金 9800 多亿元；组织兑现 2017 年“两税”即征即奖政策，奖励资金近 8000 万元。

【公共平台建设】 2018 年，石狮市推荐中纺协检验（泉州）技术服务有限公司申报国家中小企业公共服务示范平台并获通过，推荐石狮市青创城电子商务园区有限责任公司申报国家小型微型创业创新示范基地并获通过，推荐石狮纺织服装产业联盟申报福建省中小企业公共服务示范平台并获通过。联合中国纺织工业联合会检测中心石狮实验室推动石狮服饰面辅料产业集群公共服务平台建设，支持中纺联“一院一馆二中心”开展各项业务工作。

【企业管理工作】 2018 年，石狮市出台《石狮市经济局关于加强行业协会规范管理工作的通知》，督促行业协会按时年检及换届、加强财务管理等内部建设。联合童装协会等单位赴浙江织里考察童装产业及市场发展现状。开展新材料企业目录摸底调查工作，组织新立元反光材料等 8 家新材料企业报送相关材料。调整《2018 年市领导挂钩联系重点民营工业企业制度》，并推动 9 个镇（街道）同步落实建立挂钩联系重点工业企业制度，每个镇（街道）级领导挂钩联系 3 个辖区内企业。

城乡规划建设与国土资源管理

（图/颜华杰）

城乡规划

【概况】 2018年，石狮市完成《石狮市“多规合一”规划》及城市开发边界划定试点工作。完善《石狮市城市总体规划（2015—2030）》修编工作，推进控规、专项规划、城市设计等各层次规划的编制。

【规划编制】 2018年，石狮市启动《石狮市学府片区控制性详细规划及城市设计》《石狮市高铁新区控制性详细规划及城市设计》《石狮市锦蚶智能智造产业园控制性详细规划》等区域控制性详细规划编制，其中编制完成《石狮市学府片区控制性详细规划及城市设计》；完成《石狮市高新区单元控制性详细规划》和永宁镇院东村、宝盖镇龙穴村等村庄规划审查工作，组织完成《石狮市河道岸线及河岸生态保护蓝线规划》《石狮市全域道路工程专项规划》《石狮市养老服务设施专项规划》等专项规划编制。启动编制《石狮市生态连绵带总体实施规划》。

2018年4月建成峡谷旅游路西段 （图/市国土规划和房产管理局）

市政建设

【概况】 2018年，石狮出台《石狮市农村公路路长制实施方案》《石狮市关于进一步推进“四好农村路”建设（2018—2020年）实施方案》，完成农村公路信息数据采集和调查工作。推进市政公用设施建设和加强公用设施管理养护。

【市政公用设施建设】 2018年，石狮市打通花园路（南环路—西南一路）、金相路南段（西环路至外西环路）两段断头路；完成峡谷旅游路、学府路人行地下通道、洪窟安置房周边道路等项目建设；对新行政服务中心配套周边道路工程进行完善；实施回兴路塘后段（宝岛路—宋塘路）、回兴路（宋塘路—香江路）、镇中路（九二路—八七路）等市政道路项目；完成石狮医院新院周边道路改造提升工程、拥军路道路提升改造工程等项目的前期工作；建成林边社区智能立体停车场、石狮市长福智能立体停车场两个停车楼。

【市政公用设施管理养护】 2018年，石狮市修复市区人行道5762.648平方米、沥青路面13484.29平方米、挡车石墩217个、路缘石583.45米、水泥路面3372.828平方米；维修路灯5698盏，处理路灯杆漏电跳闸912处，处理路灯控制箱故障182处，查找及隔离电缆故障92处。2018年，公路设施方面完成对石锦路、石狮大道等管养路段破损路面修复约为14575.96平方米，维护公交亭、临时站牌82座、灯箱维护17座、重新刷漆12座、更换蓝色阳光板40平方米、更换户外写真灯布449.54平方米、更换镀锌彩板616.15平方米、拆除公交亭2座；增设减速带333.8米、道口反光柱139根、爆闪灯15套、三角形轮廓标180个、梯形轮廓标300个，绘制标线8685.01平方米。石狮市市政公用设施管理处配合交警、镇等部门发现、整治交通隐患点9处。

2018年，通过向社会采购服务方式，完成八七路及市政府周边夜景维护服务采购，确保夜景工程亮灯率和完好率；落实桥梁社会化管养服务工作，完成常规全面检测，建立健全“一桥一档”机制，实现对城市桥梁的动态管理；把农村公路养护、安保设施完善项目推向社会，实行社会化运作管养，一年一标，按实际工程量进行结算；探索路灯管理新方式，推行城市路灯管理PPP模式。

2018年，石狮市构建农村公路养护管理机制，成立市级路长办公室、镇级路长办公室，完成市、镇、村三级路长组织体系建设；组织农村公路专管员招聘、岗前培训，并下派至各镇路长办，推进路长制长效机制健全。成立石狮市“四好农村路”建设领导小组，负责统筹协调和组织指导全市“四好农村路”建设工作，结合路长制全面开展工作，建立健全工作机构和管理制度。委托有资质第三方技术公司利用GPS设备、路信息软件等当前先进技术率先在全省进行实景化公路信息普查工作，完成全市7个镇、101个建制村的农村公路信息数据采集和调查工作，为打造互联网+“四好农村路”的新模式奠定基础。

园林环卫

【概况】 2018年，石狮市管辖道路清扫保洁约501万平方米、绿地养护150万平方米，以及市政道路护栏、隔离栏、花箱、路灯杆、公交亭、报栏、市政道路两侧立面小广告清洗和内沟河卫生保洁。全市建有垃圾中转站29座，在用26座，平均约5平方千米设有1座垃圾转运站，基本满足垃圾转运处理需求。配备各型环卫作业车辆22辆，每天转运城乡生活垃圾约750吨；生活垃圾末端处置采用焚烧处理的方式，实现生活垃圾的日产日清，生活垃圾无害化处理率达100%。

【园林景观提升】 2018年，石狮市以生态连绵带为抓手，结合“两高”及重要通道沿线环境综合整治专项行动，推进城市园林绿化建设，实施园林绿化景观项目18个、年度投资约5亿元。包括提升进出城主要道路绿化，完成石狮北高速口及蚶江大道提升、港口大道绿化提升、石泉路入口处绿化提升、石永路绿化提升、峡谷旅游路两侧景观提升工程（一期）、石狮高速互通口绿化提升、福辉路绿化提升等主要门户廊道的提升工作，全面提升城市门户景观效果；开展综合性公园建设，实施环湾生态公园、宝盖山生态公园（学府区）、宝盖山生态公园(花海谷区)、石窟公园、红塔湾海岸公园、风炉山公园等综合性公园项目，完成宝盖山生态公园学府区（A区）、花海谷区、石窟公园的建设，完成环湾湿地公园一、二期建设；完善城区绿化建设，以“因地制宜、见缝插绿”的方式，对城区街边空地、荒废地进行绿化，配套建设口袋公园等便民场所，建成6处微地形绿地及3处口袋公园；开展立体绿化建设，对天桥、裸露土坡等空间，采取适合的绿化方式开展绿化建设，完成市区7座人行过街天桥实施立体绿化建设。

【公园管理】 2018年，石狮市园林环卫管理处落实公园绿地市场化养护保洁管理机制，加强园内各类设施管理维护，重点做好公园应急避难场所设施的日常管理、检查、维护，完善标志、标识牌、文明宣传标语等；制定公园突发事件应急预案，明确抗震防灾工作要点内容，配合相关单位普及抗震救灾应急

2018年10月建成宝盖山生态公园学府区（A区）　（图/市交通和城市建设局）

避险知识和宣传工作；聘请专业的有资质的公司开展水电设施巡检工作，定期开展安全隐患排查；开展公园管理员履职专项行动，对管理员日常工作、园内环境卫生保洁、园林绿化景观、流动摊点整治、停车场管理等进行检查；建立联动机制，联合公园所在地镇（街道）城管办，对园内停车乱象、流动摊点占道经营、带宠物入园等问题，开展专项整治工作，加强动态巡察巡检工作。

【宝盖山风景区管理】 2018 年，宝盖山风景区逐步完善日常化、规范化管理，在环境卫生保洁和绿化维护方面实现市场化运作方式。做好日常监测和巡查等各项日常工作，聘请专业保安和配套监控系统，实行 24 小时值班巡逻；景区车辆实行限行机制，全天候禁止非公务机动车辆上山。

【环卫保洁管理】 2018 年，石狮市定期组织养护公司项目负责人和管理人员，采取以会代训的形式，指导公司规范日常管理制度，提升管理水平。设立考评督察室，分为 3 个小组，设立正副班，确保早、中、晚等时间节点能够加强考评，采取日常检查考评、专项检查考评、内业资料考评和城镇道路数字城管信息采集考评相结合的方法，每月对中标供应商的承包业务进行检查考评。落实考评管理办法，对道路保洁、绿地养护不到位以及各类违约行为处罚力度。

2018 年，石狮市出台《石狮市推进环卫体制一体化工作方案》，以改善群众居住环境为目标，以治理“脏、乱、差”为主要任务，采取 PPP 运营模式，在凤里街道、湖滨街道、灵秀镇、宝盖镇范围内推行环卫体制一体化管理。2018 年，中心市区范围内的道路清扫保洁、“牛皮癣”清洗、绿化保洁养护（含公园、广场、景观带）、河道漂浮物清理、市政设施（包括公交站亭、路名牌、道路护栏等）清洗、公共厕所管理、垃圾中转站管理、垃圾收集清运等环卫保洁工作，收归市城市管理局统一管理，全面整合。

【保洁经费投入】 2018 年，石狮市投入保洁经费 12772.57 万元。其中，垃圾、飞灰处置费用 3598.5 万元，公园绿地保洁养护费用 861.17 万元，两镇两街道、沿海五镇保洁及建筑垃圾清理费用 6968.54 万元，服装城道路及绿地保洁养护费用 110.08 万元，设备投入费用 88.95 万元，中转站公厕、车辆日常管理及保洁人员费用 1145.33 万元。

【城乡环卫考评】 2018 年，石狮市通过日常检查考评、专项检查考评、内业资料考评、城镇道路数字城管信息采集考评和公众监督相结合的方法，每月对承包公司的承包业务进行检查考评。发挥报纸、电视台、“110”联动、“12345”便民服务中心、纠风论坛等社会公众监督的作用，推动城市环境卫生工作的提升。

【环卫队伍建设及设施建设】 2018 年，石狮市继续推进 1+N 综合管理模式，采取市场化运作的方式，由 5 家公司承包，一线环卫工人 745 人，机械清扫率达 89%。2018 年，市财政投入 429 万元，完成 33 辆密闭式垃圾收集车的采购并投入使用。完成 2018 年为民办实事项目，市区 6 座公厕改造提升项目建设，太原路、建兴街、马脚桥等 3 座 90 年代至今的老旧旱厕改造为现代便捷的钢结构水冲式公厕。2018 年，石狮市废旧矿区生态修复示范项目（一期）完成主体工程建设并竣工验收。2018 年 7 月，组织飞灰固化物转运回填，2018 年转运回填飞灰固化物约 114192 吨，全市飞灰处置实现日产日清。推进石狮市将军山垃圾填埋场存量垃圾治理项目，开展存量垃圾挖掘筛分工作，全年挖掘处理存量垃圾约 98644 吨，提前完成 2018 年 3 万立方存量垃圾治理任务。

土地管理

【概况】 2018 年，石狮市供地 104 宗，总面积 412.8921 公顷，总价款 457030.713 万元。完善城乡规划编制体系工作，做好城市天际线管控，组织开展各项规划评审工作。加强土地一级市场运行管理，落实耕地保护。开展多种形式的废弃石窟综合治理，加大土地违法查处，保护土地资源，实施多项便民举措，推进不动产登记工作，推进安置房、回批地等办证工作。

【土地规划管理】 2018 年，石狮市完善石狮市城市总体规划（2015—2030 年）修编工作、“多规合一”规划成果和城市开发边界划定工作。启动学府片区、高铁新区、锦蚶智能智造产业园等区域控制性详细规划编制；完成高新区单元控制性详细规划审查工作；组织河道岸线及河岸生态保护蓝线规划、道路红线、养老设施等专项规划编制，启动编制《石狮市生态连绵带总体实施规划》。开展石狮市凤里城隍庙保护整治规划、华山村保护与发展规划等历史文化街区保护规划编制，申报泉州历史文化街区和传统村落。合理调整使用有条件建设区，完成规划调整 5 个批次，涉及土地面积 2.75 公顷，其中农用地 1.94 公顷，耕地 1.11 公顷。

2018 年土地利用现状汇总表

表 8 单位：公顷

行政区域	行政区域总面积	耕地	园地	林地	草地	城镇村及工矿用地	交通运输用地	水域及水利设施用地	其他土地
石狮市	17842.76	2372.98	49.82	1412.31	203.16	9079.99	1421.1	2384.37	919.03
蚶江镇	3526.59	918.61	7.12	229.77	42.38	1555.92	415.53	185.79	171.47
祥芝镇	1587.96	252.03	—	123.08	11.58	982	147.97	23.97	47.33
永宁镇	2898.82	442.62	16.93	433.92	68.73	1311.33	224.94	87.63	312.72
灵秀镇	1635.77	99.89	12.02	259.96	11.71	1100.69	96.97	25.16	29.37
宝盖镇	2267.15	174.38	5.61	124.69	16.35	1621.52	160.15	68.19	96.26
锦尚镇	1395.82	264.54	4.83	87.95	20.05	727.49	132.18	54.83	103.95
鸿山镇	1558.89	220.13	3.31	150.1	27.31	867.25	124.83	47.98	117.98
湖滨街道	528.23	0.44	—	1.11	5.03	499.4	19.95	0.45	1.85
凤里街道	377.55	0.34	—	1.15	0.02	364.42	11.57	—	0.05
石狮海滩	2065.98	—	—	0.58	—	49.97	87.01	1890.37	38.05

【土地利用特点】 2018 年，石狮市建设用地占土地总面积 58.22%，土地开发利用强度大，建设用地数量大、比重高，但用地相对粗放。耕地总量占土地总面积的 13.30%，人均耕地 0.0093 公顷。耕地后备资源有限，分布零散，沿海滩涂面积大，但可围垦为耕地数量少。

【耕地保护】 2018 年，石狮市落实政府主要领导耕地保护责任，与各乡镇签订耕地保护责任状。完成石狮市 2016 年耕地质量等别年度更新评价和 2017 年耕地质量等别年度监测评价工作。完成补充耕地任务，向异地购买城乡增减挂钩指标 6.67 公顷，异地购买补充耕地指标 16.67 公顷。根据高标农田建设规范，结合永久基本农田保护区划定成果，选取蚶江镇沿海围垦区域内连片永久基本农田 140 公顷用于开展土地整理，截至 12 月底项目正在施工阶段。

【国土资源市场配置】 2018 年，石狮市供地 104 宗，总面积 412.8921 公顷，总价款 457030.713 万元。其中，划拨国有土地 56 宗，面积 269.9432 公顷，划拨土地款 3554.4915 万元；使用集体建设用地项目 8 宗，面积 5.0858 公顷。

2018 年，石狮市协议补办出让建设用地 3 宗，面积 0.9759 公顷，补缴出让土地价款 280.4139 万元；协议方式出让建设用地使用权 4 宗，面积 3.7948 公顷，出让土地价款 2698.8076 万元。

2018 年，石狮市挂牌和拍卖方式出让建设用地使用权 33 宗，总面积 133.0924 公顷，成交总价款 450497 万元。包括商服用地 6 宗，面积 5.2155 公顷，成交价款 18995 万元；工业用地 22 宗，面积 99.4207 公顷，成交价款 40502 万元；住宅用地 5 宗，面积 28.4562 公顷，成交价款 391000 万元。

【土地收购储备】 2018 年，石狮市实际完成新增储备用地 167 公顷。举行 18 次土地招拍挂出让活动，成交 33 宗 133.2 公顷，成交金额 45.0523 亿元。2018 年，新增土地储备专项债券 5 亿元，截止 2018 年末土地储备项目融资贷款及土地储备专项债券余额 8 亿元。配合市政府关于加快安置房确权工作，对钞坑片区、长福片区、城东片区计 4385 套、建筑面积 527220 平方米安置房开具不动产普通增值税发票。

【被征地农民权益维护】 2018 年，石狮市推进实施“两公告一登记”制度，做好国土资源申请听证工作，规范征地程序，妥善处理回批地历史遗留问题。结合工业园区规划和城市规划片区改造，探索以集中商场等物业形式安置为主的多种征地补偿安置方式。依照有关法律法规，进一步规范征地拆迁工作，推动建立科学完善的征地补偿机制，推广应用“和谐征地工作法”，规范全市的征地程序，以批前告知、批后信息公开为主线，抓好征地信息公开工作，完善被征地农民合理、规范、多元保障机制。

2018 年，石狮市开展被征地人员养老保障工作，将雪上等 12 个村纳入被征地人员养老保障范围，涉及人数 4000 多人。出台《石狮市被征地人员养老保障补充规定》，将村改居前原五星村、大仑村、新华村、新湖村、曾坑村、林边村、长福村、永宁村纳入被征地养老保障范围。2018 年，全市 14500 多人享受被征地人员养老保障。

【地质灾害防治】 2018 年，石狮市

通过采取单体复绿治理、景观治理、生态修复、建筑垃圾填埋、平整恢复建设用地等多种形式，完成废弃石窟综合治理面积19.79公顷。其中，对虎头山钟山头采石场进行单体复绿治理，治理面积1.58公顷；对位于宝盖山的2个废弃石窟进行景观综合窟治理，治理面积5.03公顷；结合宝盖山峡谷旅游路建设，对道路及南侧前坑段2个废弃石窟进行治理绿化，治理面积约2.68公顷；废旧矿区生态修复（垃圾飞灰综合回填一期）项目，治理面积2.01公顷；对宝盖仑后村废弃石窟采取建筑垃圾填埋，面积1.35公顷；院东西青山20公顷废弃石窟规划为市公益性墓园，截至12月底已完成整治约5.38公顷。2018年，完成对蚶江镇青莲、溪前片区废弃石窟复绿方案设计文本和工程预算工作。

【建设项目用地报批】 2018年，石狮市农用地转用及土地征收获批19个批次，总面积126.18公顷，其中新增建设用地79.75公顷，涉及耕地30.87公顷。

【土地预审】 2018年，石狮市规范建设项目用地预审，所有用地预审统一到行政服务中心窗口受理。2018年，完成本级计划部门立项的建设用地项目预审58件，用地面积365.69公顷，其中耕地面积54.29公顷。

【房屋所有权登记】 2018年，石狮市不动产权属登记18763宗，缮证19184宗，发证36070宗；抵押贷款收件登记14569宗；收费5184.85万元，增长133%，其中，代征土地出让金4424.54万元，代收罚款1509.43万元，登记费512.40万元，交易服务费92.80万元（3月起停收）。与公安部门联动协作，率先在全省首推“购房落户，一站办理”便民新举措，房屋业主或申请人只需携带身份证和户口簿到房产所在地派出所户籍窗口，即可“一站办理”户口迁移落户。在建设银行石狮分行个贷中心试点配置不动产自助查询机，方便群众出具购房证明。实现房产交易、税收征缴“一站式”服务，群众办理房产交易办税事项无需再交税、登记“两头跑”。启动二手房交易资金监管服务，引导群众办理二手房交易资金监管，有利规避首付款支付后卖方不配合过户的风险。5月1日起，权利人处分不动产时，不再核验、收取申请人婚姻状况材料。二手房、安置房登记时限压缩至3个工作日，不动产抵押登记3个工作日办结，其他各种类型的不动产登记时限均压缩至5个工作日。完成14个安置区的项目首次登记，2618户安置房的分户登记，面积37.93万平方米。办理回批地不动产证79宗，登记面积3.07万平方米。推动农房抵押登记试点工作，办理农房抵押191宗，抵押物价值2.88亿，担保金额2.73亿，土地面积3.26万平方米，建筑面积1.41万平方米。

【国土资源执法监察】 2018年，国土资源部下发石狮市2017年度遥感监测图斑163个，总面积83.57公顷，其中耕地面积17.48公顷。

2018年，经与年度土地变更调查相衔接，石狮市实际占用的新增建设用地97宗，面积49.02公顷，其中耕地15.54公顷。合法78宗，面积44.62公顷，其中耕地7.56公顷。违法19宗，面积4.39公顷，耕地2.05公顷，其中移交海洋局立案调查1宗，面积0.08公顷。非新增建设项目用地64宗，面积33.86公顷，耕地7.98公顷，其中临时用地2宗，面积0.16公顷，耕地0.06公顷，农业设施用地1宗，面积0.18公顷，部队2宗，面积0.68公顷，部队出具证明。

2018年，卫片检查中违法用地19宗，面积4.39公顷，其中耕地2.05公顷。全市初始违法用地比例5.2%，其中占耕地比例为11.7%。

2018年，石狮市结合2017年度遥感监测图斑和2017年度土地变更调查成果，对违法用地行为进行查处整改。2018年，全市违法案件19宗，立案查处7宗，面积1.99公顷，其中耕地0.12公顷；没收违法建筑物面积1.99万平方米。非立案查处12宗，面积2.32公顷，其中耕地1.93公顷。拆除违法建筑物面积2.32万平方米。

【闲置土地处置】 2018年，全市处置闲置土地19宗，面积68.41公顷，其中重新约定开工时间10宗，面积23.12公顷；协议收回闲置土地9宗，面积45.29公顷，涉及金额22239.9098万元；发出闲置土地督促动工建设通知书20份，督促涉及的企业和单位15个。

【废弃石窟管理】 2018年，石狮市把废弃石窟生态综合治理修复工作列为重点项目，采用多方式进行综合治理，推进2018年废弃石窟治理项目工作。完成对虎头山钟山头采石场、位于宝盖山的2个废弃石窟、宝盖山峡谷旅游路道路及南侧前坑段2个废弃石窟、垃圾飞灰综合回填一期项目、宝盖仑后村废弃石窟和各镇（街道）历史遗留废弃石窟等的生态恢复综合治理。推进院东西青山20公顷废弃石窟规划为市公益性墓园。完成对蚶江镇青莲、溪前片区废弃石窟复绿方案设计文本和工程预算工作。

【地理信息管理】 2018年，地理信息中心做好全市基础地理信息数据的收集，整理和维护工作，向社会提供地理信息数据服务。加强测绘工作管理，维护测绘地理信息市场秩序，保障社会公共利益和委托人及中介机构的合法权益，对在石狮市行政区域内从事测绘活动的测绘中介机构及其执业人员进行监督管理。2018年，在石狮市备案的测绘单位20家（本地6家、外地14家），不断规范测绘市场管理，定期对测绘中介队伍和测绘市场的加强日常监管检查，建立健全石狮市测绘单位的信息档案，不断促进测绘活动规范化。

【土地测绘】 2018年，石狮市组织实施农村房屋调查工作，在全市行政辖区内开展农村宅基地、集体建设用地、农房（含测区内的国有土地）地籍及房屋调查。主要包括：石狮市7个镇98个村61.06平方千米的村庄地籍调查、测量和建库工作，石狮市2009年城区已施测27.2平方千米的地形地籍图修补测及新增地籍补充调查和建库和约5488万平方米房屋测绘、房产调查和建库工作。2018年，石狮市完成永宁、鸿山、宝盖、锦尚、蚶江、灵秀、祥芝六个镇70个村总约45平方千米的村庄测量。其中，38个村21.53平方千米经过省质监站验收工作，完成59个村约28283宗的地籍调查工作，完成约165316宗（登记档案已经全部完毕）的原始档案扫描工作，完成40个村数据建库工作（其中完成县级自检查的有18个村），项目总体进度约71%。

住房保障

【概况】 2018年，石狮市出台《石狮市老旧住宅小区环境整治和修缮改造（2018—2020年）三年提升工作方案》，完成改造小区3个。10月8日，灵秀公租房1号楼项目竣工备案验收并交付使用，共292套，采用公开摇号、分类保障等方式对该项目公租房开展配租工作，配租对象为石狮市的中低收入住房困难家庭、外来务工人员和石狮市相关企业人才。

【物业服务与管理】 2018年，石狮市居住小区250个，其中物业管理住宅小区73个；推动20个业主委员会成立，补选、换届2个业主委员会，全市备案业主委员会76个（具有物业管理的30个）。被评为国优示范小区1个、省优示范小区5个、泉州市优示范小区8个。

2018年，新建项目实行公共维修资金缴交53个，缴存金额33613.37万元。4个小区依法依规申请提取公维金，用于小区专项维修、紧急维修等，支用金额为147582.50元。

2018年，石狮市出台《石狮市物业管理安全生产大检查工作方案》《石狮市物业管理安全生产执法专项行动实施方案》《石狮市物业管理区域电动自行车消防安全专项治理工作实施方案》等安全生产整治方案，对全市73个物业小区进行包括汛前、消防、电梯等内容的安全生产检查；组织物业服务企业开展应急演练活动，其中，消防演练10场次，天然气、防汛应急演练活动3次。

2018年，依托《石狮日报》进行宣传，开辟《物业管理》宣传专栏，进行38期宣传，其中对即将施行的《福建省物业管理条例》进行宣传，共25期。6月，召开物业管理工作会议，参观中骏天誉示范项目，听取该项目、有关负责人介绍该小区提升物业服务品质和向业主提供增值服务的经验。6月，联合市市场监督管理局召开电梯标准化管理暨电梯安全事故警示教育活动，进一步提升石狮市住宅小区电梯管理水平；联合卫监所、爱卫办举办物业小区二次供水安全、灭四害培训会。7月，举办石狮市物业管理小区电动自行车专项整治工作会议暨物业设施设备管理培训会议进一步加强物业管理小区电动自行车、物业设施设备的规范使用与管理。

【房地产市场】 2018年，石狮市房地产项目完成投资110亿元，比2017年增加67%，其中在建项目35个，累计投资超计划16个。

2018年，石狮市商品房销售面积97.58万平方米，比2017年增加19%，销售金额89.35亿元，比2017年增加30.63%。商品住房销售面积85.38万平方米，比2017年增加30.67%，累计销售金额77.95亿元，比2017年增加43.24%。商品住宅销售均价9129.89元/平方米，比2017年增长9.62%。从整体来看，石狮市房地产市场持续健康平稳发展。

【房地产企业】 2018年，石狮市房地产市场的持续健康平稳发展，汇聚来自全国各地的优质房地产开发企业。随着原有楼盘的不断销售，商品住宅供给市场逐渐以世贸、恒大、中骏商城、正荣府、鼎盛天玺、碧桂园、龙湖、旭辉等新增楼盘为主，商品住宅价格将出现较明显的上涨，一手房交易的积极性会受到一定程度的抵制。

住房公积金管理

【概况】 2018年，泉州市住房公积金管理中心石狮市管理部以开展四月宣传月活动为抓手，协调银行资源，走基层、进学校，开展“上门服务”；下企业，进园区，宣传住房公积金扩面政策，推进非公企业建缴住房公积金、宣传最新公积金贷款政策，在贷款审批、贷款发放等环节严格把关，强化内审监督机制。2018年，各项业务工作稳定增长，没有出现违规提取、违规贷款和超标准缴交情况，住房公积金资金安全运行。

【住房公积金归集】 2018年，石狮市新增归集职工4465人，比2017年增长207.4%，新增归集住房公积金5.11亿元，比2017年增长8.96%。全市累计1735个归集单位38134名职工缴存住房公积金，分别比2017年增长21.72%和10.38%，历年累计归集住房公积金40.05亿元，归集余额15.66亿元。

【住房公积金提取】 2018年，石狮

市批准62411人次提取住房公积金，提取金额36782.15万元，其中，购房支取1053人，支取金额12278.97万元；建房支取共15人，支取金额320.8万元；还贷支取59886人，支取金额18649.45万元；离退休支取210人，支取金额3071.45万元；调动转移97人，支取金额累计370.1万元；其他支取1150人，支取金额2091.38万元。

【住房公积金贷款】 2018年，石狮市新增发放个人住房公积金贷款580户，发放贷款金额3.02亿元，历年累计发放个人贷款5655户，累计发放贷款金额21.44亿元。12月底贷款余额13.87亿元。

【住房公积金增值收益】 2018年，石狮市完成业务收入4709.51万元，实现增值收益2155.01万元，提取城市廉租住房建设补充资金2077.01万元。

城市管理

【城管执法】 2018年，石狮市城市管理局围绕省、泉州市有关“两违”综合治理专项行动部署和要求，结合安全隐患排查工作、“百日拆违行动”“两高”及重要通道整治、生态敏感区整治等专项行动，巩固“两违”专项治理成果，全市拆除“两违”512宗，面积45.83万平方米。

【市容环境管理】 2018年，石狮市城市管理局围绕市容环境开展占道经营、“牛皮癣”、架空管线、垃圾不落地、大气污染、校园周边整治、辅料城周边整治、创城整治、两高及重要通道沿线综合整治、占道小餐饮整治、厚养薄葬、扫黄打非、高层建筑消防安全综合治理等一系列专项整治行动。制定《2018年度渣土车“滴洒漏”及乱堆倒建筑垃圾整治工作方案》《2018年度车载摊点占道经营整治工作方案》《2018年度户外广告整治工作方案》《石狮市城市管理局关于开展共享单车市容监管集中整治工作的通知》，按照“治乱、减量、提档”原则拆除清理不符合要求的户外广告牌匾。加大路面巡查执法力度，严厉查处建筑工程运输车辆的“滴洒漏”行为。2018年，纠正取缔各类占道经营行为25418起，拆除清理各类户外广告设施661块，立案查处“滴洒漏”案件97起，清理堆物堆料13386处、牛皮癣27588张，移送停机90部。

【数字城管】 2018年，石狮市通过数字城管系统平台，实现对城市市容秩序、环境卫生的监督管理。系统平台采用“一级平台、二级处置”的体系，由市数字城管指挥中心统一派遣、协调、指挥，各镇（街道）、市直有关部门负责案件处置、反馈；按照“1+N”城市综合管理模式要求，以公共设施、道路交通、环境卫生、园林绿化、街面秩序等五大类、70小类为试点内容，组织市园林环卫管理处中标供应商路段管理人员利用“城管通”开展信息采集。2018年，数字城管平台信息采集34691 条，其中，结案归档31302条，正在处理218条，销案3171条。

【市民投诉案件处理】 2018年，石狮市受理群众来电、来信、来访564件次，均得到及时调查、处理和反馈；承办领导批示、部门转办件32件，办结反馈32件。收到市人大建议15件，其中主办件5件、协办件10件；市政协提案26件，其中主办件11件、协办件15件，均无不满意件或退件。

燃　气

【燃气供应】 2018年，石狮新奥燃气公司气量销售4506.56万立方米，日均用气量12.35万立方米，其中，商业福利户1.38万立方米/日，工业户10万立方米/日，民用户0.97万立方米/日。用户类型包含石油化工、漂染行业、纺织服装、酒店、餐饮、五金、食品、电子、综合体等。

2018年，石狮新奥燃气公司民用户发展8572户，其中，老户2247户，新户6325户；民用户接驳5182户，其中，老户1010户，新户4172户；工商户发展26015立方米/日，工商户接驳47885立方米/日。

【管网建设】 2018年，石狮新奥燃气有限公司管网总长度达521.23千米，其中次高压管网19.55千米，中压管网230.34千米，低压管网271.34千米，管网基本覆盖整个石狮市区并延伸至各乡镇主要工业区、重点工业户。通气民用户36296户，工商户392户。

【安全供应燃气】 2018年，石狮市定期开展服务规范培训、实操练习、典型服务案例学习与服务自查，开展“进校园、进企业、进社区”三进宣传活动，普及安全用气知识，全年开展全员安全培训20余次，安全活动34次，应急演练8次，安全宣传17次。民用户隐患整改26户，工商户隐患整改147处。联合市政燃气管理站、城市管理局、消防、安监等政府部门开展“两气同室”的专项检查，整治餐饮用户安全用气隐患。加强第三方施工监控，通过对外部施工队、各类挖掘机械施工动态的把控，借助GPS智能巡检系统的推广应用，提高管网巡查效率，全年进行施工监护27处。

水务与水利管理

【概况】 全年共受理业务电话22525件，受理“12345”便民中心业务301件，

"110"维修8899件。

【防汛防台风】 2018年，石狮市先后经历"1·8""5·7""8·29"三场暴雨袭击；8号台风"玛利亚"正面袭击；22号台风"山竹"和26号台风"玉兔"外围影响。其中，"8·29"暴雨降雨量达245毫米，浦内水位站水位达7.16米（石砻高程），超过历史最高洪水位0.08米，全年累计启动13次应急响应，均未造成人员伤亡。

2018年，石狮市组织修订《石狮市防洪防台风应急预案》，指导全市9个镇办和128个村（居、社区）防汛预案修订工作，排查复核全市93个村危险区域，转移对象948人，建立明白卡，并纳入村级预案中，完善人员安全转移机制，明确各类信息；开展组织危险区域转移对象全覆盖演练和城区内涝应急抢险专项演练、防灾减灾宣传和举办"石狮市防汛减灾基本知识培训班""石狮市新任村级防汛责任人业务培训班"；落实石狮市农村基层防汛预报预警体系建设项目；完成石狮市水利信息WAP网升级改造及9个乡镇高清视频会议系统建设，多次召开高清视频系统现场技术培训会，新增22个高清视频监控点，28个监测站点的升级改造项目，购买社会化服务开展软件和站点巡查维护，完成乡镇防汛指挥图编制工作。2018年，建立由15个相关部门组成的防汛抢险救灾工作组，储备防汛编织袋5万条、土工布2800平方、冲锋舟4艘、橡皮艇5艘、救生衣330件，添置10套便携式直饮水设备，以及防汛灯具等防汛物资共计60多万元；一支依托石狮市金盾农机抗灾救灾应急服务的25人专业抗灾救灾应急服务队。

【污水管网建设】 2018年7月10日，石狮市通过《石狮市生活污水管网规划修编》，打破辖区限制，推进城乡一体，进行总体布局，并同步制定提高中心区污水收集率及浓度治理方案专题及主要河道"黑、恶、臭"治理及生态景观提升实施方案设计专题。2018年，石狮市建有中心城区生活污水处理厂、高新区污水处理厂、永宁镇生活污水处理厂，全市生活污水处理规模达到19万吨/天。中心市区，配套建有污水中心泵站1座、小型提升泵站1座、地埋式提升泵站2座，总输送能力达到22.8万吨/天，污水收集管网总长达234.5315千米，形成较为完善的污水收集、输送系统。2018年，投入45827.08万元，实施花园路、回兴路塘后段等污水收集及回用管网建设，新建污水收集及回用管道7.5315千米。

2018年11月6日，整治后的梧垵溪 （图/市水务局）

【河道整治】 2018年，石狮市完善相关制度，出台涉水环境损害事件联动工作机制、畜禽养殖污染综合整治长效管理机制等；做好河流、湖库名录的建立、河湖长制公示牌更新设立、"一河一档一策"更新完善、"一湖一档一策"（初稿）编制、河长及河道专管员业务培训、河道水质监测、河（湖）长制管理信息系统建设和河长制电视云平台建设等基础性工作；协调市财政600多万经费用于河道保洁、河道清淤、沟墙修复和日常办公；开展每月开展月度河道环境考评、不定期开展巡河督查和抽查工作，督促对1250处问题进行整改，对镇级河长和河道专管员履职进行检查；推动涉河涉湖综合治理工程项目建设，累计完成投资17013万元；协调督促各镇办及各成员单位完成年初制定的工作计划。

【水资源管理】 2018年，石狮市按照"十三五"确立的水资源"三条红线"控制指标，全年用水总量达1.99亿立方米，控制在2.67亿立方米目标值以内；万元GDP用水量比2015年下降16.14%，高于15%的控制目标；万元工业增加值用水量比2015年下降17.63%，高于16.8%的控制目标；农田灌溉水有效利用系数达0.69，高于0.562的控制目标。上述指标均达标。

【完善城市功能】 2018年，完成推进石狮市中心区污水处理厂技改工程项目建设，此项目于2015年4月委托华侨大学编制"石狮市中心区城市污水处理厂建设高效沉淀池、接触消毒池等设施项目环境影响报告表"，并于同年7月28日通过石狮市生态环境保护局审批，2018年9月，开始调试运行，12月25日，通过环保验收。项目实际总投资4700万元，其中实际环保投资

2018 年 7 月，回兴路（交叉东茂沟处）倒虹井清理疏通工程（图 / 市水务局）

4700 万元，占投资的 100%。自技改工程投运至今，一期工程和扩建工程一阶段较技改前更稳定，在同等情况下，可在不受外界和水质异常变化情况下，正常稳定处理。

2018 年，先后实施完成塘园溪上游段（同兴路南侧）栏杆安装、濠江路世纪王朝门口污水管更换、市区六条内沟河栏杆修复、东沟（湖兴桥处）淤积清理、塘园溪水沟（香江路至北环路段）西岸石头栏杆修复、八七路 767 门口污水管更换、石泉二路（北环路至晋江交界段）雨水口清淤、石龙路（南环路至同兴路）段雨水口清理疏通、南片区污水倒虹井清理、东区污水主管 14-15 号段抢修等多个维护项目。全年各类巡查 52 次，受理、处理案件 546 件，维护投资约 250 万元。

【石狮供水股份有限公司】 2018 年，福建省石狮供水股份有限公司是国有控股企业，控股股东为福建石狮水务投资发展有限公司。现有引水一、二期工程和 20 万吨水厂、赤湖水厂、山兜水厂等 3 座净水厂，原水供应规模 9.2 立方米 / 秒，自来水生产能力 71 万立方米 / 日，DN75 毫米以上引水、供水管道近 1000 千米，全市初步形成双水源和双水厂互备互补的供水格局。自来水供应及服务覆盖全市城乡所有村居，做到“同网、同质、同价、同服务”。

2018 年，供水总量 12355.14 万立方米，平均日供水量 33.85 万立方米，管网漏损率 13.64%，水质综合合格率 99.99%，全年安全生产无事故。

2018 年，石狮供水公司推进管网建设，应急水源工程、二次供水及配套设备设施管网新建与改造项目、老旧给水管道改造工程，分别完成投资 10100 万元、2859.32 万元、530.99 万元。推进智能供水建设，完成 28 个管网水质监测点，44 个压力点，2 个原水监测点的检测设备安装。对供水公司微信和网站进行升级，整合打通各系统接口，加强 GIS 系统的维护与应用，依靠科技推动安全、水质、效益和服务水平的提升。

（图/颜华杰）

生态建设

【“清新水域”工程】 2018年，石狮市实施“清新水域”工程，全面推进“河长制”，落实河长巡河、河道环境卫生考评、“一月一抽查”“两月一督查”等制度，推进入河排污口调查摸底和规范整治、河道清淤清障、河道岸线整治、畜禽禁养整治、河道沟墙修缮、河道保洁等工作。截至2018年，实施18个水系环境综合治理项目，完成投资1.7亿元，建成西港汉中溪溪流排水整治工程、城市积水整治试点工程（一期）、上浦排洪道改造工程、蚶江大厦水闸改造工程、厝上溪流域（含支流）环境综合治理工程和市区排洪道龟坝闸区清淤工程等6个项目。石狮市省重点考核小流域厝上溪基本完成整治任务。蚶江镇小流域综合整治工程、后宅沟改造提升工程等4个项目在建，其他项目正在开展前期工作。

【“洁净蓝天”工程】 2018年，实施“洁净蓝天”工程，制定《石狮市2018年度大气污染防治实施方案》。完成8个2018年大气污染防治项目。重新划定、扩大石狮市禁止燃放烟花爆竹区域，加强烟花爆竹燃放管理。强化轻微污染天气应对，严格落实应急管控措施，2018年启动轻微污染天气应对56次。推进重点行业挥发性有机物综合整治和臭氧污染防治工作攻坚，加大力度督促包装印刷企业、汽车维修、石化等重点行业挥发性有机物治理，推进VOCs减排，取缔11家涉气“散乱污”企业。完成三大印染集控区38家企业340台定型机废气治理，完成《纺织染整工业大气污染物排放标准》，此标准列入2018年第一批福建省地方标准制修订计划项目。针对气臭氧浓度超标的工作难点，石狮市委托有关科研机构和公司进行原因分析，开展臭氧源解析排放清单编制、走航车巡航监测等前期工作。

【“清洁土壤”工程】 2018年，石狮市实施“清洁土壤”工程，制定印发《石狮市土壤污染防治工作方案》和《石狮市2018年度土壤污染防治工作计划》。开展土壤污染状况详查，建立重点行业企业用地信息调查对象联络机制。强化地下油罐防渗措施监管，石狮市列入2018年改造计划的8家私营加油站全部完成双层罐改造。全市医疗机构均实现医疗废物统一集中处置，医疗废物处置覆盖率达100%，2018年，集中处理医疗废物219.9吨。加强危险废物处置，全年处置危险废物5.6万吨，全市危险废物超1年贮存量削减率达96%，完成年度清理目标。加快推进危险废物处置设施建设，石狮市废旧矿区生态修复示范项目（一期）已建成并投入使用。启动将军山垃圾填埋场存量垃圾治理项目，分两个标段实施垃圾填埋场存量垃圾挖掘筛分治理。

环境质量

【概况】 2018年，石狮市环境质量总体保持良好。按照环境监测技术规范，全年完成3个城市空气质量点位（含1个清洁对照点）和2个降水点位（含1个对照点）的监测；完成2个地表水水质监测断面和1个集中式生活饮用水源地的水质监测；完成全市19个交通路段，100个城市区域噪声监测点和3个城市功能区的噪声监测。

【环境空气】 2018年，石狮城市环境空气达标天数比例为90.7%，比2017年下降4.4个百分点，城市环境空气质量总体保持良好。主要污染物指标二氧化硫（SO_2）、二氧化氮（NO_2）、细颗粒物（$PM_{2.5}$）、可吸入颗粒物（PM10）、一氧化碳（CO）和臭氧（O_3），年均浓度分别为0.010毫克/立方米、0.022毫克/立方米、0.026毫克/立方米、0.048毫克/立方米、0.8毫克/立方米和0.156毫克/立方米，比2017年分别下降23.1%、4.3%、11.1%、0.7%、11.1%和上升15.6%，均达到《环境空气质量标准》（GB3905-2012）的二级标准。超标34天，其中，臭氧（O_3）超标31天，PM2.5超标3天。空气质量综合指数3.33，比2017年改善0.07，首要污染物为臭氧。

2018年石狮市城市环境空气质量年报表

表9

空气质量	优	良	轻微污染
天数	144	186	34
百分比	36.9%	51.1%	9.3%

2018年石狮市城市环境空气质量情况表

表10

监测项目	二氧化硫（毫克/立方米）	二氧化氮（毫克/立方米）	可吸入颗粒物（毫克/立方米）	细颗粒物（毫克/立方米）	一氧化碳（毫克/立方米）	臭氧（毫克/立方米）
2018年浓度均值A	0.010	0.022	0.048	0.022	0.8	0.156
2017年浓度均值A	0.013	0.023	0.054	0.027	0.8	0.128
变化情况（(A-B)/B×100%）	-23.1%	-4.3%	-11.1%	-0.7%	—	+21.9%

【水环境质量】 2018年，石狮市集中式生活饮用水水源地水质符合Ⅲ类标准，达标率为100%，与2017年持平；生活饮用水取水总量为10565万吨，较2017年增加44万吨。石狮市地表水断面沟下坂2018年水质符合《地表水环境质量标准》（GB3838-2002）的Ⅳ类标准，龟背闸水质符合《地表水环境质量标准》（GB3838-2002）的Ⅴ类标准，达标率为100%。

【声环境质量】 2018年，全市19个路段城市道路交通噪声昼间平均等效A声级为71.7分贝，为《环境噪声监测技术规范 城市声环境常规监测》（HJ640-2012）声环境质量等级划分“三级”标准，呈“一般”水平，较2017年上升2.7分贝，夜间平均等效A声级为68.7分贝，为《环境噪声监测技术规范 城市声环境常规监测》（HJ640-2012）声环境质量等级划分“五级”标准，呈“差”水平。全市监测路段总长为23.1千米，其中昼间超过70.0分贝的路段长度占监测路段总长的59.1%。

城市区域环境噪声昼间平均等效A声级为59.8分贝，较2017年上升4.8分贝，为《环境噪声监测技术规范 城市声环境常规监测》（HJ640-2012）声环境质量等级划分“三级”标准，呈“一般”水平；夜间平均等效A声级为53.6分贝，为《环境噪声监测技术规范 城市声环境常规监测》(HJ640-2012)声环境质量等级划分“四级”标准，呈“较差”水平。

全市3个城市功能区噪声均符合《声环境质量标准》（GB3096-2008）标准，昼间达标率为100%，夜间达标率为100%。

环境监管

【污染源普查】 2018年，石狮市推进第二次全国污染源普查，完成第二次全国污染源普查的清查建库和入户调查工作。其中，清查工作通过国家检查组核查，取得清查对象漏查率、清查表填报错误率均为0的“两优”成绩。全市完成5164个污染源普查对象的入户调查工作，其中工业源4818个、集中式污水处理设施10个、移动源39个、生活源锅炉4个，入河（海）排污口332个。

【污染减排】 2018年，石狮市巩固超低排放成果，稳定运行神华福能和鸿山热电两家超低排放技术改造燃煤机组，超额完成年度大气减排任务。2018年，经核算，四项主要污染物排放量，比2017年化学需氧量增排1440吨、氨氮减排65吨、二氧化硫减排2107.1吨、氮氧化物减排5062.83吨。

【环境监管执法】 2018年，石狮市加大环境执法力度，开展工业污染源全面达标排放、“清水蓝天”、环境执法大练兵、“绿盾2018”自然保护区监督检查、打击固体废物及危险废物非法转移倾倒处置行为、环境安全执法等系列专项执法行动。推进环境监管“双随机”，将重点排污单位及特殊监管单位抽查比例从季度25%提高到每季度36%，一般排污单位年抽查数从100家提高到150家。建立完善污染源日常监管动态信息库，现数据库涵盖125家重点排污单位、714家一般排污单位及1家特殊监管单位。2018年共出动执法人员3700多人次，检查排污单位1800多家次，下达行政处罚决定39起，处罚金额620万元，查封扣押15起，移送公安6起（行政拘留2起，刑事案件4起）。推进排污许可制度落实，完成全市石化、电镀、印染、制革等重点行业78家企业的全国版排污许可证的核发工作。开展环境风险隐患排查，2018年共排查风险企业155家次，排查安全隐患31个，完成整改27个，正在整改4个。三大印染集控区内印染（水洗）企业全部完成环境风险评估及应急预案备案工作。

蚶江公园（摄于2018年4月16日） （图/颜华杰）

招商工作

【外商投资企业情况】　2018年，石狮市新设外商投资企业49家，其中台资企业16家，港澳企业15家。

对外贸易

【概况】　2018年，石狮市推进申报福建省外贸转型升级示范县、石狮市纺织服装外贸转型升级基地。9月29日，泉州石狮服装城市场采购贸易方式试点正式获批，成为福建省唯一一个获批的国家级市场采购贸易方式试点。

2018年，石狮市以“一带一路”沿线国家为重点，积极开辟新的经贸展会平台，组织境内外重点展会21场，参加企业303家次，展位517个，达成进出口意向成交额9亿美元。

2018年，石狮市扎实应对中美贸易摩擦。召开中美贸易摩擦座谈会，发布关于美国政府对中国产品加征进口关税的风险提示。成立应对中美贸易摩擦专项工作小组及建立中美贸易摩擦应对联席会议机制；对辖区内所有涉及企业通知到位，对重点企业开展一对一调研，全面摸清重点行业、重点企业影响情况，提醒企业进行产品自查，确保所有企业能及时应对，尽可能降低影响。

【出口市场】　2018年，石狮市出口覆盖六大洲168个国家和地区，其中，亚洲848086万元，比2017年增长30.93%，占自营出口总额53.31%；非洲156626万元，比2017年增长15.35%，占比9.84%；欧洲285181万元，比2017年增长5.58%，占比17.92%；拉美194915万元，比2017年增长28.26%，占比12.25%；北美86301万元，比2017年减少1.93%，占比5.42%；大洋洲16792万元，比2017年增长26.89%，占比1.06%。

2018年，石狮市出口“一带一路”国家合计875277元，比2017年增长34.06%，占出口总额的55.01%；出口金砖四国合计150128万元，比2017年减少6.31%，占出口总额的9.44%。

2018年，石狮市自营出口1591000万元（包含一达通出口3100万元），完成年度计划119.6%，比2017年增长21.1%，排泉州第五位；进口122298万元，比2017年增长38%，排泉州第二位。

2018年，纺织服装产业总出口额为1172507万元，比2017年增长27.99%，占总出口额的73.70%。面料方面出口83528万元，比2017年增长27.95%。化纤等织物出口76556万元，比2017年增长243.78%，纺织机械出口8822万元，比2017年减少32.61%。

2018年，石狮市鞋类出口68999万元，比2017年减少32.53%，占总出口额4.34%。

2018年，石狮市海产品保持良好的出口态势，海产品出口160707万元，比2017年增长71.38%，占出口总额10.10%，其中，冻鱼出口106160万元，比2017年增长46.73%；海产品加工品出口21359万元，比2017年增长240.26%，出口量不多，但增长迅猛，主要出口菲律宾、泰国、印度尼西亚、越南等国家。

【出口企业】　2018年，石狮市办理对外贸易经营者备案登记企业353家。全市共有426家企业开展进出口业务，生产型企业145家，贸易型企业281家。

石狮市出口企业名录

表 11

序号	企业名称	2018 年出口（万元）	2017 年出口（万元）	比增（%）
1	石狮市闽狮进出口贸易有限公司	78027.72	291.04	26709.68
2	福建省豪鑫供应链管理有限公司	50603.72	25966.46	94.88
3	石狮华海进出口贸易有限公司	46539.28	43305.67	7.47
4	泉州森美尔进出口贸易有限公司	41711.86	30441.52	37.02
5	石狮市瑞源进出口贸易有限公司	36093.37	40852.29	-11.65
6	石狮市诚远进出口贸易有限公司	30696.77	28219.82	8.78
7	福建石狮华闽进出口有限公司	30088.19	18776.17	60.25
8	石狮市利成水产食品有限公司	30054.79	23883.17	25.84
9	石狮正源水产科技开发有限公司	28979.53	22388.94	29.44
10	美佳爽（中国）有限公司	25619.52	22208.26	15.36
11	泉州天夏进出口贸易有限公司	24789.47	13560.5	82.81
12	石狮市凯润恒立贸易有限公司	23703.37	30190.87	-21.49
13	泉州皇伟进出口贸易有限公司	23235.14	24316.82	-4.45
14	福建万弘海洋生物科技有限公司	21770.68	15014.85	44.99
15	石狮市法兰蒂贸易有限公司	21753.47	5473.01	297.47
16	美佳爽（福建）卫生用品有限公司	20909.84	20226.18	3.38
17	泉州高禄商贸有限公司	20410.05	9489.22	115.09
18	福建省达翔供应链管理有限公司	19997.99	12331.69	62.17
19	福建亚海商贸有限公司	18626.34	3521.94	428.87
20	石狮市华宝明祥食品有限公司	17972.09	7637.77	135.31
21	石狮市派圣进出口贸易有限公司	17768.22	15675	13.35
22	福建省彬鹿世家进出口贸易有限公司	16183.67	52542.65	-69.2
23	石狮市茂成进出口贸易有限公司	15720.4	13780.56	14.08
24	石狮市聚亿进出口贸易有限公司	14957.92	10182.5	46.9
25	福建帝摩斯进出口贸易有限公司	14872.47	9386.66	58.44
26	福建省石狮市通达电器有限公司	14443.74	2247.54	542.65
27	泉州闽耀贸易有限公司	13992.78	3664.11	281.89
28	石狮市新连进出口贸易有限公司	13076.59	3419.54	282.41
29	特斯（中国）有限公司	12968.62	11599.34	11.8
30	福建省华益进出口贸易有限公司	12329.24	35481.79	-65.25
31	德宝（福建）实业有限公司	11803.27	2130.91	453.91
32	石狮瑾瑜进出口贸易有限公司	11730.29	3491.14	236
33	福建省波士莱恩服饰有限公司	11000.66	9656.7	13.92
34	石狮华达进出口贸易有限公司	10880.45	7870.33	38.25
35	石狮市格罗爱特贸易有限公司	10585.53	10777.55	-1.78
36	石狮市萧明商贸有限公司	10525.79	26.45	39690.97
37	石狮锦煌昌冷冻食品有限公司	10253.09	1492.45	587
38	福建托玛士进出口贸易有限公司	10152.33	6765.04	50.07
39	石狮市阳航货运代理有限公司	10032.46	—	—
40	石狮市进图商贸有限公司	10026.02	—	—
41	石狮市鼎晨贸易有限责任公司	9750.12	1809.45	438.84

续表 11

序号	企业名称	2018 年出口（万元）	2017 年出口（万元）	比增（%）
42	石狮市银国水产制品有限公司	9740.01	4508.41	116.04
43	石狮市威岚进出口贸易有限公司	9503.69	9795.3	-2.98
44	石狮市权乐进出口贸易有限公司	9399.33	31.09	30136.15
45	泉州市上河进出口贸易有限公司	9292.09	24319.26	-61.79
46	石狮市新恒隆水产制品有限公司	9272.4	—	—
47	泉州鹏泰服饰有限公司	9207.85	22046.47	-58.23
48	石狮市厦良货运代理有限公司	9181.75	16.39	55923.16
49	泉州恒耀服饰有限公司	9078.61	9534.3	-4.78
50	石狮市耀伟商贸有限公司	8816.88	—	—
51	泉州市一达通商贸发展有限公司	8774.4	3424.4	156.23
52	石狮市锐锋进出口贸易有限公司	8753	6144.21	42.46
53	福建省彬鹿纺织科技有限公司	8571.53	2313.16	270.55
54	福建恒燊贸易有限公司	8433.17	4890.9	72.43
55	泉州俊龙进出口贸易有限公司	8384.57	5903.33	42.03
56	石狮市迪娜胸围内衣有限公司	8229.6	8641.54	-4.77
57	福建省泰王服饰织造有限公司	8069.65	5159.59	56.4
58	泉州市融通进出口贸易有限公司	8042.35	1440.5	458.3
59	泉州宏辉祥进出口贸易有限公司	7695.33	2796.52	175.17
60	泉州市元微供应链管理有限公司	7643.21	6306.53	21.2
61	福建省耀荣进出口贸易有限公司	7379.24	296.65	2387.51
62	石狮市天球进出口有限公司	7341.85	6931.39	5.92
63	泉州市翔飞翔服饰织造有限公司	7207.99	9150.77	-21.23
64	福建昇凯贸易有限公司	7096.99	4230.34	67.76
65	石狮市长发水产品冷冻有限公司	7080.53	—	—
66	石狮臣华纺织品贸易有限公司	6596.49	—	—
67	石狮信世卓纺织品贸易有限公司	6370.73	—	—
68	泉州市丰达凯莱贸易有限公司	6304.37	3060.73	105.98
69	石狮市裕铭服饰织造有限公司	6288.21	151.24	4057.78
70	石狮市联杰布业发展有限公司	6286.31	3667	71.43
71	石狮诚连瑞纺织品贸易有限公司	6264.97	—	—
72	富贵鸟股份有限公司	6216.12	7349.43	-15.42
73	喜盈盈（福建）服饰织造有限公司	6051.95	10350.23	-41.53
74	石狮市致远新通贸易有限公司	6016.37	198.4	2932.39
75	石狮砥砺实业有限公司	5861.24	—	—
76	泉州丰溪贸易有限公司	5777.64	16.59	34735.69
77	泉州凯轩进出口有限公司	5737.39	—	—
78	石狮市橡银贸易发展有限公司	5702.22	78.58	7156.15
79	石狮叙唯贸易有限公司	5564.58	—	—
80	泉州广飞服饰有限公司	5493.15	—	—
81	泉州德协进出口贸易有限公司	5484.78	1356.1	304.45
82	石狮凯雁进出口贸易有限公司	5455.83	4602.87	18.53
83	石狮市亿豪江服装有限公司	5434.15	1894.09	186.9
84	泉州泓力纺织科技有限公司	5412.59	—	—
85	石狮企定商贸有限公司	5305.27	521.35	917.6
86	福建润拓贸易有限公司	5152.04	209.23	2362.36

续表 11

序号	企业名称	2018 年出口（万元）	2017 年出口（万元）	比增（%）
87	石狮明宝纺织有限公司	5076.63	—	—
88	石狮市聚安顺进出口有限公司	5032.28	1429.74	251.97
89	石狮翱翔供应链有限公司	4980.71	—	—
90	泉州市浩华鼎晶贸易有限公司	4967.98	1119.47	343.78
91	泉州威圣进出口贸易有限公司	4898.97	711.78	588.27
92	石狮永绥商贸有限公司	4839.37	—	—
93	石狮市凯思雅服饰有限公司	4799.71	2226.99	115.52
94	石狮市阁润进出口贸易有限公司	4760.99	—	—
95	福建省煌亮进出口贸易有限公司	4672.36	—	—
96	石狮市超跃服装有限公司	4610.23	4939.93	-6.67
97	石狮市好田服饰实业有限公司	4601.37	1329.56	246.08
98	福建省安格进出口贸易有限公司	4578.45	7244.21	-36.8
99	福建毅翔进出口贸易有限公司	4529.75	5454.55	-16.95
100	泉州千圣商贸有限公司	4501.84	2217.78	102.99
101	泉州厦诚贸易有限公司	4459.55	649	587.14
102	腾祥（石狮）海产品有限公司	4452.45	—	—
103	石狮市冠豪体育用品有限公司	4242.25	4347.38	-2.42
104	石狮市华迪服饰有限公司	4199.56	6074.68	-30.87
105	福建永信数控科技股份有限公司	4186.21	7508.67	-44.25
106	石狮市信泰贸易有限责任公司	4163.93	5577.24	-25.34
107	石狮市正尚进出口贸易有限公司	4068.4	12.69	31958.14
108	福建省骏兴进出口贸易有限公司	4061.75	4599.19	-11.69
109	福建聚鑫盈供应链管理有限公司	3993.13	3316.37	20.41
110	泉州市安然进出口有限公司	3991.06	4303.06	-7.25
111	泉州穆森贸易有限公司	3966.54	3414.02	16.18
112	泉州通富进出口贸易有限公司	3787.17	6152.35	-38.44
113	石狮文茂进出口贸易有限公司	3761.03	—	—
114	石狮龙祥制革有限公司	3715.22	4215.51	-11.87
115	石狮市远唐进出口贸易有限公司	3583.46	893.26	301.17
116	泉州市润万进出口贸易有限公司	3537.42	6418.48	-44.89
117	荣和（福建）商贸有限公司	3531.43	845.07	317.88
118	泉州市普达贸易有限责任公司	3521.15	195.62	1699.95
119	源鑫化纤（福建）有限公司	3432.08	2974.42	15.39
120	泉州市高登普服装有限公司	3386.1	1000.76	238.35
121	石狮同华商贸有限公司	3353.4	1818.37	84.42
122	石狮市快克体育用品有限公司	3347.82	3719.45	-9.99
123	石狮黑皮王进出口贸易有限公司	3295.82	404.64	714.51
124	福建省铭联国际贸易有限公司	3277.81	4557.53	-28.08
125	泉州市恒瑞世家服饰有限公司	3256.67	—	—
126	石狮市恒泰水产食品有限公司	3250.04	9424.35	-65.51
127	石狮市瑞兴冷冻食品有限公司	3249.45	7130.49	-54.43
128	福建东裕进出口贸易有限公司	3095.57	1032.87	199.71
129	石狮市拓航进出口贸易有限公司	3066.05	1609.92	90.45
130	石狮市雄飞贸易有限公司	3050.71	3100.35	-1.6
131	福建瑞富商贸有限公司	2923.8	3702.62	-21.03

续表 11

序号	企业名称	2018 年出口（万元）	2017 年出口（万元）	比增（%）
132	石狮市润峰服装织染有限公司	2922.22	2605.55	12.15
133	泉州逢时贸易有限公司	2890.49	—	—
134	石狮市挑战狼体育用品有限公司	2832.65	2017.18	40.43
135	石狮东华服饰有限公司	2752.39	1042.73	163.96
136	福建宽豪服饰有限公司	2708.36	—	—
137	石狮市艾柏森进出口贸易有限责任公司	2704.67	912.33	196.46
138	福建省鑫鼎服饰织造有限公司	2676.69	148.24	1705.6
139	华飞（中国）服饰有限公司	2649.88	1799.71	47.24
140	泉州天龙进出口贸易有限公司	2636.25	260.98	910.14
141	石狮市飞扬服饰有限公司	2600.74	353.32	636.09
142	福建台帆实业有限公司	2592.27	2624.63	-1.23
143	石狮荣润贸易有限公司	2559.11	266.64	859.77
144	联邦三禾（福建）股份有限公司	2464.39	1375.75	79.13
145	泉州市永联制衣有限公司	2455.46	1223.88	100.63
146	石狮仲宇实业有限公司	2434.87	14597.37	-83.32
147	石狮市首尔服饰有限公司	2317.32	1970.51	17.6
148	泉州市众德进出口贸易有限公司	2312.46	3525.15	-34.4
149	泉州市帝城进出口贸易有限公司	2236.86	2123.72	5.33
150	石狮市恒迈进出口贸易有限公司	2207.41	—	—
151	泉州市百富进出口贸易有限公司	2185.15	518.59	321.36
152	石狮市凯迪兰杰贸易有限公司	2130.39	2244.92	-5.1
153	石狮时立贸易有限公司	2127.63	1173.23	81.35
154	石狮市旺道佳商贸有限公司	2081.99	—	—
155	泉州臻铭进出口贸易有限公司	2037.67	2618.14	-22.17
156	石狮厚润贸易有限公司	2036.12	282.08	621.83
157	石狮市环联国际贸易有限公司	2009.77	—	—
158	益兴（福建）实业有限公司	1978.17	1443.27	37.06
159	福建天聚诚供应链管理有限公司	1978.05	3131.29	-36.83
160	福建晋全供应链管理有限公司	1913.67	1606.26	19.14
161	石狮市鼎发服饰实业有限公司	1891.78	2220.37	-14.8
162	泉州发程贸易有限公司	1867.11	—	—
163	泉州毕唯进出口贸易有限公司	1786.57	—	—
164	石狮市启茂纺织贸易有限公司	1781.78	—	—
165	福建华登百利进出口有限公司	1773.63	—	—
166	石狮市辉旭进出口贸易有限公司	1760.66	770.01	128.66
167	石狮市飞韵服饰贸易有限公司	1741.32	1717.8	1.37
168	泉州鹏泰服饰有限公司	1735.3	—	—
169	石狮市飞如杰进出口贸易有限公司	1729.17	537.96	221.43
170	石狮市汇盛峰利贸易有限公司	1699.72	470.8	261.03
171	石狮市海栈宝水产品有限公司	1696.24	—	—
172	石狮市香江针织毛衣有限公司	1675.23	341.53	390.5
173	石狮市远晋进出口贸易有限公司	1581.78	1136.81	39.14
174	泉州慕榕贸易有限公司	1580.06	—	—
175	福建省石狮市通达电子有限公司	1547.79	3349.15	-53.79
176	石狮市鑫隆针织机械有限公司	1547.59	901.26	71.71

续表 11

序号	企业名称	2018 年出口（万元）	2017 年出口（万元）	比增（%）
177	泉州市沃升进出口贸易有限公司	1499.4	232.96	543.62
178	石狮市亿利特斯服装贸易有限公司	1483.47	879.39	68.69
179	石狮市快迪快运动用品有限公司	1470.81	1095.77	34.23
180	石狮银帆贸易有限公司	1468.65	—	—
181	石狮市顺天纺织品贸易有限公司	1465.7	—	—
182	石狮市奇华进出口贸易有限公司	1457.86	—	—
183	石狮市夏易进出口贸易有限公司	1436.31	368.54	289.73
184	福建龙跃进出口贸易有限公司	1430.7	262	446.07
185	石狮市浩凯纺织品贸易有限公司	1403.8	138.73	911.92
186	福建祥昇贸易有限公司	1378.02	272.21	406.24
187	石狮市飞鸿五金饰品有限公司	1370.69	1621.7	-15.48
188	石狮磅礴实业有限公司	1366.2	—	—
189	石狮市源益晟达贸易有限公司	1292.83	2374.5	-45.55
190	福建省凯仕达运动服饰有限公司	1283.08	1143.43	12.21
191	石狮市彬客服饰贸易有限公司	1270.68	—	—
192	石狮百世好服装有限公司	1244.86	2341.75	-46.84
193	泉州市中航供应链管理有限公司	1223.98	—	—
194	石狮市非凡运动器材有限公司	1217.57	1294.21	-5.92
195	宏兴汽车皮革（福建）发展有限公	1190.75	1281.19	-7.06
196	石狮解码服装有限公司	1179.23	5377.79	-78.07
197	泉州佳畅服装有限公司	1176.61	—	—
198	石狮市创达服饰贸易有限公司	1176.31	—	—
199	泰鑫化纤（中国）有限公司	1173.22	—	—
200	福建成大进出口贸易有限公司	1162.83	—	—
201	石狮市钰道旺商贸有限公司	1161.19	—	—
202	石狮市信佳电子有限公司	1156.9	1341.57	-13.77
203	石狮镕沃贸易有限公司	1125.22	—	—
204	福建省威斯特进出口有限公司	1104.84	—	—
205	石狮市天源供应链管理有限公司	1104.66	652.68	69.25
206	泉州市冠涛进出口贸易有限公司	1075.05	—	—
207	泉州巨高进出口贸易有限公司	1068.91	—	—
208	泉州鑫雅达进出口贸易有限公司	1053.22	—	—
209	泉州盖洛普进出口贸易有限公司	1044.74	303.3	244.45
210	石狮遂缔贸易有限公司	1041.84	—	—
211	泉州市弘洋进出口有限公司	1015.22	1220.3	-16.81
212	泉州聚纺通进出口贸易有限公司	992.23	156.55	533.82
213	福建省亚迦诺服饰有限公司	983.57	224.63	337.85
214	泉州亚古柏进出口贸易有限公司	967.88	1107.41	-12.6
215	石狮世翔禹顺进出口贸易有限责任公司	963.5	467.42	106.13
216	泉州古纳尔贸易有限公司	961.19	888.68	8.16
217	石狮市易禾辰源贸易有限公司	960.84	2771.83	-65.34
218	福建皇舜服装有限公司	942.31	178.68	427.36
219	石狮市金樽服装有限公司	938.66	532.55	76.26
220	福建省鑫登进出口贸易有限公司	933.06	—	—
221	石狮市恒亿商贸有责任限公司	922.71	75.56	1121.1

续表 11

序号	企业名称	2018 年出口（万元）	20ˉ7 年出口（万元）	比增（%）
222	石狮市天源鞋服有限责任公司	910.87	65.63	1287.98
223	石狮市锦昌服饰织造有限公司	909.5	547.73	66.05
224	泉州乘福进出口贸易有限公司	908.3	1463.85	-37.95
225	石狮市海润进出口贸易有限公司	889.5	589.34	50.93
226	同鑫（泉州）进出口贸易有限公司	884.16	12480.83	-92.92
227	石狮市雄兴水产品有限公司	882.17	—	—
228	石狮市升邦电子实业有限公司	877.74	371.72	136.13
229	石狮市一笔成服饰有限责任公司	875.41	92.07	850.81
230	泉州百泽服饰实业有限公司	854.22	—	—
231	特克威（中国）有限公司	852.94	1903.03	-55.18
232	石狮市外商投资服务中心	849.56	69861.02	-98.78
233	石狮市勋时纺织品贸易有限公司	828.06	991.37	-16.47
234	泉州鹏辉大地进出口贸易有限公司	827.23	224.18	269
235	福建石狮达溢织造有限公司	825.01	628.08	31.36
236	泉州吉邦进出口贸易有限公司	791.65	64.98	1118.27
237	泉州问科进出口贸易有限公司	789.54	—	—
238	泉州市石狮市艾斯兰进出口有限公司	788.16	1274.17	-38.14
239	石狮市凯而来体育用品有限公司	768.77	571.92	34.42
240	石狮市榕江进出口有限公司	760.17	12159.37	-93.75
241	石狮市米嘉工艺品有限公司	739.46	356.57	107.38
242	石狮市东方鸿服饰有限公司	739.4	—	—
243	石狮弘源鞋业有限公司	738.38	697.59	5.85
244	福建省鹏顺进出口贸易有限公司	730.89	1113.37	-34.35
245	泉州固诚鞋业有限公司	727.28	1078.67	-32.58
246	泉州国荣进出口贸易有限公司	727.06	—	—
247	泉州市融阳进出口贸易有限公司	696.56	367.89	89.34
248	石狮市恒昌体育用品有限公司	694.58	396.64	75.11
249	泉州市红火火服饰有限责任公司	693.29	148.79	365.95
250	石狮崇森进出口贸易有限公司	693.06	—	—
251	石狮市炜柏服饰织造有限公司	693	484.55	43.02
252	泉州亿兰新进出口贸易有限公司	692.84	90.46	665.91
253	泉州市雪月花进出口贸易有限公司	684.29	556.48	22.97
254	石狮市霸豪进出口贸易有限公司	677.83	—	—
255	石狮市利丰服装有限公司	650.17	—	—
256	石狮市联晖进出口贸易有限公司	636.3	210.76	201.91
257	泉州市华恒诚纺织科技有限公司	610.72	—	—
258	泉州伟泰纺织品贸易有限公司	597.43	—	—
259	福建省大松供应链管理有限公司	595.19	—	—
260	泉州市兴裕进出口贸易有限公司	589.61	2670.15	-77.92
261	石狮市森由进出口贸易有限公司	549.86	680.17	-19.16
262	福建省合盛供应链管理有限公司	527.76	—	—
263	福建正能国际货运代理有限公司	525.47	5744.12	-90.85
264	泉州晟烽贸易有限公司	523.35	484.84	7.94
265	石狮市恒大金盛进出口贸易有限责任公司	520.52	—	—
266	福建省怡诺威进出口贸易有限公司	512.83	9606.1	-94.66

续表 11

序号	企业名称	2018 年出口（万元）	2017 年出口（万元）	比增（%）
267	泉州多彩年华服装有限责任公司	505.32	—	—
268	泉州市启博进出口贸易有限公司	481.25	3465.52	-86.11
269	石狮市通得誉服装贸易有限公司	470.68	—	—
270	石狮市通达电机有限公司	468.48	515.09	-9.05
271	石狮欧肯梦贸易有限公司	464.93	10761.24	-95.68
272	石狮市大鹏塑胶制品有限公司	464.37	503.16	-7.71
273	福建嘉炫进出口贸易有限公司	458.21	768.86	-40.4
274	石狮市阿雷西进出口有限公司	439.26	—	—
275	石狮市伟雄兄弟进出口贸易有限公司	426.79	422.8	0.94
276	石狮市科达电器有限公司	423.55	—	—
277	石狮市铭键服装织造有限公司	414.73	1560.47	-73.42
278	石狮市鹏芳制衣有限公司	414.07	—	—
279	石狮市旺晟贸易有限公司	410.24	—	—
280	石狮市颐郯贸易有限公司	406.46	—	—
281	福建省华冠世家服饰有限公司	378.36	25.49	1384.14
282	泉州市保威纺织实业有限公司	369.93	—	—
283	石狮市文韬服饰制造有限公司	365.66	110.2	231.83
284	泉州优比服饰有限公司	356.48	43.81	713.62
285	石狮锐成进出口贸易有限公司	346.29	609.19	-43.16
286	石狮市东凯贸易有限公司	339.69	331.29	2.54
287	石狮市鸿兴文体器材有限公司	334.47	28.76	1063.09
288	泉州市金坭服装科技有限公司	332.48	—	—
289	石狮维高服装有限公司	329.51	—	—
290	石狮普乾贸易有限公司	328.25	—	—
291	泉州市耀盛纺织实业有限公司	318.76	—	—
292	泉州文亨服装有限公司	313.75	167.58	87.22
293	泉州市元坤进出口贸易有限公司	292.34	—	—
294	旺仔服饰（福建）有限公司	290.44	—	—
295	石狮市哆啫咪进出口贸易有限公司	288.05	158.82	81.37
296	石狮魅布阁实业有限公司	267.91	—	—
297	泉州佳利纺织有限公司	262.9	—	—
298	福建冠兴皮革有限公司	260.02	—	—
299	石狮黎祥食品有限公司	259.47	259.63	-0.06
300	泉州市万友金属有限公司	259.34	70.22	269.31
301	泉州市镕裕进出口贸易有限公司	258.2	—	—
302	石狮市振富针纺机械有限公司	253.4	365.58	-30.68
303	石狮伯柔纺织有限公司	244.49	—	—
304	石狮市玧瑄进出口贸易有限公司	240.3	60.43	297.66
305	石狮市成鑫针织机械有限公司	234.28	179.46	30.54
306	福建佰禄进出口贸易有限公司	230.12	—	—
307	石狮市狮城进出口贸易有限公司	226.65	—	—
308	石狮市大宏电子开发有限公司	225.79	211.06	6.98
309	石狮市鸿鹏五金服饰有限公司	223.4	253.13	-11.75
310	福建德载元进出口贸易有限公司	220.9	230.23	-4.05
311	石狮易成贸易有限公司	217.02	133.48	62.59

续表 11

序号	企业名称	2018 年出口（万元）	2017 年出口（万元）	比增（%）
312	石狮市飞轮线带织造有限公司	208.46	187.39	11.25
313	福建省石狮市汇成行贸易有限公司	208.28	110.02	89.31
314	石狮市冠龙辅料商贸有限公司	208.25	162.24	28.36
315	石狮市诗安进出口贸易有限公司	208.09	20.65	907.71
316	福建省德奥针织科技有限公司	207.07	2.42	8473.35
317	泉州市盈莱进出口贸易有限公司	206.87	—	—
318	福建省强力实钴体育用品商贸有限公司	202.1	—	—
319	泉州市科庆行达贸易有限公司	200.6	6544.47	-96.93
320	石狮市伟升进出口贸易有限公司	200.54	9.48	2015.28
321	石狮市必胜马鞋业有限公司	197.86	—	—
322	福建飞通通讯科技股份有限公司	197.57	777.66	-74.59
323	石狮市麦楠进出口贸易有限公司	196.12	9341.8	-97.9
324	福建省石狮骏达行服装有限公司	190.24	69.37	174.26
325	福建泉州市伊格名仕进出口贸易有限公司	188.34	—	—
326	福建捷铭贸易有限公司	187.84	455.06	-58.72
327	石狮市航尔亨贸易有限责任公司	187.31	—	—
328	石狮宏信进出口贸易有限公司	186.95	79.01	136.6
329	泉州南瑾贸易有限公司	185.32	—	—
330	泉州聚腾服饰制造有限公司	182.35	—	—
331	石狮市冠冠进出口贸易有限公司	181.11	—	—
332	石狮杉锐进出口有限责任公司	179.86	—	—
333	石狮市聪祥新材料科技有限公司	177.68	—	—
334	福建高泓进出口贸易有限公司	177.16	—	—
335	石狮市酷尼国际贸易有限公司	176.7	—	—
336	福建欧路得贸易有限公司	176.12	—	—
337	石狮市品丰进出口贸易有限公司	169.63	297.58	-43
338	石狮宏典制衣有限公司	169.26	383.01	-55.81
339	泉州中软进出口贸易有限公司	167.93	14.52	1056.2
340	泉州市旺东服装纺织有限公司	167.61	—	—
341	石狮市凌烨进出口贸易有限公司	166.69	220.73	-24.48
342	石狮市浚岚进出口贸易有限公司	166.45	—	—
343	石狮经纬纺织有限公司	162.47	183.56	-11.49
344	华烨（泉州）进出口贸易有限公司	158.44	26506.76	-99.4
345	福建省恒信凯博贸易有限公司	157.62	—	—
346	福建七好工艺品商贸有限公司	148.88	89.35	66.62
347	泉州尚美诺进出口贸易有限公司	145	—	—
348	石狮益园服装有限公司	144.76	166.19	-12.89
349	石狮博煜商贸有限公司	144.29	—	—
350	石狮市马万法拉吉贸易有限公司	140.46	132.86	5.73
351	石狮市麒麟兄弟进出口贸易有限公司	127.34	—	—
352	石狮俄时天湖进出口贸易有限公司	125.77	343.62	-63.4
353	泉州弘峻服饰有限公司	123.98	25.45	387.18
354	福建省君展国际贸易有限公司	116.77	2908.51	-95.99
355	石狮市金泉进出口贸易有限公司	107.09	—	—
356	泉州莱米进出口贸易有限公司	107.08	—	—

续表 11

序号	企业名称	2018 年出口（万元）	2017 年出口（万元）	比增（%）
357	石狮市锦荣塑料五金有限公司	104.83	10.01	947.09
358	石狮市艾威龙服饰有限公司	100.23	—	—
359	石狮市耀天体育用品有限公司	99.53	9.82	913.99
360	福建省荣轩进出口贸易有限公司	96.14	659.49	-85.42
361	石狮市卡西图体育用品有限公司	88.44	7.07	1150.42
362	泉州新乔供应链管理有限公司	87.33	—	—
363	泉州市微众进出口贸易有限公司	82.91	—	—
364	福建六柱工贸有限公司	82.29	—	—
365	泉州瑞鸿服饰有限公司	80.42	—	—
366	石狮市拉可凯蒂商贸有限公司	78.8	12215.96	-99.35
367	石狮市恒兴达文体用品有限公司	78.36	—	—
368	泉州广发进出口贸易有限公司	77.34	215.32	-64.08
369	创艺（福建）纺织科技有限公司	77.29	21.34	262.24
370	石狮市筑泰贸易有限公司	73.78	—	—
371	石狮市俊元杰进出口贸易有限公司	72.35	—	—
372	泉州润博进出口有限公司	63.34	—	—
373	石狮莨绸织造有限公司	62.69	—	—
374	石狮市佲升纺织科技有限公司	57.58	—	—
375	石狮市赛冠进出口贸易有限公司	55.3	—	—
376	福建有道高分子科技有限公司	53.63	188.97	-71.62
377	福建省恒惠工贸发展有限公司	53.37	46.55	14.65
378	石狮永峰电子有限公司	50.1	22.71	120.63
379	福建向蔚来贸易有限公司	41.8	—	—
380	石狮冠越贸易有限公司	40.25	110.46	-63.56
381	石狮征程进出口贸易有限公司	39.99	—	—
382	泉州长信贸易有限公司	37.74	—	—
383	泉州国泉进出口贸易有限公司	37.24	—	—
384	冠宏股份有限公司	34.2	163.22	-79.05
385	福建新力元国际贸易有限公司	29.5	—	—
386	泉州市川运顺贸易有限公司	28.74	12179.68	-99.76
387	泉州锦伟兴进出口贸易有限公司	28.45	—	—
388	泉州曼得伦进出口贸易有限公司	28.41	—	—
389	泉州市宥澄贸易有限公司	27.8	—	—
390	福建忠龙进出口贸易有限公司	25	—	—
391	石狮市丹诺贸易有限公司	20.57	—	—
392	达佳（石狮）纺织营销管理有限公司	19.75	—	—
393	石狮文行灯饰有限公司	19.26	86.73	-77.79
394	福建高庭供应链管理有限公司	18.1	—	—
395	泉州明瀚进出口贸易有限公司	17.56	—	—
396	嘉兰蒂（福建）供应链管理有限公	13.48	—	—
397	石狮市台茂物流有限公司	12.91	38.17	-66.19
398	石狮市龙储进出口贸易有限公司	12.51	4.43	182.63
399	石狮市亿腾文体用品有限公司	12.44	24.45	-49.14
400	泉州御叩商贸有限公司	11.5	—	—
401	泉州恒顺达纺织品贸易公司	11.48	—	—

续表 11

序号	企业名称	2018 年出口（万元）	2017 年出口（万元）	比增（%）
402	泉州市冠彤纺织科技有限公司	10.81	—	—
403	石狮市攀特体育用品有限公司	10.41	9.17	13.55
404	福建省宏宽进出口贸易有限公司	10.1	—	—
405	石狮诺亚方舟服饰制造有限公司	9.46	—	—
406	石狮优靔媤纺织品贸易有限公司	8.56	—	—
407	石狮市艺苑工艺品有限公司	8.42	269.45	-96.87
408	石狮市小嘎拉服饰织造有限公司	8.01	—	—
409	福建石狮市皇韩鑫贸易有限公司	7.81	—	—
410	石狮市泓信纺织科技有限公司	7.02	—	—
411	石狮市竑益大通进出口贸易有限公司	6.99	—	—
412	石狮钰程针织机械配件有限公司	6.05	52.18	-88.41
413	石狮市冬森供应链管理有限公司	5.83	—	—
414	泉州市峻昊服装制造有限公司	5.59	—	—
415	泉州吉欧服饰有限公司	3.8	171.66	-97.78
416	石狮市豪健服装实业有限公司	3.57	242.96	-98.53
417	石狮卓励欧进出口贸易有限公司	3.36	—	—
418	石狮佳南热溶胶有限公司	3.12	—	—
419	福建微贸进出口贸易有限公司	2.11	—	—
420	石狮市万力龙体育用品有限公司	1.33	—	—
421	石狮市联宇进出口贸易有限公司	1.09	—	—
422	石狮诚正贸易有限公司	0.59	—	—
423	泉州市伊露旅泉贸易有限公司	0.55	8547.29	-99.99
424	石狮市佳特鑫工艺品有限公司	0.18	—	—
425	石狮市博雅服饰商标有限公司	0.04	—	1102.78
426	石狮市金童玩具厂	0.01	0.9	-99.26

【加工贸易情况】 2018 年出具加工贸易企业经营状况及生产能力证明 10 份。

2018 年石狮市加工贸易企业名录

表 12

序号	企业名称	经营加工产品
1	福建省石狮市通达电器有限公司	电子产品
2	宏兴汽车皮革（福建）发展有限公司	皮革制品
3	福建万弘海洋生物科技有限公司	水产品
4	福建协盛协丰印染实业有限公司	高档织物面料
5	富贵鸟股份有限公司	鞋、皮革制品
6	石狮宏典制衣有限公司	服装
7	福建冠兴皮革有限公司	皮革、毛皮制品
8	石狮市快克体育用品有限公司	网球拍、壁球拍
9	石狮市展耀纺织科技有限公司	针纺织品
10	石狮鞋夫鞋材有限公司	鞋材

【外贸政策扶持】 2018年，石狮市出台《2018年促进外经贸发展若干措施》，从鼓励企业自营进出口、开拓国际市场、支持企业赴境外投资设立贸易公司（办事处）、支持企业运用出口信用保险手段、生产型企业新备案登记新出口等方面给予补助。2018年申请、兑现石狮级各类补贴企业463家次，金额3294.444万元；申报省、泉州市各类补贴企业612家次，金额2239.79万元。引导外贸龙头企业扩大出口规模，25家重点出口企业出口总额为633103万元，比增11.08%，占总出口额39.79%。组织开展10场座谈会、政策宣传会和业务培训会，参会企业超800家。

对港澳台贸易

【概况】 2018年，石狮市销往香港12352.34万元，比2017年增长17.8%；来自香港354.27万元，比2017年增长969.26%。主要销往香港商品为纺织原料及纺织制品，机电、音像设备及其零配件，杂项制品等，主要来自香港商品为：食品；饮料、酒及醋；烟，光学、医疗等仪器；钟。

2018年，石狮市销往台湾91224.28万元，比2017年增长85.39%，来自台湾16759.66万元，比2017年增长44.56%。石狮市大量生产用的原辅材料、电子原器件来自台湾，狮台之间的产业链配套较为紧密。主要销往台湾商品为纺织原料及纺织制品，食品；饮料、酒及醋；烟，机电、音像设备；水产品等；来自台湾商品主要有：塑料及其制品、杂项食品、植物产品（咖啡、茶等）、絮胎、毡呢及无纺织物。

【对台经贸合作】 2018年，石狮国际快件监管中心正式投入运营，结合跨境电商培训，不断开拓业务，对台自营贸易额持续增长，累计贸易285票，共115956件，申报重量343580千克。10月，组织石狮市9家企业参加台湾台北纺织展TITAS。

【与港澳经贸交流】 2018年1月，石狮市组织19家企业参加品牌香江行，2家企业参加香港婴儿用品展。4月18日，香港贸易发展局华南区首席代表吴文慧女士率香港企业代表团参加第四届海丝国际品牌博览会并设立香港馆，与泉州市政府签署“关于共同建设21世纪海上丝绸之路”合作备忘录，石狮市有20家企业参加“泉州－香港”经贸对接会，共同促进石狮香港两地的经贸往来。

特色鲜明的现代服务业产业体系。2018年，石狮市办理再生资源回收经营者备案登记企业1家。

【商圈布局】 2018年，石狮市致力打造具有全国影响力的石狮“核心商圈”，集合石狮服装城、国际轻纺城、世茂摩天城城市综合体等市场资源优势，争取引进“世茂博物馆”等新兴市场业态，建设以文化产业综合配套服务为特色的国际现代服务业集聚区，辐射带动全市现代服务业繁荣发展。以石狮服装城、国际轻纺城等为依托，重点发展商贸、物流、中介、设计等服务业，为各专业市场和纺织服装产业链提供配套服务。

2018年4月18日，“泉州—香港”经贸对接会（图/市商务局）

商业贸易

【概况】 2018年，石狮市实现限额以上商业销售额1108.8亿元，增长35.1%，增速比2017年提高14.9个百分点。石狮市按照加快转变经济发展方式、推动产业结构优化升级的总体要求，基本建成与经济社会发展阶段相匹配、与先进制造业相融合、与居民需求相适应，功能完善、结构优化、布局合理、鼓励采用信息化技术发展电子交易，推进无形市场建设。吸引国内外一流的商贸企业入驻，鼓励业态创新，发展连锁经营、特许经营、电子商务、物流配送等现代流通组织形式。合理引导民间资本发展服装销售以及围绕纺织服装业为主的设计、创意、广告、品牌营销、会展业以及现代物流业。

【社会销售零售额】 2018年，社会消费品零售总额494.8亿元，增长11.6%，增速比2017年提高2.7个百分点，限额以上社会消费品零售额 165.6 亿元，增长 17.1%，增速比 2017 年提高 2.7 个百分点。

【“菜篮子”工程建设】 2018 年，石狮市组织石狮市丰裕生态科技有限公司、石狮市协力兴种植专业合作社 2 家企业成功申报泉州市 2018 年“菜篮子”工程建设项目资金，获得扶持补助资金 10 万元。

【农贸市场改造建设】 2018 年，石狮市完成对后花农贸市场升级改造，引进泉州食达康市场运营有限公司与后花居委会合作，改造后的农贸市场 3005 平方米，能容纳 273 家商铺及店面，集合水果、蔬菜、家禽、水产海鲜、粮油干货等产品。消费辐射信义华府、南洋国际、金丘阳光城、碧桂园等数十个大型住宅项目，以及周边乡镇。

【台风防抗及灾后物资供应】 2018 年，石狮市开展农贸市场安全检查，组织对石狮中心农贸市场、第二中心农贸市场、大型商超等开展汛期安全生产专项督查，掌握“菜篮子”“米袋子”市场供应和价格行情，保证粮油蔬菜等生活必需品供充足、价格稳定。全市储备规模折合成大米为 2824 万千克，可供应天数 117 天左右。

【消费市场】 2018 年，石狮市居民消费价格指数 101.5（采用泉州市辖区数据），比 2017 年上涨 1.5%，涨幅比 1—11 月下降 0.2 个百分点，其中服务项目价格指数 102.2。八大类商品中，食品烟酒类比 2017 年上涨 1.3%，其中畜肉价格下降 6.9%，环比上涨 6.5%；衣着类比 2017 年下降 2.8%；居住类比 2017 年上涨 2.4%；生活用品及服务类比 2017 年上涨 1.7%；交通和通信类比 2017 年上涨 1.2%；教育文化和娱乐类比 2017 年上涨 3%；医疗保健类比 2017 年上涨 2.1%；其他用品和服务类比 2017 年上涨 0.7%。

【现代物流】 2018 年，石狮市围绕打造国内先进的集仓储配送、物流总部经济、物流平台建设、商务配套等多功能的复合型现代化服务产业基地，由普洛斯与石狮市智创供应链管理有限公司共同投资开发普洛斯石狮物流园。项目总用地面积约 13.4 公顷，计划总投资超过人民币 2 亿元，项目总建筑面积 8 万平方米，将建成达到国际标准的现代化物流仓储设施。

【商贸安全生产】 2018 年，石狮市委托第三方监管机构，共同督促大型商超、专业市场、二手车交易市场、汽车拆解、加油站等五大商贸企业落实安全生产隐患排查，堵塞安全监管漏洞、强化安全生产措施，确保不出安全事故。

2018 年，石狮市开展多项打击侵权假冒违法犯罪专项行动，坚持集中打击与制度建设并重、突出重点，进一步强化综合协调职能。仔细检查成品油企业经营场所、购销台账等，重点查看是否存在无合法来源油品、私设储油罐等情况，督促落实经销单位索证索票制度，查处其违法违规经营行为，严控加油站进货渠道，对销售不符合国家标准油品的经营行为予以查处，涉及销售走私油品的依法通报移交有关行政部门处理。

2018 年 11 月 22 日，普洛斯石狮物流园项目开工奠基　　（图 / 市商务局）

电子商务

【概况】 2018 年，石狮网上交易额超 800 亿元，网络零售总额 473.8 亿元，比 2017 年增长约 24.2%，电子商务纳统企业 108 家，销售额 70.55 亿元，增幅 94.4%。“双十一”当天销售额 11.4 亿元，比 2017 年增长 15.77%。2018 年，石狮市排名阿里县域电商全国第六，福建省第一。

【政策环境优化】 2018 年，石狮市出台《石狮市人民政府关于推进电子商务发展推动产业转型升级的若干措施》等文件，从政策上大力支持电子商务的发展。2013—2018 年，福建省、泉州市、石狮市三级政府的电商扶持资金达 5000 万元，其中本级财政扶持资金 2000 万元。

2018 年，石狮市深化建设海西（石

狮）电商园区、青创城国际网批市场、石狮跨境电商网批中心、石狮双奇智慧电商城、富星物流园区、我答答店中店分销云平台、淘宝大学、阿里巴巴合作伙伴跨境电商石狮区域、普洛斯物流园、大帝科技物流园等16个电商公共服务平台。2018年，海西电商园区入驻企业362家，年网上销售额83.2亿元；青创城网批市批入驻企业727家，年网上销售额128亿元。

2018年，石狮市与国内外各大平台携手共建，主动与阿里巴巴、京东商城、苏宁等知名平台合作，现建有“京东石狮馆”“苏宁石狮馆”等。

2018年，石狮市深化建设石狮市电子商务人才孵化中心、跨境电商人才孵化基地等，引进高级电商人才，并注重加快培育本地电商人才。2018年，石狮市举办电子商务培训62场，培训人数15000人次。

2018年，石狮市通过市场采购贸易试点，推动石狮服装城开展市场采购贸易和跨境电商业务，扩大自营出口；在石狮国际快件监管中心设立海关监管场所，引进跨境电商交易平台运营公司，推动外贸供应链、电商平台、物流渠道的整合。

粮食管理

【概况】　2018年，石狮市落实政策性粮食收购和轮换资金，加强粮食收购市场的监督检查和政策性粮食销售出库专项检查，通过春秋两季库存普查，结合“粮食安全隐患大排查快整治严执法集中行动”工作，从粮食的质量、数量、品种等方面进行检查。现存粮全部符合国家的储存标准，具有食用价值。对应急大米和应急食用油，每月定期检查，库存数量落实，质量良好。2018年，石狮市轮换储备粮14055.568吨，轮换工作全部委托泉州市产权交易中心通过远程交易实现。

【粮食收购】　2018年，石狮市粮油管理处督促市粮食购销有限公司严格执行订单粮食直接补贴和最低收购价政策，确定市山穗粮油有限公司位于蚶江镇金淀鸭场内的仓库为石狮市订单收购点。执行粮食收购守则，与产粮户签订交粮合同，做到依质论价，不压等压价，让农民销售“明白粮”“放心粮”。协调农发行，落实政策性粮食收购和轮换资金，提前安排好资金调度计划并及时发放订单粮食收购直接补贴款，确保“有人收粮”“有钱收粮”“有仓装粮”“有车运粮”，未出现农民“卖粮难”问题，完成订单收购任务。

【仓储保管】　2018年，石狮市仓库保管员实行“三天一小查，五天一中查，风雨及时查”的粮食保管查仓制度，发现隐患及时上报并处理。每月组织对各站库安全生产工作进行检查，检查中发现安全隐患立即跟踪，限期整改。开展安全生产风险分级管控体系建设，针对各类危险有害因素的特点，提出科学、合理、有效的风险管控措施和应急处置措施，最大程度降低各类事故发生的可能性和危害性。检验粮库消防设施的功能，增强员工在紧急情况下的应变能力，提高员工灭火、疏散、自救能力和管理者火场组织、协调、指挥能力，使员工在演练中受到锻炼和教育，进一步增强消防安全意识，提升企业应急意识和先期处置能力，使预防为主、防消结合的方针在企业中得到更好的贯彻落实。

【军粮供应】　2018年，石狮市实行军粮供应工作“军供站长第一责任人”及“一批一检一报告”制度，全过程、全方位监督，杜绝一切不合格产品流入军供仓库，全年没有发生非正常断供、漏供，不合格军粮供应部队，套取军粮差价补贴款等问题，实现“零投诉”目标。践行以兵为本的服务理念，坚持定期不定期走访部队，互通情况，相互了解，征求部队对军粮工作的意见和建议。利用节日对驻军部队进行走访慰问，开展“粮油服务进军营”活动，为伙食单位官兵现场讲解粮食的保管储存方法及注意事项。同时坚持免费送货上门服务，确保部队用粮的安全性和及时性。

【粮食市场管理】　2018年，石狮市粮油管理处对购销公司、军粮供应站、应急加工企业、应急供应企业、放心粮油经营店等执行粮食质量新标准情况开展专项检查。重点检查大米加工企业2家，小麦粉加工企业2家，大米批发企业6家，食用油批发企业2家，军供网点1个，销售企业6家。所有粮食、粮食制品、食用植物油基本符合国家质量卫生标准。2018年，完成自检样品数79份，其中原粮60份、大米14份，面粉4份、食用油1份。

2018年，石狮市粮油管理处加强粮食收购市场的监督检查，检查中未发现违反质价政策、掺杂使假、以次充好、欺行霸市、拖欠售粮款、收“转圈粮”“人情粮”等损害农民利益和违反国家粮食收购政策的违法违规行为。开展政策性粮食销售出库专项检查。畅通粮食销售出库问题反映渠道，开通出库问题举报电话（0595-88782400）。督促承储库履行出库义务，及时协调处理出库纠纷，在检查中，未发现在出库中有违法违规行为，没有因纠纷导致政策性粮食“出库难”问题产生。张贴“12325”全国粮食流通监管热线宣传海报，发挥监管热线作用，接受群众举报投诉。对监督举报反映的违法违规问题线索，按照监管热线管理规定编号建档，组织进行核查处理。

烟草专卖

【概况】　2018年，石狮市销售卷烟

32328 箱，实现税利 29088 万元；查获各类涉烟案件 75 起，查获卷烟 6919.8 条，案值 170 万余元。

【烟草专卖规范自律】 2018 年石狮市建有自律互助小组 94 个，标杆小组 11 个，共计 2008 个客户，覆盖率 62.4%。

2018 年，石狮市根据每月泉州市局下发的“同一 IP”地址订货客户名单，对辖区所有的卷烟经营客户开展实地核查工作，摸底客户的实际经营能力，杜绝同一 IP 地址订货等不规范经营行为的发生。在社区、村落、车站张贴打假普法宣传海报，引导广大群众自觉遵守烟草专卖法律法规，认清各种制、售假烟违法犯罪行为的危害。以“3·15”国际消费者权益日、“12·4”全国法制宣传日等宣传日为契机，通过发放宣传单、真假烟识别咨询、假烟危害宣传、“12313”举报投诉电话等措施，提高消费者的法律意识和法制观念。

【烟草专卖网络建设】 2018 年，石狮市烟草专卖局、泉州市烟草公司石狮分公司制定《石狮市烟草专卖局关于制定烟草制品零售点合理布局规定的实施方案》。9 月，召开烟草制品零售点合理布局听证会，对石狮市行政区域范围内烟草制品零售点的设置及烟草专卖零售许可证的管理做出明确规定，并按法定程序报批、备案，公告颁布施行。

2018 年，石狮市使用手机端订货客户 2286 户，占比为 69.31%，超过全年的量化指标；网上订货客户数 3173 户，占比 96.4%。2018 年，推广终端全商品店铺管理系统 2.0 版本扫码，390 户终端扫码版本全部切换到位，新版卷烟零售终端系统使用率达 100%。推进“限大扩中扶小”工作（限制大户扩充中户扶持小户），除 3 户海晟店外辖区大户为 0，小户户数 493 户，占比 15.14%。

【烟草专卖营销服务】 2018 年，石狮市烟草专卖局、泉州市烟草公司石狮分公司推进小户精准扶持工作，每月对目标扶持户量身制定经营指导书，形成“一户一套帮扶措施”，28 个目标客户中 25 户达到提升目标。在新行政服务中心、德辉广场、主要街道等分别投放吸烟亭、专用烟灰柱、便携式烟灰盒、引导标示等相关物资，投入 9.8 万元。

【烟草专卖基础管理】 2018 年，石狮市烟草专卖局、泉州市烟草公司石狮分公司加强重大节日期间零售市场检查力度，月平均市场净化率为 96.17%，比 2017 年提升 0.49%；月平均暗访净化率为 96.3%，比 2017 年提升 1.1%。

2018 年，石狮市烟草专卖局、泉州市烟草公司石狮分公司不断优化许可证办证流程，加强对各办证环节的监督管理。根据许可延续告知、审核收取延续材料、系统审批、制证发证、整理卷宗五个步骤，设置具体时间办理节点。对辖区内零售户二维码门牌号进行全面梳理，及时变更，基本做到证照相符，许可延续进度达 93.56%。

2018 年，石狮市烟草专卖局、泉州市烟草公司石狮分公司强化专项核查，开展同一 IP 地址、同一账户结算等检查，未发现代订套订等异常经营行为。强化专销协同，召开专销联席会议，及时通报真烟流通、卷烟销售等情况。启动“一案双查”案件调查 5 起，涉及辖区卷烟零售户 13 户。

【高压治理制假售假】 2018 年，石狮市烟草专卖局、泉州市烟草公司石狮分公司开展“闽剑三期”、第四期“筑篱”等专项行动，查获各类案件 20 起，涉案卷烟 468.7 条，案值 8 万余元。9 月，与晋江等地实行跨地区、跨部门联合执法，配合查办“430”特大制假烟机案件。2018 年，协同市公安局侦破 2 起国标假烟网络案件。其中，查处“2017·10·15”张某生产、销售伪劣产品案，现场查获中华（软）等 17 个品牌，共计 1649 条假烟，公安机关后续追回 3184.2 条假烟，案值 186.99 万元，逮捕 5 人，成立专案组进一步深挖。查处“2018·1·16”蔡某生产、销售伪劣产品案，现场查获中华（硬）烟 250 条，中华（软）烟 475 条，共计 725 条。后续经公安机关追回 4903 条假烟，案值达 205.63 万元，逮捕 6 人。

【涉烟违法案件处罚】 2018 年，石狮市查处未在当地烟草批发企业进货案件 48 起，涉假案件 5 起，无证运输案件 9 起，经营无合法来源进口烟草专卖品 13 起；查处 5 万元以上大要案 14 起。梳理确定 24 户违法违规大户名单，加强对大户的巡查、经营分析及查处。取缔 1 户违法违规卖烟大户，新增 5 户违法违规卖烟大户，查获名单内违法违规卖烟大户案件 9 起，其中五万元以上的大要案 4 起，查获各类违法卷烟 2320 条，涉烟案值 34 万余元。

供销合作

【概况】 2018 年 3 月 29 日，石狮市供销合作社联合社召开第一次代表大会，选举产生第一届理事会、监事会，通过《石狮市供销合作社联合社理事会（常务理事会）工作制度》；成立社有资产管理委员会，统一对市、镇两级供销合作社资产管理的重要事项进行协调和研究；完成《石狮市供销合作社联合社章程》备案工作。

2018 年，石狮市供销社系统建设完成按照全国总社行业标准改造提升网点 2 个，其中改造农资网点 1 家，改造日用消费品网点 1 家；建设经营网点 3 个，其中农资网点 2 家，日用消费品网点 1 家。

【惠农工程建设】 2018 年，石狮市供销社系统建设完成农民专业合作社 5

个，农民专业合作社联合社 1 个，农村综合服务社 3 个。

2018 年，按照《石狮市经济局关于转下达 2017—2018 年化肥冬储计划的通知》文件下达化肥冬储 1200 吨的计划任务，根据实际需求，从 2017 年 10 月至 2018 年 3 月，供销社系统完成化肥储备 669.505 吨。

【电子商务建设】 2018 年，石狮市供销社系统新建电商服务站 1 个，信息化改造服务点 1 个，在“供销 e 家”平台成功开设店铺 1 个，成功上线淘宝网店 1 个。

【安全生产】 2018 年，石狮市供销社落实安全生产“党政同责、一岗双责”，与各直属公司及基层社签订 2018 年安全生产目标责任书，开展法定节假日、两会期间、台风天的安全生产检查，全年组织开展 31 次，出动 156 多人次，整改安全隐患 31 条。开展“安全生产月”活动和安全生产大检查工作，依托烟花爆竹仓库组织 7 个下属单位共 32 人次进行应急消防演练培训。9 月，市供销社及下属基层社、直属公司安全风险分级管控和隐患排查治理双重预防机制建设通过专家组评审验收。

【农资质量检查】 2018 年，石狮市根据全省农资打假专项治理行动视频会议精神，对农资公司化肥仓库、湖东门市部、新型“庄稼医院”、祥芝莲厝生资站、厝上农资网点、鸿山伍堡农资网点开展抽查，抽调 65 人次，组织开展农资质量自查自纠 6 次，检查经营场所 10 个，签订《农资经营主体守法诚信经营承诺书》10 份、《农药生产、经营单位主要负责人安全生产承诺书》10 份，禁止不符合条件的农资网点销售农药。

3 月 16 日，组织参加各涉农部门联办的“石狮市 2018 年农业质量年启动暨放心农资下乡进村宣传周现场咨询活动”，市供销社组织基层供销社、农资公司及化肥农药门市部等负责人及“庄稼医生”、农技人员 10 多人到现场接受群众咨询 120 多人次，现场赠送有机肥 300 斤。3 月，到蚶江镇开展义务维修，免费为群众维修摩托车电动车 40 人次，提供各种相关的咨询服务 60 多人次。9 月，到新湖社区服务群众活动，开展农药和化肥知识相关宣传，受访、咨询群众达 30 多人次，帮助群众解疑答惑。6 月，石狮市农资公司“庄稼医院”配合农办开展“2018 年农业安全生产宣传日暨应急处置演练活动”，“庄稼医生”洪聪育现场为农民解疑答惑，免费赠送农药 40 瓶，肥料 100 包，接受农民咨询，发送宣传册 100 份。

（图/颜华杰）

金融服务与保障

【概况】 2018年，石狮市加强引导，帮助企业理性对待上市工作，出台《石狮市企业挂牌上市工作领导小组办公室关于调整石狮市企业挂牌上市工作领导小组的通知》，建立健全联络协调机制，加强政企之间的联络，发挥海峡股权交易中心石狮办事处作用，与证券中介机构联系，引进更多优秀的中介机构到石狮市开展工作。

2018年，石狮市有上市企业9家，新三板挂牌企业1家，海交所挂牌企业45家。

2018年，石狮市有9家准金融机构，1家P2P网贷平台（乐投贷），新增1家融资担保公司。

2018年初，石狮市发债企业3家，存续期债券5期，至2018年底，石狮市发债企业1家，存续债券1期。

【金融保障机制】 2018年，石狮市出台《石狮市非金融企业债券违约风险应急处置工作预案》，成立石狮市债券违约风险应急处置工作领导小组，建立健全石狮市债券违约风险应急处置工作机制。

2018年，石狮市出台《石狮市政府投资基金暂行管理规定》，明确政府投资基金管理机构及职责、基金的设立及运作、风险控制、终止和退出、监督管理等方面，进一步规范政府投资基金管理，促进政府投资基金健康运行。

2018年，石狮市发挥国有资本投资、运营公司平台作用，推进市产投集团、国投集团设立石狮市狮城资本运营有限公司，注册资本5亿元，完成投资4800万元，进一步促进国有资本合理流动，优化国有资本投向，推动石狮市产业升级及产业转型、招商引资等项目建设。

2018年，针对经济形势的变化，联合各镇走访20多家意向挂牌上市及融资需求企业；举办石狮市企业商业创新与股权运营专题培训班，组织石狮市企业参加相关业务以及资本运作培训20多场，参加200多人次。

【金融风险防控】 2018年，石狮市加大不良资产处置力度，不良率2.44%，全年处置不良贷款51.29亿元，较好完成泉州市政府下达的信贷风险防控目标。

2018年，石狮市政银企加强沟通协作，对企业按照扶持类、挽救类、退出类等类型划分，防范化解金融风险，累计召开协调会100多场，形成专题会议纪要44份，向上级行文请示14份。

【金融服务】 2018年，通过六胜供应链管理有限公司，采取“租赁经营”或“委托生产”“托管”等模式，对资金进行封闭运行，帮助企业缩短货款回收周期，加快资金周转，既“雪中送炭”，帮助困难企业维护正常的生产经营，又“锦上添花”，帮助行业规模企业、优质中小微企业做大做强。2018年，六胜供应链管理公司与12家企业合作，总授信金额3.55亿元，投入金额6.81亿元，收回5.96亿元。

2018年，石狮市发挥外贸进出口、祥腾、纺织服装、布料市场等4个转贷周转基金作用及政府应急资金的杠杆效应，扩大基金规模，帮助石狮企业在经济下行、银根收紧的大背景下，实现正常转贷续贷和生产经营，全年为企业办理转贷业务909笔、金额73.85亿元。

2018年，金融服务中心办理社会信用体系查询36824笔，比2017年增长53%；办理民间融资登记1047笔，融资金额73.55亿元，比2017年增长1.6%。

2018年，石狮市金融工作局与市国土规划和房产管理局联合出台《石狮市存量房交易资金监管规定》，确定市金融服务中心作为存量房（又称“二手房”）交易资金监管机构，以“安全、快捷、便民、自愿、有息”为原则开展相关二手房交易资金监管服务，满足社会金融服务需求，保障存量房交易资金安全，规范存量房交易资金监督管理。2018年，实现群众在办理房产交易前，一站式查询交易双方信用情况，咨询银行房贷、房产金融中介业务信息，办理民间融资登记（二手房交易中涉及民间借贷情况的）等服务。

【金融宣传】 2018年，石狮市开展自媒体常态化宣传，通过金融服务中心自媒体微信公众号开展涉及社会信用、民间借贷法律（包括非法集资危害）、金融知识、互联网金融诈骗等相关主题的常态化宣传，全年发布涉及“政策”101条、“金融”493条、“金融知识”530条、“信用”186条、“非法集资”121条、“诈骗普法”109条、“民间借贷”311条。2018年，开展“线上”防范非法集资诈骗微信有奖问答活动、征信创意视频微信展播投票活动、展播16个“诚信”主题创意视频及二手房交易资金监管业务微信朋友圈宣传活动。开展打击和防范经济犯罪宣传日活动、非法集资宣传月活动、金融服务月、非居民货币知识培训活动、“学征信·讲诚信·守信用”金融宣传活动暨征信创意视频总决赛等5场主题宣传活动。依托石狮市金融讲师团，开展各类金融知识或金融案件法律宣讲活动；依托诚信与金融生态馆VR三维实景展馆，访问量达1万多人次。

【打击和处置非法集资】 2018年，石狮市出台《石狮市打击和处置非法集资专项整治实施方案》，加强重点行业、领域监管，严厉打击和分类处置非法集资违法犯罪活动，规范约束领导干部参与民间经济金融活动，进一步完善非法集资案件监测机制。2018年，破获“云纵祥瑞”等公安部督办案件，刑拘“盛世车房”嫌疑人1名，非法集资领域暂无涉访人员。

【金融市场管理】 2018年，石狮市利用典当行年审、小额贷款公司评级、非法集资排查等契机，通过现场走访、业务抽查、约谈负责人等方式对辖内准金融机构、互联网金融领域进行全方位的合规监管。联合各镇（街道办事处）和市场监督管理部门组织全面摸排，经工商系统查询、实地走访、电话联系等多种途径，对石狮市所涉省外交易场所设立和发展的分支机构、会员、代理商、授权服务机构开展清理整顿“回头看”。

银行业

【概况】 2018年，石狮市本外币各项存款余额629.23亿元，比上年下降5.30%，降速较上年同期高出2.56个百分点，全年下降35.24亿元，比上年多降16.49亿元。2018年，全市各项贷款余额665.31亿元，比上年下降5.55%，明显低于过去五年平均增长率6.15%，增速为近年来的低值，全年下降39.10亿元，比上年多降22.09亿元。

2018年，石狮市企业存款比上年多降，住户存款弱势增长。企业存款比上年下降26.30%，全年下降35.28亿元，比上年多降14.23亿元，从企业存款的结构来看，主要是企业通知存款、定期存款、企业协定存款下降较多，分别比年初下降15.77亿元、9.9亿元、8.82亿元。

2018年，全市主导产业贷款增速持续下滑，新增贷款投向较为集中，从新增的贷款结构来看，投向主要集中住户贷款特别是个人住房贷款上，从行业来看，投向主要集中在房地产业、租赁和商贸服务业上。

2018年，全市不良贷款呈现逐季下降趋势，制造业和批发零售业成为不良重灾区。2018年，全市银行机构不良贷款余额14.88亿元，不良贷款率2.24%，比年初下降0.71个百分点，四个季度末不良贷款余额分别为35.42亿元、24.23亿元、22.19亿元、14.88亿元，不良率分别为5.07%、3.67%、3.40%、2.24%，呈现逐季下降的趋势，主要是各金融机构加大对不良贷款的处置和核销力度，全年累计处置49.54亿元。

【中国人民银行石狮市支行】 2018年，中国人民银行石狮市支行引导辖内金融机构贯彻落实稳健中性的货币政策，优化信贷资源配置，支持实体经济发展。坚持总量调控与定向调控并举，引导地方法人金融机构稳健开展信贷业务，积极创新服务产品、改变服务方式，加快发展小微快贷、银税贷、快农贷等依托互联网、大数据等新技术的普惠金融产品，加大对民营企业转型升级的支持力度，帮助企业解决融资难、融资贵、融资慢的难题。2018年，全市普惠口径小微贷款余额908.44亿元，比上年增长12.19%。2018年，围绕推动实施乡村振兴战略，促进农业转型升级，引导辖内金融机构加大信贷支持力度，推动信贷资源向改善农业农村生态环境项目倾斜，全力建设现代高效、绿色生态、循环发展的生态农业，全年涉农贷款余额491.14亿元，比上年减少6.97%，农户贷款余额156.06亿元，比上年增长7.74%。2018年，督促辖内各金融机构结合实际制定绿色金融企业信贷计划，找准绿色金融发展切入点，扎实推进和落实各项工作，支持环保产业扩容增速，全年辖内绿色信贷投放余额达54.57亿元。

2018年，中国人民银行石狮市支行推进“两权”抵押贷款，促进金融改革创新。坚持问题导向、探索创新，推进“两权”抵押贷款试点工作，搭建银农信息对接，与石狮市不动产登记中心建立农房确权登记数据共享机制，批量推送给金融机构开展营销对接，实施考核机制，建立农房市场化处置机制，优化贷款办理流程，提高贷款办理效率，其经验以《试点红利进千家万户》为题被《金融时报》采用。

2018年，中国人民银行石狮市支行加强防范和化解金融风险，维护辖区金融稳定。开展央行金融机构评级工作，对辖内法人投保机构的经营管理和风险状况作出科学、合理的评价，根据评级结果，实施风险差别费率，促使辖内法人投保机构提高风险管理水平和审慎经营。加强辖内不良贷款处置化解情况监测，及时跟踪了解处置化解情况，防范和化解信贷风险，维护辖区金融稳定。创新开展实业投资金融业风险监测，加强实业与金融业的风险隔离。继续做好紧急贷款债权维护和管理工作，维护人民银行权益。依法规范开展“两管理、两综合”工作，对工行石狮支行开展综合执法检查。完善反洗钱工作联动机制，强化部门间案件协作，提升监管合力。推进扫黑除恶专项斗争工作，发挥专业优势，密切关注辖区金融机构重点可疑交易线索，2018年，移送案件线索10起，配合当地政府加强扫黑除恶工作力度，纵深推进专项斗争。

2018年，中国人民银行石狮市支行加强外汇管理服务，促进外向型经济发展。成功推动石狮市服装城市场采购贸易方式试点工作。试点前积极参加前期业务考察、政策宣讲、平台建设和草拟政策，试点获批后协助做好招商和业务推广工作，制发《石狮服装城市场采购贸易方式试点外汇业务指引》，推动省分局正、副局长到服装城开展试点调研，多次参加书记、市长的现场调研和监管单位联席会议，帮助解决市场采购贸易方式试点过程中遇到的问题，报送的《石狮服装城市场采购贸易方式试点实施首月情况》获得福州中支陈耕副行长表扬批示。推动台资企业资本项目管理便利化试点，推动办理首笔台资企业资本金结汇，实现零的突破。创新开展外汇政策宣传进千家万户活动，相关信息被省分局网站采用3次。举办“兴业杯”个人外汇知识竞赛，利用微信扩大公众参与度，参与14422人次。组成外汇服务专家宣讲团，到12家外贸外资企业宣讲外汇新政。

2018年，中国人民银行石狮市支行推进普惠金融，制定《人民银行石狮市支行推进普惠金融工作任务清单》，引导辖内金融机构制定细化方案分解落实任务。推动建立普惠金融工作机制，与石狮市金融局联合出台《关于贯彻落实金融支持乡村振兴综合服务方案》，定制“乡村振兴”系列惠民综合金融服务方案，助力乡村振兴战略。完成助农取款服务点向农村普惠金融服务点升级改造，深化农村支付环境建设。通过实行开户“只走一趟”、压缩核准时限、优化开户流程等，不断优化企业开户服务。推广银行账户智能处理平台“银政通”，提高企业开户效率。推动移动支付便民示范工程，完成云闪付受理环境改造，加快覆盖便民支付领域，推广云闪付。做好国库日常核算工作，确保各级预算收支工作顺利进行，加强内部管理，防范国库资金风险，做好国库县支库示范库的相关准备，配合地方财政做好国库集中支付无纸化的上线工作。

2018年，开展石狮市金融机构征信创意视频评选活动，通过微信投票平台扩大征信知识宣传，提升公众征信意识。推进渔村信用体系建设，2018年，涉农金融机构依托17个支农服务点累计建立渔户信用档案1915户，累计为建档渔户发放贷款39588万元，有力助推渔村经济发展。开展人民币知识宣传，联合石狮市金融工作局和辖区中行，在石狮市九二路伊斯坦布尔餐厅举办非居民货币知识第二期培训班，面向在石狮从事贸易的中东客商群体，采用中、英文双语种培训，拓宽反假货币宣传前沿阵地。指导石狮农商行加快小面额现金微信预约平台建设，提升小面额现金服务水平。建立假币收缴监测工作机制，增强联合打击制假售假工作合力。开展金融知识宣传。协办2018年泉州市金融服务月（第十届）走进石狮青创城国际网批中心举办大型金融知识宣传活动，组织全辖21家金融机构为700多家从事线上线下服装批零生意的小微商户开展宣传和提供金融服务，服务创业创新，助力普惠金融。2018年，加强依法行政监督，开展行政执法案卷互评查。强化法律培训，邀请支行法律顾问开展“行政执法风险防范”专题讲座。做好金融消费者投诉处理工作，推广实施银行业金融机构金融消费者投诉统计分类及编码行业标准。加入石狮市整治虚假违法广告联席会议，开展金融广告线索监测。

【中国银行股份有限公司石狮支行】

2018年，中国银行股份有限公司石狮支行（以下简称“中国银行石狮支行”）有员工146人，下辖7个二级支行。支行本部内设四个部门，分别为公司业务部、个人金融部、营业部及综合管理部。

2018年，中国银行石狮支行各项人民币存款（含表内理财）余额37.90亿元，比2017年增加8.05亿元，比年初增加1.81个百分点。其中，公司人民币存款余额为15.22亿元（含对公表内理财），比2017年增加3.98亿元；个人存款22.68亿元，比2017年增加4.07亿元，比年初增加0.88个百分点；日均20.94亿元，比2017年新增1.87亿元。2018年，人民币贷款271118万元，减少14666万元，其中，人民币公司贷款余额165981万元，减少21304万元，主要是核销富贵鸟矿业、集团不良贷款4亿元；零售贷款余额70115万元，增加6987万元；信用卡透支余额29115万元，净增5万元。2018年，外币贷款128万美元，净增14万美元，其中，外币公司贷款余额118万美元，净增14万美元；信用卡透支余额9万美元，无净增额。

2018年，中国银行石狮支行开展对公产品及低风险业务带动存款。通过定制表内理财产品为某集团叙做表内理财6400万元，将表外资产营销为表内资产；为某学院叙做辖内第一笔结构性存款3500万元，为企业叙做表内理财1300万元和前期叙做的表内理财质押低风险业务2000万元，截至2018年9月表内理财余额接近1亿元。12月，与丰泽行联动叙做融侨集团的存单质押贷款，带来较为丰厚的存款沉淀。此次对公产品及低风险业务的成功营销为开展后续持续营销奠定坚实的基础。2018年，中国银行石狮支行通过营销大型房地产正荣集团、中骏集团、石狮市财政局、荣誉集团、通达集团等存款大户，按照月初、月中、月末对所有授信客户进行清单式多次营销，开展有效户、有效账户激活、资金体内循环等措施方案，提前向全辖布置任务、激活网点活力，逐步激活公司账户，扎实推进公司基础账户，12月超额完成分行下达的必保任务，公司新开账户完成率居全辖前列，年末人民币存款日均、时点余额均创新高，时点存款新增额贡献度分行第3位，4大行市场占比较年初均呈上升态势。

【中国工商银行石狮支行】　2018年，中国工商银行石狮支行有员工195人，内设部门5个、下辖11个营业网点。

2018年，中国工商银行石狮支行实现拨备前利润1.42亿元，拨备后利润比上年增加6049万元。实现中间业务收入8119万元，比上年增加1008万元。各项贷款余额74.42亿元，本外币全部存款52.27亿元，比年初增加6.75亿元，增幅14.82%。不良贷款余额1.34亿元，比年初减少1.39亿元。不良占比1.88%，比年初下降1.59个百分点。

2018年，中国工商银行石狮支行各项存款余额52.27亿元，增量6.75亿元，增幅14.82%，其中贡献最大是储蓄存款，余额38.21亿元，比年初增长8.31亿元，增幅26.22%。增量同业第一。

2018年，中国工商银行石狮支行信用卡专业在分行排名均列第一。信用卡业务通报排名泉州分行第一。其中新增信用卡客户1.31万户，占泉州分行16%，分期付款余额增量2.89亿元，占泉州分行25%，增量居泉州分行第一位，信用卡实现中收4480万元，比上年增长31%，占全行51%；汽车分期办理1024笔1.42亿元，E分期交易额1.63亿元。成为全省首个超过亿元的支行，交易额超过多个二级分行。

2018年，中国工商银行石狮支行推动普惠金融业务发展，普惠业务贷款较年初增加1.13亿元，完成市分行下达任务的188%，完成率及完成量均居市分行第一，考核排名居全市第一。

2018年，中国工商银行石狮支行不良贷款额1.34亿元，较年初减少1.39亿元，不良贷款率1.88%，较年初下降1.59个百分点，不良额、不良率继续实现双下降，公司不良贷款户数降至2户，全年处置不良贷款6.92亿元，其中公司类不良贷款6.13亿元。2018年，不断强化存量信贷业务管理，实现公司贷款零剪刀差。

2018年，中国工商银行石狮支行投行类中间业务收入289万元（税后），投行业务考核排名居分行系统第一。2018年，销售法人理财21.21亿元，日均余额8634万元，较年初增加3218万元，完成率排名A类支行第一；结算套餐销售1293套，销售数量及销售额位居A类行第一。结现贵金属中收359万元，居分行第一。2018年，建设福建省首家金融风险警示基地“泉州市金融安全教育防范基地”并投入使用。

【中国农业银行石狮市支行】　2018年，中国农业银行石狮市支行本外币各项存款余额99.97亿元，“四行”（中国工商银行、中国农业银行、中国银行、中国建设银行）占比31.68%，排名第2。各项贷款余额97.14亿元，比年初增长6.73亿元，在石狮全市各金融机构贷款负增长的颓势下，实现增量同业第一，增量同业占比146.06%。2018年，处置不良资产6.52亿元，不良贷款得到有效管控。

2018年，中国农业银行石狮市支行在全辖推广农房抵押贷款，全年农房抵押贷款授信金额11859万元，用信余额10324.83万元。推进惠农e贷，推进一产业一快农贷，缓解农户融资难、融资贵的难题。支持乡村带头人、乡村医生、乡村教师、渔民等群体，合计910户贷款，缓解农户融资难、融资贵的难题。2018年，立足区域经济特色，从政策激励、完善机制、创新产品、服务和营销方式等多角度创新小微金融服务，石狮农行法人小微企业贷款余额12.1亿元，比年初增加1.6亿元；2018年，新增小微企业授信61户，授信金额2.2亿元。

【中国建设银行股份有限公司石狮支行】　2018年，中国建设银行股份有限公司石狮支行（以下简称“中国建设银行石狮支行”）一般性存款（对公存款、个人存款）时点余额、日均余额，时点新增等11项存款指标保持“四行”第一。其中，各项存款（企业存款、个人存款）时点余额和日均余额、各项存款日均新增、个人存款日均新增等指标连续12个月排名四行第一。2018年，一般性存款时点余额125.86亿元，四行占比39.89%，居四行第一，新增居四行第一。各项贷款时点余额118.36亿元，四行占比37.68%，居四行第一。

2018年，中国建设银行石狮支行实施“12345党建工程深化年”工程，推进“两学一做”学习教育常态化制度化，以全面从严治党带动全面从严治行，发挥党支部战斗堡垒作用和党员先锋模范带头作用，以点带面有力地助推分行各项业务持续健康发展。连续五届被授予“省级文明单位”称号，“石狮市民满意的金融机构”称号。

2018年，中国建设银行石狮支行深化企业文化长效机制建设，推进“劳动者港湾”建设，根据辖内网点分布情况，提出“1+15”工作格局，在全市各网点同步开放“港湾服务”工作，辐射于9个镇街道，16个网点，重点为快递员、环卫工人、网约车司机、交通警察、志愿者等新青年群体，以及老弱病残孕、走失儿童、考生等需要特殊关爱的群体提供座椅、饮水、凉饭加热、手机充电设备、洗手间、阅读书籍等服务设施。2018年，举办30场以上主题丰富的非金融服务，包括财富论谈、健康养生、亲子互动等主题，通过整合金融、非金融服务，满足客户需求，进一步构建金融生态圈。

【福建兴业银行股份有限公司石狮支行】 2018年，福建兴业银行股份有限公司石狮支行（以下简称“兴业银行石狮支行”）全辖员工167人，由企业金融石狮业务总部总裁主持石狮区域机构全面工作，区域设企金业务部三个，小企业部一个，零售支行六家，社区支行四家，自助ATM设备40台。2018年，完成石狮行政中心服务兴业代办网点搬迁，筹备石狮步行街社区支行的搬迁改造。系“中国银行业文明规范服务五星级营业网点”“福建省第十三届文明单位”“2016-2018年度福建省青年文明号”。

2018年，兴业银行石狮支行时点本外币总存款余额60.14亿元，市场占比9.57%，行业排名第四；本外币对公存款余额26.38亿元，市场占比13.89%，行业排名第三；本外币各项贷款余额73.29亿元，市场占比11.02%，行业排名第四；代理本外币理财资金余额62.66亿元；不良贷款余额11172万元，不良贷款率1.52%。

2018年，兴业银行石狮支行配合政府部门出台支持实体经济、发展普惠金融，扶小微、支“三农”、助民企的各项措施。推出“兴E付”“兴业管家”，继“易速贷”“连连贷”“流水贷”等小微“三剑客”专属产品的基础上，推出信用免担保“交易贷”、网上自助“循环贷”“三板贷”等金融创新产品，破解小微企业融资痛点。“连连贷”成为金改过程中银行创新服务实体经济具有标志性的创新金融产品之一。

【中国邮储银行石狮市支行】 2018年，中国邮储银行石狮市支行各项存款余额166264万元，年净增17317万元，存款总量在石狮20家金融机构排名第八，年净增排名第七；各项贷款结余284813万元，年净增24894万元，贷款结余排名第七，年净增排名第四；不良金额2835万，年净增-437万元，不良贷款率为1%。

2018年，贯彻落实“服务三农、服务小微、助力乡村振兴”的发展战略以及市政府“增贷化险”要求，为全市3000多户居民、农户、中小企业提供综合金融服务，覆盖农业、纺织、鞋帽、食品、五金、电子等多个行业。

2018年，推进“万村千乡”活动和“信用村”创建活动，创建祥芝镇祥渔村、古浮村、莲坂村、祥农村、祥运村，永宁镇梅林村、港边村，鸿山镇东埔一村，锦尚镇东店村等9个信用村。对信用村开通贷款申请绿色通道，加快业务流程，对意向客户建档，实行预授信，满足广大乡村地区的金融需求。

2018年，开展“三区一链”走访营销，助力民企转型升级。对小微企业金融需求“短、小、频、急”的特点，形成囊括“强抵押”“弱担保”“纯信用”各个担保方式的全产品序列，满足分布于不同行业、处于不同生命周期的小微企业的融资需求。为提升小微企业信贷速度，缓解小微企业“融资慢”难题，推出“快捷贷”产品。为缓解小微企业融资难的难题，依托政府、政策性担保公司、保险公司的小微信贷风险分担体系，推出“政银担”“银担”“保证保险”等产品。立足服务供给侧改革，推出为民生领域小微企业量身打造的“医院贷”“学校贷”产品；依托应收账款融资平台，推出“排污贷”“供水贷”等产品，累计发放4000万元。基于互联网、大数据技术，推出“个人商务贷款E捷贷”“小微易贷”，小微企业客户可线上自动放、还款，提高小微企业贷款资金使用的便捷性。为缓解小微企业到期转贷需要“过桥资金”问题，开发“无还本续贷”产品，企业贷款到期后无需再筹措资金进行转贷，直接为企业发放借新还旧的贷款，2018年累计办理无还本续贷1.8亿元，为30余家小微企业解决贷款到期转贷难问题。2018年。按照国务院“确保将小微企业融资成本降下来”的工作要求，对普惠型小微企业实行差异化的利率定价管理。三季度至四季度，普惠小微企业贷款平均加权利率5.99%，比首季下降50个基点，其中小微企业法人贷款平均加权利率5.05%，比首季下降106个基点，累计为企业客户节省成本360余万元。

【泉州银行石狮支行】 2018年，泉州银行石狮支行下设三家支行，五家社区银行，正式员工65人。2018年，各项存款余额12.38亿元，比年初增加2.82亿元，一般性存款年日均10.14亿元，比年初增加2.02亿元；各项贷款余额25.98亿元，比年初增加3479万元。其中，公司类贷款余额10.68亿元，比年初减少1057万元；中小企业类贷款余额13.13亿元，比年初增加3531万元；零售类贷款余额2.17亿元，比年初增加1005万元。

2018年，泉州银行石狮支行坚持做小做微，发展零售业务，零售转型效果持续显现，社区金融稳健提升。在中小业务方面，推动小微“两增”和以“泉行快贷”“泉行惠贷”为抓手的普惠金融业务发展，提前完成全年小微两增任务指标。2018年，围绕季度清收任务，开展清收化解工作。对风险资产进行分类，制订“一户一策”清收计划，以现金清收为主要手段，辅以重组化解，以物抵债等方式。对不良客户进行摸底，增加目标客户，按计划推进不良清收攻坚工作。加快诉讼进度，实现银行资产追索权。2018 年，石狮区域整体的风险资产得到较大程度的改善，风险也得以较好地控制。

【石狮农商银行】 2018 年，石狮农商银行全辖各项资产总额218.96亿元，各项存款余额 180.12 亿元，比年初增加 5.14 亿元；各项贷款余额 119.93 亿元，比年初增加 7.95 亿元；存款市场份额、贷款市场份额 25.35%、15.51%，分别比年初 1.55 百分点和 1.41 个百分点，存款规模居全市第一，贷款市场规模居全市第二。2018 年，各项入库税收预计达 1.03 亿元，纳税总额连续多年居石狮市纳税企业前五位、金融行业首位。

2018 年，石狮农商银行连续 11 年获福建银监局监管评级为二级，被评为“2018 年泉州服务业企业百强”“全省农信系统纪检监察系统先进集体”，连续被福建省农村信用社联合社评为“经营管理十强”“业务增长十佳”。

2018 年，石狮农商银行强化支农支小支微服务定位，改进和提升金融服务水平，最大限度打通农村普惠金融服务最后“一公里”。坚持支农支小的服务宗旨，加大支农支小信贷投放力度，将信贷资源向“三农”“小微”重点倾斜，2018 年，涉农贷款余额 112.74 亿元，比年初增长 7.49 亿元，增幅 7.12%；普惠型小微企业贷款余额 80.29 亿元，比年初增加 8.54 亿元，增速 11.9%，高于各项贷款增速 4.8%；小微企业贷款户数 26183 户，比年初增加 2708 户，不良贷款率控制在监管范围内，完成“两增两控”目标。绿色贷款余额近 1.34 亿元，年内增幅超过 24.85%，绿色信贷增速、增量和户数增幅三项指标均顺利达成。

2018 年，石狮农商银行围绕乡村振兴制定《石狮农商银行进村入社区金融服务“网格化管理”工作方案》，在全市推行金融服务网格化，深挖农村金融需求，提升客户信贷服务可得性，全年为 31859 万户客户进行精准建档，精准建档完成率达到 112.73%，完成省联社建档目标。“农 e 贷”授信户数 2200 户，授信金额达 2.59 亿元，用信余额 1.8 亿元。全行贷款总户数达到 4.01 万户，比年初增加 3459 户，贷款户均 29.92 万元，较年初下降 0.65 万元，贷款覆盖面 45.27%，较年初增长 3.91%。

2018 年，泉州银行石狮支行推进普惠金融发展，结合辖内实际，创新符合县域经济发展的金融品牌和服务模式。对外来户籍人口推出“新市民贷”、对大学生推出大学生“农 e 贷—助力青春”金融计划等金融产品，降低贷款准入门槛，可贷客户的覆盖面广，提升信贷服务可得性。2018 年，累计发放“新市民贷”、大学生“农 e 贷”共计 44 户，发放金额 177.1 万元。2018 年，根据当前农村住房财产权抵押贷款试点的政策背景，在市政府、人行等相关单位支持下，推进农房抵押贷款“农易贷”业务，盘活农村、农民资产，年末农房抵押贷款余额 7.51 亿元，比年初增加 2.01 万元。

【招商银行石狮支行】 2018 年，招商银行石狮支行全折人民币自营贷款余额 11.35 亿元，其中，对公贷款 4.85 亿元，个人贷款 6.5 亿元；全折人民币存款余额 8.15 亿元，其中，对公存款 4.63 亿元，储蓄存款 3.51 亿元。

2018 年，招商银行石狮支行面对更为严峻的风控形势，以“控新化旧”的工作思路，对尚处于正常类的授信客户，加大贷后管理力度；对风险预警客户及潜在风险客户，实行“一户一策”提前做好应对预案，避免资产质量下迁，进行逐步压缩退出；对风险和不良客户，做好不良资产的重组、化解及清收工作。

2018 年，招商银行石狮支行通过建立健全营销机制和团队，提升员工的综合营销能力。以组建客户经理团队为契机，通过人员、产品、资源的整合，实现队伍的整合营销，定期组织开展培训、考核和集中学习，充实员工的业务知识，提升员工的业务素质，提升服务效率和服务质量。

【中国民生银行股份有限公司泉州石狮支行】 2018 年，中国民生银行股份有限公司泉州石狮支行（以下简称“民生银行石狮支行”）存款余额 199459 万元，其中，储蓄存款 151834.4 万元，对公存款 47624.66 万元，贷款余额 172263.2 万元。

2018 年，民生银行石狮支行发展“普惠金融”，建设社区支行，提高金融服务效率。民生银行石狮支行下辖 4 个社区小微支行，分别位于祥芝镇、永宁镇、东城美居和服装城，通过与当地村镇、社区居委会、老年协会等联合开展“防范非法集资活动”“消费者权益保护宣传”“外汇政策进千家万户”等主题法治宣传活动，满足对社区居民金融服务的需求，提高金融服务覆盖率。

2018 年，民生银行石狮支行创新模式，开办低风险信保融资业务，总金额 80 万美元。该模式适用于出口型企业，其利用自有美金办理三个月定期存款质押配套三个月美元流贷，客户收益在贷款到期体现，但不影响客户资金流动性，实现银企双赢。

2018 年，推出“小鬼当家卡”儿童理财卡，在基本金融功能的基础上，结合储蓄、保险、基金、信托等理财产品，一次性为儿童提供完整的理财计划，通过量身定制的丰富多彩的活动，帮助小朋友在玩乐中发掘理财的乐趣、建立正确的金钱观。开展“小鬼当家”系列活动，分别开展“校园理财大讲堂”“小鬼当家”理财大讲堂、“我的压岁钱我做主”“爱护人民币从我做起”等活动，为小朋友讲解金融服务设备功能、金融理财知识及假币识别，引导小朋友管理好自己的零花钱、学会记账。

2018 年，民生银行石狮支行发展

以小微商户和小微企业为内涵的小微金融业务。依托“商贷通”“流水贷”等小微信贷产品，满足小微商户及小微企业抵押难、担保难等问题，推广“无还本续贷”，减轻小微企业融资负担。

【中信银行股份有限公司泉州石狮支行】 2018年，中信银行股份有限公司泉州石狮支行（以下简称“中信银行石狮支行”）在编人员16人，经营人民币存款、贷款、结算业务，办理票据贴现、外汇存款、外汇贷款、外汇汇款、外币兑换等业务。2018年，实现各项存款余额3.15亿元，各项贷款余额4.56亿元，其中，存贷比144.76%，不良贷款率为1.69%。

2018年，中信银行石狮支行深化“专业+协同”的经营模式，稳定核心存款，在优质资产、普惠金融、票据贴现方面加大投放力度，在客户数、有效客户、国际业务结算方面进一步夯实。零售条线不断完善贵宾和大众营销服务体系，搭建私人银行服务体系进行分层管理，深化客户经营，在厅堂为客户提供良好的服务，走出家门了解客户的需求，上门帮助客户办理银行业务，不断提升中信银行泉州石狮支行员工队伍的专业素养和服务意识。

2018年，中信银行石狮支行从支持实体经济，完善零售客户分层经营水平，深化集中、专业的风险管理体系建设，完善中后台精细化管理，强化合规管理，坚守合规底线，强化风险和内控管理等方面，提升综合管理能力。

【交通银行泉州石狮支行】 2018年，交通银行泉州石狮支行存款余额61218.66万元，其中，对公存款46476.62万元，储蓄存款14677.04万元。贷款余额308725.3万元，贷存比504.3%。不良贷款余额9828.03万元，不良率3.18%。

2018年，交通银行泉州石狮支行面对经济形势、宏观调控、金融监管、市场需求、信用风险等因素所带来的严峻考验，贯彻总行、省行、分行在工作部署要求，全力管控信用风险，加快推动业务转型，不断提升队伍战斗力，切实抓好党风廉政工作。

2018年，交通银行泉州石狮支行注重在产品和服务上动态、过程的管理。捕捉并切入市场及客户的需求点，以重点业务推广为契机，创新思维，整合业务品种，拓宽发展渠道。秉承“一个客户一个交行”的理念，在市场上打造差异化竞争优势。加强高位营销，建立清晰的分层营销服务体系；大力拓展政府重点项目，优化信贷资产结构；转变票据业务发展模式，优化供应链客户结构；努力实现投行业务的突破，积极拓展同业客户，夯实客户基础和储蓄存款结构；加强与总行信用卡中心直销团队紧密协作，优化当地用卡环境；建立个贷团队开展房贷业务，积极营销国有企事业单位等优质单位。认真贯彻落实市委市政府工作部署，加强政银企之间的沟通，积极服务当地重点项目建设，支持泉州小微企业发展，为促进泉州金改区建设做出应有的贡献。

【平安银行股份有限公司泉州石狮支行】 2018年，平安银行股份有限公司泉州石狮支行（以下简称“平安银行石狮支行”）各项存款余额56188.98万元，日均存款余额54676.57万元，其中，公司存款900.66万元，个人存款55288.32万元；各项贷款余额42830.46万元，其中，公司贷款20063.87万元，个人贷款22766.58万元。2018年，贷款稳健投放，信贷结构不断优化，信贷质量良性发展，经营过程中，无故意违规或重大失误事件发生。

2018年，平安银行石狮支行围绕全面向零售银行转型的战略目标，通过“综合金融+互联网”和“互联网+综合金融”两个模式，整合客户和产业链上下游资源，向客户提供一站式、多样化的金融服务。

2018年，平安银行石狮支行贯彻落实各级监管部门以及总行支持小微企业发展的各项政策，结合石狮区域特色为石狮中小企业及零售客户提供多款金融产品。在辖内推出“房易贷、宅易通’等产品，向拥有稳定连续性经营收入具备特定条件的小企业客户发放的，在合理测算经营主体所需流动资金的前提下，自有住房作抵押，贷款用于经营主体正常经营周转，具备简便、快捷等特点和为中小企业提供经营周转资金，缓解融资困难，降低企业融资成本的服务特色。在零售业务方面，服务石狮区域广大的个人客户，提供便利的个人结算，结合中国平安的综合金融平台优势，提供合法合规有竞争力的理财产品，为石狮市民提供更多的银行产品与更优质的服务体验。

【上海浦东发展银行股份有限公司泉州石狮支行】 2018年，上海浦东发展银行股份有限公司泉州石狮支行（以下简称“浦发银行石狮支行”）本外币各项存款余额6.53亿元，其中，对公存款余额4.46亿元，储蓄存款余额2.07亿元；各项贷款余额21.24亿元，其中，对公贷款余额16.75亿元，个人贷款余额4.48亿元。

2018年，浦发银行石狮支行发挥科技引领作用，提升数字化经营管理水平，构建全程在线的客户获取、产品销售、营销服务、风险内控模式，实现全面数字化；通过人工智能、语音、AR/VR、区块链、微服务等技术的应用，打造智能交互体验。

2018年，浦发银行石狮支行发展普惠金融，通过降低贷款利率、借新还旧续贷等措施支持小微企业发展，为小微企业节约融资成本，普惠型小微企业贷款年化利率较年初有所下降。2018年，为提升小企业金融产品服务能力，推出“设备通”“房抵快贷”

等小微金融产品。结合辖内实际情况加强对电商园、产业园区等的走访，批量筛选更多符合条件的小微企业介入，支持更多小微企业发展；分类帮扶困难企业，在困难企业能够保证按时付息的前提下，避免对特定行业“一刀切”式的抽贷、压贷、断贷做法；发挥债委会、银团贷款作用，强化债委会运作生效机制，做到共享信息、共商对策、共担风险、共同进退，推动从单家企业向关联企业扩展，从辖区内企业向辖区外企业延伸，从推进债权人委员会向推动银团贷款提升，从贷款存量同进退向贷款增量同进，发挥稳贷、增贷作用；增加票据贴现额度，支持小微和民营企业的融资需求，降低中小企业财务费用。对小微企业票据直贴予以价格优惠，鼓励小微企业在本行进行票据贴现。优化信贷流程，对票据贴现等资金周转要求高的业务品种，加大流程整合，提升整理办理效率；推动业务转型，拓宽政府项目融资渠道，满足政府方和社会资本方在PPP项目资本金结构化股权融资或项目债权融资等方面的需求。利用本行股权基金托管优势，开展私募股权基金托管、上市公司发债、定增等募集资金托管业务。为财政、教育、公共事业、政府平台、电商平台等加载资金池、云监管、集中代收付、云账单、单位结算卡、e企付等交易银行重点产品。动态了解上市公司定增、发债信息，结合资本市场、债券承销等，为其办理资金监管账户等业务。

2018年，浦发银行石狮支行推进发展零售业务，深化客户经营工作，落实总行客户分层管理要求，完善人员配置，做好网点流量客户综合服务。搭建合作平台，接洽保险、证券、金融公司和中介渠道，不断整合优质资源；响应人行发展移动支付“云闪付”业务号召，启动进授信单位、进周边社区楼盘、进重点商圈批发市场的“三进”宣传活动，促进移动支付的发展；根据市场需求开展理财沙龙活动，培养客户理财投资意识，引导客户理财投资方向，优化客户资产配置；加快零售信贷转型，推动三极贷款业务发展，以商用房贷款、经营性贷款、线上信用类贷款等三极贷款为主要方向，与重点楼盘建立合作关系，满足客户置业融资需求。

2018年，浦发银行石狮支行规范发展、稳健经营，防范系统性金融风险。推进信贷文化建设，开展“信贷文化反思”和“信贷管理反思”大讨论，开展“制度为基、文化铸魂”信贷文化建设主题知识竞赛活动，推进信贷文化建设纵深发展。推进信贷结构调整，加大对公信贷业务和客户结构调整，将调结构与化风险相结合。优化存量客户授信方案，加大重点业务领域风险化解，完成内保外贷业务风险化解工作。做好核销资产和后四类贷款清收处置工作，全年处置各类不良贷款6010.47万元。

【光大银行石狮支行】 2018年，光大银行石狮支行各项存款余额13952万元，其中，居民储蓄存款9994万元，各项贷款余额29241万元。

2018年，光大银行石狮支行通过走访各行业的优势品牌企业，培育核心客户，并以此为依托，沿供应链和产业链拓展其上下游客户，发展和创新供应链金融产品、现金管理产品、结算型产品，推动中小微有效客户数量的增长；加强公司、投行、资金、租赁、托管等条线联动，推进核心客户的投行业务合作，加强资源整合；加大对投行业务、票据和理财产品的推动和投入，在贷款资源紧张的情况下，拓宽企业融资渠道，包括信托类、企业债、公司债、中票和保险投资计划等资金来源，提升对中大型项目，包括土地储备、安置房等政府性基础设施建设项目、行业重点建设项目、重点民生项目的资金支持力度。加大对进出口企业的贸易融资支持力度，通过信保融资、代付融资等渠道提升增加资金支持。在加强对贸易背景审查的前提下，推动票据融资业务发展，提升金融服务能力和盈利能力。

2018年，光大银行石狮支行在零售方面加强资金归集以及结算业务，做实基础存款。以ETC生活卡配合大额存单月息宝为特色业务，提高个人和企业的卡使用率。对网点储蓄达标计划、批量代发、三方存管以及通过核心客户营销其上下游客户到本行开户进行受托支付等基础业务继续坚持。

【福建海峡银行石狮支行】 2018年，福建海峡银行石狮支行各项存款2.53亿元，各项贷款2.79亿元。

2018年，福建海峡银行石狮支行坚持“服务地方经济、服务民营和小微企业、服务城乡居民”的市场定位，对接区域经济发展战略，提升地方金融服务水平。以市民金融服务百姓民生，满足各层次多元化金融需求，让市民百姓和小微企业有更多的获得感，推出“茉莉花信用卡”，推出消费“诚信贷”、按揭“业主贷”，对老年人推出“留金岁月”稳健型理财产品，为教育金融客群量身定制“好童学亲子卡”；针对本地企业推出工资代发业务“好薪情”卡，让外来务工人员享受到与钻石卡客户同等级别的金融服务，实现办卡、转账、跨行取款等零费用，节省外来务工人员的金融成本支出。

2018年，福建海峡银行石狮支行依靠改革创新，提升服务实体经济能力、防控金融风险能力和自身稳健发展能力。发展金融科技，运用大数据、人工智能和云计算，为客户提供安全、便捷和生动的金融服务。

2018年，福建海峡银行石狮支行在黄金、基金、理财、保险代理等业务领域均有所突破，以满足客户进一步的综合金融需求。通过以商家联盟方式，涵盖衣、食、用、行、玩等方面，在理念变革的基础上，提升客户体验度，为客户提供更为丰富多彩的便民服务。

【泉州农商银行石狮市支行】 2018年，泉州农商银行石狮市支行在石狮区域设有营业网点1个，在职员工13人，服务半径覆盖石狮市全境。2018年，各项存款余额11868万元，各项贷款余额49299万元，手机银行13856户，收单商户568户。

2018年，泉州农商银行石狮市支行助力乡村振兴工作，以小额农户、抵押贷款作为投放主线。全年1000万元以下小微企业户均贷款12.19万元，比年初减少2.35万元，降幅16.16%，户均贷款下降明显，贷款投放覆盖面显著上升。通过石狮市委组织部，对辖区内高层次专业技术人才及非遗文化传承人成功授信32户，授信金额940万元；推进农村两权抵押贷款投放，发放农村两权抵押贷款2000万元；以巧妇贷产品为主要抓手支持妇女创业工作，在仕林村成功设立巧妇贷试验基地；与双奇电商城达成共建，通过设立金融服务站，为园区电商提供个性化金融服务，打造智慧金融生态圈。

2018年，泉州农商银行石狮市支行发展普惠金融，依托泉州总工会与总行联合推出的“泉工惠”职工服务卡，承担石狮市经办“泉工惠”职工服务卡发放工作，为辖内广大工会职工群体提供更多、更广的金融服务。2018年，投放“泉工惠”卡2500多张，营销新开户手机银行2000多户，云闪付2000多户。

【厦门银行股份有限公司泉州石狮支行】 2018年，厦门银行股份有限公司泉州石狮支行（以下简称“厦门银行石狮支行”）有员工15人，内设行长室、营业部及营销部，为泉州分行一级下属支行。设置有三个综合服务窗口，不区分公司业务或个人业务台席，设置理财专区为零售客户办理贷款、理财、基金销售等业务，布放在行式24小时自助设备3台，取款机1台存取款一体机2台，自助银行的投入使用，方便客户进行自助服务。2018年，存款余额为43612万元，各项贷款结余46661.89万元。

2018年，厦门银行石狮支行继续在石狮推行厦门银行战略合作伙伴——台北富邦银行先进服务理念，深化厦门银行石狮支行“台商之家”建设。继续借助石狮市婚博会主推婚庆方案。坚持推广“厦门有房、当然厦门银行贷”理念，石狮市民不用前往厦门即可在石狮办理涉及厦门区域金融业务，涉及企业和个人的各类厦门房产抵押贷款均可直接在厦门银行石狮支行办理。

2018年，在石狮地区深化推广厦门银行优质高效的消费贷款品种“融E贷”，扩大收益稳定的高端金融产品厦门银行“凤凰花”理财产品，在石狮的理财客户群体，不断服务中小企业和零售客户，逐渐融入石狮当地居民的生活。

2018年，厦门银行坚持以人为本，教育为先，不断参与总分行相关业务培训。加强学习，强化员工的合法合规意识，重视案件防控，禁止员工参与非法高息借贷、融资或集资活动，提高员工遵章守法，廉洁自律的意识。落实安全工作责任制，层层签订安全保卫责任书，实现综合治理，开展员工不良行为排查，特别是员工是否参与非法高息借贷、融资或集资专项排查，从源头堵塞漏洞。

【福建石狮渝农商村镇银行有限责任公司】 2018年，福建石狮渝农商村镇银行有限责任公司（以下简称“石狮渝农商村镇银行”）在岗正式员工18人，内设风险管理部、业务发展部、综合运营部、营业部四个部门。石狮渝农商村镇银行坚持“小额、分散、流动”和“根植地方、服务大众”的经营理念，突出便捷高效、优质灵活的服务特点，支持“三农”、小微企业和个体工商户，满足实体经济的有效需求。

2018年，石狮渝农商村镇银行各项存款余额4965.81万元，增幅22%；各项存款日均2793.88万元，比年初增幅翻一番；投放各类贷款6143万元，贷款规模突破亿元，余额10158.41万元，增幅43.51%，贷款规模实现两位数增长，存款、贷款市场份额均比2017年提高。2018年，资产质量保持良好，总体风险可控，全年化解不良贷款192.27万元，不良贷款余额84.08万元、不良率0.83%，不良率、逾期率均处于较低水平。

2018年，石狮渝农商村镇银行深化整治银行业市场乱象工作，贯彻落实监管的相关要求，解决公司治理、同业存款、流动性风险管理等方面存在的问题，做到合规经营，全年未发生案件。2018年，石狮渝农商村镇银行成为狮城拒保首家合作银行，落地首笔国有企业存款，支用首笔公司贷款。

保险业

【概况】 2018年，石狮市有7家保险公司，行业保费收入79602.5万

（单位：万元）

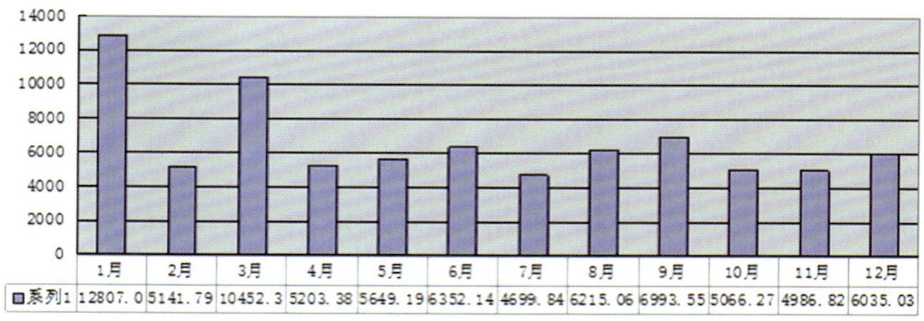

2018年石狮市保险公司各月总保费收入情况图

元，比 2017 年增长 4.94%；赔款支出 22350.05 万元，比 2017 年增长 7.28%。

【保险公司保费收入】 2018 年，中国人民财产保险股份有限公司石狮支公司全险种保费收入 17236.35 万元，较 2017 年全险种保费收入 16455.06 万元，保费收入增长 781.29 万元，增长率 4.75%。赔款支出 7514.04 万元。

2018 年，中国平安财产保险股份有限公司石狮支公司保费收入 18492.45 万元，较 2017 年保费收入 18377.81 万元增加 114.64 万元，比 2017 年增长 0.62%。赔款支出 9195 万元。

2018 年，中国太平洋财产保险股份有限公司石狮支公司保费收入 2202.52 万元，较 2017 年保费收入 3025.26 万元减少 822.74 万元，比 2017 年减少 27.20%。赔款支出 1316.29 万元。

2018 年，中国人寿财产保险股份有限公司石狮支公司保费收入 3014.14 万元，较 2017 年保费收入 3018.57 万元，减少 4.43 万元，比 2017 年减少 0.15%，赔款支出 3540.4 万元。

2018 年，中国大地财产保险股份有限公司石狮支公司保费收入 1796.46 万元，较 2017 年保费收入 2130.07 万元减少 333.61 万元，比 2017 年下降 15.66%，赔款支出 784.32 万元。

2018 年，中国人寿保险股份有限公司石狮支公司总保费收入 29981.16 万元，比 2017 年增长 13.77%，赔付支出金额 1110.15 万元，赔案件数 1362 件。其中，个人赔案件数 450 件，支出金额 852.59 万元；团体赔案件数 912 件，支出金额 257.56 万元。

2018 年，中国人民人寿保险股份有限公司石狮支公司总保费收入 6879.43 万元，比 2017 年增长 6.17%。赔付支出 1871.59 万元，主要包含满期给付、死伤医疗给付、赔款支出三大方面。其中，满期给付 1342 件次，金额 1621.17 万元；死伤医疗给付 59 件次，金额 226.73 万元；赔款件数 90 件次，金额 23.69 万元。

【产险市场】 2018 年，中国人民财产保险股份有限公司石狮支公司的车险保费收入 13045.17 万元，较 2017 年车险保费收入 13236.82 万元减少 191.65 万元，比上年下降 1.45%，其他非车险保费收入 4191.19 万元，同比 2017 年非车险保费收入 3218.25 万元增长 972.94 万元，增长率 30.23%。

中国平安财产保险股份有限公司石狮支公司的车险保费收入为 16141 万元，较 2017 年车险保费收入 15763 万元增加 378 万元，比上年增长 2.39%，其他非车险保费收入 2351.89 万元，较 2017 年非车险保费收入 2614.98 万元减少 263.09 万元，比上年下降 10.06%。

中国太平洋财产保险股份有限公司石狮支公司的车险保费收入 1906.61 万元，比 2017 年车险保费收入 2641.2 万元下降 27.81%。其他非车险保费收入 295.94 万元，较 2017 年非车险保费收入 384.06 万元减少 88.12 万元，比上年下降 22.94%。

中国人寿财产保险股份有限公司石狮支公司的车险保费收入为 2683.54 万元，较 2017 年车险保费收入 2803.74 万元减少 120.2 万元，比上年下降 4.29%，其他非车险保费收入 330.6 万元，比 2017 年非车险保费收入 214.83 万元增加 115.77 万元，比上年增长 53.89%。

中国大地财产保险股份有限公司石狮支公司的车险保费收入为 1212.7 万元，较 2017 年车险保费收入 1421.7 万元减少 208.96 万元，比上年下降 14.7%，其他非车险保费收入 583.75 万元，比 2017 年非车险保费收入 708.41 万元减少 124.66 万元，比上年减少 17.6%。

2018 年石狮市产险公司各险种发展情况表

表 13

险种	2018 年保费收入（万元）	占比（%）
车险	34988.59	81.86
企财险	1550.01	3.63
家财险	978.67	2.29
工程险	130.42	0.31
责任险	1771.13	4.14
信用险	—	—
保证险	0.04	—
船舶险	1319.55	3.09
货运险	94.81	0.22
特殊风险	—	—

续表 13

险种	2018 年保费收入（万元）	占比（%）
农业险	26.59	0.06
健康险	319.05	0.75
意外险	1561.81	3.65
其他险	1.28	—

【寿险市场】

2018 年石狮市寿险公司各险种发展情况表

表 14

险种	保费收入（万元）	占比（%）	占比同比变化（%）
1、寿险	31426.40	85.26	-2.37
其中：普通型产品	16614.18	52.87	-28.28
分红型产品	14434.72	45.93	94.87
投连产品	—	—	—
万能产品	377.50	1.20	-56.16
2、意外伤害险	675.04	1.83	-45.82
3、健康险	4759.15	12.91	38.83

2018 年石狮市寿险公司主要渠道发展情况表

表 15

	公司直销业务			个人代理业务			银行邮政代理业务		
	保费收入（万元）	同比（%）	占比（%）	保费收入（万元）	同比（%）	占比（%）	保费收入（万元）	同比（%）	占比（%）
2018 年	1304.65	100.03	3.54	26160.02	318.09	70.97	9395.93	10.90	25.49

2018 年石狮市寿险公司寿险退保金险种表

表 16

单位：万元

险种	累计退保金金额
1、寿险	4441.02
其中：普通型产品	3803.72
分红型产品	277.10
投连产品	—
万能产品	360.20
2、意外伤害险	2.51
3、健康险	33.14

证券业

【概况】 2018年，石狮市证券公司8家，总资产55565.29万元，净资产22428.04万元，净资本21638.14万元。2018年，证券业实现营业收入3741.99万元，比2017年下降30.30%；净利润1174.05万元，比2017年下降45.72%；纳税金额420.57万元，比2017年下降25.40%。经纪业务总收入3131.47万元，比2017年下降33.78%。相比2017年业绩有所下滑，增长乏力。

2017-2018年石狮市证券业资产、收入、净利润同比情况

表17

项目	2017年（万元）	2018年（万元）	2018年比2017年增加（%）
总资产	69949.83	55565.29	-20.56
净资产	22302.84	22428.04	0.56
净资本	21557.9	21638.14	0.37
营业收入	5368.57	3741.99	-30.30
净利润	2162.83	1174.05	-45.72
纳税金额	563.77	420.57	-25.40

【证券行业营业情况】 2018年，东兴证券石狮营业部总资产31060.96万元，净资产和净资本21213.99万元。2018年，实现营业收入1155.29万元，比2017年下降36.32%；净利润488.94万元，比2017年下降41.75%；纳税金额108.25万元，比2017年下降52.12%。经纪业务收入1213.3万元。

2018年，华福证券石狮营业部总资产10657.15万元，净资产500万元。2018年，实现营业收入1121.43万元，比2017年下降34.80%；净利润601.84万元，比2017年下降28.54%；纳税金额41.61万元，比2017年下降63.09%。经纪业务收入852.91万元。

2018年，兴业证券石狮营业部总资产10346.7万元，净资产和净资本408.68万元。2018年，公司实现营业收入1174.73万元，比2017年下降25.89%；净利润408.68万元，比2017年下降43.70%；纳税金额236.57万元，比2017年增长19.50%。经纪业务收入760.5万元。

2018年，太平洋证券石狮营业部总资产1219.57万元，净资产300万元。2018年，实现营业收入73.78万元，比2017年下降34.93%；净利润-41.59万元，比2017年下降95.35%；经纪业务收入116.73万元。

2018年，申万宏源证券石狮营业部总资产1713.02万元，净资产和净资本103.63万元。2018年，实现营业收入128.46万元，比2017年增长214.70%；净利润-96.37万元，比2017年下降8.63%；纳税金额15.54万元，比2017年增长10.29%；经纪业务收入105.12万元。

2018年，中投证券石狮营业部总资产390.81万元，净资产40.19万元。2018年，实现营业收入46.24万元，比2017年下降7.81%；净利润-49万元，比2017年下降79.82%；纳税金额12.56万元，比2017年增长15.88%；经纪业务收入44.78万元。

2018年，光大证券石狮营业部总资产180.6万元，净资产-55.8万元。2018年，实现营业收入38万元；净利润-55.8万元；纳税金额0.34万元；经纪业务收入32.71万元。

2018年，东海证券石狮营业部总资产-3.52万元，净资产-82.65万元，净资本为-88.16万元。2018年，公司实现营业收入4.06万元；净利润-82.65万元；纳税金额5.70万元；经纪业务收入5.42万元。

2018年，石狮市证券公司营业部的经纪业务总收入为3131.47万元。其中，股票3096.96万元，债券8.14万元，基金26.37万元。

期货业

【期货业经营数据】 2018年，瑞达期货石狮营业部净入金7241.25万元，有交易客户数419个，新开户数276个，手续费留存440.02万元，手续费转化率5.58%。2018年业绩104.52万元，完成率102.47%。

2018 年石狮市期货业总体经营数据

表 18

净入金（万元）	新开户数(个)	有交易客户数（个）	留存手续费（万元）	预计利润（万元）	年末权益（万元）	手续费转化率（%）
7241.25	276	419	440.02	104.52	7890.15	5.58
年初居间人数(个)	年末居间人数(个)	人均产能（万元）	2018 年业绩目标（万元）	实际业绩（万元）	业绩完成率（%）	权益峰值（万元）
90	50	8.8	102	104.52	102.47	9176.88

【期货业务发展情况】 2018 年，年度权益目标 1 亿，实际完成 7890.15 万；利润目标 102 万，实际利润 104.52 万；净入金目标 7000 万，实际完成 7241.25 万；手续费留存目标 450 万，实际完成 440.02 万。

2018 年，瑞达期货石狮营业部借助券商及银行等合作渠道开展客户服务营销活动 31 场，参与客户人数达到 700 人以上，其中，客户沙龙 16 场，报告会 8 场，资管路演 4 场，收费培训班 2 场，微信群路演 1 场。

2018 年，在资管业务的开发上，设立资管销售专岗，全年销售 1 份资管产品 100 万。资管产品和基金产品销售工作比 2017 年销售缓慢。

（图/颜华杰）

港口管理

【概况】 2018年，石狮市开展港口危险货物作业专项整治。开展企业安全生产风险辨识、分析和评估，指导编制完成安全生产风险点名册和风险评估报告。督促港口企业开展港区道路交通安全专项整治活动，督促企业强化应急预案的宣传教育。

【港口建设】 2018年，石湖作业区5号、6号泊位工程完成投资约20200万元，约占年度计划的101.1%。2018年，完成基槽（港池）挖泥1277310立方米，占总量的89.6%；完成基床抛石250000立方米，占总量的96%；完成基床夯实90000平方米，占总量的97%；完成基床整平6200平方米，占总量的36%；完成南围堤抛填块石211754立方米，占总量的99%；沉箱预制共215层，完成145层，占总量的67.44%；完成沉箱安装13个，占总量的30%；完成扭王字块预制12246件，占总量的94%。

2018年，锦尚作业区完成投资1600万元，自开工累计完成投资21600万元。1月，锦尚作业区1号、2号泊位扩建完成竣工环保验收，6月，完成码头主体交工验收。锦尚作业区2号、4号泊位工程项目完成核准、开工等前期工作，完成沉箱预制，基槽、停泊水域第一遍炸礁，基槽、停泊水域补浅点等工作。

【港口生产效益】 2018年，石狮市石湖、锦尚港口作业区货物吞吐量4844.8万吨，集装箱吞吐量189.1万标箱，外贸集装箱完成3.1万标箱，内贸集装箱完成186万标箱。

【港口安全管理】 2018年，泉州湾港务管理站坚持安全发展理念，坚持“安全第一、预防为主、综合治理”方针，以中心港区安全发展为工作重心，开展安全生产管理工作，确保港口行业安全生产形势的稳定，本年度内未发生安全生产事故。

2018年，根据年度安全生产工作计划，与企业签订责任状，定期召开安全生产季度例会，传达安全生产文件精神，通报开展工作情况，部署监管重点工作，部署企业落实扫黑除恶专项斗争工作和非洲猪瘟疫情防控工作措施。

2018年，贯彻落实两会、消防安全、防汛防台等专项行动，按照计划开展全覆盖检查，督促企业建立隐患问题清单和责任清单，明确整改时限、措施、责任人等。吸取“11·4”东港石化碳九泄漏事故教训，开展港口危险货物作业专项整治。及时通报东港石化事故情况，要求辖区危货企业开展自查，组织人员以现场检查结合视频监控的形式对辖区危货作业实施全程监管，加大现场巡查力度，做到不留死角不留盲区，确保生产安全。

2018年，按照行动时间节点，针对经营、建设、打非治违等方面进行专项检查，形成长效管理机制，提升安全生产管理水平。结合太平洋集装箱、中油油品、鸿山热电等3家分级管控试点企业自身经营类型和特点，开展企业安全生产风险辨识、分析和评估，指导编制完成安全生产风险点名册和风险评估报告。

2018年，加强推进环境保护工作。加强环保现场作业监管，重点抓煤炭、矿石等作业扬尘的防治措施，控制粉尘污染。对华锦码头岸电供应经营许可进行初审，鼓励船舶使用岸电，提升码头船舶大气污染防治水平，助推绿色港口发展。

2018年，督促企业强化应急预案的宣传教育，组织现场演练和评估，做到迅速响应和有效应对。辖区企业共开展防抗台风、消防应急、船舶泄漏、受限空间作业等事故应急演练105次，参与2270人次。

【平安港口】 2018年，按照《福建省港口危险货物安全监督管理规定》中的“37项”检查项目开展检查。结合《泉州港安全生产挂牌督办办法（试行）》要求督促危货隐患整改，对重大隐患及时下发《挂牌督办通知书》，要求企业按照“五落实五到位”整改隐患，限期完成核销，实现闭环管理；采取明查暗访、书面通报、当面约谈、联合检查等多种督导方式落实隐患清单的整改闭环工作；推进“普改危”专项整治，对“在普货码头上装卸危险货物”的违法行为采取切断管道、停产停业整顿等措施，依法注销其港口经营许可证及危货作业附证；把危货“37 项”检查向普货、服务业延伸，进一步规范船员接送等港口服务性业务，严格资质审核，依法取缔违法企业。

2018 年，全面排查治理港区道路交通事故多发部位和隐患路段，严查违法超限等行为。督促港口企业开展港区道路交通安全专项整治活动，在港区事故易发区设置测速装置、减速带等设施，有效控制港区交通事故发生。

2018 年，石狮市组织港口企业通过多样形式宣传春运工作，及时审批春运物资船舶作业，确保煤炭、成品油等民生物资疏运顺畅；贯彻落实《港口计费收费管理办法》等文件精神，督促企业公开公布收费项目和标准，规范港口收费，杜绝垄断经营，保障市场有序发展；组织辖区港口企业学习《中华人民共和国安全生产法》《港口危险货物安全管理规定》等法律法规，开展“宪法宣传周”“学好监察法”“信用交通宣传月”“扫黑除恶”等活动，落实强化企业主体责任，提高从业人员法律意识。3 月与多部门开展《中华人民共和国航道法》进村下企普法宣传活动，切实提高渔民、企业员工安全和法律意识，保障航道通畅有序。

重点港口建设

【泉州太平洋集装箱码头】 2018 年，泉州太平洋集装箱码头有限公司所经营的石湖港区为国家一类口岸，最大水深理基 -15.1 米。现有 0 号 -4 号泊位（水工结构 3 千吨、1 万吨、5 万吨和 10 万吨）共 5 个，泊位总长度 1325 米；2 个 10 万吨级集装箱泊位正在建设中；堆场面积 71.9 万平方米；码头岸边配置桥吊 11 台，其中双箱吊具集装箱岸桥，起重量为 65 吨，大梁外伸距 55 米，可满足超巴拿马型集装箱船型的靠泊作业；门机 5 台，其最大起重量为 60 吨，最大作业幅度为 35 米。堆场配置 RTG（轮胎式集装箱）30 台，其他配套设备 129 台 / 套。

2018 年，石湖港累计完成集装箱吞吐量 156 万 TEU（标准箱），比上年增长 13%；完成散杂货吞吐量 317 万吨，比 2017 年增长 1%，其中完成进口荒料石 309 万吨，比 2017 年增长 4%。

【锦尚码头】 2018 年，锦尚码头拥有泉州港唯一的 10 万吨煤炭专用泊位，将服务于腹地经济社会所需干散货及件杂货运输，适度布局集装箱运输。新建 4 号 15000 吨级通用泊位 1 个（结构按 35000 吨级预留）及配套生产、装卸设施，设计年吞吐能力为 115 万吨。2 号泊位为 5000 吨级通用泊位，结构按 35000 吨级预留，现提升码头规模为 20000 吨级泊位，年设计吞吐量提升为 120 万吨。

【梅林码头】 2018 年，梅林码头作为城市旅游客运岸线，重点发展游艇、客运码头，从而带动配套的维修制造、水上娱乐、餐饮服务等相关产业发展，推动市级经济产业的进一步转型升级。

【东埔码头】 2018 年，鸿山镇持续推进东埔渔港建设，一级渔港建设验收采用委托第三方独立机构的方式对工程变更和竣工结算进行审查的方式进行。一级渔港（284 米）完成竣工结算审查手续，陆岛交通码头（116 米）已进行初步验收。持续加强东埔渔港管理，启动渔港除险加固和航道清理工程。同时，以海岸带规划为统领，壮大东埔渔港经济区，发展蓝色海洋经济。加快建设鱿鱼加工基地、后勤补给基地等配套设施。

口岸与海防管理

【概况】 2018 年，石狮市推动石湖港进口肉类指定口岸的建设工作。落实“去繁就简”压缩通关时间的部署。坚持把“平安海域”建设纳入平安建设的总体部署，加强海防管理队伍建设和海防监控设施建设。开展“海上安全知识进渔村活动”。

【口岸管理】 2018 年，石狮市口岸办协调各查验部门贯彻落实省政府、泉州市政府出台的贸易通关便利化措施，深化新型通关模式，开展“信息互换、监督互认、执法互助”为核心的“三互”工作，加强协调配合，从服务企业的角度思考问题，正确处理严格监管与优质服务的关系，优化通关作业流程，主动靠前服务，及时沟通，提供政策法规支持，落实“去繁就简”压缩通关时间的部署，确保口岸通关便利化水平不断提高。

2018 年，推进锦尚作业区扩大开放申报工作，对接省口岸办、泉州口岸办等上级单位和查验部门，加强沟通协调。召集查验单位到锦尚作业区现场调研，召开推进协调会，沟通解决相关问题。

2018 年，推动石湖港进口肉类指定口岸的建设工作，进一步完善相关查验配套设施。3 月 9 日，石湖港获批原质检总局公布的进口肉类指定口岸；9 月 4 日，万弘海洋生物科技有限公司进口肉类冷链查验与储存一体化项目获海关总署审批通过，为辖区开展进口肉类贸易提供强有力的基础设施保障。

【海防管理】 2018年，石狮市加强海防管理队伍建设和海防监控设施建设。推进石狮市沿海渔业码头重点海岸应急监视平台（远距离视频监控和广播系统）工程建设。2月6日，在祥芝国家中心渔港举办石狮市海上综合执法合署办事处揭牌仪式，推进海上综合执法合署办公，加强海警、渔政、海监、边防、海事等部门海上统一执法联合力度，最大限度共享资源，形成工作合力，推动海陆联勤联动，提升沿海一线管控水平。警渔合署办公作为“海上枫桥”模式的一个亮点得以推荐推广，取得良好的效果和示范作用，受到上级领导的肯定。2018年，适应危防管理新常态，海事部门推行防污染作业报告及监管机制试点，规范船舶防污染作业行政许可取消后的作业报告，实现对防污染作业和防污染作业单位的分级分类信用管理，强化事中事后的服务与监管。2018年，开展整治非法载客工作，推动旅游船艇驾驶人员“船员化”、旅游船艇的“正规化”和滨海旅游从业者管理的“公司化”运营；推动从业者建立相关安全运营和管理规章制度，强化现场监管，推动现场设置安全保障设施、设备和人员，推动专业应急救援力量的常驻。

2018年，坚持开展经常性的海上联合执法行动，形成有效的工作机制，合理调配，从而实现海上治安齐抓共管的良好局面。营造声势，为“平安海域”建设工作做好思想、舆论准备；开展海上安全知识进渔村活动，宣传辖区沿海商渔船安全警示教育，防范和减少商渔船碰撞事故的发生；在提高知晓率、参与率、满意率上下功夫，使更多的居民、农户、渔户知晓“平安海域”建设的意义和内容。

海　关

【概况】 2018年，泉州海关驻石狮办事处，系厦门海关隶属的泉州海关派出机构，内设综合保障科、口岸监督科、综合业务科、产品监管科、快件监管科、市场采购监管科、石湖监管科等7个科室。2018年4月，根据国务院“将国家质量监督检验检疫总局的出入境检验检疫管理职责和队伍划入海关总署”的机构改革要求，泉州海关驻石狮办事处负责原泉州海关驻石狮办事处业务、原泉州检验检疫局石狮办事处业务、石狮市辖区加工贸易和保税监管业务。

【海关税收】 2018年，泉州海关驻石狮办事处开征税款6.07亿元，比2017年下降11.39%，主要税源商品花岗岩荒料石。

【进出口业务】 2018年，审核进出口报关单11677份，监管进出口总量约310.14万吨，进出口集装箱2.88万标箱。其中，进口荒料石约283.19万吨，是石湖口岸进口量最大的商品；监管进口对台小额贸易货物6539.5吨，比2017年上涨59.38%。全年机检集装箱标箱数为7566标箱，日均过机28.6标箱。

【业务改革】 2018年，落实“去繁就简”压缩通关时间的部署，辖区进口整体通关时间123.68小时，压缩38.87%，出口整体通关时间4.1小时，压缩76.33%。推进全国通关一体化改革，推行“一次申报，分步处置”、企业“自主申报、自行缴税”模式。落实综合治税要求，贯彻落实进口税收优惠政策，走访税源企业，送政策上门，支持企业用足用好政策。

【服务创新】 2018年，泉州海关驻石狮办事处靠前服务，围绕市场采购试点、梅林码头改造升级、锦尚作业区开放等地方重点经济项目，建立重点项目联系制度，定期参加项目联席会议，通报项目进度。推动市场采购贸易试点落地，全程参与石狮服装城市场采购贸易方式试点项目的筹备、申报，多次开展市场采购专题调研，立足海关职责，提供政策支持。支持石狮市成为海西出口水产品基地，推进水产企业对“海丝”等沿线国家注册，鼓励企业开发深加工、高附加值产品，开拓国际市场。帮扶8家水产企业获得对外注册资质，辖区出口水产品连续四年实现增长。2018年，进口远洋自捕水产品4.21万吨、货值2866.5万美元，分别比2017年增长22.74%和36.18%。全年出口水产品及其制品3067批、16.07万吨、货值4.53亿美元，分别比2017年增长32.94%、38.3%和53.56%。

【风险防控】 2018年，泉州海关驻石狮办事处坚持“以质为主、量质并举”的方针，强化征税服务措施，加强价格专业认定、价格咨询、原产地认定等工作，加强保证金监控，及转税、核销工作，开展归类、价格监控及事后复核，加强涉税风险防控，确实保障税收安全。加强税收风险监控，强化对重点税源商品的监控分析，防范行业性价格低报行为。严格规范申报，从源头上抓好规范申报工作。加强货运渠道实际监管，规范海关监管区管理，进行重点现场巡查、远程巡查和视频回放等，提高现场巡查的针对性。通过强化船舶水尺与舱单数据的比对加强对进口石材重量的把控。运用HLS2017系统和HZ2011综合管理平台数据查询功能，加强物流信息掌握，对石湖口岸进出口企业、商品进行综合分析，筛选出查获率较高和货物流向不符合逻辑的高风险企业和高风险商品，提炼风险布控参数建议，协助对高风险企业和货物实施重点监管，防控现场风险。增强关警联合研判、协同打私力度，建立现场科室与缉私部门联系配合机制，形成监管合力。

【打私工作】 2018年，泉州海关驻石狮办事处按照海关总署、厦门海关的部署，保持打私高压态势，加强对走私进口“洋垃圾”、象牙等濒危物种、出口侵权和夹藏违禁品等走私违规行为的查缉力度。落实和推进“国门利剑2018”“蓝天2018”联合专项行动，提高关区打击走私整体效能，规范进出口贸易秩序。牢记打私第一责任人的职责，构建反走私综合体系，以风险管理为中心环节推进风险、情报、现场监管、缉私工作的协同推进。加强缉私部门提前介入、关警情报共享、共同分析、协同作战查缉模式，重点加强毒品、枪暴、濒危动植物、两用物项、固废等涉及进出口许可证商品的实际监管，提升石湖口岸禁限商品管控水平。优化H986集中审像和机动查验、复查复验机制，提高查验工作质效，维护口岸正常进出境秩序，营造公平、健康的投资贸易环境。

出入境检验检疫

【概况】 2018年，泉州出入境检验检疫局石狮办事处系泉州出入境检验检疫局派出机构，负责石狮市行政辖区及晋南（龙湖、深沪、金井、英林）四个乡镇的检验检疫业务。按照《深化党和国家机构改革方案》工作部署，2018年4月20日起，出入境检验检疫管理职责和队伍划入海关总署，统一以海关名义对外开展工作。

2018年，石狮区域检验检疫货物7048批，9.61亿美元，分别比2017年增长19.8%和55.0%。其中，出境检验检疫3140批，4.55亿美元，分别比2017年增长136.8%和182.61%；入境检验检疫3908批，5.06亿美元，分别比2017年增长-14.24%和10.24%。签发各类原产地证书6308份，货值3.29亿美元，分别比2017年增长20.11%和38.57%。其中，签发自贸区原产地证4102份，货值1.93亿美元，分别比2017年增长26.06%和38.35%。

【监督管理】 2018年，泉州出入境检验检疫局石狮办事处加强进境快件查验监管，及时加载风控指令，防范业务工作风险。在出口食品一类企业中实行过程监管模式，实施生产过程风险监测，加快出口通关速度。开展出口企业和进口食品进口商分类考核，实施分类管理，加强对进出口企业信用信息采集，对涉及安全、卫生、环保指标不合格的项目完成100%采集，建立重点企业名单及档案，加强重点企业信用评级管理，指导帮促出口企业健全质量管理体系，督促企业加大自检自控力度，落实企业主体责任。定期开展输非商品等质量分析，密切跟踪重点敏感产品贸易和质量状况。健全进口食品检验监管机制，加强进口前、进口时和进口后环节重点监管，落实进口商备案等进口食品监管责任。

2018年检验检疫主要指标情况表（法定检验业务）

表19

	批次	比2017年增长(%)	货值(亿美元)	比2017年增长(%)
出境	3140	136.8%	4.55	182.61%
入境	3908	-14.24%	5.06	10.24%
出入境合计	7048	19.8%	9.61	55.0%

【重点产品质量安全监管】 2018年，强化进口商备案管理和食品标签审核，重点审查进口预包装食品加贴中文标签的规范性和准确性，严厉打击逃漏检或未获检验检疫准入进口食品。落实进口食品追溯要求，督促企业如实做好进口记录和销售记录，依托进口食品追溯电子平台实现追溯。2018年，新增备案进口食品进口商9家，实施进出口食品监督抽检51个，抽检活南美白对虾及虾苗重点监测样品6个，一般风险监测样品2个，出口水产品风险监测18个，未检出不合格样品。突出对出口鱼罐头等深加工产品、输非工业品装运前检验、出口退运产品追溯调查等监管，帮助有质量问题企业查找原因，提高对出口产品安全、卫生、环保项目的检验监管。

【服务经济】 2018年，泉州出入境检验检疫局石狮办事处以项目带动主动融入地方经济社会发展大局，协助市政府制定《石狮市进口肉类安全监管职责分工和联系配合机制》，共同建立进口肉类质量安全保障机制。3月9日，石湖港获批进口肉类指定口岸，帮促万弘海洋生物科技有限公司进口肉类冷链查验与储存一体化项目获得海关总署审批通过。支持和指导在石狮服装城内开展出口市场采购贸易方式试点工作，根据检验检疫职能、办理业务要求和检验工作要求，指导完成石狮市场采购联网信息管理平台及石狮市国际贸易服务中心办公场所的建设。

2018年，泉州出入境检验检疫局石狮办事处帮扶8家水产企业获得对外注册资质，指导2家备案企业新增鱼罐头、二制水产品等深加工产品出口，辖区出口水产品连续四年实现增长。

全年辖区进口远洋自捕水产品 40 批、4.21 万吨、货值 2864.62 万美元，分别比 2017 年增长 -4.76%、24.79% 和 38.54%。出口水产品 3004 批、15.73 万吨、货值 4.45 亿美元，分别比 2017 年增长 33.69%、38.95% 和 55.20%；其中，水产品罐头出口 161 批、8055.54 吨、2012.34 万美元，分别比 2017 年增长 4.37 倍、3.2 倍和 3.33 倍。

海 事

【概况】 2018 年，石狮海事处辖区有 19 家航运公司，69 艘船舶。石狮海事处重视航运公司源头管理，发挥海事部门专业优势，强化服务，通过采取完善日常跟踪检查制度，及时掌握航运公司安全管理体系运行情况；设立安全管理顾问制度，为航运公司提供业务咨询指导服务；开展航运公司交叉检查，共同提升安全与防污染管理水平；深入开展“诚信公司”以及“诚信船舶”活动，提升航运公司及所属船舶的诚信管理水平；采取靠前服务、上门走访、安全约谈、服务性安检等方式，帮助公司查找问题，解决困难，促进航运公司安全发展，助推地方经济发展。

【海上安全监管】 2018 年，石狮海事处在港口吞吐量、水工作业量大幅度增加，辖区水域海况恶劣、气候多变的情况下，保持水域的安定与稳定，防止事故发生。编织安全网、创新安全监管新方式，深化泉州湾“安全畅通文明”航区的创建活动。

2018 年，石狮海事处围绕“春运”、清明、“五一”、中秋、国庆等法定节日及地方民俗节日期间各项工作要求，加强对重点船舶的安全检查力度，严禁船舶在浓雾或超抗风等级时冒险航行。坚持“以人为本、安全第一、预防为主、防范结合”的工作方针，做好防抗“寒潮大风”“浓雾”和“台风”等季节性恶劣天气安全保障工作，强化恶劣天气预警工作，多渠道、多样式开展安全宣传，为船舶提供信息和助航服务，适时做好交通组织。2018 年，完成军舰开放日护航工作、闽台对渡暨蚶江海上泼水节和开渔节保障工作。

2018 年，石狮海事处推进水工工作规范管理年活动，规范水工项目作业监管、现场检查等行政执法行为，推动管理创新，建立完善长效管理机制，强化辖区内水工项目安全监管。按照上级要求和福建海事局、泉州海事局的层层部署，完成金砖会议水上安保工作。开展“打非治违”和“隐患排查”专项行动，结合辖区实际，开展全方位、多样式的检查打击行动，控制海上事故发生的苗头，形成水上安全生产领域打非治违常态工作机制，排除大批安全隐患。

【服务港航经济】 2018 年，石狮辖区港口办理船舶进出港报告 7196 艘次，进出口岸查验 417 艘次。船舶载运危险货物 / 污染危害性货物审批 312 艘次，海上巡航 251 次，巡航里程 5389 海里，对 135 艘船舶实施安全检查；石狮辖区石湖码头、华锦码头、中油码头港口吞吐量 4075.3 万吨，比 2017 年同期增长 9.5%，其中，外贸 265 万吨，集装箱 147 万标箱；石狮海事处开通窗口业务咨询，绿色便民通道，预约服务制度，提供多方位全面的口岸便利化服务，不断完善口岸单一窗口建设。

【海上搜救】 2018 年，石狮海事处结合石狮市海上搜救应急预案，修订《水上险情处理工作须知》，标明应急事件处置要求，明确海事处人员应急职责；建立健全辖区搜救应急力量数据库，强化应急演练，提升应急实战能力和水平，大力支持石狮民间救援队建设。2018 年，组织 4 次应急演练，内容涵盖救生、应急出动、溢油应急、船舶搁浅等。

【队伍建设】 2018 年，石狮海事处采取内部轮岗交流，推行 AB 岗，建立海事处微信群学习园地，开展业务交流钻研，采取现场实操培训，跟班学习、与交流干部互帮互学、选派优秀人员外出参加教育培训等多种方式狠抓基层队伍建设。2018 年，选派 1 名新进人员参加部局新进人员培训，1 名干部参加省局科级干部培训，6 名干部参加省局业务培训，提升业务技能，推动海事处执法队伍由专项技能型向综合技能型执法通才转变。

2018 年，依托青年文明号和青年突击队两个品牌建设，制订青年素质提升计划，鼓励青年岗位创新，通过军事化训练、业务比武、应急演习等方式，不断提高全处干部职工政治意识，在急、难、险、重工作中勇挑重担。

（图/颜华杰）

交通运输

【概况】 2018年石狮市继续加大对接厦漳泉大都市区和环泉州湾同城化建设，重点加快推进泉州一重环湾快速路石狮连接线、共富路、锦蚶路PPP工程、永祥路和鸿山公交站等项目建设，配合泉州高铁建设指挥部做好福厦客运专线（高铁）石狮段征迁协调工作。结合海岸带规划，加快推进红塔湾旅游路、锦江外线、锦尚外线等项目建设。

【交通运输项目建设】 2018年，石狮市完成鸿山公交站（续）、石龙路配套工程（路灯工程）、永祥路石狮三小复光校区行人横穿过街工程、石狮市沿海大通道（蚶江至大厦）道路路灯工程、石永二路东段路灯等5个项目建成并投入使用。继续推进共富路、锦蚶路、红塔湾旅游公路、锦尚外线、锦江外线和泉州一重环湾快速路石狮连接线项目等项目建设，完成投资70140万元。2018年，共富路、锦蚶路项目进行路基及雨、污水管施工，完成总工程量70%；红塔湾旅游公路进行路基及雨、污水管施工，一标段完成总工程量100%，二标段完成总工程量85%；锦尚外线完成总工程量15%；锦江外线完成总工程量15%；泉州一重环湾快速路石狮连接线完成总工程量50%。福厦客运专线（高铁）石狮段，正在打桩，已完成405根。

【交通运输服务】 2018年石狮市新增（含更新）客车29辆，1162座位，新增货运企业9家，新增牵引车115辆、挂车101辆、货车58辆，在航货船总载重吨提升至97.3万吨，占泉州市航运总载重量的三分之一以上。完善交通运输市场信用体系建设，机动车维修、驾培等行业管理不断规范；推进公交管理体制改革，制定出台《石狮市公交服务质量考核办法》，审议通过《石狮市公交运营补助资金管理规定》，为制定公交运营补助机制提供参考。

【运输审批情况】 2018年，石狮市交通和港口发展局行政审批服务事项共办结11905件，其中承诺件97件，即办件11808件。主要包含机动车维修经营许可及变更35件，道路货物运输经营许可及变更28件，机动车驾驶员培训经营许可及变更3件，道路客运站经营许可及变更2件，道路客运经营审批48件，车辆“道路运输证”相关业务11459件，网约车车辆经营许可163件，教学车辆《教学车辆证》相关业务54件；道路运输从业人员从业资格证管理业务89件。

【交通运输综合执法】 2018年，石狮市交通综合行政执法大队以日常监管为抓手，依托整治“两客一危”、非法营运、维修、驾培、物流、超限、租赁等专项行动，有效整顿和规范交通运输市场秩序，推动交通执法工作再上新台阶。2018年交通执法大队共出动执法人员4634人次，检查车辆11418辆次，查处各类违法违规案件790起，行政处罚219.84万元；开展各类宣传活动154次，发表新闻报道56篇，分发宣传材料8336份。春运期间交通执法大队全员扑到一线，采取机动巡查组为“线”，“春运服务岗”、汽车站为“点”的执法模式，依法严查严纠各类道路运输违法违规行为。

【政策扶持】 2018年，石狮市完成2017年农村客运成品油价格改革财政补助资金分配方案，两个客运企业共分配成品油价格补助资金46.29万元。依据相关政策规定，协助企业申领政策性补助。指导冷链企业积极申报泉州市级补助，全市共13家冷链企业获得2016年、2017年泉州市购置冷藏车辆工具资金补助264.3万元。协助申报2017年全市共计49家货运企业购置补助2380万元。做好公交、出租汽车、农村客运车辆油补数据的审核、上报工作，完成补助资金302.68万元（分别为166.88万元和135.8万元）拨付工作。

公路养护和管理

【概况】 2018年，石狮市公路投资1360万元，印发《公路执法服务大走访活动实施方案》，进一步统一路政受理窗口，提升公路行政执法形象，配齐必要的执法装备，保障公路执法正常开展。

【公路养护】 2018年，泉州市公路局石狮分局公路投资1360万元，其中，公路小修保养710万元，养护专项工程650万元。全年路面清灌缝50000米，路面补修5000平方米，修复交通标志65面、完善道口标柱130根、修复波型梁钢护栏100米、更换破损雨水井盖259个、路缘石修复500米，路肩平整15千米，所有工程质量达到优良。管养国省公路年平均MIQ值89.48，干线好路率100%。

【公路服务】 2018年，泉州市公路局石狮分局抓好卫生保洁，加大资金投入购置养护设备，提高卫生保洁机械化程度。利用微信、路网监控平台，依托“12345”便民服务系统、石狮市文明天气图、石狮市数字城管等平台解决群众反映问题，及时解决群众反映诉求，满意率100%。

【路产路权保护管理】 2018年，泉州市公路局石狮分局办结路产许可案件1起，路产损坏赔补偿案件2起，收取公路赔（补）偿费1.93万元。

2018年，上路巡查269车次818人次，纠正、制止违章259起，开展联合行动47次，参加人员461人次，拆除违章广告牌154块，合计约275平方米，清理堆积物92处，合计约5360平方米。

2018年，石狮市采取各种形式加强公路法规宣传，在《石狮日报》开设路政专栏、设立宣传咨询点、流动宣传车，深入公路沿线相关企业、学校宣传，在主干公路两侧墙体粉刷路产路权宣传标语等，全年发放各类宣传材料300余份。开展集中走访、主动接受监督，访民情、听民意，解民忧、惠民生。路产路权所被泉州市创建文明号活动组委会评为“2018-2020年泉州市级青年文明号”。

【安全通行】 2018年，泉州市公路局石狮分局围绕活动保障工作保应急、保安全、保稳定、保畅通、保整洁、保美观等六个目标开展工作。按照“落实责任、高效运转，决策科学，指挥有力”原则，做好普通公路各项服务保障工作，确保重大活动分局专养公路路网畅通、路况良好、行业安全、服务文明。开展“平安单位”“平安公路”创建和专养公路范围内涉黑涉恶涉乱线索摸排工作，加强机关、公路站内保安全工作，确保分局安全生产形式持续安定稳定，莲厝公路站被省局评为“2018年平安班站”。

中国邮政集团公司福建省石狮市分公司

【概况】 2018年，中国邮政集团公司福建省石狮市分公司（以下简称“中国邮政石狮分公司”）是担负着石狮市邮政普遍服务、党政军机要通信、应急通信等重要任务的公众通信服务企业，主要经营邮政储蓄、物流速递、集邮、函件、包件、汇兑、报刊发行、电子商务及代理、商品分销等业务。下辖九二路、香江、祥芝等13个支局、11个邮政储蓄网点、多功能代办所22个、委代办点72个、27个海西书报亭，以及220个便民服务站，形成遍及城乡的邮政服务通信网。2018年，中国邮政石狮分公司按照高质量发展的要求，坚持以“收入为中心，利润为核心”，通过不断加快“四大战略”业务发展，推进创新转型、资源整合，完善体制机制，强化科学管理，实现收入6518万元。

【特色项目】 2018年9月14日，中国邮政石狮分公司对接市委市政府建市30周年重点项目，开发设计《石屹潮头·狮城腾飞》纪念邮册，发行1500套。该邮册获得中国集邮总公司授权，设计了中国第一枚以城市标志为主题的个性化邮票，融合云锦服饰、航天科技、中国结、古代帆船和石狮本地重要地标六胜塔、姑嫂塔等多种元素。以“扬帆起航 狮城崛起”开启海丝古港的逐梦之旅，以“创新转型 事业强市”和“宜居宜业 滨海城市”作为主篇幅叙述改革开放四十年间及石狮建市三十年来取得的建设成就，最后以“东方醒狮 再创辉煌”祝福石狮明天会更好，在小小的方寸之间展示石狮这座城市敢为天下先的精神内涵。

2018年7月29日至8月11日期间，“国际军事比赛——2018”“海上登陆”陆战队比赛在石狮举办。经部队授权，由石狮邮政与石狮市政府携手合作发行一万套纪念封和明信片。该纪念封和明信片紧贴赛事主题，坚持融入石狮当地姑嫂塔、黄金海岸和石狮地标元素，突出海军陆战队特色，充分彰显出海军陆战队队员浮渡泛水、超越障碍、火力打击的大片即视感，更好地展现中国海军陆战队艰难困苦里诞生，钢刀炮弹里成长的蛟龙雄风。

【社会公益活动】 2018年2月27日，石狮市城市管理局、居然之家石狮店联合举办的“关爱环卫工·四季常在”系列活动。5月30日，与市委宣传部、市委文明办在蚶江镇厝仔村举行“狮城新风进万家”巡回活动。12月8日，协同石狮市教育局举办第三届“邮政杯”中学生语文阅读能力竞赛活动，石狮各个中学组织学生参加竞赛，参赛人数达730人。2018年，石狮邮政分公司陆续走进石狮市第三实验小学、第二实验小学、第五实验小学等学校开展集邮文化进校园活动。

2018年，中国邮政石狮分公司开展“邮善促民生 情暖夕阳红”主题活动，以邮政网点和社区服务站为平台，提供一系列社区居民的关爱和便民服务，合计共建村社21个，覆盖客户8922户。5月8日，与石狮警邮合作“放管服”改革便民服务项目正式启动，邮政分公司与交警大队在八七路邮政支局联合举行警邮合作“放管服”改革便民服务项目启动仪式。石狮分公司按照试点先行、有序推进的原则，将持续打造标准化的网点样板，确保“成熟一个，推广一个”，保证代办网点建设高质量、服务高标准，最终实现代办网点城乡全面覆盖，实现最大程度便民利民。

中国电信股份有限公司石狮分公司

【概括】 2018年，中国电信股份有限公司石狮分公司（以下简称“石狮电信”）坚持“追求企业价值和客户价值共同成长”的经营理念，坚持走“聚焦客户、勇于创新、适度超前、规模发展”的通信之路。全年营业收入2.99亿元，电信固定电话用户14.59万户，宽带用户19.65万户，天翼用户23.07万户，石狮市地方的信息化发展水平位福建省各县（市）前列。连续六届获“福建省文明单位称号”，连续十二届获全国“安康杯”竞赛优胜企业，并三度获得“安康杯”连胜杯。“安全生产风险分级管控体系”试点工作成果得到工业信息化部安全生产巡查组的肯定。

【网络建设】 2018年，石狮电信推进食品药品安全监管“互联网+网格化”项目，以“互联网+网格化”模式打造全覆盖监管平台，可提供远程集中监管、视频监管和视频数据存储、查询、回放等多种信息化服务，可为后台指挥调度、调查取证提供及时、可靠的监控图像和业务数据，有效提升行业监管主动性、覆盖面和工作效率。包含公众开放、信息发布等服务，加强行业信息公开力度，引导公众积极参与市场监管，形成食药安全全民监督、社会共治的和谐管理局面。

【项目建设】 2018年，石狮电信推进智能水表建设，助力智慧城市发展，NB-IoT智能水表可以通过电子芯片实现用户用水量的实时传送，通过更多的载波方式来扩大系统的承载规模。推进地震预警云建设，通过专业预警终端将省地震局发布的地震预警信号转化为普通民众看得懂的、直观的地震预警信息，可以在地震发生时提前提供十几秒到几十秒的逃生时间，能够帮助平时的模拟演练和应急预案，极大减少灾害损失。

中国移动福建公司石狮分公司

【概况】 2018年，中国移动福建公司石狮分公司（以下简称“石狮移动”）运营收入6.1亿元，保持稳定增长；4G业务保持快速发展，4G用户规模突破53.49万户，占客户规模总数的86.6%。2018年，石狮移动获“福建省十三届文明单位”“泉州分公司2018年先进单位”等称号。

【通信网络建设】 2018年，石狮移动以“打造优质通信网络，服务实业强市”为载体，开展通信网络专项优化工程，全年新增4G站点63个，新增FDD点位280，网络覆盖广度和深度进一步提高。4G网络综合覆盖率达97.6%，LTE驻留时长占比99%，均排名全市第2位。2018年，石狮区域的4G百万用户投诉比达6.98，保持在较低水平，在泉州各县市中保持领先；在网络满意度市调三期中取得89.8分，排名行业第一。2018年，重点做好海上登陆国际军事比赛通信保障，临时新增、扩容小区108个，出动人员300多人次，赛事主办方及央视等媒体，借助石狮移动4G无线专网进行全球直播，直播效果受到军方高度肯定，受到社会广泛好评。

【宽带网络建设】 2018年，石狮移动推进“宽带中国”战略。全年宽带端口建设投资1213.6万元，新建光纤端口4.1万个，宽带端口数27.65万个，宽带端口覆盖率提升至98%，基本覆盖全市主要乡镇、行政村。开展“插红旗”行动，成立宽带建设难点攻坚团队，解决宽带建设历史遗留难点，攻坚德辉广场等45个难点，有效提升宽带品质。2018年，石狮移动宽带用户到达9.7万户，三家市场份额37.4%，较2017年提升5.79个百分点。

【网络诈骗防范】 2018年，石狮移动开展扫黑除恶专项攻坚，联合宣传部为石狮全市公务员、教育系统职工6000多人，开通扫黑除恶宣传彩铃，向全市移动用户发布公益短信息40万条。与石狮市公安局联合开展扫黑除恶惠民工程服务35场，参与党员达187人次，发放预防电信诈骗宣传单页50000多张，向市民讲解电信诈骗常用手段，提供反电信诈骗知识，促进民众加强自身安全防范意识，保护自身合法权益。为市公安局查询清单，协助破获案件117件，建设公安高清视频监控专线，为提

2018 年 8 月 19 日，中国移动福建公司石狮分公司与公安片警入户开展防诈骗宣传（图 / 中国移动福建公司石狮分公司）

升公安破案能力提供支持。

中国联合网络通信有限公司石狮市分公司

【概括】 2018 年，中国联合网络通信有限公司石狮市分公司（以下简称“石狮联通”）是中国联合网络通信有限公司福建分公司的分支机构，下辖 2 个中心（共享职能中心和消互 BG 支撑服务中心），1 个 BU（产互市场支撑 BU），6 个网格（其中 3 个社区网格、2 个政企网格、1 个建维网格）。2018 年，主营收入 1.43 亿，比 2017 年增长 -2.5%；利润完成 2503 万元，比 2017 年提升 21.4%；EBITDA 率 45.74%，比 2017 年改善 0.3；4G 用户 14.4 万户，定比提升 18.5%；4G 渗透率 84.2%，定比提升 9.1%；流量规模达到 153.1 万 G，定比提升 133.5%。

2018 年，石狮联通网络运营体系初见成效，网络结算收入和利润完成情况均名列泉州五单位第一；网络质量提升显著，移网 NPS（网络部分）NPS 15.7 分，排名全省第一；2 升 4 推进专项完成全省第一，网络市场互动进一步加强。

【市场经营】 2018 年，石狮联通向产业互联网化转型。聚焦“创新业务领域”二次创业，标准化产品市场得到快速突破，拉动创新收入同比提升，驱动主营收入同比提升。创新收入实现 465 万，比 2017 年增幅 502.8%，主营收入占比由 2.7PP 提升至 16.3PP，成为带动整体收入提升的主力军，贡献主营收入比 2017 年增长的 100%；生态行业深耕初显成效，传统 ICT 项目签约 534 万元。

2018 年，石狮联通推动传统业务互联网化转型。产品发展全面导向互联网化，全年新增发展全面导向聚焦 2I2C+ 无限系列的互联网化产品，2I2C 新增规模达到 4.2 万，占比提升 17.9%。无限系列产品新增规模达到 2.5 万，占比提升 14.9%。2018 年，发展模式全面导向互联网化，互联网化渠道发展能力稳步提升；运营体系全面导向互联网化，初步构建互联网化能力体系，智能中台初步形成，交付网络能力提升；维系互联网化，全量维系全面导向线上，全量经营初显成效，全量用户互联网化迁移，全量用户受理能力线上迁移，2 升 4 专项攻坚取得突破，全量用户拉动流量增长。

【客户服务】 2018 年，石狮联通以问题为导向，坚决穿透关键痛点问题，通过开展“国务院大督查专项治理、客户感知攻坚、全员服务在行动”三个专项活动，完善服务机制，加快推进服务问题标本兼治，不断提升公司及客户口碑。2018 年，公司移网客户口碑 15.7 分（全省第 1），比 2017 年提升 28.1 分；宽带客户口碑 18.9 分，比 2017 年提升 29.3 分。

【体制机制改革】 2018 年，石狮联通按照“一个标准、两个立足、三个攻坚、四个核心”思路，推进体制机制改革。“一个标准”，即以激发企业活力为改革的目标和衡量标准。“两个立足”，即立足石狮城镇、行业的经济特点，瘦身健体、划小改革先试先行；立足行业互联化趋势下的二次创业三次转型，制度供给及人力资源供给改革持续推进。“三个攻坚”即向释放经营活力、提升队伍能力、增强转型动力三个重点与难点聚焦精力，发起专项攻坚。“四个核心”，即以组织扁平化、业务模块运营公司化、内部结算货币化、人财物管理共享化为核心，逐步推进建立小而美公司，适应互联网个性化、动态化、开放化特征，为企业健康持续发展注入新动能。

（图/颜华杰）

发展和计划管理

【概况】 2018年，石狮市围绕高质量发展落实赶超，高质量推进“创新转型、实业强市”部署要求，研究制定编制第三产业提升年、三年赶超发展、高质量发展、补短板工程包、公车改革、营商环境等一批政策措施。完成石狮市“十三五”规划中期评估工作，提出推动“十三五”规划纲要实施的对策建议。关注经济运行监测，推进重点项目管理工作，开展重点项目建设、海洋食品加工产业、电动汽车充电基础专项规划等方面调研。对接上级各类产业扶持资金，推动服务业、新兴产业等各类产业加速发展。

2018年，全市生产总值836亿元，比2017年增长9.1%；公共财政总收入（不含基金）65亿元，增长6%；社会消费品零售额494.8亿元，增长11.6%；全社会固定资产投资增长13.7%。全体居民人均可支配收入50983元，增长8.6%，农村居民人均可支配收入24970元，增长9.5%，城镇居民人均可支配收入58930元，增长8.2%。三次产业比重3.1∶49.3∶47.6。

【年度目标编制与实施】 2018年，石狮市完成《关于石狮市2018年国民经济和社会发展计划执行情况与2019年国民经济和社会发展计划（草案）的报告》，基本完成市七届人大二次会议审议通过的主要经济指标计划任务，并提出2019年国民经济和社会发展预期目标。制定《石狮市“十三五”规划中期评估工作方案》，布置“十三五”规划中期评估工作，完成石狮市“十三五”规划纲要以及15个重点专项规划的中期评估报告，“十三五”规划纲要中期评估报告通过人大会议审议。编制《石狮市2018年投资工程包实施方案》，加大关键领域和薄弱环节补短板工作力度，实施16个工程包，完成年度投资4.8亿元。

【基建项目投资管理】 2018年，石狮市基础设施类项目累计新开工13个、建成5个；城建环保类项目累计新开工33个、建成31个。其中，石湖港5号、6号泊位、锦尚作业区新建4号泊位工程、梅林货运码头改扩建工程等港口基础设施完成年度投资4.4亿元；一重环湾快速路石狮连接线、锦江外线、锦尚外线等道路基础设施完成年度投资5.6亿元；应急水源工程、梧桉溪下游河道拓宽整治工程、环湾湿地公园等城建环保类项目完成年度投资2.5亿元。

【重大项目建设】 2018年，石狮市12个省级、52个泉州市级、280个（单项）本级在建重点项目分别完成年度计划105%、117%、101%。推进征迁工作，完成征地签约800公顷、征迁房屋签约61.9万平方米、迁墓1.1万座。加强协调保障力度，坚持每周分析项目进度、即时调度协调，累计协调推进项目146个次。石狮农商银行总部大楼、市医院新院、新行政服务中心改造等一批项目完工，和安物流、石狮第七实验小学、农村生活污水治理工程包等一批项目开工。

【经济运行监测】 2018年，石狮市加强全市经济运行的监测和分析，全面掌握国家、省、市经济发展的政策动向。每月召开一次分析点评会、每季度编制经济运行分析报告，强化经济运行监测，及时发现经济运行中存在的困难和问题，有针对性地提出对策建议供市委市政府参考。

【主要课题研究】 2018年，石狮市以产业规划和项目管理为抓手，立足石狮市发展状况和产业基础，针对产业优化发展需要，重点调研重点项目建设、海洋食品加工产业、电动汽车充电基础专项规划。确定2018年重点调研课题《石狮市重点项目建设存在问题及对策研究》，组织人员深入各镇、街道调研重大项目进展情况及需协调解决问题，形成调研报告，梳理石狮市重点项目建设现状，把握和解决重点项目推进中的困难、问题，对经济平稳健康发展具有重要意义。配合上级开展国家都市圈、海丝先行区、三区三线、高质量发展等方面的调研工作。

【政策项目对接】 2018年，石狮市对接上级各类扶持政策，争取中央、省、市各级各类扶持资金。全市6个村级组织活动场所获得省级预算内投资补助26.93万元，石狮市华用新材料科技有限公司获得2018年第十六届中国•海峡项目成果交易会专项扶持资金20万元，石狮服装城获第三批“省级现代服务业集聚示范区称号”，奖励50万元，青创城获第二批“泉州市现代服务业集聚示范区称号”，奖励50万元。申报省服务业引导资金项目3个、省、泉州市服务业集聚区专项资金2个、组织有关单位征集上报2018年列入中央预算内投资计划草案项目10个。

【国防经济动员】 2018年，石狮市开展2019年国防动员潜力调查，在建立国民经济潜力数据库的基础上，组织成员单位评估生活物资、军需产品等经济动员保障潜力。完善国民经济动员预案，组织开展国防动员演练，配合做好民兵整组潜力统计核查工作。

【公务用车改革】 2018年，石狮市召开3次车改专题会议研究有关议题，出台《石狮市事业单位公务用车制度改革实施方案》《关于贯彻落实<泉州市国有企业公务用车制度改革实施方案>的通知》《石狮市党政机关公务用车使用管理实施细则》补充规定和《关于规范事业单位公务交通费用报销有关事项的通知》等文件，完成事业单位车改工作，推进国企车改。

【统筹城乡发展】 2018年，石狮市完成新一轮城市总体规划修编工作基本，“双城双片、两核多廊”城市总体空间结构不断优化，“多规合一”规划成果通过福建省住房和城乡建设厅审查，养老设施、道路红线等专项规划编制同步启动。城市环境改善，海岸带开发加快推进，峡谷旅游路、红塔湾旅游路全线贯通，锦尚外线、锦江外线启动建设，环湾生态公园、宝盖山石窟公园、学府公园、花海谷公园建成对外开放。开展“城市双修”工作，实施永宁古卫城、华山古民居、凤里八卦街等古城、古街、古村保护整治工作。全面实施乡村振兴战略，推动美丽乡村建设，安排3000万元支持村（社区）环境综合整治等59个项目建设。推进城乡建设大会战，全市纳入泉州“攻坚2018”城乡建设大会战在建项目47个，完成投资计划105.7%。

价格管理

【概况】 2018年，石狮市物价检查所接到全国“12358”价格举报平台转办件115件，市“12345”转办件39件，价格投诉举报办结率100%。

【价格检查】 2018年，市物价检查所开展烟酒市场、房地产市场、供水、供气、电信、海鲜酒楼、农贸市场、进出口环节收费、医疗服务单位、商业银行、殡葬收费、茶叶市场、旅游市场等各领域专项检查，对明码标价不规范等不正当价格行为责令整改。开展转供电环节收费专项检查，分发提醒函，深入各转供电主体单位进行检查，强调必须严格按照“零加价”原则向终端用户收取电费，涉及转供电的12家主体单位降价金额总计43.95万元全部传导至终端用户。开展“诚信经营示范街区”创建活动，石狮市振兴路获首批“福建省诚信经营示范街区”命名。

【居民生活用水阶梯水价】 居民生活用水阶梯水价，第一级水量核定为每户每月0～25吨（含25吨），价格为每吨1.80元；第二级水量核定为每户每月26～35吨（含35吨），价格为每吨2.70元；第三级水量核定为每户每月36吨以上，价格为每吨5.40元。

【依法治价】 2018年，根据机构改革要求，石狮价格认定局改为石狮市价格认定中心。石狮市价格认定中心认真落实《价格认定规定》《价格认定行为规范》等文件规定，受理刑事案件价格认定业务380余件，作出价格认定结论书380份，标的额人民币4900多万元，未发生复核裁定案件。

2018年，市物价检查结合2018年“3•15”国际消费者权益日活动，宣传价格法规知识。按时完成答复政协提案协办件2件。

统　计

【概况】 2018年，石狮市统计局向市委市政府和各类期刊杂志上报统计分析43篇，编印《石狮统计月报》。在石狮市政府网站首页设立“统计信息”专栏，公布年度、月度数据及统计分析，及时更新“石狮统计”微信公众号推送内容。建立部门协作机制，做好名录库更新维护管理工作。开展工业统计、能源消耗统计、固定资产投资统计、文化产业统计等各项常规统计工作。

【联网直报】 2018年，石狮市统计局坚持“即报即审、即审即验”原则，建立月报数据异常查询记录制度，加大对联网直报平台数据的跟踪掌握力度，提高源头数据质量；根据“先入库后有数”原则，摸底排查符合“四上”标准的企业，及时服务新增入库；重点走访经济影响较大，平台数据有趋势性、苗头性问题的企业，适时掌握企业生产经营状况；加强与经济局、商务局和镇（街道）的沟通和联系，对企业网报存在的问题及时反馈。

【抽样调查】 2018年，石狮市统计局每月组织150个记账户开展日常记账工作，调查城乡人均可支配收入情况，每月组织6个村120个样本户实行劳动力抽样调查。开展涉及30家法人企业、15个个体村近1000家个体工业的规模以下工业抽样调查，涉及17家法人企业、60家个体企业的限额以下商业抽样调查，涉及16家法人企业的规模以下服务业抽样调查，涉及69家法人企业及个体的小微企业抽样调查。

【统计运行机制】 2018年，石狮市统计局每月初向各部门收集部门数据，按照统计调查制度通知企业在规定时间内通过联网直报方式自行报送数据，并由专业人员对报表进行审核、验收，对错误或异常报表进行核实，退回企业重新上报。待逐级审核、验收后，由上级统计部门一级一级向下反馈数据，核对无误后撰写统计分析。

【统计监测分析】 2018年，石狮市完成地区生产总值836亿元，增长9.1%；财政总收入（不含基金）65亿元，增长6%；固定资产投资（不含农户）增长13.7%。为适应新常态新要求，石狮市统计局针对影响GDP核算的重点行业指标强化预测预警，及时与交通和城市建设局、财政局、金融局等部门对接，掌握、跟踪“水上运输周转量”“房地产销售面积”“财政八项支出”“人民币存贷款余额”等指标完成情况。每月第一时间对主要指标完成情况进行汇总分析，形成经济运行情况分析、通报。

【统计法制建设】 2018年，石狮市统计局针对1118家“四上”企业推行月报数据异常查询记录制度，强化数据质量核查。完善统计系统“双随机、一公开”制度，抽取22家企业检查依法开展统计工作情况。加大统计法律法规宣传，组织学习《统计法》《统计违纪违法责任处分处理建议办法》《防范和惩治统计造假、弄虚作假督察工作规定》等，发放《领导干部统计法律读本》21本，利用精神文明创建志愿服务活动、规上工业等业务培训会宣讲统计法律法规，不断提升依法统计的法治观念。鼓励中青年干部参加国家执法考试，充实“统计执法人才库”，把统计执法证持有情况作为年度优秀考核的重要参考依据。

【第四次全国经济普查】 2018年9月5日，石狮市统计局完成市、镇、村三级普查领导小组及其办公室组建，聘用市级普查指导员15名，选聘普查“两员”1089名。制定单位清查工作计划，建立市经普办挂钩镇（街道）制度及日报制度，市经普办人员负责收集、整理、解答所挂钩镇（街道）清查中的业务问题，各镇（街道）将每日工作情况上报并备份数据至市经普办。9月4日、9月12日，分别召开全市经济普查工作动员会及单位清查业务培训会，参会人数近1100人次。组织9场次镇（街道）PAD实践操作培训会。下发镇（街道）PAD设备387台。完成普查区和普查小区绘制和划分。

审计

【概况】 2018年，市审计局完成审计项目16个，查出管理不规范金额5062万元，提交审计综合报告和调查报告18篇、审计信息16篇。开展政府投资项目结算复核、备案及抽查工作，核减不合理造价4531.24万元。2018年，市审计局获“2015—2017届福建省文明单位称号”，1个项目获泉州市审计局表彰。审计工作成效和审计业务质量保持在泉州市前列，连续获“泉州市审计业务工作先进单位称号”。

【预算执行审计】 2018年，市审计局审计过程涉及24个部门和单位，重点延伸审计4家基层卫生院和部分幼儿园。依法向市政府报告预算执行审计结果。受市政府委托向市人大常委会作审计工作报告。

【民生资金审计】 2018年，石狮市审计局对安居工程政策落实情况、安居工程管理绩效情况、遵守法律法规情况开展工作，重点检查4个安居工程项目的建设管理情况，入户调查6个乡镇23个行政村51户农村危房改造家庭。督促相关部门上缴公共租赁住房租金232.23万元，发放廉政住房租赁补贴75.42万元，清退59户不符合条件的受保障对象，办理6786套保障性住房不动产产权登记证。

2018年，审计延伸至卫生系统、教育系统部分专项资金，实地抽查为民办实事“健康自测小屋”和普惠性幼儿园项目。督促市卫生和计划生育局完善全市基层卫生院健康自测小屋管理制度，加强健康自测小屋日常管理；督促市教育局进一步规范普惠性幼儿园学位购买及财政补助资金管理，真正把为民办实事项目做好、做实，让群众受益受惠。

【政府投资审计】 2018年，市审计局加强对政府重点建设项目跟踪审计，完成对石狮市厝上溪流域（含支流）环境综合治理工程项目、第六实验小学教学楼项目、花园路（南环路—西南一路）项目、宝盖山生态公园（学府区）项目的跟踪审计工作，审计披露未按规定进行会计核算、部分工程延期签证单手续不完整、未按规定计取监理费等问题。加强被审计单位对勘察、设计、监理等环节的管理和监督、规范工程现场签证和变更手续等，规范建设工程程序管理。

【经济责任审计】 2018年来，市审计局对锦尚镇、司法局、统计局等单位4位领导干部开展经济责任审计。开展党政领导干部自然资源资产离任(任中)审计工作，重点检查锦尚镇森林资源、水资源、土地资源及矿山生态恢复治理方面保护责任。进一步探索开展领导干部资源资产离任审计的工作思路、组织方式和技术方法，加强资源环境审计理论研究。

【财政财务收支审计】 2018年，市审计局完成对公安局、司法局、对外经贸服务中心财政财务收支审计。审计发现存在国有资产管理、人员管理、财务管理等方面的不规范行为，督促被审计单位建章立制，强化内部管理。

【政府投资结算项目复核】 2018年，市审计局加强结算项目审核，规范项目送审程序，促进结算送审复核、备案、抽查的规范性和便利性。2018年，完成500万元以上项目审核35个，送审总金额42993.01万元，核减3764.46万元，核减率8.76%；完成500万元以下项目审核28个，送审总金额8144.53万元，核减766.78万元，核减率9.41%。

【审计监督管理】 2018年，市审计局开展石狮市地方政府性债务审计，抽查16家政府债务主体，分析地方政府隐性债务成因，提出加强风险防范、化解债务隐患、建立地方政府隐性债务风险预警指标机制的意见建议。开展2018年石狮市扶贫领域监督检查，重点检查老区发展资金及少数民族发展与补助资金等管理使用情况。开展2018年石狮市社会组织财务管理专项整治工作，主要对资产来源属于国家拨款或者社会捐赠、资助的社会组织进行检查，规范社会组织的财务管理，专款专用。开展全市民生领域突出问题专项治理工作，主要对村级危房改造资金、城乡居民医疗救助基金等专项资金管理使用情况进行检查。开展“1+X”专项督查，结合日常审计工作，查深查透查实违法违纪、违反中央八项规定精神和发生在群众身边的腐败问题，发挥审计在党和国家监督体系中的重要作用。

【审计监督整改落实】 2018年，审计披露存在财政收入入库不及时、土地出让金未及时收缴等问题，督促市财政局办理财政收入12233.34万元入库；相关企业缴清未及时缴纳土地出让金，依法收取滞纳金115.41万元。

2018年，审计披露存在未及时安排使用资金、结余结转资金管理不规范等问题，市财政局采纳审计建议，制定《进一步加强预算执行管理加快支出进度的意见》，加强预算执行力度，对沉淀在各部门单位超过两年的结转结余资金12663.46万元进行回收统筹用于其他领域。

市场监督管理

【概况】 2018年，石狮市各类市场主体107802户，规范完善“多证合一”改革，推广“一照一码”，执行“三十五证合一”登记制度改革。落实“住所(经营场所)申报制”，完善市场主体退出机制，推进企业简易注销登记和个体工商户简易注销改革。开展试点个体工商户全程智能化登记，实现“自主申报、自动核准、自助打照”的全流程网上登记模式。市市场监督管理局开展安全生产大检查和校外培训机构专项整治等执法专项行动，建立学校食品安全监管常态化机制，配合开展“扫黄打非”、房地产专项整治及市“国家三类城市语言文字工作达标评估”迎检工作，保障海博会、蚶江泼水节、国际军事比赛、恳亲大会等重大活动餐饮服务保障工作。

【企业注册登记】 2018年，石狮市新增市场主体31173户。至年底，石狮市有各类市场主体107802户，其中，内资28362家、外资1121家、个体78119家、农专200户。2018年，石狮市对106项涉企行政审批事项实施“证照分离”改革。推进“集群注册”登记，加快吸引更多主体入驻泉州网商虚拟产业园石狮分园区，2018年该园内登记有市场主体6014户。

【企业参与标准制(修)订】 2018年，石狮市有12家企业参与14项标准制修订，其中国家标准9项、行业标准3项、地方标准2项。推荐1家企业参与制修订的1项行业标准获“2018年福建省标准贡献奖三等奖”。组织12家企业申报2018年泉州市标准化专项补助资金，帮扶1家企业申领泉州第二批标准化补助资金5万元。

【企业年报服务】 2018年，创新开办网络视频直播年报培训课程，通过微信公众号、朋友圈宣传年报操作视频，投放微信朋友圈广告20万条；结合短信、提示彩铃、报纸、LED等全方位宣传，增强年报意识。同时，运用简易注销、清理长期停业未经营市场主体等方式厘清年报基数，清理市场主体17929户。至年底，内资年报率88.65%，外资87.14%，农专90.77%，个体67.13%。

【工商行政管理】 2018年，石狮市有效注册商标总量45359件，其中驰名商标15件、著名商标109件、知名商标130件。实施商标扶持政策，指导“青莲村手工面线”申报注册地理标志证明商标，指导8家企业5件单一国家注册商标、6件马德里国际注册商标获泉州级奖励资金11万元，1家企业2件新注册马德里国际注册商标获1万元补助资金。

2018年，石狮市针对消费者和经营者反映强烈的重点商品和突出问题，对重点商品、重点领域和重点市场进行集中整治，依法查处商标侵权和商标违法使用行为，年内立案查处商标侵权案件78件。开展查处无照经营工作，立案246件，罚没款35.57万元。加大广告、合同及网络市场监管力度，立案查处不平等格式合同案件20件、违法广告案件10件、网络违法案件9件。

开展“6·18”网络商品和服务信息定向监测、“双十一”“双十二”网络监管专项整治，随机抽查60家网店，无发现违法行为。开展产品质量抽检，配合第三方专业监测机构对7家加油站销售的10批次成品油进行随机质量抽检，结果均合格。

2018年，开展校外培训机构专项整治检查30次，其中配合市教育局等部门联合检查17次，检查286家，立案8件。出台《关于加强全市学生校外托管机构管理工作意见》，建立“政府主导、属地管理、部门联动、齐抓共管”的管理体制。

2018年，开展大型商业综合体安全生产大检查、婴儿游泳服务行业清理、餐饮服务业油烟污染、电镀行业、电动自行车消防安全等专项整治行动、推进个体工商户和企业办理营业执照专项行动。推进协同共治，向教育、卫计等部门发出抄告函14件，通过省无证无照信息抄告平台发送抄告2份，处理其他部门抄告无照市场主体99家。

2018年，开展品牌培育，帮扶5家企业申报2018年福建名牌产品。制定《石狮市2019—2021年福建名牌产品和政府质量奖培育三年滚动计划表》，石狮市24家企业列入福建名牌产品培育计划，3家企业列入福建省质量奖培育计划，8家企业列入泉州市质量奖培育计划。

【质量技术监督管理】 2018年，石狮市开展质量技术服务专项行动，深入中小企业调研，组织企业签订《诚信计量承诺书》，发布《2017年度质量信用报告》。开展纺织产品质量提升专题讲座、服装产品质量分析会，组织企业参加卓越绩效、首席质量官、对标达标提升等培训活动，引导企业提升质量管理水平。行政约谈2014年以来各级产品抽检不合格的66家企业，要求其签订《产品质量承诺书》。

2018年，健全基层特种设备安全监察体系，通过“下达任务—现场监察—领导督查—按月通报—年度考评”的任务闭环管理方式，有效推进各项监察任务完成。2018年，定期检验不合格率约8.8%，下达特种设备安全监察任务323条，督促整改闭环315条，整体闭环率97.5%。市市场监督管理局多次组织开展电梯安全、中央空调附属压力容器、印染行业特种设备等专项检查，检查各类特种设备生产使用单位653家，排查安全隐患266条，发出《特种设备安全监察指令书》266份，拆除30台非法制造的起重机械、4台超压使用的常压汽水两用锅炉，妥善处理电梯投诉36件，立案2件，罚没款8.48万元。

2018年，开展元旦及春节期间计量监督检查、定量包装商品计量监督抽查、验配眼镜计量器具专项监督检查，开展农贸市场计量器具检查，立案11件。

2018年，重视计量惠企，为漂染、热电、仓储、食品等企业累计检定压力表6285块，保障企业生产安全。开通计量“检定绿色通道”，为申报“福建省名牌产品”企业提供计量技术咨询服务。加强计量标准建设，新建5项社会公用计量标准，质量计量检测所已建标准数量（含定量包装项目）14个，通过县级计量技术机构能力建设验收。

2018年8月7日，市市场监督管理局开展市场检查　（图/市市场监督管理局）

【食品安全监管】 2018年，石狮市各类持证食品生产经营单位11397家，其中，食品生产加工企业94家、食品加工小作坊11家、流通环节食品经营户5834家、餐饮服务单位5458家。市市场监督管理局开展肉制品、食用油、“五毛食品”、水产品、冷冻食品等专项整治，立案153件，罚没款244.84万元；食品安全监督抽检、快检6965批次。开展“食品安全伴我行，宝葫芦娃在行动”学校食品安全及公共卫生事件应急处置模拟演练（情景剧）活动。完成食品生产经营风险等级年度认定及调整11919家。

2018年，继续推进“一品一码”食品追溯体系建设，组织培训8场次，2000余人次参训，督促指导769家食品生产经营企业纳入食品安全追溯平台，累计上传信息2411796条。约谈网络订餐平台及入网食品经营者代表，开展散装白酒经营单位负责人警示教育会，签订食品安全承诺书。督促食品生产企业开展食品生产安全风险排查，自查自改率100%。

【药械化妆品监管】 2018年，市市场监督管理局通过领导带队调研、邀请专家专题培训、联合市卫生和计划生育局全面通报等方式，推进药品不良反应工作，完成泉州市食药局下达的药品不良反应相关指标任务。2018年，审评药品不良反应437份，系统上报录用药品不良反应437份、医疗器械不良事件171份、化妆品不良反应48份。

2018年，以免费体验式经营高电位等物理治疗仪、假劣药品、中药材中药饮片、麻精药品、疫苗、处方药、美容美发单位化妆品等为重点品种，组织开展各类专项检查，立案156件（其中简易案件66件），罚没款35.48万元，药品快检100批次、抽检138批次；完成药械化妆品生产经营企业信用等级评定及风险等级评定806家次；药械经营企业“双随机一公开”抽查30家，GSP认证跟踪16家，配合泉州市现场认证跟踪检查2家，责令整改18家、警告4家。

2018年，开展医疗机构药房规范化管理，重点加强药品“三度”（常温、阴凉、冷藏）储存管理。完成18家医疗机构药品规范化验收、7家化妆品经营单位创建指导及评定工作。加强药品储存、驻店药师“双系统”远程监控信息预警，实现动态监管。开展回收家庭过期药活动，确定7家信誉良好的药品经营企业作为回收试点，回收家庭过期失效药品266盒（瓶）。

【维护消费者权益】 2018年，石狮市以“品质消费，美好生活”为主题，联合15个部门和单位在市区和9个乡镇开展“3·15”国际消费者权益日活动，以“12331—助力健康中国梦，食药安全伴你行”为主题开展食品药品投诉举报现场宣传活动，与市电视台联合制作播放“周末视点—让品质消费撑起美好生活”专题节目、“老人防范消费陷阱”宣传片及其他法律宣传节目。约谈移动、联通、电信三大运营商，沟通投诉举报件对接人员问题，提升消费投诉处理效率。2018年，受理各类消费者咨询、投诉、举报16693件。

2018年6月15日，市市场监督管理局开展食品安全知识进校园

（图/市市场监督管理局）

安全生产监督管理

【概况】 2018年，石狮市推进安全生产责任体系建设、安全生产大检查、重点领域专项整治、安全应急管理、安全生产隐患排查治理、职业健康安全监管等工作。出台《石狮市党委政府及其部门安全生产权力和责任清单明细》等规定，细化市委市政府及各部门安全生产责任。制定《企业全员岗位安全生产责任制指导意见》，明确企业岗位人员安全生产职责。12月24日，石狮市成立市应急管理局，将安全生产、消防、防汛抗旱等应急管理和指挥职能统一归口到市应急管理局，统筹各部门应急救援力量和救援物资储备。

【安全生产责任体系】 2018年，石狮市在泉州市率先把“市人民政府安全生产委员会”更名为“市安全生产委员会”，安委会主任由原来的市长担任调整为市委书记、市长共同担任，落实“党政同责”；率先将分管安全生产的市政府领导调整为市政府常务副职分管，破除“末位分管”。2018年，召开市委常委会3次、市政府常务会3次及季度防范重特大生产安全事故工作会议4次，听取安全生产工作汇报，常态化研究部署安全生产工作。全年推进61项安全生产领域重点改革任务，截至年底，完成56项。

【安全生产大检查】 2018年，石狮市把安全生产大检查作为常态化工作，出动3472人次，检查企业1692家，发现隐患714个，整改683个，查处安全生产违法违规案件146起，行政处罚95余万元。

【安全生产标准化建设】 2018年，石狮市推进安全生产标准化巩固提升工作，引导企业建立以标准化为基础的自主管理、持续改进的安全生产管理体系，加强班组管理、岗位管理和现场管理，深化岗位达标、专业达标和企业达标。全市各行业企事业单位完成标准化提升建设达标有1521家，完成率100%，其中冶金等行业企业236家（大中型企业156家，小微企业80家），达标率100%。个体工商户7703家，达标率100%。

【重点领域专项整治】 2018年，石狮市开展交通运输全市性统一行动190次，现场查处各类交通违法行为42761起，事故排查8次，排查事故多发隐患路段18处，均全部整改完毕。

2018年，检查建筑施工在建项目196个次，发出《责令改正通知书》196份，累计检查起重机械112台，排查安全隐患数1038条次。

2018年，开展危险化学品安全综合治理，检查危险化学品企业169家次，发出责令限期整改通知书74份，排查安全隐患204处，已完成隐患整改204处。推动6家涉及“一图一卡一册”（应急处置图、应急处置卡和应急处置手册）的危险化学品企业完成“一图一卡一册”编制、应用；推动36家企业完成安全生产风险辨识、评估工作。

2018年，全市现有渔船980余艘，其中776余艘60马力以上渔船按规定配备北斗一体化终端。2018年，开展渔业生产检查行动405次，出动人员1254人次，检查渔船1032艘次，现场整改73次，发出整改通知书73份，均完成整改。推行渔业安全生产记分管理办法，通过与油补挂钩倒逼渔业船舶落实安全措施。一个记分周期（一年）内累计违规记分达12分的，列为省总队“黑名单”渔船进行管理，扣减渔船当年度25%油补资金；累计记分达10分的，扣减渔船当年度10%油补资金；累计记分达6分以上的，由市海洋与渔业执法大队约谈警示教育，列入重点监管检查对象，移交给发证机关，并视情况暂缓1至3个月发放当年度油补资金。

2018年，检查粉尘涉爆、涉有限空间作业、涉氨制冷企业176家次，发出责令限期整改通知书59份，排查安全隐患207处，均整改完毕。

【安全应急管理】 2018年，石狮市投入1538万元建设石狮市综合应急救援中心暨特勤消防站，建成102家消防安全重点单位、25个社区微型消防站，实现“135”标准（1分钟出动、3分钟到场、5分钟处置）。除消防救援大队和石狮市佳龙石化纺纤有限公司的专业救援队伍外，全市在热电、交通运输、建筑施工、海洋渔业等重点行业和领域的规上企业均设立专兼职应急救援队伍，形成专业应急救援队伍为主、生产经营单位和社会化应急救援力量为辅的格局。制定完善市级以及各行业、企事业单位生产安全事故应急预案，受理生产经营单位生产安全事故应急预案备案39件。加强应急演练，开展成品油库、天然气管道等应急救援演练86场，参演人员2700多人次。

【风险防控体系健全】 2018年，石狮市深化网格化管理，在全市镇（街道）内推行“掌上安监”信息化系统，完善安全生产隐患排查治理体系，将辖区内安全生产标准化创建企业全部纳入智慧安监平台，实施“全覆盖”管理；将辖区内安全生产风险数据全部导入智慧安监平台，实现风险在线监控。配备各类网格员1109人，纳入网格化监管企业5752家、“三小”场所17236家。

2018年，石狮市推进安全生产隐患排查治理，全市危险化学品、建筑施工等重点行业691家企业（其中8家市直属企业）纳入“智慧安监”平台管理，树立石狮市华联服装配件有限公司等30家企业为体系标杆，推动企业累计自主上报隐患20762条，整改20757条，整改率99.98%，排查出重大危险源企业10家，PX管道3.1千米，均明确管控责任单位、责任人，落实风险管控措施。建立重大危险源监控平台，防范遏制较大及以上事故的发生。

2018年，石狮市加强安全生产风险分级管控，摸排城乡公共区域风险源770处、企事业单位风险点5766处（其中重大风险点11处、较大风险点79处、一般风险点2043处、低风险点3633处），落实管控措施36216条，治理隐患12072条，其中重大风险点涉及危险化学品企业2处、工贸企业2处、热电企业2处、道路交通5处。实施风险分级管控，由属地政府监管一般风险企业，由行业主管部门监管较大以上风险企业，由市安办监管重大风险企业。

【安全科技创新】 2018年，加快推进全市58家染整企业转型升级，实施分类分级处置管理（A级10家、B级27家、C级10家、D级11家），投入13.26亿元支持万峰盛漂染等企业完成生产设备技改，培育一批先进工艺示范标杆企业；将安全生产科技研发纳入科技计划备选项目征集中，重点支持石狮市迈新电子科技有限公司“远程智能安防及控制系统”、石狮市鼎盛漂染织造有限公司“新型防护服纺织面料”等安全生产科技研发项目；投入120万元建设渔业码头重点海岸应急监视平台，提升船舶安全保障能力。积极推动“中冷水”取代液氨制冷试点，规划建设占地93.33公顷的海洋生物食品园，严把入园企业准入条件，明确要求应采用中冷水、二氧化碳等制冷工质取代液氨制冷，建设安全环保的示范园区。

【安全生产社会化服务】 2018年，石狮市依托安全生产专业技术机构的专业力量，推进安全生产社会化服务，破解企业安全生产“无人管、不会管、管不好”的难题，弥补政府监管力量的不足。出台《安全生产社会化服务工作指导意见》《试行安全生产专业技术服务机构管理办法》，明确安全生产专家工作补贴标准，聘任44名专家成立安全生产专家组，对16家安全生产专业技术服务机构进行备案，签订诚信承诺书。市卫生和计划生育局、祥芝镇与专业技术服务机构签订《安全生产社会化服务合同》，开展安全生产隐患排查；市教育局引入“第三方”专业机构，从“线下检查车机状况、线上监控运行规范、日常填表档案审查”方面推进校车安全整治；鸿山镇、锦尚镇聘请专业技术服务机构对所有染整纺织企业进行隐患排查。对49家危险化学品企业、39家烟花爆竹经营零售点、1家烟花爆竹批发仓库、1家民爆物品、155艘渔船推行安全生产责任保险，发挥保险机构参与投保企业事故预防预控作用，落实企业主体责任。

【安全生产诚信体系建设】 2018年，石狮市落实联合惩戒措施，推进安全生产诚信体系建设。与企业签订安全生产诚信承诺书，实施安全生产不良信用“黑名单”制度，与检察院、法院、金融机构等单位失信信息互联互通，综合运用执法检查和企业安全生产失信联合惩戒、守信共同激励等制度措施，加大对企业安全生产违法违规行为惩处力度。

【安全宣教培训】 2018年，石狮市组织《职业病防治法》宣传周、“安全生产月”等一系列宣教活动，累计发放宣传材料20万余份；自制职业病防治动画宣传片以及《奶奶的叮嘱》《你好，石狮》等安全生产公益广告，录制《要职业、更要职业健康》等在线访谈节目，开展安全知识竞答和安全生产知识答题送流量活动，设立“安全生产”专题谜坛，开展液氨企业防化服穿戴技能竞赛、企业员工消防安全技能竞赛及各类培训等500余场次，提升群众安全生产意识。

【职业健康安全监管】 2018年，出台《用人单位职业卫生基础建设资金补助方案》，拨付100万元专项资金对完成职业卫生基础建设的用人单位实行资金补助。推动职业病危害重点领域251家用人单位参与职业卫生基础建设，职业病健康体检人数达5490人次，239家用人单位完成职业病危害项目申报，兑现资金补助的用人单位42家，共计23.98万元。编制实施职业病防治“十三五”规划，建立安全生产与职业健康一体化监管机制，检查用人单位358家次，发出责任限期整改指令书54份，发现职业卫生隐患和问题212项，均整改完毕。

石狮高新技术产业开发区

【概况】 2018年，石狮高新技术产业开发区实现工业产值311.5亿元，比上年增长23.7%，首次突破300亿元，实现固定资产投资44.83亿元，比上年增长4%；进出口总额29.5亿元，比上年增长44.65%。

【服务与管理】 2018年，重新核定石狮高新技术产业开发区管理委员会的主要职责，优化明确高新区管委会职能配置，突出高新区管委会在统筹协调、产业规划、完善功能、项目策划、招商引资、服务企业等主业职能，进一步强化高新区统筹协调能力。加强高新区人员编制配备力度，创新设立高新区项目招商运营中心，主要负责高新区项目招商选资工作。

【项目建设】 2018年，石狮高新技术产业开发区有重点项目48个，总投资255.72亿元，其中基础设施项目23个，社会投资项目25个。基础配套设施项目方面，2018年共有园区基础设施重点项目23个，总投资13.16亿元，年度计划投资2.16亿元。其中莲坂村旧桥改建、莲农路（镇前路至泰山东路段）、后湖一路（后湖路至石狮大道）修缮工程3个项目完工；莲坂路改造、仙公山山体公园节点绿化改造等4个项目正在施工；高新区智能产业园东园绿化提升工程等2个项目准备进场施工；大厦溪渠道改线工程、后湖支路等9个项目正进行前期工作。社会投资项目方面，2018年社会投资项目合计25个，总投资242.56亿元，年度计划投资37.07亿元。其中通达智能硬件三期、腾辉鞋饰生产项目、豪安特无缝提花机械制造项目等6个项目完工投产；高新区现代物流产业项目等9个项目在建；千宏机械、电力工程设计办公基地等5个项目正进行前期手续。

【招商选资】 2018年，石狮高新技术产业开发区引进佳龙石化MX/PIA项目、石狮市振富针纺机械新项目、通达智能制造配套项目、佳龙石化年产40万吨低熔点PET双组份复合短纤项目、多能源互补泛能站、中益制药二期、东骏水产品、隆鑫铁路配件、胜佰龙体育用品、得宝染料二期、佳南热熔胶二期等项目，计划总投资达37亿元。其中，光子技术产业方面，制定光子技术产业招商工作方案，形成光子技术产业招商流程，与超精密光学产业

2018 年 12 月 14 日，石狮市光子技术产业项目签约仪式
（图 / 石狮高新技术产业开发区）

及装备平台项目等 6 个光子技术项目签订战略意向合作书；海洋食品园方面，有东升冷冻、长发其祥、鑫源海胜等 9 家企业已摘牌，总投资 12.1 亿元，用地已摘牌企业正进行前期手续办理。高新区积极推进闲置厂房处置盘活，园区福诚、讯源五金、恒辉饰品、兴达电脑等全部出租或整体转让，日鑫数码、春祥非织造布、宏基纽扣、双创中心等部分完成出租。2018 年，可用厂房出租面积约 19 万平方米，出租率达 75% 以上。

【产业科技创新】 2018 年，石狮高新技术产业开发区依托于两个省级科技企业孵化器，以建设福厦泉自主创新示范区为契机，大力推动科学技术创新。为鼓励创新创造，1 月对辖区内 31 家 2017 年知识产权表现优秀的企业进行表彰，下发奖励资金 83.8 万元，9 月举办知识产权专题培训班，园区企业代表近 100 人参加培训。2018 年，园区专利授权量 579 件，比 2017 年增长 94%，申请量 998 件，比 2017 年增长 122%，有效发明专利累计 152 件，比 2017 年增加 20.6%。园区现有国家高新技术企业 19 家。国家知识产权优势企业 2 家，省科技小巨人领军企业 18 家（其中 3 家企业 2018 年获加计扣除专项奖励共计 85.8 万元），省级星火行业技术创新中心 4 家，省级企业工程技术研究中心 3 家，省创新型企业 9 家，省知识产权优势企业 4 家（其中 1 家企业获专项经费补助 10 万元）。

财政 税务

（图/颜华杰）

财 政

【概况】 2018年，石狮市一般公共预算总收入65.02亿元，增长6%。其中，一般公共预算收入41.8亿元，比2017年增长0.5%。一般公共预算支出完成54.30亿元，比2017年增长2.3%。2018年税收收入51.5亿元，比2017年增长8.85%。剔除中央减税降费政策（全年共减免税收4.30亿元，其中新增减税1.24亿元），比2017年增长9.7%，税性比重比2017年提高2.1个百分点，收入质量、结构优化。

【国有资产管理加强】 2018年，石狮市开展行政事业单位资产统计，全市行政事业单位固定资产228515.49万元。试点开展石狮市20家相关行政事业单位的经管资产与自然资源编制工作，全市行政事业单位经管资产与自然资源共计298.22亿元。2018年，推进公共资源市场化配置，制定国有企业持续运营思路与举措的方案，全年国有房产租赁进入市公共资源交易中心成功公开交易103宗，总成交额8759.71万元。重新开发国有资产综合管理平台，规范国企财务报表、资产评估、股权管理、投融资等基础环节监管。

2018年6月9日，中共石狮市国有资产管理中心委员会第一次代表大会（图/市财政局）

【企业扶持】 2018年，石狮市减轻企业负担，落实国家税收优惠、创业扶持系列政策，落实全市企业在技术提升、用人用地、上市融资等方面惠企政策，兑现5.67亿元。石狮市投入0.76亿元优化营商环境，支持市行政服务中心建设和运行，助推服装城市场采购贸易方式试点获批，完善海洋食品、智能产业等22个园区基础设施建设，推动闲置厂房盘活，实行“一企一策”优惠政策，有效解决企业实际难题。

【财政保障】 2018年，石狮市民生支出37.6亿元，占一般公共预算支出的70%。剔除政府一般债券资金减少因素，比2017年增长17.6%。

2018年，石狮市投入12.02亿元持续保障教育发展，新建、续建学校52所，新增学前学位3000个，规范提高编外教师福利待遇，保障小学生课后服务；投入5.14亿元支持医疗卫生事业发展，落实基本公共卫生服务项目，提高城乡居民基本医疗保险补助，扎实推进公立医院改革，累计投入7.3亿元建成市新医院；投入4.1亿元推动社会保障和就业服务，落实就业补贴，提高社保、低保、大病报销、养老金等标准，支持市社会福利中心“公建民营”养老院、保障性住房等建设；投入0.73亿元发展文化和传媒事业，推进“狮来运转”城市IP项目，举办海丝海博会、“丝路狮缘”珍宝展等项目；投入0.49亿元推进扶贫攻坚战，落实山海协作、造福工程、扶持薄弱村建设等扶贫项目；投入4.6亿元加强城乡生态环境建设，保障峡谷旅游路、共富路等道路建设，建成石窟公园、学府公园、花海谷公园，修复保护永宁古卫城、华山古民居等古镇名村，提升城乡环境水平；投入5.45亿元支持农业事业发展，落实农业支持发展补贴、农机具购置补贴、石油价格补贴及村级运转经费等各项补贴资金，推进乡村振兴战略，壮大村集体经济。

【财政监管】 2018年，石狮市优化预算管理，实行预算支出经济分类改革，加大存量资金盘活力度，统筹收回结转结余资金达3亿元。建立健全债务管理及防范机制，制定石狮市隐性债务化解规划，开展隐性债务摸底及整改工作。推进政府债券置换，累计置换存量债务63.7亿元，争取新增债券6.8亿元。加强资金管理，实行国库集中支付电子化改革，提高资金安全性。启动扶贫资金在线监管系统，加快精准脱贫。降低行政成本，推进企事业单位公车改革，明确规定机关事业单位会议费、培训费等支出标准，全市“三公”经费逐年下降。细化财政投资评审管理，一对一管理助审项目，2018年评审项目47个，评审金额达6.61亿元，评审核减额3860万元。优化采购审批事项，取消4个审批环节，开通政府采购网上超市，通过网上超市方式采购的金额达到941万元。2018年，扩大政府购买服务覆盖范围，完成政府购买服务项目37个，计划购买金额1.12亿元，实际购买金额1.05亿万元，节约资金0.07亿元，节约6%。推进预算绩效管理，在各预算单位自评全覆盖基础上，对教育为民办实事等3个项目开展重点绩效评价，涉及财政资金0.85亿元。强化绩效评价结果，评价结果作为下一年度预算安排的重要依据。

【国有企业改革】 2018年，石狮市取消下放34项审批监管事项。制定国有企业持续运营思路与举措，推动国有企业自主经营。推行法人治理改革，实行全员合同管理，完善企业工资分配管理制度。发挥城市建设载体作用，推动染整行业园区循环化建设，收购集控区3个污水处理厂。承接重大市政基础设施建设、民生服务等项目164个，其中，城投集团承接福厦客专、锦尚外线、锦江外线等项目106个，产投集团承接公益性墓园、应急水源等项目58个。优化盘活国有资产，通过招商引资、商铺租售等，回笼资金3.1亿元。保障项目资金需求，获融资额度46.66亿元，下柜金额41.23亿元。支持实体经济发展，处置不良资产、化解债权本金2.59亿元，为企业提供政策性融资担保，推进产业引导基金子基金运作。

国家税务

【概况】 2018年1月1日至7月20日，石狮市国家税务局组织各项税收收入18.97亿元，比2017年同期增收1.73亿元，完成上级收入任务的61.2%，其中直接收入17.92亿元，免抵调库收入1.05亿元。7月20日，国家税务总局石狮市税务局挂牌成立，标志着石狮市国税局、石狮市地税局完成合并。

【税务稽查】 2018年，石狮市开展执法大督察工作，堵塞征管漏洞，清理征管死角。加强增值税、财产行为税等税种的风险评估，通过第三方平台定期提取水、电、气和排污费等信息数据，通过比对核实，转化运用到税收征管中。组织评估入库税费及滞纳金，打击弄虚作假、偷逃骗抗税行为，开展扫黑除恶专项检查，打击有苗头性的税收违法行为。

【依法治税】 2018年，石狮市加大对税收热点问题的宣传解读，为兼并重组企业提供政策咨询辅导，指导其依照税法规定处理涉税事项。减轻企业税费负担，2018年1—7月石狮市国税局累计减免各项税3.2亿元。其中，减免小型微利企业2871户，减免金额0.8亿元。构建亲清税企关系，开辟“绿色通道”，服务总部经济企业做大做强，助力企业“请进来”和“走出去”，促进税收回流。帮扶企业开展辅导培训，针对性组织面对纳税人的业务培训和辅导20场，举办纳税人学堂15期。

【出口退税】 2018年，石狮市推行“互联网+退税”“巡察+退税”“法治+退税”等手段，在集成服务、后续管理、风险防控三个方面全覆盖，实现“一月四退”“先退税再发函”的服务目标。2018年，石狮市国税局前六个月累计完成10.5亿元的退税款，比2017年同期增长202.86%。

【税务服务】 2018年，石狮市推行“全程网上办”清单，网上办税比例达到70%以上。提供个体税务登记预约服务。设置外管证专窗，一窗式受理，跨区域涉税事项报验登记1345户次，实行设区市范围内不实行施工地增值税预缴政策，取消30天报验期限，共享报验登记信息。设置5台自助发售机、1台自助发票代开机，1台自助发行机，引进闽南理工学院大学生进驻办税厅开展志愿服务。设立专人审批网上涉税业务，纳税人可自行网上打印审批通知书。积极引导纳税人通过电子税务局办理涉税业务、网上代开、网上购票。推进互联网+税务建设，将税收现代化建设与移动互联网、物联网、大数据、云计算等技术结合起来，充分挖掘、分析、整合、持续优化纳税服务。

地方税务

【概况】 2018年上半年，石狮市地税局组织各项收入14.69亿元，比2017年同期增收0.84亿元，增长6.05%。其中税收收入入库10.84亿元，比2017年同期增收0.51亿元，增长4.97%；各项费金入库3.85亿元，比2017年同期增收0.32亿元，增长9.22%。

【税收运行】 2018年，石狮市强化收入质量监控，落实重大税源变动报告机制，关注重点税源增减情况，提高组织收入预见性和准确性。采取措施深化信息管税、各部门协税、纳税人遵从的税收管理模式，通过风险管理做好土地增值税清算、个人所得税等税种的日常管理、比对征管数据促进城建税等小税种收入等。跟踪政府重点项目落地情况，取得政府土地出让的情况以及招商引资项目落地情况，抓好“耕、契”两税收入及落地企业的辅导。坚持重点税源跟踪服务机制，加强与财政部门的沟通与协调，关注龙头企业限售股减持等机会税源以及在外商贸税收回流，注重从商贸物流、电子商务、建筑业等领域深入挖掘税源，引导税源回流。

【税收法治】 2018年，石狮市加强内部控制，围绕税收执法和行政管理两大业务类别，通过采用事前提醒、事中阻断、事后监督的闭环内控管理模式，防范重点风险问题发生。根据新形势、新政策、新问题，采用动态管理模式，对内控指标及时进行补充调整。充分运用内控平台内控建议功能，及时将工作中发现的重点风险和内控建议推送至上级税务机关内控主责部门和内控管理部门，上下联动，逐步提升重点风险防控能力。

推行权责清单制度，规范行政审批行为和行政处罚裁量权，健全依法决策、税收执法、重大案件审理及复议诉讼等机制。强化权力运行监督制约，推进“互联网+政务”，建立重大行政审批项目、重要税收政策措施的集体研究决定制度。围绕政策落实和税收征管环节，开展执法督察工作，落实行政执法责任制与过错责任追究。加强与法院、公安、住建、银行等部门联合，在清空堵漏、清理欠税、打击发票违法行为等方面形成合力，提升纳税遵从度，扩大诚信纳税的影响力。

【税费征管】 2018年，石狮市加强所得税、财产行为税等税种的风险评估，通过第三方平台定期提取水、电、气和排污费等信息数据，通过比对核实，转化运用到税收征管中。完成风险应对1400户次，组织评估入库税费及滞纳金2500多万元。打击弄虚作假、偷逃骗抗税行为，开展扫黑除恶专项检查，坚决打击苗头性的税收违法行为，稽查立案查补税款1588.52万元，比2017年同期增加620万元，增长29.42%。

【纳税服务】 2018年，石狮市推进“便民办税春风行动”，石狮市地税局在全省系统内首推“无声叫号，短信提醒”办税服务，截至合并前受理“短信叫号”无声办税服务4788件，发送短信提醒10376条。

以机构改革为契机，加强国、地税融合，整合办税服务厅窗口，推行“最多跑一次”和“全程网上办”清单，解决纳税人“多头跑”问题。联合市国税局开展走访省级以上人大代表、政协委员活动，与“两会代表”共话春风，及时收集和反映纳税人的意见建议；畅通纳税人维权渠道，统一受理涉及纳税人合法权益的投诉、举报、建议及其他诉求。

加强运维保障，确保征管系统和网上办税系统等稳定运行。推广“闽税通”APP，截至12月底推广近8000户，实现“网上办税为主、自助办税为辅、实体办税服务厅兜底”的申报方式。

开展第27个税收宣传月活动，与闽南理工学院启动多元化合作形式，开展“地税访谈”普及税法，助力大学学生创新创业，将国家扶持政策落到实处；落实促进小微企业、重点群体就业创业、研发费用加计扣除、支持兼并重组及节能环保等税收优惠政策。截至机构合并前减免各项税收29538万元。

【税收文化】 2018年，石狮市发挥地税广泛联系社会的优势，力推“同心圆”文化联动税户、联动学校、联动社区、联动扶贫点。与市国税局联合开展“青廉”工程活动，引导青年干部弘扬税务精神，坚持廉洁从税。开展“悦读悦分享”捐书活动，建设书香地税，开展“美好生活用心经营”家庭园艺创意DIY活动，丰富干部职工业余文化生活。

（图/颜华杰）

科技规划与创新发展

【概况】 2018年，石狮市出台《石狮市大力推进科技创新能力建设若干意见》《石狮市新型研发机构补助暂行规定》《石狮市引进创新创业人才团队评审暂行规定》《石狮市科技计划项目管理规定》；重点扶持企业自主创新、高新技术产业发展、科技研发平台建设、科技成果转化、培育自主知识产权等方面。2018年，推荐上报申请2017年福建省企业研发经费投入补助506.5181万元。

【科技规划】 2018年（错年值），石狮市规上企业406家、有R&D活动的企业149家（占36.6%）；2018年（错年值），石狮市规上工业R&D经费投入为7.92亿元，总量在泉州排名第三，占规上工业增加值比重为3.26%，占GDP比重为1.02%；2016年至2018年6月累计专利授权量达2833件，每万人发明专利拥有量达4.93件。

【科技成果】 2018年，石狮市推荐申报省级科技计划项目2项、泉州市科技计划项目15项；征集受理2018年石狮市级科技计划项目88项，经技术评审、现场考察拟建议入选的项目54项。

【创新创业人才团队建设】 2018年，石狮市下发《关于申报2018年度石狮市引进创新创业人才团队的通知》，征集21项石狮市引进创新创业人才团队；推荐申报泉州市高层次人才创新创业项目4项，获得立项1项；推荐2018年泉州市人才“港湾计划”引进高层次人才团队3个，新增泉州市人才“港湾计划”引进高层次人才团队1项。

【科技创新主体】 2018年，石狮市重点培育高新技术企业，摸底筛选高新技术企业重点培育对象63家进行重点跟踪、指导；推荐石狮市华宝海洋生物化工有限公司等24家企业申报国家高新技术企业认定，获得认定18家；推荐福建省凯仕达运动服饰有限公司等24家企业申报福建省高新技术企业备案，18家企业入选福建省高新技术企业备案库。培育科技小巨人领军企业、创新型企业等科技型企业群体，新增国家入库科技型中小企业18家、省科技小巨人领军培育企业13家、省级创新型企业2家、泉州市瞪羚企业1家。

科技创新平台

【概况】 2018年，石狮市有国家星火计划龙头企业技术创新中心2家、国家级示范生产力促进中心1家、国家众创空间1家、国家星创天地1家、国家高新技术企业33家、科技型中小企业18家；省级创新型企业23家、省科技小巨人领军培育企业37家、省级企业工程技术研究中心10家、省级星火行业技术创新中心12家、省级新型研发机构2家、省级众创空间3家、省级科技企业孵化器2家、省级互联网孵化器2家；泉州市瞪羚计划入库企业1家、泉州市行业技术开发中心20个、泉州市工程技术研究中心11个、泉州市新型研发机构4家、泉州市产业技术创新战略联盟4个；石狮市产业技术创新战略联盟1个。

【生态智能织物研究院建设】 2018年，石狮市与泉州师范学院发挥双方在资源、资本、技术和人才方面的优势，提升以非织造新材料为特色的产业用纺织品、功能与智能纺织品、节能生态印染领域的新产品研发及其工业应用方面的技术创新能力和产品核心竞争优势，石狮市人民政府和泉州师范学院共建"泉州师范学院（石狮）生态智能织物工程技术研究院"，研究院作为市科技和知识产权局下属零编制事业单位法人机构运行。

【科技企业孵化器建设】 2018年，石狮市推动异地孵化器和众创空间有效运营，引进8家企业在石狮市落地注册。推动石狮市与厦门大学信息科学与技术学院共建石狮（厦门大学）创新创业基地、与厦门云创智库科技有限公司共建石狮厦门云创智库科技离岸创新创业基地。

2018年，省级孵化器"石狮市海峡两岸科技孵化基地"新增入孵企业（机构）7家，续孵企业5家，现在孵企业及机构共30家；入孵企业累计拥有各种专利390个，其中发明专利72个，实用新型专利258个，外观设计专利60个；计算机软件著作权71个，著作权3个。

【农业科技】 2018年，石狮市有国家级星创天地1家（永前绿创公社星创天地），省科技特派员16名，泉州市科技特派员示范基地18家，泉州市科技型农民专业合作社3家。推进科技特派员引进、选认工作，引导科技、人才、资金、信息、管理等要素向农村聚集，推荐泉州市农业科学研究所余成章研究员和集美大学刘佳英副教授等11名人员申报2018年省科技特派员选认并获得认定，2018年，拥有省级科技特派员的乡镇有灵秀镇、蚶江镇、永宁镇、锦尚镇。

科技交流与合作

【概况】 2018年，石狮市整合集聚人才、技术、资本等创新要素，优化科技创新资源配置机制，依托印包、海洋、物流、染整、智能等联盟平台，邀请专家开展多场培训、技术推介、合作对接等活动。采用"一院（所）一策"办法，加大创新平台引进力度，引进高校、科研院所来石狮市共建创新服务平台或常年在石狮市设点，提供技术咨询、技术对接等服务，完善产学研协作机制。

【科技合作】 2018年，石狮市引进厦大信息科学与技术学院"智能洗净设备工程中心""海洋大数据中心"等5个项目落地，均已注册公司入驻石狮高新区双创中心，并通过认定泉州第一层次人才1人、第二层次人才2人及第五层次人才1人。

2018年11月，依托石海洋联盟组织企业参展在青岛即墨市召开的第23届中国国际渔业博览会，石狮市华宝明祥、正源、万弘、海星、利成、新明、北记等7家企业参展，展位面积222平方米，统一布展、统一形象、统一宣传，宣传石狮市渔业品牌。

2018年，智能产业联盟先后3次到厦门大学、厦门模具中心等地进行参观学习及项目洽谈，邀请厦门市首席信息官协会秘书长李倩对石狮市企业进行两化融合贯标体系认证的政策解读及需求对接。

【科技创新政策资金兑现】 2018年，石狮市对2017年1月1日至2018年3月31日期间科技创新政策资金进行兑现奖补；9月7日对石狮市华宝海洋生物化工有限公司承担的"海洋生物制品联合研发实验室"、福建中益制药有限公司承担的"海洋生物制品产业化工程技术联合实验室"等5个企业实验室建设项目进行经费补助。

【企业与高校开展产学研合作】 2018年，石狮市流香针织面料有限公司与西安工程大学签订"涤/棉针织物节水减排染色技术的开发和应用"技术开发合同、石狮市福旺达五金有限公司与华侨大学环境工程研究所签订"新型双金属催化剂活化过硫酸盐降解切削废液的应用研究"合作项目、石狮海星食品有限公司与台湾海洋大学签订"海洋鱼类下脚料高值化技术开发利用产业化示范"合作项目、福建中益制药有限公司与国家海洋局第三海洋研究所签订"四种重要中药活性成分国家标准样品研制"合作项目。

科技普及与宣传

【概况】 2018年，石狮市科技和知识产权局成立创建福建省科普示范市工作领导小组，在全国科普日开展宣传服务，开展科技三下乡、科技宣传周、知识产权宣传周活动，通过石狮日报、侨乡科技日报和微信公众号开展科技政策、科普宣传活动，承办第27次鼓岭科学会议。

【科技宣传】 2018年，石狮市科技和知识产权局加强科技优惠政策宣传普及，对企业研发费用加计扣除、高新技术企业税收优惠、福建省企业研发经费投入分段补助实施办法各项激励科技创新政策，发布政策解读信息、召开政策宣讲会、工作培训等形式，利用QQ、微信等新兴媒体软件渠道，完善政策宣传渠道，扩大政策知情面、受惠面，营造科技创新良好氛围，提升企业自主创新能力。

【科技拥军】 2018年，石狮市科技和知识产权局联合市科技奖励协会到市武警中队开展科技拥军活动，进行廉政警示教育；完善市科技动员办公室人员配置工作，安排专人负责科技动员潜力调查工作，先后前往科研机构、高新技术企业、各维修分队，完成科技动员潜力数据调查任务。

【承办第27次鼓岭科学会议】 2018年12月14日，由福建省科学技术厅主办，石狮市人民政府、中国电子信息产业发展研究院、泉州师范学院、泉州半导体高新技术产业园区管理委员会、泉州市科技局、石狮市科技创新协会承办第27次鼓岭科学会议在石狮市召开，会议以“光子技术及其产业发展”为主题，专家学者们共同研讨光子技术产业的发展现状和存在问题，同时聚焦泉州石狮市的区域产业发展，侧重研讨包括发展石狮市光子技术产业的重要意义，产业发展的可行性和必要性、发展思路和目标、发展重点、重点项目等，提出建设性的意见和建议。

知识产权

【概况】 2018年，石狮市指导和帮助企业建立知识产权工作规范体系，实现对知识产权的科学管理和战略运用，新增国家知识产权优势企业3家、获得泉州市企业知识产权贯标认证3家。采取沙龙、公众培训等多种形式开展知识产权培训活动，先后组织举办“知识产权管理规范”“专利基础与企业专利战略”等多场培训班。

【知识产权创造和运用】 2018年，石狮市专利申请量达4724件，其中发明专利556件；专利授权量达2192件，其中发明专利98件；累计目前，石狮市有效发明专利拥有量达345件，每万人有效发明专利达4.99件，比2017年同期增加0.32件；为鼓励企业及个人发明创造，下达石狮市2017年知识产权工作奖励资金324.4万元，包括对2017年授权专利、发明专利“清零”企业等给予表彰奖励。

2018年，引导企业运用知识产权，推进知识产权金融服务，兑现天马数控、泰鑫化纤、清源科技、炎英塑胶以及汇龙化纤共5家公司专利质押贴息118.56万元，截至12月底，石狮市有14家企业先后通过专利权质押方式获得银行贷款，累计贷款金额36340万元，2018年获得泉州市专利权质押贷款贴息项目补助19.48万元。

【知识产权执法专项行动】 2018年，石狮市科技和知识产权局开展知识产权保护与监管，查处假冒专利行为，重点加强对服装辅料市场、机械设备的监管，办理专利案件65件，结案65件，结案率100%；协助泉州市知识产权局设立中国（泉州）知识产权维权援助中心石狮纺织服装产业联盟工作站，从企业发展出发，开展知识产权维权援助工作，推动企业增加研发投入。

【知识产权宣传服务】 2018年，石狮市科技和知识产权局结合“3·15”国际消费者权益保护日、“4·26”保护知识产权宣传周等宣传活动，借助报纸、广播、电视等新闻媒体等开展宣传。2018年4月18日至4月22日，在海博会主展馆和海丝会展馆分别设立知识产权维权服务点，为企业提供知识产权维权服务；2018年4月23日，在石狮市海峡两岸科技孵化基地对企业负责人及企业知识产权专干30多人举办知识产权培训活动。7月化解一项外观专利侵权纠纷。

防震减灾工作

【概况】 2018年，石狮市下发《关于进一步修订编制地震应急预案的通知》《关于开展地震应急预案落实情况检查的通知》等文件，坚持周、月、年度和紧急震情会商制度，跟踪各类监测资料分析和震情跟踪研判。开展地震应急避难场所管理指导和设备巡查维护工作。开展学校、医院和重点企业部门地震应急准备、应急救援工作，对全市各学校、医院建筑抗震性能进行全面摸底排查，分期分批进行改造加固。

【地震监测】 2018年，石狮市地震办加强地震台网监测日常运行管理，每季度开展台站仪器设备维护及巡检。运用数字化处理手段，实现全天候、高精度自动运行观测，做好地热、水温、水位前兆数据的收集、入库分析、上报工作。坚持周、月、年度和紧急震情会商制度，跟踪各类监测资料分析和震情跟踪研判，为省、泉州市地震趋势会商提供第一手资料。加强地震舆情监控，及时回应社会关切和做好安全维稳工作。

【震灾预防】 2018年，石狮市下发《关于进一步修订编制地震应急预案的通知》《关于开展地震应急预案落实情况检查的通知》等文件，要求各镇（街道）、各有关单位、各学校、医院、影剧院及部分重点行业企事业编制地震应急预案。编制完成的应急预案，要认真“回头看”，注意突出针对性、可操作性，并通过预案演练，及时发现问题，进一步修改完善。各地震应急预案牵头单位组织全市各类学校和部分企业开展地震应急疏散演练。通过演练活动，各单位掌握应急资源的分布，应急启动程序、应急指挥与协调关系以及处置程序与保障措施，提升各单位应对突发事件的综合反应、协调能力和应急处置能力。

2018年，石狮市地震办开展地震应急避难场所管理指导和设备巡查维护工作，督促各业主单位做好地震应急避难场所各动能设备日常维护，检查各场所的应急避难场所管理机制和制度建设情况、应急配套设施的完好状况和应急避难场所周边建（构）筑物、疏散通道及周边环境保护等方面。指定专人负责避难场所相关设施、设备的日常维护和保养等工作，要求场所的各功能标示牌完整无损，应急机井、应急取水点随时可以使用；所配备的应急发电机要有固定的存放处，且每季度至少启动试机一次。

【防震减灾宣传】 2018年5月8—14日，《石狮日报》开设《防震减灾科普知识宣传》专栏，每日刊登有关地震的防灾减灾知识。5月10—14日，在石狮电视台播放《地震知识》等科普系列动画片。5月11日，通过市移动公司发送8万条防震减灾宣教短信息。5月11日，石狮市地震办和市社工部、科协、市红十字会、消防大队和长福社区居委会联合举办的“石狮市2018年第十个全国防灾减灾日宣传活动”开展防灾减灾科普宣传教育，市红十字会志愿者在现场开展应急援救知识模拟展示，提高群众避险和自救互救能力和社会公众防灾减灾意识。

【地震救援演练】 2018年，石狮市地震办组织市救援队伍及机关、企事业单位和社区开展地震应急演练。组织中小学校依照《中小学幼儿园应急疏散演练指南》开展防震减灾知识讲座及应急疏散演练活动。联合湖滨街道长福社区，市安监局、消防大队和新奥燃气协办开展防震疏散应急演练。

【地震应急救援体系建设】 2018年，在石狮市范围内各村（社区）、医院和学校安装地震预警信息发布终端，提供包括地震预警信息、地震速报信息、地震烈度速报信息在内的地震预警服务产品。通过终端系统对全市广大民众发布地震预警信息，为民众采取有效措施进行避险赢取时间，减少人员伤亡，降低次生灾害影响。计划建设预警后台运行中心1个；建设预警系统终端255个，其中村（社区）140个、医院11个、学校104个。截至2018年12月，建设236台。

气 象

【概况】 2018年，石狮市气象局加强灾害防御针对性，注重对石狮海洋经济发展的气象服务，台风影响过程中，从台风对远洋渔业、海上运输业的影响到码头港口作业、滨海旅游等大风灾害进行分段服务、分级预警，服务材料图文并茂。与石狮市防汛办联合举办到村一级的防灾减灾培训、与市科协联合开展科普活动、与市委社会工作部和地震等部门联合助推全国综合减灾示范社区创建工作。完成石狮市突发事件预警信息发布中心建设项目建设。

【气象防灾减灾】 2018年，石狮市气象局制作重要专题气象服务41期、重要气象信息专报33期、气象灾害预警信号170期，重要天气预警报告25期、启动应急预案29次，决策气象服务材料2期，短时强天气报告5期，发送各类气象预警短信274条，接受超250710人次。

【气象服务】 2018年，石狮市气象局加强与石狮市海洋、渔业、环保、旅游等部门达成合作协议，建立信息互通，提供重点行业和领域的特色服务。

2018年，“8·29”石狮市创历史最高水位的连续性暴雨和短时强降水的过程服务中，石狮市气象局提前3天做出趋势分析、提早100分钟发布红色预警、逐时滚动更新短信直报，对市防指科学决策提供支撑。

【气象科普宣传】 2018年3月24日，石狮市气象局联合石狮市日报社开展世界气象日防灾减灾宣传，为50多名小记者讲解气象防灾减灾知识。4月14日，石狮市防汛抗旱指挥部组织防汛减灾暨河长制业务培训班，200余人参加。4月17日，石狮市气象局与市委社会工作部、市地震办前往长福社区开展全国综合减灾示范社区创建指导工作。5月11日，石狮市气象局联合石狮市第八中学开展气象防灾减灾周科普宣传活动，现场为广大师生发放防灾减灾科普材料并讲解防灾减灾知识。6月15日，石狮市气象局利用“安全生产月”开展气象防灾减灾

2018年5月9日，石狮市地震灾害紧急救援队开展地震消防疏散实战演练现场
（图/石狮市地震办）

科普宣传。9月14日，石狮市气象局参与全国科普日气象防灾减灾科普宣传为广大市民送去气象防灾减灾知识。6月29日，石狮市气象局参与2018年石狮市天然气管道泄漏事故应急救援演练。

【防雷安全监管】 2018年，石狮市气象局将41家防雷重点单位录入全国防雷减灾综合管理服务平台监管。组织开展易燃易爆危险化学品防雷安全生产专项整治百日行动、安全生产大检查、安全生产月等专项检查。按照“企业自查、行业检查、政府督查”方式组织企业开展防雷安全隐患自查。

2018年5月11日，石狮市2018年第十个全国防灾减灾日宣传活动 （图/石狮市地震办）

（图/颜华杰）

综 述

【概况】 2018年，石狮市各级各类全日制学校237所。其中，小学63所，九年一贯制学校4所，完全中学7所，初中5所，特殊教育学校1所，幼儿园153所，中等职业学校1所，本科院校1所，专科院校2所，教师进修学校、素质教育实践基地、青少年学生课外活动中心各1个。全市公办学校教师6874名，其中，在编教师4616名，合同制教师2258名。全市中职、中小学、幼儿园学生共136701名。其中，幼儿园33832名（随迁子女学生19842名，占58.65%），小学64629名（随迁子女学生43230名，占66.89%），初中23973名（随迁子女学生14766名，占61.59%），高中11737名（随迁子女学生5544名，占47.24%），中等职业学校学生2433名，特殊教育学校学生97人。高等院校学生1.87万名（本科1.48万名，大专3960名）。

2018年，石狮市小学适龄儿童入学率100%，小学在校生年辍学率为0；初中学龄人口入学率为99.97%，初中在校生年辍学率为1.26%；三类残疾儿童入学率为98.39%。所有中小学校完成义务教育学校标准化建设。全市63所小学中有24所通过“义务教育管理标准化学校”省级评估认定，14所公办中学有13所通过“义务教育管理标准化学校”省级评估认定。

【硬件建设】 2018年，全市教育类重点项目57个，城投集团承建项目19个，代建项目16个，学校续建项目20个，房地产配建项目2个，年度计划投资30950万元。其中，完工项目12个，主体封顶内外装修8个，主体施工2个，基础施工5个，招投标阶段7个，办理土地手续、方案设计等前期手续阶段23个，完成投资25550万元。

2018年，市财政局补助2000万元，旭辉集团捐赠1500万元，实现全市中小学班班多媒体，教师人手一机，中小学实验室、体音美器材达到I类标准。推进省教育信息化工程建设，举办2次福建省教育资源平台运用及培训。加强全市学校实验室管理水平，举办全市中小学实验室管理培训班，186人参加培训。

【德育工作】 2018年，石狮市推进社会主义核心价值观融入课堂教学、社会实践、校园文化等，开展爱学习、爱劳动、爱祖国的宣传教育，举办“时刻听党话，永远跟党走”第25届爱国主义读书教育活动；开展“诚信立德”规范汉字书写比赛、诚信立德”舞台剧表演等活动。推进移风易俗进校园，开展中学生“十六岁生日文明宣言”活动；开展中国梦主题教育，在清明节、“六一”节和国庆节等重要时间节点分别开展“清明祭英烈”“百名美德少年”网上展示和“向国旗敬礼”网上签名寄语等活动；开展美德少年学习宣传活动，推进“我推荐、我评议身边好人”“身边故事、共同铭记”“最美学生”活动；开展“阳光少年”志愿服务活动，组织学生参加“美丽海岸”“敬老爱老”等主题社区志愿服务活动；组织开展优秀童谣传唱活动，参加泉州市第二届海峡两岸（泉州）闽南童谣大赛比赛，3个项目获奖；规范学校少年宫建设活动，举办少年宫年度展演活动。加强中华优秀传统文化教育，开展“我们的节日”主题教育活动，利用春节、元宵、清明、端午、中秋、重阳节、烈士纪念日等传统节日，开展以孝敬、友善、节俭和诚信为主要内容的中华经典诵读活动，举办“品味经典 传承美德 争做新时代石狮好少年”中华经典诵读展演，全市13所学校，500多名学生参加。持续开展“家+文化”建设，第四实验小学举办第九期“孝道•感恩”夏令营活动，建设“孝道•感恩”文化走廊，为师生学习中华“孝”文化提供平台。举办首届全国中华优秀传统文化教育论坛暨石狮共享教育论坛活动，中国教育科学院、清华大学、北京师范大学等院校的专家教授和来自全国各地100多名代表齐聚石狮，交流优秀传统文化教育成果，发表《中华优秀传统文化教育“石狮宣言”》。

【语言文字工作】 2018年，石狮市把语言文字规范化工作作为“精神文明建设”的重要内容，与创建“全国文明城市”紧密结合，以宣传贯彻语言文字法律法规为主线，以创建语言文字工作达标城市为目标，开展语言文字宣传活动。

2018年，推进机关单位规范用语用字，开展普通话培训测试工作；推进校园规范用语用字，发挥中小学校“主阵地”作用，开展年度推普周活动，组织年度石狮专场普通话水平测试，开展规范汉字书写大赛和中华经典诵读；推进规范社会用语用字，加强编辑记者、播音员、主持人的语言文字培训工作，把语言文字作为各种从业人员招聘录用考核的基本内容；发挥公共服务行业的窗口作用，市场监督管理局和商务局将语言文字工作纳入商业文化建设的内容，重点对振兴路和德辉广场等主要街道、商场的招牌、店名、物价签和内部广告牌的规范用字进行清理。市交通和城市管理局加强对服装城客运站等车站用语用字的督导检查，保证公文用字、宣传标语、标志牌、指示牌等用字规范，组织司乘及窗口人员参加普通话培训与测试。石狮市政府网站、石狮日报社、石狮广播电视台不断扩大语言文字规范化工作的社会影响，发动全市各部门、各单位利用对外LED屏幕，宣传国家规范语言文字有关法律法规和基本常识。2018年，石狮市通过国家三类城市语言文字工作达标评估。

【教育督导】 2018年，石狮市督导室加强挂牌督导责任督学队伍建设，实行责任督学挂牌督导制度，全市所有学校划分成13个督学责任区。2018年，石狮市督导室把在聘期内9名超过65周岁的责任督学调整为督学顾问，选聘20名教育局或教师进修学校干部为兼职督学，增补82名挂牌兼职督学，聘期为3年。每位兼职督学每月对片区学校进行不少于1次的经常性督导，形成督导记录送交督导室，对已退休责任督学发放每人每校每月300元的工作和交通补贴。

2018年，石狮市组织开展春季开学暨学校安全风险防控专项督导检查。9月，启动5年一周期的幼儿园办园行为督导评估工作和开展义务教育发展基本均衡差异系数的统计工作；12月，参加全省义务教育阶段学生语文和艺术监测，全市18个样本校531名学生参加语文和艺术的统一测试，全市18名校长、79名语文教师、22名美术教师和22名音乐教师通过网络完成问卷调查。

2018年石狮市各级各类教育基本情况表

表20

类别	校（园）数（个）	班数（个）	在校生数（人）	教职工数（人）	专任教师（人）	校园面积（平方米）	校舍面积（平方米）	图书数（本）	资产总值（万元）	仪器设备（万元）
学前教育	153	1135	33832	3575	2118	333559.72	390700.98	245353	—	—
小学	63	1266	64629	2128	2039	991155.96	512458.04	1787606	55529.37	12870.97
初级中学	5	464	23973	485	462	242271.82	113036.61	290966	9706.72	2343.74
九年一贯制	4	分别归入小学或初中		504	430	219416	154745.96	288462	14804.94	2267.84
完全中学	7	251	11737	1368	1306	656677	526026.69	1095552	76061.26	9463.19
中职学校	1	—	2433	95	78	82664.2	43891	48603	4406.08	2058.35
特殊教育学校	1	14	97	13	13	29333	3260	3306	—	—
普通高校	3	—								

【校园安全】 2018年，石狮市修订《石狮市学校综治安全工作党政同责、一岗双责规定》，明确学校综治安全工作职责，实行学校综治安全稳定工作分片包干制度，完善“党政同责、一岗双责、失职追责、尽职免责”安全生产责任机制。2018年全市师生非正常死亡人数3人，比2017年同期（9人）下降66.7%，其中学生溺水死亡2人、交通事故死亡1人。2018年，全市学校综治安全工作情况总体平稳，未发生学校安全责任事故和较大事故。

2018年，全市举办学校安全岗位培训班、“五防”课程师资培训和安保干部培训班，50多名学校分管校（园）

长和1000多名学校安全教育教师、安全干部、保安员参加；全市学校安保人员配备率、保安员持证率、重点部位物防及技防设施配备率持续提升；市教育局联合市人防办等单位在华侨中学举行全市“9·18”防空疏散演练；在全市学校开展扫黑除恶、中小学生欺凌治理、危化品综合治理、食品卫生等专项整治工作。

2018年，全市落实学校安全教育平台安全课程和专题活动，各专题活动完成率达到99%以上。开展“8分钟法制微课堂”评选展播、水上安全讲师进校园、防性侵专项教育、“做自己的首席安全官—平安校园行”主题宣传活动、“我与宪法”有奖征文比赛、禁毒征文、书法和美术作品评选活动、毒品预防教育优秀课件评选、毒品预防教育进校园巡讲、“平安印象·和谐泉州”暨首届“平安校园”作品征集比赛等活动。开展“检察官、警官、志愿者进课堂”专项活动，全年开展宣讲130多场，张贴联络卡2083张，将青少年法治教育基地参观学习纳入中小学生素质教育课程范围，全年组织师生参观50多批次6000多名。

2018年，全市完成100所学校的安全风险现场评估，形成学校风险评估报告和隐患清单，初步建立学校安全风险分级管控和隐患排查治理双重预防机制。成立市校车安全监管服务公司，对校车监控平台进行升级，通过入校实地检查、实时动态监控、回放检查和违规通报等多种手段结合，强化监管时效和威慑。建立校园及周边危险玩具排查整治长效机制，开展校园周边租借电子产品排查整治。开展学生接送车辆交通安全专项整治工作，同综治、公安等部门持续开展“护校安园行动”。开展学校消防安全、校园安保、食堂卫生等专项检查，督促落实安全主体责任，消除安全隐患。

【改革创新】 2018年，石狮市推进市直管改革，撤销镇（街道）中心校管理层级，完成干部合理分流。设立“小学教育指导服务中心”“学前教育和民办教育指导服务中心”。按照“总校+成员校”模式组建教联体，原有17所市直小学、5所基层小学、7所乡镇中心小学作为第一系列市直小学完成组建。

2018年，石狮市启动课外服务，出台《石狮市小学生课后服务工作实施方案》，9月，举行“石狮市小学生课后服务启动仪式暨新闻发布会”，在泉州市率先推行小学课后服务工作，采取“2+N”模式实施服务，全市有44所学校参加课后服务，受惠学生4万多人次。

2018年，石狮市成立“未成年人保护联盟”，推行未成年人临界预防机制、教育行业从业人员查询准入机制、定期校园安全联合检查等10项措施，群策群力打造未成年人保护新模式。组成未成年人保护联盟各学校工作站，每所学校工作站有3～8名联络人员，52名检察官、78名警官及185名志愿者进入全市中小学校、幼儿园每一间课堂，实现法治宣传和维权保护全覆盖。

2018年，成立石狮市教育基金会，是全市唯一的公募教育基金会。以市政府名义出台规定，鼓励社会向教育基金会捐赠，首期募集教育基金超过3.6亿元。

【素质教育】 2018年，石狮市加强体育课程与课外体育活动执行力度，以“两操两活动”、学校体育社团创建、体育特色项目营建及体育活动开展为抓手，激发青少年自觉参与体育活动的兴趣，保证中小学生每天锻炼一小时，促进学生身心全面健康发展。成功承办全国啦啦操（石狮站）比赛、省啦啦操联赛，石狮市教育局获“全国啦啦操实验区称号”，石狮市锦峰实验学校获全国啦啦操总决赛一等奖。中英文实验学校足球队参加中国教科院举办的全国教育改革实验区青少年校园足球比赛，获小学组二等级奖。分别举办石狮市小学生5人制、初中8人制和高中11人制的校园足球联赛，联合市文体局、足协举办8场足球进校园活动，举办校园足球D级教练培训班，举办5人制足球裁判员培训班。

2018年，石狮市开展热爱人民军队为主题的拥军宣传教育活动，中小学生素质教育基地和各高中校完成学生军训活动45场，21000人参加。第四实验小学少年军校开展3期活动，参加学生约400人次。发挥石光中学和第四实验小学国家级中小学国防教育特色学校的作用，组织交流学习，提高全市中小学生国防教育的水平。

2018年，石狮市以未成年人心理健康辅导站为主阵地，接待个案面询300多人次，接待网站、微信、QQ等网络咨询人数100多人次，受理电话预约、咨询100多人次。持续举办青春期心理教育、家长课堂、教师减压等专题活动，其中，在市第六实验小学等学校开展青春期心理健康教育讲座10场，受益学生近3000人次；举办“读懂你家的‘熊’孩子”“释放压力 快乐前行”为主题的家长课堂和教师减压团体辅导活动5场次，参加人数300多人。

2018年，石狮市搭建中小学生科技竞赛活动平台，组织各类科技竞赛活动，开展石狮市2018年青少年信息学奥林匹克竞赛，参赛中小学生235人；举办石狮市中小学生电脑制作活动，收到中小学生参赛作品140多件；举办2018年石狮市青少年科技创新大赛，收到中小学生参赛作品数量为历届最多；举办2018年中小学、幼儿园电子制作锦标赛，参赛中小学生、幼儿园学生1200多人；组织参加省、泉州市青少年机器人竞赛、青少年科学影像节展映展评等竞赛活动。组织参加第十五届泉州市青少年科技创新大赛，全市34项科技创新项目进入复赛，5项科技创意作品、5项科技实践活动参加现场展示，获15个一等奖，创下历届最佳成绩。组织参加第24届全国青少年信息学奥林匹克竞赛福建赛区竞赛，获3个一等奖、6个二等奖。

【美育工作】 2018年，石狮市选派骨干教师参加全省美育工作、音乐舞蹈专项培训班，提高全市中小学艺术教师的教学、编创以及指导校园艺术活动的能力。

2018年3月，开展石狮市中小学、中职学生美术、书法、手工现场比赛；6月，市委宣传部、市委网信办、市教育局联合举办“全景石狮山水图”大型创作活动，活动以“百校师生绘石狮，千幅佳作颂家乡”为主题，全市近百所中小学师生通过画笔描绘家乡变化新貌；7月，举办中小学生南音演唱、演奏比赛；8月，举办舞蹈比赛、少儿钢琴比赛；11月，组织参加2018年泉州市“贤銮杯”钢琴比赛；9—12月，在全市中小学开展校歌大汇唱活动。11月，组织参加第二届中国教育科学研究院青少年校园戏剧联展活动，石狮市锦峰实验学校选送的高甲小出戏作品《借条》，获“2018年中国教育科学研究院青少年校园戏剧联展”二等奖；12月，石光中学高三学生张叶英参加2018年泉州市“党在我心中”校园歌手独唱比赛，获高中组一等奖第一名和“泉州市青歌赛美声组”亚军。2018年，全市艺术成果取得小学组器乐一等奖1个，二等奖1个；朗诵一等奖1个；戏剧二等奖1个，三等奖1个；舞蹈二等奖2个，三等奖4个；合唱二等奖1个。中学组小合唱一等奖1个，戏剧二等奖1个、三等奖2个；舞蹈二等奖1个，三等奖1个；朗诵三等奖1个的成绩。

【校外办学机构查处】 2018年，石狮市推进校外培训机构专项治理工作，纳入整治的校外培训机构326家。其中，证照齐全31家，有照没证203家，证照全无92家。在专项治理行动中，坚持依法依规，严格执法，对违法违规办学的校外培训机构实行“零容忍”态度，截至12月18日，约谈举办者7人，公布首批白名单11家、黑名单8家，存在问题的295家培训机构全部完成整改。

学前教育

【概况】 2018年，石狮市有幼儿园153所。其中，公办20所，集体办17所，民办116所。全市在园幼儿33832人。其中，外来务工人员子女19842人，占比58.65%；学前三年幼儿入园率97.95%，学前一年幼儿入园率99.5%。公办幼儿园在读幼儿8157人，占全市在园幼儿总生数的24.01%；集体17所，生数2482人，占全市在园幼儿总生数的7.3%，（在公办性质幼儿园就读的幼儿占全市在园幼儿总生数的31.31%）；民办116所，生数23352人，68.7%。全市公办幼儿园教师566名，其中，在编公办教师307名，聘用合同制教师259名。民办聘用教师3009名，全部具有幼儿教师资格。全市现有省级示范性幼儿园3所，泉州市示范幼儿园13所，石狮市示范性幼儿园32所。其中，民办园中有省级示范园2所，泉州市级示范园7所，石狮市级22所。民办园中第一类普惠性幼儿园47所，第二类普惠性幼儿园32所，保教改革建设示范性幼儿园13所。

【公办教育】 2018年，石狮市加快建设公办园，采取新建、扩建等多种方式，因地制宜建设公办幼儿园，新建的永宁第二中心园当年秋季顺利开园。2018年，鸿山第二中心幼儿园、宝盖镇第三中心幼儿园、锦尚镇第二中心幼儿园、石狮市贝尔乐幼儿园等11所幼儿园通过石狮市示范幼儿园的评估验收。组织开展对拟申报省示范幼儿园的第三实验幼儿园和泉州幼儿师范学校附属幼儿园进行评估前的指导。

2018年，石狮市发挥兼职教研员的指导作用，在永宁中心园、祥芝中心园、锦尚中心园开展送教活动。开展教师美育论文汇编工作，选送5篇优秀活动设计参加泉州优质课活动设计评选活动，分别获得一、二、三等奖；举行“幼儿园教师教学技能”比赛，推荐获得一等奖的黄晓琳老师参加泉州幼儿园教师的教学技能比赛，获得

2018年5月29日，石狮市学前教育宣传月活动 （图/市教育局）

二等奖。开展以“爱岗、敬业、奉献、自豪”为主题的学前教育宣传月宣传活动。

【民办教育】 2018年，石狮市持续推进普惠园，将“购买民办幼儿园学位及普惠性幼儿园项目”列入为民办实事项目，全年认定53所石狮市普惠性幼儿园（其中5所集体办，1所民办园秋季已停办），共408个班级，受惠幼儿数12457名，补助金额789.6万元。

2018年，石狮市通过举行省市级示范性幼儿园开放日活动，以点带面，互帮互学，规范乡镇中心园与民办园走上制度化和规范化的轨道。开展第五期民办园长跟岗学习活动，提升保教管理能力。

【幼教师资培训】 2018年，石狮市选派园长、骨干教师参加园长提高培训、骨干教师提高培训20人次，组织教师参加各级各类研训活动200多人次，开展教学观摩研讨活动四场，500多人次参加。

2018年3月，石狮市出台《石狮市幼儿园教师从业培训结业证认证培训方案》，全年开展2期培训班，委托石狮市鹏山工贸学校培训，采取集中培训与分散学习相结合、理论学习与教学实践相结合，业务指导和品格熏陶相结合三种方式进行培训，对参训对象过程考核及教学实践活动评定合格者，颁发《石狮市幼儿园教师从业培训结业证》，此证可作为石狮市范围内学前教育上岗就业资格。

义务教育

【概况】 2018年，石狮市均衡发展义务教育，继续推进集团化办学、名校办分校、强校扶弱校、合作办学等改革，教师进修学校附属小学、新湖中心小学、塘边小学、蚶江中心小学及洪窟小学等5所学校通过“义务教育管理标准化学校”泉州市核查认定，古洋小学、莲埭小学、福民中心小学、永宁中心小学及新湖中心小学等5所学校被省教育厅确认为第二批“义务教育教改示范性建设学校”。推进“控辍保学”工作，建立义务教育阶段适龄学生学籍数据库，义务教育巩固率达到99.58%。

2018年秋季，全市初中在校生23973名（随迁子女学生14766名，占61.59%），比2017年秋季增加1783人。

【小学教育】 2018年，石狮市推进“义教管理标准化学校”建设，教师进修学校附属小学、新湖中心小学、塘边小学、蚶江中心小学及鸿山小学等11所学校通过省级评估、认定。全市通过省级“管理标准化学校”评估认定的小学占比将近40%。

2018年，石狮市开展年度教育教学管理综合评估，结合“义务教育管理标准化学校”建设，组织县级专家评估组对全市28所市直小学、镇（街道）中心小学及基层小学，进行2017—2018年小学教育教学管理综合评估。评估项目包括“常规管理”“教学质量”“师生获奖”及“教改项目”等四大项。

2018年，石狮市开展以全市小学阶段学生课业负担情况自查自纠、小学作息时间专题调研、全市校园教辅APP系统使用情况自查自纠等为主要内容的日常教育管理专项督查。

2018年，石狮市开展学科教学质量监控抽查，组织全市小学三至六年级全体学生参加泉州市部分学科质量抽查，各镇办中心校统一组织，调换监考，统一评卷；市直小学（学校）划分为六个小组，由各市直小学(学校)组织考试，组内各小学之间交叉巡视，小组协作统一评卷，对小学部分年级部分学科进行学科教学质量抽查，首次启用网上阅卷。

2018年，石狮市开展推动学生素质教育活动。4月21日，福民中心小学举办全市第三届小学生生活与劳动技能竞赛，全市各小学的30支参赛队90名选手参加，福民中心小学代表队获全市团体部分第一名并代表石狮市参加泉州市赛获团体二等奖（团体总分前五名）。6月5日，厦门外国语学校石狮分校举办2018年石狮市“庆六一儿童

2018年9月20日，石狮市小学课后服务工作启动仪式在锦峰实验学校举行
（图/市教育局）

合唱展演”，全市 28 支代表队 1400 多人参演。

2018 年，石狮市举办市直小学教育教学开放活动。5 月，实验小学举办题为“推动教改 变革促进发展”主题教学开放活动，以“利用学科融合，开发校本课程”“语文主题学习实验”“读懂数学文本 优化教学内容”三个专场活动来呈现课题研究与教研活动有机融合；12 月，举办题为“聚焦核心素养 促进全面发展”教育教学开放活动，分语文、数学、地方与校本课程及信息技术四个专场，两场活动均邀请省内外名师作课、作讲座。来自全市各小学教师代表近 2000 人次参加。

【初中教育】 2018 年，石狮八中、石狮五中、石狮七中、银江华侨学校、中英文实验学校等五所学校通过“省义务教育管理标准化学校”评估验收工作。截至 2018 年，全市 14 公办中学有 13 所通过“省义务教育管理标准化学校”，占全市公办中学的 92.86%。

2018 年 4 月，石狮市开展大阅读活动，市教育局、民进石狮市总支部联合举办的第二届“民进杯”中学生现场作文比赛活动，评选出初中组一等奖 20 名，二等奖 32 名，三等奖 54 名；高中组一等奖 10 名，二等奖 18 名，三等奖 36 名。12 月，石狮市教育局、中国邮政集团公司福建省石狮市分公司联合举办的第三届“邮政杯”中学生语文阅读能力竞赛，评选出初中组一等奖 28 名，二等奖 39 名，三等奖 60 名；高中组一等奖 17 名，二等奖 32 名，三等奖 37 名。

2018 年石狮市小学教育资源情况表

表 21

名称	性质	班级数（个）	学生数（个）	专任教师数（个）	校园面积（平方米）	校舍面积（平方米）
实验小学	公办	39	2103	93	15683	17240
第二实验小学	公办	37	2028	110	13553	14993
第三实验小学	公办	43	2248	93	12583	12093
第四实验小学	公办	35	1861	64	24736	16165
第五实验小学	公办	55	2847	74	21817	22155
第六实验小学	公办	36	1950	45	23889	19088
实验中学附属小学	公办	50	2909	97	20673	21112
鹏山师范附属小学	公办	19	1046	37	89163	6115
第三中学附属小学	公办	14	775	32	8803	7825
实验小学蚶江校区	公办	13	681	21	25969	10292
实验中学附属小学东明校区	公办	22	1119	30	23084	8663
第三实验小学复光校区	公办	17	792	22	23241	8485
行实小学	民办	11	265	28	7987	12715
泉师附小石狮校区	公办	9	375	21	28823	3516
厦门外国语学校石狮分校附属小学	公办	25	1212	24	15210	18620
教师进修学校附属小学	公办	28	1303	39	28947	26035
银江华侨学校	公办	12	629	30	21512	9729
锦峰实验学校	公办	35	1906	71	41286	25803
中英文实验学校	民办	50	2053	128	55525	46059
自然门学校	民办	10	354	27	7732	10434
新湖中心小学	公办	36	2019	72	10630	9711
林边小学	公办	24	1355	53	6050	6920
长福小学	公办	34	1933	48	21074	15773
大仑中心小学	公办	24	1302	43	13309	4850
宽仁小学	公办	27	1571	50	12537	13796
五星小学	公办	24	1310	36	6811	8531
塘园小学	公办	20	1088	23	7313	6332

续表 21

名称	性质	班级数（个）	学生数（个）	专任教师数（个）	校园面积（平方米）	校舍面积（平方米）
古洋小学	公办	23	1246	40	9419	6355
华山小学	公办	18	967	23	5752	7555
塔前小学	公办	23	1259	31	7959	8710
港塘小学	公办	23	1243	30	12061	9866
龟湖中心小学	公办	24	1310	41	12291	7415
坑东小学	公办	6	251	7	6439	2875
前坑小学	公办	12	657	16	5902	2649
塘边小学	公办	23	1283	37	14557	12610
后垵小学	公办	8	420	10	30412	6993
塘头小学	公办	8	395	15	4878	4984
桃源小学	公办	18	1004	31	5120	5773
蚶江中心小学	公办	34	1715	60	15261	12322
石湖小学	公办	12	482	19	21500	5250
蚶江锦里小学	公办	6	243	8	2450	1477
莲埭小学	公办	12	611	23	44907	4200
石壁小学	公办	6	294	11	6667	1570
洪窟小学	公办	12	596	20	27708	4955
锦亭小学	公办	6	299	10	5442	2253
峰山小学	公办	12	586	19	7480	5748
华锦小学	公办	12	561	19	11152	3822
青莲小学	公办	6	118	9	6254	1540
永宁中心小学	公办	26	1412	53	18750	8137
梅林小学	公办	6	282	12	8591	4372
陶青小学	公办	6	280	12	7671	5096
沙堤小学	公办	10	388	21	10626	4967
官聘学校	公办	6	196	9	12854	3206
美江小学	公办	6	184	11	7609	3706
岑江小学	公办	6	219	10	17690	2566
霞泽小学	公办	6	154	10	6854	3374
祥芝中心小学	公办	35	1913	80	24056	13580
大堡小学	公办	15	732	24	16000	5916
莲坂小学	公办	6	309	8	20699	4948
紫湖小学	公办	6	281	13	22211	3209
福民中心小学	公办	24	1122	46	15248	12485
锦林小学	公办	6	242	11	12726	4390
鸿山小学	公办	6	270	8	12257	2826
邱厦小学	公办	6	252	9	9330	3623
琼山中心小学	公办	25	1320	43	16709	9739
东店小学	公办	6	267	14	18256	3232
锦尚锦里小学	公办	6	232	11	7523	3133

说明：九年一贯制学校专用教师数、校园面积、校舍面积按小学、初中生数 1 ： 1.1 计算分配

2018 年石狮市初中教育资源情况表

表 22

名称	性质	班级数（个）	学生数（个）	专任教师数（个）	校园面积（平方米）	校舍面积（平方米）	备 注
石光中学	公办	34	1821	94	55519	40785	
第一中学	公办	35	1876	99	45596	42301	
厦外石狮分校	公办	24	1256	68	32560	57787	
第三中学	公办	36	1810	78	26149	18665	市直完全中学
第八中学	公办	42	2258	102	55262	21254	
永宁中学	公办	30	1491	68	32309	13012	
华侨中学	公办	50	2640	111	67034	56915	
实验中学	公办	40	2080	131	26824	33349.7	
第二中学	公办	21	1042	53	26963	15111	
第五中学	公办	20	1010	71	59153	19065.91	市直独立初中
蚶江中学	公办	40	2110	129	90609.8	29350	
第七中学	公办	24	1187	78	38722	16160	
银江华侨学校	九年一贯制公办	11	555	29	20880	4792	
锦峰实验学校	九年一贯制公办	34	1846	75	43984	27490	
中英文实验学校	九年一贯制民办	18	819	56	24365	14047	
自然门学校	九年一贯制民办	5	172	14	4132	3634	
中小学素质教育实践基地	公办	—	—	13	49192	15195	

说明：完中校中初、高中专任教师数、校园面积、校舍面积按初、高中生数 1 ： 1.2 计算分配

普通高中教育

【概况】 2018 年，石狮市出台高中学科竞赛辅导与奖励办法，加强高中学科竞赛培训，引进专门机构强化高优学生和体艺特长生培养。推进“高中数理化生信息奥赛 + 科技创新”培训工作，培养拔尖学生。推进高中自主招生和保送生改革，针对双一流高校的自主招生政策制定相应配套措施，持续提升高考自主招生质量和数量。修订完善高考、中考质量综合评估和奖励办法，强化激励措施。推进高中多样化特色发展，石光中学争创省级示范性高中学校，石狮八中、厦外石狮分校创建省二级达标学校，石光中学、石狮一中、厦外石狮分校建成泉州市特色普通高中校。

2018 年，石狮市高考本一上线人数 748 人，本科上线人数 2330 人，本一、本二上线率均超过全省平均上线率。

2018 年，组织学生参加全国中学生学科竞赛（高中数理化生信息五科－科技创新）福建赛区比赛，全市获泉州以上

2018 年 3 月 21 日，石狮市未成年人保护联盟成立暨“平安校园行”活动启动仪式在石狮一中举行 （图 / 市教育局）

一等奖奖项64人。其中，获省一等奖4人，获省二等奖20人，获省三等奖15人，获泉州一等奖25人。

【石狮市石光中学】 2018年，石狮市石光中学有82个教学班，在校学生4356人，在编教职工277人，校区占地148263平方米。

2018年,学校拥有教师职称263人。其中，特级教师1人，高级教师 77人，中级教师110人，在聘中级以上职称教师占比达71.1%。国培骨干教师2人，省级骨干教师3人，省级学科带头人5人，省级优秀青年教师2人，地级骨干教师22人，地级学科带头人4人。

2018年，学校组织分批分段安排教师外出学习参观培训，从“请进来”到“走出去”，组织100多人次培训。注重发挥骨干班主任的示范作用，鼓励开设公开示范班会课，加强班会课的实效性，选派多名高三初三班主任参加北京教师综合素养能力提升高级研修班课程，选派近70名教龄3年以内的教师参加福州三中、厦门六中、晋江一中、泉州五中等省级教学公开周观摩研讨活动。2018年，学校5名教师成立石狮市首批名师工作室。

2018年，学校深入开展“三爱”教育、国防教育、文明礼仪教育、法制安全教育、心理健康教育等，高三年段举行的“十八岁成人礼”、毕业典礼暨优秀毕业生表彰大会会后文艺会演、捐赠“孔子头像”；高一年段开展“深入昔日战地，激发爱国热情”社会实践活动；承办12.4国家宪法日暨“检察长进校园”宣讲活动；开展“健康青春·绿色无毒”青少年毒品预防教育巡讲进校园活动；开展“诵经典诗歌，品少年情怀”高一年诗歌朗诵比赛等活动。

【石狮市第一中学】 2018年，石狮市第一中学有82个教学班，在校学生4352人。在编教职工276人，专任教师260人，其中43人具有研究生学历，专任教师中，正高级教师1人，特级教师2人，高级教师65人，中级教师112人。学校有省地市各级学科带头人、名师、骨干教师55人，各级教坛新秀、教学能手24人。

2018年，学校重新修订《石狮一中作业检查标准》，加强指向性和可操作性，重点检查教师是否按各学校规定的作业类型和数量布置作业，并增加对校本作业的考查要求。加强教研组和备课组建设，举办2017—2018学年，2018—2019学年教师片段教学比赛，选拔、鼓励教师参加国家级、省级和市级各项教学技能比赛，派出103人次参加在石狮市外举办的各级教研培训活动。做好支教工作，赴石狮市第三中学支教人数20人。11月，举办主题为“融合信息技术精准教学”的教学公开周校际教学观摩及校园开放日活动，开课教师采用“互联网+”的思维方式和新的信息技术手段来变革和改进课堂教学，打造智能高效、精准、富有智慧的课堂教学环境，促进学生的个性化成长。

2018年，学校开展活动育人，组织新生到革命根据地龙岩、江西瑞金进行为期2天的“红色之旅”。组织到泉州社会实践基地及华光艺术学院社会实践基地参加为期一周的社会实践活动，增强国防教育。举办石狮一中第十七届文化艺术节，组织学生参加石狮市第十一届校园灯谜艺术节。9月，校学生会开展校第26届学生会干部换届竞选。组织参加公民警校学习交通安全、消防知识、禁毒教育、防恐防诈骗等法制教育。

【厦门外国语学校石狮分校】 2018年，厦门外国语学校石狮分校有专教职216人，任教师186人。其中，正高级教师2人，特级教师2名，省名师1人，省名师培养对象1人，省级学科带头人6人，地市级名师、学科带头人12人，地市教师教学技能大赛获奖、骨干教师、教坛新秀44人。在校学生数2513人。学校成立国际部，聘请外教开设英语口语课，初、高中均实施部分班级英语小班化教学。开设韩语、日语等小语种教学班，举办各小语种社团活动，开展外语综合活动。

2018年，福建省教师教学技能大赛厦门外国语学校石狮分校教师获奖3人（一等奖1人、三等奖2人），“一

2018年8月31日，国务院大督查第十三督查组组长、海关总署副署长邹志武（前排左二）到厦门外国语学校石狮分校调研 （图/市教育局）

师一优课、一课一名师”省级优课1人、省三等奖1人，泉州市特等奖5名、一等奖3名、二等奖3名，石狮市一等奖19名、二等奖18名、三等奖10名；石狮市第二届中小学教师教学技能大赛，10人获一等奖；泉州市第二届中小学教师教学技能大赛，5人获特等奖；福建省第四届中小学教师教学技能大赛，1人获三等奖。

2018年，参加全国创新英语大赛，获全国一等奖4人，获二等奖3人，获三等奖3人；参加全国创新作文大赛，获全国一等奖1人，获二等奖5人，获三等奖7人；参加全国科学素养大赛，获全国一等奖2人，获二等奖3人，获三等奖1人；参加全国财经素养大赛，获全国二等奖4人，获三等奖2人；参加全国外研社杯英语大赛，1人同揽省亚军、全国二等奖。

2018年，学校开展校园文化、理想前途、文明礼仪、心理健康等教育活动，培养学生“爱校爱家爱自己”的意识，提高学生文明守纪、团结合作、勤奋求实、全面发展的综合素质。加强教室走廊、板报、文化长廊、校园橱窗、网站、微信平台建设，开展丰富多彩的班团队活动。加强交通安全管理，做好学生上下学交通安全的教育与管理，开展消防、防震、防爆及防恐等安全应急疏散演练和学校毒品预防教育，通过升旗仪式、主题班会、宣传橱窗、微信群、告家长书等渠道，加大宣传力度，培养学生自防自救、防毒、拒毒能力。

【石狮市永宁中学】 2018年，石狮市永宁中学占地97540平方米，建筑面积54196平方米。有67个教学班，学生3316人。其中，初中30个班，1491人；高中37个班，1825人。教职工240人。其中，高级教师57人，中级教师86人，福建省骨干校长1人，泉州市名教师1人，泉州市学科带头人1人，泉州市骨干教师16人，石狮市学科带头人3人，石狮市骨干教师22人。

2018年，学校选派多名教参加省高中高级教师培训、福建省基础教育省级培训、第二批省级基础教育培训、泉州市教育局组织的地市级各种培训、石狮教育科研培训。

2018年，学校加强德育工作。组织开展以孝敬、友善、节俭和诚信为主要内容的中华经典诵读活动。利用、元宵、清明、端午等传统节日，开展“我们的节日”主题教育活动。组织团干部到李子芳、董云阁、高积山烈士墓，缅怀先烈、祭奠英雄；组织参加石狮市中小学德育工作指南培训。开展安全教育主题班会，利用国旗下讲话、LED宣传栏、家长微信群、学校微信公众号等多种渠道进行安全教育。开展平安校园系列活动，举办平安校园手抄报比赛、初二年平安校园黑板报、高一年平安校园论文比赛等活动；邀请永宁中学法制副校长傅国雄到校开展法制教育进校园活动；开展从“心”开始家访家校联系活动，让爱在家访路上延伸；开展向校园霸凌说“不”，检察官、警官、志愿者进课堂护航校园安全活动。开展第23个安全教育日专题教育活动：做自己的首席安全官—平安校园行系列活动。举行安全教育培训和逃生演练，每个月利用课间操时间进行不同主题逃生、疏散（防踩踏、防火、地震等）演练。组织学生参加石狮一中法制、交通演示厅参观，参加石狮市法院开放日“远离毒品，从我做起”。

2018年，学校科技项目《一种节能、安全的新型火笼》获泉州市第十四届青少年科技创新大赛一等奖、福建省青少年科技创新大赛三等奖。《基于电解水原理的水中供氧装置》获泉州市第十五届青少年科技创新大赛三等奖。2018年泉州市少年儿童足球锦标赛学校获女子组第二名，石狮市中小学校园足球联赛学校获亚军。

【石狮市第三中学】 2018年，石狮市第三中学校园占地面积52344平方米，建筑面积37363.11平方米，绿化面积8500平方米。学校现有66个教学班，3321名学生，其中高中部30个班，1511名学生。教职工242人，其中专任教师219人；高中教职工119人，其中专任教师107人。高中专任教师中硕士研究生学历6人，本科学历101人，研究生学历占高中教师总数5.61%。高级教师33人，一级教师38人，中、高级教师占高中教师总数66.36%。

2018年，学校推进“差异教学”课堂实验改革，1月30日，举行教师蔡振树《差异数学—对高中数学学与教的若干思考》实验阶段成果汇报暨推介会。4月23日，邀请中国教育科学院华国栋教授到学校进行诊断差异课堂，召开差异教学研讨会和“扬优补缺的辅导训练”培训会。11月15—17日，到浙江师范大学附属杭州笕桥实验中学参加全国差异教学联盟2018年中学校长论坛暨全国差异教学联盟中学理事会成立大会并作《聚焦差异创特色，改革创新谋发展》专题发言。

2018年，学校以法制教育、心理健康教育为核心的德育工作特色，探索学校法制教育的新途径，深化依法治校的德育新模式。3月26日，开展第23个全国中小学生安全教育系列活动暨举行法制副校长聘任仪式。8月27日，邀请法制副校长李泽南，开展青春与法同行法制讲座。12月，开展以“尊崇宪法、学习宪法、遵守宪法、维护宪法、运用宪法”为主题的“12·4”国家宪法日，先后开展宪法晨读、“学宪法”主题手抄报制作比赛、普法教育读本进班级等系列宣传活动。学校以校园文学创作和四大校园节日为载体校园文化特色，通过形式多样的主题教育校园文化活动，打造校园德育品牌。开展读书节、体育节、校园科技节、校园艺术节四个大型校园文化活动，展示学生才华，活跃校园文化。开展校园文学创作，分别邀请泉州市作家协会主席戴冠青和泉州市作家协会副主席吴谨程来校讲座。

【石狮市第八中学】 2018年，石狮市第八中学校园占地面积58518.97平方米，校舍建筑面积31190.23平方米，绿化用地面积18070平方米。至2018年9月，学校有42个初中教学班，30个高中教学班，学生3774人。教职员工260人，其中，正式专任教师188人，本科及以上学历178人，中级及以上职称122人，泉州市级骨干教师12人。

2018年，学校继续优化教学教研常规管理，推进课堂教学改革，学校将工作重点放在高三毕业班、初三毕业班课堂，开展初二、初三中考复习课教师公开课展示。开展教学开放周活动。组织教师送研下乡。关注教师专业发展，开展课题研究活动、进行导学案、校本作业的专题研究。组织外出学习，听课培训，网络培训活动。教师有2人的课题入选泉州市教育科学"十三五"规划（第二批）研究课题。教师有6人的课题入选石狮市普通中学教育教学质量提升专题课题（第二批）。

2018年，学校以活动为载体，提升学生的思想文化修养及道德素质。开展主题班会、板报评比、肺结核预防知识讲座、"清明节祭英烈"、学校中华优秀传统文化教育展板（电子板）展示、校园十佳歌手海选、高二志愿者学生前往永宁福利院看望儿童献爱心、校园十佳歌手赛、防灾减灾宣传日（周）、十八岁成人礼、中国传统文化节、"安全生产月活动"。

2018年，学校协调落实学校西边6.67公顷征地问题；监督学校在建工程，大体完成学校综合楼和运动场，其中运动场已投入使用，综合楼周边网管建设正在设计和招投标中。加强校园安全防范工作，实现技防、人防相结合，安装视频监控、购买防范器具，加强安全、卫生监督管理。

【石狮市华侨中学】 2018年，石狮华侨中学有62个教学班，学生3236人。学校现有教职员工262人，专任教师232人，高级职称教师35人，中级职称教师69人，省特级教师1人，地市级名师10人，县市级名师2人；省级学科带头人1人，地市级学科带头人3人，县市级学科带头人4人；地市级骨干教师8人，县市级骨干教师17人。

2018年，学校由山东271教育集团整体托管石狮华侨中学，以"271教育"整体系统植入为核心，实行市教育局领导下的执行校长负责制，通过对学校教育教学和学校日常管理的全面托管，改善课堂结构，加强学校管理，提高教育教学质量，提升办学品位，为石狮市实施素质教育提供范例。

2018年，学校加强师德师风建设，开展"敬业爱生"主题活动，开展教师发展性评价活动，建立和完善竞争激励机制、人事制度改革，探索教职工全员聘用制度，推进"三名（名校长、名班主任、名师）工程"，促进教师专业化发展。学校教师1人获2018年福建省特级教师，教师3人被评为石狮市首批"名教师"，教师1人被评为石狮市首批"名班主任"。教师有2人成立高中数学名师工作室、1人成立初中数学名师工作室、1人成立高中语文名师工作室、1人成立初中语文名师工作室、1人成立高中英语工作室、1人成立高中综合实践名师工作室等7个石狮市首批名师工作室。

2018年，学校开展现代社团活动，提高学生综合素养。学校开设灯谜、书法、篮球、足球、太极拳等特色教育，成立年段篮球队、足球队、跆拳道训练队、舞蹈队、谜社、文学社、书画兴趣小组等社团，丰富学生第二课堂活动，学校多次代表福建参加"国际中学生灯谜邀请赛"获金、银奖，获石狮市第十四届校园灯谜艺术节初中组团体电控赛二等奖及个人笔猜一等奖和石狮市第九届中学生辩论赛（初中组）季军，女子篮球队获2018年市中学生篮球队联赛初中女子组亚军等。

职业教育

【石狮市鹏山工贸学校】 2018年，石狮鹏山工贸学校以石狮区域产业发展格局为依据，调整学校办学方向，优化专业结构与设置，形成汽修专业群、现代商贸群等三个专业群，九个专业的专业格局，停办染整技术专业，新增汽车营销、动漫设计、烹饪等专业。学校主动对接企业，引企入校实施专业改革。与绿岛国际酒店、新奇特车业股份有限公司、宇服饰有限公司、泉州功夫动漫股份有限公司等企业合作，共建校外实训基地数量达43个，学校全面开展"订单班"人才培养模式，2018年，与10家企业签订"订单培养"协议。

2018年，学校组织41人次参加泉州市中职生技能大赛和厦漳泉三市联赛，其中6人次代表泉州参加省赛，27人次获得泉州市三等奖以上，获得省赛三等奖以上人数为5人次，省赛优秀奖为1人次，国赛1人。组织学生参加石狮市"4·18"海博会志愿者活动、"关爱老人"进社区志愿服务活动、参加 "讲好身边的故事"讲座活动、开展"职业教育活动周""校园文化艺术节""非遗文化进校园""节日主题活动"福利院志愿活动、海峡两岸青年学子交流"两岸一家亲"联欢晚会、蚶江泼水节暨闽台对渡两岸青年学子交流等各项活动。教师外出参加各项研修与培训90多人次。

2018年，学校推进章程建设，举办校长接待日活动，与福建立行律师事务所开展合作，聘请法律顾问，聘请石狮检察院领导为综治副校长，聘请家委员成员参与学校治理。

2018年，学校完善新建VR/AR实训基地、汽车理实一体化车间、财会仿真模拟实训室、烹饪室等为专业发展与学生实践提供硬件保障，各专业校内外实训基地全覆盖。12月，入围首批福建省VR/AR职业教育实训基地建设单位。汽车专业群及服装专业两门精品在线开放课程被确定为2018年福建省职业教育与终身教育重点建设项目。开展农村再就业、产业、行业工人培训项目9个。依托学校闽商学院学生开展创新创业，电商、财会、汽修等专业全面覆盖参与，实现营业额200多万元。

特殊教育

【概况】 2018年，石狮市开展特殊教育学校和普通学校教育联动，加强社区融合教育与“医教结合”的实践探索;继续为无法到校就读的重度残疾儿童开展“送教上门”服务，加大“随班就读”工作力度。2018年，石狮市投入114.2万元用于特殊教育学校校园建设，保障师生在校安全。深化普特结合送教模式，促进残疾儿童的融合教育，努力实现“零拒绝、全覆盖”。

【石狮市仁爱学校】 2018年，石狮市仁爱学校占地面积总面积36667平方米，建筑总面积7519.4 平方米，集教学、生活、办公、运动为一体的教学楼，配备电梯等无障碍设施，设立26个专用康复教室。学校现有教职员工总人数30人，专任教师25人，特殊教育专业的专任教师有22人，高级职称教师1人，中级职称教师8人，地市级骨干教师3人，县市级骨干教师1人。学校现有8个班级，分为2个初中班，6个小学班。现有在校学生85人，送教上门服务的学生12人，采用普特结合送教。

2018年，学校推动特教教师专业化素养，组织特教教师外出各级各类培训达32人次，外出培训的教师返校后作二次培训，2名特教教师参加2018年泉州市特殊教育优秀微课评选分别获一等奖、二等奖。4名教师在2018年泉州市特殊教育优秀教育教研论文评选分别获二等奖、三等奖。

2018年，学校贯彻落实“分类教学和个别化教育相结合”的原则，以学生多元化评价为突破口，根据每个学生年龄、残疾程度、学习基础制定学期发展总目标，每个星期根据学生的发展总目标制定具体的学习教育目标、生活训练目标，教师在教学过程中紧紧围绕学生的发展总目标和具体的学习目标而教学，并及时进行评估，让每个学生在原有的基础上都有进步。

2018年，学校发展以职业教育为主的残疾人高中阶段教育，满足残疾学生接受同等教育的需求，为残疾人就业创业和学历教育提供便利。学校摸索和尝试进行职前教育，开设以补偿缺陷和激发潜能为教育目的的潜能课，课程内容涵盖家政、园艺、语言训练、五金加工等9门服务课程教学，训练学生的自理、自立能力，为学生毕业后的生活、就业奠定基础。

继续教育

【概况】 2018年，石狮市各学校每学期开展为期一周的校本培训，并组织教师参加泉州市2018年第28、29期中小学幼儿园教师远程继续教育培训、石狮市人力资源和社会保障局2018年专业技术人员继续教育培训等，每位教师每年完成至少90学时的继续教育。

【福建广播电视大学石狮学院】 2018年，福建广播电视大学石狮学院（以下简称石狮电大）招生122名，开展生源调研与预测工作，到基层、各机关、企事业单位、农村调查生源对各专业的需求，及时调整专业结构，合理申报招生专业和招生计划，最大满足各类生源对各专业的需求。

2018年，石狮电大通过各级电大教学平台与学生互动，为学生提供各种学习帮助和服务支持。建立学生网上通讯平台，指导学生完成教学工作。做好学生课程形成性考核的实施，督促学生完成网上作业，每个专业主任都认真对学生网上作业完成情况进行记录追踪与指导，并及时做好网上作业的批改工作。聘请大学教师作为学生社会实践及毕业论文的指导教师，指导学生积极参加各种社会实践工作，把在电大学习期间所学到的知识运用到实际工作中；指导学生认真查阅资料，针对自己所学专业，结合平时所学知识，完成毕业论文的撰写。

【石狮市老年大学】 2018年，市老年大学开设有6个系、29个专业、51个教学班、1816名老年学员、57名兼职教职工以及11个社团（研究会）。学校老年学员志愿者成员105人，4分队，全年开展志愿者活动32次。学习艺术团参与石狮市庆祝改革开放40周年和建市30周年系列活动10次专场演出，参与下基层公益演出活动62场次。2018年，开展与香港、澳门乡亲及兄弟老年大学的交流活动，与澳门南音社联谊，与香港石狮同乡会心声合唱团联合会演。

2018年，校太极拳研究会获“2018年全国传统武术之乡比赛”和“第三届全国武术运动大会”2枚金牌、6枚银牌、4枚铜牌；旗袍研究会的《梦回大唐》旗袍秀获“2018—2019年CCTV群星跨年晚会”获一等奖；民俗舞蹈班舞蹈《正月点灯红》获“第十九届世界大舞台中国文艺交流走进港澳”活动一等奖，《闽南婚礼》获二等奖；南音班参加香港“庆祝改革开放40周年成果献礼系列大会演”获铜奖。

2018年，石狮市老年大学老年推进教育理论研究工作，郭天助、林世良的论文《浅谈老年教育中教师队伍的建设》《浅谈“教育纲要”发布后的老年教育》两文获中国老年大学协会第十三次老年教育理论研讨会优秀论文奖。蔡宗营《讲好中国故事 展望伟大复兴》

2018 年 11 月 16 日，石狮市老年大学红叶合唱团与香港石狮同乡会心声合唱团共同举办"金秋放歌聚狮城"香港石狮歌友联欢语文艺演出　（图 / 石狮市老年大学）

获第五批全国老年远程教育优秀视频课程。吕文彬《建立和完善三级远程教育网络是提高老年教育成果的有效途径之一》获第三批全国老年远程教育研究课题优秀奖。编辑、印刷完成校本教材《什音》和《家电基础》。

高等教育

【闽南理工学院】　2018 年 1 月，闽南理工学院被福建省教育厅确定为硕士学位授予培育单位立项建设高校。有全日制在校学生 15000 多人，教师 850 人，其中专任教师 746 人，兼职教师 208 人。获批 2 个福建省本科教学立项建设团队。现有"闽江学者"1 人、"福建省高校杰出青年科研人才"1 人、"桐江学者"1 人，泉州市技能大师 2 名。

2018 年，闽南理工学院新增数据科学与大数据技术、数字媒体艺术、阿拉伯语、休闲体育等 4 个本科专业；金融工程、工程造价等 2 个专业获得学士学位授予权。新增电气工程、机械工程、管理科学与工程等 3 项应用型学科立项建设项目，1 项应用型学科培育项目（设计学）；"智能制造产业应用型人才培养专业群""鞋服与创意设计产业应用型人才培养专业群"入选福建省示范性应用型专业群建设名单。

2018 年，闽南理工学院拥有教育部产学合作协同育人项目 7 个，省级重点学科 2 个，省级重点实验室和工程中心 4 个，省级应用型学科立项建设项目 3 个、培育项目 1 个，省级示范性应用型人才培养专业群 2 个，省级服务产业特色专业 4 个，省级创新创业教育改革试点项目 2 个，省级学徒制项目 1 个，省级重大教育教学改革研究项目 3 个；省级虚拟仿真实验教学中心 2 个，省级实验教学示范中心 5 个，省级公共基础课实验教学平台 4 个，省级校企合作实践教学基地 4 个，省级大学生校外实践教育基地 4 个，省级高校大学生创新创业园 1 个等。

2018 年，闽南理工学院承担省教育厅项目 31 项，新增校级科研项目 147 项，承担企业技术开发、技术服务等横向项目 3D 项，科研项目到账经费总额 3519.25 万元。全年发表各类学术论文 194 篇，获授权专利 34 件、软件著作权 29 件。

2018 年，闽南理工学院整合校内实践教学资源，重点引进发那科机器人、海克斯康三坐标、立体仓库、agv 小车、益模智能化管理软件等高效高精密设备组建集校企一体、产学研一体的未来工厂智能生产线；建设实景与虚拟一体的数字演播中心，3D 创意打印实训中心；建设智能制造与控制技术研究所。2018 年，机械工程虚拟仿真实验教学中心获批省级虚拟仿真实验教学中心培育项目；纳税仿真模拟实训教学项目获批省级虚拟仿真实验教学项目。截至 2018 年，学院与厦门大学、长春理工大学、武汉纺织大学、西安工程大学、惠州学院、闽南师范大学等省内外高校建立校际合作关系；与国内 220 多家大、中型企业、单位签订校企合作协议，为学生的实践能力培养创造良好条件。

2018 年，闽南理工学院面向全国招

2018 年 10 月 10 日，英国斯旺西大学副校长、法学教授 Lwan Davies 等来校访问　（图 / 闽南理工学院）

收本科生4672人，其中普通本科4020人，福建省内招生4107人。数据科学与大数据技术、阿拉伯语、数字媒体艺术、休闲体育专业首次招生。2018年，学院选派教师到企业一线挂职学习154人次，到境外培训进修10人次，参加省教育厅组织的境内培训进修136人次，支持青年教师在职攻读硕士学位58人次。

2018年，闽南理工学院学生完成大学生创新创业训练计划项目国家级20项、省级32项、校级160多项；组织学生参加“第三届中国（深圳）国际时装节”“中国国际时装设计创新作品大赛”“2018年（第十一届）中国大学生计算机设计大赛（国赛）”“第十七届全国大学生机器人大赛ROBOCON”“第八届全国大学生机械创新设计大赛慧鱼组竞赛暨第十届全国慧鱼工程技术创新设计大赛”等30多种学科竞赛。2018年获省级及以上各类获奖项目330多项，其中国家级147项，省级185项。

2018年，学院应届毕业生3859人，其中本科毕业生3859人，已就业毕业生3807人、就业率98.65%，就业对口率60.8%，签约2009人、签约率52.06%。2018年，闽南理工学院出台《闽南理工学院2018届毕业生就业工作奖励办法》，利用就业指导课、讲座等多种形式加强毕业生基层就业意识教育，帮助毕业生树立正确的就业观和价值观，引导和鼓励毕业生到基层就业。出台《闽南理工学院毕业生离校后就业跟踪服务办法》，对毕业生进行不定期跟踪调查，建立“毕业半年后未就业学生台账”和统计毕业生就业半年后就业率，将就业服务延伸到学生毕业半年后。学校建立毕业生跟踪反馈机制，定期走访毕业生就业单位，通过问卷调查、座谈等形式，了解毕业生工作情况，征求对学校教育工作的意见建议。

【泉州纺织服装职业学院】 2018年，泉州纺织服装职业学院设有党政办、党务部、人事处、财务处、教务处、团委、学生处、保卫处、产学研处、招生办等10个行政部门，1个教辅单位（图书馆），设服装艺术系、纺织染整系、经济管理系3个教学单位。2018年，面向全国招生845人，全日制在校生2298人。2018届毕业生690人，就业率99.88%。学院现有教职工171人，其中专任教师125人，高级职称教师32人，中级职称（含研究生）83人，双师型教师63人，常年聘请企业工程师以上职称40余人，以及国内三大纺织服装知名高校专家、教授到校任教讲学。

2018年，泉州纺织服装职业学院获2018年福建省职业教育教学成果奖二等奖、“第21届海峡两岸纺织服装博览会品牌企业总评榜最具科技创新奖”“金狮时尚院校设计大奖”、福建省第十六届运动会大学生部体育道德风尚奖等奖项。

2018年，泉州纺织服装职业学院选派18人次参加全国或省级以上培训，如全国VR/AR实训基地建设培训班、全国信息化教学能力提升培训班、教育部—中国联通职业院校校长和骨干教师“网络学习空间人人通”专项培训、闽台师资培训等。加强精品在线开放课程及专业教学资源库的建设力度，纺织系吴赞敏教授主持的《纺织品染色》课程建设项目获批“2018年福建省职业教育与终身教育重点建设项目”（精品在线开放课程）。

2018年，泉州纺织服装职业学院新设纺织材料与应用、空中乘务、幼儿发展与健康管理三个专业。服装与服饰设计、服装设计与工艺、环境艺术设计、人物形象设计、鞋类设计与工艺等五个专业获批2018年“五年一贯制”高等职业教育专业。

2018年，泉州纺织服装职业学院有服装推进福建省“二元制”人才培养改革试点工作，与服饰设计、服装设计与工艺、染整技术、现代纺织技术四个专业获批福建省“二元制”人才培养改革试点专业，完成录取计划333人，在校“二元制”学生753人。

2018年，泉州纺织服装职业学院联合东华大学、天津工业大学、西安工程大学、武汉科技大学、中纺协（中国纺织工业联合会）检验（泉州）技术服务有限公司、石狮市三益织造染整有限公司、石狮市面料馆等科研机构及纺织服装行业企业，组建“纺织服装福建省高等学校应用技术工程中心”，致力发展成为福建省纺织服装产业技术创新与推广应用体系的重要组成部分。

2018年，泉州纺织服装职业学院学生在各级各类技能竞赛中获奖35人次。其中，国家级6个，省级11个，市级3个，行业4个，其他优秀奖11个。如李晴兴获2017世界礼仪服饰设计大赛

2018年10月27日，泉州纺织服装职业学院胡振涛获第27届中国真维斯杯休闲装设计大赛全国总决赛银奖
（图/泉州纺织服装职业学院）

"最佳针织女装设计奖"；胡振涛获第27届中国真维斯休闲装设计大赛总决赛"银奖"；胡琴获第十届全国高职高专院校学生染色小样工技能大赛二等奖；张世荣获泉州市2018年大学生创新创意作品大赛一等奖；福建省第十六届运动会（大学生部）3人参加，获得2项冠军、2项亚军、1项季军。

2018年，泉州纺织服装职业学院教师竞赛获奖21人次。如黄晓茵获2018年福建省职业教育教案设计大赛一等奖、王晓燕获2018年福建省职业教育教案设计大赛一等奖；郑琦珲获2018福建省职业教育优秀教学设计大赛一等奖；吴素红获"雪莲杯"羊绒手工编织设计大赛金奖；韩静获第三届福建省优秀设计师称号；郑琦珲等人获2018年福建省职业教育教学成果奖二等奖；福建省高校第一届移动教学大赛中，黄晓茵、吴赞敏、王桂甲获二等奖，魏美香、吴素红获三等奖等。

2018年，泉州纺织服装职业学院举办"不忘初心跟党走·青春奋进新时代"迎新晚会、"迎新杯"篮球赛、"弘扬海丝文化，重振古港雄风"墙绘比赛、"定格瞬间"运动会摄影比赛、新风文学社十七周年社庆、"青春有理想，奋斗新时代"大学生辩论赛、"致敬改革开放四十周年""青年大学习"主题课堂、社团文化节汇报晚会等系列活动。

2018年，泉州纺织服装职业学院组织志愿者为"丝路狮缘"故宫珍宝展提供志愿服务；到婷婷福利院、石狮市红景天老年公寓献爱心，为孩子、老人表演节目；在石狮市新医院整体搬迁之际，为患者提供导诊服务。

【泉州海洋职业学院】 2018年，泉州海洋职业学院设有航海系、轮机系、人文系、艺术体育系、基础部、继续教育学院、国际船员专修学院、国际特种船船员培训学院与远洋渔民培训中心等教学单位，开设33个专业方向，学院专业主要涵盖六大类，包括航海轮机类（航海技术等五个专业）、新能源类（智能制造等七个专业）、乘务类（高速铁路客运管理等三个专业）、商科类（电子商务、PMBA班等九个专业）、教育类（社会体育等四个专业）和艺术设计类（室内设计等三个专业）。

2018年，泉州海洋职业学院拥有中央财政支持实训基地2个，省级高职示范专业1个，省级生产性实训基地1个，是国内唯一一所在校园水上训练中心配置可开航教学训练船舶的高校。学院具备经国家海事局批准的含无限航区船长、轮机长、大副、大管轮在内的各类高级、普通及特种船员教育培训资质，具备T01-T06即油船、化学品船、液化气船、客船等特种船船员的普通操作培训和高级培训资质以及国家一级远洋渔业职务船员等培训资质，被海事局授予"船员适任评估示范点称号"，船员教育和培训质量连续多年被福建海事局评定为A级。2018年获福建省职业教育教学成果二等奖。2018年毕业生平均薪酬位列全省高职院校第一名。

2018年泉州海洋职业学院利用多种渠道，开拓就业市场。10月24日，学院举办2019届毕业生校园双选会，113家企事业单位到校参会，现场参加双选会的学生300多人。学院组织校园专场招聘宣讲会，宣讲行业情况、企业现状、各岗位规划前景及岗位职业要求等。

2018年，泉州海洋职业学院13名毕业生被直招为部队士官，10名在校大学生入伍。其中，直招士官海警12名，海防陆军1名。目前，学院连续六年通过直招士官的方式向部队输送优秀兵员，直招士官应征入伍人数比例逐年攀升。

2018年，泉州海洋职业学院依托青年志愿者协会和计生协会通过开展感恩人文教育活动和社会志愿服务，培养大学生的社会担当。9月27日—30日，组织参加世界石狮乡亲恳亲大会的志愿服务；10月26日，组织参加以提倡婚礼简办，拒绝铺张浪费的集体婚礼。学院参与石狮市团市委组织的各类活动的志愿服务工作平均每年50次以上。

2018年，泉州海洋职业学院推进深化国际合作，英国克兰菲尔德大学副校长来访推进交流合作事宜，学院与澳大利亚南十字星大学签署国际合作协议，在教学学习和研究活动等方面开展

2018年8月3日，泉州海洋职业学院党委书记、院长林华东教授参加2018年应征入伍士官座谈会
（图/泉州海洋职业学院）

国际合作。

2018 年，泉州海洋职业学院组织申报各类科研项目 30 多项，其中立项 10 项，年度成功结题 5 项，在研课题 19 项；全院教师公开发表论文 30 多篇，2 篇被 EI 数据库收录；组织参加各类学术会议和活动 30 多人次；组织撰写科技、社科等各类征文 10 多篇，并入选征文集；推荐福建省职业教育专家资源库入库教师 7 位，推荐石狮市社科人才教师 3 位。

2018 年，泉州海洋职业学院国际船员专修学院按照《STCW 公约马尼拉修正案过渡规定实施办法》的相关要求实施教学，全年所开展的培训项目、培训期数、岗位晋升培训（管理级船员职务晋升）通过率在省辖区同类水平名列第一， 完成丙类船员岗位晋升培训 490 人，水手机工 707 人，基安、保安职责 820 人，船上医护 52 人，知识更新、证书再有效 5522 人，完成授课时数近 7000 学时。2018 年，社会船员培训经济增长率比 2017 年增长 40%。

2018 年，泉州海洋职业学院开展各种海洋渔业船员培训 16 期，总人数 376 人。其中，职务船员换新证理论补差培训 4 期 44 人，驾驶 / 轮机职务船员晋升培训 8 期 139 人，普通船员基本安全培训 4 期 193 人。与各级政府、各渔业主管机关、边防派出所等相关部门协调沟通，配合有关部门在渔业行业及船员中介机构进行国家渔业政策、渔业驾驶和捕捞技术以及其他相关的信息宣传和教育活动。

教师队伍建设

【概况】 2018 年，石狮市建立招聘公办教师与市编外合同教师双轨制度，提高教师招聘质量，在组织参加全省招聘考试的同时，组织面向硕士研究生、教育部六所直属师范院校免费师范生开展招聘工作，招聘硕士 59 名。面向在职优秀教师开展专项招聘工作，招聘在职优秀教师 24 名，其中，符合高级人才条件 9 名。规范编外合同教师管理，制定出台《石狮市编外合同教师管理规定（试行）》，提高编外合同教师福利待遇，确保在进修培训、评先评优、休假方面与在编教师享有同等权利，实现同岗同管同发展，确保教师队伍稳定。

2018 年，石狮市实施“名校长、名教师、名班主任”工程建设，认定石狮市首批“名校长”7 名、“名班主任”20 名、“名教师”41 名。常态化开展名校长论坛、异地挂职、跟岗学习、名师送教、技能比武等活动，培养“三名”人才。组织 90 多人次名优教师、校长到北京、山东、广东、四川、江苏等教育先进地区跟岗学习。

2018 年，石狮市发挥名优骨干教师在教师队伍建设中的引领作用，建有县级名师（学科工作室）44 个；开展教学技能系列竞赛评比活动，以赛促培，提高教师的专业技能；中小学教师参加省、市教学技能大赛获奖人数 47 名，参加省级及国家级“一师一优课、一课一名师”比赛获奖 30 名。

2018 年，石狮市推行校长教师轮岗交流制度，每年按应轮岗人数的 10% 交流，实现全市教师动态管理，定期调整。实行学校中层干部竞聘择优上岗制度，15 所学校完成中层干部由学校自主聘任。加强教育人才管理，实施中小学校长书记绩效考核，将组织纪律、事业发展、办学行为、学校管理、安全稳定等方面纳入考核方案。制定加强中高级职务教师管理的实施意见，在全省率先试行对中、高级职务教师聘后管理。

【课程改革实验】 2018 年，石狮市立项福建省级课题 16 项，泉州市级 16 项，石狮市级 150 项。结合各级各类课题立项申报，引导学校教师围绕“学本课堂”“差异教学”“语文主题学习”等方面开展专项课题研究，推进课堂变革，促进质量提升，全年全市课改实验校申报立项市级以上课题 36 项。

2018 年，石狮市利用中国教育科学研究院资源，开展课堂教学改革实验，继续做好“学本课堂”“差异教学”两个课堂教学改革项目实验，永宁中学、实验中学、石狮二中参加“学本课堂”实验；石狮三中、银江华侨学校、石狮七中参加“差异教学”实验；厦外石狮分校参加“课程整体建构”实验。

2018 年，石狮市结合课题研究方式，组织学校做好学校课程的规划与实施研究，引导学校特色建设与课程建设相结合，石光中学等 5 项课题立项泉州市教育科学“十二五”规划校园足球专项研究课题，3 月结题。各足球研究学校通过丰富多彩的校园足球活动，构建精彩纷呈的足球文化，推动学校阳光体育运动开展，促进学生健康成长和全面发展。推荐蚶江中学、石狮市第四实验小学、厦门外国语学校石狮分校附小开发的校本课程参加泉州市精品校本课程评选，蚶江中学获泉州市一等奖并被确认为福建省精品校本课程，石狮市第四实验小学和厦门外国语学校石狮分校附小荣获泉州市精品校本课程评选三等奖。

【教学指导】 2018 年，石狮市教师进修学校各学科教学研究与服务，坚持问题导向，教研员深入基层学校调研、发现教学存在问题，并转化为教研活动的主题。5 月 6 日，石狮市教育局和石狮市教师进修学校委托福建教育学院培训中心开展石狮市“名师送培”项目，在石光、一中、锦峰同时召开石狮市 2018 年中考省考背景下学科教学与复习策略研讨会，加强初中毕业班各学科教学工作。

2018 年，石狮市教师进修学校创新市级教研活动的组织形式，形成不同学科、不同特色而又卓有成效的新型教研模式。如语文学科在大仑中心小学组织全市小学二年级统编新教材教学观摩研讨活动，给与会教师发放“调查问卷”，结果表明，小学语文教研的“211”模式最受教师肯定和欢迎。（“211”教研模式指的是半天的全市性教研活动，四个学时，“2 节课现场教学观摩”“1 节专题报告”“1 节互动研讨”）

【教师培训】 2018 年，石狮市发挥全市兼职教研员、学科带头人的作用，上示范课或开设专题讲座。如语文统编教材教学观摩活动中，泉州市名师培养对象、实小附小许敏莉副校长上示范课；科学新教材教学观摩研讨活动，兼职教研员高莞妮老师为与会科学教师做专题报告。举办全市一、二年级语文教师新教材培训 2 场。8 月，举办 1 场小学数学学业评价专项培训。12 月，组织语文、数学两场名师论坛活动。全年组织 20 多场学科各项比赛活动。

2018 年，石狮市采取“走出去，请进来”的方式，拓展信息渠道和教育空间，了解国内外教育科研动态与发展趋势，掌握教育科研基本原理与过程，借鉴先进科研经验及典型案例。组织参加福建省基础教育科研管理机制创新论坛、福建省教育科学规划课题交流活动、中国教育科学研究院“名师成长”项目启动会暨第九届和平教育对外交流研讨会等活动。举行研究课题开题论证会，为各学校课题组创造学习与交流的机会。发挥专家示范引领作用，聘请教育专家开展教育科研专题讲座，国家教科院特邀专家刘家访教授等多位专家来全市开展专题讲座。选派 32 名教师参加中国教科院 2018 年骨干教师挂职研修；选派 4 名教师参加“国培计划（2018）”——示范性集中培训；选派 101 人参加福建省各类省级教师培训；组织近 400 人次参加泉州市各类教师培训；9 月，组织 427 名教师参加石狮市中学新任教师学科培训活动；9 月 20 日，组织 504 名教师参加第二次集中培训。组织参加泉州市第二届中小学教师教学技能竞赛，先后邀请 2017 年福建省教师教学技能大赛二等奖获得者石光中学韦晓琳和石狮一中钟建明、福建教育学院省教师教学技能竞赛评委专家林藩老师、厦门外国语学校石狮分校肖骁校长进行专题讲座。2018 年泉州市第二届中小学教师教学技能竞赛，石狮市特等奖 9 人，一等奖 4 人，二等奖教师 13 人，三等奖 7 人。编印 2018 年《石狮教研》，为全市教师提供一个相互学习和交流教学心得的平台。

【支教】 2018 年，石狮市选派实验中学王昌军到西藏、石狮华侨中学吴慰岚、石狮八中庄启文到新疆支教。10 月 29—31 日，石狮市组织福建省黄雅芳工作室团队成员，赴政和县开展送教送研下乡活动。

关心下一代工作委员会

【概况】 2018 年，石狮市各级关工委、各活动中心（学校）开展各类形式的思想道德教育活动 200 多场次，参与活动青少年 30000 多人次。开展中共十九大主题宣讲系列教育活动，“传承红色基因”主题宣教活动，持续深化社会主义核心价值观主题教育，普法关爱进校园宣讲教育活动常态化。推进帮扶帮教工作，出台《关于进一步规范青少年社会教育活动中心“建、管、用”意见》，明确活动中心坚持每年两次考评制度、“一场、一栏、六室”建设标准、活动中心管理使用以及主题教育活动项目经费等方面。

【志愿服务队伍建设】 2018 年，石狮市关工委拓宽规范志愿服务队伍建设，融入市文明的志愿者联合会，派专人深入各镇（街道）指导基层进行关心下一代志愿服务网上注册登记，宣传市委有关鼓励志愿者参加公益活动可享受嘉勉待遇政策。完善各青少年社会教育活动中心志愿者队伍建设，21 个活动中心组建志愿服务人员 800 多人。链接社会资源，吸纳石狮市慈心慧航志愿者协会、闽爱志愿者协会等加入关心下一代志愿者服务队伍。成立“关心下一代少儿艺术团”，排演社会主义核心价值观节目 20 多场次，唱红歌演红戏，唱响核心价值观与红色基因主旋律 ，壮大关爱队伍，丰富关爱内容。

【宣讲教育活动】 2018 年，石狮市关工委部署开展中共十九大精神进校园、“大手牵小手，共学十九大”系列主题教育活动。1 月，结合表彰“优秀新石狮人子女”举办“我向习近平爷爷说说心里话”征文活动。2 月，结合“我们的节日・春节”系列主题，启动“不忘初心，继续前行”中共十九大主题图片巡展活动，举办图片巡展 40 多场，近 10000 人次青少年参观图片展。3 月，举办中共十九大主题灯谜竞猜活动，以“非遗文化”宣传中共十九大精神，借助传统文化宣扬新时代新思想。5 月，组织开展抄写中共十九大报告（片段）硬笔书法比赛活动。

2018 年，石狮市关工委开展 “传承红色基因”主题宣教活动。4 月，泉州市、石狮市关工委联合在永宁镇李子芳烈士纪念馆举行“传承红色基因，争做时代新人”主题教育活动启动仪式。5 月，举行“传承红色基因，争做时代新人”征文比赛；6 月，市关工委、市教育系统关工委联合举行“传承红色基因，争做时代新人”主题演讲比赛；湖滨街道关工委举办“红旗飘飘，引我成长”演讲比赛；永宁镇沙美村关工委、锦尚镇关工委、祥芝镇关工委等分别组织青少年及“五老”人员开展“寻红色印记，做先锋少年”“清明祭英烈，共铸中华魂”等主题的祭扫革命烈士墓活动，缅怀先烈伟业。灵秀镇关工委、第四实小关工委开展“寻红色印记・做先锋少年”国防教育暨清明祭英烈活动，瞻仰安业民烈士纪念碑，听“金门炮战”亲历者讲述“战地小老虎”故事。

2018年，石狮市关工委深化社会主义核心价值观主题教育，宝盖锦峰实验学校关工委开展青少年“学传统文化树良好家风”主题的国学古诗吟诵、家训家风亲子故事会等活动；宝盖镇塘边学校关工委、湖滨街道长福小学关工委、锦尚镇卢厝村青少年教育活动中心、市第三实验小学复光校区分别举行弘扬“诚信立德”的社会主义核心价值观主题宣讲、辅导报告活动，邀请市关工委常务副主任杜灿辉、宣讲组郭天助老师作精彩辅导报告，明白“诚信”是做人准则、“人无信不立”的道理。凤里街道五星关工委开展“春暖石狮红，绿色满人间”植树节志愿活动，增强青少年爱护花木意识和爱绿护绿责任心；湖滨林边小学关工委举行“友善是福”道德讲堂；市第四实小举行第九届“孝道•感恩”海峡两岸青少年夏令营，引导青少年学生知荣辱、懂感恩，提升人生观、价值观素养。

2018年，石狮市关工委推进普法关爱进校园宣讲教育活动。4月，灵秀镇关工委等单位在鹏山工贸学校开展禁毒知识与法制宣传进校园活动，现场向1000多名师生发放禁毒宣传资料、法制宣传材料1700多份，以案说法深入浅出宣讲涉毒违法犯罪的危害。6月，“国际禁毒日”，凤里街道大仑中心小学关工委、宽仁小学关工委邀请学校法律顾问开展禁毒宣传进课堂、“拒绝毒品”“防诈骗”等系列法治宣传教育活动；湖滨街道关工委、玉湖社区青少年活动中心与新湖中心小学联合举办大型禁毒知识宣讲教育活动，向青少年学生宣讲从小认识毒品危害，抵制毒品，养成健康学习生活习惯。5月，宝盖镇自然门学校举行“法制进校园”专题讲座，为初中部同学们进行普法教育宣讲，引导青少年要敬畏法律，心中有法、行为守法。市第四实验小学举办“与律师相约家长法制课堂”活动，邀请律师为高年段学生、家长作法制专题讲座。永宁镇关工委及沙美村青少年社会教育活动中心，蚶江镇关工委联合石湖村青少年活动中心，宝盖镇关工委联合铺锦青少年活动中心开展普宣传教育活动。

【帮扶帮教】 2018年，石狮市关工委开展“爱心助学”圆就大学梦，8月27日，召开2018年“爱心助学”座谈会，向年内考取各类高校的53名寒门学子颁发助学金。截至12月，市关工委已连续18年配合市慈善总会、市总工会等部门单位举行的发放爱心助学金超过2000万元，帮助1600多名寒门学子圆就“大学梦”。9月，石狮市关工委组织开展“六失”关爱专题调研，了解镇、村关工委开展精准关爱的落实情况。春节、“六一”等重要节日期间，深入各镇（街道）、村（社区），带动镇、村关工委共走访慰问“六失”特殊群体青少年200多人次。举行2018年优秀新石狮人子女表彰大会，经过各中小学校推荐、评选，来自全国14个省、自治区的59个县（市、区）的100名优秀“新石狮人”子女受到表彰。

【部门联动】 2018年，石狮市关工委推动百万大手牵小手“十大工程”和“六大员”指导组工作机制创新。3月召开新时代关爱未成年人“百万大手牵小手”联席会，创新关爱联动部门、单位共建新思维、新项目、新方式。市关工委参与、配合部门单位联动联合开展关爱帮扶帮教活动项目30多场次。市关工委联合市老干党委、市老促会、市新四军研究会、党史研究协会、老科协举办学习宣传中共十九大精神图片展；联合市教育局、总工会、团市委共同评选表彰优秀“新石狮人子女”活动。参与市检察院等12个部门单位组建的“未成年人保护联盟”；配合市法院、司法部门开展法制庭审进校园普法宣传活动；配合市妇联开展“家教，家训，家风”宣传进社区；配合市科协组织青少年活动中心科技活动负责人参加泉州市科协与关工委联合举办的科技培训活动。各镇（街道）关工委主动与派出所、司法、工会、团委等组织联动配合，开展青少年禁毒、“扫黑除恶”等普法宣传活动。

文化 旅游 体育

（图/颜华杰）

综 述

【概况】 2018年，石狮市完成33个村（社区）综合文化服务中心改扩建任务，在全市各地举办30多场群众文化活动，在文化馆举办“音为你”文化惠民剧场演出12场，举办“世界读书日”系列活动。出台《石狮市百姓书房建设方案》，推进10个“百姓书房”建设。支持文化企业生产经营，选定相关文化产业企业申报泉州市“文化产业发展十佳企业”；组织2个文化产业企业参评泉州市文化产业示范基地；组织6家企业、12个展位参加厦门文博会。

【群众文化活动】 2018年，在蚶江镇举行2018石狮市“三下乡”启动仪式暨新春集中服务活动。承办福建省“新时代、新风采，中共十九大精神宣讲文艺演出福建省芳华越剧团专场（石狮站）”。举办石狮市2018年消防宣传公益演出。举办2018年新春团拜会文艺演出活动。举办“‘不忘初心·牢记使命’迎新春学习贯彻中共十九大南音演唱会”活动、迎新春戏剧展演活动、迎“2018年新春灯谜会”活动。举办“玉湖杯”石狮市第十一届元宵学生灯谜精英赛、石狮市第十届巾帼灯谜邀请赛暨第八届家庭谜会、石狮市第二十届侨乡谜会、石狮市第十四届校园灯谜艺术节等灯谜活动。在泰禾广场举办石狮市2018年元宵灯会。举办“社区杯”春田花花朗读比赛。举办中小学生舞蹈比赛、钢琴比赛。组织相关文艺团体，开展3场文明新风下乡巡回演出。每月在文化馆举办一场“音为你”文化惠民剧场演出，聘请专业文艺队伍表演，推动雅俗共赏。举办“宣传新思想·创作新文化”活动2期。

【非物质文化遗产保护】 2018年，在蚶江镇举办第十二届闽台对渡文化节暨蚶江海上泼水节。开展“非物质文化遗产（南音、狮阵、什音、灯谜、高甲戏）进校园、进社区（乡村）”活动，其中，进校园15所，进社区（乡村）10个。举办庆祝2018年中国“文化和自然遗产日”活动—“刺桐乡村古韵泉州南音音乐会”。举行庆祝2018年“中国文化和自然遗产日”—“熏风初拂”南音专场音乐会。举办中小学生南音演唱演奏比赛。举办“海丝杯”第五届中

2018年，石狮市戏曲进校园 （图/市文体旅游广电新闻出版局）

华灯谜文化节暨石狮第七届中华灯谜艺术节、"巾帼谜会""家庭谜会"、侨乡谜会、校园灯谜艺术节等灯谜活动，组织蚶江镇申报"中国民间文化艺术之乡（灯谜）"。举办"戏曲进校园"活动，历时近3个月，组织高甲戏、南音、提线木偶等艺术团体走进50所学校举办50场演出。

【文化创意】 2018年，石狮市支持文化创意企业生产经营，选定相关文化创意企业申报泉州市"文化产业发展十佳企业"；发动、推荐2个文化创意企业成功参评泉州市文化产业示范基地；组织6家文化创意企业、12个展位参加厦门文博会。

【基础设施建设与管理】 2018年，石狮市完成33个村（社区）综合文化服务中心改扩建任务，加大力度对公共文化单位免费开放工作进行督查。对文化馆、图书馆、博物馆以及镇（街道）综合文化站、村（社区）综合文化服务中心的开放项目、开放时间、服务水平进行不定期督查。出台《石狮市百姓书房建设方案》，推进10个"百姓书房"建设，为市民群众就近阅读提供便利。

【举办书法、美术、摄影、版面等展览或比赛情况】 2018年1月1日至2月6日，市博物馆举办海丝神韵古泉州（刺桐）史迹遗产点图片展；1月16日，市文化馆举办"开启新征程 走进新时代"迎春楹联展；2月8日至5月17日，市博物馆举办"蔚蓝梦想：迎春海丝风情摄影展"；3月27日，市文化馆举办《相约春天·文化自信与自觉》书画联展；4月12日至5月12日，市图书馆举办"书·字·人"书法作品展；5月18日至6月30日，市博物馆举办宜居宜业新石狮摄影诗联展；6月9日，市文化馆举办"2018泉州市青年美术作品展（石狮站）"；7月5日至8月30日，市博物馆举办"诗韵墨馨：洪君鸿诗书作品展"；9月1至15日，市博物馆举办"家＋文化"特色展；9月24日，市文化馆举办"我们的节日—中秋"蚶江海丝文化节—蚶江海上泼水节获奖摄影作品展；9月27日至12月15日，市博物馆举办丝路狮缘——故宫狮文化珍宝展；10月24日至27日，市文化馆举办2018《筑梦新时代 桑榆展风采》—纪念改革开放40周年书画作品联展；11月8日，市文化馆举办的"欣望银耕千帆尽，欢颂合规万里扬"书画摄影展。

【文艺节目获奖】 2018年8月2日至3日，市文化馆组队参加由泉州市文化广电新闻出版局主办的泉州市第28届中小学生南音演唱演奏比赛。其中，袁秃玲获得小学演唱组一等奖，郭铭钕、吴煜达、邱梓渟获小学演唱组二等奖，蔡晴旖、卢铭鑫获得中学演唱组二等奖，石狮市代表队获得器乐组（合奏）二等奖。10月26日，由泉州市文化广电新闻出版局主办的第八届泉州民间音乐邀请赛在泉州府文庙广场举行，石狮市文化馆什音乐团获一等奖。12月，由石狮市文化馆选送，吴泽荣作词，钟桦、黄嘉作曲的原创歌曲《金色的海湾我的家》参加由中共福建省委宣传部、福建省文学艺术界联合会主办的"庆祝改革开放40周年"歌曲征集评选活动，获入选作品。

2018年石狮市各镇（街道）综合文化站情况统计表

表23

序号	文化站名称	负责人	建筑面积（平方米）	建筑物是否独立	文化广场面积（平方米）	设备配置清单	每周免费开放时间（小时）	人员编制（个）
1	凤里街道	黄晋明	900	是	鸳鸯池广场(800平方米)笼式五人足球场（600平方米）	多媒体教室（投仪影、课桌椅80位），健身文体活动室(健身组合器、跑步机2台、杠哑铃组合、健身单车、乒乓球桌、台球桌、拳击器材、棋牌等），规范化科普工作室（虚拟互动电视、科普模型、其他科普物品），图书电子阅览室（图书5000册、电脑6台，阅览桌椅、报刊杂志）、多功能厅（舞台、音响、电子大屏幕等）	32.5	4
2	湖滨街道	洪湘怡	1680	否	2300	图书阅览室、电子阅览室、多功能活动厅、文体活动室、多功能培训室、科普活动室	56	4

续表 23

序号	文化站名称	负责人	建筑面积（平方米）	建筑物是否独立	文化广场面积（平方米）	设备配置清单	每周免费开放时间（小时）	人员编制（个）
3	灵秀镇	王 霞	1300	是	714	书画室舞蹈室、声乐室、图书阅览室、科普活动室、室内健身场所、多功能培训室、综合办公室、室内宣传栏、室外健身路径	42	4
4	宝盖镇	李晓吟	1200 多	是	900 多	投影仪、电子显示屏、红外线感应白板、音箱、话筒、空调、投影仪吊架、电脑、图书、桌椅等	40	4
5	蚶江镇	黄金锁	2000	是	5000	图书室、电脑室、灯谜馆、南音馆、乒乓球馆、多功能教室、棋牌室、古筝馆、书画馆	40	4
6	永宁镇	刘绿漪	519	否	1800	多功能厅、办公室、图书阅览室、电子阅览室、健身室、南音室、室内宣传栏	30	4
7	祥芝镇	吴煌清	2800	是	500	电脑 10 台、打印机 1 台、图书室阅览室 1 个、乒乓球桌 5 台、南音器材若干个、象棋围棋桌 4、音乐教室 1 间、书法绘画器材若干、LED 屏 1 块、绿色网吧 1 个、科技室 1 个	42	3
8	鸿山镇	洪婷婷	4656	是	8000	图书馆，电子阅览室，健身房，舞蹈室，乒乓球室	30	3
9	锦尚镇	毛海燕	2800	是	6000	多功能厅、图书室、电子阅览室、共享工程培训室、健身室	40	3

【文化系列讲座】 2018 年 4 月 16 日，万祥文教论坛第七讲以闽南文化为题举办活动，特邀泉州地方戏曲研究社社长郑国权主讲《南音、南戏海外孤本与乡土文化》；5 月 30 日，特邀省方志委俞杰副主任前来万祥图书馆宣讲“福建经典家训与社会主义核心价值观”；7 月 2 日，万祥文教论坛第九讲邀请著名诗人、美国耶鲁大学教授、台湾东海大学驻校诗人、金门大学讲座教授郑愁予主讲《郑愁予的诗歌光谱》；11 月 9 日，万祥文教论坛第十讲在祥芝中心小学大礼堂举行，邀请著名文化学者、西北大学中国文化研究中心秘书长、陕西社会科学院研究员、陕西孔子学会副会长张培合教授主讲《中国优秀传统文化对教育工作者的现实影响》。

2018 年石狮市主要文艺作品获泉州市级以上奖项情况表

表 24

作品名称	获奖者	选送单位	获奖项目	授奖单位	获奖时间
《什音演奏》	石狮市文化馆什音乐团	石狮市文化馆	第八届泉州民间音乐邀请赛一等奖	泉州市文化广电新闻出版局	2018.10
《金色的海湾我的家》	吴泽荣作词，钟桦、黄嘉作曲	石狮市文化馆	“庆祝改革开放 40 周年”歌曲征集评选活动入选作品	福建省委宣传部、福建省文联	2018.12

续表 24

作品名称	获奖者	选送单位	获奖项目	授奖单位	获奖时间
南音演唱（小学组）	袁秀玲	石狮市文化馆	泉州市第 28 届中小学生南音演唱演奏比赛一等奖	泉州市文化广电新闻出版局	2018.8
南音演唱（小学组）	郭铭钕 吴煜达 邱梓淳	石狮市文化馆	泉州市第 28 届中小学生南音演唱演奏比赛二等奖	泉州市文化广电新闻出版局	2018.8
南音演唱（中学组）	蔡晴旖 卢铭鑫	石狮市文化馆	泉州市第 28 届中小学生南音演唱演奏比赛二等奖	泉州市文化广电新闻出版局	2018.8
南音器乐合奏	石狮代表队	石狮市文化馆	泉州市第 28 届中小学生南音演唱演奏比赛二等奖	泉州市文化广电新闻出版局	2018.8

文化市场管理

【概况】 2018 年，石狮市出动执法人员 472 人次，检查演出、娱乐场所、网吧、游戏机室、广播电视、书店、音像制品等文化、出版物等各类经营场所 212 家次。其中，双随机抽查 32 次，通过双随机方式，检查各类文化市场经营场所 98 家次。开展“扫黄打非”专项工作、校园周边出版物市场专项治理、营业性歌舞娱乐场所专项执法行动、打击赌博违法犯罪专项行动、扫黑除恶专项斗争工作等行动。2018 年，石狮市文化市场综合执法大队受理“12345”政府服务热线等各类举报件 31 件，查处各类违法违规案件 10 起，结案 10 起，其中黑网吧违法经营案件 8 起，出版物违法经营案件 2 起，处罚没款人民币 115038 元。

【文化市场监管】 2018 年，石狮市文化市场综合执法大队按照辖区的属地进行划分，全市 9 个镇（街道）分片负责，具体责任到人。通过周一至周五不定期开展市场巡查检查。

2018 年，元旦、春节期间，重点检查网吧及出版物经营单位 26 家次。开展“扫黄打非”专项工作，开展“两会”期间出版物市场整治、“秋风 2018”“净网 2018”“清源 2018”和“护苗 2018”等专项行动，受理上级移交案件 1 起，已办结。

2018 年，石狮市开展校园周边出版物市场专项治理，重点加强书报亭、校园周边出版物市场整治。4 月，联合市教育局等部门开展绿书签活动，现场分发宣传材料 220 多份。6 月，开展全市校园周边高考、中考前文化市场环境整治。

2018 年，石狮市开展非法宗教出版物专项整治，10 月 25 日联合市民宗局检查辖区内石狮金沙庵、石狮基督教堂、石狮莲华寺等 11 家宗教团体（场所），检查中未发现违法违规行为。出版物市场出动执法人员 84 人次，检查出版物市场 42 家次。

2018 年，石狮市开展印刷复制市场监管工作，重点预防和打击印制政治性非法出版物以及其他违禁印刷品活动和《印刷业管理条例》《印刷品承印管理规定》的执行情况和委印手续的办理情况。对相关企业，重点清查印刷企业的重点部位、重点环节，力求从规章制度上入手封堵非法出版物，敦促印刷复制企业严格落实各项管理制度。

2018 年，石狮市开展扫黑除恶专项斗争工作，采取上门调查问卷、分发扫黑除恶应知应会材料、经营单位签订“责任状”、畅通投诉举报热线等方式，发动市场主体共建共治。组织张贴、摆放各类标语三角牌 3000 块、上墙宣传牌近 2000 块、海报 400 多张，4000 多台网吧电脑显示屏滚动显示，在《石狮日报》“石狮旅游”官方微信平台等刊发宣传标语，多维度多方式宣传。8 月 28 日，结合日常文化市场检查进行线索摸排，组织重点抽查 KTV、电子娱乐、舞厅等 19 家；9 月 2—3 日，延伸覆盖所有乡镇，走访排查全市文化行业经营单位，与扫黑办、政法、公安等部门沟通联系，建立联合检查、线索快速移送、案件办理等工作机制。开展文化市场领域未成年人出入娱乐场所涉黑涉恶涉乱线索专项排查行动。

【网吧整治】 2018 年，石狮市通过分片区负责和随机执法人员的方式，结合“双随机”抽查机制和日常巡查制度，严格依法行政，不定时地对全市有证网吧进行现场检查。采取多种手段监控网吧市场，更新升级网吧“睿网”监控系统，过滤上网内容，有效监控网吧场所。邀请青年志愿者担任网吧志愿监督员，共同加强对网吧的监督工作。及时处理“12318”和“12345”热线举报，调动社会监督力量。

【赌博违法行为整治】 2018 年 8 月 13 日至 12 月 31 日，石狮市文化体育和旅游局开展打击赌博违法犯罪专项行动，出动检查各类相关经营场所 212 家次，查处取缔无证照游戏游艺经营场所；查处在内部或周边设置暗格摆放赌博机的游戏游艺经营场所；查处通过对已核准的机型、机种改装等方式进行赌博活动的游戏游艺经营场所；查处利用彩票、积分、礼品兑换现金或有价证券等方式进行赌博活动的游戏游艺经营场所；查处利用游戏游艺经营场所作掩护进行其他形式的赌博活动；查处利用其他场所作掩护进行的游戏游艺机赌博活动；查处利用互联网从事网络赌博的互联网服务营业场所；查处提供场所参与组织聚众赌博的文化娱乐经营单位。保障畅通“12318”文化市场举报电话，与公安、工商等部门加强联系，启动市场应急联动机制，及时向相关部门通告最新信息，配合有关部门做好禁赌工作，处理各种突发事件。

【加强娱乐场所管理】 2018年7月1日至10月31日，石狮市开展为期四个月的营业性歌舞娱乐场所专项执法行动，出动检查79人次，检查营业性歌舞娱乐场所26家次，责令并制止3起未报批的营业性演出。联合公安、消防、工商、镇办等部门，加大对无证娱乐场所的查处力度，加强重点时节、时段（如国家法定节假日及高考）期间的校园周边整治力度，严禁文化娱乐场所在规定时间以外营业，严查未成年人上网行为，严格实施上网实名登记制度，坚决打击图书音像经营场所涉及销售盗版教辅读物的现象。加强社会监督，畅通“12318”电话举报渠道，及时发现问题，及时进行处置，形成全社会参与文化市场监管的良好氛围。

【提升执法能力】 2018年，石狮市办理各类行政处罚案件10起，未发现行政复议和行政诉讼。加强执法人员培训，组织参加文化和旅游部文化市场司第17批网络文化市场以案施训培训；参加全国文化市场技术监管与服务平台审批与执法系统网络学习和考试；参加上级文化部门组织的文化市场岗位技能大练兵。开展执法质量分析，参加上级执法案卷评比，提高执法人员依法行政能力。

2018年，石狮市执法与宣法并重，召开行业企业管理工作会，宣传有关法律法规，提高经营企业守法意识。把法律法规制成为宣传材料，要求相关企业组织学习和制度上墙。开展宣传普法活动，4月23日，开展“小手拉大手共享悦读之乐”活动，“移动书香送进校园”活动；4月25日，联合市教育局在市第二实小举办以“护助少年儿童健康成长，拒绝有害出版物及信息”为主题的“绿书签2018”宣传活动等。

【文化市场安全检查】 2018年，石狮市文化市场综合执法大队对星级酒店、网吧、KTV娱乐场所、演出市场等人员密集场所开展安全检查153家次，出动人员356人次，现场整改及督促消除安全隐患8处，发出限期整改通知书8起，全部整改到位，整改率达100%。下发相关安全生产文件20份，召开安全生产会议12次，向企业发送安全生产宣传短信约754条，现场入户向企业分发安全生产宣传单314份，会议分发安全生产材料371份。

图书馆

【概况】 截至2018年12月，石狮市图书馆图书总藏量为53.67万册（图书、报刊、视听文献合计数，含未纳统部分，不含电子图书）。总流通人次达40.152万人次，书刊文献外借册次约32万册次（仅限图书）。市图书馆展图书管理工作培训会、图书自助借还设备操作培训、RFID系统操作和数据转化培训会、评估定级交流会等相关业务培训。参加业务工作集中培训5人次，图书资料专业技术人员继续教育9人次。

【馆外服务】 2018年，石狮市流动图书车定期更新图书，定期进学校、部队、工业园区、公园、乡镇社区为广大市民提供免费办理借书证和提供图书借阅服务。2018年，流动图书车出车次数为379次，共计784小时。同时在春节、“六一”儿童节、“八一”建军节等重要节日开展“文化三下乡”、文化拥军、赠书等活动。

2018年，在文林图书馆、万祥图书馆、公务大厦、文化馆、行政服务中心、金融服务中心、人力资源大厦、长途汽车站、客运中心站、德辉广场、宝盖科技园、高新技术开发区、玉湖社区等13个场所安置电子借阅机。电子阅读机每月更新电子图书150册，2018年，下载量17.7万册次。2018年，推出两会专题、“八一”建军节专题、喜迎十九大专题、国学经典100句、我们身边的法律等专题图书推荐。

【图书共享工程】 2018年，石狮市建设10家“百姓书房”，以石狮市（文林）图书馆为中心馆，各镇（街道）图书室、百姓书房为分点，开展通借通还服务，便于百姓借阅。图书馆同石狮市邮政局签订服务合同，根据需求定期为服务点送书上门更换图书，提高图书馆的图书利用率。

【2018年石狮市图书馆业务情况表】

表25

馆名	藏书总量（册）	新增藏量（册）	外借人次	外借册次	阅览人次	阅览册次	活动次数	活动人数
石狮市图书馆	747448	62179	65450	320102	8950	25852	43	22992

文物文博

【概况】 2018年，石狮市强化遗产点保护管理措施，严格执行《文物保护法》《泉州市海上丝绸之路史迹保护条例》等法规，落实《石狮全域一体空间统筹规划》（2015—2030年），依法严格管控遗产区及缓冲区内项目建设和用地规划；完成石湖码头通济栈桥防浪工程方案设计。依托《石狮日报》、石狮电视台开设专栏，编印《石狮故事》、制作广播剧《姑嫂塔》，阐释石狮市申遗点的历史背景、文化积淀、遗产价值和社会地位。市财政2018年预算安排资金1417万元，用于申遗点环境整治及保护管理。落实申遗专项工作经费，将三个申遗点管理站工作经费及人员工资纳入单位年度预算。支持影视作品到遗产点取景拍摄，提升申遗点对外影响力。

石狮市级以上非物质文化遗产名录项目

表26

序号	代码	类别	项目名称	申报地	立项级别			
					国家级	省级	市级	县级
1	01（Ⅰ）	民间文学	石狮灯谜	石狮市	—	三批	二批	首批
2	01（Ⅰ）	民间文学	姑嫂塔传说	永宁镇 宝盖镇	—	四批	三批	首批
3	01（Ⅰ）	民间文学	永宁陷城洗街故事	永宁镇	—	—	—	首批
4	01（Ⅰ）	民间文学	闽南念四句	石狮市	—	—	三批	二批
5	02（Ⅱ）	传统音乐	泉州南音	石狮市	—	—	—	首批
6	02（Ⅱ）	传统音乐	泉州什音	石狮市	—	首批	首批	首批
6	02（Ⅱ）	传统音乐	泉州笼吹	石狮市	—	二批	首批	首批
8	02（Ⅱ）	传统音乐	龙虎罩	石狮市	—	—	—	首批
9	03（Ⅲ）	传统舞蹈	泉州踢球舞	石狮市	—	首批	首批	首批
10	03（Ⅲ）	传统舞蹈	公背婆	石狮市	—	—	—	首批
11	03（Ⅲ）	传统舞蹈	踩莲	蚶江镇	—	—	—	首批
12	03（Ⅲ）	传统舞蹈	踩高跷	凤里街道 湖滨街道	—	—	—	二批
13	04（Ⅳ）	传统戏剧	高甲戏	石狮市	—	—	—	首批
14	04（Ⅳ）	传统戏剧	木偶戏	凤里街道	—	—	—	首批
15	06（Ⅵ）	传统体育、游艺与杂技	泉州刣狮	锦尚镇 鸿山镇 永宁镇	—	二批	首批	首批
16	06（Ⅵ）	传统体育、游艺与杂技	北狮	蚶江镇	—	—	—	首批
17	06（Ⅵ）	传统体育、游艺与杂技	矮子摔跤	湖滨街道	—	—	—	首批
18	06（Ⅵ）	传统体育、游艺与杂技	格阁翻	湖滨街道	—	—	—	首批
19	06（Ⅵ）	传统体育、游艺与杂技	掷饶钹习俗	凤里街道	—	—	三批	二批
20	06（Ⅵ）	传统体育、游艺与杂技	五祖拳	石狮市	—	—	—	三批
21	06（Ⅵ）	传统体育、游艺与杂技	梅花拳	石狮市	—	—	—	三批
22	07（Ⅶ）	传统美术	通草画	石狮市	—	—	五批	首批
23	07（Ⅶ）	传统美术	妆糕人	永宁镇	—	—	—	二批
24	07（Ⅶ）	传统美术	贞观香绒画	湖滨	—	—	—	三批
25	08（Ⅷ）	传统手工技艺	塘头甜粿的制作技艺	宝盖镇	—	—	五批	二批
26	08（Ⅷ）	传统手工技艺	泉州金苍绣技艺	凤里街道	—	—	三批	二批
27	08（Ⅷ）	传统手工技艺	石湖菜脯的制作技艺	蚶江镇	—	—	—	二批
28	08（Ⅷ）	传统手工技艺	古宅烘炉的制作技艺	灵秀镇	—	—	—	二批
29	08（Ⅷ）	传统手工技艺	青莲面线制作技艺	蚶江镇	—	—	—	三批
30	08（Ⅷ）	传统手工技艺	石狮蚝仔煎制作技艺	石狮市	—	—	—	三批

续表 26

序号	代码	类 别	项目名称	申报地	立项级别			
					国家级	省级	市级	县级
31	08（Ⅷ）	传统手工技艺	石狮纸扎制作技艺	石狮市	—	—	—	三批
32	08（Ⅷ）	传统手工技艺	阿潭水煎包制作技艺	永宁镇	—	—	—	三批
33	10（Ⅹ）	民俗	石狮端午闽台对渡习俗	蚶江镇	三批	首批	首批	首批
34	10（Ⅹ）	民俗	蚶江王爷船巡海信俗	蚶江镇	—	—	三批	二批
35	10（Ⅹ）	民俗	石狮城隍信俗	永宁镇 凤里街道	—	—	三批	二批
36	10（Ⅹ）	民俗	石狮进主与修谱习俗	石狮市	—	—	—	二批
37	01（Ⅰ）	民间文学	闽南喜娘	石狮市	—	—	—	四批
38	08（Ⅷ）	传统手工技艺	绿豆馅饼制作技艺	石狮市	—	—	—	四批
39	10（Ⅹ）	民俗	石狮大普信俗	石狮市	—	—	—	四批

备注：

1.2005 年 10 月 31 日，福建省人民政府闽政文〔2005〕495 号公布第一批省级非物质文化遗产代表作名录 101 项，石狮市有泉州什音、泉州踢球舞、石狮蚶江端午海上泼水习俗等 3 项入选。

2.2007 年 3 月 27 日，泉州市人民政府泉政文〔2007〕116 号文公布首批泉州市级非物质文化遗产名录 9 类 68 项，石狮市有泉州什音、泉州笼吹、泉州踢球舞、泉州刣狮、闽台对渡（海上泼水节）习俗等 5 项入选。

3.2007 年 8 月 28 日，福建省人民政府闽政文〔2007〕291 号公布第二批省级非物质文化遗产名录 98 项，石狮市有泉州笼吹、泉州刣狮等 2 项入选。

4.2008 年 3 月 10 日，石狮市人民政府狮政综〔2008〕34 号文公布第一批石狮市级非物质文化遗产名录 7 类共 18 项。

5.2008 年 12 月 31 日，泉州市人民政府泉政文〔2008〕272 号文公布第二批泉州市级非物质文化遗产名录 5 类 23 项和第一批市级非物质文化遗产推荐扩展项目 3 类 6 项，石狮市有石狮灯谜等 1 项入选。

6.2009 年 5 月 31 日，福建省人民政府闽政文〔2009〕151 号公布第三批省级非物质文化遗产名录 82 项和第一批省级非物质文化遗产推荐扩展项目 6 项，石狮市有石狮灯谜等 1 项入选。

7.2010 年 9 月 19 日，石狮市人民政府狮政综〔2010〕172 号文公布第二批石狮市级非物质文化遗产名录 5 类 11 项和第一批石狮市级非物质文化遗产推荐扩展项目 1 项。

8.2010 年 11 月 26 日，泉州市人民政府泉政文〔2010〕324 号文公布第三批泉州市级非物质文化遗产名录 6 类 32 项和第一批市级非物质文化遗产推荐扩展项目 3 类 3 项、第二批市级非物质文化遗产推荐扩展项目 2 类 3 项，石狮市有姑嫂塔传说、蚶江王爷船巡海信俗、石狮城隍信俗、掷铙钹、闽南念四句、泉州金苍绣技艺等 6 项入选。

9.2011 年 5 月 23 日，国务院国发〔2011〕14 号公布第三批国家级非物质文化遗产名录 191 项和国家级非物质文化遗产名录扩展项目名录 164 项，石狮市有石狮端午闽台对渡习俗等 1 项入选。

10.2011 年 12 月 14 日，福建省人民政府闽政〔2011〕105 号公布第四批省级非物质文化遗产名录 74 项和，石狮市有姑嫂塔传说等 1 项入选。

11.2014 年 1 月 9 日，石狮市人民政府狮政综〔2014〕4 号文公布第三批石狮市级非物质文化遗产名录 3 类共 7 项。

12. 泉州市人民政府关于调整规范第一至四批和公布第五批市级非物质文化遗产代表性项目名录的通知（泉政文〔2016〕44 号），石狮市有塘头甜粿的制作技艺和通草画等 2 个项目入选。

13.2017 年 6 月 12 日，石狮市人民政府狮政综〔2017〕112 号文公布第四批石狮市级非物质文化遗产名录 3 类共 3 项，以及 1 项第一批名录扩展项目。

石狮市级以上非物质文化遗产项目代表性传承人

表 27

传承项目	传承人	性别	出生年月	民族	命名级别				备注
					国家级	省级	泉州市级	石狮市级	
灯谜	苏荣灿	男	1971.06	汉	—	三批	三批	首批	—
灯谜	林清富	男	1970.03	汉	—	—	四批	首批	—
灯谜	林志攀	男	1969.12	汉	—	—	四批	首批	—
灯谜	纪清华	男	1947.06	汉	—	—	—	首批	—
灯谜	林祖炳	男	1929.08	汉	—	—	—	首批	—
灯谜	黄杏村	男	1934.12	汉	—	—	—	首批	—
南音	吴彦造	男	1926.01	汉	二批	首批	首批	首批	去世
南音	蔡维镖	男	1952.11	汉	—	—	首批	首批	—
南音	纪安心	女	1969.04	汉	—	三批	首批	首批	—
南音	龚文鹏	男	1952.09	汉	—	—	四批	首批	去世
南音	蔡孝凹	男	1930.09	汉	—	—	四批	首批	—
南音	蔡尔世	男	1958.10	汉	—	—	—	首批	—
南音	王文灿	男	1955.02	汉	—	—	—	首批	—
南音	吴光荣	男	1955.07	汉	—	—	—	首批	—
南音	蔡忠庭	男	1946.08	汉	—	—	六批	首批	—
南音	吴文俊	男	1977.01	汉	—	—	六批	首批	—
南音	王德意	男	1969.01	汉	—	—	七批	—	—
南音	蔡维能	男	1947.11	汉	—	—	—	二批	—
南音	邱萌芬	女	1971.09	汉	—	—	—	二批	—
什音	郭茂萱	男	1947.03	汉	—	—	首批	首批	—
什音	陈永辉	男	1949.04	汉	—	—	首批	首批	—
什音	卢远雄	男	1958.07	汉	—	—	—	首批	—
什音	王连强	男	1934.09	汉	—	—	—	首批	—
什音	洪周景	男	1951.08	汉	—	三批	四批	首批	—
什音	刘以成	男	1949.07	汉	—	—	—	二批	—
什音	蔡忠横	男	1954.04	汉	—	—	—	二批	—
笼吹	何恭水	男	1928.09	汉	—	首批	首批	首批	—
笼吹	何清和	男	1953.06	汉	—	三批	四批	首批	—
笼吹	何敬滔	男	1934.07	汉	—	—	—	首批	—
踩球舞	何敬智	男	1941.05	汉	—	首批	首批	首批	去世
踩球舞	王明艺	男	1969.03	汉	—	—	首批	首批	—
公背婆	许清海	男	1960.01	汉	—	—	—	首批	—
高甲戏	王金山	男	1946.06	汉	—	—	—	首批	—
高甲戏	何敬智	男	1941.05	汉	—	—	—	首批	去世
高甲戏	林月红	女	1969.05	汉	—	—	—	二批	—
高甲戏	林世忠	男	1971.12	汉	—	—	—	二批	—
木偶戏	陈赞灯	男	1933.11	汉	—	—	—	首批	—
五祖拳	周盟渊	男	1944.09	汉	—	—	首批	—	—
五祖拳	卢义荣	男	1952.12	汉	—	—	第四批	—	—
狮阵	杨式取	男	1931.06	汉	—	—	首批	首批	去世

续表 27

传承项目	传承人	性别	出生年月	民族	命名级别				备注
					国家级	省级	泉州市级	石狮市级	
狮阵	卢武定	男	1950.10	汉	—	三批	首批	首批	—
狮阵	卢武稿	男	1946.02	汉	—	—	五批	首批	—
狮阵	卢天补	男	1960.06	汉	—	—	五批	首批	—
狮阵	卢远练	男	1947.12	汉	—	—	五批	二批	—
狮阵	卢远献	男	1958.12	汉	—	—	五批	二批	—
狮阵	卢瑞艺	男	1977.09	汉	—	—	六批	二批	—
狮阵	卢荣智	男	1970.11	汉	—	—	六批	二批	—
狮阵	卢章立	男	1975.02	汉	—	—	六批	二批	—
狮阵	卢建华	男	1959.12	汉	—	—	六批	二批	—
狮阵	卢维国	男	1955.01	汉	—	—	六批	二批	—
狮阵	卢少华	男	1969.06	汉	—	—	六批	二批	—
狮阵	卢武祝	男	1978.03	汉	—	—	—	二批	—
狮阵	卢金练	男	1974.04	汉	—	—	—	二批	—
狮阵	卢天送	男	1956.09	汉	—	—	—	二批	—
狮阵	林水现	男	1949.12	汉	—	—	—	二批	—
狮阵	林共和	男	1950.04	汉	—	—	—	二批	—
北狮	蔡奕品	男	1960.08	汉	—	—	—	首批	—
矮子摔跤	陈金傅	男	1956.10	汉	—	—	—	首批	—
通草画	吴小锦	女	1965.04	汉	—	—	—	首批	—
青莲面线制作技艺	谢啊岁	男	1969.08	汉	—	—	—	二批	—

【文物保护】 2018 年，石狮市加强申遗点保护管理力量，组织参加各级业务培训和应急演练。落实专人加强申遗点文物安全和巡查工作，各申遗点管理站加强日常巡查和值班值守，按要求做好巡查记录及文物事件报告。聘请 12 名文史专家和社会各界代表组成石狮市海丝文化遗产保护工作顾问组；配合开展为期 5 天的石狮市情讲解员选拔培训，助力申遗工作。

【文博研究】 2018 年，石狮市博物馆馆长李国宏出席“海文献与中外交流互鉴”“泉州学研究与二十一世纪海上丝绸之路”等 4 场国家级、省级学术研讨会，分别在会上作学术报告。先后在《福建文博》《文物鉴定与鉴赏》《艺苑》《闽台缘文史集刊》《闽南》等刊物发表学术论文 8 篇。由于在海外交通史、华侨史以及福建地方史等领域具有较高的学术研究水平，李国宏被推选为中国海外交通史研究会理事、泉州华侨历史学会副会长。

【家训家风】 2018 年 6 月，石狮市家风家训展示中心被中共石狮市纪委、石狮市监察委授予“石狮市廉政文化教

2018 年 10 月 15 日，故宫博物院单霁翔院长（右一）参观狮文化展览（图/市博物馆）

育基地”，2018年10月，被中国伦理协会授予“道德文化教育基地”。石狮市家风家训展示中心以“清风美德”为主题，突出石狮侨乡家风家训深厚的历史文化内涵，融入时代核心价值观，展现石狮城市文化品味及文明形象。

【展览活动】 2018年，石狮市博物馆举办《蔚蓝梦想：迎春海丝风情摄影展》《宜居宜业新石狮摄影诗联展》《2018年石狮市青少年科技创新》《丝路狮缘——故宫狮文化珍宝展》《十一届国展获奖书家走进石狮合作书法长卷特展》等9场临时展览，参观人数近12万人次。

2018年9月27日，由故宫博物院、石狮市人民政府主办，市博物馆承办的“故宫狮文化珍宝展”对外免费开放，这是故宫博物院首次在县级市举办狮文化特色展。至12月15日结束，展览累计接待观众5.6万人次。此次展出丝路山水地图、明代掐丝珐琅狮形香薰、清代寿山石狮钮“所宝唯贤”印玺等41件与“丝路文化”“狮文化”相关的文物珍宝，把明清宫廷中博大精深的狮文物精品浓缩在展览中，让参观者从中了解狮文物的艺术价值和中国古代传统文化的丰富内涵。

【文化宣讲】 2018年，石狮市博物馆发挥社会服务功能，围绕海丝文化、文物保护、家风家训等主题，开展文化下乡、进校园宣讲活动，先后为宝盖镇、石狮日报社、湖滨街道花园城老年学校、蚶江中学及泉州广播电视台、丰泽区文化馆等单位开展30多场文化讲座，全年接待参观团队、商务考察、华侨访问团、中国台港澳地区嘉宾及国外宾客等团队逾1.5万人次，提供志愿讲解服务100多场次。

2018年石狮市博物馆活动情况登记表

表28

序号	展览名称	时间	主办单位	协办单位
1	海丝神韵古泉州（刺桐）史迹遗产点图片展	2018年1月1日至2月6日	石狮市委宣传部、石狮市文体旅游广电新闻出版局	石狮市博物馆
2	蔚蓝梦想：迎春海丝风情摄影展	2018年2月8日至5月17日	石狮市委宣传部、石狮市文体旅游广电新闻出版局	石狮市博物馆、市总商会、永宁城隍庙管委会
3	宜居宜业新石狮摄影诗联展	2018年5月18日至6月30日	石狮市文体旅游广电新闻出版局、石狮日报社	石狮市博物馆，石狮市摄影家协会
4	石狮可移动文物普查成果展	2018年6月1日至30日	石狮市博物馆	—
5	诗韵墨馨：洪君鸿诗书作品展	2018年7月5日至8月30日	石狮市博物馆、石狮市教育系统书画影研究会、石狮市诗词学会、石狮市楹联研究会	石狮市石光中学，石狮市第三实验小学
6	“家+文化”主题活动展（文化遗产日活动）	2018年9月1日至15日	石狮市博物馆	—
7	2018年石狮市青少年科技创新成果展	2018年9月21日至27日	石狮市科学技术协会、石狮市教育局、石狮市生态环境保护局、石狮市科技与知识产权局、石狮市关心下一代工作委员会	石狮市博物馆，石狮市文化馆
8	丝路狮缘——故宫狮文化珍宝展	2018年9月27日至12月15日	故宫博物院、石狮市人民政府	石狮市博物馆
9	十一届国展获奖书家走进石狮合作书法长卷特展	2018年12月20日至2019年1月10日	石狮市委宣传部	石狮市书法家协会 石狮市博物馆

广播电视

【概况】 2018年，石狮市现有电视和广播电台两大传统媒体。电视有新闻综合频道，自办13档栏目，自办节目每天播出时间70多分钟。广播电台自办7档栏目，每日直播节目时间8小时。全年各级获奖作品48件。

2018年，石狮市广播电视台配合改革开放40年、石狮改革发展30年，策划制作30集系列片《石狮故事》和

5集文化专题片《丝路狮缘》；配合央视中文国际频道完成两期《城市1对1》栏目；配合央视科教频道摄制《中国影像方志·石狮篇》；配合完成市人民政府承办的将军山“海上国际军事比赛”宣传报道工作。承接摄制党政部门、镇（街道）、企事业单位的纪录片、专题片、宣传片、微电影43部；摄制公益广告6个、总时长23分钟；组织公益活动20多场。2018年，石狮市广播电视台获“全省融媒体新闻协作先进县级台称号”。

【广播电视新闻报道】 2018年，石狮市新闻中心自办3档栏目：《石狮新闻》《周末视点》《直通政务》。2018年，《石狮新闻》播出新闻240多期，开设《讴歌新时代·点赞咱石狮》《讲好石狮故事》《改革开放新石狮》《高质量发展 落实赶超》《项目攻坚赶超跨越》《扫黑除恶进行时》等新闻专栏35个，发稿2500多条；《直通政务》播出258期，发稿1032条；《周末视点》播出新闻45期，播发新闻专题（深度报道）200多期，发稿200多条。

2018年，中央电视台、中央人民广播电台、福建电视台、泉州电视台等电视台播出石狮新闻1030多条次。其中，中央电视台43条次、中央人民广播电台6条次、福建电视台361条次，泉州电视台620条次，分别增长7%、9%、12%、10%。中央电视台《新闻联播》播出3条，《城市1对1》栏目播出2期，纪录片《中国话》播出1期，福建电视台《新闻启示录》播出5期。10月8日，与央视移动端“央视新闻移动网”达成合作，开放央视移动端石狮直播端口，截至12月31日刊发石狮新闻137条次，其中《庆祝改革开放40周年基层行·乡镇篇——一个外国人眼中的古镇变迁》点击率达32万人次。

【媒体融合】 2018年，石狮市广播电视台推进媒体融合，“爱石狮”微信公众号发布信息1922条（其中新闻900条），阅读量1730270人次。海丝海博会、石狮国际时装周期间，开展多场图文直播和微直播，点击量29908人次；国庆期间“爱石狮”公微号负责“故宫狮文化珍宝展”预约抢票活动，并对展览进行多场图文直播，点击量30528人次。2018蚶江海上泼水节图文直播，点击量31772人次。“爱石狮”公微号多次进入清博指数排行榜前十名。10月，石狮市广播电视台加入央视新闻移动网矩阵。11月，石狮市广播电视台新媒体业务合并至石狮市融媒体中心，新媒体工作人员进驻石狮市融媒体中心负责“爱石狮”等相关新媒体内容制作，加强信息素材及时共享。

【电台节目】 2018年，石狮市广播电视台自办7档直播节目，《早安狮城》《晓霞热线》《全城最动听》《第二故乡》《绝对意外》《乐活全城风》《雯所未闻》，播出时长8小时。

2018年，石狮市广播电视台重点策划节目有中央人民广播电台“中国之声”推出纪念改革开放40年专栏播出的《改革开放四十年之石狮小商品市场》；石狮人民广播电台创作的微广播剧《李子芳》在石狮市文体旅游局微信公众号上线；市委宣传部、市委网信办、市广播电视台发起“三十讲我读·你听”诵读活动，邀请全市广大党员、干部、群众走进市人民广播电台播音室，诵读《三十讲》的片段，8月21日起在市广播电视台“爱石狮”微信公众号每天播出；中央人民广播电台与石狮市广播电视台联合出品的广播单本剧《姑嫂塔》，10月11—12日在中央广播电视总台“中国之声”播出，10月30—31日在中央广播电视总台神州之声9点“祖地乡音”播出。

【电视节目】 2018年，石狮市广播电视台自办10档栏目，分别为《你好石狮》《印象石狮》《平安石狮》《石狮党建》《健康早知道》《种太阳》《童眼看交通》《百姓纪事》《风情石狮》《财经新时空》。依托少儿栏目《种太阳》自身品牌，在小学中开展小记者培训活动，全市成立9所小学广电小记者站，有小记者500多人。3月，与石狮市委政法委、公安局交通警察大队联合摄制福建省首档少儿交通安全宣传栏目《童眼看交通》。

2018年，央视中文国际频道《城市1对1》在石狮市进行为期5天的拍摄，石狮市广播电视台主持人小川被选派参加节目录制，6月17日在央视中

城市形象片《倾听石狮》拍摄场景 （图/石狮市广播电视台）

文国际频道播出。石狮市有16部专题片通过《神州瞭望》外宣协作网，被中国黄河电视台教育·文化频道采用，在中国电视长城平台教育·文化频道播出。配合央视科教频道摄制《中国影像方志·石狮篇》；配合做好石狮市人民政府承办的将军山“海上国际军事比赛”宣传报道工作，在多家媒体平台播出；配合改革开放40年、石狮改革发展30年，策划制作30集系列片《石狮故事》和5集文化专题片《丝路狮缘》。

【基础设施建设】 2018年，石狮市广播电视台有1辆标清转播车，25个高清非编工作站，1台无人飞机，1套融合新闻网及汇聚分发系统，有容纳200多名观众的综合演播厅1个，可承担各种中小型活动，形成“爱石狮”视频网站、手机APP、微信公共平台、图文直播平台矩阵。播出实现高标清同播，具备全媒体运作的基础技术条件。2018年，对高清直播设备、无线数字覆盖发射机房不间断电源、媒资库进行升级改造。

【影视工作】 2018年，石狮市以服务企业的姿态协调助推影视剧组拍摄工作，到石狮市拍摄的剧组13个。其中电视剧1部、院线电影6部、网络电影6部；到石狮市踩点的剧组30多个，来电咨询的剧组有上海、北京、贵州、陕西、山东、天津，以及省内多个剧组。已上映的剧组有《绝色女神团》《王牌杀手》《那些名字那些年》《石狮之超能记者》。

【广电网络】 2018年，福建广电网络集团石狮分公司响应国家“互联网+”行动计划，依托高清互动云电视平台建成“石狮你好”县级分portal页面，建立“数字家庭示范村”“酒店之窗”等各类特色专区，推出预约挂号、便民缴费、智慧人社等互联网便民应用，爱家电视APP、智能网关等产品相继问世，推出电视“教育专区”“凤凰专区”“搜狐专区”“黄冈学霸”等版块，丰富家庭学习、娱乐场景。推出“泉州老年远程教育云平台”“党员远程教育云平台”，石狮市各老年大学、基层党组织完成高清互动云电视平台搭建，实现有线电视信号全覆盖，丰富基层文化生活的党员舆论宣传阵地。将互联网引入电视平台，真正让用户从“看”电视进入到“用”电视的时代。

2018年，福建广电网络集团石狮分公司承建村居安防、公共自行车、城市安防等监控项目，承接水利、财政等省市县视频会议项目，石狮市数字图书馆、24小时百姓书屋、中专示范校影视等诸多智能化项目的建设；与各村居、校园开展地震预警平台建设，提升灾害防范预警能力。参与石狮公共文化服务体系建设，完善有线电视配套建设，保障广大群众的收视服务权益；发挥网络整合资源优势，坚持面向市场、面向用户、面向基层，加快企业转型升级，提升服务水平。

2018年石狮市广播电视台广播电视作品获奖情况表

表29

序号	作品名称	作品类别	获奖情况	授奖部门	主创人员
1	《县级台财经节目的差异化路径探析》	论文	第三届扬州广电杯“城市广播电视改革发展”主题征文评选三等奖	中国广播电影电视社会组织联合会	王国川
2	《石狮匠人》	电视新闻专题	2017年度全国县级广播电视及播音主持作品评选电视新闻专题二等作品	中国广播电影电视社会组织联合会	苏彧青 陈汝琳
3	《多一个孩子 多一份亲情》	电视公益广告	2017年度全国县级广播电视及播音主持作品评选电视公益广告二等作品	中国广播电影电视社会组织联合会	孙　桑 苏煜强 施约限
4	《风中的蔷薇花》 《喜见石狮交通嬗变（下）》 《走进“星梦缘”》	电视主持	2017年度全国县级广播电视及播音主持作品评选电视主持二等作品	中国广播电影电视社会组织联合会	孙　桑
5	《咱厝农民自拍微电影再续狮阵传奇》	广播长消息	2017年度全国县级广播电视及播音主持作品评选广播长消息三等作品	中国广播电影电视社会组织联合会	陈汝琳 陈敏明 李　歆 章　杰
6	《文明，让城市更美好》	电视播音	2017年度全国县级广播电视及播音主持作品评选电视播音三等作品	中国广播电影电视社会组织联合会	郝雲爽

续表 29

序号	作品名称	作品类别	获奖情况	授奖部门	主创人员
7	《石狮新闻》	电视播音	2017 年度全国县级广播电视及播音主持作品评选电视播音三等作品	中国广播电影电视社会组织联合会	肖　霞
8	《最美是德化》	专题片	世界陶瓷之都·德化全国百家电视台大型集中采访专题片二等作品	中国广播电影电视社会组织联合会	苏彧青 陈敏明
9	《装台》	小说连播	2018 年度中国广播电影电视社会组织联合会广播文艺节目专家评析二等创优节目	中国广播电影电视社会组织联合会	吴晓霞 王　波 蔡迎媚
10	《石狮市少儿新春嘉年华系列活动》	活动	2018 全国优秀创意活动 30 强	中国广播电影电视社会组织联合会	施约限 石　林 苏煜强 曹胜龙 曾世扬 张小珍
11	《福建石狮成立全省首家“儿童驾校” 开展幼儿安全情景教育》	消息	2017—2018 年度全国电视法制节目创优评析消息类二等	中国广播电影电视社会组织联合会	施约限 黄泽芬 傅亚勇
12	《礼让斑马线》	专题	2017-2018 年度全国电视法制节目创优评析专题类三等	中国广播电影电视社会组织联合会	施约限 黄泽芬 傅亚勇 李超文
13	《霓裳·印象》	歌曲	“我的城市我的歌”纪念改革开放四十周年活动优秀歌曲	中国广播电影电视社会组织联合会 广播文艺工作委员会	陈文峰 吴晓霞 吴泽荣 王　波
14	《倾听石狮》	宣传片	第二十届全国电视外宣“彩桥”节目创优评析活动宣传片类一等作品	中国广播电影电视社会组织联合会	谭振宝 王小利 苏煜强 王小荣 郑杰锋
15	《古卫城 新未来——初见永宁》	宣传片	第二十届全国电视外宣“彩桥”节目创优评析活动宣传片类二等作品	中国广播电影电视社会组织联合会	陈茹德 石　林 苏煜强 郑杰锋
16	《镜语之鹭》	纪录片	第二十届全国电视外宣“彩桥”节目创优评析活动纪录片类二等作品	中国广播电影电视社会组织联合会	谭振宝 郑杰锋 苏煜强
17	《我们与宪法》	短视频	第二十届全国电视外宣“彩桥”节目创优评析活动短视频类二等作品	中国广播电影电视社会组织联合会	董雅婷 傅亚勇 施约限
18	《老人的博物馆梦》	纪录片	第二十届全国电视外宣“彩桥”节目创优评析活动纪录片类三等作品	中国广播电影电视社会组织联合会	董雅婷 王小荣 施约限
19	《我在石狮过大年：外国友人爱上石狮》	纪录片	第二十届全国电视外宣“彩桥”节目创优评析活动纪录片类优秀作品	中国广播电影电视社会组织联合会	陈汝琳 陈敏明 苏少平 李　歆
20	《石狮匠人》	纪录片	第二十届全国电视外宣“彩桥”节目创优评析活动纪录片类优秀作品	中国广播电影电视社会组织联合会	苏彧青 陈汝琳 黄晓东 张昊雯
21	《石狮，平安之城》	宣传片	第二十届全国电视外宣“彩桥”节目创优评析活动宣传片类优秀作品	中国广播电影电视社会组织联合会	陈茹德 傅亚勇 施约限
22	《美丽海岸守护者》	短视频	第二十届全国电视外宣“彩桥”节目创优评析活动短视频类优秀作品	中国广播电影电视社会组织联合会	王小利 苏煜强 李超文 柯龙通
23	《多一个孩子 多一份亲情》	短视频	第二十届全国电视外宣“彩桥”节目创优评析活动短视频类优秀作品	中国广播电影电视社会组织联合会	孙　桑 苏煜强 施约限
24	《镜语之鹭》	纪录片	2018 年行业电视节目展评展播活动纪录片类好作品	中国电视艺术家协会行业电视委员会	谭振宝 施约限 苏煜强 郑杰锋

续表 29

序号	作品名称	作品类别	获奖情况	授奖部门	主创人员
25	《跨屏视角下县区电视台主题宣传的突围与创新》	新闻论文	2017 年度福建新闻奖新闻论文一等奖	福建省新闻工作者协会	王国川
26	《惊喜！中华白海豚重现石湖港》	消息	2017 年度福建新闻奖电视消息二等奖	福建省新闻工作者协会	肖容滨 章 杰 李 歆
27	《县级台财经节目的差异化路径探析》	论文	2017 年度福建省广播电视艺术奖广播电视艺术论文二等奖	福建省文学艺术界联合会 福建省电视艺术家协会	王国川
28	《桃李春风一杯酒》	广播文艺节目	2017 年度福建省广播电视艺术奖广播文艺节目二等奖	福建省文学艺术界联合会 福建省电视艺术家协会	蔡迎媚 吴晓霞
29	《倾听石狮》	电视文艺节目	2017 年度福建省广播电视艺术奖电视文艺节目三等奖	福建省文学艺术界联合会 福建省电视艺术家协会	谭振宝 王小利 苏煜强 王小荣 郑杰锋
30	《镜语之鹭》	纪录片	2017 年度福建省广播电视艺术奖纪录片三等奖	福建省文学艺术界联合会 福建省电视艺术家协会	谭振宝 郑杰锋 苏煜强
31	《镜语之鹭》	纪录片	2018 年度“中国梦 福建故事”全省电视短纪录片评审二等	福建省新闻出版广电局	谭振宝 郑杰锋 苏煜强
32	《镜语之鹭》	微视频	2017 年度泉州市广播电视艺术奖微视频一等奖	泉州市文学艺术界联合会 泉州市电视艺术家协会	谭振宝 苏煜强 郑杰锋
33	《倾听石狮》	电视艺术片	2017 年度泉州市广播电视艺术奖电视艺术片一等奖	泉州市文学艺术界联合会 泉州市电视艺术家协会	谭振宝 王小利 苏煜强 王小荣 郑杰锋
34	《桃李春风一杯酒》	广播剧	2017 年度泉州市广播电视艺术奖广播剧一等奖	泉州市文学艺术界联合会 泉州市电视艺术家协会	蔡迎媚 吴晓霞
35	《老人的博物馆梦》	短纪录片	2017 年度泉州市广播电视艺术奖短纪录片二等奖	泉州市文学艺术界联合会 泉州市电视艺术家协会	董雅婷 王小荣 施约限
36	《古卫城 新未来》	电视艺术片	2017 年度泉州市广播电视艺术奖电视艺术片二等奖	泉州市文学艺术界联合会 泉州市电视艺术家协会	陈茹德 石 林 苏煜强 郑杰锋
37	《你好石狮》	电视文艺栏目	2017 年度泉州市广播电视艺术奖电视文艺栏目二等奖	泉州市文学艺术界联合会 泉州市电视艺术家协会	谭振宝 施约限 王小利 孙 爽 王小荣
38	《早安狮城》	广播播音	2017 年度泉州市广播电视艺术奖广播播音二等奖	泉州市文学艺术界联合会 泉州市电视艺术家协会	郑林峰 施嘉雯
39	《石狮新闻》	电视播音	2017 年度泉州市广播电视艺术奖电视播音二等奖	泉州市文学艺术界联合会 泉州市电视艺术家协会	肖 霞
40	《匠心》	短纪录片	2017 年度泉州市广播电视艺术奖短纪录片三等奖	泉州市文学艺术界联合会 泉州市电视艺术家协会	苏煜强 张育勋
41	《美丽海岸守护者》	微视频	2017 年度泉州市广播电视艺术奖微视频三等奖	泉州市文学艺术界联合会 泉州市电视艺术家协会	王小利 苏煜强 李超文 柯龙通
42	《2017 年石狮市广场文化艺术节—铁血军魂专场》	电视艺术片	2017 年度泉州市广播电视艺术奖电视艺术片三等奖	泉州市文学艺术界联合会 泉州市电视艺术家协会	熊小平 施约限 苏煜强 傅亚勇 李超文 王小荣
43	《民生报你知》栏目包装	电视包装	2017 年度泉州市广播电视艺术奖电视包装三等奖	泉州市文学艺术界联合会 泉州市电视艺术家协会	林绿源 郭国彬
44	《盗墓笔记》	广播长篇连播	2017 年度泉州市广播电视艺术奖广播长篇连播三等奖	泉州市文学艺术界联合会 泉州市电视艺术家协会	吴晓霞 郑林峰 洪婷婷 张昊雯
45	《无毒青春 健康生活—禁毒日特别节目》	广播主持	2017 年度泉州市广播电视艺术奖广播主持三等奖	泉州市文学艺术界联合会 泉州市电视艺术家协会	陈文峰
46	《石狮新闻》	电视播音	2017 年度泉州市广播电视艺术奖电视播音三等奖	泉州市文学艺术界联合会 泉州市电视艺术家协会	郝雲爽
47	《城市的光影记忆》	电视主持	2017 年度泉州市广播电视艺术奖电视主持三等奖	泉州市文学艺术界联合会 泉州市电视艺术家协会	孙 爽
48	《镜语之鹭》	纪录片	2018 年“弘扬社会主义核心价值观 共筑中国梦”主题原创网络视频节目三等奖	泉州市文化广电新闻出版局 中共泉州市委文明办	谭振宝 郑杰锋 苏煜强

石狮日报

【概况】 2018年，石狮日报社在微信公众号“石狮日报”推送2521篇文章，新浪微博“石狮日报”每天推送文章次数较2017年增多，平均每天发送30次条左右。完成《石狮改革30年》《狮情画意—石狮建设宜居宜业滨海城市画卷》《不忘初心，砥砺奋进——石狮建市30年回眸》等重点书籍的编辑出版和“映像·石狮1988—2018石狮改革发展成果图片展”的策划布展，配合完成《石屹潮头，狮城腾飞—石狮建市三十周年纪念邮册》的编辑工作。9月，《石狮日报》被全国地市新媒体发展高峰论坛组委会评为“2018全国地市新媒体微信公众号三十强品牌”；12月，石狮日报社被福建省广告协会和泉州市广告协会评为“泉州市广告业1998—2018金牌会员单位”。

【助力文化繁荣】 2018年，《石狮日报》经济报道开办“创新转型实业强市”“新时代新作为新篇章”等一系列专栏，全年200个版的规模，发稿量近2000篇， 重点围绕“山海城”联动发展格局、“3+3”现代产业体系、各级各部门服务实体经济发展具体举措等方面进行报道，刊发稿件近200篇；抓好全面深化改革工作的宣传报道，对市属国企实体化改革、创城体制改革、染整行业转型升级等一批重点改革项目进行突出报道；做好石狮全面从严治党工作报道，及时报道石狮市委第五、六、七轮巡察工作情况；抓好“实业项目落地年”活动报道，高强度高密集发声，全年共刊发相关报道480多篇；抓好生态文明建设宣传，重点关注全面推行河长制、大气污染治理、生态环境修复、印染工业区转型升级等环保工作领域，刊发新闻报道110多篇。报道中央重要会议、重大决策和中央领导人重要活动，传播国家发展的重要动态，发稿220多篇。

2018年，《石狮日报》推出《改革开放新石狮》系列专栏，将纪念改革开放40周年报道与石狮建市30周年报道统筹谋划考虑，9月底推出一系列成就报道和专题专版。配合世界石狮同乡联谊会换届系列活动，重点报道世界石狮同乡联谊会换届大会、重点项目开竣工、故宫“狮文化珍宝展”等活动，展示石狮建市30年来的改革发展成就。做好“文明专版”，全年刊发近90个版面的内容，400多篇稿件；开办《创城再出发》专栏，进一步推动文明城市创建工作的常态化和规范化。做好“双拥”宣传，全年刊发相关稿件192篇。

【关注基层民生】 2018年，石狮日报社加强和石狮市便民服务中心合作，每周联合推出两个《民生热线》专版，全年推出近90个新闻专版，刊登千余篇稿件，帮助群众解决一系列民生问题；“爱心”报道上，适应国家“慈善法”的要求，加强爱心活动，加强“小城大爱”的正能量引导；在社会诚信体系建设、禁毒斗争、平安石狮建设、普法宣传、食品安全、医疗卫生等方面，配合各有关方面的工作，开办大量专版专栏，推出1000多篇稿件，在全社会营造积极的舆论氛围。

【文化传承发展氛围】 2018年，石狮日报社在“我们的节日”主题宣传报道，全年推出160多篇报道；重点报道第十二届闽台对渡文化节暨蚶江海上泼水节、第七届永宁古卫城暨城隍文化节、第十届渔民文化节等三大文化节日活动，展现石狮人在传承优秀文化上担当和创新；及时充分报道“丝路狮缘：故宫狮文化珍宝展”、中国国际龙狮锦标赛、第十六届广场文化艺术节等一大批文体重要活动和赛事，展现石狮人深深的文化情怀和体育爱好。完成“家+文化”“身边故事 共同铭记”的宣传报道，推出特别报道和专题版面，发稿200多篇。

【加强发展宣传】 2018年，《闽南文化》专版聚集石狮及闽南传统文化，全年出版51期，发稿180余篇，展现石狮历史文化底蕴；《旅游天下》专版致力推动石狮旅游发展，以丰富的内容、大量的美图分享，凸显专版的服务功能，把被网友美称为“石狮地理”的福建副刊名专栏《每周看一景》办得更加丰富厚实；《悦读》致力提升读者的阅读兴趣和阅读感受，全年发版49期，推介图书230多部，在特殊节点推出专题策划内容，建设“书香狮城”；《生活周刊》继续贴近生活，关注民生，坚持每周一期专题，保持对民生热点的关注；《石狮教育》双周刊倾情服务石狮教育，内容丰富，互动性强，2018年推出的“30年石狮跨越30所学校巡礼”“师德之星”系列报道和“传统文化进校园”等专题报道，受到教育相关各方好评。与教育局联合举办福建省第28届保护野生动物宣传月系列活动、石狮市中小学生禁毒征文书法和美术比赛活动等。《石狮侨报》充分利用石狮建市30周年、世界石狮同乡联谊大会换届和旅菲、旅泰、台湾、香港等石狮同乡会换届机会继续推进“一带一路”系列活动和报道。举办“美丽家乡，亲情故土”摄影巡回展，协助举办菲华石狮青少年夏令营、石狮港澳台青少年夏令营、香港青少年红色之旅福建行等活动，成为海内外侨亲联系家乡、了解乡情的重要平台。

【媒体融合】 2018年，石狮日报社在微信公众号“石狮日报”推送2521篇文章，有83条文章单篇阅读量超过5000次，其中21条文章单篇阅读量超过1万次，单篇最高阅读量为58483次。2018年，新浪微博“石狮日报”每天推送文章次数较2017年增多，平均每天发送30次条左右，每天总阅读量超10万。手机软件方面，刊发新闻稿件1.1万篇，随着即时新闻、早点新闻影响力的逐步提升，下载安装量达4.4万人次，其中活跃用户7000多人。

【实践媒体社会责任】 2018年，速卖通大学泉州机构先后举办网店运营专才班10期、速卖通超级运营及速卖通鑫起点培训班4期、淘宝美工班4期、承办或承接其他各类电子商务专题培训班及相关活动3期。1月，速卖通大学泉州机构被全球速卖通大学评为“2017年速卖通大学年度开拓奖”。石狮日报小记者团举办亲子花艺、车展采访、城市生存挑战等20多场特色活动，参与人数超千人次。推出“圆梦海之南”等几大特色主题夏令营，参与营员超300多人次，深受家长和学生的青睐。一品堂艺术馆发挥公共文化服务与教育培训的功能，累计开展各类雅集和培训活动数十场。

【对外宣传平台】 2018年，石狮日报社与《台湾商报》合作开办的《福建新闻》版，全年出版254期，合计508个整版。海博会期间，《台湾商报》刊发由《石狮日报》供稿的7个整版的内容，创造新的专版合作纪录。6月起与台湾《前锋日报》建立起新的新闻合作关系，每周在《前锋日报》推出半个版面，报道石狮经济、文化、商贸消息，至年底，刊发30期，成为石狮对台宣传的新亮点；2018年《石狮日报·菲律宾版》累计刊发353期，合计355个整版（包括菲律宾石同乡会换届期间的2个图片专版）。与菲律宾《联合日报》合作推出两个专题报道专版，分别报道中国改革开放40年取得的经济成就与石狮30年改革发展的历程。同时，坚持每周一期“闽南故事”“人在旅途”和“收藏快报”，促进中华民族优秀传统文化向海外传播。

党 史

【概况】 2018年，市委党史研究室完成《石狮党史》期刊总第46期、47期，完成《中共石狮地方史大事记2013—2016年》出版发行，组织编撰《石狮改革开放史料选编（第六册）》。2018年12月24日因机构改革，与石狮市地方志编纂委员会办公室合并为市委党史和地方志研究室。

【党史资料征集、管理、出版】 2018年，市委党史研究室以石狮建市30周年为契机，通过走访处级以上离退休老干部、广泛查阅资料，加强党史人物专题资料征集力度，收集石狮市建市历程的相关资料。加强基础设施建设，建立党史资料室。1月，完成《中共石狮地方史大事记2013-2016年》出版发行，地方史大事记是党史部门的一项基础性工作，按照大事记的征编要求，参照市直各部门大事记以及石狮日报等相关资料，逐条记录、整理，核实。年内，市委党史研究室完成《石狮改革开放史料选编（第六册）》编撰工作，该书记录2011年7月至2016年7月这五年来在党的路线、方针、政策的正确指引下，石狮市委、市政府不断推动石狮科学发展、跨越发展的奋斗历程，为更好地建设现代化石狮提供经验素材，不断完善全市党史资料体系，充分发挥“党史存史、资政育人”的作用。完成《石狮党史》期刊总第46期、47期编撰发行工作，期刊新增《乡镇风采》栏目，对宝盖镇、灵秀镇在党的建设、基础设施建设、环境整治等方面的成就进行刊登。

【党史宣传教育】 2018年，市委党史研究室联合党校到大仑社区开展“听党课、感党恩、跟党走”主题志愿服务活动，为社区党员讲授党课并赠送党史书籍。

联合市党史协会、新四军研究会等到永宁开展“缅怀先烈 不忘初心”活动，用行动继承革命先烈遗志，凝聚正能量，发扬革命传统精神。联合市党史协会举办“唱红歌，颂党恩”纪念中国共产党建党97周年主题活动，组织红色歌曲大合唱，讴歌党的丰功伟绩，讲解红歌历史，激发爱党爱国热情。开展“新时代、新判断、新内涵—学习贯彻党的十九大精神”为主题的党史宣讲活动，为后花社区党员们介绍石狮市党组织的发展历程。

档 案

【概况】 2018年，石狮市档案局（馆）接收9个全宗单位文书档案815卷、3726件，全文扫描127839张，机检目录15633条。接收政府信息公开文件1595份。档案查档服务接待查阅利用3619人次、4556卷次，盖章为4307份，其中接待退伍军人信息采集登记查档服务工作1267人次，查阅档案1377余卷。作为福建省第一个全国县级示范数字档案馆培育单位，严格按照国家规范标准，12月，石狮市数字档案馆通过福建省档案局、泉州市档案局专家组的验收。12月24日，石狮市档案局（馆）承担的行政职能划入市委办公室，市委办加挂市档案局牌子，保留市档案馆，作为市委直属事业单位。

【征集档案】 2018年，石狮市档案局（馆）征集到多类珍贵档案资料，其中，《永宁百名先贤诗联选》《无为斋散稿》《石狮宗祠》《八十春秋回眸》（泉州一院）、《泉州一院志》《石狮供水》（二十五年纪念册）、《石狮之路》《耕耘》《莲馨》《斗美宫志略》等书籍116册；关于石狮建市挂牌、石狮建市20周年庆典、海博会20周年等实录碟片、影像；李鹏总理、田纪云副总理、王丙乾、李贵鲜等国务委员接见个体劳动者合影、全国人大常委会委员长吴邦国、副委员长王兆国等来石狮调研，省委常委、省纪委书记林学新在石狮市公务大厦察看石狮监察委员会揭牌、国家人口计生委副主任王国强到石狮调研等留影、照片229张以及福建省计划生育协会会长贤模题词8幅。8月27日，市档案局（馆）举办蔡世佳先生档案资料捐赠仪式，仪式上石狮市侨界杰出代表蔡世佳捐赠1039件石狮建市前后珍贵档案。

【档案业务指导】　2018年，石狮市档案局（馆）主动衔接指导各单位档案工作，加强承包经营权确权登记颁证档案工作的指导，抓好2018年石狮市重点项目档案监管、服务工作。2018年，全市19个重点项目建设单位全部完成档案登记工作。与市方志办共同推进"乡村记忆文化"项目开展，对建设试点村进行实地指导工作，帮助协调解决遇到的问题，并就档案室建设、档案整理、保管利用、村志（史）的编修进行经验交流，给予建设性指导。8月鸿山镇东埔村被列入首批泉州市"乡村记忆文化"项目建设试点村，11月锦尚镇卢厝村、永宁镇郭坑村、蚶江镇石渔村、祥芝镇古浮村被确定为第二批泉州市"乡村记忆文化"项目建设试点村。

【档案执法督查】　2018年，石狮市档案局（馆）将档案工作纳入全市绩效考核管理，依据"双随机一公开"原则，通过开展档案行政执法检查以及核查到期档案移交入库情况等措施对纳入绩效考评单位进行察访核验，并按评分细则标准对存在问题的相关单位发出整改通知并进行绩效扣分。为适应新形势需要，将"未建立电子文件与电子档案的管理制度及配备专用计算机"纳入考评内容，强化各部门单位和机关工作人员的档案意识，确保档案资源安全。

2018年11月，依法对全市三家档案服务机构（友欣、顺鑫、鸿辉档案服务部门已向泉州市档案局备案）开展档案督查活动，对档案服务机构企业文化、服务质量、安全保密情况等方面进行实地检查，规范服务机构管理，提升服务质量。依法对市滨海第三幼儿园、市贝儿乐幼儿园、市宝盖镇上浦幼儿园、市宝盖镇第三中心幼儿园、市永宁中心幼儿园等多家幼儿园的档案立卷归档和规范管理档案工作。为市滨海第三幼儿园、市贝儿乐幼儿园、市宝盖镇上浦幼儿园、市宝盖镇第三中心幼儿园4家幼儿园档案管理工作进行合格认定。通过督促指导和合格认证相结合的方式，以档案管理规范化促进幼儿园管理高效化，提升幼儿园档案管理水平。

2018年8月27日，市档案局（馆）举办蔡世佳先生档案资料捐赠仪式（图/市档案局（馆））

【爱国主义教育基地建设】　2018年，石狮市档案局（馆）做好中小学档案教育实践基地、爱国主义教育基地的组织和接待工作。与龟湖中心小学联合开展中小学生"档案见证改革开放"等专题教育活动。同时把爱国主义教育基地建设成全市党员教育活动基地，丰富党员活动载体。

【映像·石狮1988—2018】　2018年，"映像—石狮"1998—2018石狮改革发展成果展在石狮市档案局（馆）一楼重新布展，共分七个部分，内容包括石狮全景山水图、城汇经纬、地陈韬略、力创辉煌、心聚侨乡、笔绘风华、梦启狮城，全面凸显石狮宜居宜业滨海城市的独特魅力。从重新布设完成以来，2018年接待观众1000多名。

【档案宣传】　2018年，石狮市档案局（馆）编撰《创新转型　实业强市》政策选编（三）、《乡愁记忆》石狮侨批珍品展画册、《卅载风雨，石狮沧海变桑田》之石狮建市30年档案图册和《档案背后的故事》。抓好"6·9"国际档案日、改革开放40周年、石狮建市30周年等重要时机，组织开展"6•9"国际档案日宣传活动。利用"12•4"国家宪法日暨全国法制宣传日，组织开展档案法治宣传进泰禾商场，通过向市民发放宣传单，深入宣传《中华人民共和国档案法》等内容，提高公众档案意识，树立"大众档案观"。

【档案队伍建设】　2018年，石狮市档案局（馆）选派人员参加2018年福建省档案局（馆）长培训班、2018年机关事业干部综合业务培训班、2018

年国家新规培训班（档案系统）等专项培训，组织全市档案专（兼）人员参加省档案学会举办的档案人员基础业务培训班，人员参加73名。参与2018年福建省科协第十六届学术年会档案分会场论文活动，市档案局（馆）林国钦撰写的《石狮市数字档案共享共建的思考》获三等奖。

志鉴编纂

【概况】 2018年，石狮市方志办完成《石狮年鉴》（2018卷）编纂工作。联合市档案局（馆）启动“乡村记忆文化”示范村项目建设工作。协助拍摄《中国影像方志·石狮》。服务中心工作，开展“地情招商”“亲情招商”工作。11月，获“2018年《福建史志》发行工作先进单位称号”。12月24日因机构改革，与市委党史研究室合并为市委党史和地方志研究室。

【志鉴编修】 2018年6月，《石狮市志》（1998—2010）通过中国志书精品二审，7月底再次报送进行三审。完成《石狮年鉴》（2018卷）编纂工作，11月下旬寄送省方志委参评省精品年鉴。总结推广编纂《中国名镇志丛书·永宁镇志》经验，指导督促指导编纂《蚶江镇志》《祥芝镇志》《五鸿村志》《东埔村志》等镇志、村志编纂。

【方志馆建设】 2018年3月16日，在省方志委、泉州市方志委的指导支持下，挂牌成立“闽台方志馆万祥馆”“泉州市方志馆万祥分馆”，集中收藏福建和台湾两地新旧志书，追溯两地历史文化渊源。在此基础上，11月5日，挂牌成立“石狮市方志馆”，拓宽方志资源渠道，加强两岸志书交流融合。

【乡村记忆文化建设】 2018年5月，石狮市方志办与市档案局（馆）联合制定《石狮市实施“乡村记忆文化”项目建设三年行动方案》《关于做好“乡村记忆文化”示范村（社区）推荐申报工作的通知》，启动“乡村记忆文化”示范村项目建设工作，通过乡镇（街道）推荐、村居自荐结合组织调研组深入乡镇村居调研的方式，初步确定5个“乡村记忆文化”示范村分别是鸿山镇东埔村、锦尚镇卢厝村、永宁镇郭坑村、蚶江镇石渔村、祥芝镇古浮村，作为试点村重点培育、优先指导。8月7日，鸿山镇东埔村入选首批泉州市12个“乡村记忆文化”项目建设试点村（社区）之一。8月24日，泉州档案局、泉州方志委召开首批“乡村记忆文化”项目建设工作会议，并与各县（市、区）签订《“乡村记忆文化”项目建设协议书》。10月9日，市方志办与市档案局（馆）同东埔一、二、三村村委会签订“乡村记忆文化”试点项目建设协议书，指导鸿山镇东埔村建设“东埔历史文化村史馆”，建设有特色的村史村情馆，保护石狮乡村传统历史文化，传承乡村文明，展示记忆文化魅力。11月，锦尚镇卢厝村、永宁镇郭坑村、蚶江镇石渔村、祥芝镇古浮村列为第二批泉州市“乡村记忆文化”项目建设试点村（社区）名单。

【宣传推介】 2018年，石狮市配合中国地方志领导小组、中央电视台、石狮市委宣传部拍摄制作《中国影像方志·石狮》，该纪录片列入国家重点文化工程，8月15日在中央电视台科教频道播出，向世界展现石狮的历史沿革、人物风情、人文景观、文化传承和社会繁荣发展的伟大历程。

【服务中心工作】 2018年，主动服务“转型升级、实业强市”发展战略，深入挖掘港口等地情资源优势，开展“地情招商”“亲情招商”工作，成功引进总投资达81.82亿元、预计产值可达120亿元以上的建新智能轮胎项目。

旅游

【概况】 2018年，石狮市接待游客595.12万人次，增长29.3%；旅游收入147.82亿元，增长31.2%。2018年，石狮市加大旅游招商力度，完成石狮佳龙文化旅游、永宁万佳国际酒店、故宫海上丝绸之路馆、杨孙西报饰展览馆、黄金海岸海洋生物博物馆、禾禾沂家影视基地、泰国文化旅游园等7个文化旅游项目签约，计划投资额315亿元。举办2018石狮市旅游产业研讨推介会，策划10条常规精品一日游线路，举办蚶江海上泼水节、祥芝渔民文化节、永宁古卫城元宵民俗文化庙会、永宁古卫城暨城隍文化节、茂险王主题乐园新春“民俗绝活喜乐会”“最美童趣风车节”等民俗活动，扩大文化品牌影响力。

【旅游饭店】 2018年，石狮市旅游酒店250多家，其中星级酒店8家，有建明、绿岛、爱乐等五星级酒店，荣誉、五洲等国内著名的餐饮品牌；拥有旅行社9家，旅行社服务网点50多家。石狮交通便利，距晋江国际机场14千米、厦门国际机场90千米，有两个高速出入口连接沈海高速。

【资源情况】 2018年，石狮市沿岸港口众多，石湖港、祥芝渔港、黄金海岸、古浮湾、红塔湾等点缀其间，滨海风情让人流连忘返。石狮历史悠久，人文荟萃，一代名臣黄克缵、郑成功发妻董友、新四军英烈李子芳、人类学先驱林惠祥等众多先贤名人从这里走出去。“中国三大卫城”之一的永宁古卫城，“中国十大历史文化名街”永宁老街，姑嫂塔、六胜塔、石湖码头等“海丝申遗”考察点诉说着石狮的发展史。两万年前台湾海峡早期人类“海峡人”化石、全国唯一的海峡两岸通航通商标志“蚶江海防官署碑”、国家级非物质文化遗产“端午闽台对渡习俗”见证石狮与台湾血浓于水的亲缘关系。景胜别墅、杨家大院等建筑中西融合的风格烙印华侨故事，是访幽览胜的绝佳去处。规划建设中的世贸摩天城、茂险王主题乐园、鸿山影视基地、正阳直升机空中旅游基地等尽显时尚。

石狮特产众多，吃穿用送皆相宜，萝卜饭、牛肉羹、蚵仔煎、面线糊、芋圆、肉粽、永宁煎包等美食独具风味；义兴甜粿、北记食品、海产品礼包、黎祥陈梅糖、古浮紫菜等伴手礼物美价廉；本土富贵鸟、木林森、卡宾、大帝等鞋服产品闻名遐迩。

【旅游宣传与活动】 2018年，石狮市举办旅游产业研讨推介会，展示石狮经济社会发展新成效和独具特色的文化旅游资源，谋划石狮全域旅游未来发展方向，国内20多家主流旅游媒体参与报道。策划10条常规精品一日游线路，包括休闲游、亲子游、时尚购物游、文化历史游以及研学行、爱国教育等，景点涵盖石狮名胜古迹、美丽乡村、工业旅游点等，是石狮有史以来最全的“石狮一日游”线路大全。

2018年，石狮市推进“旅游+文化”融合，举办第十二届闽台对渡文化节暨蚶江海上泼水节、第十届祥芝渔民文化节、第二届永宁古卫城元宵民俗文化庙会、第七届永宁古卫城暨城隍文化节、茂险王主题乐园新春“民俗绝活喜乐会”“最美童趣风车节”等民俗活动，文化品牌影响力不断扩大。推进“旅游+体育”融合，举办国际军事比赛—2018“海上登陆”、纪念“5•19”中国旅游日石狮青年健走马拉松活动、中国龙狮国际公开赛、中国旅游城市篮球赛、福建省青少年海模大赛，以及CUBA九冠王华侨大学队、2016年CUBA冠军清华大学队、2018年CUBA冠军中南大学队等高校劲旅的亚洲大学生篮球邀请赛，以体育活动带动旅游发展。推进“旅游+影视”融合，《日不落酒店》《特种使命之怒海潜龙》《利刃破冰》《爱拼才会赢》等三十多部影视剧在石狮开机拍摄，扩大石狮城市知名度。推进“旅游+文创”融合，组织石狮企业开发融入文创的伴手礼，积极抱团参加泉州海丝品博会、厦门旅博会、福建旅游生活展、海丝泉州（厦漳泉、京津、莆田、龙岩三明）推介会。运用微信等新媒体做好旅游信息服务，“石狮旅游”公众号关注用户达30多万，多次进入省旅发委发布的县级旅游公众号榜单前五名。

【旅游策划与管理】 2018年12月12日，石狮市召开《石狮市旅游总体策划》（以下简称《策划》）评审会。由华侨大学旅游学院、福建师范大学旅游学院、泉州市城市规划设计研究院等单位专家组成的评审组，以及石狮市文体旅游广电新闻出版局、市农办、市国土规划和房产管理局、市生态环境保护局等相关单位负责人参加会议。评审专家组认为《策划》符合石狮实际情况及未来发展战略，对指导石狮市全域旅游发展具有重要意义，原则予以通过评审。

《策划》是石狮市首个旅游总体策划，该策划案主要包括印象石狮、项目契机、发展定位、策划蓝图、规划体系和运营计划六大体系。其中，针对当前石狮的旅游市场，《策划》从石狮的区位优势、旅游市场、产品供给、市场需求等方面，以厦漳泉大都市圈为范畴，给出整体比较分析。《策划》指出，未来的旅游市场开发，石狮应着眼全域旅游，依托区域市场背景，深挖石狮人文与自然资源，以海丝文化、古镇文化、渔港文化、时尚文化为文化特色，整合资源，强化旅游目的地功能，打造集滨海度假、民俗文化、山海休闲、都市娱乐、特色运动等多元体验为一体的国家级海洋风尚旅游城市。

【旅游项目招商】 2018年，石狮市签约石狮佳龙文化旅游、永宁万佳国际酒店、故宫海上丝绸之路馆、杨孙西服饰展览馆、黄金海岸海洋生物博物馆、禾禾沂家影视基地、泰国文化旅游园等7个文化旅游项目，计划投资额315亿元。故宫海上丝绸之路馆总投资5亿，已启动项目建设。投资近亿元的杨孙西服饰展览馆将成为石狮“文化会客厅”四端堂片区的第二座博物馆。出台《石狮市关于发展永宁镇旅游民宿的实施意见》，大力发展永宁民宿业，成立2家旅游民宿。台湾旺旺集团、霹雳国际多媒体集团将来石狮投资文旅项目。

宝盖山石窟公园 （图/市文体旅游广电新闻出版局）

【旅游基础设施建设】 2018年，石狮市“海丝三宝”林銮渡、六胜塔、万寿塔借申遗契机加快文旅融合发展，峡谷旅游路建成通车，红塔湾旅游公路全线贯通，石狮荣誉国际酒店完成封顶，宝盖山风景区石窟公园、花海谷公园基本建成，全市智慧旅游平台语音导游系统首期100个文化旅游点语音导游运行良好。90米宽的石狮城市景观中轴线“共富路”正在抓紧施工。连接永宁镇佳龙景区与晋江高铁站的磁悬浮列车项目完成两轮项目磋商。建成丰山田园南门旅游厕所。

【旅游景区景点介绍】 宝盖山风景区·姑嫂塔：宝盖山坐落于石狮市东十里许的宝盖镇境内，因其山体形似一个覆盖的大鼎，故而得名。山雄踞海滨，孤峰兀立，为石狮第一高峰，因周围没有其他比邻山峰，又被称为“大孤山”。眼前的宝盖山风景区便坐落于此，依照其自然地形与景点分布规划而成的生态景区。

宝盖山风景区占地7.7平方千米，分别由前山、后山、虎岫寺寺观园林和未来城市开放文化休闲公园四大块组成。景区主峰最高海拔210.2米，东西走向约1千米，南北走向约3千米，整座山为花岗岩实体，极富原始生态，山上无土、无泉、草木稀疏、岩石裸露，是闽南独具魅力的风景名胜区。登顶远眺，泉南形胜，海天风物，尽收眼底。西面是繁华的石狮市，在此可俯拍到石狮最壮观的城市全景；南面可远眺深沪湾和梅林港，海湾秀色一览无余；向北还可观赏到泉州湾跨海大桥和出海口，气势不凡。

自古以来，宝盖山历史文化氛围浓厚，其山顶造于南宋的姑嫂塔，塔心通顶，塔廊规矩，巍然矗立，迄今已有800多年，是古代海上丝绸之路的航标，也是闽台缘与侨乡情的象征。另有缘起唐代的虎岫禅寺，庙宇雄浑，幽深奇幻；而朝天寺、关帝庙、玉皇阁和钱山莲花寺等，皆依山而建，精巧别致。

2018年，贯穿宝盖山和双髻山之间的峡谷旅游路建成通车，周边建成40公顷的学府公园和花海谷公园。

六胜塔、林銮渡和姑嫂塔是“古泉州（刺桐）史迹”申遗点。林銮渡又称石湖码头，唐代航海家林銮为开辟东南亚海运航线所建。古渡建在海中礁盘之上，宋代石引堤保存完整，当年郑和下西洋时船队曾停靠于此。六胜塔俗称“石湖塔”，古泉州（刺桐）海上丝绸之路的第一座灯塔。宋代始建，元代重建，全石构造，古代石塔建筑的经典之作。

永宁古卫城位于永宁近海处，地势雄峻，东临大海，北界祥芝依五虎山为屏障，南临深沪湾连深沪、福全，西接龙湖。永宁古卫城至今仍保留着非常完整的古街道，两条贯穿东西南北的街道把四个城门分成四个方块，状如鳌鱼卧滩，故有别称“鳌城”。永宁镇是座具有六百多年历史的古卫城，因其特殊的地理位置，历史上是我国东南沿海的重要港口和军事要地。南宋时，为防外患在这里建水澳寨，称“永宁寨”，有“永葆安宁”的意寓。明洪武二十年，为抵御倭寇，朝廷在此设立卫城，以作泉南保障，称“永宁卫”，下辖福全、崇武、中左（今厦门）、金门、高浦（今同安）五千万户所所及祥芝、深沪、围头三个巡检司，统辖二十万人。在当时与天津卫、威海卫并称全国三大卫所，历史上为抵御海盗、外来侵略和海上交通、经贸往来作出巨大的贡献，也饱受历史的沧桑考验，如明末清初的“陷城洗街”和抗日战争时期的“7·16蒙难”，至今仍让永宁人民世代难忘。

灵秀山坐落于石狮市西南部最高峰，毗邻环城路外西环路，东至东山，西至坑尾山，南至横山，北至莲花山和大别山。周环二十余千米，状如飞鹤，蔚为壮观，山间苍松翠柏，曲径通幽，为石狮市唯一一座省级森林公园。景区现占地近333.33公顷，内最高海拔174.2米，山势逶迤，曲线优美，林木苍郁，风光绮丽，为石狮的“城市后花园”。因与泉州城东的灵山，晋江安海的灵源山成鼎足之势，并称为泉州“三灵”。

自古以来，灵秀山承载着与山一样的厚重历史及文化，让人高山仰止。盘根错节为窗饰挂落的石构山门，充满了山野气息。山门内，流泉飞瀑、奇岩异洞、峰峦叠翠、万木竞秀，并以十二奇观，以及三十五峰、四十余处古迹胜景闻名于世，其中尤以出米石、白鹤井、应潮窟、百丈泉、鸡鸣岗、中山景、仙脚迹和牛脚迹等为胜。景区内还有诸多石雕石构石刻等人文景观，王十朋所题的摩崖石刻，罗丹青年时代所书墨宝，弘一法师亲自刻写的楹联，以及宋代名士石起宗读书地的海潮庵、千年禅寺金相院等，蔚为壮观。

石狮服装城位于石狮市中心区西南边，与石狮轻纺城、石狮客运站相邻，连接泉州环城高速的龙湖出口，为石狮主要的服装生产基地和集散中心。2005年至2018年，多次作为海峡两岸纺织服装博览会的举办场馆。

石狮服装城总占地面积达74公顷，总建筑面积60万平方米，分别由展览艺术中心区、星光休闲广场、服装商贸交易区、仓储物流配送区以及商务配套服务区等5大功能区组成。其主体建筑犹如一位头戴博士帽，舞动锦绣霓裳的国际名模，傲然挺立于石狮的南大门，颇具宏大气势。40多万平方米的服装交易区，所有服装范畴的产品在这里汇聚，箱包、皮带、鞋帽等一应俱全。三层高的展览艺术中心，则拥有600个标准展位与一个可容纳800～1000人的多功能展厅，曾先后举办过近500场大型服装服饰展览会，是举行各展览活动及服装发布会的场所。

国际轻纺城位于石狮中央商务区，与石狮服装城、世茂摩天城形成石狮“三城一体”的新商贸休闲商圈，是目前全国单体规模最大、设施最齐全、经营品种最多的千亿纺织品集散中心，也是亚洲最大的轻纺专业市场之一。

国际轻纺城总建筑面积 82 万平方米，由 4 幢专业市场和 5 幢写字楼组成，拥有 4000 个标准铺位和 15 万平方米的大型地下停车场。其内建筑疏密相间、错落有致，包含六大功能区、签约国家面料馆、中纺联检测中心、四季星座网批中心、泉州网商（虚拟）产业园等多个区域。

茂险王主题乐园坐落于石狮商业综合体世贸摩天城内，集城市商业、都市旅游、产业文化为一体，园内拥有众多国内及福建最先进的游乐设施，誉有“福建人自己的迪士尼”之称，为中国首个 IP 主题乐园。

茂险王主题乐园以世茂集团原创 IP《灵石茂险王》为主题灵魂，以摩天轮和茂险王主题乐园为两大核心区，其建筑规模属福建省室内主题乐园之最。主题乐园在设计时将原创 IP《灵石茂险王》中的“灵石城”“恐龙世界”“天空之城”“糖果世界”四大场景融入其中，极大还原动画片中主人公的探险场景和奇妙经历。此外，主题乐园内设有近 40 套经典游乐设备，不同游客来此都能畅游其中。飞越海峡影院呈现由国际级制作团队实境航拍海峡两岸的壮丽自然景观和宏伟地标建筑，以高科技 4D 技术带你翱翔于万米高空，让你身在乐园游遍福建与台湾两地近 40 处风景名胜；可容纳 336 人的世茂摩天轮“海西之眼”，则是这里的“地标”，登上摩天轮，置身于 110 米的天空，尽享城市浪漫。

【特产与美食、小吃简介】 石狮的美食，集闽南“舌尖文化”之大成，不仅富有地域特色，也赋予珍肴文化的享受。它是这座城市延续乡愁、彰显内涵的重要载体。

蚝仔煎：以冬春最鲜美的鲜蚝、大蒜、番薯粉等调成粉浆，香油煎至金黄，加入陈醋、秘制佐料等。品尝蚝仔煎，不仅是享受美味，还可以欣赏烹饪师傅麻利的一招一式。

芋圆：慢火蒸熟的芋圆晶莹鲜嫩，柔脆而富有弹性。配以白的蒜茸、红的辣酱、微黄的花生仁末等调料，佐以热汤，色香味俱全、乡土气息浓郁。

肉粽：选用上等糯米和粳米，加上红烧肉、卤蛋、香菇、虾仁制成。粽叶清香四溢，洒上辣椒酱、蒜蓉、上等酱油，令人食欲大振。

面线糊：以虾、蚝、蛏、鸭汤、猪血、淡菜等美味熬制成汤，撒上气味浓郁的胡椒粉。面线似江上荡漾着的竹排，再与油条搭配，那可口的劲儿直叫人欲罢不能。

田螺肉碗糕：石狮传统糕点，基于传统碗糕发展而来，但表面更光滑，掺以红糖蒸制，呈黄褐色，口感软韧适度，中心还有一块特别韧、香的肉仁，如田螺之肉，故而得名。

牛肉羹：石狮名小吃，金黄汤色，粉红肉羹，醇厚的牛肉香融于汤中，洒上细姜丝芫荽叶，清香入鼻，香而不腻，口感滑润，食之不止。

石湖红膏蟳：产于蚶江石湖，肉肥甘嫩、膏仁丰实。煮后的红膏蟳通红油亮，膏汁凝结成橙黄块状，肉白膏红，香飘远外，甚为鲜美，实为不可多得之佳肴。

花生汤：石狮人早餐的最爱。打个鸡蛋，冲入滚烫的花生汤，瞬间蛋花四散，上下翻飞。汤的醇厚，蛋的滑润，加上芋头的糯酥，风味独特，过口难忘。

阿潭煎包：用料丰富，煮、蒸、煎工艺齐上，做法传统，香松可口。刚出锅的水煎包，底焦脆，面软嫩，脆而不硬，香而不腻。馅料口感扎实，独具特色。

萝卜饭：特有沙土萝卜，加八分肥带皮猪肉，与香菇、海蛎、虾干同煮。肉的油润、萝卜的清甜、米粒的韧酥，综合成口感舒爽的席上主食。央视《舌尖 2》推介。

拌面线：面线过水干捞，加入煎得金黄的鸡蛋碎、蒸煮或炒拌过的海蛏牡蛎虾仁蛤肉等海鲜，再淋上葱油等调料，稍许一拌，就是一碗香气扑鼻又可口的面品小吃。

肉夹包：白面软馍，香煮五花肉块，自己动手夹在一起，便是一款好吃的“石狮汉堡”。面皮松软，肉有嚼劲，咬上一口，满嘴留香。

三合面：俗称“布袋炒面”，石狮传统小吃。将面粉用微火焙炒至微黄，盛入盆中晾凉，捣散。加入白糖、葱头油、芝麻末混合，搅拌均匀，一份香甜可口的三合面便完成了。

润饼菜：石狮传统小吃，外皮薄韧，

芋圆　　（图 / 市文体旅游广电新闻出版局）

内馅丰富，以素食菜品为主，拌以花生与糖粉。口感既有皮的劲道，又有馅的清甜，且甜咸的层次交替，品味丰富。

马鲛羹：用马鲛鱼去骨，加地瓜粉制作，汤底使用慢火熬制的鱼骨汤。盛在碗里晶莹剔透，再洒上些许翠绿的葱花，味道鲜美，回味无穷。

五香卷：剁碎的精肉、荸荠、葱，拌以五香粉等，用豆皮包裹，油炸至金黄色，切成寸段，趁热蘸上辣椒酱，香脆鲜酥的口感，美味到让人不想停箸。

东埔炖猪脚：家传烹制工艺，以讲究调料配方和制作闻名。经炒、焖、蒸等程序，烘出猪脚的天然口味，再配以香菇、墨鱼干、莲子、虾仁等配料，成品香嫩可口，肥而不腻。

壶仔饭：以配料香菇、花生、精肉等铺底，加入调味，覆糯性大米入盅蒸制。点食后倒扣于碗中，淋卤汁拌食。吃起来软糯香甜，鲜香四溢。

醋肉：地道石狮小吃，以醋腌瘦肉为主料，经油炸而成。外表金黄，外酥里嫩，带着淡淡的醋香。既可当零食解馋，也是面线糊等美食的最佳配食。

粿煎：带着甜味的糯米糕，包着花生酱，皮上盖一个小红印章，在一片粽叶上蒸熟。咬一口嫩滑而有弹性，闻一下还带有粽叶清香，内含花生糖浆，爽滑甜口。

【伴手礼介绍】 石狮伴手礼是根植于石狮大地的一朵底蕴深厚的民间文化之花，它是所有石狮人儿时舌尖上最纯真的记忆，更是一座城市的心意，代表着一座城市的文化、历史与情感。

义兴甜粿：问世于清朝咸丰五年，至今已有160多年历史。以糯米、白糖、冬瓜糖、香精、花生油为原料，糯嫩甜香、口感独一无二，润而不黏齿，深受顾客喜爱并闻名海内外。

回味合家欢礼盒：畅销三十年的回味猪肉脯，肉脯薄如纸、形方正，味兼鱼肉两鲜之美，色如玛瑙红玉之艳。脱净油脂，细而不腻；甜咸适中，酥而略脆。

黎祥陈皮梅软糖：继承百年龚式古法工艺精髓制成的小美梅陈皮梅。陈皮的甘甜微苦，梅子的酸爽润泽，完全不同的味觉体验交织，酸酸甜甜，妙不可言。

三合面　（图／市文体旅游广电新闻出版局）

海百皇海洋好礼：精选深海天然海洋捕捞原料精制而成，风味独特，营养丰富，具有高蛋白、高钙、低脂肪、高吸收率等特点，是老少皆宜的天然海鲜高级休闲食品。

北记食品大礼包（八宝靓芋泥、孜然石烤肉）：八宝靓芋泥、燕麦蘑菇包、孜然石烤肉等产品深受喜爱。值得一提的是，刚出锅的芋泥极烫却不冒热气，须等稍凉后，轻轻舀一勺，入口爽滑，芋香浓郁。

闽台福手工面线：产地蚶江镇青莲村，有着数百年手工面线制作工艺的传承。其面线以久煮不烂，入口有韧性、咸香、口感好。因营养丰富、易于消化而深受喜爱。

古浮紫菜：产于有50多年种植历史的祥芝古浮，该村位于泉州湾入海口，种植紫菜条件得天独厚，紫菜品质优异，长期以来一直以光滑细腻的菜质、独特的风味深受青睐。

永宁阿潭煎包：始创于1935年，素以嫩皮、多料、鲜香闻名，独具闽南风味。是石狮市非物质文化遗产、石狮市二十佳特色伴手礼。而在海外，阿潭水煎包就是一种乡愁。

海西坊凤梨酥：最具闽南特色的凤梨酥，精选优质凤梨（即菠萝）做内馅，酥皮加入上等麦粉、奶油等原料烘制而成，个头均匀，颜色呈金黄色，口感酥松爽口、毫无油腻之感。

商记传统喜糖礼包：一家传承百年的老字号，主打婚庆喜糖系列，产品已成为闽南地区习俗文化中不可缺少的组成部分。商记打造出的闽南风俗系列、闽南特色系列产品深受欢迎。

山海朝阳闽派海味礼盒：产品全部选用当季新货，采用传统工艺制作，保留了原有的鲜味。作为海鲜干货世家老字号，专注风味独具的天然山海干货，呈献给千家万户。

长阳海鲜什锦礼盒：采用各海域捕捞的优质鲜鱼为原料，经过三去、调料、高温蒸煮、烘干、油炸等程序精制而成。产品水分含量低，富含蛋白质，口感好，是优质的休闲食品。

缘顺发蛋黄饼：料精工细、纯手工制作而成。饼皮选用优质面粉，配以上等植物油。成品馅饼香酥嫩糯，冰凉爽

海百皇海洋好礼　（图 / 市文体旅游广电新闻出版局）

口，甜中带咸，热酥油润，既是口感享受，又是很好的旅游纪念。

台宏臻肠：沿袭最传统的“灌肠”做法，选用新鲜猪后腿肉为原料及天然猪肠为肠衣，加入独自研发的香料配方腌制，精制而成。色泽诱人，口感滑嫩，让人回味。

汇柠麻糬：汇柠麻糬其糯米外皮清香浓郁，内馅清甜而不腻，粒粒晶莹剔透。有香芋、红豆、花生、黑芝麻等多种清新口味。

文博豪佳肉粕：精选五花肉以及秘制天然调味品，经高温脱脂、压榨，出锅之际，浓香四溢，闻之使人顿时口舌生津。

永葆安宁挂坠：由中国结、银章、琉璃三部分组成。背面以永宁古卫城为图案，辅以文字“追梦、融合、感恩”，蕴含了“永宁卫”保家卫国的历史内涵。

“祥芝港”工艺品：现代工艺包装起的文化伴手礼。以福建渔业大镇祥芝的渔业文化、海洋文化为创作点，寓意一帆风顺的吉祥祝福。

体　育

【概况】　2018 年，石狮市组织参加第十五届全国武术之乡武术比赛、举办第三届国际旅游城市篮球邀请赛（石狮站）、中国龙狮公开赛、石狮市第八届运动会等大型赛事活动。

【体育基础设施建设】　2018 年，石狮市新建或扩建 20 个塑胶灯光篮球场；新建 20 套室外健身路径；提升改造鸳鸯池公园 2 个门球场。新建 7 座老年人体育活动场所（含门球、地掷球、气排球等功能，带有顶棚的老年人综合体育场地）。

【竞技体育】　2018 年，石狮籍运动员杨丽婉的在女子 F54/55 级铁饼比赛、F53-54 级标枪比赛、F54/55 铅球三个项目比赛中均获得冠军；石狮籍运动员蔡俊奇代表中国参加在雅加达举行的第十八届亚运会。福建省第十六届运动会

2018 年石狮市旅行社基本情况表

表 30

等级	旅行社名称	详细地址	镇办	联系电话
AAAAA	假日国际旅行社	濠江路假日大厦	湖滨	88889209
AAAAA	环球国际旅行社	八七路星都大厦	凤里	83012222
—	南方国际旅行社	富贵路 11-19 号	湖滨	88873666
—	阳光旅行社	八七路 1899-1901 号	湖滨	88588505
—	华侨旅行社	民生路 236 号	湖滨	88882859
—	联亨旅行社	服装城南 A 幢 1111 号	灵秀	88784666
—	龙屿国际旅行社	金盛路建明酒店后面	凤里	13788816852

2018 年石狮市星级饭店基本情况表

表 31

星级	酒店名称	详细地址	镇办	联系电话
AAAAA	建明国际酒店	金盛路东段	凤里	83879999

续表 31

星级	酒店名称	详细地址	镇办	联系电话
AAAAA	爱乐皇冠假日酒店	东港路电信大厦	湖滨	83099999
AAAAA	绿岛国际酒店	八七路 1247 号	湖滨	83899999
AAAA	建联大酒店	振兴路 133 号	凤里	88885199
AAAA	荣誉大酒店	八七路 858 号	湖滨	88885555
AAAA	豪富华大酒店	子芳路与九二路交汇处	湖滨	83958888
AAA	东方巴黎商务酒店	市南洋路与八七路交汇处	凤里	83036666
AAA	万佳东方酒店	市九二路东段 8 号	湖滨	36886666

在宁德市举行，石狮籍运动员获得 3 枚金牌、3 枚银牌、3 枚铜牌。

【群众体育】 2018 年，石狮市组织参加山东菏泽牡丹区第十五届武术之乡比赛；举办“金丘杯”2018 年男子职业篮球邀请赛、2018 年石狮市“8·8”全民健身日体育健身展示活动；指导石狮市风驰马拉松俱乐部举办第三届沙滩半程马拉松接力赛、2018 年石狮市铺锦村第三届“振华杯”篮球赛；举办石狮市第八届运动会、2018 年福建省“石狮杯”象棋国际邀请赛、第三届海峡两岸狮阵大会演、泉州体育系统全民健身运动会。举办 2018 年泉州市柔道锦标赛、2018 年福建省青少年海模锦标赛、福建省青少年轮滑锦标赛；组队参加 2018 年泉州市年度锦标赛、福建省第十六届运动会青少年比赛；举办石狮市第八届运动会少年组比赛、2018 年石狮市中小学生模型比赛、2018 年石狮市中小学生啦啦操比赛、2018 年围棋分龄赛。

【体育产业】 2018 年，石狮市组织石狮市森宝（福建）纺织科技发展有限公司、石狮市鸿山镇游泳协会申请体育

第十六届福建省运动会石狮籍运动员获奖名单

表 32

序号	项目	姓名	小项	名次
1	田径	施志翔	男子甲组跳高	金牌
2	田径	范伯伦	男子乙组跳高	铜牌
3	田径	王桢冰	女子乙组撑竿跳	第六名
4	击剑	王英璎	女子甲组花剑团体	金牌
5	击剑	王英璎	女子甲组花剑个人	银牌
6	游泳	林心龙	男子少年甲组 200 米蛙泳	银牌
7	游泳	林心龙	男子少年甲组 100 米蛙泳	第四名
8	游泳	林心龙	男子少年甲组 100 米自由泳	第八名
9	游泳	郭璟琦	男子少年甲组 100 米自由泳	第七名
10	游泳	郭璟琦	男子少年甲组 200 米蝶泳	第八名
11	游泳	邱柏澎	男子少年甲组 100 米仰泳	第七名
12	游泳	邱柏澎	男子少年甲组 200 米仰泳	第八名
13	游泳	李鸿斌	男子少年丁组 4X50 自由游接力	铜牌
14	游泳	李鸿斌	男子少年丁组 4X50 混合泳接力	第四名
15	柔道	林玲玲	女子甲级组 63 公斤级	金牌
16	乒乓球	蔡伊琳、薛舒晴	女子乙组双打	银牌
17	乒乓球	蔡伊琳、薛舒晴、苏圣榕	女子乙组团体	第六名
18	乒乓球	邱雅暄、曾　懿、陈昕钰、陈诗雨	女子甲组团体	第四名
19	乒乓球	邱雅暄	女子甲组单打	第七名
20	乒乓球	曾　懿	女子甲组单打	第八名

续表 32

序号	项目	姓名	小项	名次
21	乒乓球	邱雅暄 曾　懿	女子甲组双打	第六名
22	乒乓球	陈煊和	男子乙组团体	铜牌

品牌、公共平台和健身休闲业项目；组织石狮市文体旅游广电新闻出版局村级篮球联赛、国际象棋邀请赛、石狮市足球协会申请体育竞赛表演业发展专项资金项目。赛琪公司获得省体育产业示范基地35万元资金补助。西海湾游泳馆、蓝堡健身会所获得休闲健身服务体育场馆创新运营各12万元资金补助。

【人才队伍建设】 2018年，石狮市举办市三级社会体育指导员暨足球裁判员培训班；组织参加上级主管部门举办的社会体育指导员培训班，2018年获得社会体育指导员证书的体育爱好者有71名，其中国家级1人；一级5人；二级28人。

2018年8月8日，石狮市人民广场举办全民健身活动　　（图/市文体旅游广电新闻出版局）

（图／颜华杰）

综　述

【概况】　2018年，石狮市卫生和计划生育局推动医疗卫生补短板项目建设，大力提升医疗质量和服务水平，不断加强公共卫生体系建设，深入推进“全面两孩”政策落实，石狮市获福建省2018年计划生育目标管理责任制考核一等奖县（市、区）、泉州市2018年计划生育目标管理责任制考核第一名。石狮市医院新院完成项目建设并完成搬迁投入使用。加强医疗卫生服务体系管理，完善在职人员进修培训机制、行风和职业道德建设，完善中医医疗服务体系建设，实行乡村卫生服务管理一体化。出台《石狮市推进县域紧密型医共体建设实施方案》。

2018年，石狮市各级各类医疗机构358家。其中，三级综合医院1家、二级甲等医院1家、二级综合医院1家、社区卫生服务中心4家、乡镇卫生院5家、民营医院7家、社区卫生服务站5家、村卫生所（室）151家、门诊部22家、个体诊所161家。全市卫生专业技术人员3101人，医疗机构实际开放床位数1878张。

【卫生项目建设】　2018年，石狮市推进石狮市医院新院建设，项目概算总投资87063万元，2018年完成投资87270万元。2018年计划投资1亿元，已完成17000万元，超额完成7000万元。2018年9月27日，进行石狮市医院新院落成揭牌仪式，12月29日完成医院整体搬迁并投入使用。加快石狮市中医院建设，将石狮市医院旧院区改造为石狮市中医院，项目概算总投资15000万元，定位为石狮市中医诊疗中心，等级为二级，装修改造总建筑面积24742平方米，首期拟开放床位150张（可扩增至450张）。石狮市妇幼保健院新业务大楼装修项目、凤里社区卫生服务中心改建项目、灵秀社区卫生服务中心扩建项目均完成施工设计。

【医疗卫生】　2018年，石狮市加强医疗卫生服务体系管理。优化医疗资源配置，严格落实《石狮市区域卫生规划（2015—2020年）》，优先支持社会资本举办非营利性医疗机构，支持高端医疗连锁机构在石狮设点，在福建省率先放开个体诊所设置（仅需居住证），允许县域外中级以上职称医师来石狮多点执业，开办联合诊所，全部放开专科医疗机构。加强医疗质量控制，强化第三方医疗质控，充分发挥石狮市医学会7个质控小组作用，注重病案质量、合理用药、院感控制等培训和管理，扩大临床路径实施范围，持续推进优质护理服务。

【公共卫生服务项目】　2018年，石狮市加强慢性病综合防控工作，争创福建省级慢性病综合防控示范区，组织开展无烟单位创建工作。开展全国健康促进试点医院创建工作。提升检验检测能力，落实泉州市委市政府为民办实事项目，石狮市疾控中心完成计划采购的连续流动分析仪、离子色谱自动进样器、原子荧光光度计等进口设备的专家论证，仪器设备已安装到位。提升地方病检测能力，新增加尿碘检测项目。实施呵护母婴健康工程，将新生儿疾病筛查和两癌筛查等“妇婴疾病筛查项目”纳入石狮市2018年为民办实事项目，为石狮市符合计划生育政策的常住35周岁以上高龄孕产妇和常住新生儿购买健康保险。加强基本公共卫生服务管理，建立健全考核评估体系，实施考核结果“四挂钩”制度，扎实推进基本公共卫生项目。

【卫生应急处置】　2018年，石狮市将卫生应急工作纳入医疗机构公共卫生任务书考核指标，重新调整充实4支市级应急机动队，承担全市重大突发公共卫生事件的处置任务，加快推进“一案三制”建设，及时制定、补充梳理相关应急预案，修订地震和食品安全事故医疗卫生救援应急预案，现有卫生应急总体预案3个，专项预案5个，部门预案11个。2018年，科学处置突发公共卫生事件，累计开展卫生应急流行病学调查应急处置65起，其中传染病52起，食源性疾病事件3起。

【卫生队伍建设】 2018年，石狮市实行人员招聘备案制。落实公立医院用人自主权，2018年自主招聘到33人，其中硕士研究生11名，充实增强医疗卫生机构的技术力量。引进国内顶尖医疗资源，推动石狮市医院泌尿外科与孙颖浩院士团队共建孙颖浩院士石狮工作站、石狮市医院普外科与泉州910医院（众智医生集团）开展全面协管等合作项目的落地。强化继续医学教育的激励约束机制，完善在职人员进修培训机制，2018年分批选派医疗技术骨干70多人次赴上海、广东、厦门等地的著名三甲医院进行为期1年以内的进修学习。2018年，举办石狮市健康大讲堂25场，参加人数1000多人次。

【行风和职业道德建设】 2018年，石狮市卫生和计划生育局组织举办“道德讲堂”，大力宣传先进典型；组织新上岗人员培训、就职宣誓等，开展道德领域突出问题教育治理；继续推行医患双方签署拒收“红包”协议书制度；广泛张贴医务人员拒收“红包”警示标识和举报电话；开展出院患者“红包”专项回访，出院患者回访率达到100%。继续推行石狮市医疗机构从业人员执业行为记分管理，将执业行为记分情况与个人年度考核、注册、职称晋升、岗位竞聘以及医师定期考核等挂钩，2018年，从业人员执业行为记分233次，医德考评记分1678次。开展“红包”专项治理工作，2018年，医务人员主动退还红包或把红包充入患者预缴金68人次，总金额达3.6万元。规范药品采购管理，全面实施福建省药械联合限价阳光采购，严格执行药品购销“两票制”。

2018年石狮市医疗机构基本情况表

表33

序号	医疗单位名称	所有制	地址	医院等级	卫生技术人员数 合计	其中执业（助理医师）	其中注册护士	床位	诊疗人次	入院人次	主管部门	备注
1	石狮市医院	全民	石狮市香江路812号	三级	861	313	397	618	834774	35892	石狮市卫生健康局	非营利性
2	石狮市妇幼保健院	全民	石狮市八七路东段561号	二级甲等	364	101	199	249	523402	11397	石狮市卫生健康局	非营利性
3	石狮市湖滨社区卫生服务中心	全民	石狮市步行街延年东路22-24号	一级	49	25	24	43	127565	1472	石狮市卫生健康局	非营利性
4	石狮市凤里社区卫生服务中心	全民	石狮市花园路76号	一级	79	33	29	69	113570	1376	石狮市卫生健康局	非营利性
5	石狮市灵秀社区卫生服务中心	全民	石狮市灵秀镇服装科技园D5-D7	一级	41	20	12	20	80416	338	石狮市卫生健康局	非营利性
6	石狮市宝盖社区卫生服务中心	全民	石狮市濠江路塘边段	一级	57	16	19	20	89283	432	石狮市卫生健康局	非营利性
7	石狮市蚶江镇卫生院	全民	石狮市蚶江镇蚶江村裕园路中段东侧	一级	75	35	15	30	157976	232	石狮市卫生健康局	非营利性
8	石狮市永宁镇卫生院	全民	石狮市永宁镇永梅路68、70号	一级	43	18	12	23	69940	353	石狮市卫生健康局	非营利性
9	石狮市祥芝镇卫生院	全民	石狮市祥芝镇祥农村水尾桥	一级	56	26	14	40	114254	32	石狮市卫生健康局	非营利性
10	石狮市鸿山镇卫生院	全民	石狮市鸿山镇伍堡村思乡路60号	一级	26	19	7	30	73136	601	石狮市卫生健康局	非营利性
11	石狮市锦尚镇卫生院	全民	石狮市锦尚镇卢厝村委会对面	一级	40	17	11	30	116653	1487	石狮市卫生健康局	非营利性
12	石狮市子英医院	集体	石狮市永宁镇洋厝村对面	二级乙等	68	27	41	93	32971	1764	石狮市卫生健康局	非营利性
13	石狮赛特医院	民营	石狮市子芳路中段	一级	46	25	21	40	24749	1577	石狮市卫生健康局	非营利性

续表 33

序号	医疗单位名称	所有制	地址	医院等级	卫生技术人员数			床位	诊疗人次	入院人次	主管部门	备注
					合计	其中执业(助理医师)	其中注册护士					
14	石狮振狮医院	民营	石狮市宝岛路	一级	55	30	25	58	3762	325	石狮市卫生健康局	营利性
15	石狮现代医院	民营	石狮市香江路 17 号	一级	35	15	10	30	3875	125	石狮市卫生健康局	营利性
16	石狮东南医院	民营	石狮市南洋路 516 号	一级	32	14	15	30	13799	18	石狮市卫生健康局	营利性
17	石狮京都医院	民营	石狮市石泉路 400 号	一级	40	12	16	20	3987	45	石狮市卫生健康局	营利性
18	泉州泰和医院	民营	石狮市子芳路与市府南路交叉路口	一级	83	25	58	108	4873	127	石狮市卫生健康局	营利性
19	合计				2050	771	925	1551	2388985	56121		

医政管理

【概况】 2018 年，石狮市优化医疗服务资源，放开医疗服务市场，优先支持社会资本举办非营利性医疗机构，加强医疗质量评价，加快推进中医药事业发展，加快市中医院建，定期举办“健康大讲堂”，建立乡村医生临床技能训练制度，实施改善医疗服务三年行动和公立医院“暖心服务”三年行动工作。优化提升医疗行业服务质量，以医疗机构积分制管理和从业人员记分制管理为抓手，以各类医疗专业技术培训和加强医疗质量控制为载体，加强病案质量、合理用药、医院感染等方面管理，提升石狮市医疗行业服务质量和水平。

【医疗服务质量提升】 2018 年，石狮市加强与上级优质医疗资源的合作共建，3 月 21 日，石狮市总医院与上海长海医院举行签约暨授牌仪式，在石狮市总医院设立“孙颖浩院士专家工作站”，高位嫁接上级优质医疗资源，达成合作共识，每两周有 3～4 名上海专家到石狮市总医院，帮助提升泌尿外科学科诊疗水平及人才培养。合作一年来，从单一的专家门诊、指导手术到全面的临床、教学、科研、创新合作，成为石狮市总医院对外合作的典范。2018 年，石狮市总医院泌尿外科科室住院病人数同比增长 42.8%，住院部手术量同比增长 57.8%，其中孙颖浩院士工作站专家指导完成手术 108 例，三、四级手术占 96.2%，合作开展新技术 12 项，并有多项技术为县级首创。3 月，石狮市总医院与解放军 910 医院签订协管普外科合作协议，建立张诚华肝胆外科名医工作室。张诚华团队每周一至五安排一名专家到石狮市总医院坐诊，并派驻一名副高以上医师到普外科参与科室管理和业务指导。在张诚华团队的带领下，2018 年石狮市总医院完成专家门诊 817 人次，开展新技术新项目 20 余项，指导完成手术 93 台次，三四级手术较同期增加 53%。

【技术交流、技术培训和卫生科研活动】 2018 年，石狮市强化医疗专业技术培

2018 年 10 月 13 日，孙颖浩院士工作站揭牌仪式在石狮市医院新院举行
（图 / 市卫生和计划生育局）

训，举办基层医疗机构急诊急救知识培训班和每月至少举办1期健康大讲堂活动，全年举办26期；深化基层医疗卫生机构改革，强化医院行政管理，规范诊疗服务行为，增强医务人员的业务素质，提高医疗质量和服务水平，举行"三基三严"考核，组织18场，1191人次参加，合格率86.08%；营造加强业务知识学习、你追我赶的良好学习氛围；夯实石狮市农村卫生基层网底，全面提高乡村医生医疗技术水平和整体素质，除集中授课外、还新增网络继续教育、临床实践等。2018年，石狮市培训工作分两期进行，每期3天，每期150人左右。培训后，统一组织临床技能考核和到石狮市医院进行为期5天的临床跟班实践。

【医疗废物处置】 2018年，石狮市卫生和计划生育局进一步规范医疗卫生机构对医疗废物的管理，督促各医疗卫生机构进一步建立健全医疗废物处理管理责任制，完善并落实医疗废物管理的规章制度、工作流程和要求，明确负责医疗废物管理的监控部门或者专（兼）职管理人员，建立医疗机构医疗废物处置管理工作监督档案，实行动态管理，严格落实医疗废物收集、贮存、转运等管理规范。结合医疗机构评价、满意乡镇卫生院和医疗机构年度校验等活动载体，上、下半年分别组织市院感质控小组对各单位医疗废物管理情况进行督查，督促各医疗机构认真执行《医疗废物管理条例》《医疗卫生机构医疗废物管理办法》等法规，严格按照《医疗废物集中处置技术规范（试行）》进行操作，做到专人接收、专用包装物、专用警示标识，全市医疗机构均实现医疗废物统一集中处置，2018年，集中处置医疗废物219.9035吨。

【重大活动医疗保障】 2018年，石狮市加强医疗保障的组织、指挥、协调，夯实医疗保障各项基础工作，组建石狮市医院院内医疗救治专家库，开通急诊医疗救治绿色通道，做好应急床位预留、医疗设施、仪器设备、急救药品和器械等方面准备。加强对活动现场的医疗保障，2018年保障各重大活动13场次，出动救护车43车次，派出医务人员220余人次。

【村级医疗卫生机构】 2018年，石狮市实施乡村医疗卫生服务提升工程。蚶江镇卫生院被列入泉州市乡镇卫生院设施设备提升工程项目，自测小屋设备、DR设备、心电设备、全自动生化仪均配备到位。灵秀社区卫生服务中心茂厦分院等5家卫生所（室）被列入泉州市建设100个示范村卫生所项目，完成选址、装修、配备相关电脑设备和网络等工作。

【乡村卫生服务管理一体化】 2018年，石狮市按人口分布和服务半径辐射规划设置9家卫生服务一体化管理点，每个镇（街道）各设置1家。探索实行一体化建设和养老机构（乡镇老年活动中心）合作共赢模式，即在养老机构或乡镇老年活动中心设立乡村卫生一体化管理点（场所由养老计划和村委会无偿提供），实现楼上养老、楼下看病的医养结合共赢模式。如祥芝镇慈爱老年福利院和永宁镇卫生院郭宅村老年活动中心设置的一体化管理点。将2018年增设的9家乡村卫生服务一体化建设工作纳入各镇（街道）计划生育工作考核指标和各卫生院（社区卫生服务中心）年度考核指标，督促镇（街道）和卫生院（社区卫生服务中心）共同落实。

【中医医疗服务体系建设】 2018年，石狮市推进石狮市中医院建设前期工作，完成工程项目方案和施工图纸设计，施工图内部审查、消防审查、专家审查和预算。通过联合招聘为中医院筹备人才，招聘6名中医专业人员（3名研究生、3名本科生）。支持社会力量在基层举办中医医疗机构（含中医门诊部），2018年全市有中医门诊部4家、中医诊所31家（中医诊所备案1家）、药店中医诊所3家。湖滨社区卫生服务中心设立"治未病"中心，开展基本公共卫生服务项目中医体质辨识工作，探索多元化的"治未病"模式。开展中医药义诊活动，组织中医药"进镇村、进社区、进家庭"活动23场，医护人员214人次，现场免费送药、发放宣传知识材料。

【医院安全生产监管】 2018年，石狮市加强安全生产责任体系建设，每年年初和每季度定期召开卫生系统安全生产工作专题工作会议，部署安全生产工作任务，出台系列安全生产大检查大整治工作实施方案。继续以政府购买安全生产服务的模式开展第三方专业监管，将安全生产专业技术力量引入到卫计系统各单位安全生产日常监管和指导中，建立"主管局依法监管、中介规范服务、各单位尽责履职"的长效工作机制。不定期由局领导带队组织开展安全大检查，督促各下属单位落实安全生产责任制，做好安全管理。运用专题部署会、培训会、"安全生产月"等为载体，开展新《中华人民共和国安全生产法》《福建省安全生产条例》《福建省党政领导干部安全生产责任制实施细则》等法规规定的宣传教育，同时督促指导各单位开展安全生产宣传，营造良好氛围，提高全体干部职工的安全意识和防范能力。

2018年，组织开展大检查大整治8次，出动检查人员255人次，检查医疗机构90家次，发出整改通知书90份。卫生健康系统消防、医疗等方面均未发生较大及以上安全事故，安全生产整体形势保持稳定。

【"暖心服务"三年行动】 2018年，石狮市印发《石狮市公立医院"暖心服务"三年行动实施方案》方案，努力优化服务流程，改善服务质量、服务环境，持续提升服务水平，提供各式各样“暖心服务”。石狮市医院设立“一门式多站点”的客户服务中心，石狮市妇幼保健院设立“虹姐”服务中心，为群众提供一站式便民利民服务；增设自助服务区，开展志愿服务，简化就医流程，实行弹性服务、增设窗口等方式有序分流病人；拓展优质护理服务，完善节假日门诊，推行预约诊疗，努力把服务做精做细。预约诊疗率石狮市医院74.75%、复诊预约率97.27%；石狮市妇幼保健院70.68%，分时段预约率、院外预约提醒信息（电话）推送率市医院和妇幼保健院均达100%。

疾病预防控制

【概况】 2018年，石狮市发布传染病与突发公共卫生事件监测与预警9期，突发公共卫生与重点传染病风险评估报告2期，疾病监测月报12期，累计报告甲乙类传染病11种1250例，均为乙类传染病，发病率为180.90/10万，较同期下降1.68%。

【重大传染病防治】 2018年，石狮市加强艾滋病防治工作，将艾滋病和梅毒检测咨询纳入婚前自愿医学检测，住院病人和重点科室就诊者常规检测，落实“四免一关怀”政策、全面实施以“五扩大、六加强”为重点的防治措施，最大限度发现、治疗以及控制传染源。2018年全市新增报告HIV/艾滋病病例40例，死亡病例4例，首次随访流调率100%。全市HIV/AIDS存活人数累计223人，开展CD4检测177例，检测率79.37%；新增治疗艾滋病病人41例，截至12月31日治疗人数205人，治疗覆盖率91.93%。

2018年，石狮市加强肺结核防治工作，市卫生和计划生育局会同市教育局建立协调有序的工作机制，完善并落实学校结核病防治工作制度，切实做到对结核病的早发现、早报告、早隔离、早治疗。2018年，报告发现7例学生肺结核病例，痰涂片阳性病例2例，痰涂片阴性病例5例，对阳性、阴性病例均建议休学治疗，协同教育部门积极组织病例密切接触者520人次进行结核筛查，未发现活动性肺结核患者。巩固结核病“三位一体”综合防治服务模式转型成果，加强结核病筛查和规范治疗。新增管理肺结核病例279例，其中初治涂阳96例，涂阴病例173例。积极开展肺结核病督导管理及病人追踪管理工作，疑似肺结核追踪到位589例，总体到位率98.1%。加强对石狮市医院肺结核病治疗管理及基层医疗机构肺结核病随访管理工作督导，累计督导32次。加强健康教育宣传，利用第23个世界防治结核病日，联合石狮市教育局、各镇（街道）卫计办在全市开展结核病日系列宣传咨询活动，组织9场，分发宣传材料1万余份。

【各种特殊病种防治】 2018年，石狮市争创福建省级慢性病综合防控示范区。印发《石狮市创建省级慢性病综合防控示范区工作方案》，成立以市长为组长的创建工作领导小组，以及慢性病综合防控技术指导专家组，各单位各部门指定分管领导和联络员专门负责慢性病创建工作，基本建立政府主导、部门协作的慢性病综合防控工作机制。石狮市政府将慢性病防控创建工作列入民生补短板重要内容，将创建工作经费纳入2018年财政预算，配套专项经费124.615万元。组织参加全国第三届“万步有约”职业人群健走激励大奖赛活动，举办石狮赛区启动仪式，开展现场培训，发放统一设计的臂包、背包、水壶、计步器等设备，全市报名383人，投入10万元。

【计划免疫】 2018年，石狮市制定《石狮市关于进一步加强疫苗流通和预防接种管理工作的实施意见》和《石狮市2018年度第二类疫苗集中采购目录遴选方案（试行）》，加强对疫苗采购、供应、冷链配送等流通环节的管理，成立遴选小组，制定遴选规则，规范遴选程序，在《福建省2018年度二类疫苗集中采购目录》基础上遴选出本级二类疫苗集中采购目录，明确各接种单位应在集中采购目录范围内报送疫苗需求计划，严格采购途径，确保疫苗来源，并对遴选结果进行公布。针对长春长生疫苗事件，石狮市卫生和计划生育局联合石狮市市场监督管理局对2015年以来涉事企业17种疫苗的采购、储存等进行排查摸底和监督检查，未发生长春长生狂犬疫苗预防接种异常反应病例。联合石狮市市场监督管理局召开全市疫苗储存和运输管理培训会，解读新修订的《疫苗储存和运输管理规范（2017年版）》相关知识。举办石狮市卫计系统预防接种服务人员规范化培训班，对全市120名预防接种人员进行培训考核。扎实推进预防接种门诊规范化建设，组织开展规范化预防接种门诊验收复核，石狮市现有基层预防接种门诊9个，产科接种点3个，犬伤暴露预防处置门诊3个，均通过规范化预防接种门诊验收和石狮市星级预防接种门诊评审，其中数字化预防接种门诊1家。

【食品卫生】 2018年，石狮市依据《2018年泉州市卫生计生系统食品污染及有害因素监测计划》文件要求开展食品安全风险监测工作，全市需完成的监测任务90份，并制定石狮市全年监测工作计划方案，扩大监测范围，增加监测任务230份，2018年食品风险监测工作应监测各类食品320份，实际完成监测采样314份，样品监测完成率98.1%；监测完成率达到考核任务≥95%的指标要求。

2018年，石狮市制定下发《2018年石狮市食源性疾病监测方案》，指定石狮市医院、石狮市妇幼保健院、子英医院、凤里社区卫生服务中心4家医院为监测哨点医院，定期开展食源性疾病监测报告工作。2018年，全市报告食源性疾病472例，4家哨点医院均超额完成监测任务。

【环境卫生】 2018年，石狮市定期开展"双随机"监督检查工作，制定《2018年石狮市卫生计生随机监督抽查计划》，抽检105家公共场所的室内空气、顾客用品用具卫生质量，对不合格的27家单位给予立案查处。开展夏季公共场所集中空调通风系统监督，组织全市36家大型商场、超市、酒店管理人员培训，督促委托第三方清洗、消毒、检测，确保空气质量，防止传染性疾病传播。

【生活饮用水卫生】 2018年，石狮市建立生活饮用水定期监测制度，每季度监测一次，每次检测出厂水2份，管网末梢水22份（城市管网末梢水12份、农村管网梢水10份），二次供水9份。2018年，监测水样132份，监测率为100%，各类水质指标实验室检测结果均为合格。

【职业卫生】 2018年，石狮市卫生和计划生育局为做好作业场所职业卫生监管职能移交期的平稳过渡，联合安监、工会、人社等部门在宝盖鞋城开展职业病防治宣传工作。印发《2018年重点职业病监测与职业健康风险评估工作实施方案》，10月，与石狮市安全生产监督管理部门、石狮市人力资源和社会保障局配合开展重点职业病监测工作。

【放射卫生】 2018年，石狮市建立放射诊疗机构放射诊疗设备档案，制定《关于加强放射诊疗防护监管工作的通知》，依法开展放射诊疗机构年度校验，引进第三方放射技术服务机构对全市26家放射诊疗机构进行职业病危害控制评价，设备、场所检测，组织全市医疗机构放射卫生工作人员100多人参加培训，全面规范放射诊疗行为。

【学校卫生】 2018年，石狮市出台《石狮市教育局 石狮市卫计局关于开展2017—2018年中小学学生健康体检工作通知》，开展2018学年学生健康监测工作。石狮市共有中小学校83所，学生89329名，体检学校81所，体检学生88429名，学生健康监测覆盖率为98.99%。学校教学环境监测方面，根据《石狮市卫计局 石狮市教育局关于印发开展学校卫生重点监督抽检工作通知》要求，开展监测学校10所，检测项目为教室课桌椅配备、黑板照度、教室采光、照明4个项目，并定期开展学校学生常见病防治督导与学校饮用水监测工作。

【消毒管理】 2018年，石狮市开展医疗机构内镜清洗消毒专项监督检查，抽检石狮市医院内镜3条，均合格。做好餐饮具集中消毒单位季度监督抽检工作，共抽检41份样品检测均合格，邀请石狮市电视台进企业拍摄观摩，引导公众识别合格餐饮具，结合食品安全宣传周活动，组织大型餐饮服务经营者10余人到石狮市桃源餐具消毒服务中心参观消毒餐具的生产过程。监督检查全市消毒产品生产企业11家，抽检第三类消毒产品3份，检测结果均合格。

【病媒监测】 2018年，石狮市作为国家病媒生物监测点，制定《2018年石狮市病媒生物监测方案》。结合全市开展鼠密度检测和蚊密度监测工作实际情况，每季度随机选择监测点进行以笼夜法进行鼠密度监测，累计出动40余人次，有效投放捕鼠笼2275笼次，捕获鼠类82只，平均捕获率3.60%。全年累计布灯140灯次，捕获蚊媒812只，平均蚊密度为5.8只/灯·夜，其中捕获库蚊700只，占总捕获蚊种的86.21%。

【卫生安全保障】 2018年，市卫计局联合市教育局、市市场监督管理局组织举办"平安杯"学校食品安全及公共卫生事件应急处置模拟演练，提高校园食品安全及公共卫生事件应急处置能力。做好"4·18"海博会、省委省政府到石狮工作检查活动、高考、蚶江泼水节、国际军事比赛"海上登陆"项目等医疗卫生保障工作，开展3轮次的现场业务指导，对蚊、鼠密度较高等情况进行除四害业务指导，重点提出生活用水安全、病媒生物传染病等风险防范建议。针对石狮市赤潮灾害事件，指定石狮市医院为定点救治单位，要求各医疗卫生单位做好人员、物资、流调等各项卫生应急准备，发现疑似中毒患者，及时转诊救治。加强公共卫生事件监测与预警，开展国际军事比赛"海上登陆"项目重大活动风险评估2期，发布预防赤潮毒素中毒等突发公共卫生事件和重大传染病疫情监测和预警6期。

妇幼保健

【概况】 2018年，石狮市通过福建省级儿童早期发展示范基地评估，成为全省首批3家省级儿童早期发展示范基地之一，强化与石狮市计生协会等部门协作，推进辖区儿童早期发展工作。规范开展孕产期保健各项服务，推行辖区基层早孕建册，试行孕产妇健康管理免费服务券制度，优化服务流程，率先启动孕产妇妊娠险评估。规范儿童保健各项服务，按照儿童保健门诊规范化建设基本标准，进一步完善科室布局设置，继续推进儿童保健二级专科建设，突出临床与保健相结合，借助儿科儿保科一体化模式，进一步发展各项专科业务。完善辖区业务指导管理工作机制，落实例会培训制度，加强重点工作专项督导，严格定期考核检查，加强母婴三证管理，促进依法执法，妇幼卫生信息管理、妇幼健康教育工作水平提高。

【助产技术服务机构监督管理】 2018年，石狮市卫生和计划生育局落实《福建省母婴保健、计划生育技术服务许可管理办法》，组织2期母婴保健技术服务人员技能考核，确保持证上岗制度进一步落实；落实“出生医学证明”管理规范，结合季度检查及助产技术执法检查，加强各助产机构“出生医学证明”使用情况的监督，2018年1—12月全市活产数7802人，首次签发8109张，发放率103.94%，共换发80张，补发96张，助产机构外分娩签发35张，废证30张。

【免费婚检】 2018年，石狮市参加免费婚前医学健康检查2258人次，占年度结婚人数51.81%，检出存在健康问题人数355人，检出率15.72%，其中暂缓结婚男、女共21人，不宜结婚1人。

【新生儿疾病筛查】 2018年，石狮市继续将妇婴疾病筛查项目新生儿疾病筛查项目纳入政府为民办实事项目，累计投入125万元。1月1日启动30项新生儿疾病筛查项目，为患儿减免筛查费用50%，减免在石狮市医疗机构分娩的新生儿疾病筛查费用。2018年，石狮市开展新生儿疾病筛查数7079例，减免费用88.4875万元。

【妇女病普查普治】 2018年，石狮市推进增补叶酸预防神经管缺陷项目，任务数2300例，免费发放叶酸2659例，任务完成率115.61%。推进免费产前筛查诊断项目，预防出生缺陷是“两纲”的重要内容之一，产前筛查诊断是预防出生缺陷的第二道防线，石狮市三家二级助产机构均为产前筛查采血机构，采血、彩超及妇产科医生均经过上级培训后上岗。石狮市省级免费产前筛查任务数为700例，完成率100%。泉州市为民办实事采血完成500人，完成率100%。省级农村妇女和城市已婚妇女“两癌”检查项目，石狮市任务数1350例，任务完成率100%。

【妇幼保障科研】 2018年，石狮市妇幼保健院承担的石狮市科技基础建设类重点项目《化学发光技术在孕前及孕早期妇女TORCH筛查中的应用研究》《开展助产士门诊提高石狮市自然分娩率的质性研究》课题通过验收，实现石狮市妇幼保健院科研课题的零突破。《化学发光技术在孕前及孕早期妇女TORCH筛查中的应用研究》，该课题使用德国索灵全自动化学发光分析仪，采用国际先进的化学发光免疫（CLIA）技术定量测定弓形虫、风疹病毒、巨细胞病毒、单纯疱疹病毒IgG与IgM等八种特异性抗体，对其TORCH感染的阳性率进行调查，为妇女TORCH感染提供早检测、早发现、早治疗，排除胎儿异常发育，降低儿童出生缺陷发生率，确保胎儿健康和人口质量的提高具有重要意义，为孕产期保健工作的开展提供科学的参考依据。《开展助产士门诊提高石狮市自然分娩率的质性研究》，该课题旨在通过充实本院助产士人力资源，加强对助产士助产技术及理论的培训，在围产保健门诊开展助产士门诊，由高年资并具有丰富的临床助产经验的助产士坐诊，为准妈妈们提供一对一孕期保健、营养和心理咨询，对分娩过程进行个性化的指导，让孕妇提前接触助产士，提前熟悉分娩环境减轻心理压力，减少对分娩恐惧，坚定孕妇自然分娩的信心，使孕妇以积极的心态顺利完成分娩过程，以探讨将助产士门诊作为一个健康教育服务平台，改变现存的“以医生为主导”的产科的服务模式，对石狮市自然分娩率、剖宫产率和围产保健质量的影响。

【妇幼健康技能提升】 2018年，石狮市妇幼保健院与5家卫生院建立联合体，逐步实现闭环服务运行，带动提升整体妇幼健康服务能力。加强人员业务培训，先后召开妇幼健康管理知识暨妇幼卫生信息管理培训、预防艾梅乙母婴传播培训、妇女“两癌”检查项目推进会暨技术培训、儿童保健例会共8期。组织妇、儿保人员参加福建省、泉州市的各类培训班及学术讲座。完善修订石狮市《危重症孕产妇转诊救治网络建设实施方案》，举办危重症孕产妇转诊救治桌面演练及孕产妇妊娠风险评估与管理工作规范培训。

爱国卫生

【概况】 2018年，石狮市组织开展爱国卫生运动，结合创建全国文明城市测评和爱国卫生月活动，整治环境卫生，加大在卫生教育工作的宣传力度，加强健康教育阵地建设，提高辖区居民卫生健康意识；在除四害工作中完善重点单位场所的防制设施，进一步探索有效消杀方法；履行控烟履约职责，组织开展无烟单位创建工作。

【环境卫生整治】 2018年，石狮市爱卫办结合创建全国文明城市测评活动，坚持“早部署、早动员、早落实、见实效”的原则，组织协调爱卫会各成员单位，开展全市卫生专项整治活动5次，重点对车站、农贸市场、城中村、城乡接合部等区域的环境卫生进行治理，清除卫生死角，创造良好的卫生防病环境。2018年，全市约5000人次参与卫生整治工作，清理卫生死角和四害滋生地约1000处，清洗道路人行道约45千米，清除乱贴乱画60000余张，受理群众投诉5件，处理群众投诉5件，投诉群众对5起处理结果均表示满意。

【健康卫生宣传】 2018年，石狮市以政府网站、微信公众号等载体多层次、全方位宣传爱国卫生的重要意义，普及各种卫生知识和健康常识，通过微信公众平台共发布信息303多篇，在《石狮日报》刊登专栏，专题宣传爱国卫生运动。4月11日，石狮市爱卫办联合石狮市市疾控中心、辖区卫生院，在市区繁华地段开展以“推进厕所革命，共享清新健康家园”为主题的第30个爱国卫生月活动，营造“人人参与‘厕所革命’、共享清新健康家园”的良好氛围，倡导文明健康的生活方式。现场发放宣传材料1000多份，免费发放各种灭四害药物，其中鼠药100千克，杀蟑方便贴100盒，老鼠粘板50片，宣传购物袋600多个，调查问卷礼品100多份，义诊30余人次，咨询政策法规300人次。

【卫生防病知识宣传】 2018年6月11—20日，石狮市开展“清洁家园 灭蚊防病”夏季爱国卫生运动，石狮市爱卫办结合端午节传统节日，深入各乡镇街道、村社区、城中村、城乡接合部等地，张贴宣传墙报，悬挂宣传标语，多形式派发图文并茂的宣传资料，借助泉州爱卫微信公众平台宣传夏季除害防病工作的重要性和必要性，广泛动员群众踊跃开展家庭和社区卫生大扫除，清除卫生死角，翻盆倒灌，铲除蚊虫滋生条件，共同维护家园清洁。

【除四害活动】 2018年，石狮市根据病媒生物的消长特点和密度监测情况，在全面整治城乡环境卫生基础上，科学制定2018年除“四害”工作方案和技术方案，动员组织居民群众清除“四害”滋生场所，重点抓好居民楼院、农贸市场、餐饮行业环境卫生整治。分季度开展三轮全方位、大规模除“四害”活动，聘请专业消杀队工作人员使用热烟雾机，逐一对下水道、杂草堆、绿化带、闲置地进行喷洒药物，投入溴敌隆毒饵11.19吨、粘鼠板15183张、杀蟑针剂（方便贴）14079盒、高氯悬浮剂2070瓶等，累计花费42.14多万元，将病媒生物密度控制在较低水平。

【公共场所控烟】 2018年，石狮市履行世界卫生组织《烟草控制框架公约》和《福建省爱国卫生条例》，组织开展无烟单位创建工作，创建无烟单位，努力建设无烟环境。做好控烟工作宣传，加大控烟宣传力度，开展健康教育知识培训，对全市各单位、各镇办健康教育专兼职人员开展控烟技术培训，邀请石狮市市疾控中心专业人员就控烟禁烟知识进行讲解。免费发放控烟手册，倡导市民积极控烟戒烟。2018年5月，组织有关专业人员通过召开座谈会、查看资料、现场检查等方式，评选出石狮市环保局等12家石狮市无烟单位（学校）。2018年，全市有无烟单位83家。

2018年4月7日，石狮市爱卫办开展第30个爱国卫生月宣传活动
（图/市卫生和计划生育局）

医药卫生体制综合改革

【概况】 2018年，石狮市深化公立医院和基层医疗卫生机构综合改革，整合市域内医疗卫生资源，提升基层服务能力，推进全域城市化医疗健康服务共同体建设，构建合理有序的市域分级诊疗体系，被福建省列为县域紧密型医共体建设改革试点。

【县域紧密型医共体建设】 2018年，石狮市成立石狮市推进县域紧密型医共体建设领导小组，组织对全市公立医疗机构现有人员、资产、经营、运行、财务、债权、服务能力等情况进行全面调查，摸清家底，为推进紧密型医共体建设提供数据支持。出台《石狮市推进县域紧密型医共体建设实施方案》，组建石狮市总医院，整合市级3家公立医院，基层9家卫生院（社区中心）以及延伸举办的市镇村卫生服务一体化点，实行一体化管理，形成全域城市化医疗健康服务共同体的就医格局。市总医院配备总医院党委书记1名、院长兼副书记1名，纪委书记1名，副院长6名，并进入实质性运行，院长在总医院党委领导下，全面负责医院医疗、教学、科研、行政管理工作。

2018年，石狮市以石狮市医院为龙头，专科医院为辅，卫生院（社区中心）为基础，构建“管理、责任、利益、服务、考评、投入”六位一体的医共体模式，医共体内成员单位为“一家人”。医共体各成员单位的行政职能科室将整合成总医院下设的综合保障、医疗护理、财务管理、健康管理、卫生信息、人力资源和医疗器械管理等7大行政管理中心，压缩行政职能科室设置，实行扁平化垂直管理，提高医院行政管理效率。优化整合医共体各成员单位的临床科室，实行“多科主任制”。各分院推行“一院一品”全科发展策略，形成自身医疗特色服务。

【县级公立医院综合改革】 2018年，石狮市强化院长年度目标责任制，委托第三方机构考核两家公立医院院长2018年度目标绩效，核定两家公立医院2018年度工资总额，督促公立医院开展自主分配，充分发挥绩效工资分配的激励导向作用。落实公立医院用人自主权，2018年全市公立医疗机构自主招聘卫技人员共33人。

【基层医疗机构综合改革】 2018年，石狮市组织开展基层医疗卫生机构主要负责人2018年度目标绩效考核。2018年，推进镇村卫生服务一体化点建设，全市规划新设置一体化管理的村卫生所9家，并纳入年度对镇（街道）计生考核指标。引入泉州市中医院脑卒中及后遗症专家到湖滨、凤里社区卫生服务中心中医馆坐诊，进行现场教学，并培育开展“冲击波”新技术。

【分级诊疗制度建设】 2018年，石狮市推进基层医疗机构信息化建设，依托市级公立医院，重点打造“三中心两平台”建设，通过医学影像中心、心电诊断中心、消毒供应中心、急救服务平台和双向转诊平台的建设，提高基层医疗机构诊疗水平、医疗质量控制能力和基层信息化水平，方便群众就医，引导群众有序就医。2018年，影像检查中心为分院出具报告24735份，心电诊断中心为分院出具报告13091份，消毒供应中心为基层提供消毒器具9869包次。

2018年石狮市推进分级诊疗制度建设，总医院内部推动医共体各成员单位间协作联动，构建优质高效的医疗卫生服务区域集团，推动人才、资源、病种“三下沉”，2018年，下派医务人员至基层坐诊，坐诊次数约330人次，上转人次203人次，下转人次529人次，医技检查上转约790人次。

2018年，石狮市按照“总院专科医生＋分院全科医生＋公卫医生＋乡村医生＋人口健康助理员”的模式组建家签服务团队，建立辖区定向和跨区域相结合的家庭医生签约服务模式，组织家庭医生签约服务团队进村入户上门签约，并建立长期服务机制。强化对糖尿病、高血压等慢性病患者、老年人、计划生育特殊家庭等为重点人群的签约服务，2018年，全市重点人群签约数为77262人，实行老干部一对一精准签约服务，签约服务覆盖率100%。

卫生监督综合执法

【概况】 2018年，石狮市进一步整合卫生计生综合监督行政执法资源，强化卫生计生综合监管职能，完善和健全综合监督行政执法体系，石狮市卫生和计划生育局联合5个部门制定《石狮市进一步加强卫生计生综合监督行政执法工作实施方案》，按照整合资源、职能转变、综合执法、提高效率的原则，加强卫生计生综合监督执法机构建设，构建市、镇（街道）、村（社区）三级卫生计生监督网络，全面加强综合监督执法工作。

【卫生监督能力建设】 2018年，石狮市卫生和计划生育局卫生监督所建立执法全过程制度，购置5台执法记录仪，设立笔录询问室，安装监控设施，确保监督执法的全程记录和全方位监督。加强监督执法人员能力建设，开展法治教育、业务教育和廉政教育，依托国家网络培训平台，每名在岗监督员完成网络课程40学时，每季度组织协管员参加卫生监督业务考试。创新培训管理方式，举办精品课程培训，每两周一场业务培训，提升实战能力。

【生活饮用水监督】 2018年，石狮市出台《关于开展二次供水卫生监督专项整顿的通知》，联合石狮市物管站开展住宅小区二次供水专项培训、督查，确保生活饮用水卫生安全，对2家集中式供水单位、26家二次供水单位进行水质监督抽检，对2家不合格的二次供水单位给予立案查处。

【传染病防治监督】 2018年，石狮市卫生和计划生育局卫生监督所结合医疗机构日常监督，按照《传染病防治卫生监督工作规范》要求，监督医疗机构传染病防治696家次，开具监督意见书60份。制定《中医医疗机构传染病防治和感染防控监督执法专项检查实施方案》，对42家中医类医疗机构开展专项督查，下发监督意见书10份，不良执业行为记分2家。对全市口腔诊所及24家个体诊所、村卫生所（室）进行传染病防治监督抽检。制定《医疗卫生机构传染病防治分类监督综合评价实施方案》，对全市一级以上医院、疾控机构及44家未定级医疗机构开展传染病防治监督评价，开具监督意见书22份。

【公共场所监管】 2018年，石狮市加强公共场所卫生日常监督，新审批公共场所495家，行政处罚112起。开展“双随机”监督检查工作，制定《2018年石狮市卫生计生随机监督抽查计划的通知》，随机抽检105家公共场所的室内空气、顾客用品用具卫生质量，对不合格的27家单位给予立案查处。联合市文体旅游广电新闻出版局开展夏季游泳场所专项督查，举办卫生管理人员培训，签订卫生安全责任状，连续7、8月份开展水质监督检测，邀请石狮市电视台进市游泳场馆拍摄，引导公众识别游泳池水质。

【学校卫生监管】 2018年，石狮市加强春、秋季学校卫生专项监督检查，下发监督意见书15份，举行全市学校卫生知识培训，各中、小学校、托幼机构500余人参加，联合教育主管部门对全市41家学校饮用水安全与卫生防疫专项督查，制定《关于加强学校饮用水管理的通知》，加强中小学、托幼机构生活饮用水卫生监督，共有108家中小学、托幼机构生活饮用水备案建档。联合石狮市教育局下发《关于开展学校卫生重点监督抽检工作的通知》，完成10家学校卫生综合评价，完成泉州市下达工作目标。

【医疗服务卫生监管】 2018年，石狮市出台《石狮市民营医疗机构依法执业专项监督检查方案》和《2018年石狮市打击非法行医和非法采供血专项安全整治工作方案》，加大医疗服务市场监督执法力度，严厉打击民营医疗机构违法违规执业行为，不断推动石狮市医疗服务市场秩序持续好转。开展母婴保健技术和计划生育服务机构专项督查，对全市7家母婴保健技术机构和11家计划生育机构的B超、妊娠药品、计划生育技术等内容督查。2018年，出动执法人员2021人次、车辆472车次，查处取缔无证行医立案30起，罚款35.2万元，没收非法所得76189元；移送公安机关无证行医涉嫌犯罪案件3起，涉案人员3人；监督检查持证医疗机构731户次，立案58起，责令暂停2名医师执业活动半年，对2名医师予以警告。

【麻醉药品、第一类精神药品监管】 2018年，石狮市结合医疗质量检查开展对全市10家麻醉药品、第一类精神药品购用印鉴卡单位开展麻醉药品、精神药品监督检查，开具整改通知2份。加强麻醉药品、精神药品监管与医疗机构自律相结合模式，大力宣传麻醉药品、精神药品监督管理的法律法规的法制、自律意识。

计划生育

【概况】 2018年，石狮市计划生育政策符合率97.55%，出生性别比113.80，信息准确率达98%以上，奖励兑现率100%，群众满意率达100%，免费孕前优检覆盖率达87.29%，计生指标均达到责任指标要求。未出现行政侵权或重大恶性案件发生。石狮市获福建省2018年计划生育目标管理责任制考核一等奖。

【计划政策兑现】 2018年，石狮市实施和谐促进基金帮扶制度，逐步建立完善计划生育家庭发展体系，利益导向成效渐显。2018年，确认奖励扶助发放对象7760人。其中，农村奖励扶助对象2461人，城镇奖励扶助对象630人，二女结扎奖励扶助对象4369人，特别扶助对象38人，农村贡献奖励对象262人，发放奖金扶助金1362.324万元，奖扶兑现率100%。

【计生执法】 2018年，石狮市加强跨区域信息共享和多部门联合办案，保持打击“两非”的高压态势，查处案件19起，其中破获重大案件7起，判刑12人。

【计生服务】 2018年，石狮市全面推进生育全程服务，深入整合妇幼保健和计划生育技术服务机构，优化妇幼健康服务水平，提升婚前医学检查和免费孕前优生健康检查合并实行“一站式”服务工作。建立健全市、镇（社区）、村（居）各级分工负责、密切合作的地中海贫血防控网络，提升防控能力和技术水平。全面落实避孕方法知情选择，规范和加强避孕药具发放管理，提高避孕药具服务可及性，减少非意愿妊娠。2018年全市避孕药具人工发放点184个，自助避孕药具免费发放机10台，58个微信公众号接入泉州免费避孕药具发放系统，实现微信无缝连接。建立孕情服务工作制度，及时准确掌握育龄妇女孕情动态，提供优生优育全程服务，重点做好高龄孕产妇的生育指导和帮助，保障高龄孕产妇的生育健康，全年石狮市孕情访视服务率98.64%。

【村级人口健康助理员工作】 2018年，石狮市有村级人口健康助理员240名，占全市计生管理员三分之二以上。全市人口健康助理员协助开展基本公共卫生服务5.0359万人次。其中，建立或更新居民健康档案16373人次，通知儿童预防接种2567人次，协助组织“两癌”筛查3885人次，协助组织老年人体检12899人次，协助家庭医生入户签约1051人次，兑现绩效补贴31.3766万元。

【流动人口信息采集】 2018年，石狮市流动人口卫生计生动态监测调查涉及7个镇（街道）、13个村（社区），共调查流动人口280人，完成调查问卷280份。2018年流入人口新增登记49642人、注销21731人；通报更新现孕育妇22例；进行跨省婚育信息查询24569例；流入人口出生通报和登记2901人；流动人口生育服务登记129例。

（图／颜华杰）

社会与民生

居民生活

【概况】 2018年，石狮市全体居民人均可支配收入50983元，比2017年增长8.6%。居民消费价格涨幅平稳。

【城镇居民收入】 2018年，石狮市城镇居民人均可支配收入58930元，比2017年增长8.2%。

【农村居民收入】 2018年，石狮市农村居民人均可支配收入24970元，比2017年增长9.5%。

【居民消费价格调查】 2018年，石狮市居民消费价格总水平比2017年上涨1.5%，服务项目价格上涨2.2%。八大类商品价格“七涨一降”，其中食品烟酒类上涨1.3%；衣着类下降2.8%；居住类上涨2.4%；生活用品及服务类上涨1.7%；交通和通信类上涨1.2%；教育文化和娱乐类上涨3.0%；医疗保健类上涨2.1%；其他用品和服务类上涨0.7%。（备注：石狮居民消费价格指数采用泉州数据）

社会保障

【概况】 2018年，石狮市城乡居民基本养老保险参保人数189831人，企业职工基本养老保险参保人数97775人，城镇职工基本医疗保险参保人数75779人，失业保险参保职工45852人，企业职工工伤保险参保人数90341人，城镇职工生育保险参保人数60653人。

【养老保险】 截至2018年12月底，石狮市调整城乡居民基本养老保险基础养老金标准，从每人每月155元提高至173元。石狮市城乡居民基本养老保险参保人数189831人，参保率99.51%，续保人数140636人，续保率97.93%，累计征缴保费2011.79万元，领取养老金人数45167人，累计发放养老金9109.24万元。

2018年，石狮市参加企业职工基本养老保险人数为97775人。基金收入为35155.04万元，基金支出为7982.18万元。2018年12月企业退休人员2367人。

截至2018年12月底，石狮市机关事业有参保单位262个，参保人员8553人，累计征收养老保险费20225.78万元和职业年金3865.28万元。机关事业参保单位有离退休人员2150人。其中，离休人员3人，退休人员2131人，退职人员16人，累计发放养老金14598.66万元；代财政发放高龄补贴及提租补贴共计728.83万元。

【医疗保险】 2018年，石狮市城镇职工基本医疗保险参保人数75779人，医保基金收入14556.67万元，医保基金支出（含商保）6343.55万元，石狮市城乡居民基本医保个人缴费180元，全市280761人参保，参保率99.66%。城乡居民医保共报销548342人次，基金支出（含商保）22960.48万元。

【失业保险】 2018年，石狮市失业保险参保职工45852人，缴纳失业保险费1343.6万元。全年领取失业保险金人数为233人，失业保险金支出196.27万元；为领取失业保险金人员缴纳医疗保险费47.63万元。

2018年，石狮市按照《福建省人力资源和社会保障厅 福建省财政厅 国家税务总局福建省税务局关于继续阶段性降低失业保险和工伤保险费率的通知》文件要求，1—12 月累计为企业减负 660 万余元。开展参保职工提升职业技能工作，2018 年发放补贴 25 人，补贴金额 4.3 万元。推进失业保险支持企业稳定岗位工作，发放 2017 年企业稳定岗位补贴金额 59.43 万元，涉及企业 19 家，涉及职工人数 1940 人。

【工伤保险】 截至 2018 年 12 月底，石狮市参加企业职工工伤保险人数为 90341 人。基金收入为 1948.56 万元，基金支出为 1697.55 万元。2018 年享受工伤保险待遇 481 人。

【生育保险】 2018 年，石狮市城镇职工生育保险参保人数 60653 人，生育基金收入 1043.95 万元，生育基金支出 1327.08 万元。

就业与劳动

【概况】 2018 年，石狮市城镇新增就业人数 13699 人，城镇失业人员再就业人数 182 人，城镇就业困难对象再就业人数 60 人，城镇登记失业人数 293 人，登记失业率 0.29%，新增农村富余劳动力转移就业人数 2036 人。

【就业与创业】 2018 年，石狮市举办 2018 年新春人力资源公益招聘会 5 场，参会企业近 536 家次，提供就业岗位 31661 个，求职咨询人数 6657 人次，达成就业意向 2060 人。以石狮市产业急需人才为突破口，开展外出招聘与劳务引进合作，组织企业前往南平市政和县、四川省岳池县、武汉市、重庆市、西安市、南昌市等 19 个城市的高等院校及当地人力市场招聘员工，参加企业 127 家次。搭建校企合作平台，与黔东南民族职业技术学院建立市校企合作关系，40 位来自该校服装设计与工艺专业的学子前来伊妮斯服饰有限公司见习就业。开展泉州生源高校毕业生离校未就业服务工作，协助 41 名毕业生到石狮市用人单位参加就业见习。扶持高校毕业生创业，帮助 3 个优质创业项目申报省市级资助，其中尚益源农场获省级资助 5 万元、鲜倍网络科技获泉州市级资助 2 万元。

2018 年 10 月 17 日，市人力资源和社会保障局邀请石狮企业赴西安市参加校园招聘活动 （图/市人力资源和社会保障局）

【就业培训】 2018 年，石狮市根据经济发展特点和行业分布，推行“以赛代训”培养技能人才，先后举办闽南民间菜烹饪技能竞赛、渔工织网行业技能竞赛、服装缝制技能竞赛、PLC 编程技能竞赛、公安民警警务技能竞赛、夹克衫缝制技能竞赛、旅游饭店服务技能竞赛，相关行业的技能人才 500 余名参加。组织技能人才培训与鉴定，举办急需紧缺工种职业技能培训班，分别有 24 人参加育婴员培训，14 人参与电工培训。6 月，与市卫生和计划生育局联合推动育婴员培训参加人数 155 人。

【劳动关系与劳动工资】 2018 年，石狮市根据《企业劳动保障守法诚信等级评价办法》《福建省用人单位工资支

2018 年 11 月 18 日，市总工会、市人力资源和社会保障局在灵秀镇服装科技园区举办石狮市夹克衫缝制技能竞赛 （图/市人力资源和社会保障局）

付行为守信激励和失信惩戒暂行规定》等文件精神，结合对石狮市企业日常检查、书面材料审查以及专项检查等相关情况，评出2017年企业劳动保障守法诚信等级A级企业10家，用人单位工资支付行为信用等级守信企业10家，并上报上级人社部门在行政管理和公共服务中给予守信激励，营造诚实守信的社会氛围。

2018年，石狮市举办和参与各类法制宣传活动6次，发放宣传材料11000余份，接受群众现场咨询1200多人次，宣传和普及劳动保障法律法规知识。做好企业薪酬调查及人工成本监测，6月开展企业薪酬调查员业务培训和加强劳动保障监察执法相结合，推动145家薪酬调查样本企业按时保质完成调查工作；在25家服装企业设立人工成本监测点，通过对企业用工情况，职工劳动合同签订情况，从业人员劳动报酬情况，在岗职工平均工资等情况的有效监测，并对监测点数据的分析，动态掌握企业用工和人工成本变化情况，同时也为科学制定工资增长指导线、工资指导价位和企业人工成本提供有效参考。

【劳动争议仲裁】 2018年，石狮市劳动人事争议仲裁院办结案件359起，涉及劳动者885人，涉案金额1586.06万元，调解结案率达66.3%。

2018年，石狮市按照“鼓励和解、强化调解、依法仲裁、衔接诉讼”的原则，健全完善劳动争议调解仲裁处理机制。加大调处力度，坚持“以调为主、调裁结合”，创新实行仲裁员“案中普法、案后释法”制度，对于当事人存疑的案件，由办案仲裁员负责释法答疑，加强案后跟踪服务，促进当事人自觉履行裁决结果。坚持服务前移，完善劳动争议市、镇（街道）两级处理机制，构建快速处理通道，在接到镇（街道）集体劳动争议案件信息后，劳动人事仲裁部门提前介入，组织仲裁人员到镇（街道）现场办公，并在确保规范有效的前提下推进集体争议案件的快立、快调、快裁。加强裁审衔接，充分发挥劳动人事争议“一裁两审”功能，完善裁审衔接工作，畅通人民法院和劳动人事仲裁部门的联系沟通渠道，不定期就劳动人事争议案件仲裁工作程序性、实体性问题以及重大疑难案例进行沟通和探讨，努力统一裁审标准，促进劳动争议案件快速、公正、高效得到处置。

【劳动监察】 2018年，石狮市加强主动监察，通过日常巡查、举报专查等方式，将用人单位劳动合同签订、工资发放等情况作为劳动保障监察重点，督促用人单位依法遵守劳动保障法律法规。2018年，石狮市监察用人单位836家，涉及劳动用工人数72040人。

2018年，石狮市组织开展工资支付、禁止使用童工、劳动合同签订、清理和整顿人力资源市场秩序等专项执法检查，着力规范企业劳动用工，保障职工合法权益。加大劳动保障监察执法力度，及时查处劳动保障违法行为，2018年，依法对4家违反劳动保障法律法规的企业予以行政处罚，罚款金额4万元。

2018年10月，石狮市退役士兵及随军家属专场招聘会　（图/市委社会工作部）

民政事务

【概况】 2018年，石狮市加强城乡居民最低生活保障，完成残疾人两项补贴、特困人员救助供养等项目。全市纳入低保对象1094户、1905人，特困供养对象81人，累计给予172户次困难群众发放临时困难救助款67.76万元。出台《石狮市推进养老事业发展奖励补助标准》，试行社区助老员津贴补助制度，编制《石狮市养老服务专项设施规划（2018年—2035年）》。推进社区调整重划。开展全市社会组织财务管理专项整治。力推殡葬移风易俗工作，严控5天的办丧制度，出台鼓励措施，力推绿色殡葬。完成“国际军事比赛—2018”“海上登陆”陆战队分队比赛支前保障。完善老区基础设施，改善老区群众生活环境。

【社会救助】 2018年，石狮市实行城乡一体化最低生活保障，城乡居民最低生活保障标准为户月人均630元，继续居全省县级市前列。

2018年，石狮市落实经济状况核

对机制，对 2018 年低保申请对象进行经济状况核对，按比例要求入户调查，做到应保尽保、应退尽退。截至 2018 年 12 月底，全市纳入低保对象 1094 户、1905 人，全年发放低保金（含一次性生活补贴）1106.44 万元。

2018 年，石狮市落实特困人员救助供养制度。分类分档制定救助标准，将符合条件的对象统一纳入特困人员救助供养范围，做到应救尽救、应养尽养。截至 2018 年 12 月底，全市特困供养对象 81 人，其中集中供养的 24 人，全年累计发放特困供养金 133.61 万元。

2018 年，石狮市落实残疾人两项补贴制度，每人每月 100 元，全年累计发放 185.3 万元，配合残联做好残疾人护理补贴工作。

2018 年，石狮市出资 13.374 万元与中国人寿保险公司签订《石狮市城乡居民最低生活保障对象、特困人员、孤儿综合保障保险协议》，减轻低保对象、特困对象、孤儿因意外伤害、困灾造成的经济负担。为全市城乡居民最低生活保障对象（含特困人员、孤儿）支付部分基本收视维护费，每户每月 10 元。与福建省广电网络集团股份有限公司签订协议，低保户（含特困人员、孤儿）不再支付机顶盒及有线基本收视服务费，实行免费安装、免费收视。

2018 年，石狮市推进社会救助工作，将外来务工人员纳入救助范围，全年累计给予 172 户次困难群众发放临时困难救助款 67.76 万元。推进社会散居孤儿救助工作，社会散居孤儿基本生活养育金标准提高到每人每月 1200 元，全年累计发放 16.68 万元。

2018 年，石狮市开展救治弃婴弃童，截至 2018 年 12 月底，市社会福利中心有弃婴弃童 41 名，其中 75% 为残障或患病儿童。参加“110 联动”工作，全年救助各类求助人员 195 人次，救助费 192.1 万元。

2018 年，石狮市出资 140 万元与中国人民财产保险公司石狮支公司签订《石狮市自然灾害公众责任保险统保协议》和《石狮市政策性农村住房保险协议》，建立城乡居民因自然灾害带来的人身伤害损失和农村住房受损倒塌重建保险补偿机制。联合中国人民财产保险股份有限公司石狮支公司开展农房叠加保险工作。按照泉州市标准提升自然灾害避灾点，通过验收 10 个。

【养老服务工作】 2018 年，石狮市出台《石狮市推进养老事业发展奖励补助标准》，加大对非营利性民办养老机构、镇（街道）养老服务照料中心奖励补助，明确特困老人、低保家庭中失能老人入住养老机构由政府实施兜底保障。10 月，全市开始试行社区助老员津贴补助制度，津贴补助标准为每人每月 600 元。

2018 年，石狮市启用市社会福利中心养老院。按照“公建民营”模式，经公开招标采购，引进温州市红景天养老服务管理有限公司运营管理，7 月开始运营。推进政府购买居家养老服务，采用公开招投标形式，为全市特困低保、重点优抚、五老人员、计生特殊家庭、空巢的老人购买居家养老服务，包括信息化服务和实体家政护理服务两大类。2018 年，全市享受每月 20 元基础信息服务的对象 1500 人，享受每月 300 元上门实体服务的对象 112 人，10 月 31 日通过招投标为 1600 名 80 周岁及以上老人购买每月 20 元基础信息服务。拨付政府购买服务费用 75.96 万元。

2018 年，石狮市拓展和提升居家养老服务网络，新建永宁镇郭宅村农村幸福院；对全市 15 家农村幸福院进行星级评定实地检查，4 家农村幸福院获评福建省四星级农村幸福院。

2018 年，石狮市委托第三方考评，对全市 99 家村（社区）居家养老服务中心（站）、农村幸福院进行完善提升综合考评。全市 A 级居家养老服务中心（站）12 个，每个给予规范化运行补助 6 万元；B 级居家养老服务中心（站）20 个，每个补助 4 万元；C 级居家养老服务中心（站）22 个，每个补助 2 万元；D 级居家养老服务中心（站）30 个，每个补助 1 万元；E 级居家养老服务中心（站）15 个，不给予补助，全年拨付 226 万元。通过竞争性谈判，引进专业机构为部分农村幸福院开展老年人文体学习培训活动。

2018 年，石狮市实行高龄补贴制度，全市 80 周岁及以上老人可享受高龄补贴，每年分上半年和下半年两次发放，实行动态管理，全年发放高龄补贴 506.595 万元。为全市 80 周岁及以上老人购买意外伤害保险工作，按每人 30 元，保期一年，共 21.894 万元。

【基层社区建设】 2018 年 6 月 29 日，石狮市印发《关于同意湖滨街道曾坑社区进行社区重划的批复》，推进社区调整重划，将现有的曾坑社区以子芳路为界划分为曾坑和金曾两个社区，完成挂牌、刻章、建章立制等相关后续工作及其社区党组织、社区居委会的换届选举工作。

2018 年 7 月下旬，石狮市开展村（居）委会换届选举工作，采取先易后难的办法依法有序推进全市 26 个社区居委会、101 个村委会任期届满换届、1 个社区居委会新成立选举工作。全市一次性选举成功率达 100%，56 个村（社区）实现“一肩挑”，112 个村（居）实行女性成员专职专选。选举产生新一届村（居）委会成员 541 名（主任 128 名，副主任 146 名，委员 267 名），其中女性成员 156 名，（主任 1 名、副主任 13 名、委员 142 名）。选举完成后，全市进一步推进指导村（居）民自治机制建设，举办村（居）委会主任培训班开展培训。

2018 年，石狮市推进社区公共服务站建设，新建城乡社区社工服务站 7 个、其中泉州市级公共服务站建设 1 个。截至 2018 年，全市共有城乡社区公共服务站 99 个，其中城市社区 26 个，农村社区73个。选定鸿山镇东埔三村、宝盖镇宝源社区作为全市2018年城乡社区社会工作服务站项目的试点单位。开展新型社区治理试点工作，筛选凤里街道华南社区和永宁镇前埔村作为2018年“共建共享”新型社区治理的试点单位，引入专业社工设立社区社工站，开展社区服务。

2018年，石狮市推行“一定五化”社区治理机制和农村社区建设工作。确定推行“一定五化”治理机制的28个社区和13个示范社区以及2018年开展农村社区建设的17个社区和7个示范社区。2018年，对“一定五化”治理和农村社区试点开展验收，均验收合格。

【社会组织管理】 2018年，石狮市新登记注册的社会组织28个，其中社会团体17个，民办非企业单位11个，基金会0个；注销社会组织24个。截至2018年，石狮市登记注册的社会组织765个。其中，社会团体457个，民办非企业单位304个，基金会4个；注销社会组织49个。

2018年，石狮市通过自纠自查及重点检查形式开展全市社会组织财务管理专项整治。依法依规清理“僵尸组织”，依法对全市第一批被撤销的21家社会组织予以结案，完成社会组织执法卷宗建档工作。开展第二批连续多年未参加年检社会组织整顿工作，梳理出连续2年及2年以上未参加年检社会组织54家，督促整改。开展打击整治非法社会组织相关工作，联合市公安局印发《石狮市打击整治非法社会组织专项行动方案》，成立石狮市打击整治非法社会组织专项行动领导小组，建立群众投诉举报渠道。做好社会组织年检年报工作，启动全市社会组织2017年报告和年度检查工作，应接受2017年检查的社会组织714家（其中社会团体438家，民办非企业单位276家），参检社会团体367家（合格211家，基本合格136家，不合格20家）；参检民办非企业单位233家（合格116家，基本合格110家，不合格7家）；基金会年度报告4家。发出整改通知书271份。

2018年，石狮市围绕社会组织党建“双五”工作法，推进社会组织党的建设。市社会组织综合党委连续第二年从年度财政经费中提取部分经费，按照每个支部5000元，每个党委10000元，合计70000元拨补各下辖党组织党建工作经费，保障下辖党组织活动有经费、服务有条件。推进志愿服务组织参与社会治理新模式，石狮市祥芝美丽海岸志愿者协会坚持开展“清理海湾垃圾、净化海洋环境”生态环保活动；石狮市公共文明引导志愿者协会的志愿者每天坚持在重要交通路口引导行人安全通行，截至2018年，累计志愿服务时间多达48万小时。

【区划地名服务】 2018年，石狮市开展区划地名工作，继续做好全国第二次地名普查工作。编纂《中国标准地名词典》石狮市第一部分词条和《中华人民共和国标准地名志》石狮市词条。编制印刷新版《石狮市行政区划图》。开展2018年石狮市乡级行政区域界线联检工作，对凤里—灵秀、湖滨—灵秀、湖滨—宝盖三条乡级界线进行实地联检，并形成联检工作报告及相关联检成果；做好峡谷旅游路、学府公园和花海谷公园社会征名征集评选工作。

【婚姻收养登记】 2018年，石狮市办理内地居民结婚登记2835对，离婚登记689对，补发婚姻证480件；涉外国人，涉港澳台同胞及华侨人员结婚登记74对，离婚登记11对，补发婚姻证118件；办理内地居民收养登记1件。

【殡葬管理服务】 2018年，石狮市推进殡葬管理，火化2060具遗体，火化率100%；办理全市村级骨灰堂寄存骨灰899个，全市村级骨灰堂寄存骨灰15785个；办理全市户籍骨灰迁出其他县市101例；外县市在石狮市火化迁出办理17例；其他县市骨灰迁往石狮市永久墓园安葬66例。办理减免基本殡葬服务费1763例，共计233.747万元。力推殡葬移风易俗工作，严控5天的办丧制度。出台鼓励措施，力推绿色殡葬，2018年，鸿山镇郭厝村、莲厝村、邱下村、蚶江镇古山村、灵秀镇钞坑村和凤里街道大仑社区等村（社区）组织5次较大规模的海葬，骨灰撒海3493例。在全市开展殡葬领域突出问题专项整治行动，成立“石狮市殡葬领域突出问题专项整治行动领导小组”，制定《石狮市殡葬领域突出问题专项整治行动实施方案》，对公墓管理和殡葬服务两大类十种违法违规情形开展突出问题专项整治工作。做好公益性公墓建设工作，完成20公顷用地征地工作和施工招投标，7月5日举行开工仪式。

【革命老区工作】 2018年，石狮市完善老区基础设施，改善老区群众生活环境。老区村沙美村、深埕村被评为全省美丽乡村建设“千村整治”村，分别投资90万元和85万元。泉州市老促会下拨10万元用于沙美村和杆头村的基础设施建设。同时，申请2018年泉州市老区建设专项资金，各投入5万元对宝盖镇杆头村的革命烈士纪念馆重新装修和对永宁镇沙美村级排污管道进行建设。

2018年，石狮市落实“五老”定补，1月1日起将革命“五老”人员抚恤补助标准提高到每人每月1774元，8月，根据省提标文件，补助标准提高到每人每月1874元，补助标准位居泉州市前列。年内，对特困“五老”人员每年再补助1000元，高龄“五老”人员补助500元，全市16位“五老”遗属登记造册，每人每月发放750元的荣誉金，标准位居全省前列。

【老龄事务】 2018年，石狮市现辖7个镇、2个街道办事处，户籍人口34.61

万人，60周岁以上老年人5.1万人，占户籍人口的14.74%，1998年进入老年型城市。为各镇（街道）老龄委、村（社区）老年协会订阅1份《福建老年报》，提高全社会应对人口老龄化的意识。依托《福建老年报》《泉州广播电视报》《石狮日报》等媒体，鼓励写稿、投稿，全年各级媒体刊登石狮市老龄工作信息130条。指导禾康服务机构在龟湖公园、古浮慈爱老人院、鸿山镇东埔三村敬老院、永宁镇前埔村开展《福建省老年人权益保障条例》的宣传和敬老助老活动。

2018年，石狮市开展节日慰问活动，春节期间组织慰问特困、低保、生活困难老人和涉老专干200人，发放慰问金10万元。老年节期间，结合上级部门关于重阳节物价补贴资金，向全市特困（低保）失能老人、老年协会会长、虚岁100周岁老人、百岁老人发放老年节慰问金12.88万元。

2018年，石狮市开展老年文体活动，联合有关部门开展石狮市第一届老年人健身节暨泉州市老年人健身万人万步走活动，举行“构筑和谐家庭·传承家+孝文化”“夕阳赞歌 文旅三下乡”敬老月系列活动，组织全市200多名老年人代表免费“石狮一日游”。

2018年10月17日，市长黄春辉带队走访慰问宝盖镇前坑村百岁老人许最
（图/市委社会工作部）

2018年，石狮市规范基层老年协会，新登记老年协会8个，截至12月底登记的村（社区）老年协会112个，占全市基层老年协会总数的94.91%。扶持基层老年协会、涉老单位建设，拨付基层老年协会完善基础设施、老年组织开展文化活动经费10万元。引进专业社工服务机构协助开展规范村（社区）老年协会工作。加强对石狮市老年学学会的管理，协助完成换届工作，9月，石狮市老年学学会被泉州市老龄办泉州市老年学学会授予“老龄问题研究先进单位”，学会会员蔡宗营获得2018年泉州市老年记者团“刺桐金笔”称号。

2018年石狮市百岁老人情况表

表34

序号	姓名	性别	出生年月	周岁年龄	民族	婚姻情况	文化程度	健康状况	联系人	联系电话	邮编	居住地（通讯地址）	备注
1	郭　妙	女	1918.7	100	汉	丧偶	小学	一般	李永木	88787048	362700	民生路366巷3号	—
2	曾　福	男	1913.9	105	汉	已婚	小学	一般	曾木辉	13805980811	362700	湖滨街道玉湖社区玉湖巷50号（独居）	2018.9.10去世
3	肖仁慈	女	1918.9	100	汉	丧偶	小学	半自理	林恩平	13905052036	362700	福利北路106号（民生街563）	—
4	吴　坤	女	1915.11	103	汉	丧偶	小学	残疾	蔡木标	88800520	362700	湖滨街道湖边社区九二路283号5幢102室（与子女）	—
5	林建勋	男	1917.12	101	汉	丧偶	小学	健康	李美玲	13805982233	362700	凤里新华嘉禄路758号301室（与子女）	—
6	张爱文	女	1916.3	102	汉	丧偶	文盲	残疾	王善国	88780012	362700	凤里街道东村社区玉珠巷18支巷1号（与子女）	—
7	许　最	女	1918.6	100	汉	丧偶	小学	重残	郭德令	13559502175	362700	宝盖镇前坑村三区21号（与子女）	—
8	蔡　宽	女	1918.1	100	汉	丧偶	文盲	一般	王延生	88507748	362700	宝盖镇塘头村（与子女）	—
9	杨乌琴	女	1918.3	100	汉	丧偶	文盲	半自理	蔡罗增	88589607	362700	灵秀镇西灵路建发大厦（塘园4栋）3号梯4楼	—

续表 34

序号	姓名	性别	出生年月	周岁年龄	民族	婚姻情况	文化程度	健康状况	联系人	联系电话	邮编	居住地（通讯地址）	备注
10	邱碧云	女	1918.3	100	汉	丧偶	文盲	一般	洪赞成	13506082870	362700	蚶江镇洪窟村二区 32 号（与子女）	—
11	黄腰治	女	1918.11	100	汉	丧偶	文盲	瘫痪	林谋顿	88668632	362700	蚶江镇莲东村一区 34 号（与子女）	—
12	蔡　芽	女	1917.9	101	汉	丧偶	小学	一般	王明世	18900388888	362700	鸿山镇伍堡村新街北区 25 号（与子女）	—
13	邱　发	女	1916.11	102	汉	丧偶	文盲	一般	蔡美双	15980081777	362700	祥芝镇祥农村福祥中路 9 号（独居）	—
14	邱　金	女	1913.11	105	汉	丧偶	文盲	半自理	蔡火法	15860380297	362700	祥芝镇祥渔村海滨新村 30 号（与子女）	—
15	林　算	女	1916.11	102	汉	丧偶	文盲	白内障	李永福	13859781444	362700	永宁镇洋厝四区 74 号（与子女）	2018.8.14 去世
16	王乌宝	女	1918.10	100	汉	丧偶	小学	健康	董国强	13805956971	362700	石狮市百德康桥 2 号 201（永宁二社区）	—
17	许亚焦	女	1917.5	100	汉	丧偶	文盲	一般	蔡志煌	15059790889	362700	祥芝镇番仔楼 40 号（与子女）	2018 1.5 去世

民族宗教事务

【概况】 2018 年，石狮市民族宗教工作以贯彻落实中央、全省民族宗教工作会议及泉州市宗教工作会议精神为指导，围绕“共同团结奋斗、共同繁荣发展”的民族工作主题，推进民族村社会经济发展，保障少数民族群众的合法权益，不断巩固和发展平等、团结、互助、和谐的民族关系，推进民族团结进步事业稳步。

2018 年，全市户籍总人口 346094 人，其中回族人口 7457 人，占总人口 2.15%。全市 4 个回族行政村总人口数 10982 人，其中回族人口 5485 人，占 49.9%。蚶江镇石渔回族村总人口 4377 人，其中回族人口 1778 人，占全村总人口 40.6%；石农回族村总人口 2485 人，回族人口 1368 人，占全村总人口 55.05%；宝盖镇前坑回族村总人口 5082 人，其中回族人口 2673 人，占全村总人口 52.6%；永宁镇郭坑回族村总人口数 1523 人，其中回族人口 1034 人，占全村总人口 67.9%。

【民族事务】 2018 年，石狮市推进民族乡村建设，帮助 4 个少数民族村确定项目并向上级申报，争取上级民宗部门拨款 78 万元；本级财政安排少数民族工作经费 23 万元，按上级下拨经费比例 1 ∶ 1 配套，全年安排少数民族经费 101 万元支持民族村发展。石狮市对口挂钩帮扶宁德霞浦崇儒民族乡，2018 年财政安排 100 万元专项资金支持崇儒乡发展特色产业。

2018 年，石狮市有 197 名少数民族中考生享受加分政策照顾；推行新市民积分政策，有 14 名少数民族流入人口通过“积分入学、积分就医、积分购房、积分入保、积分培训”，享受与户籍人口同等待遇；配合司法部门做好 27 名少数民族法律援助工作；慰问少数民族困难同胞 20 户，发放慰问金 2 万元。

2018 年，石狮市开展以“团结奋斗铸牢中华民族共同体意识”为主题的民族团结进步宣传月活动，创新方式载体，全方面、多维度开展民族团结进步宣传。8 月 15 日，市民宗局、回族经济与文化促进会对 2018 年以优异成绩考上“本一”线的 11 名郭氏回族学子进行表彰，发放奖学金 3000 元 / 人。9 月，与泉州市民宗局联合举办宣传月答题送话费活动，利用全市公交车车载 LED 屏幕宣传民族宗教政策法规。10 月 19 日，在永宁镇郭坑回族村举行石狮市民族团结进步教育基地揭牌仪式，举办民族团结进步宣传图片展，将郭坑回族村打造成为宣传民族政策、普及民族知识的文化阵地。

【宗教事务】 2018 年，石狮市推进宗教公益慈善工作，1 月 17 日，市佛教协会组织 27 家佛教场所筹集 142.66 万元，用于“法喜充满”活动中的扶贫济困、奖教助学、敬老养老等方面的社会公益慈善事业，发扬广大佛教界人士和信教群众的慈善奉献精神。9 月 1[illegible] 日，举行第七届“宗教慈善周”启动仪式暨“百家场所帮百村”慈善捐资仪式，筹集 123 万元慈善款，分别用于市基督教“两会”向琼山中心小学捐建“心天地”多媒体互动阅读教室、市道教协会向宽仁实验小学奖教助学捐资、市佛教协会向沙堤小学奖教助学捐资、石狮基督教堂向龙华社区捐资、石狮基督教堂向新华老人协会捐资、石狮龙显宫向前垵福利基金会捐资、蚶江廿一都普渡公宫向慈爱老人院捐资、狮龙海寺向重大病灾

2018 年 9 月 11 日，石狮市举办第七届“宗教慈善周”慈善活动　（图 / 市委统战部）

困难户捐资、石狮莲华寺向灵狮村老人协会捐资等 9 个慈善捐助项目。

石狮市红十字会

【概况】　2018 年，石狮市红十字会指导全市基层红十字会开展工作，开展备灾和救灾，进行初级卫生救护培训，组织群众参加意外伤害和自然灾害的现场救护，开展无偿献血宣传和推动工作，开展人道主义社会服务活动，开展红十字青少年活动，开展同台、港、澳以及外国地方红十字会组织的交流和友好往来。

【人道主义救助】　2018 年元旦春节期间，石狮市红十字会开展“红十字博爱送万家”活动，发放慰问物资 4 万多元。5 月，开展“红十字博爱周”慰问活动，组织对 9 个镇办部分困难家庭的走访调查，慰问 90 人次，发放慰问金 9 万元。协助遗体器官捐献者家属、儿童白血病患者、儿童先天性心脏病患者等特殊群体申请永生天使基金、小天使基金、天使阳光基金等。继续做好筹资劝募工作及各公共场所募捐箱的放置管理工作，全年收到募捐款 10758.6 元。

【红十字宣传活动】　2018 年，石狮市红十字会组织或参与开展“世界红十字日”“全国科普日”“世界艾滋病日”“防灾减灾日”“国际减灾日”“把健康带回家”流动人口卫生计生关怀关爱活动等宣传活动，发放人人学急救、防灾避险、无偿献血、遗体器官捐献等宣传资料 5000 多份。在各媒体刊登、报道全市红会工作新闻的信息 24 条。

【应急救护培训】　2018 年，石狮市红十字会开展红十字应急救护知识进社区、进农村、进学校、进企业、进机关、进家庭的“六进”活动，继续在市中小学生素质教育基地开展救护培训课程，累计举办培训 50 班次，培训人数 3800 多人。在市疾病预防控制中心大楼一楼设置“市民急救技能体验点”，已投入使用。7 月，组队参加泉州市第一届红十字急救技能大赛，石狮市红十字会代表队获团体三等奖，1 名队员获个人总分第 6 名。

【无偿献血及宣传】　2018 年，石狮市红十字会泉州市中心血站领取无偿献血宣传专题宣传画报、墙报、手册、传单等，在集中献血或宣传咨询活动中广泛普及无偿献血知识，大力倡导无偿献血。协助配合配合市卫生和计划生育局做好 1 月、2 月、3 月、5 月、7 月、9 月、12 月在市医院开展的大型公民无偿献血活动以及在闽南理工学院、鸿山镇开展的下乡采血活动。

【遗体器官捐献】　2018 年，石狮市实现器官捐献 2 例。市红十字会组织各镇（街道）红十字会志愿者、遗体器官捐献登记志愿者、实现捐献者家属等到永宁永久墓园“石狮市遗体器官捐献纪念碑”开展献花缅怀纪念活动。协调市委

2018 年 3 月 12 日，市红十字会组织单位全体人员和志愿者在永宁镇后杆柄村周边空地开展植树养护绿化活动　（图 / 市红十字会）

社会工作部、市财政局将器官捐献者遗体火化费追加为市财政承担费用项目。

【志愿者服务】 2018年，石狮市完善红十字志愿者队伍内部管理体系，加强应急献血、体育赛事应急救护志愿者队伍建设，开展以人道慰问、遗体器官捐献、无偿献血、绿色造林、义诊宣传等主题志愿服务活动10多场，服务群众2000多人次；参与“学雷锋”“文明单位结对帮扶”“我们的节日”“文明交通劝导”等志愿服务活动。

【基层组织建设】 2018年，石狮市锦尚镇红十字会、市妇幼保健院红十字会顺利通过泉州市红十字会“博爱家园”的认定，并予以授牌。指导闽南理工学院成立红十字学生社团组织，并促其精神传播、救护培训、阵地宣传等业务的开展。通过无偿献血、器官捐献缅怀纪念、救护培训、红十字博爱周、博爱送万家等活动，发挥基层红十字组织的作用。

石狮市慈善总会

【概况】 2018年，石狮市慈善总会接收社会捐赠款物3047.75万元。完成市慈善总会第二届会员大会暨换届选举大会。在有“慈善学子”“慈善救助”“慈善助残”“慈善安老”项目上，新增“慈善拥军”和“精准扶贫”慈善品牌项目。

【慈善资金收入与管理】 2018年，石狮市慈善总会接收社会捐赠款物3047.75 万元，其中定向捐款2160.46万元，非定向捐款887.29万元，捐献办公室装修、设备维修等费用近2.75万元。开展四大慈善工程活动365.33万元。其中，慈善学子100.8万元，受益187人；慈善救助202.5万元，受益223人，慈善助残62.03万元，受益502例；司法救助1万元，受益1例，惠及9个镇（社区）及70多个单位。定向资金支出2624.2万元，定向涉及的范围为教育、养老、文化建筑、学校建筑、卫生医疗等等。吸收会员及单位会员 374 名，募筹善款 675.77 万元。

2018年，石狮市慈善总会慈善资金坚持规范、透明、公开的原则，设有专职财务人员，严格管理使用基金和社会善款。经会计师事务所或审计师事务所进行审计、出具年度报告，接受审计监督。在资金使用方面坚持量入为出、勤俭节约的方针；充分尊重和体现捐赠人的意愿，专款专用；规范捐赠款物的审批使用程序，及时向社会公开使用情况。

【慈善总会换届工作】 2018年9月5日为第三个“中华慈善日”，石狮市慈善总会召开第二届会员大会暨换届选举大会，石狮市政协原主席李丽月当选为新一届理事会会长。以《慈善法》和《国务院关于促进慈善事业健康发展的指导意见》为依据，按照石狮市慈善工作的发展目标，对石狮市2003年制定的《石狮市慈善总会章程》修改并起草《石狮市慈善总会会员管理办法》。

【慈善活动】 2018年8月5日，开通石狮市慈善总会公众微信号。9月9日，石狮市慈善总会携手石狮市阳光太太志愿协会、石狮市德元食品贸易有限公司、石狮市为发圆梦会所，在石狮市龟湖公园联合举办“9·9”公益日1元微公益活动，所得善款4616.58元，捐给湖滨街道一位身患重疾的干部。9月20日，与石狮市阳光太太志愿协会到8位贫困家中开展中秋节走访，为困难家庭送上治病救助款。9月27日，举办英国皇家医学院士高武博士为患有脑疾病的石狮乡亲义诊。10月20日，石狮市慈善总会、石狮市老科技工作协会、石狮市阳光太太志愿协会、泉州爱尔眼科医院、大德康元中医院联合为全市60周岁以上的老人举行大型义诊活动。

镇（街道）

（图/颜华杰）

凤里街道

【大事记】 2月6日，凤里街道开展“迎新春，送温暖”活动，发动社会爱心组织向辖区低保户、特困户赠送慰问金和年货。

3月6日，凤里街道召开2018年度工作会议。

3月16日，石狮市八卦街保护提升工程工作指挥部在凤里五星社区居委会揭牌成立，八卦街保护提升项目正式启动。

3月30日，凤里街道举行大型“平安建设提升年”启动仪式暨社会管理综合治理集中宣传踩街活动。

4月3日，凤里街道召开企业表彰大会暨招商项目推介会。

4月5日，凤里街道召开海外侨亲座谈会暨招商推介会。

5月7日，石狮市狮仔山片区改造建设项目动员大会在凤里大仑社区召开，并成立10个动迁工作小组。

5月26日，世界福建青年联会·菲律宾分会“世青梦，共构圆”文化经贸考察团到访凤里。

6月1—7日，菲律宾仑峰同乡会组织30多名在菲华侨第二代、第三代、第四代青少年回乡寻根谒祖。

7月，凤里街道10个社区居委会换届工作顺利完成。

8月，镇中路中段（旧长途汽车总站片区）改造启动。

9月，凤里街道社区党支部换届工作顺利完成。

【基本情况】 凤里街道位于石狮市中心城区，是石狮纺织服装的主要发源地，石狮市小商品市场的发源地和商贸中心。辖区总面积3.2平方千米，下辖大仑、华仑、五星、后花、东村、新华、龙华、华南、宽仁、仁里等10个社区。2018年，凤里街道户籍人口3.16万人，外来人口3.9万人，旅居海外的侨胞、港澳台胞6万多人。

2018年，凤里街道财政总收入4.6亿元，增长10.7%；出口商品总值25.63亿元，增长36.1%；规上工业总产值35.71亿元，增长7.7%；限上商业销售额289.7亿元，增长24.2%；限上社会消费品零售额10.81亿元，增长48.5%。

【经济发展】 2018年，凤里街道围绕“实业项目落地年”和“项目攻坚2018”活动部署，克服无存量用地等要素瓶颈，挖掘资源找平台，先后举办侨亲、企业座谈暨招商推介会，精心对接世界福建青年联会·菲律宾分会“世青梦，共构圆”文化经贸考察团，与泉州、石狮留联举办“走进凤里”活动，接洽泰国侨亲，助力“泰国风情文旅”项目落地石狮。承接石狮异地商会前来凤里考察，开展项目推介。制作凤里招商宣传片和招商手册，汇编惠企奖励政策小册子。树立“人人都是招商环境”的理念，开展大招商、招大商行动，引进禾禾沂家影视传媒、泉州朗硕文化传播、再生资源交易中心、互联科创园、仁里商业综合体（1-4号楼）等一系列项目落地运营，新增3家生产型出口企业和10家贸易型出口企业，完成全年招商任务。

2018年，凤里街道健全街道领导班子成员挂钩帮扶企业制度，丰富政企“亲”“清”关系，不断拓展服务企业内涵。召开年度企业大会，征集企业发展难题和需求。协助市童装与儿童产业联合会做好换届，充分发挥行业协会作用，聚力“校园服饰”战略，推进与永春蓬壶的山海协作，推动童装电子商务等，支持配合开展年度童装产业“四个十佳”评选。支持创建石狮市（国家级）出口童装质量安全示范区，筹建市童装产业发展馆。开展第四次全国经济普查，不断优化营商环境。

【城镇建设】 2018年，凤里街道投入近200万元，推进大仓信德明小区和华南一建小区2个老旧住宅小区改造，改善居民生活环境。开展“厕所革命”，新建改建5座公厕。2018年，街道北、中、南3个工作片合计拆除“两违”55宗，面积2.4万平方米，完成上级下达的年度1.5万平方米任务的160.1%。开展河（湖）长制工作，水系生态取得明显优化。后花农贸市场升级改造全面完成，12月24日，举行智慧生态新市场开业庆典暨揭牌仪式。振兴路被省文明委命名为“福建省诚信经营示范街区”。

2018年，凤里街道先后启动八卦街、狮仔山片区、镇中路中段（旧汽车站片区）征迁工作。其中，狮仔山片区完成所有193宗房屋（建筑面积近10万平方米）拆迁和1700多个坟墓（含皇金）的迁移，以及14公顷土地征收。完成旧汽车站片区5幢大楼约0.9万平方米建筑的动迁工作。八卦街保护提升工程2个入口广场和1座停车楼项目需征迁用地3.22公顷，总征迁建筑面积约2.59万平方米，涉及房屋及空地103宗，149户，含公妈厅6宗，至年底已签约101宗，拆除率近90%。

2018年，凤里街道推动“三校一园”改扩建项目，将新增小学和幼儿园学位约2200个，大大优化辖区优质教育资源配置。推动八卦街保护提升工程项目、狮仔山片区改造建设项目规划进展，完成镇中路中段道路建设底层沥青摊铺。蔡友玉大厦和蔡友玉纪念馆建设工程顺利进入验收阶段。中骏商城悦景府累计投资2.45亿元。

【社会事业】 2018年，凤里街道开展“平安建设提升年”活动，深化扫黑除恶专项斗争，被泉州市社会管理综合治理委员会评为“平安乡镇（街道）”。街道安委会18个专项小组、各工作片、各社区深入开展安全生产工作，对标找差，确保辖区无较大安全事故发生。不断深化卫生计生服务，健全卫生一体化服务站，新增建设仁里社区健康文化园。开展“走进困难群众，打造温情凤里”“迎新春送温暖”等活动。对接帮扶永春县呈祥乡、政和县镇前镇。深入推动移风易俗，文明新风行为。不断延伸志愿服务内涵，后花社区被省委宣传部、省委文明办等单位评为福建省2018年学雷锋志愿服务“最美志愿服务社区”。组织广场文化节凤里专场、学习贯彻新思想灯谜展猜、“凤里杯”青少年五人制足球赛、象棋公开赛等丰富多彩的文体活动，建成老年门球场、法治文化公园，完善综合文化服务中心等文体设施。规范便民服务，做好劳动保障和司法调解服务，“12345”热线办理绩效考评居镇（街道）第一名。

2018年8月，改造镇中路中段（旧长途汽车总站片区） （图/凤里街道）

2018年，凤里街道推进轻纺城大仓群众房产整体委托招商，实行产权组合分配并完成抽签选取房产，维护群众权益，多年未解的群众诉求得以妥善解决。直面矛盾，多方谈判，平稳化解星期YI创意园拖欠业主房租问题。厘清大仑及其生产队的土地边界及其权属，解决20世纪八九十年代大仑在南环路建设拆迁、多年前国际轻纺城建设征地中，遗留至2018年的回批地安置处置历史问题。清理多年来占用旧汽车站国有资产私自出租乱象，拆除仑峰路大仑社区违章搭建近30年的店面22间。

湖滨街道

【大事记】 2018年6月29日，石狮市印发《石狮市人民政府关于同意湖滨街道曾坑社区进行社区重划的批复》，同意湖滨街道曾坑社区拆分为曾坑、金曾2个社区。曾坑社区西至子芳路，北至东港路（东港花园处）、富贵路，东与宝盖镇前园村、宝源社区、龙穴社区、杆头村相邻，南与晋江市龙湖镇大埔村、秀山村山脚自然村相邻，子芳路以东原曾坑社区区域，包含蓉园、霞露2个角落，面积1.7平方千米。金曾社区东至子芳路，北至八七路与金林社区、林边社区接壤，西至嘉福路与林边社区、花园城社区接壤，南与晋江市龙湖镇秀山村山脚、山头、历山自然村接壤，子芳路以西的原曾坑社区区域，包含霞角、坑前、厝头、路头4个角落，面积0.6平方千米。

2018年9月，湖滨街道完成村级组织换届选举工作。采用“两推一选”的方式选举产生社区党组织班子，采用直选、户代表选、居民代表选等方式选举社区居委会班子，换届选举一次性成功率100%，书记、主任“一肩挑”比例达60%。

【基本情况】 2018年，湖滨街道地处石狮市中心城区，1993年9月由原石狮镇拆分而来，为石狮市委、市政府所在地，系全市的政治、经济、商贸及教育文化中心。辖区土地面积6.2平方千米，下辖玉湖、新湖、湖边、长福、林边、金林、曾坑、仙迹、花园城、金曾10个社区，成立玉湖社区、新湖社区两个党委，户籍人口3.79万人，外来人口5万人，旅居海外华侨及港澳台同胞近3万人。

2018年，湖滨街道财政总收入7.16亿元，增长46.1%，其中一般预算收入4.41亿元，增长35.9%；中央“四税”收入2.75亿元，增长66.3%。规模以上工业企业数29家，产值95.67亿元，增长8.8%；限额以上商业企业数52家，销售额68.55亿元，增长21.3%；限额以上社会消费品零售额31.69亿元、增长16.3%；固定资产投资12.76亿元。出口商品总值37.7亿元，增长23.07%；实际利用外资0.35亿元。新增规上服务业企业1家，限额以上商业7家。

【经济发展】 2018年，湖滨街道加强经济项目建设，增强核心竞争力。5月，杨孙西服饰博览馆举行奠基仪式，确定落地蓉园片区，项目计划总投资3亿元；6月，朵朵童世界确认入驻长福商业区B区商场，项目计划总投资1.05亿元，拟打造集儿童娱乐、教育、医疗、零售为一体的儿童主题卖场；引入物流汇、山西快成、贵欧体育等平台落户湖滨街道综合服务中心；重点项目方面，社会投资类项目四端堂文化馆、仁宇健康管理中心、荣誉国际酒店、畔山云海二期及奥园上林苑等市级重点项目均按时序进度稳步推进。

【城镇建设】 2018年，湖滨街道推进城市管理“重心下移”，保持打击“两违”行为高压态势，拆除“两违”面积23327平方米，坚决守住“零增长”红线；推进市容常态管理，坚持把“整脏治乱”作为提升湖滨辖区市容环境和宜居生活的一项重点工作，累计整治流动摊点5000多摊、店外店6000多摊、清理建筑垃圾200多处、占道帐篷拱门200多起、灯箱（广告）1966起、其他杂物6000多起；清理“牛皮癣”1068处、清理布条（横幅）437处、纠正乱晾晒5000多起、拆除户外广告牌匾71块。开展大气污染防治集中整治行动，劝导烧烤摊整改97处，立案查处6起。完成新华电灌站一级渠道（狮仔山东段）违章建筑危房拆除工作，启动路面修复工程前期工作；蓉园片区一期环境整治控制区域总占地面积2.75公顷，完成仿古家风文化长廊、仿古戏台，仿古砖道路施工。

【社会事业】 2018年，湖滨街道推进优抚救助，加强重点优抚对象、革命“五老”人员、计生对象、社会困难群众等慰问帮扶工作，全面落实居民最低生活保障制度。

2018年，卫计工作方面选聘社区计生社保协管员35名、中心户长42名、流动人口协管员60名及人口健康助理员33名，健全网络队伍，深入开展基本公共卫生服务十四项内容，保障人民生命健康。严格落实计生利益导向机制，关爱计生特殊家庭，开展生育关怀行动，春节慰问计生困难家庭、失独家庭75户金额4.3万元，发放生育关怀救助款16人4.2万元。开展无偿献血活动，献血量55200毫升。街道24770人办理医保，其中为4969人减免医保金。2018年，湖滨街道制作《婚检孕检公益广告》在第五届全国卫生计生系统优秀视频宣传片评选中获得公益广告类优秀作品，在第三届健康中国微视频大赛中获优秀作品奖；林边小学获“国家级流动人口健康促进示范学校称号”，新湖社区陈培坤家庭获“国家级流动人口健康促进示范家庭称号”。

2018年，湖滨街道社会保障方面发放低保金24户31人；发放困难残疾人生活补贴26人；办理70～79周岁老年人办理意外人身保险1239人次；春节、“八一”建军节慰问优抚和“五老”人员38人次；发放义务兵家属优待金与高学历入伍奖励金13人次、退役士兵地方经济补助金74人次；新市民积分建档20083人，申请积分入学入围人员64人。

2018年，湖滨街道教育资源逐步优化，投入上百万元改善长福实验小学、新湖中心小学、林边小学、湖滨中心幼儿园的教学条件设施，小学毕业教育评估位居全市第一，多方面、全方位支持石狮市第一中学、第二实验幼儿园等市直中小学幼儿园建设。巩固创城工作成效，组织“文明新风行动”40场，出动执法人员3000多人次开展市容巡查整治，投入500多万元整治老旧小区，完成社区综合文化服务中心、“百姓书房”建设任务。

2018年，湖滨街道各级人民调解委员会调处各类矛盾纠纷167起，调解率100%，成功调解165起，成功率达98.8%，涉及人数381人，涉及金额212.07万元；受理刑事案件1089起，比2017年下降16.17%，破案443起，比2017年上升9.38%，逮捕1123人，起诉201人；受理治安行政案件564起，查处治安案件423起，治安处罚633人，其中治安拘留400人。开展“平安湖滨”宣传活动，6月26日在德辉广场开展禁毒徒步行活动，新湖步行街公园建设为禁毒公园，在新湖社区实行吸毒人员网格化管理服务；在各大影院播放映前禁毒公益广告，辖区固话播放“平安湖滨”闽南四句及扫黑除恶宣传彩铃；制作8部平安湖滨宣传卡通视频短片，在各住宅小区、酒店、商场电梯楼宇电视循环播放；开展“警灯闪烁”平安工程，通过车巡、步巡相结合的方式，错时错位布控巡防力量，切实提高街面见警率、管事率；构建齐抓共管的防控体系。全年排查生产性企业（工厂）近6000多家次、经营性店面20000多间次，查封、整改“三合一”企业13家、店面11家，督促整改安全隐患383处。

灵秀镇

【基本情况】 石狮市灵秀镇面积16.27平方千米，辖区内12个行政村、1个社区，常住总人口3万人，外来人口12万人。

2018年，全镇实现地区生产总值238亿元，比2017年增长8.8%；实现财政总收入8.05亿元，增长11.6%；规上工业总产值195.8亿元，比2017年增长10.4%；限额以上商业销售额612.4亿元，增长51%；限额以上商业零售额78.8亿元，增长23.7%；固定资产投资完成额36.2亿元。

【经济发展】 2018年，灵秀镇有法人单位5000多家，个体经营户20000多户，电商企业3000多家，跨境电商企业300多家，日均快递收发量达30万件以上。灵秀镇是重要的交通枢纽，三面与晋江市接壤，是石狮的西南“大门”，是进入石狮陆上交通的必经之道，距离泉州机场14千米，距石湖港码头16千米，距高速路口仅1千米，距动车站18千米。正在建设中的泉州高铁南站、厦漳泉路联盟路连接线、泉州二重环湾快速路等重要交通要道均位于辖区内。

【城镇建设】 2018年，灵秀镇金相路南段、花园路钞坑段等“断头路”，西南一路灵山段通车，有效缓解“三城”商圈、青创城、电商园以及中英文周边的交通压力。推进世茂摩天城商业综合体、鼎盛上城、正荣府等一批城建项目建设，配合做好泉州高铁南站等一批重大交通基础设施项目的征地和建设，持续推进仕林村全村113.53公顷土地征收及联邦商业城改造动迁工作。扎实推进美丽乡村建设，加大传统村落民居的保护力度，完成华山村中国传统村落申报工作。全面推行“河长制”，落实镇级河长和村级专管员职责，开展水环境综合治理，完成梧垵溪下游河道整治工程项目征迁工作。

【社会事业】 2018年，灵秀镇加大教育投入，灵秀镇第三中心幼儿园已进入方案设计阶段，市第四实验幼儿园、鹏山附小改扩建完成项目征地工作，石狮八中综合楼及运动场建设基本完成。做好中小学、幼儿园报名登记工作，贯彻新市民积分入学政策，办理积分入学51人。完成塔前、港塘、灵山等6家居家养老中心改造提升，启用西环路、前廊、茂厦等3家一体化管理的卫生所。落实惠民富民政策，发放各类涉农资金306.6万元，为塘园、灵山、灵峰、灵狮、华山等5个村群众办理“被征地人员养老保障”相关待遇。持续推进社会保障，城居民社会养老保险、城乡居民基本医疗保险参保率分别达98%、100%，位居全市第一。落实社会救助政策，发放低保、爱心助学、大病救助、临时救助等各类救助金100万元，发放优抚优待金43万元，受惠居民330余人。文明文化融合发展。巩固“全国文明村镇”创建成果，广泛开展社会主义核心价值观宣传，举办第二届邻里文化特色活动和“身边故事、共同铭记”“最美家庭”等评选活动，弘扬“灵秀正能量”。深入实施农村精神文明“十大工程”，深化“推进移风易俗·弘扬文明新风”主题活动，以“喜事新办、丧事简办、神事不办”为切入点和落脚点，推进全镇移风易俗工作落实落细落小。推进“文化惠民”工程，塔前、灵狮村级综合文化服务中心完成改造提升，全镇累计开展“十九大精神进万家”“第九届村级篮球联赛”等各类主题文体活动30场，丰富群众文化生活。社会治理有效增强，完成13个村（社区）“两委”换届选举，一次性选举成功率达100%。推进扫黑除恶专项斗争，累计破获涉恶案件18起，抓获涉恶犯罪嫌疑人32名，抓获涉黑恶逃犯2名。深入开展风险隐患大排查、矛盾纠纷大化解、治安问题大整治、社会力量大群防，促进社会治安平稳有序。深化禁毒源头治理、宣传预防，通过“四个有机结合”，严厉打击涉毒违法犯罪活动，全力营造“无毒”环境，全市“禁毒2018两打两控”暨“飓风肃毒2018”专项行动现场推进会在灵秀镇召开。严格落实安全生产责任制，加大监管执法力度，全镇安全生产形势平稳。

【文旅资源】 2018年，灵秀辖区内的灵秀山，是石狮市的“绿肺”，占地200多公顷；始建于隋朝的千年古刹金相院，香火旺盛，摩崖石刻、名人佳作琳琅满目，是旅游观光、休闲渡假的一处胜地；世茂摩天城主题乐园，引进台湾儿童乐园专业团队运营“茂险岛”项目，与服装城轻纺城商圈融合，成为一站式服务的AAAA级景区；华山村古民居，是福建省省级传统村落，荟萃建筑艺术精华，浓缩许多人文历史。

宝盖镇

【大事记】 1月31日，宝盖镇召开第七届人民代表大会第三次会议。

1月17日，宝盖镇龙穴自然村举行整村改造开工仪式，该村采用自改模式进行改造建设，将充分利用景胜别墅等原有资源，打造成一个富有闽南特色的民俗文化村，力争成为整村改造建设的新范本。

3月30日，宝盖镇全面启动城北片区（玉浦村）动迁工作。截至3月30日，共拆除36栋房屋，拆除面积达16215平方米，签约8栋房屋，总建筑面积约3600平方米。

5月4日，宝盖镇召开第七届人民代表大会第四次会议，会议选举邱尚齐为宝盖镇第七届人民代表大会主席。

5月15日，宝盖启动村级组织换届选举工作。

5月25日，泉州市总工会党组书记、常务副主席王茂泉、泉州市总工会副主席陈宝芳一行到宝盖镇石狮市豪宇服饰有限公司，就服务职工体系建设、“四点半”课后服务情况开展调研。石狮市组织部长杨德才陪同调研。

6月16日，第二届宝盖镇文化节拉开序幕，宝盖镇党委书记邱永丰、镇人大主席邱尚齐等领导、宝盖工会副主席吴尔德、星港文创园董事长陈文程等参加启动仪式。

7月13日，宝盖镇仑后村、松茂村改造工程征迁补偿安置方案出台。

8月14日，省总工会党组成员、副主席柳公立带领省总工会政研室一行人，在泉州市总工会副主席江永清的陪同下到宝盖镇华联服装配件企业有限公司调研产业技术工人队伍建设工作。石狮市委常委、组织部部长、总工会主席杨德才陪同调研。

9月13日，市委书记朱启平、市长黄春辉带领市有关部门负责人，到宝盖镇检查城北片区征迁项目，实地察看项目的工作进展，郑文芳镇长和邱尚齐主席陪同检查。

9月25日，泉州市人大内司工委主任、市依法治市办副主任齐清秀携督导检查组到宝盖镇检查“七五”普法中期工作情况，市政府副市长邱永丰、市司法局局长黄子仁等陪同检查。

10月22日，宝盖镇成立全市首家党员律师公益性法律服务站。

11月9日，石狮市第十六届广场文化艺术节（宝盖专场）在宝盖镇郑厝村圆满落下帷幕。

11月16日，宝盖设立健康主题公园及人口健康文化园宣传阵地。

12月12日，宝盖镇杆头村吴施随治老人的九秩大寿，其子吴华供、吴华习、吴华培商议决定响应号召移风易俗，厉行节约、喜事新办，捐赠50万元成立“杆头村老年协会活动基金会”，以慈善公益捐资的特殊形式来庆祝慈母的九秩大寿。

12月28日，宝盖镇城北片区（玉浦村）征迁全面推进。共签约170幢，建筑面积918855平方米。已拆除（含腾空）112幢，拆除面积63903平方米。

【概 述】 宝盖镇地处城乡接合部，环绕市中心城区，辖区土地面积26平方千米，下辖坑东、杆头、前园、前坑、塘后、塘边、松茂、仑后、后垵、山雅、铺锦、后宅、苏厝、郑厝、上浦、玉浦、塘头、雪上18个行政村和宝源社区、龙穴社区。2018年，宝盖镇户籍人口4.67万人，外来人口8万人，辖区建成宝盖科技园、宝盖鞋业工业园、石狮辅料城等工商业载体，拥有工业企业1200多家，规模以上企业66家，上市企业3家，中国驰名商标6枚，国家、省级高新技术企业5家，涵盖纺织服装、服饰辅料、鞋业、五金塑料、包装印刷、电子机械、体育用品、食品等行业，形成以服装、服饰辅料为主，多元化产业并存的产业格局。

2018年，宝盖镇完成规模以上工业产值196.4亿元，比2017年增长8.5%；实现财政总收入10.81亿元，比2017年增长4.4%。获评省级文明镇称号；再次被阿里研究院确定为“淘宝镇”，6个村被确定为“淘宝村”；宝盖鞋业工业园区获“全国模范劳动关系和谐园区称号”。宝盖镇促老会获“支持革命老区脱贫攻坚先进单位称号”。

【经济发展】 2018年，宝盖镇加快实业强镇、创新转型步伐，引导金融部门支持优势企业、优势行业发展，鼓励企业加大技改投入力度，创新营销模式。围绕“实业项目落地年”活动，优化营商环境，充分挖掘产业拓展的新空间，实现投产一批、签约一批、洽谈一批。优化宝盖科技园和鞋业工业园园区功能定位，推动资源整合，促进服装、辅料相关企业的集聚。组织企业参加“4·18”海博会、“6·18”项目成果交易会、中国国际面料及辅料博览会等展会，拓展国内外市场。引进青禾服饰、龙盈厨卫、信佳电子、盛元汽车贸易市场等亿元实业项目10个，在壮大引进电子、汽车产业方面实现突破。传泰服饰、伊妮斯增资项目竣工投产；签约落地泓盛鞋材、宏友鞋业、冠豪体育、凯士奥股权平台等项目；通过盘活“回批地”，引进恒大跃龙台、碧桂园、旭辉城、龙湖春江郦城等一批房地产项目，促进楼宇经济健康发展。

【城镇建设】 2018年，宝盖镇围绕建设现代化城市新区，加大镇村治理工作，改善镇容镇貌，优化宜居宜业环境。学府路沿线峡谷旅游路、学府公园、花海谷公园基本完成施工建设，旭辉城、龙湖春江郦城、中梁国宾壹号院、建德学府国际等地产项目和石狮市第七实验小学动工建设，以学府路为轴线的集自然景观、教育文化、中高端住宅为一体的现代都市社区生活带基本形成。石泉二路沿线恒大悦龙台、碧桂园落地铺锦村并开工建设，城北片区拆迁进入扫尾阶段，以石泉二路为轴线的多元商业业态并存的市场集聚带正加速形成。濠江路沿线市行政便民服务中心入驻仑后，濠江路沿线有望打造成以行政办公、金融商务、商业服务的聚集区。

2018年，宝盖镇推进乡村振兴，镇村面貌持续改善，城乡品位持续升级。由点及面分阶段重点抓好美丽乡村建设，加快推进“一事一议”、美丽乡村项目和薄弱村整顿转化工作步伐，策划生成16个项目。铺锦村鳌峰路、山雅沟东侧道路和文化活动中心办公平台完成建设；前园安置房的配套设施全部完工；塘后村村间道路建设完成。开展环境卫生整治，从组织管理、资金投入、机制创新等方面入手，做好“三清、四化”，镇容村貌和人居环境质量明显提升。

【社会事业】 2018年，宝盖镇推进改善办学条件，发展优质教育资源。宝盖镇第三中心小学升格为市进修学校附属小学，后垵小学新校区、恒大首府配建幼儿园、龟湖中心小学第二综合楼等3个项目进入工程收尾阶段。宝盖镇中心幼儿园湖光分园二次装修工程、石狮市第七实验小学、城北安置区配建幼儿园、宝盖镇第五中心幼儿园、后垵学校九年一贯制新校区等教育项目开工建设。

2018年，宝盖镇民生保障方面，健全基层管理和服务体系，提升基层基础保障水平，支持各村（社区）改善办公和公共活动场所，出台《关于困难家庭临时救助的实施方案》，全年支出164万元，解决困难群众突发性、紧迫性、临时性的生活困难问题。支持郑厝村居家养老服务中心、山雅村老人活动中心、仑后村锦峰花苑居家养老服务中心等建设，郑厝村老人食堂创办成全市典型。做好低保户、特困户、五老户、残疾困难户、退伍士兵等保障对象的摸底、入户、核实、补助金发放等工作，医保覆盖面100%，社保覆盖面90%以上。推进村级居家养老服务中心建设，弘扬敬老养老的传统美德。发展慈善事业，组织开展商会、企业家挂钩联系困难户等活动。

2018年，宝盖镇深入排查化解矛盾纠纷，解决劳资纠纷、征迁矛盾等信访问题。安全生产、食品药品安全等工作成效明显，社会安定稳定，全年无重特大事故发生。支持民兵预备役、工会、共青团、妇联、残联、红十字会、关工委等群众团体和社会组织工作，形成全镇上下齐心协力推进小城镇培育工作的良好局面。

2018年，宝盖镇推进党务政务改革，利用“互联网+”与“大数据”，进一步完善“微信政务”系统，补充党务、便民服务等各个功能模块，所有镇级审批事项全部纳入微信办证平台，提供指尖办证服务，群众足不出户即可办理11项镇级审批和21项市级审批事项的预审批服务。通过微信平台审核，线上反馈、查缺补漏，避免群众因材料缺漏造成的多次往返，实现一趟式办结，打通服务群众“最后一公里”问题。实行“一村（社区）一法律顾问”制度，推进公共法律服务体系建设规范化、常态化。

蚶江镇

【大事记】 1月15日，泉州市重点项目—通达智能硬件制造项目（三期）动工建设，占地4.8公顷，建设3栋厂房和宿舍楼，总建筑面积5万平方米，主要研发及生产电机配件。6月起开始引进设备并开工建设，通达公司CNC智能加工中心设备突破1.5万台，带动智能制造产业实现产值85.45亿元，增长18.7%。

1月19日，随着首批国际进口快件顺利通关，标志着石狮国际快件监管中心正式运营并进入常态化运作，进一步节省货物配送时间和成本。石狮国际快件监管中心位于石狮蚶江镇石湖路西侧锦里段，一期占地面积8000平方米。2018年国际快件监管中心合计进出口达15.8万件。

6月17—20日，第十届海峡论坛—第十二届闽台对渡文化节暨蚶江海上泼水节举行。并新增“第五届中华灯谜文化节”“国际龙狮公开赛”“全国晚报社摄影采风活动”三大配套活动。

9月27日，石狮市第八实验小学（莲埭小学新校区）举行奠基仪式，世界石狮同乡联谊会会长林嘉南率先捐资500万元。新校占地4.21公顷，规划建筑面积2.39万平方米，办学规划计划安排36个班级，可满足招生需求1800人，解决周边高新区重点企业人才子女就读市直学校的需求。

11月底至12月初，中央电视台、新华社、光明日报、经济日报等中央级媒体“庆祝改革开放40周年基层行”活动中，蚶江镇成为福建省唯一接受采访报道的乡镇。各媒体聚焦蚶江发展，走进蚶江实地采访报道，特别是央视《新闻联播》以《福建蚶江——一个外国人眼中的古镇变迁》为题，以独特的视角报道蚶江镇改革开放40周年带来的巨大变化。

【基本情况】 蚶江镇位于石狮北部，泉州湾跨海大桥南端，总面积38.47平方千米，海岸线长17千米，耕地面积1333.33公顷，浅海滩涂1333.33公顷，辖蚶江、锦江、锦里、石渔、石农、大厦、莲东、莲中、莲西、石壁、东垵、水头、洪窟、锦亭、莲塘、厝仔、古山、青莲、溪前19个行政村。常住人口5万多人，外来人口5万多人，海外华人、华侨及港澳台胞3万多人。

2018年，蚶江镇实现税收收入5.25亿元，其中一般预算收入2.63亿元；规模以上工业总产值198.7亿元，比2017年增长18%；社会固定资产投资累计完成33亿元，比2017年增长50.7%。

【经济发展】 2018年，蚶江镇壮大智能创新步伐，永信二期、汇星机械二期、九牧智能家居等一批项目落地，通达三期基本建成，智能制造产业实现产值85.45亿元，增长18.7%。引进安源科技材料公司、佳龙新材料等高新技术企业，富星云仓博士后工作站运行良好。全年申报市级科技项目的企业26家，完成技改项目23个，投入技改资金16.15亿元，高新技术企业增至11家。蚶江镇入选中国淘宝镇，厝仔村、洪窟村、水头村入选中国淘宝村。港口物流经济产业链初步形成，石湖港5号6号泊位建设提速，卡宾狮子湾、石材交易市场、国际海运快件监管服务中心建成投入运营，肉类指定口岸通过验收，安通综合物流园完成土地平整，东南冷链加快建设，入驻物流企业30多家，国内外航线23条。引进德盈船务、长恒航务等优质船务公司，海运企业新增船舶11艘，增加运力15万吨。全年石湖港口货物吞吐量3172万吨，增长12.2%；集装箱吞吐量156万标箱，增长16.7%。

【城镇建设】 2018年，蚶江镇加强基础设施建设，福厦高铁、锦江外线、泉州一重环湾快速路石狮连接线、城市应急水源等项目开工建设，共富路蚶江段路基工程基本完工，完成蚶江中学石壁段道路改造工程、蚶江体育公园、环湾生态公园道路及核心区工程。加强镇容镇貌整治，承接城管“重心下移”，推动“两违”“牛皮癣”等问题整治，拆除违建面积5.67万平方米，修订完善村级环卫工作考评奖惩方案，投入环卫保洁经费800万元，将农村公厕纳入保洁范围，新建和改造5座农村公厕。开展全国第二次污染源普查和大气污染防治工作，实施“四绿工程”，完成造林绿化面积8.67公顷，六胜塔环境整治二期工程完工。完成厝上溪、大厦溪综合治理工程、蚶江大厦水闸建设，蚶江小流域都宫溪、塘头沟综合治理工程开工建设。实施厝仔村农村生活污水治理PPP项目，开展泉州湾河口湿地围堰养殖整治工作，生态环境持续改善。

【社会事业】 2018年，蚶江镇稳步实施乡村振兴战略，完成农村土地承包经营权确权登记颁证工作，开展农村集体产权制度改革，大力发展现代特色农业，扎实推进美丽乡村建设，实施古山村、厝仔村、石农村、蚶江村等美丽乡村建设。

2018年，蚶江镇社会保障能力持续增强，城居保、新农合参保率均在97%以上。落实残疾人“两项补贴”、

2018年6月17日，第十二届闽台对渡文化节暨蚶江海上泼水节 （图/蚶江镇）

农村留守儿童关爱保护救助措施，发放各类救助金602万元，发放被征地人员养老保障金819万元。新增居家养老服务床位38张，村级居家养老服务站覆盖率63.2%，石壁村农村幸福院被评为三星级农村幸福院。发放农村危房改造补助资金71180元，审批危房翻建手续260宗。

2018年，蚶江镇教育事业优先发展，洪窟小学综合楼、华锦小学教师宿舍楼建成投入使用，蚶江中学改扩建一期项目封顶，市第六实验幼儿园、镇第二中心幼儿园规划设计等前期工作进展顺利，市第八实验小学奠基，全镇幼儿园普惠率达到78.9%。成立蚶江中学未成年人保护联盟，落实“四点半”课后服务。

2018年，蚶江镇深化卫计融合，市新医院完成搬迁，厝仔村、莲塘村乡村卫生所室一体化建设扎实推进。举办第十二届闽台对渡文化节暨蚶江海上泼水节，新建莲西村、莲塘村、厝仔村老年体育活动中心，改扩建村级综合文化服务中心7个。完成村级换届选举工作。

2018年，蚶江镇开展扫黑除恶专项斗争，全年办理信访件29件，调解矛盾纠纷148起，调解金额549万元，落实严重精神障碍患者以奖代补帮扶措施。严格落实安全生产责任制，推进安全生产风险分级管控和隐患排查治理体系建设，安全生产形势平稳向好。

永宁镇

【大事记】 2018年3月2—4日，举办第二届永宁古卫城元宵民俗文化庙会。

2018年9月30日至10月2日，举办第七届永宁古卫城暨城隍文化节。

【基本情况】 永宁镇位于石狮市东南部滨海地带，距离石狮中心市区8千米，镇域总面积28.6平方千米，永宁拥有宝盖山生态风景区、黄金海岸旅游度假村、红塔湾海岸公园、外高滨海欢乐城以及古卫城城隍庙等，生态资源丰富，土地资源较多。

2018年，永宁镇实现公共财政总收入2.2亿元，比2017年增长3.8%，规模以上工业产值完成76.4亿元，比2017年增长7%；完成全社会固定资产投资14.8亿元，比2017年增长17%。

【经济发展】 2018年，永宁镇重点

项目累计完成投资 14.7 亿元；超额完成 6.5%。推进锦尚外线新沙堤段征迁工作，签约当日完成 10 幢民房（15 户）征迁及 5.33 公顷土地征收，同步完成部队置地新沙堤土地签约工作。完成石狮市公益墓园 49.6 公顷土地征收工作；红塔湾旅游路项目在规定时间内强制搬迁腾空拆除 6 宗，积极协调解决过程中的难题，确保工程施工。红塔湾旅游路建成通车，永宁滨海旅游格局更加坚实。保障宝盖山石窟公园、花海谷公园、拥军路提升改造以及“国际军事比赛——2018·海上登陆”场地建设。落实上级环保督察工作要求，推动飞灰掩埋场进场施工。子英水闸重建项目完成工程验收。

2018 年，永宁镇落实招商引资项目 5 个，总投资 11.8 亿元。成立专门小组，对接海洋生物博物馆、咭啡酒店，协调黄金海岸提供更加优惠的政策，促成 2 个项目落地黄金海岸。主动对接旺旺集团来石考察，促成旺旺体闲观光农庄项目落户西岑。三源兴纺织科技、远达铁床入驻闲置厂房，全年新增产值 8000 多万。发挥优势，以亲招商，鼓励在外经商的永宁乡贤回乡投资建设；利用永宁侨亲的力量，引进万佳东方酒店落地，协助北记食品落地市海洋食品产业园。

峡谷旅游路建成通车，永宁离市区只有一个公园的距离（摄于 2018 年 4 月）（图 / 永宁镇）

【城镇建设】　2018 年，永宁镇推进古卫城保护与提升工程，完成 85.7% 的房屋签约，完成选房安置 39 套，发放动迁款 3203.1 万。完成 7 座石头房子修复工程，确定 6 栋杉木结构房屋修复方案，进行招投标。改造老街两侧 8 块空地进行微景观。开展海岸环境整治，修复遭到破坏的岸线资源，加快推进红塔湾旅游绿化亮化，梅林码头改造升级，提升海岸带生态景观。

2018 年，永宁镇打造生态宜居乡村，筹集 1670 万元投入到美丽乡村建设重点中，其中沙美村投入 780 万元，对全村 25 个节点进行绿化美化、景观提升，完成整村卫生死角整治及路灯架设；港边村投入约 250 万元对村文化公园进行整体提升，对多条村道进行修补绿化。西偏村投入 500 多万元进行道路硬化、公园绿化提升、文体设施及农贸市场建设。实施“百万村财”培育计划，培育前埔、郭坑、后杆柄 3 个“百万村”，消除西岑、新沙堤 2 个“空壳村”，下宅、山边、洋厝 3 个经济薄弱村成功摘帽。启动农村集体产权制度改革，率先完成农村清产核资工作。

【社会事业】　2018 年，永宁镇财政投入教育经费 400 多万元。永宁第二中心幼儿园建成投入使用，沙堤小学综合楼竣工验收；永宁中心幼儿园霞泽分园二期工程完成基础及地梁的施工，第三中心幼儿园用地完成迁墓 16 个，岑江小学正进行地桩基础施工，完成市重点项目古卫城实小施工图设计。做好精准扶贫工作，将外来务工人员纳入临时救助范围，全年发放低保金 241.36 万元，发放特困救助金 7.2 万元。加快推进养老事业发展，全镇养老服务设施覆盖率 67%；完成郭宅村农村幸福院建设，港边村敬老院项目正启动招投标。出台宅基地实施细则，全年落实民房翻建审批 216 宗，核准发放廉租房补贴 77 宗共计 31.3 万元。城居保、全民参保率分别达 97.61%、100%。24 个村（社区）全部完成土地确权。

2018 年，永宁镇第一社区等 6 个村（社区）文体活动中心建成投入使用，新建郭坑村老年人体育场所。强化“家 + 文化”载体建设，将梅林村历史名臣黄克缵的家庙打造成廉政教育基地。打造熙宝楼、古卫城驿馆，鳌城书院等三个“百姓书房”提升公共文化服务。以移风易俗为切入点和落脚点：完成 24 个村（社区）村规民约修订工作，召开移风易俗动员大会，对移风易俗工作进行再部署。落实“大棚房”专项整治，对金鸡山生态文化园进行拆除并复耕。严守生态红线，拆除占用基本农田 2 处，占用耕地 4 处。实行环保“网格化”，排查并取缔小电镀、小漂染、碎布漂洗等环保违规企业 9 家。全面推行“河湖长制”，开展河道周边环境修复整治，清除违章搭盖 6 处约 350 平方米，修护、安装护栏 450 多米，清淤清障 4000 多平方米。推进第二次全国污染源普查工作，新沙堤、金埭、前埔、后杆炳等 4 个村率先完成污水管网建设，投入 351 万元完成 16.67 公顷绿化树林种植。举办第七届永宁古卫城暨城隍文化节及第二届元宵民俗庙会，吸引海内外游客 50 多万人次参与，比 2017 年增长 50% 以上。举办端午节古卫城“空间艺术季”、国庆节“空间艺术季回顾展、非遗展”，以“展览一开店”的连贯动作，活化古卫城空间、培育本地团队，推进产业扶持政策的落地和执行。率先在泉州市出台民宿管理的相关规定，鼓励古城内古厝、洋楼及闲置民房资源的开发利用，引导其规范完善管理机制，现有取得营业执照的民宿2家。推进鳌城书院、三合境生产队茶舍等新型文创产业项目。实行环卫保洁、绿化管护市场化运作，全年投入清扫保洁经费600多万元，海漂垃圾专项整治经费70万元。完成7座公厕改造提升。完善市容市貌日常巡查机制，整治占道经营、乱拉乱挂等各类违规行为1958起。排查整治交通隐患点11处。推行“阳光治违”，拆除“两违”建筑6.4万平方米，完成年度计划192.3%。

2018年，永宁镇深入开展“平安永宁”创建活动，全年“综治三率”测评满意率位居全市第一。全面启动扫黑除恶专项斗争，畅通渠道，梳理上报线索3条。通过宣传车、横幅、彩铃、微信公众号、村级广播等，多层次、立体式、全覆盖宣传扫黑除恶。结合村级组织换届选举；建立候选人联审机制，把好入口关，坚决防止“村霸”、涉黑涉恶人员进入村“两委”班子。强化打击整治，严保高压态势，深入开展防走私综合治理。在梅林村成立全市首家村级个人调解室。强化关键领域的安全监管，做好森林防火工作，全年未发生较大以上生产安全事故。推进食品安全“一品一码”全程可追溯系统建设，全力保障群众“舌尖上的安全”。常态化开展渔业安全生产检查，安装渔业生产监控系统，防范和阻止渔船台风期间出港或到敏感海域作业。

祥芝镇

【大事记】 1月16日，召开中共祥芝镇第十二届代表大会第二次会议。

2月9日，永春县桂洋镇党委书记陈朝阳带领镇两委班子成员到祥芝开展调研学习座谈会，双方就结对帮扶工作进行深入探讨。

3月2日，召开祥芝镇第十七届人民代表大会第三次会议。

3月7日，中国纺织工业联合会孙瑞哲会长一行到祥芝调研华宝三厂印染有限公司。

3月14日，省海洋与渔业厅应急指挥中心主任马建华一行到祥芝开展渔业安全生产和渔船管控专项督查。

3月16日，福建省地方志编纂委员会在祥芝举行闽台方志万祥馆揭牌仪式暨闽台方志文化交流座谈会。

3月23日，祥芝镇召开2018年重点项目征迁攻坚战动员大会，部署全年重点项目及征迁工作。

4月9日，市委书记朱启平、市长黄春辉等市领导到祥芝察看祥芝中心渔港扩建工程项目。

4月19日，泉州市委书记、市长康涛到祥芝前山村调研扶持薄弱村工作情况。

4月29日，市长黄春辉慰问祥芝生活困难老干部和党员、走访人大代表钩挂联系群众及调研部分薄弱村。

5月2日，泉州市委政法委副书记、市综治办主任徐义平带领海警、海事、海洋、司法等部门相关人员到祥芝开展海上“枫桥模式”工作调研。

5月10日，泉州市领导翁祖根、张永宁到祥芝通达集团调研项目建设、企业发展等工作。

5月17日，省委政法委副书记、省综治办常务副主任马必钢一行到祥芝调研渔业协会、海上综合执法合署办事处。

6月1日，市委书记朱启平等市领导到祥芝走访慰问石狮市仁爱学校。

6月13日，泉州市人大常委会副主任许文贵一行到祥芝调研湖西村发展壮大村集体经济情况，察看湖西安置小区、农贸市场。

6月14日，祥渔村党支部与人民银行石狮支行党支部、邮政银行石狮支行党支部携手共建，以党建引领乡村振兴。

6月26日，石狮市第十届渔民文化节在祥芝举行开幕仪式。

7月10日，石狮市国际友好城市菲律宾那牙市市长约翰G.波恩加特率代表团一行，在菲律宾石狮同乡总会理事长蔡明凯等人的陪同下，到祥芝参观祥芝中心渔港、华宝明祥食品有限公司。

7月13日，农业农村部渔业渔政管理局副局长韩旭一行，在省海洋与渔业厅叶建平总工程师及相关处室领导的陪同下，到祥芝实地调研石狮市万诚绳网有限公司。

7月16日，政和县杨源乡党委书记陈健带领两委班子成员到祥芝镇开展调研学习，双方就结对帮扶工作进行深入探讨。

7月17日，泉州市政协教科文卫体委主任黄聪吟带领政协调研组一行人到祥芝万祥图书馆调研“渔民文化、乡村图书馆”工作开展情况。

7月19日，古田县政协副主席林世晴一行到祥芝实地调研考察石狮市祥芝国家中心渔港。

8月14日，泉州市司法局局长林培新率调研督导组一行人到祥芝渔业协会调委会调研“海上枫桥”涉渔纠纷调解工作。

8月15日，海南省海洋与渔业厅潘骏总工程师为组长的农业农村部“2018全国渔业安全生产督查”督查组一行到祥芝开展全国渔业安全生产督查。

8月16日，在祥芝举行石狮市第十届渔民文化节闭幕式暨开渔仪式。

8月23日，省政协副主席刘献祥带领省直相关部门负责人到祥芝中心渔港开展《“一带一路”视野下的福建海洋文化产业发展建议》重点提案调研活动。

8月29日，泉州市委常委、市政府副市长杨晓山一行到祥芝督导村级组织换届选举工作。

9月7日，祥芝镇完成10个行政

村“两委”换届选举工作，全部一次性选举成功。

9月12日，祥芝镇莲坂村与石狮邮储银行举行共建信用村授牌暨乡村振兴战略合作签署仪式。

9月27日，市委书记朱启平、市长黄春辉等市领导到祥芝参加海洋食品园区企业集体开工仪式。

10月11日，辽宁省丹东市政协唐亮副主席带领调研组一行调研祥芝国家中心渔港，开展“加快推进远洋渔业发展和水产品加工产业提档升级”课题调研。

10月23日，祥芝镇以“渔港风情小镇”入选泉州首批特色村镇扶持创建试点名单。

10月26日，泉州市政府副市长洪自强到祥芝石狮市新华宝纺织科技有限公司调研高端印染企业情况。

11月2日，吉林省志愿服务工作考察团到祥芝美丽海岸志愿者协会，现场观摩东大垵净滩活动。

11月11日，祥芝中心小学举行百年成果展暨石狮市祥芝中心教育促进会理监事就职仪式。

11月20日，市委书记朱启平、市长黄春辉等市领导察看祥芝古浮段海鲜摊整治项目及后斗尾及清净寺周边环境整治情况。

11月28日，苏州市吴江区政协主席李斌率考察组一行到祥芝考察祥芝国家中心渔港。

11月30日，福州市长乐区副区长林建华一行到祥芝考察石狮市华宝集团有限公司。

12月4日，自然资源部海岸带综合保护利用规划编制专题调研组一行在省自然资源厅和省海洋与渔业局有关领导陪同下，到祥芝古浮湾海堤入口和祥芝国家中心渔港实地调研海岸带保护利用工作。

12月11日，泉州市委常委、副市长杨晓山和人大常委会副主任曾巍一行到祥芝镇视察海洋食品园区项目和泉州海洋学院扩建项目。

【概 述】 祥芝镇位于泉州湾口，地处石狮东北部突出部，全镇陆域面积15.9平方千米，海岸线长12.9千米，辖10个行政村，户籍人口3.5万人，外来人口3万余人。

2018年，祥芝镇实现财政总收入3.18亿元，增长36.2%，其中一般预算收入1.82亿元，增长33.6%；规模以上工业总产值132.35亿元，增长21.8%；固定资产投资31.87亿元，增长58.55%；出口商品总值9.83亿元，增长 64.1%。

【经济发展】 2018年，祥芝镇11家企业申报市级科技项目，华宝海洋生物化工通过国家级高新技术企业认定。鼓励支持企业进行多点增资扩产及全面技术改造，实际投入技改资金6亿多元。新华宝纺织科技、豪宝染织分别投入1亿元、1.3亿元完成新型设备换代更新，提高生产效益；展耀、亿祥、流香等染整企业投入约2亿元，完成定型机及尾气处理设备改造升级；南华环境投入1.4亿元，建设生活污水设施及改造提升污水管网。投入6000万元，实施大堡工业区污水管网改造工程，为工业区转型升级打下扎实基础。

2018年，祥芝镇引进17个超亿元招商项目，计划投资39亿元。有效盘活闲置土地、空置厂房11.65万平方米，引进佳南热熔胶、集兴纺织等10个项目。依托海洋食品园招商平台，加大宣传引导服务力度，动员7家企业摘牌落地海洋食品园。化解不良资产金融风险腾出招商空间，引导泓一食品购买华奇冷转移厂区，协调日冠纺织与恒光智能手机3D盖板对接洽谈。

【城镇建设】 2018年，祥芝镇推进乡村振兴，支持前山、后湖、古浮安置小区建设，完成手续报批等前期工作。祥渔村完成后井退道路整治提升，改造烟墩南休闲角及后斗尾鱼市场；大堡村投入150万元，对综合农贸市场进行提升；莲坂村启动规划建设老年文体中心。完成古浮、湖西、赤湖、莲坂等四个村土地确权颁证工作。稳步推进农村集体产权改革，完成10个村清产核资工作。出台“村财振兴”计划和农村集体经济统筹发展等工作方案，前山村、赤湖村、后湖村初步解决村财薄弱问题，湖西村财从零收入增加到年收入20万元以上。

2018年，祥芝镇推进海岸带环境卫生综合整治行动，开展集中行动60多次，清理集装箱、废弃船只等184个、各类垃圾200多吨。拆除制冰厂1家、民房6座、古浮湾原大排档15家及龙海寺围墙、东大垵违章建筑，关闭取缔1个非法采沙场、2个废品收购站。深化环境卫生清扫保洁及海漂垃圾清理市场化运作，开展占道经营、“牛皮癣”“两违”等大整治行动，拆除“两违”建筑面积4万平方米。综合治理生态环境，配合南华污水厂收购工作，完成环评及排污许可证更名，基本完成生活污水处理系统建设。建立印染企业评价机制，实行分类管理，有序督促整改验收，推动染整企业转型升级。加大节能减排，完成电镀企业37台烘烤箱“油改汽”工作，有效减轻环境污染。开展“四绿”工程建设，投入160万元完成造林绿化面积5.73公顷。投入80万元，建成镇前口袋公园和镇区中心休闲场所。扎实推进河长制工作，投入65万元对莲坂溪、赤湖溪进行综合整治及绿化。落实环保督查整改工作，健全完善巡查机制，保持畜禽养殖、石板材加工常态化整治。

【社会事业】 2018年，祥芝镇完善教育基础设施，大堡小学投入40多万元建成多功能会议教室。协调完成泉师附小石狮校区扩建工程（一期）前期工作并开工建设。祥芝中心小学举办办学百年教育成果展示系列活动，投入300多万元，新建校友基金楼（二期）、改

2018 年 6 月 26 日，石狮市第十届渔民文化节开幕式，在祥芝镇祥渔村举办龙舟赛（图 / 祥芝镇）

造原综合楼及教学楼，筹资 800 万元规划建设文慈综合楼。着手建设祥芝镇第二中心幼儿园，完成工程设计，启动祥芝镇第三中心幼儿园前期工作。

2018 年，祥芝镇改善群众住房条件，完成审批翻建、新建民房 229 宗，办理民房办证申请 108 宗。落实农业支持保护补贴政策，发放惠农补贴资金 24.6 万元。完成前山村失地农民养老保障金办理发放工作。加大社会救助投入力度，全年发放最低生活保障金 132.68 万元，发放重点优抚对象补助、现役军人优待金、残疾人阳光护理费 209 万元，城居保、新农合参保率分别达 97.01%、100%。落实卫计服务融合，加强妇幼保健工作，计生年度考核名列全市第一名。

2018 年，祥芝镇落实“移风易俗推动年”部署要求，全年成功劝导 110 起喜事简办、节约资金 300 多万元。开展推荐评议身边好人、道德模范选树活动，祥芝美丽海岸志愿者协会带头人入选 2017 年“感动福建十大人物”。打造祥芝特色文化品牌，举办石狮市第十届渔民文化节系列活动和四期“万祥文教论坛”。

2018 年，投入综治经费 336.5 万元，辖区治安案件比 2017 年下降 11.85%。坚持开展扫黑除恶专项斗争，营造扫黑除恶浓厚氛围。创新渔港基层社会治理多元调解模式，打造“海上枫桥”祥芝样本，获得《人民日报》、央视、新华社、《八闽快讯》等主流媒体肯定报道。引导支持社团积极参与群防群治，祥芝渔业协会调解涉渔纠纷 72 起，涉及金额 470 万元。深入落实网格化安全监管，持续开展危化品、消防、建筑工地、渔业渔船等领域安全生产检查，及时跟进整改，安全生产保持平稳态势。加强道路交通安全管理，祥运村、赤湖村被评为“泉州市级交通示范村居”。

【渔港建设】 2018 年，祥芝镇加快祥芝中心渔港扩建工程建设步伐，投入 8100 万元，完成年度计划 115%。完成中心渔港污水管网工程建设，实施中心渔港收费细则，规范港区管理，提高渔港运作效率。沿海大通道祥芝外线斗尾段工程建成投入使用。启动沿海环湾路道路改造及景观提升项目中心渔港段和古浮湾段规划建设，完成方案会审、图纸设计等前期工作。海洋产业经济保持稳中有升，全年实现渔业产量 25.97 万吨、产值 18.3 亿元。水产品出口形势喜人，明祥、银国、利成等水产品加工企业出口势头迅猛，引导鼓励长发、新恒隆等 6 家水产企业新增自营出口，预计可新增创税 2000 万元。

鸿山镇

【大事记】 3 月 28 日，鸿山镇开展东埔滨海片区改造动员大会。

【基本情况】 鸿山镇位于石狮市东部，镇区依山傍海，北靠洪厝山，东临台湾海峡。全镇面积 15.12 平方千米，海岸

2018 年 3 月 28 日，鸿山镇召开东埔滨海片区改造建设动员大会（图 / 鸿山镇）

线长 9.65 千米，是农、工、贸、旅游较为发达的侨乡滨海城镇，现辖 11 个行政村，常住人口 3 万余人，外来人口 2 万余人。全镇有石狮高新技术产业开发区、伍堡集控区、鸿山镇科技园区 3 个工业园区。辖区有规模以上工业企业 37 家，产值亿元以上企业 17 家。有 23 家面料企业成立技术开发中心，建立 2 个院士工作站、2 个博士后工作点、21 个国家纺织产品开发基地，初步形成休闲服装面料产业体系。

2018 年，鸿山镇完成规模以上工业总产值完成 193.6 亿元，比 2017 年增长 11.9%；财政收入完成 6.2 亿元，比 2017 年增长 41.7%；社会固定资产投资完成 16 亿元。

【经济发展】 2018 年，鸿山镇推动 21 个市重点项目落地，完成征地 140 公顷，拆除建筑 4 万余平方米，迁墓 4600 多个。签约 120 户，拆迁房屋 3.5 万多平方米，实现九五路拓宽工程道路全线贯通。打通共富路、锦蚶路、锦尚外线、东洪路等重要道路，推动应急水源、海洋食品园、第三中心幼儿园、3 号工业用地、110 伏变电站等项目落地建设。

2018 年，鸿山镇抓紧产业转型，开展印染设备、生产、环保专项普查，投入技改经费 1.62 亿元加大技改力度。落实印染产业转型升级三年行动方案，推进“五大提升工程”，新狮印染等重点企业持续技改，A、B 级占 50% 以上。提前完成鸿山热电 2 号汽轮机汽封改造。投入 5000 万元资金完成海天污水处理厂机制转换和新厂技改，日污水处理量达 4 万吨。抓细招商引资，明确“1+10”招商工作目标，围绕全市“3+3”产业体系，引进 29 个招商项目，招引一批优质的特色纺织、智能制造、海洋食品、城镇开发、乡村文旅企业。其中，建新轮胎完成立项注册设计，于年底开工建设；东升、合德明冷冻厂等 5 家企业落地；同兴齿轮、中益制药等科技企业加快建设。抓强营商惠商，制定招商目标任务绩效考评办法，调动镇村干部招商营商跟踪服务项目的时候积极性。坚持“引进来”和“走出去”相结合，组织企业进行“山海协作”交流，前往宁德、南平招工，缓解用工矛盾，协调融资需求。常态化开展企业职工培训教育及惠企政策宣讲，动员、协助企业开展高层次人才申报工作，牵头伍堡村改造外口公寓，为集控区企业提供住宿，改善企业职工生活水平。

【城镇建设】 2018 年，鸿山镇持续深化镇海联动规划，融入石狮市“山海城”格局。完善城镇规划，做好海岸带用地、河道生态保护蓝线及全域道路工程专项规划修编工作。完成洪厝山森林公园初步规划，评审完善莲湖水库周边、伍堡溪镇海联动带两份整治提升策划。推动指导各村制定、完善村庄规划，为乡村振兴建设提供依据。推动片区改造，按照“一带一片一路两基地”布局开展东埔滨海片区改造，九五路征迁工作基本完成。加快海岸带整治，彻底取缔伍堡哨所、西墩等地方的违规洗砂场，配合打击海上非法采砂违法行为。完善镇区生活功能配套服务，君丰·力嘉广场建成开盘，当代鸿山府楼盘完工在即，中心镇区商圈逐渐成形。创建文明古村，将渔村元素与党建内容相结合，设计建设东埔党建文化长廊，集中宣传渔文化历史底蕴。建设东埔“乡村记忆”渔业古村景观集群，将海峡渔文化博物馆、“四世一品”祠堂、法制文化广场、党建文化园等纳入统一规划，助推东埔村成为“乡村文化记忆”示范村泉州级试点单位。

【社会事业】 2018 年，鸿山镇加强社会保障，完成残疾人动态更新入户调查，加强对救助对象的财产核对，分类分档制定救助标准。全年发放低保金 144.89 万元，各类补助金 110 余万元。城居保参保人数 15622 人，续缴率 97.52%。持续促进就业工作，建成莲厝，东园，洪厝三个村级劳动就业平台。完成伍堡、西墩、洪厝三个村的失地农民养老保障申报和确认工作。提升教科文卫，全年投入教育经费 350 万元，基本完成福民中心小学综合教学楼建设，教学环境和教学质量。举办石狮市第三届海峡两岸狮阵文化暨东园村文体活动中心（狮阵武术馆）落成典礼活动，加强对台交流。东埔三村敬老院引进乐爱社工站进行规范管理，服务长者典型案例被央视报道。持续开展“银发安康”工程，为全镇 70～79 周岁老人购买意外保险。完善社会综合治理。持续推进“雪亮工程”建设，对原有 210 个高清摄像头进行升级，新增 9 个禁令违停系统，提供“平安鸿山”创建水平。投入 180 万元综治经费用于“群防群治”，严厉打击各类违法犯罪活动，刑事案发率比 2017 年平均下降 28.2%，居沿海五镇前列。深入做好信访维稳工作，全年办理信访件 11 件，成功调解各类矛盾纠纷 24 起，公众安全感稳步提升。移风易俗树立品牌，成功劝导 378 户家庭喜事简办、134 户家庭丧事简办，减少宴席约 5200 桌次，为村民节约 2800 多万元的支出，其中 19 户家庭捐资公益事业 126.3 万元。引导邱下村成为取消普渡公宴的第一村，转为举办篮球赛事、环村“健康跑”、捐资公益等活动，掀起“全民健身”良好风潮。

锦尚镇

【概况】 锦尚镇位于泉州湾口突出部，属石狮市沿海乡镇，面积 14.5 平方千米，海岸线长 8.4 千米，辖 11 个建制村，16 个自然村，户籍人口 2.56 万人，外来务工人员近 1 万人，是著名侨乡。全镇工业产业以纺织、服装和染整为主，工艺品、电子为辅，主要集中于锦尚工业区和中小企业创业基地；农业产业以海洋捕捞为主，粮食、蔬菜种植为辅。

2018年，锦尚镇公共财政总收入1.95亿元，比2017年增长11.1%，其中公共财政预算收入1.41亿元，比2017年增长3.1%；规模以上工业总产值64.69亿元，比2017年增长16.5%；出口商品总值4.65亿元，比2017年增长1.1%；固定资产投资完成16.43亿元，比2017年减少5.7%；限额以上商业销售额18.22亿元，增长30%；限额以上社会消费品零售额4.77亿元，增长15%。

【经济发展】 2018年，锦尚镇引进生产性项目15个，计划总投资26.3亿元，其中九牧智能制造产业园正式落地，开始进场施工建设。加快中小企业创业基地建设，完善一期A区创业基地配套设施建设，全面完成85公顷土地征用任务，A区50万平方米标准厂房、宿舍及商业楼全面完工，道路绿地、幼儿园、卫生所、警务室等配套设施全面完工，近30家企业搬迁入驻；B区完成二次平整，鹏泰服饰建成投产，瑞福祥开始动工建设。引导集控区染整产业改造提升，新宏兴染整1号车间1.8万平方米建设全面投产，晨光纺织完成兼并重组，鼓励支持染整行业通过更新设备，技术改造和产品研发，提升市场竞争力。全年申报市级以上技改项目8个、科研项目3个，创新转型步伐加快。发展壮大港口经济，华锦码头与厦门港务集团签订战略合作，全年港口吞吐量为32.21万标箱，增长10.61%；散货207.47万吨，增长4.02%，带动物流等第三产业加快发展。锦东一级渔港完成勘探测量、工程可研通过行业审查，前期报批工作抓紧推进。

【城镇建设】 2018年，锦尚镇完善基础设施，横穿镇中心区域3.6千米的锦南路景观提升工程路面拓宽基本完工，连接石狮大道的锦蚶路开工建设，锦尚外线基本完成征迁工作。加快镇区改造，持续推动厝上大街第三期西港路口至锦尚村委会拆迁改造工作，锦南路厝上段回批地首期公开拍挂4幢41间商住楼建设基本完成投入使用，厝上新大街景观提升工程着手展开。完善城镇管理队伍建设，加强对占道经营、流动摊贩、户外广告及车辆违章停放等管理，推行厝上大街商店门前“三包”，城镇建设和管理服务水平不断提升。以美丽乡村建设为抓手，加快农村基础设施建设，投入2500余万元，铺设村间道路1950米、休闲绿地5处、湿地公园1处，新建灯光球场2个、公共厕所5座。投入680多万元改造厝上、锦尚、谢厝、西港村生活污水管网，推动农村生活污水集中处理。实施厝上、东店、深埕、港前村一事一议项目，建成厝上村五中农贸市场，完成港东村文体活动中心、奈厝前党建活动中心建设。推进环境卫生保洁市场化管理，投入经费450多万元，抓好镇区主干道路和村庄环境卫生综合整治，切实改善农村人居环境。

【社会事业】 2018年，锦尚镇落实最低生活保障制度，全年发放低保补助金126.148万元。抓好城居保、新农合和大病保险缴费工作，续保率分别达97.29%和99.56%，审核2019年城乡居民基本医疗保险政府代缴计生补助对象3105人。启动东店养老院项目前期工作，协助奈厝前村、杨厝村、深埕村申报石狮市第三批失地农民养老保障。解决农村住房困难问题，加快农村危旧房屋改造建设，全年审批新建、翻建民房100余座。加快琼山小学教育基金大楼建设，累计投入1005万元，完成主体封顶。东店小学综合楼整体工程基本完工，完成投资300万元。筹建锦尚镇第三中心幼儿园，协调用地手续办理，推动方案前期设计。协助琼山中心小学升格市级直管，举办石狮二中建校60周年系列活动。完善公共文化服务体系，规划卢厝村党史教育基地暨狮阵博物馆建设。锦尚卫生院东店分院及中小企业创业基地分院正式挂牌投入使用，完成港东人口健康文化园阵地创建，举办卫生计生主题宣传活动13场，深化生育关怀行动，不断提升妇幼健康服务水平。开展扫黑除恶活动，健全和完善派出所、边防所与巡防队治安巡逻联防机制，全镇主要路段、重点部位及各村增设视频监控60多个，强化技防手段，构建切实有效的治安防控体系，严厉打击各类违法犯罪活动。连续9年为全镇群众购买家庭财产意外保险，及时排查和调处各种社会矛盾纠纷，化解信访积案。

2018年，锦尚镇严格落实节能减排目标责任制，推动印染集控区循环化改造，巩固提高定型机尾气收集处理，实施污水处理厂加盖除臭、工业污水管网“一企一管”、旧垃圾山分类筛拣焚烧处理以及垃圾焚烧厂技改等工程。落实“河长制”，投入50多万元开展厝上溪污水管网疏通修复、汉中溪溪流加固提升工程，建立辖区溪流日常巡查与奖惩长效机制。举办“水清、河畅、岸绿、景美”爱河护河活动，组建锦尚镇“爱河护河”志愿服务队。做好溪流、岸线日常保洁工作，完成西港汉中溪整治工程，着力推进生态文明建设。全面落实“党政同责、一岗双责”安全生产责任，深入开展安全隐患排查整治，聘请第三方对全镇30家规上企业建立风险隐患排查体系。不断强化渔船日常管理，防范安全事故发生。开展安全生产大检查，狠抓“三合一”建筑、危化物品、特种设备、交通安全等专项整治，全年整治隐患点45处，杜绝重特大安全事故发生。

领导名录

中共石狮市委员会

书　记　朱启平

副书记　黄春辉

　　　　庄玉海

常　委　林天虎

　　　　林振海

　　　　陈元生

　　　　张鸽翔

　　　　林希妍（女）

　　　　陈拥军

　　　　杨德才

　　　　吴传茂

　　　　陈　宏（挂职）

办公室

主　任　曾少嵘

副主任　蔡荣桥

　　　　苏龙锃

　　　　邱志雄

　　　　庄佳龙

机要局

局　长　纪荣渠

党委综合系统党委

书　记　曾少嵘

副书记　陈世猛

组织部

部　长　杨德才

副部长　王汉滨

　　　　许宏图

直属机关工作委员会

书　记　杨德才

副书记　许宏图

党群系统党委

副书记　蔡娃娃（女）

人才工作领导小组办公室

专职副主任　陈泰坤

非公企业和社会组织工委

专职副书记　王礼谦

宣传部

部　长　林希妍（女）

副部长　林育明

　　　　唐雪峰

宣传系统党委

书　记　龚纯华

副书记　洪志胜

统战部

部　长　林天虎

副部长　施剑峰

政法委

书　记　张鸽翔

副书记　李圣阳

　　　　吴宗顺

　　　　蔡世鑫

　　　　黄有志（挂职）

政治处主任　蔡文轴

政法系统党委

书　记　吴宗顺

副书记　龚怡诺

机构编制委员会办公室

主　任　余日森

副主任　许志民

　　　　王名体

事业单位登记管理局

局　长　郑明芬（女）

巡察工作领导小组办公室

主　任　叶金宝

副主任　陈鲲淼

老干部局

局　长　王汉滨

老干部活动中心

主　任　王祖德

精神文明建设办公室

主　任　蔡振宇

副主任　许振洪

创建全国文明城市工作指挥部办公室

主　任　黄雅霜（女）

党校（行政学校）
校　长　杨德才
常务副校长　叶泽旺
副校长　王东宏
党史和地方志研究室
主　任　黄文毅
副主任　李延安
林秀钦（女）
档案馆
馆　长　薛文华
副馆长　林建福
广播电视台
副台长　吴志民
王金辉（女）
吴金旋（女）

石狮市人大常委会

主　任　上官跃进
副主任　施心新
吴清木
许赞成
林进全
办公室
主　任　龚金镇
人事代表工委
主　任　林玉燕（女）
副主任　李灵燕（女）
内务司法工委
主　任　李宁韧（女）
副主任　丁　洁（女）
财政经济工委
主　任　邱尚进
副主任　黄子秦（女）
教科文卫工委
主　任　卢崎青
副主任　许为民
环境与城乡建设工委
主　任　林启彬
华侨民族宗教工委
主　任　蔡淑惠
专职常委
戴小芬（女）
林银元
颜鸿瑜
王文挺（提名人选）

石狮市人民政府

市　长　黄春辉
副市长　陈拥军
陈　宏（挂职）
张永安
施汉杰
李　斌
张汉杰
林志鹃（女）
邱永丰
孙　斌（挂职）
办公室
主　任　龚一士
副主任　蔡鸿强
姜荣树
蔡金勤
杨秋东
邱春旭
政府综合系统党委
书　记　龚一士
副书记　蔡冰冰（女）
发展和改革局
局　长　张子群
副局长　谢文传
教育局
局　长　周拥护
副局长　陈晓东
洪明芳
蔡钰章
教育系统党委
书　记　周拥护
副书记　蔡怀令
教师进修学校
校　长　王昆仑
书　记　李秉源
副校长　黄雅芳（女）
陈冬凝（女）
工业信息化和科技局
局　长　蔡新群
副局长　蔡熙达
李　佳
经济系统党委
书　记　蔡新群
城镇集体工业联合社
主　任　张江滨
副主任　邱建仁
王翠萌（女）
公安局
局　长　刘南辉
政　委　杨福兴
副局长　许铭坛
邹毅斌
陈建煌
庄　强
郑平仕
胡俊峰
公安局党委
书　记　刘南辉
副书记　杨福兴
机关党委
书　记　苏响应
副书记　谢　佳
指挥中心
主　任　刘锦添
教导员　王　涛
国保大队
大队长　毛建光
教导员　黄振东
刑侦大队
大队长　曾少斐
教导员　廖河章
交警大队
大队长　戴元军
教导员　黄炳耀
法制大队
大队长　宋锋宁
治安大队
大队长　陈健伟
教导员　蔡金旺
经侦大队
大队长　李健腾

教导员　徐金德

出入境管理大队

大队长　施正白

教导员　吴文献

禁毒大队

大队长　吕志新

教导员　吴国林

巡特警反恐大队

大队长　柯宏伟

教导员　林阿欣

政工室

主　任　蔡红生

纪检监察室

主　任　李宝玉（女）

警务保障室

主　任　王金水

凤里派出所

所　长　王金德

教导员　叶小欣

湖滨派出所

所　长　蔡建志

教导员　罗秋生

灵秀派出所

所　长　许峰柏

教导员　许伟雄

宝盖派出所

所　长　邱志鹏

教导员　郭小林

蚶江派出所

所　长　施养枋

教导员　邱晋榕

永宁派出所

所　长　曾志忠

教导员　蔡海炳

祥芝派出所

所　长　张宝利

教导员　林董永

鸿山派出所

所　长　王阿祥

教导员　刘振起

锦尚派出所

所　长　李铭鏄

教导员　叶元荣

看守所

所　长　张振友

教导员　李聪雄

拘留所

所　长　温卫东

教导员　颜奕晖

民政局

局　长　许明忠

副局长　邱明革

　　　　蔡提福

社会组织综合党委

书　记　许明忠

专职副书记　颜建生

司法局

局　长　苏金灿

副局长　陈誉佳

　　　　陈益世

凤里司法所

所　长　谢添贵

湖滨司法所

所　长　杜海鹏

灵秀司法所

所　长　邱国强

宝盖司法所

所　长　黄艺艺（女）

蚶江司法所

所　长　林白莲（女）

永宁司法所

所　长　曾焕达

祥芝司法所

所　长　蔡凯龙

鸿山司法所

所　长　蔡加新

财政局

局　长　傅荣辉

副局长　傅文淮

　　　　李垂轩

财税系统党委

书　记　傅文淮

副书记　李美蓉（女）

国有资产管理中心党委

书　记　傅荣辉

副书记　蔡辉亮

国有资产管理中心

副主任　邱凉凉（女）

国库支付中心

主　任　陈永瑞

人力资源和社会保障局

局　长　邱雪亮（女）

副局长　邱尚付

　　　　王翌壮

社会保障系统党委

书　记　邱雪亮（女）

副书记　邱国进

机关事业单位社会保险管理中心

主　任　纪荣喜

人力资源公共服务中心

主　任　巫菲祥

自然资源局

局　长　陈殿魁

副局长　蔡晓智

　　　　蔡金郡

城建系统党委

书　记　陈殿魁

不动产登记中心主任

主　任　张国梁

国土资源监察大队

大队长　王经锵

教导员　傅森源

住房和城乡建设局

局　长　佘明涵

副局长　颜文艺

　　　　林耀茂

人民防空办公室

主　任　张基明

水务处

主　任　张尚炬

副主任　潘志华

交通和港口发展局

局　长　邱华侨

副局长　邱尚泽

交通系统党委

书　记　邱华侨

副书记　林友生

运输管理所

所　长　王志锵

交通综合行政执法大队

大队长　傅明长

农业农村局

局　长　李迎河

副局长　林纪忠

许明艺

农业系统党委

书　记　李迎河

副书记　陈丽娜（女）

农业机械管理站

站　长　黄建钳

海洋与渔业执法大队

大队长　吴世纯

教导员　李荣锋

商务局

局　长　林金场

副局长　吴月明（女）

文化体育和旅游局

局　长　卢荣斌

副局长　蔡志坤

骆旺山

蔡小玲（女）

文化市场综合执法大队

大队长　曾晓敏（女）

卫生健康局

局　长　余文革

副局长　邱宗财

周龙水

张金从

老龄办

专职副主任　洪　莉（女）

卫生局卫生监督所

所　长　王建基

教导员　林清传

疾病预防控制中心

主　任　李炎芳

书　记　蔡亚碟（女）

总医院

书　记　邱宗财

院　长　许耀明

妇幼保健院

院　长　许耀明

执行院长　王清茂

中医院

院　长　许耀明

退役军人事务局

局　长　李少宗

副局长　蔡宗凯

应急管理局

局　长　陈国锋

副局长　邱国衍

蔡世博

地震办公室

主　任　卢金宗

防汛抗旱指挥部办公室

主　任　谢真固

审计局

党组书记　姚惠卿（女）

局　长　黄诗建

副局长　陈天取

王志春

市场监督管理局

局　长　张国钦

副局长　佘连捷

龚建忠

食品药品总监　王建群

市场监督管理局党委

书　记　苏思远

副书记　吴育进

凤里监督管理所

所　长　蔡怡适

教导员　洪华西

湖滨监督管理所

所　长　余泗水

教导员　邱少频（女）

灵秀监督管理所

所　长　黄怡毓

教导员　郑敬谋

宝盖监督管理所

所　长　郑鸿博

教导员　戴泉才

蚶江监督管理所

所　长　邱志宏

教导员　黄德育

永宁监督管理所

所　长　黄荣炉

教导员　王志坚

祥芝监督管理所

所　长　张金聪

教导员　王永松

鸿山监督管理所

所　长　林贤种

教导员　张开元

锦尚监督管理所

所　长　胡文献

教导员　张培阳

市场监督管理执法大队

大队长　龚铭峰

统计局

局　长　邓莲珍（女）

副局长　周家建

金融工作局

局　长　张辉程

副局长　柯晓霖

信访局

局　长　蔡鸿强

副局长　肖秋华

城市管理局

局　长　邱建申

副局长　宋建华

蔡荣滢

大数据管理局

局　长　邱尚齐

行政服务中心管委会

主　任　吴雄聪

副主任　何天水

供销合作社联合社

主　任　刘延钦

副主任　林力生

张志刚

政协石狮市委员会

主　席　林自育

副主席　郭丽莲（女）

陈贤明

丁东福

陈东华

办公室

主　任　郭永加

副主任　洪奇树

蔡　菁（女）

提案法制办公室

主　任　卢祖明

经济资源办公室

主　任　苏榕榕（女）

副主任　章华旺

教科文卫史办公室

主　任　颜福瑜

副主任　王晓明（女）

台港澳侨民宗办公室

主　任　蔡盈盈（女）

中共石狮市纪律检查委员会、监察委员会

书记、主任　林振海

副书记、副主任　王莉萍（女）

洪志愿

纪委常委　杨鸿波

颜安妮（女）

蔡德森

监委委员　颜安妮（女）

蔡德森

吴朝阳

办公室

主　任　颜雯雯（女）

组织和宣传部

部　长　陈伟鹏（女）

党风政风监督室主任

主　任　许志强

信访室

主　任　邱瑜谊（女）

案件监督管理室

主　任　蔡一鹏

第一纪检监察室

主　任　吴月明

第二纪检监察室

主　任　王山海

第三纪检监察室

主　任　叶　芃

第四纪检监察室

主　任　陈荣坊

第五纪检监察室

主　任　谢忠宣

第六纪检监察室

主　任　吴建军

案件审理室

主　任　李双双（女）

纪检监察干部监督室

主　任　蔡鸳鸯（女）

驻党群系统纪检监察组

组　长　傅　胜

副组长　王赵琳（女）

驻政府综合系统纪检监察组

组　长　庄雪峰

副组长　邱海涛

驻政法系统纪检监察组

组　长　张铭毅

副组长　黄彩霞（女）

驻农办系统纪检监察组

组　长　刘春色

副组长　王益富

驻经济系统纪检监察组

组　长　邱允阳

副组长　黄圣岚

驻教育系统纪检监察组

组　长　章文新

副组长　陈文希

驻公安局纪检监察组

组　长　陈清芳

副组长　刘文彬

驻财政系统纪检监察组

组　长　谢玉亮

副组长　林淑莲（女）

驻城建系统纪检监察组

组　长　汪华晔

副组长　郑明丽（女）

驻文体卫生系统纪检监察组

副组长　刘永辉

石狮市人民法院

院　长　林明容

副院长　颜良伙

叶　青

吴志生

专职审委　程耕轮

陈书雄

石狮市人民检察院

检察长　陈　林

副检察长　陈国兴

苏紫燕（女）

谢国军

政治处

主　任　蔡志强

专职检委　陈玳鸿

民主党派、工商联、群团

工商业联合会（总商会）

主席（会长）　蔡建四

党组书记、副主席　施剑峰

副主席　林新苗（提名人选）

总工会

主　席　杨德才

党组书记、常务副主席

王春炜

副主席　黄梅跃

共青团石狮市委员会

副书记　陈　曦

妇女联合会

主　席　邱亚环（女）

副主席　蔡育婷（女）

科学技术协会

党组书记　傅子斌

主　席　陈垂汉（提名人选）

副主席　郑金象

归国华侨联合会

主　席　董立新

副主席　洪其伟

文学艺术界联合会

主　席　刘建辉

计划生育协会

会　长　卢文进

常务专职副会长　蔡迎娟（女）

（提名人选）

专职副会长　蔡文乾

残疾人联合会
理事长　陈伟祥（提名人选）
副理事长　卢明鹏
国际贸易促进委员会（国际商会）
会　长　邱汉清
红十字会
会　长　林志鹃（女）
专职副会长　洪永家
台湾同胞联谊会
会　长　佘圣尧
社会科学界联合会
会　长　王胜利
慈善总会
会　长　李丽月

石狮市企业单位（部分）各开发区

石狮高新技术产业开发区
党工委
书　记　朱　贤
副书记　赵艺忠
刘以欣
纪工委
书　记　陈拥护
管委会
主　任　赵艺忠
副主任　刘以欣
邱伟煌
办公室
主　任　施长华
业务科
科　长　卢小钦
石狮高新技术产业开发区管理服务中心
主　任　邱雅容（女）

各镇、街道

凤里街道
党工委
书　记　王清波
副书记　蔡文博
蔡芳汶
孙文添
纪工委书记　郑晓峰
组织委员　吴伟峰
宣传委员　陈文默
统战委员　郑天宝
秘　书　郑天宝
武装部长　汪贵丁
人大工委
主　任　张育群
街道办事处
主　任　蔡文博
副主任　吴杰雄
王雅凉（女）
佘雅容（女）
企业和社会组织党委
专职副书记　杨婉贞（女）
湖滨街道
党工委
书　记　杨　韬（女）
副书记　邱灿飞
邱文伟
李有接
纪工委书记　李佳兴
组织委员　施青苗
宣传委员　洪光铅
统战委员　施正极
秘　书　施正极
武装部长　洪志力
人大工委
主　任　李少斌
街道办事处
主　任　邱灿飞
副主任　洪光铅
李巨擘
施鸿礼
蔡满满（女）
企业和社会组织党委
专职副书记　周东胜
灵秀镇
党　委
书　记　林志坚
副书记　黄明瑄（女）
邱培钦
谢胜德
林育华（女）（挂职）
纪委书记　蔡振望
组织委员　卢盛银
宣传委员　傅毓丽（女）
统战委员　李加勇
秘　书　李加勇
武装部长　蔡林鹏
人大主席团
主　席　陈章彬
专职副主席　王正一
镇政府
镇　长　黄明瑄（女）
副镇长　吴修忍
李辉育
林振志
企业和社会组织党委
专职副书记　蔡猛龙
宝盖镇
党　委
书　记　郑文芳
副书记　蔡俊龙
林积沪
蔡俊清
郑志宏（挂职）
纪委书记　郭荣芳
组织委员　谢金磐
宣传委员　黄梅前
统战委员　上官加兴
秘　书　上官加兴
武装部长　王安庆
人大主席团
专职副主席　陈庆联（女）
镇政府
镇　长　蔡俊龙（提名人选）
副镇长　姜德勇（提名人选）
蔡加勉
陈晓聪
企业和社会组织党委
专职副书记　蔡荣旭
蚶江镇
党　委

书　　记　　刘艺波
副 书 记　　李怀忠
　　　　　　吴激扬
　　　　　　杨思明
纪委书记　　骆文杰
组织委员　　王明晓
宣传委员　　蔡桦榕（女）
武装部长　　蔡式彪
人大主席团
主　　席　　郭晓锋
专职副主席　李丽宽（女）
镇政府
镇　　长　　李怀忠
副 镇 长　　蔡坚定
　　　　　　曾少君
　　　　　　留锦章
　　　　　　吕晓斯（挂职）
　　　　　　（提名人选）
企业和社会组织党委
专职副书记　李荣亮

永宁镇

党　委
书　　记　　邱银河
副 书 记　　王英俊
　　　　　　纪华雄
　　　　　　刘福全
纪委书记　　林再裕
组织委员　　邱竞芬（女）
宣传委员　　施文静
统战委员　　林文森
秘　　书　　林文森
武装部长　　蔡育权
人大主席团
主　　席　　蔡清墩
镇政府
镇　　长　　王英俊
副 镇 长　　施文静
　　　　　　蔡文作
　　　　　　庄忠庆
　　　　　　王少勇
企业和社会组织党委
专职副书记　林曙燕（女）

祥芝镇

党　委
书　　记　　曾国志
副 书 记　　邱建明
　　　　　　邱天生
　　　　　　陈文晖
纪委书记　　邱世炎
组织委员　　邱天生
宣传委员　　卢鸿利
统战委员　　黄荣辉
秘　　书　　黄荣辉
武装部长　　张再生
人大主席团
主　　席　　张传标
镇政府
镇　　长　　邱建明(提名人选)
副 镇 长　　孙甜甜（女）
　　　　　　林建勤
　　　　　　卢鸿利
　　　　　　王妮娅（女）
企业和社会组织党委
专职副书记　蔡世龙

鸿山镇

党　委
书　　记　　陈增坛
副 书 记　　傅凉凉（女）
　　　　　　苏　斌
纪委书记　　洪秀劝（女）
宣传委员　　蔡文市
统战委员　　蔡芳臻
秘　　书　　蔡芳臻
武装部长　　张　闯
人大主席团
主　　席　　洪星炫(提名人选)
镇政府
镇　　长　　傅凉凉（女）
　　　　　　（提名人选）
副 镇 长　　杜晓岚
　　　　　　蔡文市
　　　　　　吴金锁
　　　　　　张宝葛
企业和社会组织党委
专职副书记　许支援

锦尚镇

党　委
书　　记　　廖闽欣
副 书 记　　邱永乐
　　　　　　林高欣
　　　　　　邱友炳
纪委书记　　陈振达
组织委员　　邱友炳
宣传委员　　李文谱
统战委员　　蔡作为
秘　　书　　蔡作为
武装部长　　张瑞富
人大主席团
主　　席　　许经杭
镇政府
镇　　长　　邱永乐
副 镇 长　　吴志远
　　　　　　高培榕（女）
　　　　　　李文谱(提名人选)
企业和社会组织党委
专职副书记　邱尚定

先进集体与先进人物

石狮市 2018 年先进单位名表

表 35

获奖单位	奖励名称	颁奖单位	表彰文号
石狮市祥芝渔港救援协会“海上遇险专业义务救援”项目	第四届中国青年志愿服务项目大赛金奖	共青团中央、中央文明办、民政部、水利部、国家卫生健康委、中国残疾人联合会、中国志愿服务联合会	—
石狮市石光中学	全国校园篮球特色校	教育部	教体艺厅函〔2018〕89 号
石狮市第一中学	全国校园篮球特色校	教育部	教体艺厅函〔2018〕89 号
石狮市实验中学	全国校园篮球特色校	教育部	教体艺厅函〔2018〕89 号
石狮市实验小学	全国校园篮球特色校	教育部	教体艺厅函〔2018〕89 号
石狮市林边小学	全国校园篮球特色校	教育部	教体艺厅函〔2018〕89 号
石狮市石光中学	国防教育特色校	教育部	教体艺函〔2018〕1 号
石狮市第四实验小学	国防教育特色校	教育部	教体艺函〔2018〕1 号
石狮市第四实验小学	国防教育示范校	教育部	教体艺函〔2018〕9 号
福建省鸿山热电有限公司工会委员会	模范职工之家	中华全国总工会	总工发〔2018〕29 号
国网福建石狮市供电有限公司蚶江镇供电所工会小组	模范职工之小家	中华全国总工会	总工发〔2018〕29 号
石狮市人民检察院	全国检察宣传先进单位	最高人民检察院　检察日报社	奖牌
石狮市科学技术协会	2018 年全国科普日活动优秀组织单位	中国科协办公厅	—
湖滨街道办事处	第五届全国卫生计生系统优秀视频宣传片公益广告类优秀作品	中国人口文化促进会、中国广播电视联合会电视艺术委员会	—
湖滨街道办事处	第三届健康中国视频大赛优秀作品奖	国家卫生计生委人口文化发展中心	—
湖滨街道长福社区	全国综合减灾示范社区	国家减灾委员会、应急管理部、中国气象局、中国地震局	—
石狮市人民法院	2018 年第二届中国警察马拉松赛优秀组织奖	中国警察马拉松组委会	—
国网石狮市供电公司	全国电力行业 QC 小组活动先进单位	中国水利水电质量管理协会	—
林边小学	国家级流动人口健康促进示范学校	国家卫计委流动人口计生服务管理司	—
国网石狮市供电公司	第十三届（2015-2017 年度）省级文明单位	中共福建省委　福建省人民政府	—
凤里街道办事处	福建省第十三届（2015-2017 年度）文明单位	中共福建省委　福建省人民政府	—

续表 35

获奖单位	奖励名称	颁奖单位	表彰文号
凤里街道后花社区	福建省第十三届（2015-2017 年度）文明社区	中共福建省委　福建省人民政府	—
凤里街道新华社区	福建省第十三届（2015-2017 年度）文明社区	中共福建省委　福建省人民政府	—
鸿山镇	福建省第十三届（2015-2017）年度文明镇	中共福建省委　福建省人民政府	—
湖滨街道新湖社区	2015-2017 年度福建省文明社区	中共福建省委　福建省人民政府	闽委〔2018〕31 号
石狮市审计局	2015-2017 届省级文明单位	中共福建省委　福建省人民政府	—
石狮市人民检察院	第十三届（2015-2017 年度）省级文明单位	中共福建省委　福建省人民政府	奖牌
石狮市烟草专卖局（分公司）	2015-2017 年度省级文明单位	中共福建省委　福建省人民政府	闽委〔2018〕31 号
中共石狮市委文明办	福建省 2015-2017 年度省级文明单位	中共福建省委　福建省人民政府	—
祥芝镇前山村	福建省第十三届（2015-2017 年度）文明村	中共福建省委　福建省人民政府	—
湖滨街道花园城社区	2015-2017 年度福建省文明社区	中共福建省委　福建省人民政府	闽委〔2018〕31 号
新湖中心小学	2015-2017 年度福建省文明校园	中共福建省委　福建省人民政府	闽委〔2018〕31 号
祥芝美丽海岸志愿者协会	2018 年度全省学雷锋活动示范点	中共福建省委宣传部	—
中共石狮市委文明办	福建省 2018 年度“我推荐、我评议身边好人”活动组织奖	中共福建省委文明办	闽委文明办〔2019〕3 号
振兴路	福建省诚信经营示范街区	福建省文明委	—
凤里街道后花社区	福建省 2018 年学雷锋志愿服务“最美志愿服务社区”	中共福建省委宣传部、中共福建省委文明办等单位	—
石狮市祥芝美丽海岸志愿者协会团支部	福建省五四红旗团（总）支部	共青团福建省委	—
石狮市湖滨街道团工委	福建省五四红旗团委	共青团福建省委	团闽委〔2018〕12 号
闽南理工学院 2014 级电气自动化 1 班团支部	福建省五四红旗团（总）支部标兵	共青团福建省委	团闽委〔2018〕12 号
泉州石狮市祥芝美丽海岸志愿者协会团支部	福建省五四红旗团（总）支部	共青团福建省委	团闽委〔2018〕12 号
湖滨街道团工委	2017 年度“福建省五四红旗团委”	共青团福建省委	—
石狮市环境监察大队	福建省 2017 年环境执法大练兵表现突出集体单位	福建省环保厅	闽环保总队〔2018〕37 号
石狮市统计局	全省统计系统先进集体	福建省人力资源和社会保障厅、福建省统计局、国家统计局福建调查总队	闽人社文〔2018〕28 号
石狮市青年志愿者协会“‘爱心天使’便民利民志愿服务项目”	2018 年福建省志愿服务项目大赛优秀项目奖	中共福建省委文明办、共青团福建省委、福建省民政厅、福建省老龄办、福建省水利厅、福建省残联	团闽委联〔2018〕17 号
石狮市鸿山镇鸿山小学	福建省义务教育管理标准化学校	福建省教育厅	闽教基〔2018〕98 号
石狮市锦尚镇琼山中心小学	福建省义务教育管理标准化学校	福建省教育厅	闽教基〔2018〕98 号
石狮市永宁中心小学	福建省义务教育管理标准化学校	福建省教育厅	闽教基〔2018〕98 号
石狮市新湖中心小学	福建省义务教育管理标准化学校	福建省教育厅	闽教基〔2018〕98 号
石狮市凤里街道宽仁小学	福建省义务教育管理标准化学校	福建省教育厅	闽教基〔2018〕98 号
石狮市凤里街道五星小学	福建省义务教育管理标准化学校	福建省教育厅	闽教基〔2018〕98 号

续表 35

获奖单位	奖励名称	颁奖单位	表彰文号
石狮市灵秀镇港塘小学	福建省义务教育管理标准化学校	福建省教育厅	闽教基〔2018〕98 号
石狮市教师进修小学附属小学	福建省义务教育管理标准化学校	福建省教育厅	闽教基〔2018〕98 号
石狮市宝盖镇塘边小学	福建省义务教育管理标准化学校	福建省教育厅	闽教基〔2018〕98 号
石狮市蚶江中心小学	福建省义务教育管理标准化学校	福建省教育厅	闽教基〔2018〕98 号
石狮市蚶江镇洪窟小学	福建省义务教育管理标准化学校	福建省教育厅	闽教基〔2018〕98 号
石狮市第八中学	福建省义务教育管理标准化学校	福建省教育厅	闽教基〔2018〕98 号
石狮市中英文实验学校	福建省义务教育管理标准化学校	福建省教育厅	闽教基〔2018〕98 号
石狮市银江华侨学校	福建省义务教育管理标准化学校	福建省教育厅	闽教基〔2018〕98 号
石狮市第五中学	福建省义务教育管理标准化学校	福建省教育厅	闽教基〔2018〕98 号
石狮市第七中学	福建省义务教育管理标准化学校	福建省教育厅	闽教基〔2018〕98 号
泉州纺织服装职业学院	福建省教学成果二等奖	福建省教育厅	闽教综〔2018〕12 号
石狮检察微信公众号	2017 年全省检察新媒体“百优”评选优秀账号	福建省人民检察院政治部	闽检政〔2018〕12 号
石狮市人民检察院	全省检察机关侦查监督部门刑事立案监督精品案例	福建省人民检察院政治部	闽检政〔2018〕17 号
石狮市人民检察院	福建省人大常委会课题调研优秀奖	福建省人大常委会办公厅、福建省人大常委会研究室	证书
石狮市人民检察院	刑事诉讼涉案财物跨部门集中管理信息平台试点	中共福建省委政法委员会	闽委政〔2018〕87 号
玉湖社区	福建省社区服务老干部工作示范点	中共福建省委老干部局	—
玉湖社区	福建省消防安全示范社区	福建省公安厅　福建省社会管理综合治理委员会办公室　福建省民政厅	—
新湖社区	福建省消防安全示范社区	福建省公安厅、福建省社会管理综合治理委员会办公室、福建省民政厅	—
宝盖镇妇联	福建省妇联“三百四有”全省先进乡镇（街道）妇联	福建省妇联	闽妇〔2018〕89 号
湖滨街道新湖社区妇联	福建省妇联“三百四有”全省先进村（居）妇联	福建省妇联	闽妇〔2018〕89 号
新湖社区妇联	福建省先进村（居）妇联	福建省妇联	闽妇〔2018〕89 号
宝盖镇社区戒毒、社区康复工作站	省级社区戒毒、社区康复示范点	福建省禁毒委员会	闽禁毒办〔2018〕56 号
石狮市妇幼保健院	福建省儿童早期发展示范基地	福建省卫生和计划生育委员会	—
石狮市医院	2017 年福建省医院感染横断面调查先进单位	福建省医院感染管理质量控制中心	—
永宁镇人民政府	福建省卫生乡镇	福建省爱卫办	闽爱卫〔2018〕1 号
石狮市实验中学附属小学德育处	福建省五一巾帼标兵岗	福建省总工会	闽工〔2018〕30 号
泉州太平洋集装箱码头有限公司	福建省“安康杯”竞赛先进单位	福建省总工会　福建省安全生产监督管理局	闽工〔2018〕29 号
福建省石狮市富兴包装材料有限公司	福建省“安康杯”竞赛先进单位	福建省总工会　福建省安全生产监督管理局	闽工〔2018〕29 号
石狮服装城物业管理有限公司	福建省“安康杯”竞赛先进单位	福建省总工会　福建省安全生产监督管理局	闽工〔2018〕29 号
卡宾服饰（中国）有限公司	福建省“安康杯”竞赛先进单位	福建省总工会　福建省安全生产监督管理局	闽工〔2018〕29 号

续表 35

获奖单位	奖励名称	颁奖单位	表彰文号
石狮市三益织造染整有限公司	福建省“安康杯”竞赛先进单位	福建省总工会　福建省安全生产监督管理局	闽工〔2018〕29 号
石狮市绿岛国际酒店有限公司	福建省“安康杯”竞赛先进单位	福建省总工会　福建省安全生产监督管理局	闽工〔2018〕29 号
福建省石狮热电有限责任公司	福建省“安康杯”竞赛先进单位	福建省总工会　福建省安全生产监督管理局	闽工〔2018〕29 号
泉州市汽车运输总公司石狮分公司	福建省“安康杯”竞赛先进单位	福建省总工会　福建省安全生产监督管理局	闽工〔2018〕29 号
福建省鸿山热电有限责任公司	福建省“安康杯”竞赛先进单位	福建省总工会　福建省安全生产监督管理局	闽工〔2018〕29 号
美佳爽（中国）有限公司	福建省“安康杯”竞赛先进单位	福建省总工会　福建省安全生产监督管理局	闽工〔2018〕29 号
福建加多宝饮料有限公司	福建省“安康杯”竞赛先进单位	福建省总工会　福建省安全生产监督管理局	闽工〔2018〕29 号
石狮新奥燃气有限公司	福建省“安康杯”竞赛先进单位	福建省总工会　福建省安全生产监督管理局	闽工〔2018〕29 号
中国邮政集团公司福建省石狮市分公司	福建省“安康杯”竞赛先进单位	福建省总工会　福建省安全生产监督管理局	闽工〔2018〕29 号
石狮市迪娜胸围内衣有限公司迪娜内衣车间短裤组	福建省“安康杯”竞赛先进班组	福建省总工会　福建省安全生产监督管理局	闽工〔2018〕29 号
石狮市赛琪体育用品有限公司一车间 A3 组	福建省“安康杯”竞赛先进班组	福建省总工会　福建省安全生产监督管理局	闽工〔2018〕29 号
石狮市新奥燃气有限公司维修班	福建省“安康杯”竞赛先进班组	福建省总工会　福建省安全生产监督管理局	闽工〔2018〕29 号
长福社区	福建省地震安全示范社区	福建省地震局	闽震〔2018〕122 号
石狮市玉湖食品厂	2016-2017 年度福建省守合同重信用企业	福建省工商行政管理局	—
立案庭	2018-2020 年省级青年文明号	福建省创建青年文明号活动组委会	闽青号组〔2018〕3 号
石狮市人民法院少年庭(刑二庭)	2016-2017 年度省级“青少年维权岗”	福建省创建青少年维权岗活动组委员会	闽维组委〔2018〕1 号
国网石狮市供电公司	省公司 2017 年度发展工作先进单位	国网福建省电力有限公司	闽电人资〔2018〕74 号
国网石狮市供电公司	省公司 2016-2017 年度营销（农电）工作先进单位	国网福建省电力有限公司	闽电人资〔2018〕119 号
国网石狮市供电公司	省公司 2016-2017 年度品牌建设工作先进单位	国网福建省电力有限公司	—
国网石狮市供电公司	省公司 2016-2017 年度科信工作先进单位	国网福建省电力有限公司	闽电人资〔2018〕145 号

石狮市 2018 年先进个人名表

表 36

姓名	工作单位	奖励名称	颁奖单位	表彰文号
朱启平	石狮市委	全国优秀工会之友	中华全国总工会	总工发〔2018〕29 号
林顺建	石狮通达集团	全国优秀工会积极分子	中华全国总工会	总工发〔2018〕29 号

续表 36

姓名	工作单位	奖励名称	颁奖单位	表彰文号
王允澄、蔡琼芬家庭	石狮市湖滨街道花园城社区	全国“五好”家庭	全国妇联	妇字〔2018〕16 号
杨德标、潘慧英家庭	石狮市锦尚镇厝上村	全国最美家庭	全国妇联	妇字〔2018〕16 号
许天坑、曾文娟家庭	石狮市教育中心	全国最美家庭	全国妇联	妇字〔2018〕16 号
林丽娜	石狮市湖滨街道玉湖社区	全国三八红旗手	全国妇联	—
陈培坤	新湖社区周大金珠宝商行	国家级流动人口健康促进示范家庭	国家卫计委流动人口计生服务管理司	国卫流管服务便函〔2018〕35 号
吴新才	石狮市人民检察院	从检工作三十周年检察荣誉章	最高人民检察院	勋章
张建宁	石狮市人民检察院	从检工作三十周年检察荣誉章	最高人民检察院	勋章
张文斐	石狮市人民检察院	从检工作三十周年检察荣誉章	最高人民检察院	勋章
许毓娜	石狮市人民检察院	一文在海峡两岸检察制度研讨会上交流发言	海峡两岸检察制度研究中心	论文汇编
吴　瀚	石狮市人民检察院	美亚杯第四届中国电子数据取证职业组团体赛二等奖	全国电子数据取证竞赛组委会	证书
黄世波	石狮市灵秀镇塘园村民委员会	福建省劳动模范	中共福建省委、福建省人民政府	闽委〔2018〕20 号
龚国兴	国网福建石狮市供电有限公司	福建省劳动模范	中共福建省委、福建省人民政府	闽委〔2018〕20 号
曾江勇	福建冠兴皮革有限公司	福建省劳动模范	中共福建省委、福建省人民政府	闽委〔2018〕20 号
林金盾	石狮市协盈农机专业合作社	福建省劳动模范	中共福建省委、福建省人民政府	闽委〔2018〕20 号
郑美娟	福建连港物业管理有限公司鸿山热电项目部	福建省劳动模范	中共福建省委、福建省人民政府	闽委〔2018〕20 号
黄文敬	石狮市公安局凤里派出所	福建省先进工作者	中共福建省委、福建省人民政府	闽委〔2018〕20 号
龚国兴	国网石狮市供电公司	福建省劳动模范	中共福建省委、福建省人民政府	闽委 [2018 年]20 号
黄雅芳	石狮市教师进修学校	福建省特级教师	福建省人民政府	闽政文〔2018〕211 号
张　萍	厦门外国语学校石狮分校	福建省特级教师	福建省人民政府	闽政文〔2018〕211 号
陈龙法	石狮市第一中学	福建省特级教师	福建省人民政府	闽政文〔2018〕211 号
蔡振树	石狮市华侨中学	福建省特级教师	福建省人民政府	闽政文〔2018〕211 号
杨舒薇	石狮市石光中学	福建省首届最美学生	福建省教育厅	闽教学〔2018〕1 号
林逸霏	石狮市实验中学附属小学	福建省首届最美学生	福建省教育厅	闽教学〔2018〕1 号

续表 36

姓名	工作单位	奖励名称	颁奖单位	表彰文号
王鸿荣	石狮市环境监察大队	福建省 2017 年环境执法大练兵表现突出个人	福建省环保厅	闽环保总队〔2018〕37 号
许少刚	石狮市环境监察大队	2017-2018 年度“清水蓝天”环保专项执法行动表现突出个人	福建省环保厅	—
张明智	石狮市环境监察大队	福建省 2018 年环境执法大练兵表现突出个人	福建省环保厅	闽环保总队〔2018〕64 号
蔡建志	石狮市公安局湖滨派出所	个人二等功	福建省公安厅	闽公令〔2018〕110 号
卓光辉	石狮市公安局禁毒大队	个人二等功	福建省公安厅	闽公令〔2018〕110 号
张剑烽	石狮市公安局刑侦大队	个人一等功	福建省公安厅	闽公令〔2018〕82 号
唐凯煜	石狮市公安局经侦大队	个人二等功	福建省公安厅	闽公令〔2018〕61 号
陈双美	石狮市人民检察院	全省检察机关“新时代检察政治工作”主题调研征文三等奖	福建省人民检察院政治部	网页
陈双美	石狮市人民检察院	2018 年度全省检察机关党建理论研讨二等奖	福建省人民检察院政治部、中共福建省人民检察院机关委员会	闽检政〔2018〕152 号
张群胜	石狮市人民检察院	2018 年度全省检察机关党建理论研讨三等奖	福建省人民检察院政治部、中共福建省人民检察院机关委员会	闽检政〔2018〕152 号
陈向家	福建省匠成影视传媒有限公司	福建省优秀共青团员	共青团福建省委	团闽委〔2018〕12 号
陈佳彬	福建省鸿山热电有限责任公司	福建省优秀共青团员	共青团福建省委	团闽委〔2018〕12 号
林宥涵	厦门外国语学校石狮分校	福建省优秀共青团员	共青团福建省委	团闽委〔2018〕12 号
江艺敏	闽南理工学院	福建省优秀共青团干部	共青团福建省委	团闽委〔2018〕12 号
许安安	石狮市蚶江镇	福建省优秀共青团干部	共青团福建省委	团闽委〔2018〕12 号
吴柏雄	石狮市人民检察院	全省检察机关案件质量评查人才库成员	福建省人民检察院	闽检发政字〔2018〕1 号
苏雯雯	石狮市人民检察院	全省检察机关先进个人	福建省人民检察院	证书
王奇烦	石狮市人民法院	全省法院司法警察教练员教学技能竞赛 -- 优秀教练员	福建省高级人民法院	—
王奇烦	石狮市人民法院	全省法院司法警察先进个人	福建省高级人民法院	闽高法〔2018〕239 号
陈泉宇	石狮市公安局祥芝边防派出所	福建青年五四奖章	共青团福建省委 福建省青年联合会	团闽委联〔2018〕10 号
卢逢亮	石狮市灵秀镇妇联主席	福建省妇联“三百四有”全省优秀妇联主席	福建省妇联	闽妇〔2018〕89 号
李秀专	石狮市永宁镇郭坑村妇联主席	福建省妇联“三百四有”全省优秀妇联主席	福建省妇联	闽妇〔2018〕89 号
林志成、颜雅雅家庭	石狮市南洋国际	省级最美家庭	福建省妇联 中共福建省委文明办	闽妇〔2018〕66 号

续表 36

姓名	工作单位	奖励名称	颁奖单位	表彰文号
施明晓、王雅容家庭	石狮市畔山云海	省级最美家庭	福建省妇联　中共福建省委文明办	闽妇〔2018〕66 号
林海芳、苏清堤家庭	石狮市宝盖镇苏厝村	省级“五好”家庭	福建省妇联　中共福建省委文明办	闽妇〔2018〕66 号
张　丽	中纺协检验（泉州）技术服务有限公司	福建省五一巾帼标兵	福建省总工会	闽工〔2018〕30 号
胡巧巧	石狮市总工会	福建省“安康杯”竞赛优秀组织个人	福建省总工会　福建省安全生产监督管理局	闽工〔2018〕29 号
黄文敬	石狮市公安局凤里派出所	全省先进工作者	中国共产党福建省委员会	闽委〔2018〕20 号
蔡玉泱	石狮市医院	福建省 2017 年度传染病疫情及突发公共卫生事件报告管理先进个人	福建省疾病预防控制中心	闽疾控〔2018〕38 号
林丽娜	玉湖社区	全省关心下一代工作先进工作者	福建省关心下一代工作委员会	—
林宗棋	石狮市医院	福建省第七批援疆干部人才	中共昌吉回族自治州委员会组织部、福建省对口支援新疆工作前方指挥部	—
傅霜清	国网石狮市供电公司	农网建设先进个人	国网西藏电力有限公司林芝供电公司	—
王英雄	国网石狮市供电公司	省公司优秀党员	中共国网福建省电力有限公司委员会	闽电党〔2018〕114 号
黄惠雄	国网石狮市供电公司	省公司优秀党务工作者	中共国网福建省电力有限公司委员会	闽电党〔2018〕114 号
邱一波	国网石狮市供电公司	省公司优秀党务工作者	中共国网福建省电力有限公司委员会	闽电党〔2018〕114 号
李延雄	国网石狮市供电公司	国网福建省电力有限公司党建工作先进个人	国网福建省电力有限公司	闽电人资〔2018〕303 号
蔡跃群	国网石狮市供电公司	省公司 2017 年度发展工作先进个人	国网福建省电力有限公司	闽电人资〔2018〕74 号
蔡剑福	国网石狮市供电公司	人力资源工作先进个人	国网福建省电力有限公司	闽电人资〔2018〕153 号
陈　立	国网石狮市供电公司	省公司 2016-2017 年营销（农电）工作先进个人	国网福建省电力有限公司	闽电人资〔2018〕119 号
傅霜清	国网石狮市供电公司	省公司西藏农网工程及对口帮扶工作突出贡献个人	国网福建省电力有限公司	闽电人资〔2018〕63 号
蔡晓榆	国网石狮市供电公司	省公司西藏农网工程及对口帮扶工作突出贡献个人	国网福建省电力有限公司	闽电人资〔2018〕63 号
庄敬清	国网石狮市供电公司	省公司先进工作者	国网福建省电力有限公司	闽电人资〔2018〕60 号
柯俊杰	国网石狮市供电公司	省公司调度控制管理先进个人	国网福建省电力有限公司	闽电人资〔2018〕67 号
何天玲	国网石狮市供电公司	省公司 2016-2017 年度科信工作先进个人	国网福建省电力有限公司	闽电人资〔2018〕145 号
李晓铁	国网石狮市供电公司	省公司“农网改造升级攻坚战”劳动竞赛先进个人	国网福建省电力有限公司	闽电工〔2018〕133 号

续表 36

姓名	工作单位	奖励名称	颁奖单位	表彰文号
康伟斌	国网石狮市供电公司	省公司优秀班组长	国网福建省电力有限公司	闽电人资（2019）62 号
吴章建	石狮市凤里街道华南社区	泉州市劳动模范	中共泉州市委、市政府	泉委〔2018〕29 号
柳志锚	福建省石狮供水股份有限公司水务建设工程公司	泉州市劳动模范	中共泉州市委、市政府	泉委〔2018〕29 号
林志成	石狮市青创城电子商务园区有限责任公司	泉州市劳动模范	中共泉州市委、市政府	泉委〔2018〕29 号
庄婉瑜	泉州幼儿师范学校附属幼儿园石狮校区	泉州市劳动模范	中共泉州市委、市政府	泉委〔2018〕29 号
张君平	石狮市龙兴隆染织实业有限公司	泉州市劳动模范	中共泉州市委、市政府	泉委〔2018〕29 号
张　丽	中纺协检验（泉州）技术服务有限公司	泉州市劳动模范	中共泉州市委、市政府	泉委〔2018〕29 号
蔡普及	石狮市绿清果蔬种植专业合作社	泉州市劳动模范	中共泉州市委、市政府	泉委〔2018〕29 号
邱梅芳	石狮市三益织造染整有限公司	泉州市劳动模范	中共泉州市委、市政府	泉委〔2018〕29 号
叶立锋	福建金苑服饰有限公司	泉州市劳动模范	中共泉州市委、市政府	泉委〔2018〕29 号
蔡鹏泽	石狮祥芝美丽海岸志愿者协会	泉州市劳动模范	中共泉州市委、市政府	泉委〔2018〕29 号
王东育	石狮市志愿者联合会	泉州市劳动模范	中共泉州市委、市政府	泉委〔2018〕29 号

石狮市 2018 年获得高、中级职称人员名单

表 37

单位名称	姓名	评审职务名称
厦门外国语学校石狮分校	张　萍	中小学（幼儿园）正高级教师
石狮市宝盖社区卫生服务中心	何　闽	基层高级卫生专业技术
石狮市第一中学	黄瑞贤	中小学（幼儿园）正高级教师
泉发建设股份有限公司	林仰嵩	高级工程师
泉发建设股份有限公司	许桂森	高级工程师
泉发建设股份有限公司	颜建敏	高级工程师
厦门外国语学校石狮分校	雷　斌	高级教师
厦门外国语学校石狮分校	邱天志	高级教师
石狮市宝盖社区卫生服务中心	谢睦根	副主任医师
石狮市宝盖镇中心幼儿园	邱绵绵	中小学（幼儿园）高级教师
石狮市第八中学	胡文飞	高级教师
石狮市第八中学	金华世	高级教师
石狮市第八中学	李嬛妮	高级教师
石狮市第八中学	林　涛	高级教师
石狮市第八中学	潘新文	高级教师
石狮市第八中学	尤英妙	高级教师
石狮市第八中学	袁成祥	高级教师

续表 37

单位名称	姓名	评审职务名称
石狮市第八中学	钟承华	高级教师
石狮市第二实验小学	蔡真真	中小学（幼儿园）高级教师
石狮市第二中学	陈　辉	高级教师
石狮市第七中学	蔡奕碰	高级教师
石狮市第七中学	刘海燕	高级教师
石狮市第七中学	邱国悦	高级教师
石狮市第七中学	邱尚群	高级教师
石狮市第七中学	翁春梅	高级教师
石狮市第三实验小学	蔡萍芬	中小学（幼儿园）高级教师
石狮市第三中学	陈礼芬	高级教师
石狮市第三中学	王晶晶	高级教师
石狮市第三中学	吴海洋	高级教师
石狮市第三中学附属小学	黄娇勤	中小学（幼儿园）高级教师
石狮市第五中学	鲍立焕	高级教师
石狮市第五中学	傅清溪	高级教师
石狮市第五中学	赖盛花	高级教师
石狮市第五中学	林忠志	高级教师
石狮市第五中学	王荣献	高级教师
石狮市第五中学	张再阳	高级教师
石狮市第一中学	范海丹	高级教师
石狮市第一中学	郭丽青	高级教师
石狮市第一中学	李升魏	高级教师
石狮市第一中学	王毅敏	高级教师
石狮市第一中学	吴纯良	高级教师
石狮市凤里社区卫生服务中心	林玉叶	副主任护师
石狮市妇幼保健院	黄雪媚	副主任护师
石狮市妇幼保健院	谢秀担	副主任医师
石狮市公共资源交易中心	林铭伟	高级工程师
石狮市蚶江镇卫生院	洪明红	副主任医师
石狮市蚶江镇卫生院	王正限	基层副主任医师
石狮市蚶江中学	龚祥平	高级教师
石狮市蚶江中学	叶德樟	高级教师
石狮市湖滨社区卫生服务中心	王景秀	中医副主任医师
石狮市湖滨社区卫生服务中心	卓明峰	中西医结合副主任医师
石狮市华侨中学	邱丽礼	高级教师
石狮市疾病预防控制中心	郭龙志	基层副主任技师
石狮市疾病预防控制中心	林明辉	基层副主任医师
石狮市锦峰实验学校	邱朝晖	高级教师
石狮市锦峰实验学校	王秀玉	高级教师
石狮市锦峰实验学校	吴晓丽	高级教师
石狮市锦峰实验学校	谢燕影	中小学（幼儿园）高级教师
石狮市锦峰实验学校	熊　青	高级教师
石狮市锦峰实验学校	许经山	高级教师

续表 37

单位名称	姓名	评审职务名称
石狮市灵秀镇塔前小学	邱亚兰	中小学（幼儿园）高级教师
石狮市鹏山师范附属小学	庄文霞	中小学（幼儿园）高级教师
石狮市石光中学	蔡如祺	高级教师
石狮市石光中学	程宝贝	高级教师
石狮市石光中学	黄少华	高级教师
石狮市石光中学	邱亚远	高级教师
石狮市石光中学	叶茂芬	高级教师
石狮市实验小学	卢丽含	中小学（幼儿园）高级教师
石狮市实验小学蚶江校区	李胜峰	中小学（幼儿园）高级教师
石狮市实验中学	邱秀月	高级教师
石狮市实验中学	吴光鑫	高级教师
石狮市实验中学附属小学	施湘湘	中小学（幼儿园）高级教师
石狮市市政公用设施管理处	王经锵	高级工程师
石狮市水务处	龚宗亮	高级工程师
石狮市祥芝中心小学	刘爱治	中小学（幼儿园）高级教师
石狮市医院	卢黎晖	副主任技师
石狮市医院	王进长	副主任医师
石狮市医院	王竞杰	副主任医师
石狮市医院	郑烽礼	副主任医师
石狮市银江华侨学校	陈双良	高级教师
石狮市银江华侨学校	贺应奎	高级教师
石狮市银江华侨学校	任志明	高级教师
石狮市永宁中心小学	董金暖	中小学（幼儿园）高级教师
石狮市永宁中学	邓德辉	高级教师
石狮市永宁中学	何平永	高级教师
石狮市永宁中学	廖　彬	高级教师
石狮市永宁中学	王经战	高级教师
石狮市永宁中学	王小明	高级教师
石狮市永宁中学	吴成婷	高级教师
石狮市永宁中学	周文峰	高级教师
石狮市永宁中学	祖　秀	高级教师
福建泉发市政园林工程有限公司	陈惠奎	非公有制建筑工程师
福建泉发市政园林工程有限公司	黄秀丽	非公有制建筑工程师
福建泉发市政园林工程有限公司	苏清忠	非公有制建筑工程师
福建泉发市政园林工程有限公司	吴萍茹	非公有制建筑工程师
福建泉发市政园林工程有限公司	张世杰	非公有制建筑工程师
福建省德泰物业管理有限公司	李丽萍	非公有制经济师
福建省德泰物业管理有限公司	王以成	非公有制经济师
福建省德泰物业管理有限公司	姚美祝	非公有制经济师
福建省恒建工程管理有限公司	曾连法	非公有制建筑工程师
福建省恒建工程管理有限公司	陈培川	非公有制建筑工程师
福建省恒建工程管理有限公司	李灿昆	非公有制建筑工程师
福建省恒建工程管理有限公司	肖　霞	非公有制建筑工程师

续表 37

单位名称	姓名	评审职务名称
福建省恒建工程管理有限公司	许桂森	非公有制建筑工程师
福建省泉发机电工程有限公司	陈　诚	非公有制建筑工程师
福建省泉发机电工程有限公司	郭慰军	非公有制建筑工程师
福建省泉发机电工程有限公司	林文峰	非公有制建筑工程师
福建省泉发机电工程有限公司	吴秀月	非公有制建筑工程师
福建省泉发机电工程有限公司	张文祥	非公有制建筑工程师
福建省住兴建设工程有限公司	吴为钦	非公有制建筑工程师
泉州幼儿师范学校附属幼儿园石狮校区	林远贞	一级教师
厦门外国语学校石狮分校	黄小莲	一级教师
厦门外国语学校石狮分校	孔祥斌	一级教师
厦门外国语学校石狮分校	李惠贤	一级教师
厦门外国语学校石狮分校	张训正	一级教师
石狮鹏山工贸学校	洪玉珠	讲师
石狮鹏山工贸学校	李丽芬	讲师
石狮鹏山工贸学校	苏俊杰	讲师
石狮鹏山工贸学校	王为群	讲师
石狮鹏山工贸学校	颜雪雅	讲师
石狮鹏山工贸学校	卓秋萍	讲师
石狮市宝盖镇前坑小学	龚绵绵	一级教师
石狮市宝盖镇前坑小学	柯春华	一级教师
石狮市宝盖镇塘头小学	黄玲玲	一级教师
石狮市宝盖镇桃源小学	邱英个	一级教师
石狮市宝盖镇中心幼儿园	蔡晓婷	一级教师
石狮市宝盖镇中心幼儿园	纪晶晶	一级教师
石狮市大仑中心小学	蔡延焕	一级教师
石狮市大仑中心小学	雷海林	一级教师
石狮市第八中学	曾鸿辉	一级教师
石狮市第八中学	李晓芯	一级教师
石狮市第八中学	林静宜	一级教师
石狮市第八中学	林美绿	一级教师
石狮市第八中学	林贤锋	一级教师
石狮市第八中学	邱寒凝	一级教师
石狮市第八中学	王慧乾	一级教师
石狮市第八中学	王又仙	一级教师
石狮市第八中学	许鑫鑫	一级教师
石狮市第八中学	颜兰兰	一级教师
石狮市第八中学	叶孝贵	一级教师
石狮市第二中学	董雅清	一级教师
石狮市第二中学	王小兰	一级教师
石狮市第七中学	蔡芳波	一级教师
石狮市第七中学	蔡一瑜	一级教师
石狮市第七中学	侯火秦	一级教师
石狮市第七中学	胡秀梅	一级教师

续表 37

单位名称	姓名	评审职务名称
石狮市第七中学	黄婷婷	一级教师
石狮市第七中学	李锦萍	一级教师
石狮市第七中学	苏雅纯	一级教师
石狮市第三实验小学	林英坤	一级教师
石狮市第三实验小学复光校区	王白茹	一级教师
石狮市第三实验幼儿园	洪小俞	一级教师
石狮市第三中学	黄俊德	一级教师
石狮市第三中学	姜建华	一级教师
石狮市第三中学	林　彬	一级教师
石狮市第三中学	卢雅丽	一级教师
石狮市第三中学	王碧霞	一级教师
石狮市第三中学	颜雅雅	一级教师
石狮市第三中学	张美亮	一级教师
石狮市第三中学附属小学	吴　魏	一级教师
石狮市第四实验小学	蔡珊珊	一级教师
石狮市第四实验小学	李煌炉	一级教师
石狮市第四实验小学	施幼雪	一级教师
石狮市第四实验小学	颜胭胭	一级教师
石狮市第五实验小学	蔡纯纯	一级教师
石狮市第五实验小学	林双婷	一级教师
石狮市第五实验幼儿园	傅丽妹	一级教师
石狮市第五中学	郭绵绵	一级教师
石狮市第五中学	邱振兴	一级教师
石狮市第五中学	许清坡	一级教师
石狮市第五中学	杨秋岚	一级教师
石狮市第五中学	余月娥	一级教师
石狮市第一中学	陈巧梅	一级教师
石狮市第一中学	陈彦红	一级教师
石狮市第一中学	兰帅琼	一级教师
石狮市第一中学	李蓉萍	一级教师
石狮市第一中学	王俊蔚	一级教师
石狮市第一中学	谢　樱	一级教师
石狮市第一中学	颜婉芳	一级教师
石狮市第一中学	张蔡莉	一级教师
石狮市第一中学	周明凯	一级教师
石狮市第一中学	庄　稀	一级教师
石狮市动物卫生监督所	龚程鸣	兽医师
石狮市凤里街道五星小学	黄玲玲	一级教师
石狮市福民中心小学	傅珊虹	一级教师
石狮市福民中心小学	王美兰	一级教师
石狮市福民中心小学	吴灵俐	一级教师
石狮市龟湖中心小学	黄丽双	一级教师
石狮市龟湖中心小学	柯金端	一级教师

续表 37

单位名称	姓名	评审职务名称
石狮市龟湖中心小学	李洋洋	一级教师
石狮市龟湖中心小学	杨婷婷	一级教师
石狮市龟湖中心小学	杨瑜珊	一级教师
石狮市蚶江镇洪窟小学	蔡顺达	一级教师
石狮市蚶江镇洪窟小学	林惠真	一级教师
石狮市蚶江镇洪窟小学	周荣显	一级教师
石狮市蚶江镇华锦小学	林丹妮	一级教师
石狮市蚶江镇华锦小学	许梦诗	一级教师
石狮市蚶江镇莲埭小学	卢宝珍	一级教师
石狮市蚶江中心小学	刘庆阳	一级教师
石狮市蚶江中心小学	邱鸿媚	一级教师
石狮市蚶江中心小学	苏美冷	一级教师
石狮市蚶江中学	蔡景河	一级教师
石狮市蚶江中学	黄天从	一级教师
石狮市蚶江中学	柯良刚	一级教师
石狮市蚶江中学	谢清雅	一级教师
石狮市鸿山镇鸿山小学	蔡美玲	一级教师
石狮市鸿山镇鸿山小学	周　霞	一级教师
石狮市鸿山镇锦林小学	刘　绢	一级教师
石狮市鸿山镇锦林小学	王春兰	一级教师
石狮市鸿山镇邱厦小学	蔡三青	一级教师
石狮市湖滨街道办事处林边小学	邱礼雪	一级教师
石狮市湖滨街道办事处长福小学	蔡红红	一级教师
石狮市湖滨街道办事处长福小学	洪团洁	一级教师
石狮市湖滨街道办事处长福小学	吴明圆	一级教师
石狮市湖滨街道办事处长福小学	张鹏翔	一级教师
石狮市华侨中学	郭安辉	一级教师
石狮市华侨中学	林阿绵	一级教师
石狮市华侨中学	邱辉煌	一级教师
石狮市华侨中学	吴美云	一级教师
石狮市华侨中学	张慧玲	一级教师
石狮市华侨中学	张伟欣	一级教师
石狮市教师进修学校附属小学	洪丽娜	一级教师
石狮市教师进修学校附属小学	吴祥文	一级教师
石狮市金丘建筑工程有限公司	曾华旭	非公有制建筑工程师
石狮市金丘建筑工程有限公司	谷策泽	非公有制建筑工程师
石狮市金丘建筑工程有限公司	蒋建军	非公有制建筑工程师
石狮市金丘建筑工程有限公司	刘惠芬	非公有制企业建筑工程施工工程师
石狮市金丘建筑工程有限公司	吴海霞	非公有制企业建筑电气工程施工工程师
石狮市金丘建筑工程有限公司	郑向东	非公有制建筑工程师
石狮市锦峰实验学校	郭易芬	一级教师
石狮市锦峰实验学校	黄微微	一级教师
石狮市锦峰实验学校	李聪艺	一级教师

续表 37

单位名称	姓名	评审职务名称
石狮市锦峰实验学校	林美容	一级教师
石狮市锦峰实验学校	刘朔宁	一级教师
石狮市锦峰实验学校	邱莉莉	一级教师
石狮市锦峰实验学校	孙达坤	一级教师
石狮市锦峰实验学校	吴英英	一级教师
石狮市锦峰实验学校	谢琼琼	一级教师
石狮市锦峰实验学校	叶秀玲	一级教师
石狮市锦峰实验学校	张期女	一级教师
石狮市锦峰实验学校	郑月琼	一级教师
石狮市锦尚镇锦里小学	侯毓虹	一级教师
石狮市锦尚镇琼山中心小学	黄碧玲	一级教师
石狮市锦尚镇中心幼儿园	谢东波	一级教师
石狮市灵秀镇钞坑中心小学	谢丽文	一级教师
石狮市灵秀镇港塘小学	施培凤	一级教师
石狮市灵秀镇港塘小学	颜春玲	一级教师
石狮市灵秀镇古洋小学	林雪娇	一级教师
石狮市灵秀镇古洋小学	许侨亚	一级教师
石狮市灵秀镇华山小学	陈金凤	一级教师
石狮市灵秀镇华山小学	傅清河	一级教师
石狮市灵秀镇塔前小学	蔡荣坤	一级教师
石狮市灵秀镇中心幼儿园	洪宝琴	一级教师
石狮市鹏山师范附属小学	蔡森森	一级教师
石狮市鹏山师范附属小学	张雅艺	一级教师
石狮市青少年学生校外活动中心	蔡彬彬	一级教师
石狮市仁爱学校	花鹏彬	一级教师
石狮市仁爱学校	张声宏	一级教师
石狮市石光中学	陈　波	一级教师
石狮市石光中学	李　桑	一级教师
石狮市石光中学	林云珠	一级教师
石狮市石光中学	刘彩雯	一级教师
石狮市石光中学	卢施恩	一级教师
石狮市石光中学	肖　丹	一级教师
石狮市石光中学	肖家旦	一级教师
石狮市实验小学	李重叠	一级教师
石狮市实验小学蚶江校区	董雅宝	一级教师
石狮市实验中学	蔡亚亮	一级教师
石狮市实验中学	黄锦阳	一级教师
石狮市实验中学	黄真真	一级教师
石狮市实验中学	李锦仙	一级教师
石狮市实验中学	李月婷	一级教师
石狮市实验中学附属小学	蔡玉明	一级教师
石狮市实验中学附属小学	林淑玲	一级教师
石狮市实验中学附属小学	王绵绵	一级教师

续表 37

单位名称	姓名	评审职务名称
石狮市实验中学附属小学	吴光鑫	一级教师
石狮市实验中学附属小学	张婉咪	一级教师
石狮市实验中学附小学东明校区	吴燕燕	一级教师
石狮市祥芝镇大堡小学	蔡珍雅	一级教师
石狮市祥芝镇大堡小学	林小玲	一级教师
石狮市祥芝镇紫湖小学	蔡燕瑜	一级教师
石狮市祥芝镇紫湖小学	邱文岭	一级教师
石狮市祥芝镇紫湖小学	张阿转	一级教师
石狮市祥芝中心小学	蔡双清	一级教师
石狮市祥芝中心小学	蔡雅芳	一级教师
石狮市祥芝中心小学	高志红	一级教师
石狮市祥芝中心小学	刘美亮	一级教师
石狮市祥芝中心小学	卢胜男	一级教师
石狮市祥芝中心小学	骆铮婉	一级教师
石狮市新湖中心小学	丁安琪	一级教师
石狮市银江华侨学校	董凉凉	一级教师
石狮市银江华侨学校	王明艺	一级教师
石狮市银江华侨学校	吴光霖	一级教师
石狮市永宁镇官聘学校	蔡小蓉	一级教师
石狮市永宁镇官聘学校	卢微娜	一级教师
石狮市永宁镇霞泽小学	杨铅钢	一级教师
石狮市永宁中心小学	蔡圆圆	一级教师
石狮市永宁中心小学	李美容	一级教师
石狮市永宁中心小学	佘妮妮	一级教师
石狮市永宁中心小学	赵慧聪	一级教师
石狮市永宁中心幼儿园	谌石箭	一级教师
石狮市永宁中心幼儿园	黄燕辉	一级教师
石狮市永宁中心幼儿园	王燕燕	一级教师
石狮市永宁中学	蔡金枝	一级教师
石狮市永宁中学	蔡玲玲	一级教师
石狮市永宁中学	陈凉凉	一级教师
石狮市永宁中学	郭东福	一级教师
石狮市永宁中学	李鸿群	一级教师
石狮市永宁中学	李圣哲	一级教师
石狮市永宁中学	苏月清	一级教师
石狮市永宁中学	吴瑞英	一级教师
石狮市永宁中学	吴燕瑜	一级教师
石狮市永宁中学	颜萍萍	一级教师
石狮市永宁中学	张文利	一级教师
石狮市永宁中学	郑礼仟	一级教师
石狮市中英文实验学校	林鹏娇	一级教师
石狮市中英文实验学校	郑友福	一级教师
中建协和建设有限公司	蔡雪瑜	非公有制企业建筑工程师

工作报告汇编

改革再出发　实干闯新路 高质量推进“创新转型、实业强市”——在中共石狮市第七届代表大会第三次会议上的报告

（2019 年 1 月 21 日）

朱 启 平

各位代表、同志们：

现在，我代表中共石狮市第七届委员会向大会作报告，请予审议。

一、奏响“新石狮·奋斗新时代”交响曲的 2018 年

过去的一年，是改革开放 40 周年，也是石狮建市 30 周年。市委深入学习贯彻习近平新时代中国特色社会主义思想和党的十九大精神，践行新发展理念，加快供给侧结构性改革，统筹推进稳增长、促改革、调结构、惠民生、防风险、保稳定各项工作，“创新转型、实业强市”发展战略朝着质量和效益方向迈出新步伐。全年地区生产总值增长 9.1%，一般公共预算总收入增长 6%，全体居民人均可支配收入增长 8.6%，经济综合实力保持全国中小城市百强第 16 位。

——实业动能加速转换。强化“五个一批”项目攻坚，以开展“实业项目落地年”活动为抓手，大抓招商引资、大干项目落地，引进实业项目 118 个，总投资 525.8 亿元；新增产业供地 1491 亩，增长 28.4%。大力优化实业发展环境，兑现惠企资金 5.7 亿元，出台支持民营企业健康发展等政策措施，充分发挥纺织服装产业联盟和供应链平台作用，开展纺织服装产业质量提升行动，进一步整合全产业链资源优势。加快产业转型升级，印染行业完成企业分级评定，实施技改投入 11 亿元、增长 91%，规上产值增长 6.8%；电商品牌集聚带动效应明显，日均发货量超 100 万件，全年销售额位居全国县域第 6 位、全省首位；智能产业链条不断拓展延伸，引进新型材料、汽车配件等新兴产业，通达三期建成投产，CNC 智能加工中心突破 1.5 万台，完成规上产值 140.2 亿元，增长 31.9%；渔港经济区列入全国沿海渔港建设规划，海洋食品园基础设施和项目招引加快推进，食品业规上产值增长 26.8%；服装城入选省级现代服务业集聚示范区和全省百大重点商圈，获批全省唯一的国家级市场采购贸易方式试点，运行两个月出口 862 单、货值超 6.6 亿元，出口国家和地区达 51 个，成为省外贸转型升级示范市；石湖港 5#6# 泊位加快建设，国际快件监管中心、石材交易市场、进口肉类指定口岸投入运营，港口货物、集装箱吞吐量分别增长 13.8%、15.8%；出台泉州市首部旅游民宿规定，在全省率先打造城市超级 IP，引进佳龙文旅、故宫海上丝绸之路馆等重大旅游项目，全年接待旅客 561 万人次，实现收入 138 亿元，分

别增长22%、23%。

——“山海城”格局成形成势。高标准、大手笔推进海岸带开发，峡谷旅游路、沿海大通道、共富路等路网体系加快完善；拓展产业园区、片区开发等产业和城市发展空间，拉开城市“环湾向海”发展骨架；持续提升海岸带生态景观，开展红塔湾沙滩整治、古浮湾岸线修复、东埔九五路改造等海岸带生态环境综合整治，环湾湿地生态公园加快建设，变废为宝建成石窟公园，与学府公园、花海谷公园连成一体，以宝盖山为轴心的“城市中央公园”雏形显现，不断刷新城市颜值，大幅提升城市价值。统筹推进城乡建设，加快狮仔山、城北等片区改造，有序推进永宁古卫城、凤里八卦街、曾坑四端堂、华山古民居保护开发工作，祥芝镇入选泉州首批特色村镇扶持创建试点，新沙堤、下宅等村入选省“千村整治、百村示范”美丽乡村名单，城镇化率79.1%，跻身全国新型城镇化质量百强第20位。人居环境持续优化，启动重要通道沿线环境整治，扎实抓好飞灰处置、存量垃圾治理等上级环保督察问题整改，全面落实河（湖）长制，推进梧垵溪、厝上溪等18个水系环境综合治理项目，完成造林绿化2100亩，位居全国绿色发展百强县第64位。

——改革创新激发活力。坚持问题导向和目标导向相结合，各项重点领域改革取得新进展。充分发挥市属国有企业推进项目建设、经济发展的载体和抓手作用，形成各镇办要素保障有力、部门服务提质提速、国企主力作用凸显的良好工作格局，国投、城投、产投三大集团累计承接重点项目203个、获批融资授信89.5亿元，盘活国有资产242.6亿元，国有资产增值25.1%、总额达445.7亿元。世界银行贷款医改项目县域紧密型医共体建设、基层学校市直管改革、规范编外合同教师管理、农村集体产权制度改革等项目稳步推进，在全省率先全面推行小学“四点半”课后服务、入选改革开放40周年“福建工会最具影响力的十件大事”，新市民积分管理入选国家中小城市综合改革典型经验案例、改革开放40周年“福建影响力”优秀案例。优化金融生态环境，坚持一手抓化险、一手促转型，竭尽所能帮扶企业，有力化解重点企业债务风险，信贷不良率下降到2.4%，收储闲置土地和不良资产769亩，盘活闲置资源56.4万平方米。推进社会治理体系和治理能力建设，完善治安“三级巡防”机制，创新“海上枫桥”治理模式，建成全省首个县级公共信用信息平台，“1234”攻坚执行难工作机制获上级推广。加快创新驱动步伐，建成人力资源服务产业园，新增省科技小巨人领军培育企业13家、“港湾计划”等高层次人才44名、异地孵化器2个，位居全国科技创新百强县第29位、全国县级区域创新创业指数第15位。

——民生事业优先发展。持续加大民生投入，公共财政预算支出70%用于民生事业，加快补短板项目建设，位居全国县级市全面小康指数百强第18位、全省首位，荣膺“新时代中国全面建成小康社会优秀城市”。新改扩建学校52所，新增学前学位3000个，改扩建村级综合文化服务中心35个，乡镇综合文化站建成率100%，村（社区）居家养老服务站覆盖率78.1%；市新行政服务中心、市医院新院、市社会福利中心“公建民营”养老院建成投用，启动建设城市公益性公墓、市中医院。解开联邦商业城“烂尾楼”历史遗留问题；扩大被征地人员养老保障政策适用范围，各类保障水平保持全省前列。推行市、镇（街）、村（社区）三级联动、重心下移的属地城市管理机制，启用文明天气图管理平台，健全责任体系，文明城市由集中攻坚转入常态创建。移风易俗深入推进，红白喜事大操大办陋习有效扭转，慈善公益、志愿服务蔚然成风。加强平安石狮建设，扎实开展扫黑除恶专项斗争和社会治安问题专项治理，综治“三率”测评位居全省前列。

——管党治党更加严实。把学懂弄通做实党的十九大精神作为首要政治任务，全面兴起习近平新时代中国特色社会主义思想“大学习”热潮，常态化制度化开展“两学一做”学习教育，严肃党内政治生活。强化思想舆论引导，成立市融媒体中心，牢牢掌握意识形态工作领导权和话语权。深化中组部社会组织党建综合监测区建设，加强城乡结合部、居民小区、非公企业等领域党建示范点和品牌建设，荣获“全国城市基层党建示范市”称号。坚持公正用人，选派34名干部到村居一线、国有企业挂职锻炼，提拔重用了一批在基层和项目一线表现优秀的干部，强化干事创业的正向激励。积极稳妥推进机构改革，圆满完成村级组织换届选举工作，分级抓好新任村（社区）干部教育培训。压紧压实“两个责任”，认真抓好省委巡视反馈问题整改；建立监察、派驻、巡察“三位一体”监督体系，巡察覆盖率62.8%；集中开展扶贫、民生、涉黑涉恶腐败、移风易俗和形式主义、官僚主义问题等五个专项治理，综合运用“四种形态”处理353人次，严肃查办违纪违法案件100件，给予党纪政务处分96人，移送司法机关2人。全力支持人大、政府、政协开展工作，保障司法机关独立行使职权，扎实做好统战、党史、党校、档案、机要、老干、老龄、双拥、民族宗教、关心下一代、对口帮扶、群团改革等各项工作，成功举办第四届世界石狮同乡联谊大会、“国际军事比赛-2018”海上登陆赛等重大活动，积极支持驻石部队全面停止有偿服务等改革工作，与部队合作启动建设将军山海军公园，市委统揽各方能力不断加强，凝聚了团结一心、和衷共济的强大合力。

各位代表、同志们！奋斗充满艰辛，成绩令人振奋。这是省委、泉州市委坚强领导的结果，是全市各级党组织、广大干部群众、新石狮人、各民主党派、工商联、无党派人士、各人民团体和港澳台同胞、海外侨胞共同打拼的结果，是驻石部队、武警官兵、上级驻石单位和新闻界朋友大力支持的结果。在此，我代表市委，向所有关心和支持石狮改革发展的同志们、朋友们，表示衷心的感谢！

在肯定成绩的同时，我们也要看到发展中存在的矛盾和困难：经济运行不确定因素增加，下行压力有所加大；产业、城市、港口发展的融合度不高，重大项目、龙头企业的支撑带动不足，战略性的高科技项目较少，经济增长的动能仍显不足，创新发展、转型升级的力度还需加大；发展不平衡不充分的问题依然存在，与群众对美好生活的需求仍有差距；一些党员干部的大局意识、担当精神、本领能力还不适应新时代新要求，全面从严治党还需纵深推进，等等。对此，我们必须高度重视，采取有力措施，切实加以解决。

二、改革再出发，续写“拼一座石狮”精彩篇章

改革开放是当代中国发展进步的关键抉择、必由之路。习近平总书记在庆祝改革开放40周年大会上的重要讲话，是习近平新时代中国特色社会主义思想的最新篇章，庄严发出了新时代改革再出发的最强音，为我们指明了前进方向。石狮是吃着“改革饭”长大的，没有改革开放就没有石狮的今天。30年，日新月异，华丽蜕变，从昔日沿海商贸集镇到宜居宜业滨海城市，从传统产业一枝独秀到初步建成产业体系，从经济先行到全国文明城市，“敢为天下先，爱拼才会赢”始终是广大海内外石狮人引以为豪的精神气质，始终是引领石狮发展的精神财富。

时序轮替中，亘古不变的是先行者的身影；历史坐标上，清晰镌刻的是改革者的脚印。“再出发”，是对改革开放40周年的最好纪念。当前，石狮步入了改革开放以来最为关键的转型期，正处在完善发展格局、优化经济结构、转换增长动能的攻坚期，面临着前所未有的挑战，也迎来了新时代发展的重大机遇。前进道路上，我们必须与国家、时代同节拍，从历史光环中看到现实隐忧，以“功成不必在我”的精神境界和“功成必定有我”的历史担当，理清高质量发展思路，以新担当新作为作答好“再创‘晋江经验’新辉煌、踢好转型升级‘后半场’、勇当高质量赶超主力军”三个时代命题，创造对得起历史、顺应新时代的新业绩，在努力奔跑中追梦圆梦。为此，要做到“五个坚持”：

——坚持追求卓越、争先进位。当前，各地都在竞相发展，我们前有标兵，后有追兵，发展形势逼人，竞争态势逼人。机遇难得、稍纵即逝，抓住了就是良机，错失了就是危机。我们必须增强斗争精神，强化“抢”的意识，弘扬“闯”的魄力，拿出“拼”的劲头，拉高标杆，对标先进，敢与强的比、向高的攀、同快的赛，以第一方阵的责任担当，做精产业、做精城市，在全省坚持高质量发展落实赶超大局中勇担当、打头阵、走前列。

——坚持“创新转型、实业强市”。市委在第七届党代会作出的“创新转型、实业强市”发展战略，符合上级“坚守实体经济”“坚持高质量发展落实赶超”的总体部署，也契合石狮当前实际。我们必须保持战略定力、坚定信心决心，把握重点、聚焦关键，坚持把发展实业作为工作主线，旗帜鲜明地支持民营经济发展壮大，激发和保护企业家精神，大力引导广大企业家坚守实业、回归主业、做精专业，千方百计注入新的强大活力，加快推动石狮经济社会发展的质量变革、效益变革和动力变革。

——坚持扬长避短、开放融合。要强化战略性思维，提高站位、放大格局、拓宽视野、找准定位，主动融入国家、省和泉州市发展大局，进一步发挥石狮独特的区位、资源和产业优势，积极推动与周边城市的联动发展、深度融合，在区域协同、产业融合中抢抓机遇。特别要抓住新一轮科技革命和产业变革的机遇，在科技实力、产业竞争力上，加快导入外部优质高效产业资源，在前沿领域加大突破力度，赢得发展的先机。

——坚持激发创造、深化改革。要推进思想再解放、改革再深化，勇于打破与高质量发展要求不相适应的思维定式、习惯做法和路径依赖，敢于另辟蹊径、探索新路，创造性开展工作、创造性贯彻落实，切实提高形成解决问题方案的能力。要崇尚学习、加强学习，善于吸收各地创新成果，以思想的“破冰”，促进行动的“突围”，在全面学习借鉴、深化改革创新中再造石狮发展新优势。

——坚持凝心聚力、干事创业。要坚持党建引领，把激发人的活力、焕发干事创业热情作为党建工作的落脚点，进一步激活干部、人才、党员和企业家“四支队伍”。强化用人导向，以实绩论英雄，在竞争中增强动力、提升能力、奋发进取，建设忠诚干净担当的干部队伍。要广泛汇聚海内外石狮人的强大力量，敢拼梦想、敢当先锋、敢闯天下、敢赢未来。

三、实干闯新路，奋进2019年

2019年是四十年改革开放再出发的新起点，是决胜全面建成小康社会第一个百年奋斗目标、坚持高质量发展落实赶超的关键之年。今年工作的总体要求是：以习近平新时代中国特色社会主义思想和党的十九大精神为指导，紧紧围绕高质量发展落实赶超，全面落实省委“五个奋力先行、一个毫不动摇”和泉州市委“作答时代命题、聚力赶超攻坚”部署要求，坚持稳中求进工作总基调，坚持新发展理念，坚持把发展实业作为工作主线贯穿始终，以党建为引领，以项目为抓手，以改革为动力，以实干为根本，创造性落实工作，高质量推进“创新转型、实业强市”，以优异成绩庆祝新中国成立70周年。

1. 实体经济强推进。突出产业、项目、企业三大重点，在“巩固、增强、提升、畅通”上下功夫，深化供给侧结构性改革，加快新旧动能转换，推动三大制造业和三大服务业深度融合，大力发展新产业新经济，构筑“3+3+N”产业体系。

深入开展纺织服装产业质量提升行动，坚定不移推进染整产业转型升级，加快工贸一体化整合，推动面辅料高端发展。以产能对接为纽带，鼓励开展军民融合，全力支持增资扩产、改制上市等关键项目，支持全面升级上下游中小企业的设备、工艺、供应链响应水平，培育“单项冠军”“专精特新”企业。顺应消费升级趋势，推动制造企业、专业市场与虚拟产业园、区域垂直电商、跨境电商等无缝对接，拓展线上线下空间。以城市超级 IP 为支点，加快培育孵化力度，推动形成以文旅、动漫、设计、开发等为特点的产业链条，撬动产业数字化转型和数字产业化培育。以市场采购贸易方式试点为龙头，带动人流、物流、信息流、资金流等集聚，促进服装城、轻纺城招商繁荣和港口物流的大发展。加快祥芝中心渔港扩建，高标准建设海洋食品园，加快形成海洋经济集聚效应。加快推进佳龙文旅、故宫海上丝绸之路馆、泰国风情小镇等重大文旅项目落地建设，打造旅游集散中心，持续培植民宿聚落等业态，尽快形成以滨海特色旅游为带动、吃玩住购一体化的全域旅游圈。

精心组织“实业项目赶超年”活动，提高招商选资和项目落地建设工作质量，力争全年谋划、签约、开工、投产、增资实业项目各 100 个以上，突破大项目和高科技项目投资。强化重大项目招商中的战略性思维，抓住发达地区项目外溢机会，积极承接一些孵化条件比较成熟的好项目，大力引进高新技术项目，发展光产业。加强招商工作力量，提升专业精神和专业水平，着力培养理念新、懂产业、通政策、善谈判的招商团队。充分发挥旅外同乡会和异地商会作用，加大与在外企业家的交流合作，千方百计促进以商招商、项目回归、资金回流。完善“五个一批”推进机制，形成层层负责、一线检验、竞相争先的生动局面，以干事创业、比学赶超的“加速度”催生石狮发展的“新高度”。

2. 城市形象新提升。树立“城市是发展的载体，是最重要的营商环境”的理念，强功能、增内涵、提品质、优环境，加快建设宜居宜业滨海城市。

顺应城市群发展趋势，全方位融入闽西南协同发展区、厦漳泉都市区和泉州环湾城市建设、晋江石狮同城化发展大局，强化产业发展、基础设施、公共服务等方面协作，加快推进共富路、一重环湾快速路石狮连接线、永宁外线等区域互联互通项目。坚持前瞻规划、系统布局，做好高铁片区的规划建设、业态提升，全力打造以轨道交通为轴心的 TOD 新区。因地制宜、因势利导，优化城市商业功能分区，加快联邦商业城、城北等片区改造，依托产业园区完善配套功能，打造宜居宜业的产业社区。高标准推进石狮大道、港口大道、福辉路等重要通道沿线环境综合整治。加强“城市双修”工作，统筹推进路网“微循环”，加强“海绵城市”建设，着力解决城市“堵点”“涝点”；建设社区绿地、“口袋公园”和公共停车场等配套设施，扩张“绿肺”、畅通“活水”，优化城市公共活动空间。支持“两镇两办”打造特色街区，强化沿海五镇镇区服务功能支撑。

围绕“山海城”发展格局，加快推进海岸带开发建设与乡村振兴战略有机衔接，促进全域城市融合发展，建设山水田园城市，让现代都市与美丽乡村相得益彰、交相辉映。按照“一体两园三带多点”的思路，以生态宜居为切入点，集中资金、集中资源、集中区域，推进乡村人居环境整治，扎实开展“一革命四行动”，梯次推动农村山水林田路房整体改善，打造一批省、泉州市乡村振兴示范点。加快锦江外线、锦尚外线、东埔外线以及红塔湾海岸公园、将军山海军公园、环湾湿地生态公园等海岸带项目建设，让“生态绿 + 海洋蓝”成为石狮最靓丽的风景线。坚持“见人见物见生活”原真性保护，有序推进永宁古卫城、凤里八卦街、曾坑四端堂、华山古民居等保护开发工作，力争取得阶段性成果。落实“三区三线”分级分类生态控制，认真抓好环保督察问题整改，坚决打好污染防治攻坚战，建设省级森林城市，打造美丽宜居家园。

深化新一轮全国文明城市创建，抓好智慧城市顶层设计，完善城市地理信息、智能交通、社会治安、环境管理、市容管理等智能化信息系统，提升城市智能化管理水平。持续推进老旧小区有机更新，推进社区建设和物业服务良性互动发展，下大力气破解老旧小区、安置小区物业管理缺位难题。持续推进十个专项整治提升行动，加快推进环卫一体化改革，巩固提升城管重心下移改革成效，推动创城长效机制落地见效，用文明塑造城市“灵魂”。

3. 深化改革抢机遇。积极对接省“进一步深化改革扩大开放 93 条”，深化重要领域和关键环节改革，让石狮发展获得机制变革的新动力。坚持问需于企，提高金融与实体经济、人才与产业发展、科技投入与成果转化的匹配度，提高政策性融资担保机构、产业股权投资基金等运作实效，做大做强人力资源服务产业园，加快科技成果产业化，构建产业链、创新链、人才链、资金链、政策链“五链统筹”的创新生态。实施土地资源利用分级绩效评价机制，推动新一轮“批而未供”及闲置土地清理，支持企业“零增地”扩容，着力盘活凤凰商城、长福商城、辅料城以及“回批地”等土地房产资源。深化农村集体产权制度改革，多措并举增加农民财产性收入，为乡村振兴注入新的发展动能。

深化市属国有企业实体化改革，优化国资结构，扩大国有企业经营性现金流，从侧重资产管理向加强资产运营转变，促进国有资产保值增值；鼓励具备条件的市属国有企业适时“借壳”上市；发挥国企支撑、先导性作用，推行国企代建，积极跟进投资大、收益薄、周期长的经济发展和社会民生领域开发建设，在服从服务党委政府发展战略中做大做强。推动工业园区向产业社区转变，持续完善高新区智能产业园、海洋食品园、中小企业创业园、宝盖科技园、灵秀创业园的功能配套区建设，支持周边村庄参与园区企业后勤服务社会化，发展壮大村集体经济。

全面融入“一带一路”，抢抓全省“港口运营一体化”和“丝路海运”建设机遇，把港口发展摆在更加突出的位置来抓，加强港口发展工作力量整合，组建专业团队，提高工作质量；加快石湖港5#6#泊位、华锦码头4#泊位等港口基础设施和第二疏港通道建设，推动华锦码头口岸开放获批；健全港后商贸物流体系，完善港口功能，积极申报保税物流中心。用好用活市场采购贸易方式试点政策，推行“电子关锁”监管，积极引导市场主体更好地参与外贸经营活动，放大试点辐射效应，把服装城市场采购贸易方式试点作为全省外贸综合平台做大做强，加快形成“买全国、卖全球”的出口商品贸易模式。

全面完成党政机构改革，深化镇（街）管理体制改革，强化镇（街）政府服务能力建设，理顺职责分工、优化职能、提升效率。进一步优化高新区管理体制机制，突出园区开发、产业发展、功能完善、管理服务、招商引资等主业职能，强化高新区统筹协调能力，协同推进园区与所在乡镇的联动发展。改进督查检查工作，进一步改革绩效考评体系，突出考评的实效性，探索“负面清单”管理，切实减轻基层负担，把干部从一些无谓的事务中解脱出来。深化放管服改革，进一步规范行政审批自由裁量权，优化审批流程，推进审批标准化、服务便民化、政务智慧化，让“办事像网购一样便利”。

4. 社会民生更有感。坚持以群众需求为导向，加快补齐民生短板，推动优质均衡发展，让群众有更加充分的获得感、幸福感和安全感。

完善社会保障体系，推动各类社保提标扩面，健全被征地农民养老保障；积极发展社会福利、社会救助和慈善事业，增强兜底功能。加快城市公益性公墓、钞坑农贸市场、水头排涝枢纽工程等民生项目建设。推进房地产市场平稳健康发展，让合理房价成为最有感的保障。坚持公交优先，推广新能源汽车，优化公交线路，合理保障发车密度，打造“社区巴士”“定制公交”等多元化供给模式，切实满足工业园区、旅游景区和人民群众的出行需求。

坚持教育优先发展，扎实推进教育质量提升三年行动计划，深化教育综合改革，推动学前教育扩容提质、义务教育优质均衡、高中教育特色发展；加强教师进修学校建设，强化教科研工作，建立教师专业发展机制；大力发展现代职业教育，加快建设黎明职业大学石狮校区，支持闽南理工学院、泉州海洋学院特色发展，深化产教融合、校企合作，多措并举留住本地高校毕业生。深化医药卫生体制改革，加快县域紧密型医共体建设，完善分级诊疗体系，提升基层医疗卫生服务功能和水平；强化省内外高端医疗资源对接协作，拓宽“柔性引才”渠道，积极引进名医、名科，提升重点专科服务能力，努力办好市医院新院。加快镇村敬老院、镇（街）居家养老服务照料中心建设，积极探索医养结合，鼓励社会力量兴办专业化养老机构，推进服务供给与老年需求精准对接，用心托起幸福“夕阳红”。以创建国家公共文化服务体系示范区为目标，深入实施文化惠民和文化强基工程，加大文体设施建设力度，倡导绿色低碳生活方式；加强民间传统文化资源的保护、挖掘和利用，繁荣文化创作，形成富有石狮味道的特色文化品牌，不断满足市民多元化精神文化需求。

围绕打造共建共治共享的社会治理格局，创新完善平安石狮建设工作机制，形成问题联治、工作联动、平安联创的良好局面。发展新时代“枫桥经验”，深入开展扫黑除恶专项斗争，强化立体化治安防控体系、“雪亮工程”建设、“三社联动”等工作，推进法治信访、阳光信访，持续抓基层、打基础，努力提高社会治理社会化、法治化、智能化、专业化水平。加强“法治石狮”建设，扎实开展“七五”普法工作，巩固扩大司法体制改革成果，不断提高依法执政和执法司法水平。擦亮“诚信石狮”品牌，加强金融风险防控，坚决守住不发生区域性、系统性金融风险的底线。健全食品药品安全监管和应急管理长效机制，确保社会大局和谐稳定。

5. 干事创业再加力。全面落实新时代党的建设总要求和组织路线，从严推进“八个坚定不移”，不断提高党建质量，切实把党建优势转化为发展优势。

坚持把党的政治建设摆在首位，把“两个维护”作为最高政治原则，持续兴起“大学习”热潮，扎实开展“不忘初心、牢记使命”主题教育，教育引导各级党组织和党员干部树牢“四个意识”、坚定“四个自信”，在政治立场、政治方向、政治原则、政治道路上同以习近平同志为核心的党中央保持高度一致。严格落实意识形态工作责任制，积极践行社会主义核心价值观，深化移风易俗工作，抓好融媒体中心、新时代文明实践中心建设，建强理论和舆论阵地，传递更多石狮好声音。充分发挥市委总揽全局、协调各方的领导核心作用，进一步巩固人大、政府、政协各司其职、团结奋进的良好局面，加强和改进群团工作，深入开展双拥共建和国防教育，争创全国双拥模范城“六连冠”，巩固和发展爱国统一战线，积极发挥老干部作用，最大限度调动一切有利于发展的积极因素，团结带领全市广大干部群众投身新时代、同心谋发展、合力干事业。

积极推行“党建+”工作模式，坚持力量、资源和工作向基层下沉，提高党建工作牵引力。深化“五化一体”城市基层党建工作，充分发挥街道社区党组织领导核心作用，大力推进城市各领域党建互联互通、融合发展，扩大商务楼宇、各类园区、商圈市场、互联网等新兴领域党建覆盖，探索党建引领基层治理的有效路径。深入推进服务型党组织建设，实施村级“领头雁”培养工程，持续整顿软弱涣散党组织，激发党员队伍活力，发挥好党组织宣传党的主张、贯彻党的决定、领导基层治理、团结动员群众、推动改革发展的战斗堡垒作用，让党的旗帜在每一个基层阵地上高高飘扬。

强化各党委（党组）干部培养主体责任，努力在各单位营造奋发向上、合力攻坚的“小气候”，在全市形成风清气正、干事创业的“大气候”。坚持知事识人、依事择人，注重在发展实践中甄选干部、在工作一线中考察干部、在群众口碑中检验干部，优先使用“好”班子培养的干部，优先使用评价“优秀”的干部，努力把合适的干部放到合适的岗位上。用实践历练培养人，注重专业能力和专业精神培养，统筹用好各年龄段干部，抓好年轻干部、党外干部的培养使用，常态化选派干部到项目建设、征地拆迁、招商引资、金融风险防控、薄弱村治理转化等一线经受锻炼，提高干部解决实际问题、处理复杂矛盾和做群众工作的能力。注重严管与厚爱结合、激励与约束并重，健全鼓励激励、容错纠错、能上能下“三项机制”，旗帜鲜明地为敢于担当、踏实做事、不谋私利的干部撑腰鼓劲，让能干实干者、敢闯敢试者工作上更有劲头、事业上更有奔头。

切实履行管党治党主体责任、监督责任，推动从严治党向纵深发展、向基层延伸。持之以恒落实中央八项规定精神，坚决破除形式主义、官僚主义，推动重大决策部署落地见效。深化纪检监察体制改革，做实做细监督职责，推动纪律监督、监察监督、派驻监督、巡察监督四个“全覆盖”，着力在日常监督、长期监督上探索创新，让党员干部习惯在受监督和约束的环境中工作生活。运用好监督执纪“四种形态”，严格“一案双查”，保持惩治腐败高压态势，促使党员领导干部把好用权“方向盘”，系好廉洁“安全带”，营造干事清廉、干部清正、作风清朗的新时代石狮发展的良好政治生态。

各位代表、同志们！让我们紧密团结在以习近平同志为核心的党中央周围，在习近平新时代中国特色社会主义思想的指引下，以奋发有为的姿态投身新时代改革开放大潮，为石狮更加美好的明天而努力奋斗！

政府工作报告

（2019 年 1 月 27 日在石狮市第七届人民代表大会第三次会议上）

石狮市人民政府市长　黄春辉

各位代表：

现在，我代表市人民政府，向大会报告工作，请予审议，并请各位政协委员和其他列席人员提出宝贵意见。

一、2018 年工作回顾

过去一年，在中共石狮市委的坚强领导下，市人民政府深入贯彻习近平新时代中国特色社会主义思想和党的十九大精神，全面落实上级决策部署，认真执行市人大及其常委会决议决定，统筹抓好改革发展稳定各项工作，较好地完成了市七届人大二次会议确定的各项任务。全年实现地区生产总值 836 亿元、增长 9.1%，一般公共预算总收入 65 亿元、增长 6%，一般公共预算收入 41.8 亿元、增长 0.5%，全体居民人均可支配收入 50983 元、增长 8.6%，经济综合实力保持全国中小城市百强第 16 位。主要工作体现在以下六个方面：

（一）聚焦重点，集中力量，办成了一批关系发展、影响全局的大事要事实事。扎实开展“实业项目落地年”活动。在全市上下掀起项目攻坚热潮，引进实业项目 118 个、总投资 525.8 亿元；年度 280 个重点项目完成投资 197.2 亿元，102 个项目建成投入使用。全力保障国际军事比赛 -2018 海上登陆赛。高标准做好 26 项支前保障工作，为 5 个国家参赛代表队提供了良好的竞技条件；海军军舰及武器装备展吸引了 5 万多名群众参观，将军山海军公园获海军命名授牌，揭开了军地融合发展的新篇章，并借助赛事影响力迅速提升了城市知名度。圆满举办第四届世界石狮同乡联谊大会。在建市 30 周年之际，来自 49 个国家和地区的乡贤代表积极响应“新石狮·奋斗新时代”的号召，踊跃捐资 5.25 亿元支持教育、医疗、文化、慈善等事业，通过召开联谊大会、举办“丝路狮缘”故宫博物院珍宝展、成立市教育基金会、评选第二届荣誉市民等活动，进一步凝聚起海内外百万石狮人的向心力。成功获批全省首个国家级市场采购贸易方式试点。让“单小、货杂、品种多”的市场商户享受到了出口贸易“一次申报、一次查验、一次放行”、增值税“免征不退”、跨境人民币结算等多项便利。千方百计化解历史遗留问题。面对联邦商业城错综复杂的法律关系、1400 多户群众的切身利益，知难而进，反复走访，找到契合各方诉求的最大“公约数”，初步解开了长达 20 多年的“烂尾楼”问题；同时城北片区征迁工作也取得了较大突破。

（二）紧抓实业，创新引领，转型升级步伐不断加快。以发展实体经济为主要着力点，出台进一步支持民营企业健康发展十一条措施，深入推进供给侧结构性改革，产业体系更加完善。纺织服装方面。完成 58 家印染企业分级评定，建立奖优罚劣和差别化要素配置机制，倒逼企业技改升级，完成技改投资 11 亿元。发挥纺织服装产业联盟的桥梁作用，建立用工、订单、闲置厂房对接服务平台，促进全市纺织服装产业抱团发展，实现规上产值 577.6 亿元、增长 8.9%。智能制造方面。对接引进佳龙新材料、九牧智能家居、建新轮胎等项目 27 个、总投资 71.2 亿元，通达三期、飞通北斗等项目基本建成，带动智能制造产业实现规上产值 140.2 亿元、增长 31.9%。海洋食品方面。出台进一步支持和促进海洋经济发展若干措施，全面推进海洋食品园建设和祥芝国家中心渔港扩建工程，渔港经济区建设列入全国沿海渔港建设规划。专业市场方面。成功举办第 4 届海丝品博会、第 21 届海博会和 2018 石狮国际时装周，石狮服装城入选第三批省级现代服务业集聚示范区和福建百大重点商圈，青创城入选国家小型微型企业创业创新示范基地。海西电商园、青创城、跨境网批市场、双奇电商城等电商市场集聚成形，灵秀镇、宝盖镇、蚶江镇入选中国淘宝镇，22 个村入选中国淘宝村。实现社会消费品零售总额 494.8 亿元、增长 11.6%。港口物流方面。引进安通、和安、普洛斯等 7 个总投资近 50 亿元的现代物流项目，石湖港 5 号 6 号泊位、华锦码头 4 号泊位有序推进，卡宾狮子湾、国际海运快件监管服务中心、石材交易市场等项目建成投入运营，进口肉类指定口岸通过验收，港口货物吞吐量 3969.1 万吨、增长 13.8%，集装箱吞吐量 188.2 万标箱、增长 15.8%。滨海旅游方面。完成旅游总体策划，在泉州市率先出台发展旅游民宿的规范性文件，组建首支市情讲解员队伍，引进佳龙文旅、禾禾沂家影视产业基地、海洋生物博物馆等文旅项目。推出 10 条常规精品线路，接待游客 561 万人次、实现收入 138 亿元，分别增长 22%、23%。吸引 20 部影视剧在我市拍摄，央视《城市 1 对 1》栏目向世界推介石狮，城市美誉度进一步彰显。

（三）系统谋划，统筹推进，重点领域改革蹄疾步稳。坚持问题导向，聚焦发展需求，扎实推进 6 方面 23 项重点改革工作。深化市属国企实体化改革。出台提升市属国企融资能力的意见、持续运营的办法等配套政策，赋予融资、投资、抵押、担保、招聘等权限，整合、注销12家下属企业，进一步促进企业层级扁平化，较好激发了市属国企运营活力。充分发挥市属国企的载体抓手作用，累计以“代建制”实施市政道路、学校建设、园区港口等重点项目203个。加快印染污水处理厂管理体制和运营机制改革。基本完成3个集控区污水处理厂收购工作，积极推进污水厂技改工程和“一企一管”污水管网建设，全面推行污水总控、COD流量计费，有力提升集控区运营管理规范化水平。创新金融服务实体经济改革。强化“政银企”协作，组建国有资本运营公司，积极做大供应链金融，为小微企业新增贷款50亿元。坚决打好防范化解金融风险攻坚战，建成全省首个县级公共信用信息平台，市场化、法治化处置重点企业债券风险，全年化解不良贷款51.3亿元，信贷不良率下降至2.4%，实现“三连降”。推动科技体制改革。出台《推进科技创新能力建设若干意见》，在厦门设立2个离岸孵化器，大力引进、培育高新技术企业，15家企业入选省级高新技术企业培育库，新增省科技小巨人领军培育企业13家。成功举办第27次鼓岭科学会议。

（四）山海联动，精细管理，城市环境更加宜居宜业。城乡建设统筹推进。全年完成征地1.2万亩、房屋拆迁61.9万平方米，狮仔山片区征迁工作再创“石狮速度”。海岸带生态综合整治全面展开，共富路、峡谷旅游路、红塔湾旅游路等32个道路基础设施项目完成投资9.3亿元，打通金相路南段、花园路钞坑段、回兴路塘后段等“断头路”。在全省率先完成实景化农村公路信息普查，全面推进“四好农村路”工作，“路长制”长效机制基本建立。积极创建省级森林城市，推进灵秀山森林公园、红塔湾海岸公园、沿海大通道生态廊道等30个景观提升项目，完成造林绿化2100亩、废弃石窟生态治理16万平方米。永宁古卫城、凤里八卦街、华山古民居保护整治稳步推进，环湾生态公园、宝盖山石窟公园、学府公园、花海谷公园等项目建成对外开放，市民群众多了几处休闲旅游的好去处。城市管理不断加强。出台创城工作常态化实施方案和考评细则，优化城管“重心下移”制度，启用文明天气图管理平台。开展市区物业标准化管理三年行动，实施5个老旧小区修缮提升项目，完成老旧小区天然气管道安装改造1000户。持续推进“两违”整治，拆除违建38.4万平方米，腾出土地50.4万平方米。稳步推进生活垃圾分类处理，改造垃圾中转站4座，实施农村生活污水治理PPP工程，不断提高城乡生活垃圾和污水处理能力。生态质量持续提升。严格落实中央、省环保督察整改要求，大力推进将军山存量垃圾处理、梧垵溪等跨境流域综合整治，规范处置历年积存的27万吨“飞灰”固化物。坚决打好污染防治攻坚战，认真做好第二次全国污染源普查工作，严格落实大气、水、土壤污染防治各项措施，全面推行“河（湖）长制”，推进18个水系环境综合治理项目，全市生态环境质量保持较好水平。

（五）精准施策，补齐短板，民生保障能力持续增强。抓好7件30项为民办实事项目，全年民生支出占一般公共预算支出的70%。乡村振兴稳步实施。深入推进农村集体产权制度改革和农村承包地确权登记颁证工作，建成村（社区）环境综合整治项目52个、美丽城镇建设项目4个；21个集体经营性收入低于5万元的薄弱村全部得到转化。教育事业优先发展。29个教育事业补短板项目顺利推进，建成公办幼儿园3所，新增普惠性幼儿园10所，增加学前教育学位3000个。实施基层学校市直管改革，规范编外合同教师管理，完成首批“名校长、名教师、名班主任”认定，高考本科上线人数再创新高，本一、本二上线率分别居泉州各县市第2、第3位。积极回应群众对“校园安全”“小学生课后监管”的关切和需求，成立“未成年人保护联盟”，规范学生校外托管机构管理，在全省率先全面推行小学生课后服务。社会事业协调推进。建成启用市医院新院，通过全国基层中医药工作先进单位考核验收，加快推进市中医院和9个镇村卫生服务一体化建设点；组建市总医院，抓好紧密型医共体建设，引进中国工程院孙颖浩院士专家团队设立石狮工作站。市社会福利中心“公建民营”养老院投入运营，建成湖滨街道居家养老照料服务中心，村（社区）居家养老服务中心、农村幸福院覆盖率达78.1%。成功举办国际龙狮公开赛、第三届国际旅游城市篮球邀请赛、第五届中华灯谜文化节、第八届市运会等一系列文体活动，新建百姓书房10个、老年人体育场所8个，改扩建村级综合文化服务中心35个。社会保障不断提升。启动人力资源服务产业园建设，落实积极创业就业政策，新市民积分管理入选国家发改委“中小城市综合改革典型经验案例”，宝盖鞋业工业园区获评全国模范劳动关系和谐工业园区。新建保障性住房292套、配租配售6950套，改造石结构住房27.5万平方米，完成安置房办证40万平方米。持续提升社会救助水平，将外来务工人员纳入临时救助范围，落实残疾人“两项补贴”、农村留守儿童关爱保护等救助措施，发放各类救助金1374.6万元。社会管理有效加强。圆满完成村（社区）换届选举工作。落实安全生产责任制，整治了一批安全隐患，保持了安全生产持续稳定的形势。积极创建食品安全社会共治示范县，强化食品安全“一品一码”全程可追溯系统建设，全力保障“餐桌上的安全”。深入开展扫黑除恶专项斗争，推进“禁毒2018两打两控”“飓风肃毒2018”专项行动，深化信访工作制度改革，创新“海上枫桥”祥芝样本多元调解模式，建立治安“三级巡防”机制，社会治理水平显著提高，综治“三率”创历史新高。大力支持国防和军队改革，完成驻石部队营房土地置换。民族宗教、妇女儿童、红十字、地方志、统计、人防、档案、粮食等工作都取得新进展。

（六）改进作风，提高效能，政府自身建设深入推进。始终把党的政治建设摆在首位，全面兴起习近平新时代中国特色社会主义思想“大学习”热潮。恪守中央八项规定及实施细则精神，持之以恒纠正“四风”，狠抓巡视巡察发现问题整改，切实扛起政府系统全面从严治党主体责任。重视加强意识形态工作，组建融媒体中心，多层次多角度打造新媒体“矩阵”。严格执行财经纪律，完成事业单位公务用车改革，进一步缩减“三公”经费。加强政府系统法治建设，深入学习贯彻《宪法》，深化“七五”普法，营造学法用法浓厚氛围。自觉接受人大法律监督和工作监督，主动接受政协民主监督、监察监督、社会监督，全年办理人大代表建议155件、政协提案230件，办结率均达100%。基本完成新一轮政府机构改革，新行政服务中心建成投入使用，“放管服”改革持续深化。发挥审计作用，加强对重点领域、关键环节的监督检查，廉政建设得到进一步加强。

各位代表，过去一年的成绩来之不易，这是上级党委政府和市委正确领导的结果，是全市上下齐心协力、不懈奋斗的结果。在此，我谨代表市人民政府，向全市广大干部群众，向人大代表、政协委员、各民主党派、工商联、无党派人士、各人民团体、离退休老同志和社会各界人士，向驻石单位、驻石部队、武警官兵、新闻界朋友，向关心支持石狮发展的港澳台同胞、海外侨胞、海内外朋友和新石狮人，表示衷心的感谢和崇高的敬意！

同时，我们也清醒地看到经济社会发展中还存在许多不足，面临不少困难和挑战，主要表现在：受中美贸易摩擦等因素影响，宏观经济运行稳中有变，下行压力有所加大。产业发展质量不够高，对新的市场业态研究不足，港口潜力挖掘不够，缺乏更多大项目、好项目支撑。企业创新能力不够强，高新企业占比不高，新旧动能转换还不够快。城市精细化管理不够到位，教育、医疗、养老、交通出行等方面存在短板，与群众对美好生活的需求仍有差距。资源环境约束趋紧，生态保护、污染防治、节能减排工作仍需持续用力。个别部门和干部立足全局解决问题的意识不够强，用好用活政策的能力和水平不足，业务素质和精神状态与构建一流营商环境还有差距。对此，我们将高度重视，下更大气力加以解决。

二、2019年工作安排

今年是新中国成立70周年，是全面建成小康社会和坚持高质量发展落实赶超的关键之年。做好今年工作，要坚持以习近平新时代中国特色社会主义思想和党的十九大精神为指导，紧紧围绕高质量发展落实赶超，全面落实省委“五个奋力先行、一个毫不动摇”和泉州市委“作答时代命题、聚力赶超攻坚”部署要求，坚持稳中求进工作总基调，坚持新发展理念，坚持把发展实业作为工作主线贯穿始终，以党建为引领，以项目为抓手，以改革为动力，以实干为根本，创造性落实工作，进一步稳就业、稳金融、稳外贸、稳外资、稳投资、稳预期，高质量推进“创新转型、实业强市”，以优异成绩庆祝新中国成立70周年。

主要预期目标是：全市生产总值增长8.5－8.7%；一般公共预算总收入增长4.5%左右，一般公共预算收入增长3.5%左右；工业增加值增长7.5－8%；第三产业增加值增长10.5－11.5%；固定资产投资增长12－15%；实际利用外资增长5%，出口增长5%；社会消费品零售总额增长11%，居民消费价格总水平涨幅控制在3%左右；全体居民人均可支配收入增长7.5%；完成节能减排降碳任务。

围绕上述目标任务，要着力抓好以下六方面工作：

（一）突出项目带动，加快新旧动能转换

开展“实业项目赶超年”活动。坚持把促进更多高质量的实业项目落地，作为培育经济新动能、加快供给侧结构性改革的重要抓手，深化“五个一批”项目推进机制，一个阶段一个主题，一仗接着一仗打，不断形成阶段性成效，确保全年谋划、签约、开工、投产、增资实业项目各100个以上，力争在引进10亿元以上重大项目和高新科技项目上取得突破。围绕提升项目质量、产出效益，强化招商队伍专业能力，深化以商引商、产业链招商，建立多渠道、多层次的项目对接机制。支持产品有市场、发展前景好的企业增资扩产、技改升级，推动新建智能生产流水线20条、示范性数字化及智能化制造车间15个，打造“两化融合”重点示范试点项目10个，力争全年技改投资增长15%以上。坚持“一线工作方法”，落实指挥部体制和挂钩领导包干负责制，强化要素保障、协调推进、绩效激励机制；深入开展“三比三晒”活动，每月公布“五个一批”项目实施情况，营造比学赶超、大干快上的项目攻坚氛围。

提升制造业发展质量。纺织服装产业是我市经济发展的支柱。要发挥纺织服装产业联盟作用，实施产业链协同发展计划，支持企业嫁接“互联网+”，鼓励纺织服装企业顺应“个性、定制、智能”等消费升级潮流，向新零售新制造要价值、要空间。支持上游化纤、面料、纺织等企业，加大研发投入，开发新材料和高端面料。深化印染企业专项整治行动，推动面料企业与印染企业深度合作，不断提高印染行业单位效益。智能制造产业是我市发展的重要增长极。要实施龙头发展战略，重点推进通达智能硬件、九牧智能家居、建新轮胎、锂电池隔膜、氧化锆新材料等重大产业项目建设，进一步壮大新百亿产业集群。科技创新日新月异。要选准突破口，主动融入区域产业链，积极追踪集成电路、化合物半导体、新能源、大数据、生命健康等产业机会，争取在光子产业项目落地上有较大突破。

大力挖掘市场潜力。缘起于“海丝”传承，发轫于“估衣摊”，商业精神早已融入石狮人的血脉和基因。要扎实推进石狮服装城市场采购贸易方式试点，用好专项扶持政策和配套措施，加大宣传推介力度，加强外贸人才培育，完善金融、展会、货代、货运、信用保险等配套服务，力争新增市场采购贸易出口100亿元以上，加快形成“买全国、卖全球”的出口商品贸易模式。继续办好海丝海博会、石狮国际时装周、电商大会，依托世石联及港澳台、东南亚等地的乡会，探索设立海外营销机构，布局海外仓、转口基地，推动贸易服务前置，进一步释放市场采购量。积极引进国际品牌运营中心、供应链中心，鼓励企业商户争创品牌、兼并品牌，提高市场整体品牌竞争力。对接泉州市服务业典型项目选树工作，推动阿里、京东、苏宁、唯品会、亚马逊等在石狮设立服务平台，支持青创城网批中心、跨境网批中心、海西电商园等电商集聚区建设垂直电商平台，大力培育第三方物流。积极盘活星期YI创意园、凤凰商城、长福商城、辅料城等市场资源，注重植入教育培训、文化节庆、地方美食、休闲娱乐、特色产品展销等业态，多点融入城市“潮生活”元素。

做好做足“海”的文章。石狮海洋资源丰富，蓝色经济刚刚起步。要挖掘资源、发挥优势，加快建设石湖港5号6号泊位、华锦码头4号泊位、梅林码头和第二疏港通道，推动华锦码头口岸开放获批；主动对接“丝路海运”，加强与“一带一路”沿线国家和地区港航合作，积极拓展外贸新航线。推进和安、安通、东南冷链、普洛斯、中安供应链等物流项目，运作好石狮国际快件监管中心、石湖进口肉类指定口岸等平台，积极申报石湖港保税物流中心，不断提升港口综合经济效益。抓好祥芝中心渔港和梅林、伍堡等渔港改扩建工程，高起点推进海洋食品园建设，力争新落地海洋产业项目20个，推动形成集水产品深加工、海洋保健食品、海洋生物医药、海产品研究试验为一体的高端海洋产业集群。办好“对渡文化节”“城隍文化节”“渔民文化节”等节庆活动，抓好永宁古卫城、凤里八卦街、华山古民居、曾坑四端堂以及古浮湾、红塔湾等保护整治；建成市旅游集散中心、“文旅石狮”云平台，精心制作《狮来运转》城市IP动漫，加快推进佳龙文旅、泰国风情小镇、故宫海上丝绸之路馆等文旅项目，彰显“海丝+滨海”旅游特色。

（二）突出改革创新，持续激发发展活力

深化各项综合改革。认真落实省“进一步深化改革扩大开放93条”，主动对接自贸区、高新区扩区工作，努力在更大范围和更高平台上配置资源、寻求突破。推进市属国企实体化改革，推行国企员工市场化合同制管理，支持市属国企通过参与土地招拍运营、获取特许经营权等方式，扩大经营性现金流，确保国有资产保值增值。严格执行政府债务限额管理，推进财政体制改革，全面实施财政资金分配、使用和评价绩效管理。落实金融支持实体经济发展政策，提升国有资本运营公司、政府投资基金、融资担保公司、供应链管理公司运作效率；深化产融对接，鼓励商业银行建立小微企业专项信贷计划，创新开展应收账款融资和排污权质押等试点，力争为实体企业新增贷款50亿元以上。完善信贷风险处置机制，严厉打击非法集资、套路贷和恶意逃废债行为，确保完成上级下达的金融风险防控任务。持续推动企业上市工作，力争新增“新三板”挂牌企业1家、海峡股权泉州交易中心挂牌企业18家、完成股份制改制企业10家；支持市属国企把握时机收购“壳资源”改制上市。围绕加速生产、生活业态融合，大力盘活中心市区闲置国有资产，加快沿海五镇镇区建设，推进高新区智能产业园邻里中心、后湖职工配套生活区和海洋食品园洪厝山、莲坂生活配套区等“金包银”“金配银”开发，促进高新区、纺织服装产业基地、宝盖科技园等工业园区向产业园区转型。实施土地资源利用分级绩效评价机制，划红线、硬约束推动新一轮“批而未供”土地清理，加快盘活闲置土地、低效用地，完成土地整理1500亩以上，进一步拓展产业发展空间。

激发城市创新活力。积极融入福厦泉自主创新示范区，切实加强高新园区建设，提高海峡两岸科技孵化基地、创新创业中心等省级科技企业孵化器运作水平，推动更多科创企业实现“小升规”“企成高”。依托高校、科研院所等服务平台，加速校企合作科技成果转化。完善高新技术企业梯度培育和奖补机制，激励企业加大科研投入，力争规上工业R&D经费支出增长20%。大力培育扶持科技小巨人企业，建立高新技术企业“后备军”队伍，力争新认定高新技术企业16家。集聚创新资源要素，推进“石狮厦门大学异地众创空间”“石狮厦门云创智谷离岸孵化器”建设，力争引进科技型企业10家、中高端产业人才20名。实施专利密集型企业培育计划，深入挖掘专利资源，力争每万人发明专利拥有量达5.6件。

集聚产业创新人才。整合人力资源市场，做大做强市人力资源服务产业园，形成集招聘、培训、咨询、测评、猎头、政产学研用、金融结算服务，以及“互联网+人力资源”为一体的人力资源服务综合产业链。围绕全市经济社会发展重大战略需求，实施“精准引才”工程，优化完善以积分管理为核心的人才评价体系，致力打造产业领军团队。深化技能人才评价制度改革，加大技能人才激励保障，持续开展职业技能培训。提升人才公共服务效能和质量，发挥狮城青年创新创业孵化中心作用，大力引导社会资本参与人才项目投资。整合各类创新创业载体，鼓励企业组建产业技术协同创新联盟，建设一批功能各异的“人才之家”。

打造一流营商环境。落实支持民营企业发展壮大政策措施，进一步降低企业税费负担和用能、用工、物流成本，规范涉企经营服务性收费，加大物权、知识产权保护力度，清理解决企业不动产历史遗留问题。瞄准国际公认标准，深化行政审批标准化建设，全面实施“证照分离”、市场准入负面清单、“双随机一公开”监管，不断压缩审批时限。加快推进“互联网+政务”平台建设，持续拓展掌上便民服务，强化24小时自助行政服务区和15分钟便民服务圈建设，至年底前，实现70%以上审批服务事项“一窗”分类受理，网上可办政务服务事项不低于70%。探索拓展集群注册经营范围，包容审慎监管新技术、新产业、新业态、新模式，激发“双创”新动能。认真组织第四次全国经济普查。完善公共信用信息平台、失信被执行人公共查询平台，健全守信激励、失信惩戒机制，以政务诚信为核心，带动商务诚信、社会诚信和司法公信建设。

（三）突出全域一体，优化城市发展格局

发挥规划引领作用。完善新一轮城市总体规划，抓好“多规合一”、城市开发边界划定等试点工作。主动融入闽西南协同发展区和泉州环湾向湾同城化，做好港口规划，加强与福厦高铁、厦漳泉城市联盟路、一重二重环湾快速路等对外交通路网的衔接，努力缩短区域时空距离。注重把历史文化特色融入重点区域城市规划和设计，统筹推进学府片区、高铁新区、锦蚶产业园等控制性详细规划和道路红线、河道蓝线、养老设施等专项规划编制，不断完善城市规划控制体系。

加快基础设施建设。立足海岸带开发，推进一重环湾快速路石狮段、锦江外线、锦尚外线、沿海大通道鸿山段等项目，建成共富路、锦蚶路、红塔湾旅游路，打通镇中路中段、嘉禄路西段、西南一路等城市“断头路”，进一步完善园区道路基础设施，加快形成山海城联动、产港城融合的城市发展格局。推进城北、狮仔山、联邦商业城等片区开发建设，启动仓后、后垵片区开发改造，积极探索“城中村”改造新路径。健全促进房地产市场平稳健康发展的长效机制，有序推进房地产开发。加快水头排涝枢纽工程、应急水源工程建设，新建、改造供水管道10公里、污水管网25公里，整治城市积水点5个，提升城市防洪排涝、给排水安全保障能力。

巩固文明城市创建成果。围绕全国文明城市创建常态化，持续开展十大“文明新风”行动和十个专项整治提升行动，大力弘扬城市公益慈善、志愿服务精神，彰显人文特色、人情温度。创新社会资本参与城市运营模式，稳步推进园林环卫一体化管养、城市路灯节能改造工程等PPP合作项目。加快建设环湾生态公园三期、红塔湾海岸公园、风炉山山体公园，大力提升峡谷旅游路、港口大道、沿海大通道、福辉路等重要通道沿线景观风貌。实施老旧小区环境整治和修缮改造项目10个，新建垃圾综合处理站和垃圾中转站各1个，新建和改扩建公厕51个，建成八卦街、长福、钞坑等停车场，不断完善城市生活服务配套。全面实施公交改革，新建市医院新院、高新区等2个公交首末站，更新电动新能源公交车97部。深化城管重心下移工作，严厉打击“两违”，强化宝盖山、灵秀山、红塔湾、永宁老街等重要风景名胜区及祥芝中心渔港等重要节点区域的综合整治，坚决治理超标电动自行车、人力三轮车和“僵尸车”等突出问题，让城市更加井然有序。

深入实施乡村振兴战略。围绕产业兴旺，深入推行科技特派员制度，持续抓好蚶江、永宁等2个现代农业产业园建设，加强农产品质量安全监管，培育“三品一标”13个，启动建设市肉食品加工厂，加快农村一二三产业融合发展；落实耕地保护目标责任制和粮食安全行政首长责任制，把粮食播种面积稳定在2.2万亩左右。围绕生态宜居，深入推进“一革命四行动”，抓好历史文化名镇（村）、传统村落和历史建筑保护提升，支持蚶江、永宁、祥芝建设特色小镇，完成26个村的生活污水治理，完善生活垃圾转运系统，加快沿海五镇石结构危房改造，打造生态宜居美丽乡村。围绕乡风文明，持续推进农村精神文明建设“十大工程”，加快公益性公墓建设，以优秀家风家训、乡风民俗带动农村移风易俗养成。围绕治理有效，创新农村社区治理，推进9个“一定五化”新型社区治理试点；完善公共法律服务体系，加强对农民的法律援助和司法救助。围绕生活富裕，做好各级干部挂钩扶贫工作，并“一村一策”挖掘潜力，不断提高村集体经营性收入；完成全市农村集体组织成员身份界定，有序做好村（社区）集体经营性资产股份合作制改革，统筹推进农村土地征收、集体经营性建设用地入市、宅基地制度改革，巩固完善农村基本经营制度。

（四）突出生态优先，努力建设美丽石狮

强化节能减排。坚持“控增量”与“减存量”并举，着力从源头上为生态环境减负。深入开展节水型企业、单位、居民小区创建活动，提高水资源利用效率，积极创建国家级节水型城市。推行企业环境信用评价，扎实推进重点用能单位能源管理体系及能耗监测系统建设，推动工业节能降耗。落实强制性清洁生产要求，创建绿色发展示范区，推动形成绿色生产、生活方式。

推进污染防治。打好蓝天保卫战，强化印染企业定型机尾气及重点石化、印刷包装、汽车喷漆企业挥发性有机物治理，严密管控建筑施工扬尘、烟花爆竹燃放，落实重点行业企业氮氧化物减排，重拳治理臭氧、PM2.5超标问题，确保全年空气质量优良天数达到上级下达目标。打好碧水保卫战，落实“河（湖）长制”工作要求，深入开展“六大专项”整治，加快印染集控区循环化改造、高新区污水处理厂提标改造和海洋食品园污水处理厂建设，系统推进伍堡溪、下宅溪、厝上溪、西岑溪、梧垵溪、塘园溪等11个跨境流域、小流域和水系环境综合治理项目。打好净土保卫战，组织编制土壤污染防治规划，加强电镀、皮革等涉重金属行业和农业面源污染防控，持续扩大垃圾分类试点，基本完成将军山填埋场存量垃圾处置。

加强生态保护。积极参与国家生态文明试验区建设，做好“三线一单”编制工作的衔接，坚决抓好环保督察、海洋督察、生态环保领域扫黑除恶专项巡察问题整改。持续推进生态连绵带建设，全面推动乡村绿化，试点实施市区街头绿化、屋顶绿化工程，植树造林3500亩，建成高标准农田2100亩，治理废弃石窟19万平方米，用绿道串起山林、水体、湿地、田园等自然景观，全力创建省级森林城市。强化海洋生态环境保护，合理开发和保护岸线、海湾等资源，完成泉州湾河口湿地（蚶江区域）围垦养殖整治。

（五）突出共建共享，不断提升民生福祉

提升教育发展质量。坚持“补短板”与“抓改革”双轮驱动，扎实推进教育质量提升三年行动计划。深化教育综改区建设，启动实施教育信息化工程，建好教师进修学校，抓好教师管理体制改革，探索建立优秀毕业生直升招生制度。实施49个教育类建设项目，扩大幼儿园、中小学学位和优质教育资源供给。推进高中多元化特色发展，推动石光中学、石狮一中通过省一级达标学校复检，支持厦外石狮分校、石狮八中创建省二级达标学校。促进鹏山工贸学校、闽南理工学院、泉州海洋学院持续深化职业教育，引进优质高职院校合作办学，加快高等教育向应用型转型发展，提升专业结构和产业发展需求的契合度。

增强医疗保障能力。深化公立医院综合改革，加快县域紧密型医共体建设。以基层医疗机构标准化建设三年行动为抓手，推进市中医院、妇幼保健院及凤里、灵秀社区卫生服务中心等补短板项目。围绕临床重点，主动对接省内外高水平医院，积极培育名科、名医，建设专家名医工作室。大力开展公立医院“暖心服务”三年行动，做实做细家庭医生签约服务，进一步形成分级诊疗制度。重视慢性病、传染病防治工作，加强健康教育、治未病等前端服务，推动医疗卫生工作由“以治病为中心”向“以健康为中心”转变。优化生育管理服务，促进计生转型发展。

增加养老服务供给。加快凤里、灵秀、宝盖等居家养老照料服务中心、镇村敬老院建设，做好特困、低保失能老人入住养老机构服务工作。积极推动医疗卫生机构开展医养结合服务，在市医院湖滨分院、灵秀社区卫生服务中心等医疗机构设置养老服务专区，新增护理型养老床位170张以上。继续推进村（社区）居家养老服务中心规范化建设，开展农村幸福院星级评定，引导养老机构规范管理，提升专业服务质量和水平。重视老年人体育场所建设，建成老干部多功能活动楼。

提升文体服务水平。加大“海丝三宝”文化遗产的保护利用，持续参与“古泉州（刺桐）史迹”申遗。推进国家公共文化服务体系示范区创建工作，试点图书馆“总分馆”运行模式，建设公共文化点读平台，新建青少年校外活动中心、凤凰城2个“百姓书屋”，让阅读成为一种新的生活方式。深化文化惠民工程，丰富“音为你”剧场，持续推动戏曲、灯谜等传统文化进校园。启动建设宝盖山体育公园，着力在街头“金角银边”打造“笼式球场”，广泛组织群众性体育活动，推动全民健身深入开展。

推进平安石狮建设。纵深开展扫黑除恶专项斗争，加强社会治安综合治理，加大对暴力犯罪、电信诈骗、涉麻涉毒、走私等违法犯罪行为的打击力度。深化安全生产领域改革发展，加强危险化学品、道路和水上交通、消防、建筑工地、特种设备、渔业船舶等行业领域安全监管，扎实推进城市安全发展。落实军民融合发展战略，支持驻石部队深化国防和军队改革，加强国防动员能力建设，做好全国双拥模范城中期考评工作，巩固军政军民团结的良好局面。认真实施妇女儿童发展纲要，积极发挥工会、共青团、妇联等群团组织在创新社会治理中的作用，全面加强信访、防震、减灾、档案、残疾人、民族宗教、对口帮扶等各项工作。

（六）突出使命担当，加强政府自身建设

提升跨越赶超的能力。把政治建设放在政府自身建设的首位，树牢“四个意识”，坚定“四个自信”，做到“两个维护”。坚决贯彻执行中央方针政策，认真落实上级党委政府和市委决策部署。树立“爱学才会赢”的意识，以博采众长的襟怀借鉴成功经验，努力提高“八种本领”，切实增强施政能力。坚持问题导向、目标导向，更加注重“跑项目、要政策、争资金”，敢于主动对接高端资源，精于在复杂环境解决问题，善于将目标任务落到实处。

提升依法行政的能力。开展“法治政府建设年”活动，进一步深化“七五”普法工作，强化宪法意识和法治理念，提高政府信息公开和政务公开水平，坚持用法治思维和法治方式深化改革、推动发展、化解矛盾、维护稳定。严格执行市人大及其常委会决议决定，自觉接受人大法律监督和工作监督、政协民主监督、监察机关监督，高质量办理议案、建议和提案，扎实抓好审计发现问题的整改。

提升为民担当的能力。有担当，才能干成事。政府全体公职人员要珍惜机遇、珍惜时间、珍惜平台，细化、量化、实化政府工作，着力抓好民生社会事业补短板项目和为民办实事项目，切实解决教育、医疗、文化、养老、出行等关系群众切身利益的“头等大事”和“关键小事”。把握“亲”“清”内涵，健全正向激励、容错纠错机制，落实好领导挂钩企业、定期恳谈、问题“周收集、旬解决、月反馈”等制度，努力帮助企业解决实际困难。

提升从严治政的能力。深入贯彻省委“八个坚定不移”要求和27项具体措施，落实意识形态工作责任制，切实担负起政府系统全面从严治党主体责任。认真贯彻《中国共产党纪律处分条例》，严格执行中央八项规定及实施细则精神，持之以恒纠正形式主义、官僚主义新表现。抓好巡视巡察问题整改和成果运用，强化国有资源、资产、资金监管，始终保持惩治腐败的高压态势。

各位代表！习近平总书记在庆祝改革开放40周年大会上指出：“我们现在所处的，是一个船到中流浪更急、人到半山路更陡的时候，是一个愈进愈难、愈进愈险而又不进则退、非进不可的时候。”在前进的道路上，让我们更加紧密团结在以习近平同志为核心的党中央周围，全面贯彻习近平新时代中国特色社会主义思想，在中共石狮市委的坚强领导下，知重负重、滚石上山，勇当高质量赶超主力军，再创石狮改革发展新辉煌！

附　注

◆ COD：化学需氧量。

◆“四好农村路”：建好、管好、护好、运营好农村公路。

◆残疾人“两项补贴”：困难残疾人生活补贴、重度残疾人护理补贴。

◆“一品一码”：一个批次产品有唯一的追溯码。

◆综治“三率”：群众安全感率、平安建设知晓率、执法工作满意率。

◆“四风”：形式主义、官僚主义、享乐主义、奢靡之风。

◆“三公”经费：因公出国（境）、公务车购置及运行、公务招待经费。

◆“放管服”：简政放权、放管结合、优化服务。

◆“五个奋力先行、一个毫不动摇”：在实现高质量发展、城乡区域协调发展、形成全面开放新格局、生态文明建设试验、保障和改善民生等五个方面奋力先行；毫不动摇地加强党对一切工作的领导。

◆“五个一批”：谋划一批、签约一批、开工一批、投产一批、增资一批。

◆“两化融合”：工业化与信息化融合发展。

◆“三比三晒”：比招商晒签约、比前期晒开工、比服务晒成效。

◆“一带一路”：丝绸之路经济带和21世纪海上丝绸之路。

◆“新三板”：全国性的非上市股份有限公司股权交易平台，主要面向的是中小微企业。

◆ R&D：研究与开发。

◆“证照分离”：对涉企行政审批事项分类采取直接取消审批、审批改为备案、实行告知承诺、优化准入服务等方式进行管理，让更多市场主体持照即可经营，着力解决“准入不准营”问题。

◆“双随机一公开”：随机抽取检查对象，随机选派执法检查人员，抽查情况及查处结果及时向社会公开。

◆“双创”：大众创业、万众创新。

◆十大“文明新风”行动：价值引领、书香狮城、文明出行、垃圾不落地、莫炫嫁妆、厚养薄葬、光盘行动打包有奖、美在旅途、小城大爱、诚信无价等十个行动。

◆十个专项整治提升行动：消防设施、农贸市场、物业小区、小型餐馆、

城市“牛皮癣”及线缆乱拉、占道经营、停车难、交通违法、出租车、公益广告等十个专项整治提升。

◆ PPP：政府和社会资本合作，是公共基础设施建设的一种运作模式。

◆“三品一标”：无公害农产品、绿色食品、有机农产品和农产品地理标志认证。

◆“一革命四行动”：“厕所革命”、农村垃圾治理行动、农村污水治理行动、农房整治行动、村容村貌提升行动。

◆农村精神文明建设“十大工程”：核心价值观扎根、好家风新乡贤带动、乡规民约落地、基层文明创评、农村污水治理、农村垃圾治理、村容村貌提升、农村公共文化服务提升、农村文化培育、农村文化品牌塑造等十大工程。

◆“一定五化”：在社区治理中，推行“定发展目标和布局功能化、管理智能化、服务人本化、协作社会化、保障多元化”的治理机制。

◆ PM2.5：空气中直径小于或等于2.5微米的颗粒物。

◆“六大专项”整治：入河排污口整治、河道清淤清障、河道岸线整治、河道保洁整治、畜禽禁养整治、河道沟墙修缮。

◆“三线一单”：生态保护红线、环境质量底线、资源利用上线和环境准入清单。

◆“海丝三宝”：万寿塔、六胜塔、石湖码头。

◆“四个意识”：政治意识、大局意识、核心意识、看齐意识。

◆“四个自信”：道路自信、理论自信、制度自信、文化自信。

◆“两个维护”：坚决维护习近平总书记在党中央的核心、全党的核心地位，坚决维护党中央权威和集中统一领导。

◆“八种本领”：学习本领、政治领导本领、改革创新本领、科学发展本领、依法执政本领、群众工作本领、狠抓落实本领、驾驭风险本领。

◆“八个坚定不移”：坚定不移维护核心，坚定不移学习贯彻习近平新时代中国特色社会主义思想，坚定不移落实党中央决策部署，坚定不移正风肃纪，坚定不移反对腐败，坚定不移强化党内监督，坚定不移深化监察体制改革，坚定不移紧抓“关键少数”。

石狮市人民代表大会常务委员会工作报告

（2019年1月27日在石狮市第七届人民代表大会第三次会议上）

石狮市人大常委会主任　上官跃进

各位代表：

我受第七届人大常委会的委托，向大会报告工作，请予审议，并请列席人员提出意见。

过去一年的主要工作

一年来，在市委正确领导和上级人大关心指导下，我们以习近平新时代中国特色社会主义思想和党的十九大精神为指导，坚持党的领导、人民当家作主、依法治国有机统一，落实以人民为中心的发展思想，紧紧围绕全市工作大局，依法行使各项法定职权，着力促进“创新转型、实业强市”生动实践。全年共召开7次常委会会议、7次主任会议；听取和审议“一府一委两院”7项工作报告；作出决议决定和提出审议意见14项；组织11次调研、视察、检查活动，开展2部法律法规的执法检查、1项专题询问、7项满意度测评，依法任免国家机关工作人员69人次，全面完成市七届人大二次会议确定的工作任务。

一、旗帜鲜明讲政治，在坚持党的领导上践行了新要求

我们坚持正确政治方向，深入贯彻市委决策部署，努力做到与市委思想同心、目标同向、行动同步。

自觉坚持党的领导。坚决维护党委总揽全局、协调各方的领导地位，把坚持党的领导贯穿于依法履职的全过程，落实到人大工作的各方面。严格执行请示报告制度，重大事项和重要工作及时向市委请示报告，努力争取市委的重视和支持。5位常委会领导按市委安排，认真开展挂钩镇（街道）、村（社区）、重点企业、重点项目等工作。坚持人大常委会党组的政治领导，集体研究决定重大事项，确保人大工作在党的领导下健康开展。

积极执行市委决策。主动助推“创新转型、实业强市”发展战略，按照市委要求，先后对实体项目落地、佳龙文化旅游项目等5项重大决策依法进行讨论、审议、视察、调研和专题询问，把市委决策决定通过人大程序转化为人民意志。执行市委常委会研究通过的《关于上级检查人大工作与建设指出问题的整改措施》，落实人大干部政治待遇、体制外代表履职补助、配齐人大专职工作人员等措施，强化人大履职保障。

认真落实市委意图。严格落实任前谈话、供职发言、审议表决、宪法宣誓等制度，让泉州市委和石狮市委推荐的干部人选经过人大法定程序成为国家机关工作人员。审议决定授予王天凯等6人第二批“石狮市荣誉市民”称号。在全省率先完成监察委员会主任选举，及时表决任命监察委员会副主任、委员，成立监察委员会。

二、围绕中心抓监督，在助推经济稳中向好上做出了新努力

我们围绕发展第一要务，依法履行监督职责，努力推动经济平稳发展、健康发展、可持续发展。

助推经济平稳运行。审议计划执行、预算执行和审计工作报告，统筹推进稳增长、促改革、调结构、惠民生、防风险各项工作，提出要创新转型，促进石狮经济高质量发展；要招商引资，推动实体项目落地；要优化环境，推动现代服务业发展；要培育税源，做优财政收入质量。依法批准财政预算调整方案和地方政府债券转贷收支预算调整方案。完善审计发现问题整改情况报告机制，实行“挂账销号”，推动解决预算执行过程中屡审屡犯的突出问题，促进42个问题得到整改，整改率85.7%。审议“十三五”规划中期评估报告，围绕《纲要》确定38个指标和8个重点任务，分成4个调研组深入调研，并形成调研报告，从突出规划引领、增强忧患意识、加快转型升级、强化创新驱动、提升城市品质、补齐民生短板等6个方面提出建议，督促政府完成好“十三五”规划纲要确定的各项目标任务。

助推重点项目落地。围绕“实业项目落地年”活动，组织开展实体项目落地情况视察，推动100个亿元实业项目的引进落地。针对引进重特大领军项目少、部分项目进展缓慢、项目要素保障制约大等突出问题，提出在项目产生方面，要注重捕捉商机、全民招商、评价质量、优化政策、服务孵化；在要素保障方面，要注重储备用地、盘活存量、审批提速、优化配套；在制度建立方面，要注重统筹协调、破解难题、动态管理、跟踪督查；在队伍培育方面，要注重招商培训、布好队伍、设置专员、激励保护。这些意见建议得到市委、市政府主要领导重视，批转相关单位研究落实。

助推动能加快转换。围绕加快建立“3+3”现代产业体系，对全市旅游业发展进行专题调研，明确要把旅游业作为新的经济增长极来培育，把石狮打造成国内外闻名的“旅游目的地”，提出要建立和完善旅游业发展的领导机制、差异化策划和打造具有较强吸引力的旅

游产品、加大旅游发展政策扶持力度、加快培育旅游龙头和品牌、夯实旅游发展基础、加大旅游宣传营销和推介、大力培养引进旅游服务团队和人才、强化旅游市场综合监管等8条建议，并向市委提交《关于加快推动我市旅游业发展的重点建议》，市委、市政府主要领导批转相关部门办理。对我市运用高新技术助推产业转型升级情况进行专题调研，针对领军企业和高新技术企业比较少、科技经费投入仍然不足、创新平台运作还不尽人意、中高端技术人才相对缺乏等问题，提出要加快打造高新技术产业集群，鼓励引导企业提高创新能力，建立产学研协同创新机制，积极引进和培育中高端技术人才。对海洋食品加工产业进行专题调研，针对海洋资源优势没有转化成产业优势、食品产业可持续发展压力较大、政府配套扶持仍然不够完善等问题，提出要做强渔业资源、做大水产品深加工、做优海洋生物食品园、做好政府的服务工作，推动海洋产业加快发展。

三、聚焦民生补短板，在回应群众关切上取得了新成效

我们以满足人民群众美好生活需求为导向，积极回应群众重大关切，努力促进民生改善、生态改善、法治改善。

着力增进民生福祉。专题询问教育质量提升工作，围绕打造标杆名校、名校长培养引进、教育经费、教师编制、编外教师管理、师德师风、教师负担、教育均衡、提高招生就学门槛、控制办学规模、优化学校布局、质量监测、教育科研、公办园建设等方面开展询问，把脉问诊全市教育质量提升工作情况。针对存在问题和群众呼声，提出要标杆示范，质量优先，紧盯石狮教育层次提升；要以师为本，激励为主，持续打造优秀教师队伍；要合理布局，强化保障，稳步提升办学整体水平等审议意见，督促教育局等政府组成部门尽快把教育工作的重点放到提高质量上来，从量的扩张转到质的提升、从重硬件建设转到重软件建设上来，争取石狮教育早日进入泉州市教育第一方阵。调研养老服务事业，针对群众养老观念滞后、养老服务人才匮乏、专业化服务队伍尚未建立、居家养老社会化程度不高等问题，提出要加强舆论宣传，逐渐转变养老观念；要加强专业化人才队伍建设，提升服务能力；要吸引社会力量参与，提高居家养老服务供给能力；要探索服务产品的多样化，推进医养结合和养老小镇、小区建设，满足多层次养老需求；要加强监督管理，提高养老服务整体水平等建议，进一步督促社会工作部等相关部门认真研究，推动我市出台养老服务设施专项规划。督办安置房办证工作，要求国土规划和房产管理局做好牵头协调服务督促工作，及时汇总和厘清安置房办证过程中碰到的各种问题，真正把好事办好、实事办实。据统计，全市16个安置区已完成14个安置区的项目首次登记，办证3123套，面积44.63万平方米。督办中医药服务体系建设，提出要把中医药服务体系建设作为民生补短板项目来抓，做专做精我市中医药优势特色项目，注意引进和培养中医药专业人才，高起点、高标准建设市中医院。目前，石狮市中医院正在筹建，计划2020年投入使用。

着力营造宜居环境。认真践行绿色发展理念，致力守护绿水青山，听取和审议2017年环境状况和环保目标完成情况的报告，开展《中华人民共和国环境保护法》执法检查，针对全社会环保意识有待加强、产业转型升级亟待提升、环境基础设施规划和建设有待完善、环保监管和执法力度有待提升等问题，提出要提高思想认识，推动绿色发展；要坚持问题导向，推进环境整治；要提高执法实效，强化环境监管；要加大宣传引导，营造良好氛围。开展环卫保洁工作情况视察，提出要稳妥实施环卫体制改革，努力提高环卫保洁水平；要积极推进垃圾减量分类，逐步提高生活垃圾收集处置率；要着力加强基础设施建设，提升大件垃圾和餐厨垃圾处置效率；要切实采取有效措施，强化存量垃圾处置。

着力改善法治环境。认真学习宣传宪法，大力弘扬宪法精神，让一切工作在宪法法律允许范围内进行。组织"七五"普法决议中期实施情况视察，针对普法实际效果与全面推进法治建设的要求、经济社会发展的需要和人民群众的期盼还有差距的现状，提出要统筹兼顾、落实责任，处理好重点对象普法和全民普法的关系；要分类指导、突出重点，选择普法宣传教育的内容；要更新理念、传承发展，创新普法宣传教育的形式；要客观分析、找准薄弱，推动评估体系的完善等意见，落实"谁执法、谁普法"责任。着力提升普法工作实效。组织《中华人民共和国安全生产法》和《福建省安全生产条例》执法检查，针对安全生产形势依然严峻、经营生产单位安全生产主体责任意识不强、部分监管责任尚不明确等问题，提出要强化宣传教育，树牢积极的安全生产观；要加强督导检查，提升企业的主体责任意识；要深化研判分析，解决好道路交通安全和渔业生产安全的突出问题；要落实监管责任，力争安全生产无死角无盲区；要狠抓队伍建设，提升安全生产管理能力，有效督促安全生产工作扎实开展，切实保障人民群众生命财产安全。扎实做好信访工作，全年处理来信来访33件次，保护群众合法权益。依法对35份规范性文件进行备案审查，努力维护法律权威。

着力推进审议意见落实。持续跟踪监督审议意见落实情况，对2017年人大常委会视察水务工作、开展食品安全专题询问、检查《泉州市海上丝绸之路史迹保护条例》执行情况等3项工作提出的审议意见，专题听取和审议市政府的落实情况报告，并对涉及的5个主要部门进行满意度测评，推动审议意见落到实处。

四、服务管理下功夫，在发挥代表作用上拓展了新途径

我们突出代表主体地位，依法保障

代表执行职务，有力促进代表依法履职、主动履职。代表履职工作得到泉州市人大的肯定，并在泉州市人大经验交流会上作典型发言。

注重提升代表履职能力。采取“走出去学”与“请进来讲”相结合的办法，着力提高代表履职能力。组织常委会部分组成人员随泉州市代表（石狮活动组）到南安市视察调研，组织镇（街道）人大负责人到南安市参观学习，各镇（街道）也有针对性地组织代表到周边地区调研考察。举办人大代表履职培训会，邀请全国人大代表为市镇两级人大代表、市人大常委会机关干部及镇(街道）人大秘书等近600人作辅导讲座。8位人大代表参与泉州广播电台《人大在线》栏目“石狮直播月”访谈，向广大听众讲述石狮“人大故事”，传播石狮人大“好声音”。

注重拓展代表履职渠道。把市人大代表联系服务中心打造成人大代表与“一府一委两院”的沟通对话平台，共组织15场人大代表与法院、教育、环保、文体旅游等单位的面对面沟通会，提高代表履职实效。修订人大代表联系服务中心工作制度，完善平台运行机制。推动镇（街道）人大代表联系群众活动室、村（社区）人大代表联系群众工作室的高标准、规范化建设，组织开展“八个一”活动，密切代表与群众联系，蚶江镇、祥芝镇、厝仔村、花园城社区在接受上级检查和兄弟县市参观时获得好评。邀请代表174人次列席常委会会议，参与专题询问、视察检查调研等重大活动，通过《石狮日报》、代表微信群发出《倡议书》号召全市各级人大代表积极协助法院破解“执行难”，促进代表知情知政，支持代表参政督政。

注重强化履职管理监督。制定出台《石狮市人大常委会关于人大代表约谈、函询的暂行办法》，督促代表积极履职、规范履职。全面开展代表履职登记，建立泉州市和石狮市、镇三级人大代表履职档案。推动代表履职情况公开，在市、镇（街道）、村（社区）代表工作平台公开代表基本信息、履职情况和代表议案建议内容及办理情况。推进代表述职工作，人大常委会听取部分泉州市十六届人大代表的履职报告，组织27场40位石狮市人大代表向选民当面述职，接受群众监督。

注重提高建议办理质量。制定出台《石狮市人大常委会关于优秀代表建议评选办法（试行）》，评选优秀代表建议15件，激励人大代表多提意见、提好意见。用好“满意度测评+”方法，实施代表建议办理情况满意度测评与绩效考评挂钩，对3个重点建议办理情况进行满意度测评，促使代表建议办理工作由“软任务”变成“硬指标”，这一做法被省人大常委会《人民政坛》刊发，时任泉州市人大常委会党组书记陈万里给予批示肯定。155件代表建议都在规定时间内得到办理和答复，其中《关于加大宝盖山旅游风景区的建设力度的建议》等6件建议列入年度重点项目，《关于解决学生课外活动问题的建议》等5件建议列入为民办实事项目，一批代表建议转化为惠民利民举措。

五、内外兼修促提升，在加强常委会自身建设上迈出了新步伐

我们按照从严从实要求，抓好“两个机关”建设，努力提升人大干部政治担当、责任担当。

坚持把政治建设摆在首位、落在实处。把学习贯彻习近平新时代中国特色社会主义思想作为当前首要政治任务，做到以新思想武装头脑、指导实践、推动工作。深化“两学一做”学习教育制度化常态化，坚持常委会领导、工委(办）主任和专职常委轮流作主题发言、上党课制度，落实好“三会一课”制度。切实履行管党治党主体责任，落实省委“八个坚定不移”要求，定期研究布置党建、党风廉政建设和意识形态等工作，增进政治认同、实践认同、感情认同。

坚持把能力建设抓在平常、管在日常。坚持解放思想、更新观念，想方设法调动干部担当作为，为人大工作的创新发展营造更好的环境。不断健全人大组织制度、工作制度和议事程序，提升人大干部“善于学习、调查研究、综合分析判断、检查指导、出谋献策、组织实施落实、动员组织引导代表、影响领导、总结宣传推广、抓党建及反腐倡廉工作”等10种能力，切实提高依法履职效能。

坚持把作风建设记在心头、扛在肩上。加强党风廉政建设，认真组织学习党纪党规，落实岗位廉政风险防控、重大事项报告等制度，全覆盖廉政谈话提醒，持续把纪律和规矩挺在前面，不断推动全面从严治党在人大机关纵深发展。开展移风易俗工作专项督查，向各级人大代表发出《移风易俗扫黑除恶倡议书》，机关全体干部签订移风易俗承诺书，以实际行动倡导文明新风。大力弘扬“马上就办、真抓实干”作风，常委会领导带头主动参与结对帮扶，努力为困难群众办实事、解难事。

各位代表，过去一年我们取得的成绩，是在市委坚强领导下，常委会组成人员和全体人大代表共同努力的结果，是市“一府一委两院”、镇（街道）人大以及社会各界大力支持的结果。在此，我谨代表市第七届人大常委会，向各位代表，向关心支持人大工作的各位领导、各个单位和社会各界群众表示衷心感谢！

我们也清醒认识到，常委会工作离市委的要求、时代的呼唤、人民的期盼还有不少差距，监督工作实效仍需提升，改善民生力度尚待加强，联系服务代表机制有待完善，人大干部和代表履职能力还需提高，等等。我们将自觉接受人民监督，虚心听取代表意见，进一步改进和做好各方面工作。

新一年的主要任务

2019年，市人大常委会工作的总体要求是：以习近平新时代中国特色社会主义思想、党的十九大精神为指引，紧扣市七届三次党代会精神，紧扣回应人民群众重大关切，紧扣推进全面依法治市，认真履行各项法定职责，为我市落实高质量赶超任务作出积极贡献。

一、强化政治引领，更加坚定地坚持党的领导

进一步深化对习近平总书记关于坚持和完善人民代表大会制度的重要思想的认识，牢固树立"四个意识"，坚定"四个自信"，践行"两个维护"，提高政治站位和政治能力。主动向市委请示报告重大事项，争取市委更多的支持；不折不扣落实市委决策部署，重大事项决定体现市委意图，人事任免贯彻党管干部原则；日常工作中坚持常委会党组的政治领导、集体领导，牢牢把握人大工作的正确方向。

二、强化监督实效，更加有力地推动经济社会建设

坚持人民利益至上理念，围绕全市工作大局选好议题，切实做到监督工作紧扣经济发展中心、民生保障重点和社会焦点问题，积极回应人民群众对美好生活的向往。一要聚焦发展要务，力促实业强市。依法听取和审议国民经济计划执行情况、财政预决算执行，确保年度目标任务完成。根据上级部署组建人大预算联网监督工作室，推动财政预算联网监督工作制度化、规范化。围绕构建"3+3+N"产业体系，对市场采购贸易方式试点、全域旅游发展、港口基础设施建设等工作进行调研视察，在推动经济发展中贡献人大力量。二要聚焦群众关切，力促民生改善。瞄准群众最关注的问题发力，开展养老服务事业加快发展专题询问，检查教育质量提升专题询问审议意见整改落实情况，调研石狮市总医院建设运行情况，听取和审议环境状况和环境保护目标完成情况专项报告，与上级联动开展水污染防治法、教师法实施情况监督和推进行政审批提质提速调研，努力做到监督一个议题、解决一些问题、推动一项工作。三要聚焦民主法治，力促公平正义。开展法院"基本解决执行难"工作成效视察、检察院公益诉讼工作调研、扫黑除恶专项斗争情况视察，保障法律法规得到有效实施，督促国家机关及工作人员把人民赋予的权力用来为人民谋幸福。做好规范性文件备案审查工作，完善有件必备、有错必纠的备案审查工作机制。继续做好信访案件督办工作，务实化解社会矛盾。

三、强化代表工作，更加充分地发挥代表主体作用

把发挥代表主体作用作为提高人大工作质量的重要基础，努力为代表履行职责创造条件、当好后盾。继续抓好代表教育锻炼，扩大代表参与常委会工作的广度和深度，提高代表审议发言、调查研究、提出建议的能力水平。继续发挥好市、镇（街道）、村（社区）代表履职平台和网上联络平台作用，加强人大代表与监督对象的对话沟通。总结、推广镇（街道）、村（社区）代表联系群众活动室、工作室的经验做法，使人大代表更好地联系选民、服务群众。加强代表述职工作，促使代表更好地履职。完善代表建议督办制度，组织常委会内设工委对所联系单位办理代表建议情况进行督促检查，并确定若干件尚未解决的代表建议进行跨年度跟踪督办，坚持实施代表建议办理情况满意度测评与绩效考评挂钩，不断提高代表建议办理质量。

四、强化自身建设，更加全面地提升履职能力

坚持把政治建设摆在首位，全面落实从严治党主体责任。深入推进"两学一做"学习教育常态化制度化。以习近平总书记提出的建设"两个机关"为目标，以创建省级文明单位为抓手，强化干部担当意识和"一线"意识，努力打造信念过硬、政治过硬、责任过硬、能力过硬、作风过硬的人大干部队伍。按照"四下基层"、"马上就办"的要求，持续改进工作作风，人大审议要更具体、调研要更深入、视察要更求真、检查要更务实、评议和询问要更有针对性，推动人大工作更扣大局、更接地气、更近民情、更亲民生。

各位代表，新时代开启新征程，新一年呼唤新作为！让我们紧密团结在以习近平同志为核心的党中央周围，在市委坚强领导下，团结凝聚全市人民的智慧和力量，积极担当作为，努力开创石狮人大工作新局面，为高质量推进"创新转型、实业强市"作出新的更大的贡献！

中国人民政治协商会议
第七届石狮市委员会常务委员会
工　作　报　告

（2019 年 1 月 26 日在政协第七届石狮市委员会第三次会议上）

林　自　育

各位委员、同志们：

我代表政协第七届石狮市委员会常务委员会，向大会报告工作，请予审议，并请列席人员提出意见。

2018 年工作回顾

过去的一年，在中共石狮市委的坚强领导下，市政协常委会坚持以习近平新时代中国特色社会主义思想和中共十九大精神为指导，深入学习习近平总书记关于加强和改进人民政协工作的重要思想，准确把握新时代人民政协性质定位，牢牢把握团结和民主两大主题，紧扣中心工作，务实创新履职，全年共召开常委会议 5 次，主席会议 12 次，组织视察调研 40 余场（次），形成调研报告 25 篇，专项监督报告和社情民意专报件 21 份，委员提案立案 230 件（其中，重点提案 5 件），为我市经济社会持续健康发展作出了积极贡献。

一、立足“协商为民”，把牢政治方向

切实加强党的领导。充分发挥政协党组在政协工作中的领导核心作用，严格执行《党组议事规则》中关于“三重一大”问题决策、议事规定；认真履行全面从严治党主体责任，抓好上级巡视巡察问题的整改落实，带头遵守政治纪律和规矩，牢固树立“四个意识”，自觉在思想上政治上行动上同以习近平同志为核心的中共中央保持高度一致。自觉把市政协各项工作置于中共石狮市委的领导之下，坚持向市委请示报告制度，定期汇报政协党组和常委会工作情况，坚决贯彻落实市委各项决策部署。高度重视意识形态工作，制定《中共政协石狮市委员会党组落实意识形态工作责任制 2018 年工作计划》，形成各负其职、共同履责的思想自觉和行动自觉。

深刻领会新思想。坚持把思想政治建设放在首位，完善党组会议、党组理论学习中心组、常委会议、主席会议专题学习制度。制定“大学习”方案，推进“两学一做”学习教育常态化制度化，不定期为委员、机关干部征订学习资料，促进思想提升。深入开展全市政协系统学习“习近平总书记关于加强和改进人民政协工作的重要思想”理论研讨工作，邀请省政协研究室邹国辉主任为政协系统作专题辅导讲座。通过石狮日报专栏和“政协之窗”公微号定期推送、转载相关文章。市政协班子成员带头学习、宣讲、践行新思想，指导政协委员各镇（街道）活动组开展学习研讨。各委员活动组结合参政议政周活动和微信工作群开展线上线下学习活动，在学习中不断提高政治站位、增强政治自觉。

理论研究新提升。以新思想促进工作新提升。协助市委制定出台《关于加强和改进人民政协民主监督工作的实施意见》，首次将专项民主监督内容列入年度协商计划，推进民主监督实践创新。将贯彻民本思想与打造党建品牌相结合，带动党员、委员打好“亲民牌”，唱好“民生歌”。典型材料《打造“党员＋委员”民声直通车》被推荐参加全国政协党建理论研讨交流，并被推选至泉州政协系统理论研讨会上作发言；《戴好“人民”政协的帽子　走好协商“民主”的路子》在全国政协召开的闽赣粤琼政协片区座谈会上作交流发言，又被收录省政协“习近平总书记关于加强和改进人民政协工作的重要思想理论研讨会”材料汇编。

二、聚焦“发展惠民”，助力实业强市

助推创新转型谋实招。组织各专委会、民主党派、活动组开展“助力创新转型、促进实业强市”年度专题调研，组成调研组 22 个，形成《石狮服装城市场采购贸易方式试点工作若干建议》《关于乡镇环保管理工作的几点思考》等调研报告 22 篇，为深化改革发展献智献策。协助泉州市政协开展“实施乡村振兴战略、提升农村文化事业发展水平”专题调研活动，撰写《发挥宗祠在乡村文化振兴中应有作用》，在省政协常委会和泉州市委、市政协专题协商会上发言。围绕“关于加快培育我市军民融合龙头骨干企业”主题，深入部门、企业召开座谈、探讨举措、形成报告，被泉州市政协专题协商专刊采用。持续推动政协委员“参政议政周”活动常态化，指导各活动组围绕年度专题调研和社会热点问题，先后就“石狮服装城市场采购贸易方式试点运营机制”“八卦街保护提升”“引进侨商侨资”“提升人居环境”“培育旅游产业集群”“打造海洋产业聚集区”“推动乡村振兴”“文化强市”等内容，开展专题讨论、主动咨政建言。

助推改革发展建真言。完善常委会

中心发言人制度。会前，精选协商主题，紧扣内容视察调研、了解实情，确保知情明政；会中，邀请中心发言人全过程参与，使建言献策更有的放矢。2018年，分别就“推进智慧公安提升便民服务水平”“侨捐项目管理使用规范工作”等听取部门通报、组织常委建言，为市委市政府科学决策提供参考。组织开展“促进现代物流业发展”专题调研，深入重点物流企业视察，协商提出统筹产业规划、培育龙头企业等建议，助推港口物流业健康发展。

助推重点项目聚合力。市政协领导深入挂钩的22个重点项目和企业，帮助协调解决建设中遇到的难题。围绕“2018年实体项目落地情况”开展专题视察，通过现场察看、个别访谈、召开座谈等形式，详细了解项目落地情况及存在困难，提出加强政策宣传、强化跟踪服务、完善配套建设等意见。各委员活动组紧紧围绕市委市政府年度安排，组织对市医院新院、安通物流公司、华锦码头、中心渔港等重点工程建设情况开展监督视察，深入了解项目难点，探讨提出合理建议，积极推动重点工作。

三、着眼“宜居便民”，提升履职实效

关注民生实事，强化协商监督。聚焦教育、医疗、慈善等，持续开展专项民主监督、调研，协助推进解决民生问题。针对我市“小学课后服务”实施情况开展监督性调研，形成《政协石狮市委员会关于石狮市“小学课后服务”工作民主监督的报告》，市委市政府主要领导批示有关部门认真研究采纳，有力推动“好事办好、实事办实”。针对我市医疗系统重点学科人才短缺、本土医疗人才不足等问题，实地走访医疗场所、召开会议听取通报、组织委员深入探讨，分别形成《探索人才柔性引进机制 提升医疗服务水平》《关于石狮市医疗系统人才队伍建设情况》两篇调研报告，努力为提升我市医疗卫生水平开良方。针对我市宗教界人士在社会公益慈善领域比较活跃的现状，形成《引导宗教慈善 促进社会和谐》调研文章，为改善民生福祉鼓与呼。

关注热点问题，强化协商监督。坚持问题导向，围绕人民群众密切关注的热点难点问题，就垃圾分类处理、全民健身、安置房产权办理、公共文化设施建设等议题组织专题视察、对口协商，切实发挥政协监督助推作用。拓宽社情民意信息渠道，反映基层群众诉求呼声，编发的《社情民意专报件》均得到市领导批示和职能部门回复，一批涉及城市管理、交通出行、环境保护的问题得以及时妥善处理。如《关于进一步优化石狮荣誉国际大酒店周边规划建设的建议》，被市委市政府采纳，市国规局及时对规划路涉和邻近回批地进行调整；《关于做好我市公益广告的建议》市政府主要领导批转相关单位后，主管部门出台《石狮市进一步提升户外公益广告工作方案》并组织实施；《关于加快建设我市中小学生户外教育活动基地的建议》引起教育部门重视，将郭坑村文化生态园确定为我市青少年科普教育基地，为村集体带来良好的经济社会效益；《关于小学阶段课业减负的几点建议》，助推《关于规范小学办学行为减轻家长负担的意见》出台；《关于合理利用华侨医院现址，更好服务石狮民众的建议》对市医院旧址提出合理化意见，市政府批复在旧址设立石狮市中医院，相关工作正在有序推进。

关注提案办理，强化协商监督。充分发挥民主监督在提案办理中的重要作用。突出提案办理重点，召开提案办理情况通报会4场，组织市政协常委对重点提案办理情况开展视察，对办理满意度进行测评，切实提高提案办理效率。如，督办《关于优化提升石狮服装城轻纺城营商环境，推动石狮纺织服装产业跨越发展的建议》，促成市政府分管领导多次率队实地调研，并开展对口协商，形成“推动市场繁荣升级的意见建议”；督办《关于保护民间古建筑的建议》，对进一步落实保护措施提出建议，华山村古民居、佘明培故居、王起沃故居的保护修缮工作扎实推进，目前，已取得阶段性成效；督办《关于在我市街道社区建立老人日间照料中心的建议》，促进有关项目进展，湖滨街道居家社区养老服务照料中心内部装修已基本完工，凤里、灵秀、宝盖、蚶江等已完成选址工作。

四、围绕“和谐安民”，增进百姓福祉

着力促进各界团结合作。坚持民主协商、平等议事、求同存异原则，积极搭建与各民主党派、各人民团体合作共事平台。市政协领导带领各办负责人、各专委会委员走访政协常委、民主党派、委员企业、民族村、宗教场所、对口单位20场次，就改进政协工作、促进企业发展、推动社会事业等进行座谈交流。支持各民主党派、工商联和无党派人士参与全市重大决策前协商及各项履职活动。发挥民族宗教界委员在促进社会稳定中的独特作用，支持并通过他们做好群众工作。积极配合做好世界石狮乡亲恳亲大会系列活动接待工作。

着力促进社会文明和谐。围绕平安法治、精神文明建设中的重要问题开展协商议政、建言献策和民主监督，组织“基层司法所规范化执法”专题视察，对司法所工作运行情况进行调研。出台《关于政协委员支持人民法院攻坚基本解决执行难的通知》，要求委员支持、协助人民法院开展工作。利用公微号宣传我市“扫黑除恶”“移风易俗”等专项活动情况，就移风易俗工作组织专题视察，引导委员积极融入“党委领导、政府负责、社会协同、公众参与、法治保障”的社会治理体制。10名委员分别被聘任为合适成年人、文明巡访团成员、征兵工作监督员，共同参与推进文明石狮、法治石狮建设工作。

着力增进人民群众获得感。发挥好政协组织在市委市政府和各界群众之间的桥梁纽带作用，深化政协联系和服务群众工作机制，丰富服务民生形式，组织开展“下基层、解民忧、送温暖、办实事”和“三下乡”活动。鼓励宗教界别委员积极参与“宗教慈善周”活动，带动广大宗教界人士和信教群众奉献爱心。开展第二届“同心善行”主题公益活动，各委员活动组发挥植根基层、联系广泛优势，扩大“善行、善心”辐射面，到政和县东平镇，永春县呈祥乡、苏坑镇，德化县杨梅乡等山海协作对口帮扶挂钩乡镇开展结对帮扶活动；到留守儿童、孤寡老人、重大病灾户家中开展关爱慰问活动，在俯身基层中反映百姓心声，增进群众幸福感、获得感和安全感。据不完全统计，2018 年各活动组及政协委员捐赠教育、卫生、慈善及扶危济困金额达 2500 多万元。

五、践行“履职益民”，持续强本固基

加强委员管理服务。扎实开展委员学习培训工作，邀请全国政协委员、泉州市政协副主席骆沙鸣作《新时代政协委员如何懂政协会协商善议政》辅导讲座，提高委员政治理论素养和参政议政能力，进一步增强做好政协工作的责任感和使命感。发挥委员履职考评“指挥棒”作用，根据实际情况，对《石狮市政协委员履职积分管理办法》进行修订，严实考评管理方式，完善通报反馈制度。对年度履职综合积分排名靠后的 7 名委员，以函告提醒的方式给予黄牌告诫；对年度履职综合积分最后 3 名的委员，给予黄牌警告和约谈；根据《中国人民政治协商会议章程》，调整委员 10 名，同意 1 名造成社会不良影响的同志辞去委员资格。

加强机关作风建设。坚持把政协机关党的建设摆在突出位置，持续营造政协机关良好的政治生态。坚决贯彻落实中央八项规定及其实施细则精神，把改进干部作风作为重点工作来抓。以创建省级文明单位为载体，以增强服务能力和统筹协调能力为重点，强化效能意识，提高服务水平，为有效履职提供有力保障。大力加强党性党风、廉政廉洁教育，全年先后举行 8 场党课、道德讲堂，引导党员干部讲道德、有品德、作奉献。以“党员 + 委员，民声直通车”党建项目为平台，扎实推进“‘五抓五提’争先锋，凝心聚力新作为”特色党建活动，组织机关干部前往泉州市党内政治生活体验馆开展主题党日活动，提高贯彻落实严肃党内政治生活的自觉性。开展“送温暖、献爱心”“春暖石狮红”公德宣讲等系列志愿服务活动，不断激发干部职工创业激情，推动政协工作创新发展。

加强内外交流互动。紧扣“将改革开放进行到底”主题，以石狮建市 30 周年社会经济发展历程为主线，讲好改革开放故事，编撰出版《不忘初心，砥砺奋进——石狮三十年回眸》；成立《石狮政协志》编纂机构及拟定编纂工作方案，完成基本框架；筹备《石狮寺庙》采编工作；举办“庆祝石狮建市 30 周年——全国著名书法家邀请展”及“翰墨丹青蕴谜香——中华灯谜文化节书画贺件展暨郑育斌珍藏历代谜家书画展”，全面宣传改革开放 40 周年辉煌成就和石狮建市 30 周年丰硕成果。组织部分委员赴湖北大冶市参加首届全国“百强”县（市）政协书画作品邀请展暨助推县域经济发展研讨会。加强与省市政协的纵向联系，配合开展“‘一带一路’视野下的福建海洋文化产业发展建议”专题调研。加强与异地政协横向联系，全年共接待省内外政协来石考察学习 27 场 320 多人次，在推介我市县域经济发展实践经验的同时，形成协调配合、沟通顺畅、互相促进的良好局面。

各位委员，各位同志，政协工作取得的成绩，是中共石狮市委坚强领导的结果，是市人大、市政府大力支持的结果，是全体政协委员、政协各参加单位和政协工作者共同努力的结果，是市委市政府各单位、部门、社会各界和港澳台同胞、海外侨胞关心帮助的结果。在此，我谨代表市政协常委会，向大家致以衷心的感谢和崇高的敬意！

回顾过去一年的工作，我们也清醒认识到：面对新形势新任务新要求，对照全体委员和社会各界的热切期待，政协工作还存在许多需要加强和改进的地方。主要是：协商式民主监督机制有待进一步完善，委员主体作用有待进一步发挥，政协履职能力有待进一步提高等等。这些问题，我们将在今后工作中认真加以解决，也真诚欢迎各位提出批评建议。

2019 年工作思路

2019 年，是新中国成立 70 周年、人民政协成立 70 周年，是 40 年改革开放再出发的新起点，也是决胜全面建成小康社会第一个百年奋斗目标、坚持高质量发展落实赶超的关键之年。市政协常委会工作的总体要求是：以习近平新时代中国特色社会主义思想和中共十九大精神为指导，以省委“五个奋力先行、一个毫不动摇”和泉州市委“作答时代命题、聚力赶超攻坚”部署为目标，以贯彻落实市七届三次党代会精神为主线，增强“四个意识”、坚定“四个自信”，夯实共同奋斗的思想政治基础。坚持以人民为中心的发展思想，坚持团结民主两大主题，认真履行政治协商、民主监督、参政议政职能，为高质量推进“创新转型、实业强市”献计出力。

一、政治引领高举旗帜，提升本领展新作为

增强理论武装。要树立本领恐慌意识，“崇尚学习、加强学习，崇尚创新、勇于创新”，深入学习习近平新时代中国特色社会主义思想，认真领会习近平总书记关于加强和改进人民政协工作的重要思想，在“学懂弄通做实”上下功夫，在内化于心外化于行上下功夫。加强意识形态工作，坚持党组理论学习中心组学习、委员常态化学习和党员干部日常学习制度，在学习中激发头脑风暴，在交流中碰撞智慧火花，在理解中迸现真知灼见。凝聚政治共识。持续筑牢“两个坚决维护”的政治忠诚，坚定自觉维护核心，思想上深刻认同核心、政治上坚决维护核心、组织上自觉服从核心、行动上坚定紧跟核心。助力实践作为。在市委的统一领导下，在政协党组的带领下，坚定不移地贯彻中共中央对人民政协工作的各项要求，坚定不移地落实市党代会的各项部署，充分发挥政协的影响力，广泛宣传、积极传播，努力把党的主张意图转化为广大政协委员和社会各界群众的自觉行动，为“拼一座石狮”精彩篇章努力奉献。

二、围绕中心广纳善言，协商议政展新成效

要紧扣重大决策部署，认真做好协商议政。汇集各方智慧、引领各界力量，把思想统一到发展目标上来，把力量凝聚到经济建设上来，为市委市政府献力、为人民群众出力，为石狮发展助力。要充分发挥政协人才优势和界别特色，围绕“老旧住宅小区环境整治和修缮改造”“少数民族村特色村寨建设”“促进实体经济”“新生代华人华侨联络联谊”“民宿旅游业发展”等议题，深入开展专题协商、对口协商、界别协商和提案办理协商，善谋发展之策、广建发展之言、多立发展之论。要加强与市委市政府和市直部门的沟通，多层次健全协商成果转化机制，多方位加强协商成果综合研究，多渠道督促协商成果办理落实。鼓励委员围绕“服装城市场采购贸易方式试点”“宗教参与社会养老”“智慧医疗服务”“学前教育集团化办园”“破解‘执行难’”等热点，深入调查研究、查摆症结所在、助推问题解决、提升履职成效。要落实好《全国政协提案工作条例》，把“协商”贯穿于提案工作全过程，注重提案撰写质量，严格立案执行标准，加大提案督办力度，提高提案服务质量，增强提案办结实效，促进提案成果转化。要广泛协作，广征史迹，编辑出版《石狮寺庙》，完成《石狮市政协志》初稿，深入挖掘石狮历史文化、华侨文化、海丝文化，不断增强资政育人、团结联谊功能。

三、立足民情通达民意，民主监督展新举措

要紧扣中心工作，加大监督力度。克服单一性、增强系统性，确定重点民主监督议题。对制约改革发展的瓶颈、重大项目建设的难点、人民群众反映的热点、社会各界关注的焦点，尤其是“城市公共交通”“乡村生态环境”等，展开协商式民主监督、监督性调研视察。要突出民生重点，拓宽监督渠道。落实“有事好商量，众人的事情由众人商量”要求，继续把关注民生作为出发点和落脚点，排忧解难出实招，补齐短板谋福祉，紧紧围绕党委决策展开民主监督。要讲究方式方法，提高监督水平。把监督的主力放在委员身上，把监督的着眼点放在协商中，把监督的落脚点放在民生里，与市委市政府同心同向，与人民群众齐心齐力，与部门单位充分交流，与社会各界多达共识，将行之有效的监督转化为切实可行的成果。

四、外树形象内强素质，提正能量展新风范

要进一步强化机构改革。坚持目标导向、落实改革成果，推动政协机构配置更加合理、职能更加清晰。要进一步强化党的建设。落实党组主体责任，在提升全面从严治党的智慧和力量，在党风党纪、反腐倡廉和基层党建等方面有新作为。要进一步强化机关建设。发挥好政协机关的统筹协调作用、运转枢纽作用、后勤保障作用、服务纽带作用，打造忠诚、干净、担当的高素质政协干部队伍。开展第三届“同心善行”活动，在扶贫济困、大病关爱、奖教助学、慈善公益等方面展现作为。要进一步强化专委会建设。在调研视察、协商民主、民主监督等方面发扬领头雁效应。要进一步强化委员队伍建设。健全委员履职管理制度，加强委员履职培训，激励委员勇于奉献，善于奉献。要进一步强化基层活动组建设。加强对活动组工作的指导支持，优化委员活动组“参政议政周”效果，不仅满足于发声、提出、知晓，更要将委员建言核心观点梳理汇总、主动呈送、跟踪落实，使议政成果迅速转化、落地有声。要进一步强化统战优势。发挥好政协最广泛的爱国统一战线，促进政党关系、民族关系、宗教关系、阶层关系、海内外同胞关系和谐，助推社会稳定发展。

各位委员、同志们，改革再出发，实干闯新路！在奋进的2019年，让我们更加紧密地团结在以习近平同志为核心的中共中央周围，在中共石狮市委的坚强领导下，不忘初心、牢记使命，凝心聚力、积极作为，为高质量推进“创新转型、实业强市”而拼搏！以更加优异的成绩，向新中国成立70周年和人民政协成立70周年献礼！

调研报告

关于加快培育高新技术企业的思考

市科技和知识产权局课题组

2018 年 10 月 23 日

近年来，在市委、市政府的高度重视和大力推动下，我市高新技术产业逐步发展，已经成为全市经济新的增长点，在提升区域自主创新能力方面发挥了支撑引领作用，是推动我市产业结构转型升级的主力军。

一、我市高新技术企业发展现状

（一）高新技术企业队伍逐渐壮大

高新技术是经济增长的先导，是区域创新力的核心要素。经过多年发展，我市高新技术企业群体初具规模，高新技术产业发展势头良好、产值增加，科技对经济发展的贡献逐年提升。2017 年，我市规上工业高技术产业增加值占规上工业增加值比重达 13.1%，在泉州市各县（市、区）排名第 3；截至 2017 年底，我市拥有国家高新技术企业 22 家、泉州市高新技术企业培育库入库企业 6 家，2018 年推荐上报国家高新技术企业认定 24 家（含 5 家重新认定）、省级高新技术企业备案 24 家。2016 年、2017 年高新技术企业产值分别为 38.77 亿、49.24 亿元，纳税分别为 1.44 亿元、1.59 亿元，研发投入分别为 1.62 亿元、1.8 亿元。以通达电器、永信数控、飞通通讯三家公司为例，2016—2017 年三家企业研发投入逐年递增，2016 年分别为 10890.41 万元、321.5 万元、239.46 万元，2017 年分别为 11199.18 万元、402.6 万元、606.88 万元，如图所示（研发投入比 = 研发投入 / 产值 *100%）：

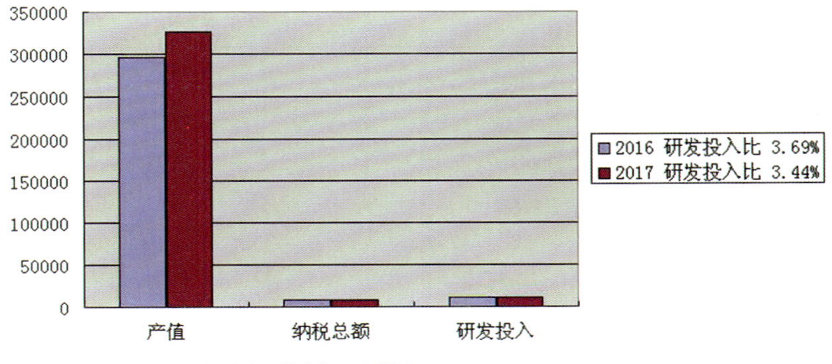

福建省石狮市通达电器有限公司

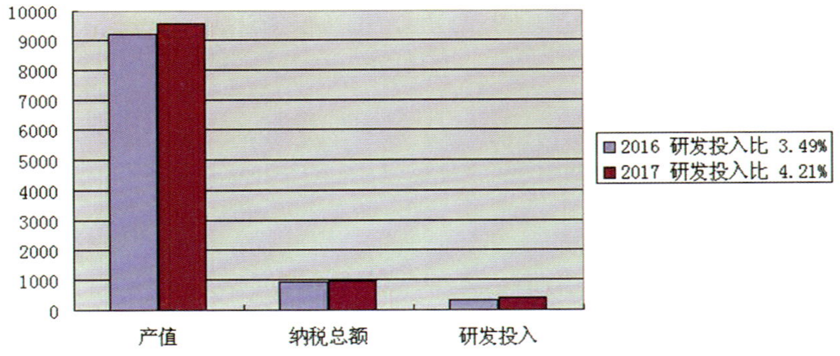

福建永信数控科技股份有限公司

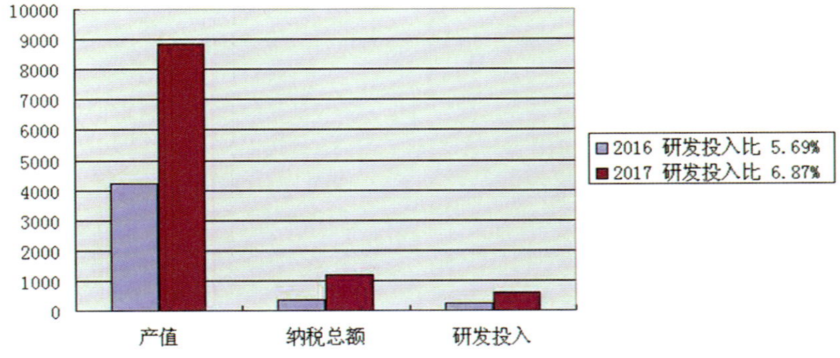

福建飞通通讯科技股份有限公司

图中表明，通达、永信、飞通三家企业2016—2017年研发投入呈递增趋势，企业经济规模与纳税总额同步提升，企业研发投入强度与企业产值、经济效益存在明显的正相关。

（二）高新技术企业政策扶持力度加大

为进一步扶持高新技术企业发展，我市出台《石狮市大力推进科技创新能力建设若干意见》，高新技术企业新认定、复审、重新认定、入库培育均可获得资金扶持，对新认定的给予奖励40万元，并从所得税减免、企业研发费用税前加计扣除、缴纳税收增长奖励、高新技术企业引进奖励等方面予以支持。2018年申报高新技术企业的数量较2017年增长85%，政策引领作用明显。

（三）高新技术产业规模初具雏形

当前，我市产业格局初步形成，高新技术产业领域逐步拓展，涵盖电子信息、机械制造、新材料、生物医药、可穿戴设备等领域，其中智能硬件比重最高，以通达、科达、富达等为代表的智能硬件生产企业，成为新的经济增长点，产能不断扩大，通达二期建成投产后年产值可达50亿元以上；电子信息产业（含海洋通讯）增速最快，涌现出飞通、大宏、永峰等一批具有自主知识产权和知名品牌、竞争力较强的优势企业，智能家居新业态正在起步，飞通海洋北斗卫星导航产品生产基地建成投产后年产值可达10亿元以上。智能制造方面，与纺织工业相配套的纺织机械，智能化水平不断提升，逐渐向数控化、智能化的新型高端装备转型，代表企业有永信、汇星、鑫隆、台帆、振富等；新材料方面，主要集中在新型功能材料、海洋生物材料、电子信息材料、高性能结构材料等四大领域，以新力元、炎英、星火、华用等企业为代表；生物医药方面，初步形成以华宝、中益、海星、万弘等为龙头的生物医药高科技企业；可穿戴设备方面，以森科、一笔成为代表的智能服饰企业，正引领服装产业往智能化方向升级，其中，森科引进德国技术团队开展智能服装的研发和生产，预计投产后年生产量可达20万件。

（四）石狮高新区引领集聚作用明显

高新区以建设福厦泉自主创新示范区为契机，依托石狮市海峡两岸科技孵化基地、石狮国家高新区创新创业中心等两个省级科技企业孵化器，大力推动科学技术创新，不断培育新项目，飞通、永信等一批高新技术企业逐步发展壮大，广汇龙环保科技、中益制药等一批创新企业步入了快速发展通道。高新区于2013年被列为国家知识产权试点园区，2016年11月以高分通过试点园区验收，现有国家高新技术企业15家（占全市的68%），国家知识产权优势企业2家，省科技小巨人领军企业18家，省级星火行业技术创新中心4家，省级企业工程技术研究中心3家，省创新型企业9家，省知识产权优势企业4家。2018年上半年，高新区规上工业产值148.9亿，同比增长17.9%，全年产值预计可突破300亿。

二、我市高新技术企业发展存在问题

（一）高新技术产业尚未形成链条

目前，我市传统纺织服装、海洋产业虽形成相对完整的产业链条，但科技含量不高，引领纺织服装升级的新材料、智能+企业还很少，从事海洋通讯、生物制药等领域的海洋高新技术企业屈指可数。近年来高新技术产业虽有一定发展并初具规模，但缺乏大的龙头企业带动，还未能形成高新产业链上下游配套，未能形成产业集群效应。

（二）科技研发投入不高

研发投入强度，反映了产业的科技含量，体现了企业的自主创新水平及核心竞争力。虽然我市全社会R&D研发投入逐年提高，但仍低于泉州平均水平，主要表现在两个方面：一是受财力限制，虽逐年增加但力度不够，财政科技资金撬动社会资本能力较弱。二是企业研发投入不足，2017年我市规上工业企业数量402家，有研发投入的规上工业企业数量仅81家；自主开展研发活动的中小企业更少。

（三）企业自主创新能力不强

我市部分产业的发展还处于追踪、模仿阶段，大多数企业的技术创新重点在集成创新，新产品开发主要靠引进与仿制，缺乏具有自主知识产权的核心关键技术，标准和专利发展相对滞后。企业专利申请及保护意识不强，内部知识产权制度不完善，科技成果转化数量和质量不高，截至2018年上半年，我市拥有发明专利仅341件，每万人发明专利拥有量仅为4.93件。同时，企业研发组织和管理制度较不完善，研发费用归集不标准，在申报高新技术企业时，认定较为困难，企业主动申报意愿也不强。

（四）科技创新资源较为短缺

一是高水平研发平台不多。虽然我市持续加大力度引进和培育研发机构，但有实力的高校及科研机构仍然较少，国家级、省级企业技术中心、重点实验室等高端研发资源也较少，本地高校、科研机构、企业研发中心的科技服务供给不足，创新能力不强，尚不具备引领产业技术发展方向和支持产业技术升级的科研能力，集聚创新资源的配套能力还需增加。二是高层次科技人才和团队缺乏。尽管我市在吸引人才方面做了大量工作，但受限于我市产业结构特点，高层次人才引进培育不明显，仅12名入选省高层次人才、1名“百人计划”、157名泉州市高层次人才、1个泉州市高层次人才团队，科技人才已经成为制约高新技术企业发展的瓶颈。

（五）科技服务业发展滞后

科技服务是现代服务业的重要组成部分，是构建现代产业体系、推动创新驱动发展的重要力量。我市科技公共服务体系还不完善，主要体现在服务机构不多、服务专业不全、覆盖面不足，特别是技术研发、检验检测、产品设计等专业服务较为欠缺，目前我市只有华昊、中纺联、科易网等几家知识产权代理、检验检测、科技成果转化的服务机构，且科技服务业人才队伍总量偏小，尤其是资深创业导师、技术转移经纪人、高级咨询师、高级专利代理人等高端专业技术人才本地化率较低，企业未能便捷地获取专业服务。

三、先进地区主要做法

目前，国内一些发达地区高新技术企业呈现迅猛发展态势，高新技术产业蓬勃发展。

武汉市发展高新企业的做法有：一是按照产业链、创新链、人才链、资金链、政策链“五链统筹”的总体思路，聚焦重点产业领域，集中优势资源，加快打造具有全球影响力的战略性新兴产业集群。二是构建“科技型中小企业—科技‘小巨人’企业—高新技术企业”成长路线图，培育扶持科技“小巨人”企业，为高新技术企业培育更多“后备军”。三是推进“众创空间—孵化器—加速器”链条建设，全面提升创业孵化能力，引导其向专业化、链条化、多层次、立体化方向发展，进一步营造有利于创新创业的生态环境。2017 年，武汉市高新技术产业发展态势良好，高新技术企业数量达到 2827 家，在全国 15 个副省级城市排名第四，占湖北省高新技术企业总数的 52.65%，高新技术产业产值实现 9479.64 亿元，同比增长 15%。

厦门市发展高新企业的做法有：一是以“组合拳”方式发展壮大高新技术企业，大力培养“生根型”龙头企业、“专精特新”中小微企业、“小巨人企业”和“瞪羚企业”。二是大力发展科技金融，设立 19 只产业子基金，总规模 214 亿元，重点投向集成电路、生物医药、软件信息、新材料等战略新兴产业，基金在服务实体经济、推动招商引资与支持产业发展中取得显著成效。目前，厦门市拥有国家级高新技术企业超 1400 家，约占福建省高新技术企业总数的一半；2017 年，厦门市有 546 家高新技术企业通过国家认定，同比增长 41.5%，其中 9 家高新技术企业成功上市。

四、我市高新技术产业发展目标及培育途径

“十三五”是我市推动高新产业从“破题到全面布局”的重要时期，是我市加快经济转型的关键阶段。我们要实施“高新技术企业倍增计划”“高端人才引进计划”，力争到 2020 年，全市高新技术企业达到 80 家以上，年均净增 20 家以上；培养创新创业团队不少于 100 个，引进高层次科技人才不少于 50 人，培养各类高级技术工人不少于 200 人；引进共建“国字号”研发机构或平台 1—2 家；新增专利 5000 件，每万人发明专利拥有量达到 7.77 件；力争建设 1—2 家国家级孵化器、1—2 家国家级众创空间；规上工业 R&D 经费支出占规上工业增加值比重达 3.50%；高新技术产业增加值突破 100 亿元。

落实市委、市政府确立的战略目标，必须以新的创新发展理念、新的科技创新方式培育高技术与高成长企业，为我市产业转型发展提供强大的科技支撑。一要推进本地孵化器建设。加强石狮市海峡两岸科技孵化基地、石狮国家高新区创新创业中心等两个省级科技企业孵化器建设，将培育高新技术企业作为评价孵化器服务能力的重要指标，激发孵化器活力和动力，进一步推进本地孵化器提质增效，成为培育高新技术企业的新增长极，激励更多创业企业实现“小升规”“企成高”。二要探索建设异地孵化器。探索“研发在外地、产业化在本地”的新模式，在创新人才及资源集聚城市设立异地孵化器。推进“石狮厦门大学异地众创空间”“石狮厦门云创智谷离岸孵化器”“石狮市北京中关村异地孵化器”建设，争取在五年内，通过异地孵化器培育出高新技术企业 30 家、引进在石注册科技型企业 80 家、授权专利 250 件、引进各类人才 150 名。如试点效果明显，可继续探索在深圳、武汉等地建设异地孵化器。三要实行产业链招商。围绕培育高新技术产业链，把招商引资作为“一把手”工程，从政策落实、承诺兑现、强化服务等方面入手，努力营造稳定、公平、透明、可预期的营商环境，促进高新技术项目落地建设；同时，通过营造“亲商、爱商、安商”环境，不断提升高新产业项目招商引资实效。

五、高新技术企业培育的保障措施

（一）明确产业规划，聚焦高新技术产业发展方向

一是围绕高新技术产业发展目标，在政策制定和招商引资过程中，聚焦发展前景较好的智能硬件、光电子、生物医药、通讯设备制造等产业，有意识地进行“补链、延链、强链”，集中有限财力重点支持一批竞争力强、产业关联带动作用明显的龙头企业做大做强，培育一批有潜力、成长性好的上下游关联企业，不断提升高新产业的聚集度。特别是要围绕我市近期引进或拟引进的光芯、锂电池、水下机器人等行业细分龙头，通过“龙头带动—补链、延链、强链—聚产业集群”，推动产业链整体发展。二是以泉州市“国家自主创新示范区”建设和高新区扩区为契机，优化智能产业园和海洋产业园的空间布局，不断探索企业、产业链、产业园区的“点、线、面”内在联系和发展机制，通过“以点带线、以线带面”，逐步形成产业上下游配套、企业集聚发展的新格局，推进智能产业、海洋产业跨越发展。

（二）优化政策环境，构建全方位的政策服务体系

高新技术企业的发展与政府的政策支持息息相关，要进一步优化我市创新创业政策软环境，完善技术人才政策服务体系，构建以科技型企业成长为主线的“科技创新小微企业—高新技术培育入库企业—高新技术企业”全链条政策服务体系。当前，重点要强化科技、财政、人才、人社、金融、交建、教育和税务等部门之间政策协同创新，构建全方位的政策服务体系；着力解决好创新创业人才的子女教育、住房、医疗等

问题，让科技人才留得住、想留住、能发展，扎实推进科技人才政策落地生根，支持高新技术企业上规模、见效益，促进全市高新技术产业发展。

（三）搭建科研平台，助力企业提升自主创新能力

一是加大创新平台引进力度。采取"一院（所）一策"办法，推动高校、科研院所到我市共建创新服务平台或常年在我市设点，提供技术咨询、技术对接等服务。成立泉州师范学院（石狮）生态智能织物工程技术研究院，并依托厦门大学（石狮）智能制造工程中心、石狮市川大先进高分子材料研究中心、西安工程大学石狮研究院等高校服务平台，形成支撑我市纺织服装、智能制造等产业发展的中坚力量。围绕我市重点培育的光子、智能制造等产业，有意识地引进相关创新平台，为产业集群式发展提供支撑。二是加快高水平人才的培养和引进。研究制定《石狮市创新创业人才团队暂行规定》并组织申报遴选，推进院士工作站、博士后科研工作站、专家工作站建设，吸引高层次人才落地，到2020年，争取建设高水平的国家级、省级、泉州市级工程技术研究中心、行业技术开发中心、企业技术中心、重点实验室、院士专家工作站、博士后科研工作站等科技创新平台20个，培养创新创业团队100个，引进高层次科技人才50人。三是加强"政产学研用"合作。整合政府、行业、企业、院校等多方资源，依托智能、染整、海洋、物流、印刷包装等产业技术创新战略联盟，挖掘产业链，推动会员企业与高校开展产学研合作，促进创新要素流动。

（四）完善金融服务，积极为企业发展提供资金保障

科技型中小企业普遍存在"规模小、轻资产、抵押物不足、融资难融资贵"问题。当前，我市金融结构单一，满足不了企业的多样融资需求，可围绕我市科技型企业的特点和需求，联合投资、银行、保险等金融机构为科技企业提供"一站式""全方位"综合金融服务。在基金设立方面，可发挥财政资金的杠杆放大效应，发挥基金对高新技术产业的加速作用，重点推进三项工作：一是加快设立双创基金，重点投资本土高新技术企业，特别是孵化器、众创空间内具有自主知识产权的种子期、初创期科技创新型企业，吸引优质创业团队、项目、人才向我市集聚。二是改变目前智能产业引导基金的投资决策模式，切实发挥智能产业基金的引导效用。三是设立重点项目专项基金，弥补单纯通过市场配置投资资本的市场失灵和资金量不足问题，重点扶持光子产业、智能制造产业的龙头企业；同时，撬动社会资本积极参与我市高新技术产业发展。

课题指导：黄春辉

课题负责：陈垂汉

课题成员：蔡熙达　谢冬棉

蔡柏林　杨文棉

适应城市基层党建新要求推进城乡结合部党建工作研究

市委组织部课题组

2018年10月30日

城乡结合部是位于中心城市的连续建成区与外围几乎没有城市居民住宅区及非农土地利用的纯农业腹地之间的过渡地带，主要包括城郊村（社区）、“城中村”、外来人口集聚区、各类经济开发园区周边村等，是城市的重要组成部分。2017年以来，石狮市认真贯彻落实全国城市基层党建工作会议精神，立足作为国家中小城市综合改革试点和福建省全域城市化发展改革试点实际，探索推行“五化一体”（即组织设置扁平化、队伍管理模块化、资源配置集约化、作用发挥常态化、运作保障长效化，打造城市党建综合体）城市基层党建工作模式，取得了较好成效，被中组部确定为全国城市基层党建示范市。

在推进过程中，我们日益发现，城乡结合部作为城市的过渡地带，兼具城市与乡村的某些功能与特点，集中了我国城市化进程中的诸多问题，不仅是城市各种矛盾冲突的交汇地带和敏感地区，更对党建引领城市基层治理提出了新的挑战，影响和制约着城市基层党建整体水平的提升。如何发挥城市资源优势，以城带乡推动城乡结合部党建创新转型，切实补齐城乡结合部这一城市基层党建“短板”，已是当前各级党委亟需加以解决的重大课题。对此，石狮市专门成立课题组，采取实地走访、座谈了解、查阅资料、统计分析等办法开展专题调研，认真研究石狮全域城市化进程中城乡结合部党建工作的运行规律及存在问题，以期找到一条加强和改进城乡结合部党建工作的新路子，切实推动城市基层党建全面协调发展。

一、城乡结合部的现状及其党建工作存在问题

1988年建市至今，短短30年时间，石狮市城镇化规模快速扩张，城镇化率达79.1%，毗连中心城区的灵秀、宝盖2个镇形成了42.27平方公里的城乡结合部，占全市陆域面积的26.42%，辖30个村、3个社区，农村党委1个、党支部29个，社区党支部3个，其中，城郊村13个、新建楼盘社区2个、村改社区1个、“城中村”17个，25个具备改制条件的村正在稳步推进“村改居”工作。从发展阶段看，该区域非农业用地比重超过80%，种植农业占生产总值不足1%，从事纯农业的劳动力占全部农村劳动力的比重约2%，“人口、产业、劳动力、土地”四个要素非农化水平比较高，处于城乡结合部发展的高级阶段。回顾一年多来对该区域基层党建的探索与实践，我们发现城乡结合部经济社会结构的特殊性，给党建工作带来了不少现实困难和问题，具体表现在“四个不相适应”：

（一）组织设置与新经济新业态的多元化不相适应。城乡结合部是经济社会发展活跃区，新经济组织和社会组织大量涌现，但市场竞争激烈，成立、消亡速度较快，加之党建工作部门与注册登记监管部门信息共享不及时，争取业主支持党建工作的办法措施不多，同时，组织设置创新不足，无法适应新兴业态发展速度，在组织覆盖上出现应建未建的“空白点”和应撤未撤的“盲点”，党对工业园区、专业市场、街区商圈、商务楼宇、互联网企业等新经济新业态集中区域的影响力、渗透力有待进一步增强。

（二）党员管理与人口快速集聚的动态性不相适应。城乡结合部党员人口流动性大，有的从外地流入、有的从本地流出、有的在本地跨镇域流动，存在工作地、居住地、户籍地“分离”的现象，党员与党组织联系紧密度减弱，有的甚至游离于组织之外。特别是外来人口中的流动党员，依单位、按组织关系隶属开展组织生活的封闭式党员管理模式越来越不适应工作需要。目前，城乡结合部外来人口多达15万人，但只有1300多名党员主动到各级党员服务点登记，2700多名党员在两新组织亮身份的。此外，机关企事业单位在职党员到居住地社区、小区报到率不高，且相当一部分“只报到、未服务”。

（三）作用发挥与社会治理形势的复杂性不相适应。城乡结合部社会矛盾“触发点”多、“燃点”低，社会治理任务繁重，亟需发挥党组织的领导作用，畅通各种组织和各类群体之间的诉求表达和协商互动，才能保障基层社会和谐。但是，当前城乡结合部党组织除承接较多的上级行政事务和中心工作外，还要承担大量的社会管理和公共服务责任，处于“人少事多”状态，且习惯于传统乡村治理模式，面对新形势下主体意识和权益意识高涨的群众时，应对能力有限、经验不足、办法不多，党组织的统筹协调功能有待进一步增强。

（四）资源保障与管理服务任务的艰巨性不相适应。城乡结合部年轻人才、优秀人才大多外流到中心城区就业创业，发展优秀青年入党难度增大，村（社区）党员干部队伍老化，人才资源相对匮乏。比如，2018年村级组织换届前，宝盖镇20个村（社区）35周岁以下“两委”成员仅6个。在“分灶吃饭”的财政体制下，城乡结合部经费投入滞后于城市的快速扩张，加上村级集体经济发展较慢，应对日益增多的治安巡逻、环卫保洁等基层管理服务任务相对吃力。2017年，石狮市城乡结合部村级组织运转支出2299.37万元，其中，市、镇两级财政补助1538.25万元，余下的761.12万元需由村（社区）自筹。受限于城市规划建设“红线”，不少村级活动场所新建、改建、翻建难，33个村级活动场所中有10个属于石结构房，仅能满足日常办公需要，服务功能不够完善。

二、统筹加强城乡结合部党建工作的对策与思考

经过4个多月来对城乡结合部土地利用、社会和人口特征等方面的深入调查，以及对其党建工作存在问题及深层次原因的挖掘分析，我们认为城乡结合部党建与农村党建、城市社区党建既有相同点，又有其自身独特的特点：一是党建工作领域的过渡性。随着城乡结合部动态发展，党的基层组织建设既面临从传统的农村党建领域向城市社区、非公企业、社会组织等新兴党建领域延伸的需要，也面临向城市基层党建转型升级的需要。二是党建工作对象的多元性。城乡结合部各类新建住宅小区、商圈市场、工业园区迅速发展，各种新经济组织和社会组织大量涌现，集聚了大量来自中心城区迁移和安置居民，以及外来务工经商的流动人口，使党建工作的对象由过去相对同质化向多元化转变。三是党建工作内容的社会性。城乡结合部党组织不仅要负责带领发展村集体经济，而且要承担日益繁重的社会协调、社会服务、社会救济等社会管理服务工作，对党组织领导基层治理能力提出了更高要求。四是党建工作发展的不平衡性。城乡结合部主要由靠近中心城区的内缘区和靠近乡镇农村的外缘区构成，两者受中心城区辐射影响程度不同，党建工作发展也呈现不同水平。

立足上述四个特点，针对城乡结合部党建存在的四个方面问题，我们认为，抓好城乡结合部党建必须立足城乡结合部“半城半乡”特点，以“五化一体”城市基层党建工作机制为统领，坚持城乡一体、以城带乡，从市县层面建立统一领导、协调各方、系统推进的机制，以镇、村（社区）党组织为核心，以基层政权为基础，通过单位党建、行业党建和区域党建互联互动、融合共享，实现党的组织网络、组织资源、组织优势、组织力量最大化。

（一）统筹组织设置，推动党建触角向城乡结合部有效延伸。改变相对封闭的单位制组建模式，探索条块统筹、统分结合、城乡互动的开放式组织体系，实现党的组织和工作在城乡结合部每个层面、每个组织的动态延伸和有效覆盖。

1. 创新方式抓组建。在村（社区），推动具备条件的党支部升格为党总支、党委，把其区域内小微企业、社工机构、物业公司以及城乡社区社会组织党组织统一纳入管理，强化党组织的统筹协调功能。在居民小区，合理设置小区党支部和楼栋党小组，推动“红色业委会”建设，探索建立“兼合式”党支部，积极吸纳社区非在册党员就地参加组织生活、发挥作用。在两新组织等新兴领域，打破行政界限，探索“同业组建”区域化党组织设置方式，以行业系统为纽带，由职能部门和相关两新组织共建混合式党组织，促进机关党建与其他领域党建跨界融合。同时，探索依托乡镇（社区）党员服务中心作为村（社区）党建与单位党建、行业党建的主要联结点，在“条块结合”中发挥协调、整合作用，填补党的工作空白点。

2. 城乡结对促帮带。开展城乡共建，推动街道社区、机关企事业单位等城市党组织与城乡结合部党组织开展共建活动，加强城乡党组织、党员之间的交流互动。开展村企帮建，促成经济实力强的企业帮带周边社区（村），发挥市场、资金、人才等优势，帮助社区（村）改善设施、培养人才、发展经济等。开展机关干部驻社区（村）任职工作，向软弱涣散社区（村）、经济薄弱社区（村）、重点项目社区（村）选派第一书记，帮助理清思路、策划项目，加强基层组织建设。

3. 达标创星强支部。推行党支部规范化建设，试行党支部积分管理，围绕组织设置、班子建设、队伍管理、场所阵地等内容，分别设计基本分、附加分、扣减分指标，对党支部进行百分制考评，积分结果作为党支部达标创星依据。抓好后进支部整顿转化，每年在各领域倒排确定后进党支部，建立“七个一”工作机制（即一幅作战地图、一张问题清单、一套整改方案、一份进度报表、一名领导挂钩、一家共建单位、一个督评办法），推动晋位升级。

（二）统筹党员管理，推动党建主体在城乡结合部有效激活。立足党员作为党的一切活动的主体这一实际，坚持城乡一体，逐步统一中心城区与城乡结合部党员教育管理标准，着力提高城乡结合部党员队伍建设质量，充分调动党员在党内生活和党的社会实践中的积极性和主动性。

1. 构建城乡一体管理格局。参照中心城区党员模块化管理做法，按照在家党员、流动党员、老弱病残、在职党员等不同类别，或者地缘型、单元型、单位型和园区商圈型等区域分布，划分若干模块，分类教育管理，实现城乡党员管理工作的一致性。建立流动党员城乡联管机制，明确和落实公安、人社、市场监管、税务等县直职能部门在各自业务管理中对流动党员的管理服务责任。建设镇级两新组织党建工作站，在社区（村）、工业园区、商圈市场等建设外来党员教育管理服务网点，方便流动党员就近参加党组织活动，实现城乡党员管理工作的相互衔接。

2. 构建城乡一体组织生活。建设党员组织生活管理系统，架构县、镇、社区（村）三个管理层级，为每名党员制发身份证IC卡并开通电子认证功能，允许党员不转组织关系，凭卡就近便捷、自主选择在一个党组织参加组织生活，形成跨区域、跨组织、开放式的“大组织生活”。立足互联网加速向经济社会各领域传导渗透的特点，借助“党员e家”、党员远程教育网络及微信公众号、党建网站、党建电视栏目等现代信息网络平台，线上线下融合开展党员教育管理工作，逐步实现城乡党建信息的对称性和党建资源的均衡化。

3．构建城乡一体关怀服务。定期更新困难党员信息库，摸底制定困难党员需求清单，由民政、卫计、人社、教育等职能部门对接领办低保、社保、医疗、助残、助学、就业等帮扶项目，帮助城乡结合部党员享受均等公共服务。推动在县、镇、社区（村）分别成立党员互助协会和互助基金，组建各类党员志愿服务队，形成覆盖城乡的党内关怀互助网络，党支部牵头开展生活保障、医疗救助、精神关怀、致富帮扶等互助行动，为广大党员和困难群众送去组织温暖。

（三）统筹要素保障，推动党建资源在城乡结合部有效整合。针对城乡结合部多头管理、资源分散、效率不高等问题，打破城乡、区域、产业和所有制界限，推动城市优质资源向城乡结合部倾斜并优化配置，为党组织开展工作提供保障。

1．充实工作力量。综合考虑常住人口数、管辖范围、经济总量等因素，重新核定配强乡镇机关以及所驻乡镇的综治、教育、医疗卫生、执法等各方块工作力量，进一步完善编制、职数和实际工作的匹配度，解决“事多人少”困境。实施优秀村（社区）党组织带头人培养计划，纳入城市发展、干部队伍、人才建设总体规划，配齐配强专兼职党务工作者。深化机关在职党员到社区、居住小区报到服务工作。

2．优化职权职责。制定县镇两级政府及职能部门在城乡结合部开发建设中的职责清单、责任清单和负面清单，厘清权责边界，让职责职能归位、正位。将县直派出机构的指挥调度权、考核监督权下放给乡镇，并赋予乡镇对派出机构负责人的人事考核征得同意权、镇域规划参与权和综合管理权、重大决策和重大项目建议权。探索由市场或社会组织承接居家养老、社区矫正等公共服务，减轻党组织的负担。

3．加大资金保障。坚持输血与造血相结合，加大财政投入力度，财政按每年不少于10万元的标准保障村（社区）办公经费，整合县直职能部门投向村（社区）的项目、资金，使有限资金发挥最大作用；强化土地、融资、税费等政策扶持，采取一村一策、以强带弱、区域统筹等方式，发展村级集体经济，特别是对村财“空壳村”“薄弱村”要通过设立扶持薄弱村发展集体经济专项资金等办法，推动整顿转化。

4．建好党的阵地。整合各镇综合文化中心资源，按照“五有三区”标准（“五有”，即有场所、有设施、有标志、有党旗、有制度；“三区”，即1个办事服务区、1个室内活动区、1个党建成果展示区）建设镇级城市基层党建综合体。把村（社区）活动场所纳入城市公共配套建设规划，在每个村（社区）建设功能集成的城市基层党建综合体。充分利用小区公共活动场所，建设小区党群活动中心，作为小区党支部、业委会、物业公司和居民共同的议事活动场所。在商圈市场、商务楼宇、工业园区等新兴领域建设开放式党群服务中心。

（四）统筹机制构建，推动党建作用在城乡结合部有效增强。建立健全上下联动、横向互动、一体推进的党建工作机制，有效凝聚城乡各类组织、各种群体共抓服务、共促和谐、共推发展，充分发挥好党建对城乡结合部发展和治理的引领作用。

1．建立有利于协调各方参与的领导机制。在县、镇、村（社区）三个层级分别成立城市基层党建工作领导小组，领导指导城乡结合部党建工作，并相应建立党建工作联席会议制度，加强协同配合。探索在县级城市基层党建工作领导小组下设城乡结合部管理协调工作组，成员单位由综治、卫计、市场监管、公安、国土规划、交建、城管等相关部门和相关乡镇组成，配套建立工作例会、目标考核、监督检查、进度通报等制度，解决城乡结合部部门管理缺位、越位、错位“三位”和条块分割问题。

2．建立有利于引领基层治理的运行机制。强化党组织领导作用，推动把“坚持党的领导”等党建工作内容写进村（居）民公约、两新组织章程等，明确党组织的法定地位；积极提倡由党组织主导小区业委会、业主监事会等各类组织的筹备成立、换届改选、人选把关及章程规约制定，广泛推动“双向进入、交叉任职”。建立健全协商议事制度，逐步构建村（社区）党组织领导下村（居）委会、群团组织、业委会、物业公司、驻区单位、社会组织和广大群众等多元主体共同参与的新型城乡社区治理体系。突出党建对市民意识养成的引领，通过落实党员“承诺、践诺、评诺”制度，广泛开展志愿服务、扶贫济困等主题党日活动，推行社区徽标、社区之歌征集等做法，以及由党组织推动外来人口集聚区成立同乡联谊会、同业协会等群众性自发组织等举措，培育公共意识，增进居民融合，教育好、引导好本地居民、外来人口逐步市民化。

3．建立有利于形成整体效应的联动机制。坚持系统谋划，把城乡结合部党建纳入城市基层党建谋划部署，实行党建工作目标管理、工作例会、常态化督查、党组织晋位升级以及问责等制度，铸牢责任落实链条。坚持条块结合，明确行业系统部门对业务工作与党建工作的双重责任，属地党组织对辖区内各类党组织的统筹责任，把条块拧成“一股绳”。坚持区域推进，以“区域不变”应“单位万变”，依托楼宇型、片区型党组织，做到组织共建、资源共享、活动共办、党员共管。坚持横向互动，引导驻区单位等各领域党组织与村（社区）党组织签订共建协议，并把参与共建情况纳入驻区单位年度绩效、文明创建、综治平安考评的重要内容，作为非公企业评选表彰、评价定级的重要依据，形成各领域党组织互联互动的工作格局。

课题指导：朱启平
课题负责：杨德才
课题成员：蔡荣桥　许宏图
王礼谦　陈江峰
陈晓霞　黄泽栋

统计表

石狮市 2018 年主要经济指标完成情况表

表 38

主要指标		单位	2018 年计划	目标增长（%）	1–12 月实际	增长（%）	完成计划（%）
综合	石狮市生产总值	亿元	—	8.7	836.0	9.1	—
	#第一产业	亿元	—	—	25.5	0.3	—
	第二产业	亿元	—	—	412.5	9.2	—
	第三产业	亿元	—	11.5	398.0	9.6	—
	农业总产值	亿元	—	1.0	50.4	0.3	—
	工业增加值	亿元	—	7.5	365.5	9.5	—
	规模以上工业增加值	亿元	—	—	265.9	9.7	—
	社会消费品零售总额	亿元	—	12.0	494.8	11.6	—
	限额以上社会消费品零售额	亿元	—	—	165.6	17.1	—
	固定资产投资（不含农户）	亿元	—	15.0	—	13.7	—
财税	财政总收入（不含基金）	万元	649621	5.0	650215	6.0	100.1
	#一般预算收入	万元	418200	5.0	418213	0.5	100.0
	中央级收入	万元	231421	—	232002	17.4	100.3
	一般预算支出（不含基金）	万元	544307	—	543005	2.3	99.8
	国税收入	万元	321321	—	321027	16.0	99.9
	地税收入	万元	202300	—	193623	-1.2	95.7
金融	银行存款余额（本外币）	亿元	—	—	629.2	-5.3	—
	#境内住户存款	亿元	—	—	438.3	2.4	—
	银行贷款余额（本外币）	亿元	—	—	665.3	-5.6	—
外经外贸	新批外商投资项目数	个	—	—	49	—	—
	投资总额	万美元	—	—	—	—	—
	合同外资额	万元	—	—	91276	—	—
	实际利用外资（验资口径）	万元	54100	3.0	57594	9.6	106.5
	出口商品总值（2018 年 1—12 月海关口径）	万元	1332979	2.0	1591000	21.1	119.4
水电	供水量	万吨	—	—	12355	0.46	—
	工业用水量	万吨	—	—	5869.0	-12.5	—
	全社会用电量	万度	—	—	394483	3.9	—
	工业用电量	万度	—	—	237403	3.4	—
邮电	邮政收入（不包含速递和邮政银行）	万元	—	—	6518	持平	—
	电信业务收入	万元	—	—	23333	-0.6	—
	移动电话业务收入	万元	—	—	57332	-8.0	—
其他	水产品产量	吨	—	—	421710	1.2	—
	居民消费价格指数	%	—	—	101.5	1.5	—
	港口货物吞吐量	万吨	—	—	3969.1	13.8	—
	石湖码头港口货物吞吐量	万吨	—	—	3172.6	12.2	—
	华锦码头货物吞吐量	万吨	—	—	796.5	20.5	—
	集装箱吞吐量	标箱	—	—	1882027	15.8	—

续表 38

主要指标		单位	2018年计划	目标增长（%）	1—12月实际	增长（%）	完成计划（%）
其他	石湖码头港口集装箱吞吐量	标箱	—	—	1559899	16.6	—
	华锦码头集装箱吞吐量	标箱	—	—	322128	12.0	—
	全体居民人均可支配收入	元	—	7.5	50983	8.6	—
	城镇居民人均可支配收入	元	—	—	58930	8.2	—
	农村居民人均可支配收入	元	—	—	24970	9.5	—

注：三次产业比重 3.1:49.3:47.6

石狮市 2018 年生产总值（行业增加值）情况表

表 39

指标	2018年（万元）	增长（%）
一、石狮市生产总值	8360273	9.1
总计中：第一产业增加值	254995	0.3
第二产业增加值	4125569	9.2
第三产业增加值	3979709	9.6
总计中：农林牧渔业	255196	0.3
工　业	3655219	9.5
建　筑　业	471166	6.2
交通运输、仓储和邮政业	774003	8.8
批发和零售业	1206785	12.2
住宿和餐饮业	140572	4.3
金融业	330341	-11.8
房地产业	309448	11.5
其他服务业	1217543	15.4
二、三次产业比重（%）	2018年（万元）	上年同期
第一产业	3.1	3.3
第二产业	49.3	50.4
第三产业	47.6	46.3

说明：全市生产总值按当年价格计算，增长率按可比价格计算

石狮市 2018 年农业统计表

表 40

指　标	计量单位	2018年	增长（%）
农业总产值（现价）	万元	504021	0.3
全年农作物播种面积	亩	45815	-1.1
# 春收	亩	18487	6.5
夏收	亩	14470	-0.7
秋收（预计）	亩	12858	-10.8
全年粮食播种面积	亩	16205	-0.5
# 春收	亩	5555	37.7
夏收	亩	3696	-2.2
秋收（预计）	亩	6954	-18
全年粮食产量	吨	4935	0.8
# 春收	吨	1613	46.2
夏收	吨	1260	-2.6
秋收（预计）	吨	2062	-17.5
秋冬播农作物播种面积	亩	18492	—
其中：粮食播种面积	亩	5559	0.1
蔬菜播种面积	亩	12927	—
水果产量	吨	2421	-0.2
食用菌产量	吨	65	—
肉蛋奶产量	吨	121	-0.8
水产品产量	吨	421710	1.2
1. 海水产品产量	吨	421265	1.2
# 海洋捕捞	吨	362968	1.1
# 远洋捕捞	吨	42568	0.1
海水养殖	吨	58297	2.0
2. 淡水产品产量	吨	445	2.8

石狮市2018年规模以上工业总产值情况表

表41

指标	工业产值		工业销售产量		出口交货值	
	2018年（万元）	增长（%）	2018年（万元）	增长（%）	2018年（万元）	增长（%）
总计	12127561	12.3	12046094	12.7	1091517	7.0
农副食品加工业	343033	29.8	342394	29.7	93875	50.6
食品制造业	154238	20.5	154037	19.3	—	—
酒、饮料和精制茶制造业	34072	-23.3	41172	-9.3	—	—
纺织业	1694553	8.5	1689390	8.6	12172	10.4
纺织服装、服饰业	4081752	9.0	4063585	9.2	572507	3.9
皮革、毛皮、羽毛及其制品和制鞋业	1247604	7.5	1237820	8.5	123628	20.4
家具制造业	1937	-78.6	1937	-78.6	—	—
造纸和纸制品业	97470	34.3	93327	33.9	54482	1.1
印刷和记录媒介复制业	117780	17.8	117200	16.1	—	—
文教、工美、体育和娱乐用品制造业	291395	1.8	287136	2.5	141011	7.2
化学原料和化学制品制造业	755204	25.4	716546	27.5	12	—
医药制造业	89753	-3.5	89599	-3.5	14679	-13.7
化学纤维制造业	39913	174.1	39913	174.1	—	—
橡胶和塑料制品业	239017	9.1	238648	8.7	—	—
非金属矿物制品业	12430	24.5	11809	24.5	—	—
有色金属冶炼和压延加工业	60293	-38.0	60293	-38.0	—	—
金属制品业	169250	51.4	167795	51.0	22547	58.8
通用设备制造业	37846	57.0	37841	57.0	—	—
专用设备制造业	107549	28.1	107071	28.4	21366	11.1
汽车制造业	10883	14.1	10896	14.4	—	—
铁路、船舶、航空航天和其他运输设备制造业	35293	60.8	35293	60.8	—	—
电气机械和器材制造业	133080	11.8	130923	11.8	—	—
计算机、通信和其他电子设备制造业	1087451	29.0	1103486	31.3	33845	-39.3
仪器仪表制造业	33688	-1.8	33811	-1.3	1308	-15.7
其他制造业	140345	-0.4	139613	-0.6	86	-28.1
电力、热力生产和供应业	1013850	11.4	996680	10.8	—	—
燃气生产和供应业	38623	0.1	38623	0.1	—	—
水的生产和供应业	59256	15.2	59256	15.2	—	—

石狮市2018年人口及其变动情况统计年报表

表42

地区	年末总户数（户）	年末总人口（人）										2018年人口变动（人）										
		合计	城镇人口	乡村人口	性别		年龄					出生			死亡			迁入		迁出		
					男	女	0－15岁	0－17岁	18–34岁	35–59岁	60岁及以上	合计	男	女	合计	男	女	省内迁入	省外迁入	迁往省内	迁往省外	多报删除
甲	1	2	3	4	5	6	7	8	9	10	11	12	13	14	15	16	17	18	19	20	21	22
福建省石狮市	99661	346094	257140	88954	176037	170057	66880	72703	89877	132439	51075	6644	3627	3017	1171	712	459	7049	1798	5001	1166	197
石狮市公安局湖滨派出所	12172	37694	37694	—	18770	18924	8401	9091	9094	14800	4709	789	429	360	73	44	29	1781	385	828	183	36
石狮市公安局凤里派出所	9950	31535	31535	—	15970	15565	4982	5421	8292	12403	5419	594	333	261	128	73	55	726	206	635	169	18
石狮市公安局宝盖派出所	15344	51674	51674	—	25027	26647	12747	13544	13606	18265	6259	1078	599	479	173	112	61	2561	471	501	133	34
石狮市公安局灵秀派出所	9399	33212	33212	—	16323	16889	6524	7048	9406	12277	4481	584	325	259	195	108	87	893	296	360	137	22
石狮市公安局永宁派出所	8354	28875	9526	19349	14698	14177	4560	5044	7324	11450	5057	475	265	210	136	85	51	184	137	348	137	43
石狮市公安局蚶江派出所	8714	33037	—	33037	17168	15869	5991	6602	8678	12746	5011	581	295	286	157	96	61	188	90	397	73	19
石狮市公安局祥芝派出所	2785	10181	—	10181	5302	4879	1931	2122	2586	3915	1558	171	107	64	25	18	7	51	16	167	12	0
石狮市公安局鸿山派出所	3282	11890	2498	9392	6260	5630	2348	2549	3062	4559	1720	272	165	107	39	27	12	105	18	152	35	5
石狮市公安局锦尚派出所	3203	12293	5783	6510	6378	5915	2237	2442	3140	4737	1974	222	108	114	22	15	7	88	23	179	26	1
石狮市公安局深埕边防派出所	3367	12278	10769	1509	6334	5944	2029	2234	3220	4898	1926	244	125	119	15	9	6	70	14	240	30	2
石狮市公安局东埔边防派出所	5654	19777	19777	—	10546	9231	3525	3842	5124	7824	2987	418	232	186	40	28	12	99	34	342	48	4
石狮市公安局祥芝边防派出所	6574	24457	24457	—	12963	11494	4800	5243	6463	9361	3390	564	294	270	75	43	32	92	26	317	62	3
石狮市公安局蚶江边防派出所	5739	22013	15121	6892	11488	10525	3996	4447	5578	8422	3566	403	209	194	44	28	16	114	21	319	66	6
石狮市公安局永宁边防派出所	5124	17178	15094	2084	8810	8368	2809	3074	4304	6782	3018	249	141	108	49	26	23	97	61	216	55	4

石狮市 2018 年财政收入情况表

表 43

项目			调整预算数（万元）	完成情况				同比				
				12 月数（万元）	累计数（万元）	完成任务（%）	征收部门占比（%）	去年同期（万元）	增减（万元）	增减（%）	征收部门占比（%）	比重变化（%）
财政总收入		合计	649621	65309	650215	100.1	—	613618	36597	6.0	—	—
		其中：国税	321321	32821	321027	99.9	49	276854	44174	16.0	45	4
		地税	202300	25152	193623	95.7	30	195966	-2343	-1.2	32	-2
		财政	126000	7336	135565	107.6	21	140799	-5234	-3.7	23	-2
其中：	一般预算收入	小计	418200	37660	418213	100.0	—	415967	2246	0.5	—	—
		其中：国税	150850	15015	142757	94.6	34	124741	18016	14.4	30	4
		地税	141350	15309	139891	99.0	33	150427	-10536	-7.0	36	-3
		财政	126000	7336	135565	107.6	32	140799	-5234	-3.7	34	-1
	中央级收入	小计	231421	27649	232002	100.3	—	197651	34351	17.4	—	—
		其中：国税	170471	17806	178270	104.6	77	152113	26158	17.2	77	—
		地税	60950	9843	53732	88.2	23	45539	8193	18.0	23	—
基金收入			603100	4727	466272	77.3	—	224425	241847	107.8	—	—

石狮市 2018 年 12 月财政支出分功能科目情况表

表 44

科目编码	科 目 名 称	预算调整数				累计完成数		比上年同期		
		调整数（万元）	上级专款（万元）	上年结转（万元）	合 计（万元）	金 额（万元）	与预算(%)	金额（万元）	增减额（万元）	增减(%)
201	一般公共服务	42961	613	544	44118	43903	99.5	43935	-32	-0.1
203	国防	420	197	40	657	657	100.0	492	165	33.5
204	公共安全	31031	71	44	31146	31146	100.0	31640	-494	-1.6
205	教育	75000	4846	3789	83635	83635	100.0	79101	4534	5.7
206	科学技术	10440	2134	991	13565	13565	100.0	10551	3014	28.6
207	文化体育与传媒	6628	580	43	7251	7252	100.0	7538	-286	-3.8
208	社会保障和就业	35789	4454	800	41043	41043	100.0	30636	10407	34.0
210	医疗卫生	48186	3570	228	51984	50898	97.9	50448	450	0.9
211	节能环保	12523	1633	314	14470	14470	100.0	13005	1465	11.3
212	城乡社区事务	45269	2189	1943	49401	49899	101.0	55087	-5188	-9.4

续表 44

科目编码	科目名称	预算调整数 调整数（万元）	预算调整数 上级专款（万元）	预算调整数 上年结转（万元）	预算调整数 合计（万元）	累计完成数 金额（万元）	累计完成数 占预算(%)	比上年同期 金额（万元）	比上年同期 增减额（万元）	比上年同期 增减(%)
213	农林水事务	15063	27535	11977	54575	54575	100.0	43853	10722	24.4
214	交通运输	5332	6003	87	11422	11422	100.0	12203	-781	-6.4
215	资源勘探电力信息等事务	22950	2443	3198	28591	28591	100.0	35197	-6606	-18.8
216	商业服务业等事务	530	2705	1485	4720	4720	100.0	3280	1440	43.9
220	国土资源气象等事务	3830	94	515	4439	4439	100.0	3802	637	16.8
221	住房保障支出	8753	2344	317	11414	11414	100.0	10455	959	9.2
222	粮油物资管理事务	2200	15	3	2218	2218	100.0	2457	-239	-9.7
229	其他支出	65029	941	104	66074	66074	100.0	88994	-22920	-25.8
232	债务付息支出	23065	—	—	23065	23065	100.0	7600	15465	203.5
233	债务发行费用支出	500	—	18	518	20	3.9	527	-507	—
一般预算支出合计		455500	62367	26440	544307	543005	99.8	530801	12204	2.3
212	城乡社区支出	540800	419	945	542164	517011	95.4	218512	298499	136.6
232	债务付息支出	7067	—	—	7067	6911	97.8	3081	3830	124.3
233	债务发行费用支出	232	—	—	232	66	28.4	116	-50	-43.1
206-229	其他支出等	55001	384	3537	58922	5242	8.9	7235	-1993	-27.5
基金支出合计		603100	803	4482	608385	529230	87.0	228944	300286	131.2
支出合计		1058600	63973	33993	1156566	1072235	92.7	759745	312490	41.1

说明：医疗卫生支出含财政对城乡居民基本养老保险基金的补助根据上级口径调回财力列支 1.05 亿元

石狮市 2018 年固定资产投资情况表

表 45

指 标	2018 年	增长（%）
固定资产投资（不含农户）	—	13.7
一、按产业分	—	—
1. 第一产业	—	143.5
2. 第二产业	—	29.6
# 工业投资	—	31.4
# 技改投资	—	21.5
3. 第三产业	—	6.4
二、构成分	—	—
1. 项目投资	—	-14.1
2. 资质房地产开发投资	1100503	67.0

《石狮年鉴（2019卷）》审稿人和撰稿人名单

表 46

单位	审稿人	撰稿人
市委办公室	苏龙锽	林再炎　林　恺　傅跃炬　柯其彬　林美华　陈翠玲　唐丽雯
市人大办公室	姜荣树	叶忠惠
市府办	陈兴隆	王清彬
市政协办	蔡　菁	蔡晴芸　林玥洋
市纪委（监委）	洪志愿	吴瑞文　陈伟鹏　许志强　邱瑜谊　陈鲲淼　陈非凡
市委组织部	许宏图　陈泰坤　蔡志荣　王祖德　王汉滨　陈江峰	温泽源　黄泽栋　黄建华　颜长品　蔡嘉荣　潘文龙　朱天来
市委宣传部	黄松榆	陈美妮
市委统战部	施养谊　蔡连庭	刘　欢　陈明英　林　铲　贾存友
市委政法委	吴宗顺	蔡毅群　谢维烽　蔡长沙　蔡铭慎　林雪亮
市委编办	郑明芬	蔡德谋
市民政局	蔡提福	林建雄
市委文明办	许振洪	高克思
市教育局	蔡钰章	郑　勇
市信访局	肖秋华	陈文辉
市农村农业局	董晓琛	祝小慧
市委党校	叶泽旺	洪常颖
市委党史和地方志研究室	林秀钦	江芳玲　林金奖　林荣荣
市档案馆	薛文华	龚莉莉
市发展和改革局	张子群	刘少恺　林茂盛　王元静
市工业信息化和科技局	李　佳　蔡熙达	朱永得　吕晓琳　林丽容　夏　爽　谢冬棉　蔡柏林
市商务局	李荣亮　洪文德　方黎红	辛丽萍　法及源　黄鸿媚　施滨滨　苏志纯　林琪琳
市财政局	傅荣辉	郑菲菲
市金融局	柯晓霖　姜聪燕	林峄徽　郑珊珊
市住房和城乡建设局	张基明　许加星　杨朝阳　邱金环　张尚炬	李　丞　柯晓辉　余水宝　涂玉助　李光恒
市人力资源和社会保障局	孙辉体	吴剑锋
市文化体育和旅游局	曾晓敏　蔡丽味　李国宏	薛道达　杨佳曲　林雅彬　蔡良万　王清拔　张若兰
市退役军人事务局	李文东	洪吾坤　何嘉劲
市行政服务中心管委会	何天水　郑建民	李艳萍　蔡白榕　林铭伟　杨德志　邱淑明　王丽云
市应急管理局	欧阳新胜　卢金宗	王丹蓉　傅　途
市卫生健康局	孙飞轮	郑清峰
市自然资源局	肖素辉	蔡娉婷
市城市管理局	邱珊谜　李志伟	王春生　张秋萍　邱清清
市交通和港口发展局	庄宏腾	庄宏腾　陈雪云

续表 46

单位	审稿人	撰稿人
市市场监督管理局	张国钦　蔡珍贵	蔡珍贵　廖文寿　蔡文博　蔡再裕　梁文俊　张孝强　蔡　莹　洪菲娜　卢小灵　李璐琳　林智远　魏培影　俞毓娜
市税务局	张美雪	林清伟
市统计局	周加建	孙秋声
市审计局	黄诗建	许瀚清
市气象局	陈志泉	吴毅楠　林联发
市烟草专卖局	董少杰	林冰艺
市公安局	刘锦添	王丽明
市司法局	吴棉棉	谢良生
市检察院	陈　林	陈长沙
市法院	程耕轮	蔡美婷
泉州仲裁委员会石狮分会	庄学连	刘雪娜
石狮海事处	洪灿伟	焦冠铭
市公安局交通警察大队	吴培勇	黄亚茹
市公安局边防大队	蔡文强	李小坤
市消防大队	林建忠	陈　旻
市武装部	张　平	曹耀华
市总工会	王春炜	杨宝玲　王文霞
市团市委	陈　曦	李式禾
市妇联	蔡育婷	许劲楠
市科协	郑金象	陈彬彬
市工商联（总商会）	林新苗	吴　珊
市侨联	董立新	郭小龙
市文联	刘建辉	肖莺莺
市残联	陈伟祥	蔡丽双
市贸促会	邱汉清	王晓珠
市计生协会	蔡文乾	吴淑文
市红十字会	洪永家	高滨滨
市慈善总会	李丽月	蔡盈盈
市社会科学界联合会	王胜利	杨丽碧
市台湾同胞联谊会	余圣尧	吴佳丽
民革石狮总支部	施汉杰	许雄飞
民盟石狮市总支部	蔡进强	颜艳虹
民建石狮市总支部	吕　锜	王熊熊
民进石狮总支部	邱尚辉　陈飞跃	彭玉琪
农工党石狮市总支部	李灿新	邱清雄
致公党石狮市总支部	施文坛	施文坛
九三学社石狮市基层委员会	黄　刚	王克锰
台湾民主自治同盟石狮市支部	叶心凤	叶铿铿
泉州市石狮生态环境局	庄灿培	郑　明
泉州港口管理局泉州湾港务管理站	施曲萌	郭燕云
泉州海关驻石狮办事处	沈庆辉　颜庆春	蔡向东　范英帅

续表 46

单位	审稿人	撰稿人
泉州市公路局石狮分局	陈旭辉	吴晓萍
泉州市住房公积金管理中心石狮市管理部	施小云	张颖琦
泉州市医疗保障基金管理中心石狮管理部	魏响育	陈志笃
市供销合作社联合社	刘延钦	李元强
市广播电视台	吴金旋	蔡明恩　何世宁　颜晓彬　陈文峰　谭振宝　王振洋　张昊雯
石狮日报社	茅罗平	何丽霞
市关心下一代工作委员会	孙进荣	钟翰卿
市粮油与物资储备中心	叶赛玉	黄燕玲
市老年大学	范启永	林运动
中国人民银行石狮市支行	李　莎	张育雅　王怡松
中国银行石狮支行	王德民	吴建玲
中国工商银行石狮支行	刘圣宗	陈明生
中国农业银行石狮支行	黄杰晖	叶桂容
中国建设银行石狮支行	辛　祥	王玲玲
兴业银行石狮支行	龚书暖	涂丽吟
中国邮政储蓄银行石狮支行	张仲仪	陈小芸
泉州银行石狮支行	洪春颜	施婷婷
石狮农商银行	陈垂典	万斌斌
招商银行石狮支行	张培增	李昭旭
中国民生银行石狮支行	李锋钢	蔡安莉
中信银行石狮支行	谢育玲	张志雄
交通银行石狮支行	陈钊源	谢绵绵
平安银行石狮支行	洪文钢	林仲英
上海浦东发展银行石狮支行	林松桂	许雅琴
光大银行石狮支行	何若琳	吴结祥
福建海峡银行石狮支行	庄铭贤	曾婉芳
泉州农商银行石狮市支行	陈庆奎	陈辉强
中国农业发展银行石狮市支行	黄斯铭	黄斯铭
厦门银行股份有限公司泉州石狮支行	洪剑清	许东亚
福建石狮渝农商村镇银行	王　瑜	吴育彬
国网福建石狮市供电有限公司	黄衷冠	陈　淑
石狮供水股份有限公司	吴清民	蔡铭锋
中国邮政石狮分公司	陈少锋	施美华
中国移动福建公司石狮市分公司	蔡明通	王灿灵
中国电信股份有限公司石狮市分公司	陈永辉	王雅莹
中国联合网络通信有限公司石狮市分公司	孔令焰	童谨香
福建广电网络集团石狮分公司	陈才忠	陈明贤
泉州太平洋集装箱码头有限公司	高忠樟	夏敏
市高新技术产业开发区	施长华	吴云玲
凤里街道	蔡文博	郑天宝
湖滨街道	施正极	洪鸿吟
灵秀镇	卢盛银	许富强

续表 46

单位	审稿人	撰稿人
宝盖镇	上官加兴	柯少锋
蚶江镇	杨安雅	陈颖颖
永宁镇	林文森	陈钟铭
祥芝镇	黄荣辉	杨松峰
鸿山镇	蔡芳臻	蔡骏鸿
锦尚镇	蔡作为	王鹏飞
闽南理工学院	李永苍　吴永年	唐小虎
泉州纺织服装职业学院	李达轩	卢允花
泉州海洋职业学院	李明灿	林小城
石狮新奥燃气有限公司	汪木树	陈文清
市国有投资发展集团	蔡良排	熊凯

（图／颜华杰）

说明

一、本索引采用主题词分析法，按主题词首字汉语拼音字母顺序排列。
二、栏目、分目标题用黑体字。“特载”“专记”“大事记”“市情概貌”“人物名表·荣誉”““附录”内容不作索引。
三、索引主题词后的数字表示页码，数字后的 a、b、c 表示栏别左中右。
四、空一字起排的款目为上一主题的“附见”。

A

B

G

H

J

K

L

M

N

P

Q

R

S

T

W